KB023588

# 내부자거래와
# 시장질서
# 교란행위

INSIDER
TRADING &
MARKET
ABUSE

# 내부자거래와 시장질서 교란행위

김정수 저

SFL그룹

# 머 리 말

2014년 12월, 자본시장법이 일부 개정되면서 시장질서 교란행위 제도가 새롭게 도입되었다. 시장질서 교란행위 규제는 자본시장법상 기존의 불공정거래 규제체계의 한계와 문제점을 보완할 목적으로 도입되었다.

최근 자본시장은 기술혁신의 영향으로 신종 금융상품들이 대거 등장하였고, IT기술의 혁명적 발전은 자본시장의 거래구조에 심대한 영향을 미치면서 자본시장의 질서를 해치는 새롭고도 다양한 유형의 불공정거래 행위들이 등장하는 배경이 되고 있기도 하다. 그러나 기존의 규제체계로는 새롭게 등장하는 다양한 불공정거래 행위들을 적절하게 규제하는데 한계가 있어, 새로운 시장환경에 대응할 수 있는 새로운 규제체계의 구축 필요성이 요구되었다.

이러한 자본시장의 환경변화에 대응하여 투자자보호와 자본시장의 건전성을 강화하기 위해 도입된 시장질서 교란행위는 크게 두 부분으로 구성되어 있다. 첫째, 내부자거래 규제의 한계를 보완하기 위한 제178조의2 제1항, 즉 '정보이용형 교란행위의 금지'이고, 둘째, 시세조종과 부정거래행위 규제를 보완하기 위한 제2항, 즉 '시세관여형 교란행위의 금지'이다.

최근 우리 사회에서 발생한 일련의 내부자거래 사건들에서 제1차 정보수령자인 증권회사의 애널리스트들이 제2차 정보수령자인 펀드매니저들에게 미공개중요정보를 제공하여 펀드매니저들이 상당한 규모의 손실을 회피하거나 이익을 얻게 한 혐의가 언론을 통해 보도된 바 있는데, 이러한 문제는 제2차 이후의 정보수령자를 처벌할 수 없는 자본시장법 제174조의 한계를 다시 한 번 보여주었다. 이에 금융당국과 국회가 기존의 내부자거래 규제체계의 한계를 극복하기 위한 입법적 개혁으로 시장질서 교란행위 제도를 도입하게 된 것이다.

이러한 배경을 가지고 도입된 시장질서 교란행위 제도는 1991년 12월 증권거래법 제10차 개정을 통해 본격적인 내부자거래 규제가 시작된 후 미공개중요정보의 이용행위 금지와 관련해서 가장 혁신적인 개혁으로 평가할 수 있을 것이다. 2009년 자본시장법이 제정 · 시행되면서 내부자거래 규제에 있어 많은 개선이 이루어졌지만, 최근 사태에서 논란이 되었던 제2차 이후의 정보수령자에 대한 처벌 불가 등을 포함하여 주요국의 규제와 비교할 때 여전히 미진한 부분들이 있었다. 이는 우리 법제가 회사관계자 중심으로 한 규제체계를 근간으로 하고 있어 내부자의 범위 및 규제대상정보와 관련해서 근본적 한계를 안고 있었고, 여기에다 다차 정보수령자를 규제하지 못한다는 약점을 안고 있었기 때문이었다.

이에 자본시장법은 시장질서 교란행위 제도의 도입을 통해 기존의 내부자거래가 구조적으로 안고 있었던 회사관계자 중심의 규제를 시장 중심의 규제로 전환하였다는 점에서 커다란 의의를 찾을 수 있을 것이다. 즉 정보이용형 교란행위의 금지를 통해 내부자의 범위와 규제대상정보의 범위를 극적으로 확대하였고, 2차 정보수령자를 포함하여 다차 정보수령자를 모두 규제대상으로 포함하였다. 이는 미공개중요정보의 이용행위 규제에 있어서 획기적인 개선이라 평가할 수 있을 것이다.

그러나 시장질서 교란행위 제도의 도입을 통해 많은 부분이 개선되었지만, 자본시장법상 미공개중요정보의 이용행위 금지 제도는 여전히 개선의 여지를 남겨 놓고 있다. 첫째, 동일한 죄성을 가진 범죄행위를 하나는 형사처벌로, 다른 하나는 과징금 부과로 이원화하는 것이 규제체계상 적절한지 의문이다. 둘째, 펀드매니저가 펀드운용을 통해 펀드가 이익을 얻거나 손실을 회피한 경우 펀드의 이익에 대한 과징금 부과가 불가능해서 제도의 도입 취지가 퇴색할 것으로 보인다. 셋째, 기존 내부자거래 규제에 모호한 부분이 많은데, 이 부분에 대한 입법적 개선이 이루어지지 않아 이 부분에 대한 논쟁이 그대로 시장질서 교란행위 부분으로 넘어올 것으로 예상된다. 넷째, 기존 불공정거래 규제와 시장질서 교란행위 규제의 경계선이 모호한 면이 많다. 특히 '시세관여형 교란행위'의 경우 부정거래행위와의 중첩성이 커서 그 경계선을 둘러싸고 논란이 예상된다.

이 책의 집필은 작년에 시장질서 교란행위 제도의 시행일인 2015년 7월 1일이 다가오면서, 내부자거래와 시장질서 교란행위의 전반적인 이해, 그리고 컴플라이언스 시스템의 설치 등을 위해 저자가 운영하는 금융법전략연구소가 2015년 6월에 주관한 〈내부자거래와 Compliance 전문가 세미나〉를 준비하면서 시작되었다. 그때의 강의자료 준비 및 강의내용이 본서의 기본이 되었다. 이 책은 시장질서 교란행위 제도가 도입되면서 기존 내부자거래에 대한 이론과 실무, 그리고 판례를 시장질서 교란행위와 비교 · 통합하려고 노력하였다. 또한 비교법적으로도 내부자거래 규제 이론의 종주국이라 할 수 있는 미국의 내부자거래 규제 법리를 소개하였고, 영국/EU의 제도와 일본의 제도는 독립된 장으로 분리하지 않고 본문의 관련된 부분에서 직접 반영하였다.

자본시장법상 시장질서 교란행위 제도가 도입되면서, 동 제도의 포괄적 성격으로 인해 시장에서 많은 우려가 제기되기도 했다. 이에 금융위원회 · 금융감독원 · 한국거래소 · 금융투자협회를 중심으로 2015년 5월에 〈안전한 자본시장 이용법〉이라는 사례집을 발간하였다. 그럼에도 불구하고 업계에서는 보다 세부적인 가이드라인을 제시해 달라는 요청이 있었고, 이에 금융위원회 등은 다시 2016년 3월 7일, 〈안전한 자본시장 이용법〉의 '별책부록' 형식을 빌어 사례집을 추가적으로 발표하였다. 이러한 사례는 새로 도입된 시장질서 교란행위 제도를 이해하는데 많은 도움이 될 것으로 기대된다. 저자는 이 책에서 새롭게 도입된 시장질서 교란행위의 이해를 돕기 위해 여러 가지 사례를 들어 설명하였지만, 금융위원회 등이 발표한 〈안전한 자본시장 이용법〉에 게재된 모든 사례를 반영하였고, 특히 2016년 3월에 추가로 발표한 사례 27개는 "금융위 가이드라인"이라는 타이틀로 독립해서 기술함으로써 독자들이 직접 금융당국의 해설에 접근할 수 있도록 하였다.

일부에서 시장질서 교란행위 제도가 모호해서 시장의 자유로운 거래를 위축시킬 것이라는 비판과 우려가 있는 것이 사실이지만, 이 책에서 설명하고 있는 것처럼 주요국의 내부자거래 규제 현실과 비교해 볼 때 우리의 법제가 너무 앞서 가는 것이라고 볼 수는 없을 것이다. 우리 자본시장의 글로벌 위상을 고려할 때, 비록 시장질서 교란행위가 행정제재 형태의 입법을 통해 도입되었지만, 내부자거래 규제의 강화는 오히려 늦은 감이 없지 않다. 미국, 영국, EU의 주요국, 그리고 일본의 법제에서 볼 수 있는 것처럼, 주요국들은 자본시장에서 미공개중요정보를 이용하여 거래하는 행위에 대해서는 중대한 책임을 묻고 있으며, 그 규제는 오히려 더 강화되고 있는 추세라 할 수 있다. 따라서 미공개중요정보를 업무상 가깝게 접근할 수밖에 없는 자본시장 관련 종사자들과 전문가들은 새롭게 변화된 규제환경을 충분히 이해하고, 빠르게 적응해야 할 필요가 있을 것으로 보여진다.

이 책이 나오기까지 많은 분들의 도움이 있었다. 무엇보다 〈내부자거래와 Compliance 전문가 세미나 2015〉에 참석해 주신 분들께 감사드린다. 그때의 강의 준비와 강의내용이 이 책의 골격이 되었다. 내부자거래의 판례와 문헌 리서치를 도와 준 한국거래소의 정민선 변호사, 그리고 교정작업을 도와준 연세대학교 제자인 법무법인 지평의 안중성 변호사에게 감사드린다. 또한 금융당국의 새로운 가이드라인을 반영하기 위해 작년 10월에 완성된 원고의 편집작업을 중단하고 수개월을 인내로 기다려주시고, 잘 마무리 해 주신 디자인집의 나동훈 팀장님과 지윤경 과장님께 감사드린다. 표지디자인을 해 주신 씨디자인의 조혁준 실장님과 김하얀 님께 감사드린다.

끝으로 이 모든 것을 허락해 주신 나의 하나님께 감사드린다.

2016. 5. 1

김 정 수

# 목 차

## 제1편 총 론

## 제2편 내부자거래 규제

## 제4장 중요정보

## 제3편 시장질서 교란행위

### 제8장 시장질서 교란행위

## 제9장 과징금 제도의 이론

## 제10장 과징금의 산정방법

## 제4편 위반행위의 조사와 제재

### 제11장 내부자거래등에 대한 조사와 제재

## 제13장 Compliance Program

## 제14장 단기매매차익 반환의무

# 주요참고문헌 및 약어표

## I. 국 내 서

### (1) 해설서


금융감독원, 자본시장 불공정거래 판례분석 (2013) [금융감독원, 판례분석]

금융감독원, 행정쟁송 판례집 (2014)

금융위원회 · 금융감독원 · 한국거래소 · 금융투자협회, 안전한 자본시장 이용법 (2015) [금융위]

금융위원회 · 금융감독원 · 한국거래소 · 금융투자협회, 안전한 자본시장 이용법, 별책부록 (2016) [금융위, 부록]

김건식 · 정순섭, 자본시장법(제3판) (두성사, 2013) [김건식 · 정순섭]

김용진, 내부자거래 규제대상으로서의 내부정보에 관한 연구 (한양대 박사논문, 1992) [김용진]

김정수, 자본시장법원론 (SFL그룹, 2014) [김정수]

박순철, 미공개중요정보 이용행위의 이해 (박영사, 2010) [박순철]

박임출, 내부자거래 규제에 관한 비교법적 연구 (성균관대학 박사학위 논문, 2003) [박임출]

오성근 · 박임출 · 하영태, 시장질서 교란행위 과징금 부과기준 산정에 관한 연구, 한국증권법학회 (금융위원회 학술연구용역보고서)(2015) [오성근 · 박임출 · 하영태]

이상복, 자본시장법상 내부자거래 (박영사, 2010) [이상복]

임재연, 자본시장법상 불공정거래 (박영사, 2014) [임재연]

한국증권법학회, 자본시장법 주석서 I (박영사, 2015) [증권법학회, 주석서 I]

한국증권법학회, 자본시장법 주석서 I (박영사, 2010) [증권법학회, 주석서 I (2010)]


### (2) 주요논문집 등


대한변호사협회, 「인권과 정의」 [인권과 정의]

서울대 금융법센터, 「BFL」 [BFL]

서울지방변호사회, 「시민과 변호사」 [시민과 변호사]

한국거래소, KRX Market

한국비교사법학회, 「비교사법」 [비교사법]

한국금융법학회, 「금융법연구」 [금융법연구]
한국증권법학회, 「증권법연구」 [증권법연구]

## II. 외 국 서

Alexander, R.C.H, Insider Dealing and Money Laundering in the EU: Law and Regulation (2007)
Ali, Paul & Greg Gregoriou, Insider Trading: Global Developments and Analysis (2009)
Bainbridge, Stephen (ed), Insider Trading (2011)
Bainbridge, Stephen, Insider Trading Law and Policy (2014)
Bainbridge, Stephen (ed), Research Handbook on Insider Trading (2013)
Bazley, Stuart, Market Abuse Enforcement: Practice and Procedure (2013)
Clarke, Sarah, Insider Trading: Law and Practice (2013) [Clarke]
Langevoort, Donald, Insider Trading Regulation (1991)
Schulte Roth & Zabel LLP, Harry Harry (ed), Insider Trading Law and Compliance: Answer Book 2013
Fanto, James & Karen Cook, Aspatore Special Report: SEC Enforcement of Insider Trading Regulation (2011)
Ferrara, Ralph & Donna Nagy & Herbert Thomas & Kim Thomas, Ferrara on Insider Trading and The Wall (2004) [Ferrara]
Hamilton, James & Ted Tautmann, Guide to Regulation FD and Insider Trading Reforms (2001)
Hazen, Thomas Lee, Fundamentals of Securities Regulation (Revised 5th Edition) (2006) [Hazen]
Kaufman, Michael & John Wunderlich, Rule 10b-5 Private Securities-Fraud Litigation (2014)
Kirkpatrick & Lockhart Preston Gates Ellis LLP, The Securities Enforcement Manual (2nd ed.), American Bar Association (2007) [Kirkpatrick]
Loss, Louis & Joel Seligman & Troy Paredes, Fundamental of Securities Regulation (2011) [Loss · Seligman · Paredes]
Macey, Jonathan, Insider Trading: Economics, Politics and Policy (1991)
Markham, Jerry, Law Enforcement and the History of Financial Market Manipulation (2014)
Palmiter, Alan, Securities Regulation (5th ed.) (2011) [Palmiter]
Rider, Barry & Ffrench, Leigh, The Regulation of Insider Trading (1981)

Swan, Edward J & Virgo, John, Market Abuse Regulation (2nd ed) (2010) [Swan・Virgo]

Szockya, Elizabeth, The Law and Insider Trading: In Search of a Legal Playing Field (1993)

Wang, William & Steinberg, Marc, Insider Trading (3rd ed.) (2010)

木目田裕=上島正道 監修, 西村あさひ法律事務所 危機管理 그룹 편, インサイダ ー 去來規制の實務 (商事法務, 2版) (2014) [西村]

森・濱田松 法律事務所, 事例でわかる インサイダー取引 (商事法務, 2013)

服部秀一, インサイダー 去來規制のすべて (金融財政事情研究會, 2013) [服部秀一]

川口 恭弘, 木目田 裕, 平田 公一, 松崎 裕之, インサイダー 去來規制と未然防止策 (經濟法令研究會, (2014)

白井 眞=大久保曉彦 外, 事例詳解 インサイダー 去來規制 (金融財政事情研究會, 2014)

十市 崇 外, 金融商品去來法違反への實務對應 (商事法務, 2013)

# 제 1 편

# 총 론

# 제1장

# 내부자거래 규제 총론



## I. 규제의 의의

내부자거래(insider trading)란 일반적으로 기업의 임직원 및 주요주주 등 이른바 내부자가 자신의 직무와 관련하여 알게 된, 아직 일반인에게 공개되지 아니한 기업의 정보를 이용하여 해당 기업의 주식을 거래하는 것을 말한다.[1] 기업의 내부에 위치한 이들 내부자 이외에도 이들로부터 정보를 전달받은 정보수령자나 해당 정보에 합법적으로 접근할 수 있는 전문가들, 예를 들어 변호사나 회계사들도 소위 '내부자'(insider)의 범주에 포함시켜 해당 정보를 이용한 증권의 거래 역시 내부자거래에 해당된다.[2] 또한 공개매수나 기타 기업매수와 관련한 내부정보를 이용하여 매수대

1) Cox, 775; Elizabeth Szockyj, The Law and Insider Trading: In Search of A Level Playing Field 2 (1993); Iman Anabtawi, *Toward a Definition of Insider Trading*, 41 Stan. L. Rev. 377 (1987); Loss · Seligman · Paredes, 1270; Steve Thel, *Section 20(d) of the Securities Exchange Act: ongress, the Supreme Court, the SEC, and the Process of Defining Insider Trading*, North Carolina L. Rev. 1261 (1991); U.S. Securities and Exchange, Division of Enforcement: Insider Trading, 《http://www.sec.gov/answers/ insider.tm》 참조.

2) 이처럼 내부정보의 이용 금지 대상자가 확대되면서 순수 내부자가 아닌 자들도 내부자거래의 규제대상이 되었다. 이러한 이유에서 구증권법(1997년 제13차 개정시부터)과 자본시장법은 내부자거래라는 용

상기업의 주식 등을 거래하는 행위도 내부자거래의 범주에 포함된다.

이러한 내부자거래는 증권시장을 가지고 있는 거의 모든 국가에서 중대한 증권범죄로 규제하고 있는데, 이는 정보가 특별한 의미를 가지고 있는 증권시장에서 신인의무를 지고 있는 기업의 내부자 등이 일반에게 공개되지 아니한 '미공개중요정보'(material, non-public information: MNPI)를 이용하여 정보의 우위에 서서 증권을 거래하여 '비밀스러운 이익'(secret benefit)을 취한다는 것은 공정하지 못할 뿐만 아니라 증권시장의 존립근거 자체를 흔들 수 있기 때문이다.[3)]

이러한 내부자거래 규제에 대해서는 이론적으로 많은 논쟁이 있어 왔다. 거래상대방이 모르는 정보를 이용하여, 그것도 상장법인의 임직원 등이 자신의 지위를 통해 알게 된 정보를 해당 법인의 주식거래에 이용하는 것은 거래상대방에 대한 사기적 행위라고 여겨질 수 있다. 그러나 비밀스러운 정보의 이용을 금지해야 할 내부자의 범위를 어디까지 해야 할지, 규제대상 정보는 어느 유형까지 해야 할지, 그러한 비밀스러운 정보의 전달 금지는 어느 단계까지 통제해야 할지 다양한 이슈들이 제기된다. 또한 투자자들 개개인의 노력 또는 자연스러운 정보의 격차까지 부정하는 것은 적절하지 못하기 때문에, 그 경계선을 어디에 그어야 할지에 대해서도 많은 논란이 가능하다. 이처럼 내부자거래 규제에 대한 다양한 규제의 스펙트럼이 가능하며, 따라서 내부자거래 규제 분야처럼 자본시장법에서 이론적인 다툼이 치열하고 또 분열되어 있는 영역은 없다.

그러나 내부자거래가 증권시장에서 규제되어야 할 필요성이 보편적으로 인식되기까지에는 역사적으로 많은 시간이 요구되었다. 거래의 가격에 영향을 미칠 수 있는 중요정보의 발생을 알고 있는 자가 해당 정보의 존재를 모르는 거래상대방에

---

어 대신 '미공개중요정보의 이용행위'라는 표현을 사용하고 있다. 그러나 전통적으로 '내부자거래'라는 용어를 사용하여 왔고, 내부자규제의 범위는 내부자의 개념 정의의 문제일 뿐 어떠한 용어를 사용하는 지는 본질적인 문제가 아니다. 본서에서는 '내부자거래'와 '미공개중요정보의 이용행위'는 다른 전제가 없는 한 동일한 의미로 사용한다.

3) Loss · Seligman · Paredes, 1271. 또한 이러한 인식은 개별 투자자 간의 공정성 문제를 넘어서 내부자거래는 증권시장 전체의 공정한 질서에 해를 끼칠 것이고, 시장에 대한 투자자의 신뢰에 또한 부정적인 영향을 끼쳐 증권시장의 발전에 커다란 장애물로 작용할 것이라는 우려와도 연결되어 있다.

대해 유리한 가격으로 거래를 성사시키는 행위를 정당한 거래로 인정할 수 있는 지 여부는, 적어도 현대증권시장이 등장하기 이전까지는 근본적으로 철학적인 논의의 영역에 머물러 있었다.[4)]

> 역사적으로 볼 때 미공개중요정보를 이용한 거래는 오랫동안 허용이 되어 왔다. 토마스 아퀴나스(1225~1274)가 13세기에 이에 대해 언급한 적이 있는데, 오늘 도시에 막 도착한 곡물상이 내일 다른 곡물상이 도착할 것이라는 정보를 사람들에게 말해야 할 도덕적 의무를 가지고 있지 않다고 했다. 곡물상은 이 정보를 불공시함으로써 보다 높은 가격으로 곡물을 팔 수 있을 것인데, 그 정보를 말하지 않았다고 해서 도덕적으로 잘못된 것은 없다는 것이다. 다른 말로 표현하면, 불공시를 통해 이익을 취하는 행위가 도덕적으로 아무런 잘못이 없다는 것이다. 곡물상이 그 정보를 얻기 위하여 행한 노력이 아무것도 없다는 사실은 도덕적 비난가능성 여부와는 아무런 관계가 없다는 것이다.[5)]

그러나 토마스 아퀴나스의 이론에 대해 반론이 없었던 것은 아니다. 다른 이들은 이러한 내부자거래는 항상 또는 거의 항상 비윤리적이라고 비판한다. 또한 공리주의학파의 창시자인 벤담은 내부자거래가 비윤리적인지 여부는 내부자거래가 최대 다수의 최대 행복이라는 결과를 가져오는지 여부에 달려있다고 주장하기도 하였다.[6)] 이러한 내부자거래에 대한 연구와 논쟁의 중심을 이루는 개념들은 정당성(fairness), 동등한 입장(level playing field argument), 전체의 복지(overall welfare), 신인의무(fiduciary duty), 부정유용이론(misappropriate theory), 정보에 대한 재산권(property rights in information) 등을 들 수 있을 것이다.[7)]

---

4) 내부자거래 규제의 철학적 · 윤리적 연구에 관한 문헌으로는 윤혜진, "내부자 거래의 윤리적 문제점에 대한 연구", 『哲學硏究』 제126집 (大韓哲學會 論文集) (2013. 5) 참조.

5) Robert W. McGee, *An Economic and Ethical Look at Insider Trading,* 35 (Paul Ali & Greg Gregoriou edited, Insider Trading, Global Developments and Analysis, 2009).

6) *Id.* at 36.

7) *Id.*

이러한 내부자거래에 대한 규제가 보편적인 합의에 이르게 되는 시점은 20세기에 들어와서야 이루어지게 되었는데, 더 구체적으로는 지난 4반세기의 문제로 대두되었다고 할 수 있다.[8] 증권시장의 역사가 오래되고 성숙했던 미국의 경우도 내부자거래 규제는 상대적으로 늦었다고 볼 수 있다. 이처럼 내부자거래 규제가 시세조종과는 다르게 이론적 기반을 정립하는 데 어려움을 겪었던 원인 중의 하나는 영미의 보통법(common law) 체제하에서 중요한 상거래원칙의 하나였던 '매수인의 위험부담원칙'인 소위 "캐비엇 엠터"(caveat emptor) 원칙과 내부자가 알게 된 미공개중요정보에 대한 공시의무라는 상치되는 원칙의 충돌에 기인한다.[9] 전통적인 "caveat emptor" 원칙과 내부자가 내부정보를 거래상대방에게 알리지 않고 거래하는 행위가 도덕적으로 비난받아야 할 행위라는 인식이 서로 이론적으로 충돌하면서 미국의 법원들은 서로 상이한 입장을 보여주었던 것이다.

1900년대 초반부터 미국의 일부 법원에서 전통적인 "caveat emptor" 원칙에도 불구하고 내부자는 증권거래를 함에 있어서 거래상대방에게 자신이 알고 있는 미공개중요정보를 공시해야 할 의무가 있다는 판결이 나타나기 시작하였으며, 이러한 이론이 소수의 입장이었지만 증권시장의 규모가 팽창되고 시장에 대한 투자자의 신뢰가 중요한 문제로 인식되면서 점차 힘을 얻게 되었다. 이러한 두 이론 간의 갈등은 1929년 미국증권시장의 붕괴 이후 연방의회가 시장대붕괴의 원인 중의 하나라고 인식하였던, 당시 만연하였던 기업내부자들에 의한 내부자거래를 규제하기 위하여 『1934년 증권거래소법』(Securities Exchange Act of 1934)(이하 "34년법"이라 한다)을 제정하면서 종지부를 찍게 되었다.

그러나 34년법에서 증권사기를 금지하는 제10조(b) 조항은 내부자거래를 금지한다는 직접적인 내용을 가지고 있지 않다. 동 조항이 규정하고 있는 "증권의 거

---

8) Barry Rider, 1.

9) "caveat emptor"는 '매수인은 주의하라'(Let the buyer beware)라는 의미의 보통법상 상거래에 관한 격언이다. 이 격언은 매수자는 거래의 위험성을 피하기 위해서 스스로가 조사하고 테스트하고 판단하여야 한다는 내용을 말한다. 이러한 격언은 엄격한 책임, 보장 또는 소비자보호법 등이 보호하고 있는 소비자가 매수자인 거래보다는 법원에서 시행하는 경매 등에 보다 잘 적용될 수 있다(Black's Law Dictionary (6th, 1990)).

래와 관련한 모든 사기적 행위"에 내부자거래가 포함되는지 해석상 명확하지는 않았지만, 연방증권거래위원회(SEC)가 1961년의 Cady, Roberts 사건에서 동 조항을 적극적으로 적용하여 내부자거래 행위로 판단하여 제재를 하였고, 이후 연방제2항소법원이 1968년 Texas Gulf Sulphur 사건에서 Cady, Roberts 사건에서의 SEC 주장을 인정하면서 미국 연방증권법상 내부자거래 규제의 법리적 기초를 세우게 되었다. 이후 미국은 내부자거래 규제의 핵심을 구성하는 중요 개념들이 모두 판례를 통해 다루어지면서 판례법을 통해 내부자거래 규제 법리가 완성되게 된다.

이러한 미국증권법의 영향으로 세계 주요국들도 내부자거래에 대한 규제를 도입하게 되었고, 우리 구 증권거래법 역시 내부자거래 규제를 도입하면서 상장법인의 내부자가 회사의 중요정보가 공개되기 이전에 거래하는 것을 금지하였고, 내부자 이외에 이러한 중요정보에 합법적으로 접근할 수 있는 일정한 지위에 있는 자들, 그리고 이들로부터 중요정보를 전달받은 제1차 정보수령자에 대해서도 동일한 규제를 적용하였다. 그리고 상장법인의 자기주식 이외에도 공개매수나 대량취득 · 처분 정보를 이용한 주식의 거래도 내부자거래의 한 유형으로 금지하여 왔다.

이처럼 구 증권거래법과 자본시장법이 내부자거래를 금지하는 취지는 "증권매매에 있어 정보 면에서의 평등성, 즉 공정한 입장에서 자유로운 경쟁에 의하여 공정한 거래를 하게 함으로써 증권시장의 거래에 참여하는 자로 하여금 가능한 동등한 입장과 동일한 가능성 위에서 증권거래를 할 수 있도록 투자자를 보호하고 증권시장의 공정성을 확립하여 투자자에게 그 신뢰감을 갖게 하려는데 있는 것"[10]이라 할 수 있다.

그러나 이처럼 현대 자본시장을 가지고 있는 거의 모든 주요국이 내부자거래를 금지하는 법령을 가지고 있지만, 내부자거래 규제에 대해 여전히 그 규제의 필요성을 부정하는 견해도 존재한다. 대표적으로 시카고학파의 일부 경제학자들은 내부자거래는 경영자에게 기업가치의 향상에 대한 인센티브를 제공하는 기능을 할 수

10) 헌법재판소 1997. 3. 27. 선고 94헌바24 결정.

있을 뿐만 아니라, 증권시장에서 주가의 충격을 완화시켜 주는 윤활류적 기능을 수행할 수 있기 때문에 내부자거래를 규제할 필요가 없다는 주장을 하기도 한다. 그러나 시카고학파의 일부 경제학자들의 주장처럼 내부자거래의 허용으로부터 오는 일부 장점을 취하기 위해 내부자거래를 전면적으로 허용할 경우, 증권시장에 대한 투자자의 신뢰는 붕괴될 것이고, 이는 궁극적으로 증권시장의 존립을 위태롭게 할 것으로 예상된다. 따라서 오늘날 증권시장의 중요성이 더욱 커지고 있는 상황에서, 주요국들은 자국 증권시장의 공정성과 신뢰성을 높이기 위해 지속적인 입법 개혁을 통해 내부자거래에 대해 더욱 강화된 규제를 시행하고 있음은 우연이 아니라고 할 수 있다. 내부자거래 규제에 대한 필요성과 이에 대한 비판에 대해서 아래에서 자세하게 살펴본다.

# II. 규제의 근거와 비판

## 1. 서 론

오늘날 대부분의 국가들이 내부자거래를 법으로 금지하고 있으며, 이론적으로도 내부자거래가 규제되어야 한다는 주장이 지배적이다. 이처럼 내부자거래를 규제하는 가장 기본적인 이유는 내부자거래는 '정직하고 공정한 증권시장에 대한 일반투자자의 정당한 기대'(investing public's legitimate expectation of honest and fair securities market)[11]를 무너뜨리기 때문이다. 내부자거래는 증권시장의 공정성을 훼손한다는 측면 이외에도 투자자들과 기업 모두에게 피해를 입히며,[12] 궁극적으로

11) 1984년 미국하원이 1984년 『내부자거래제재법』을 제안하면서 제출한 보고서인 H.R. Rep. No. 98-355, 98th Cong., 1st Sess. 5 (1983)(Loss · Seligman · Paredes, 1270~1271에서 재인용).

12) 미국의 경우 기업의 내부자들이 내부자거래를 통해 매년 약 50억 달러의 이득을 챙기고 있다고 한다. 따라서 내부자들은 정보의 열세에 있는 시장참가자들의 비용으로 거대한 부당이득을 얻고 있는 것이

증권시장의 공정성 저하는 증권시장의 효율성 저하로 이어지는 부정적인 효과가 발생한다는 것이 내부자거래를 규제하는 주요 근거라 할 수 있다.[13)]

그러나 앞서 살펴본 것처럼 내부자거래를 규제할 필요가 없다는 주장이 없는 것은 아니다. 이러한 내부자거래 규제에 대한 비판은 1966년 미국에서 Henry Manne에 의해서 처음으로 제기되었다.[14)] 그러나 Manne를 중심으로 한 내부자거래 규제에 대한 비판이론은 주류를 형성하지 못하였으며, 미국의 경우 법원들은 내부자거래에 34년법 제10조(b) 및 SEC Rule 10b-5를 적용함에 있어서 규제범위에 서로 이견을 보이기도 하였지만 내부자거래 규제 필요성에 대해서는 이견이 없었다.[15)]

오늘날 대부분의 국가들이 내부자거래를 중대한 증권범죄로 규정하여 엄격하게 규제하고 있다. 이러한 규제의 정도나 위반시 처벌의 방법이나 수준은 국가마다 차이가 있지만, 최근 세계증권시장 간 경쟁이 심화되는 가운데 자국 증권시장의 공정성과 신뢰성을 제고하기 위하여 대부분의 국가에서 내부자거래에 대한 규제의 범위나 처벌의 수준은 더욱 강화되는 추세에 있다고 할 수 있다.[16)] 최근 미국에서 발전하고 있는 내부자거래 규제 강화를 비롯하여 유럽의 내부자거래 규제 개혁은 주목할 만하다.[17)]

---

다.

13) Marleen A. O'Connor, *Toward A More Efficient Deterrence of Insider Trading: The Repeal of Section 19(B)*, 58 Fordham L. Rev. 315, 316 (1989).

14) Henry Manne, Insider Trading And The Stock Market (1966).

15) 내부자거래 규제에 대한 비판이론은 규제의 필요성을 사회 전체적인 자원배분의 효율성 측면에서 접근하는 자유주의경제학의 영향을 크게 받은 것으로 보이며, 당시 시카고학파에 속하는 Dennis Calton과 Daniel Fishel, 그리고 R. A. Posner로 이어진다(Dennis Calton & Daniel Fishel, *The Regulation of Insider Trading*, 35 Stan. L. Rev. 857, 870~871 (1983)과 R. A. Posner, Economic Analysis of Law (3rd. 1986) 참조).

16) 미국의 경우 2001년에 SEC Rule 10b5-2를 제정함으로써 그동안 해석상 논란을 빚어 왔던 친족 간의 정보제공행위도 원칙적으로 내부정보의 제공으로 인정하여 내부자거래의 범주 안으로 끌어들였다.

17) EU 및 영국의 내부자거래 규제에 관한 주요 단행본으로는 Edward Swan and John Virgo, Market Abuse Regulation (2010); R.C.H. Alexander, Insider Dealing and Money Laundering in the EU: Law and Regulation (2007); Sarah Clarke, Insider Dealing (2013); Stuart Bazley, Market Abuse Enforcement (2013) 등이 있다.

## 2. 내부자거래 규제의 필요성

### (1) 형 평 성

내부자거래 규제의 가장 중요한 근거로서 '형평성'(equality)을 들 수 있다.[18] 즉 비밀정보를 이용하여 거래하는 내부자와 거래한 상대투자자는 정보에 있어서 불리한 입장에 있기 때문에 이러한 거래는 '형평성' 또는 '공정성'(fairness)을 무너뜨리게 되며, 이러한 거래로 인해서 상대거래자가 손해를 입게 된다는 것이다.[19]

미국연방의회는 1984년 『내부자거래제재법』(Insider Trading Sanction Act: ITSA)을 제정하면서 "증권시장에 참여하는 모든 투자자들은 증권시장이 정직하고 공정한 시장에 대한 정당한 기대를 가지고 있으며 … 만약 누군가가 정보의 우위를 이용하여 투자한다면 그것은 불공정하고 일반투자자의 증권시장에 대한 정당한 기대와 어긋나는 것"[20]이라고 입법취지를 밝혔다.

이처럼 내부자거래를 규제하고자 하는 가장 중요한 근거는 일반적으로 미국 연방의회의 입법취지에서도 볼 수 있는 것과 같이 내부자거래 규제는 '공공의 신뢰'(public confidence)와 '시장의 건전성'(integrity of market)을 해친다는 인식을 기반으로 하고 있다.[21] 즉 대부분의 투자자들은 그러한 거래가 허용된 시장보다는 그러한 거래가 허용되지 않은 시장에서 투자할 것인데, 이것은 투자자들은 위험을 회피하고, 보다 '공정한 게임'(fair game)을 원한다고 볼 수 있기 때문이다.[22]

이러한 공정성이 내부자거래 규제의 주요 목적이라는 점에 대해서 Texas Gulf

---

18) Bryan C. Smith, *Possession Versus Use: Reconciling the Letter and the Spirit of Insider Trading Regulation Under Rule 10b-5*, 35 California Western School of Law 371, 381 (1999); 이철송, 내부자거래 제한의 법리 (자유기업원, 2003) 11~12면.

19) 조인호, "내부정보를 이용한 내부자거래의 규제에 관한 소고", 『비교사법』 제13권 3호 (통권 34호), 400~409면은 이러한 '형평성' 논거가 미국에서보다 한국에서 더 설득력이 있는 요인에 대해 분석하고 있다.

20) H.R. Rep. No. 98-355, 98th Cong., 1st Sess. 5 (1983)(Loss · Seligman · Paredes, 1270에서 재인용).

21) Loss · Seligman · Paredes, 1270.

22) *Id.*

Sulphur 법정은 "전통적 신인의무에 근거하든 아니면 '특별한 사실의 원칙'에 근거하든 SEC Rule 10b-5는 비대면(非對面)거래로 거래하는 모든 투자자들은 중요한 정보에 '동등한 접근'(equal access)이 보장된다는 정당한 기대를 기초로 하여 존재한다."라고 밝히고 있다.[23)]

따라서 내부자거래가 허용된다면 일반적으로 증권시장에 대한 신뢰에 부정적인 영향을 미칠 것이고, 이는 투자의 위축을 가져올 것이고 나아가 자금조달의 비용을 증가시킬 것이다. 내부자거래로 인한 이러한 부정적 성격을 강조하는 측은 내부자거래의 허용으로 인한 개인투자자의 손실보다도 사회 전체의 경제적 손실을 방지하기 위하여 내부자거래를 규제하여야 한다고 주장한다.[24)]

### (2) 분배적 효율성

내부자거래가 가져오는 또 다른 피해는 시장의 '분배적 효율성'(allocative efficiency)을 해친다는 것이다.[25)] 일반적으로 기업에 중요한 정보가 발생한 경우 기업은 즉시 이 정보를 시장에 공시하여야 한다. 이러한 중요정보의 신속한 공시는 시장의 분배적 효율성을 촉진시킬 수 있다. 좋은 정보라면 주가가 올라갈 것이고, 나쁜 정보라면 주가는 내려갈 것이다. 이러한 맥락에서 많은 수익을 약속하는 기업으로 자금은 몰릴 것이고, 그렇지 않은 기업으로부터는 자금이 이탈할 것이다. 이러한 자원의 분배기능은 이상적으로는 '파레토 최적'(pareto optimality)을 이룰 것이다.[26)] 현실적으로 이러한 '파레토 최적'을 실현하기에는 어려움이 있지만, 중요정보의 즉각

---

23) 401 F.2d at 848; Chiarella 사건을 다루었던 항소법원도 TGS 법정과 동일한 차원에서 연방증권법의 목적에 대해 "합리적인 투자결정에 필요한 정보에 '동등한 접근'(equal access)을 제공해 주는 체제를 구축하기 위한 것"이라고 언급하면서 Chiarella의 내부자거래를 인정하였다. 그러나 연방대법원은 항소법원의 결정을 파기하면서 "금융거래에 있어서 모든 '불공정성'(unfairness) 요소들이 항상 제10조(b)에서 금지하고 있는 사기적 행위를 구성하는 것은 아니다."라고 판결하였다. 따라서 형평성문제는 본질적으로 내부자거래 규제의 중요한 근거가 되고 있지만, 구체적인 사안에서 형평성의 적용문제는 다른 차원의 문제로 발전할 수 있다는 것을 보여준다.

24) Loss · Seligman · Paredes, 1270.

25) 이를 "경제적 효율성"(economic efficiency)이라고도 한다(Bryan C. Smith, *id.* at 383).

26) *Id.* at 762.

적인 공시는 이 최적을 향한 자원의 재분배 기능에 도움을 줌으로써 이러한 경제적 목적에 기여한다는 것이다.[27] 그러나 내부자들은 내부자거래를 하기 위한 동기에서 호재든 악재든 중요정보의 공시를 지연시키고자 할 것이라는 것이다. 따라서 내부자거래를 금지함으로써 이러한 동기를 근본적으로 제거할 수 있다는 것이다.

이외에도 이러한 논리는 내부자들의 '도덕적 해이'(moral hazard)를 문제로 지적한다. 기업의 내부자들은 호재뿐만 아니라 악재로부터도 이익을 얻을 수 있다는 것이다. 또한 주주들이 안정적이고 높은 주가를 기대하는 반면, 내부자들은 변동성이 심한 주가를 원할 것이다. 주가의 변동성이 높다면 그 사이에서 내부정보를 이용하여 차익을 실현할 가능성이 높기 때문이다. 즉 내부자들이 고의로 변동성을 키우기 위해 공시내용이나 언론으로 나가는 보도자료를 조작하거나 안정된 방식보다는 새로운 모험적인 사업을 시도하려고 할 것이라는 것이다. 이는 벤처기업이 신기술개발의 착수에 대한 공시 이전에 내부자들이 자유자재로 주식거래를 할 수 있는 한 벤처기업의 사업적 성공이나 실패에는 관심이 없을 것이라는 것이다.[28]

### (3) 재산권 문제

기업의 정보는 기업이 가지는 재산이라 할 수 있는데, 특히 새로운 상품의 개발이나 새로운 광물의 매장지 발견과 같은 정보는 기업의 영업재산권으로 간주될 수 있다.[29] 따라서 기업의 정보는 기업의 내부자라고 해서 개인적인 부의 취득을 위해 기업의 허락 없이 사용할 수가 없다는 것이다.[30] 기업의 내부자는 임금계약에 의해서 기업으로부터 보상을 받는 것이지, 기업의 미공개정보를 이용하여 개인적인 부를 취득하는 것은 내부자의 특권이라고 할 수는 없다는 것이다. 따라서 내부자가 회사의 재산권이라 할 수 있는 미공개정보를 이용하여 비밀스러운 이익을 취한다면, 이는 대리인의 의무를 위반하는 것이고 부당한 부를 취득하는 것이라는 것이다.[31]

---

27) *Id.* at 761~762.
28) *Id.* at 762.
29) *Id.* at 763; Bryan C. Smith, *id.* at 382.
30) 이철송, 전게논문(각주 18), 12면.
31) 1981년 미국 연방제2항소법원이 다룬 Unites States v. Newman 사건에서 내부정보를 부정하게 이용

이러한 주장은 기업이 신제품을 개발하기 위하여 많은 노력을 투자한 경우에 더욱 설득력이 있다. 또한 기업이 특정기업을 매수하려고 하는 경우에도 마찬가지이다. 즉 기업은 적절한 타깃기업을 물색하기 위하여 상당한 노력을 하였을 것이고, 기업매수를 위해 상당한 자금을 투자하게 될 것이기 때문에, 이와 관련된 모든 정보는 기업의 재산권에 속한다고 할 수 있을 것이다.

기업의 예상이익금이나 임박한 배당금지급과 같은 경우에는 기업이 해당 정보와 관련한 '재산'을 개발하기 위하여 특별히 투자한 노력은 없다. 그러나 이러한 경우에도 마찬가지로 해당 정보를 내부자가 기업의 허락 없이 주식의 거래에 이용하는 것을 내부자의 특권으로 보는 것은 곤란하다.

## 2. 내부자거래 허용론

내부자거래의 규제가 의미 없다는 주장은 1966년 미국의 Manne 교수에 의해서 체계적으로 주장된 이후 주로 시카고학파의 일부 교수들을 통해 제기되어 왔다.[32] 내부자거래 규제가 불필요하다는 이들 주장의 근거로는 보통 내부자에 대한 보상, 가격조정기능 등을 들고 있다.[33]

---

하는 행위는 단순히 기업경영의 내부문제가 아니라 현금이나 증권을 훔치는 행위와 유사하다고 설시하였다(664 F.2d 12 (2d. Cir. 1981)). 이후 O'Hagan 사건에서도 연방대법원은 기업의 비밀정보는 기업이 독점적으로 사용할 권리를 가지고 있는 재산권인데, 그러한 정보를 공개하지 아니하고 유용하는 행위는 횡령에 가까운 사기라고 설시하였다(United States v. O'Hagan, 521 U.S. 642 (1997)). 그러나 외부정보의 경우에는 회사가 동 정보를 창출하는 데는 투자하지 않았기 때문에 이 논거는 외부정보를 이용한 내부자거래를 규제해야 한다는 입장에게는 정책적 근거를 제공하지 못한다는 지적이 있다(조인호, 전게논문(각주 19), 390면).

32) Manne와 그의 이론을 지지하는 시카고학파 측은 주로 법학자들이 자신들의 주장을 비판하고 있지만, 그들의 비판은 경제학적 이론과 경험적 증거들을 제시하지 못한다고 비난한다. 즉 내부자거래를 허용하는 경우 시장의 효율성에 문제가 있다는 수량적 증거를 제시하지 못한다는 것이다. 이에 대해 Mark Klock는 *Mainstream Economics And The Case For Prohibiting Inside Trading*, 10 Georgia State Univ. L. Rev. 297 (1994)에서 역으로 경제학적 이론과 경험적 증거들이 내부자거래를 규제하는 것이 시장의 효율성 증진에 도움이 된다는 주장을 하고 있다.

33) 이에 대한 상세한 설명은 Easterbrook & Fischel, 256~259 참조.

### (1) 내부자에 대한 보상

Manne를 비롯하여 내부자거래 규제의 불필요성을 주장하는 측은 내부자거래로 인한 이익은 기업의 내부자들에 대한 적절한 보상이라고 주장한다. 즉 임금시장이 기업의 내부자에 대해 적절한 보상이 될 수 없으며, 오히려 기업의 내부자들에게 내부자거래를 허용함으로써 그들에게 새로운 기술혁신의 동기를 부여할 수 있으며, 이로 인한 이득은 그들에게 돌아갈 수 있는 것이라고 주장하였다. 그러나 다음과 같은 측면에서 이러한 주장은 설득력이 약하다.[34)]

첫째, 기업가의 기여는 임금시장을 통해서 보상을 받을 수 있으며, 특히 현대기업의 경우 스톡옵션(stock option)이나 기업의 실적에 기초한 보너스 등 다양한 형태의 보상방법들이 제공되고 있다. 또한 임금시장에서 기업가들이 충분한 가치를 부여받지 못한다면 그들은 경쟁업체로 옮겨서 더 큰 보상을 받을 수도 있는 것이다. 이처럼 기업경영진의 기여와 그에 대한 보상은 전적으로 회사와 경영진 간의 사적 협상의 영역이지, 정부규제가 개입할 영역이 아닌 것이다. 즉 정부가 경영진이 어느 정도 기간의 휴가를 가는 것이 적절한지를 논하는 것이 우스꽝스러운 것처럼 경영진에 대한 보상의 내용이나 규모는 기업과 경영진이 스스로 알아서 할 문제인 것이다.[35)] 이러한 임금시장 등 사적 협상을 통한 보상을 부정하고 내부자거래로부터의 이익이라는 불확실한 형태의 보상이 필요하다는 주장은 동의하기 어렵다.[36)]

둘째, Manne의 주장은 내부자가 부정적인 정보를 이용하여 주식을 매도하는 경우는 특히 설득력이 약하다. 이 경우에는 악재의 발생 원인이 될 수도 있는 내부자들에게, 또는 기업에 전혀 기여를 못한 기업가들에게 회사 내부에서 발생한 악재에 관한 내부정보를 이용하여 이득을 취하는 것을 허용하는 결과가 되기 때문이다.

셋째, 이러한 주장이 가진 문제점은 과연 '기업가의 노력'에 대한 개념이 모호하다는 것인데, 이러한 문제로 인해 단지 기업가에게 뿐만 아니라 광범위한 사람들,

---

34) 조인호, 전게논문(각주 19), 394-395면 참조.
35) Carlton & Fischel, *Regulation of Insider Trading*, 36 Stan. L. Rev. 857 (1983).
36) Loss · Seligman · Paredes, 1273.

즉 비서, 메신저, 기업가적인 역할을 하지 않은 경영진, 외부이사 등에게도 내부자거래가 합법화될 수 있다는 점이다. 또한 기업에게는 적절한 기업가에게만 내부자거래를 허용하기 위하여 상당한 조사와 검사를 해야 하는 비용이 발생할 것이다.

### (2) 주가의 완만한 움직임

내부자거래의 허용 필요성에 대한 두 번째 논리는 내부자거래가 미공개중요정보가 시장에 공개되었을 때 “주가에 미치는 충격을 완화시켜 줄 것”(Stock Price Smoothing)이라는 것이다. Manne의 주장에 따르면, 예를 들어 특정기업에 악재성 정보가 발생한 경우 이 정보가 일반에게 발표되면 해당 기업의 주가는 갑자기 하락할 것이다. 그러나 내부자거래가 허용된다면 이 정보가 발표되기 이전에 내부자의 은밀한 매매로 주가는 서서히 떨어지기 시작할 것이라는 것이다. 따라서 내부정보를 인지한 시간과 해당 정보가 일반에게 공시된 시간 사이에 주식을 매입한 투자자는 내부자거래가 엄격하게 규제되어 공시 이전의 높은 가격에서 매입한 투자자보다 덜 피해를 당할 것이라고 주장한다.[37]

그러나 내부자에 의한 거래는 보통 해당 주식의 전체 거래량에 비해 극히 적은 부분에 불과한 것이 일반적이며, 따라서 오늘날 같이 대규모 증권시장에서 이러한 내부자에 의한 거래가  주가급변의 완충작용을 할 수 있을 것이라는 주장은 매우 비현실적이다. 물론 내부자가 대량으로 매도 또는 매수하는 경우 시장이 이에 반응할 수 있지만, 이는 수요와 공급의 일시적 불균형으로 발생할 수 있는 단기적인 주가변동에 불과하며, 내부자의 거래가 소진되면 주가는 다시 원래의 위치로 빠르게 회복될 것이다. 따라서 내부자거래가 미공개정보가 공시되었을 때 발생할 수 있는 주가의 급변을 완화시켜 줄 것이라는 주장은 비현실적이다.[38]

---

37) 이와 유사한 주장으로는 Carlton & Fischel, *id.* 참조.

38) 내부자거래가 주가급변의 완충작용을 한다는 주장을 부정하는 연구보고서로는 Schotland, *Unsafe at Any Price: A Reply to Manne, Insider Trading and the Stock Market*, 53 Virginia L. Rev. 1425, 1443~1446 (1964)(Loss · Seligman · Paredes, 1276에서 재인용).

# III. 자본시장법상 내부자거래 규제

## 1. 연혁과 규제 구조

### (1) 구 증권거래법

우리나라에서 내부자거래에 대한 규제는 1976년에 증권거래법 제7차 개정을 통해서 처음으로 도입되었다. 이는 증권거래법이 처음으로 제정되었던 1956년 당시, 그리고 그 이후 몇 차례 계속되었던 거래법 개정에서도 내부자거래에 대한 규제의 필요성이 인식되지 않았다는 것을 보여주고 있다.

1976년에 비록 내부자거래에 대한 규제가 처음으로 도입되었지만 규제내용은 불완전한 수준에 머물렀다. 내부자에 의한 미공개중요정보의 이용행위를 금지하는 내부자거래를 금지한 것이 아니라 내부자의 공매도 금지와 함께 내부정보를 이용하여 6개월 이내에 매도 또는 매수하여 이익이 발생한 경우 이익의 반환의무를 규정한 것에 불과하였다.[39] 이는 오늘날의 내부자거래와 단기매매차익 반환의무가 혼합된 과도기적 형태라고 할 수 있으며, 당시 일본 증권거래법의 규정을 그대로 반영한 것이다.[40] 그러나 1976년에 내부자거래에 대한 규제가 도입된 이후 내부자거래에 대한 규제 필요성이 확대되면서 규제의 범위 및 수준이 계속해서 강화되는 추세를 보여 왔다.

1982년 개정에서는 단기매매차익반환청구권자를 종래의 해당 법인과 대표주주에 한정되어 있던 것을 증권관리위원회까지 확대하였고, 상장법인의 임원 · 주요

39) 구 증권거래법 제188조 ② 상장법인의 임원 · 직원 또는 주요주주는 그 직무 또는 지위에 의하여 지득한 비밀을 이용하여 그 자가 그 법인의 주식을 매수한 후 6월 이내에 매도하거나 그 법인의 주식 등을 매도한 후 6월내에 매수하여 이익을 얻은 경우에는 당해 법인은 그 이익을 그 법인에게 제공할 것을 청구할 수 있다(법률 제2920호 1976. 12. 22).

40) 당시 일본증권거래법상의 내부자거래 규제는 미국증권법의 내부자거래 법제를 충분히 이해하지 못한 채로 제정되었다. 미국의 내부자거래는 포괄적 사기금지 조항인 34년법 제10조(b) 및 SEC Rule 10b-5를 근거로 규제되고, 내부자의 단기매매차익 반환의무 및 공매도 금지만이 제16조(b)와 (c)에 드러나 있어, 이들 조항들이 내부자거래 규제 조항의 전부로 알았던 사실에 기인한다.

주주의 소유주식비율변동보고의무를 명문화하는 등 여러 내용들이 보강되었다. 구 증권거래법은 1988년의 개정에서 제188조의 제목으로 "내부자거래의 제한"이라는 용어를 사용하고 있는데, 이미 앞에서 언급한 것처럼 당시 거래법이 사용하고 있는 '내부자거래'는 내부자의 미공개정보이용을 금지하는 오늘날의 내부자거래가 아니라 단지 내부자에 의한 단기매매차익규제를 내부자거래로 규정한 것에 불과하였다.

그러다가 1991년 12월 제10차 개정에서야 비로소 오늘날의 내부자거래 규제 내용을 갖춘 본격적인 내부자거래 규제체제가 마련되었다. 즉 내부자에 의한 미공개중요정보의 이용행위를 금지하고, 이를 위반한 경우 형사처벌이 가능한 불법행위로 규정한 것이다. 이와 함께 제10차 개정에서는 내부자의 단기매매차익규제와 내부자거래의 규제조항을 분리하여 기존의 제188조의 제목을 "내부자거래의 제한"에서 "내부자의 단기매매차익 반환 등"으로 변경하였고, 제188조의2를 신설하여 제목을 "내부자거래의 금지"로 규정하면서 오늘날의 내부자거래 개념으로 전환되었다. 따라서 제10차 개정을 통해서 내부자거래 규제를 위한 기본적인 기반이 마련되었다고 할 수 있다.[41]

이후 내부자거래 규제와 관련하여 주목할 만한 거래법의 개정은 1997년 제13차 개정시 제188조의2의 제목을 "내부자거래"에서 "미공개정보이용행위"로 변경한 것과, 1999년 제20차 개정시 내부자의 범위에 "당해 법인"을 추가한 것을 들 수 있다.

### (2) 자본시장법

2009년 자본시장법이 제정되면서 구 증권거래법상의 내부자거래 규제 부분이 상당 부분 보완되었다.[42] 구법에 비해 자본시장법상 변화된 주요 내용은 다음과 같다:

---

41) 구 증권거래법상 내부자거래에 대한 연구문헌으로는 김이수, "내부자거래규제에 관한 연구 - 증권거래법을 중심으로", 『중앙대학교 법학』 제20집 (1994).

42) 자본시장법 제정 관련 내부자거래 규제 부분에 대한 총론적 설명과 평가에 관한 문헌으로는 손성, "내부자거래 규제에 관한 연구 - 자본시장통합법을 중심으로", 『상사법연구』 제27권 제2호 (2008), 조인호, "자본시장법과금융투자업에관한법률상 내부자거래규제규정에 관한 소고", 『상사판례연구』, 제23집 제3권 (2010. 9); 미국의 내부자거래와 자본시장법상 내부자거래를 비교한 연구문헌으로는 김광록, "미국법상 내부자거래에 관한 규제 법리와 자본시장법", 『상사판례연구』, 제22집 제2권 (2009. 6).

1. 내부자 중 해당 법인의 범위에 「독점규제 및 공정거래에 관한 법률」상의 계열회사를 포함하였다. 이로써 계열회사를 포함하여 계열회사의 임직원이 규제대상에 포함되었다.
2. 해당 법인과 계약체결을 교섭 중인 자도 준내부자에 포함시켰다.
3. 특정증권등의 개념을 도입하여 해당 법인이 발행한 증권 외에 해당 법인의 증권을 기초자산으로 타인이 발행한 신종증권 및 법인의 주식과 밀접한 관련성이 있는 예탁증권 및 교환사채권을 적용대상증권으로 확대하였다.
4. 중요정보의 개념을 공시의무 개념과 분리하여 투자자의 투자판단에 중대한 영향을 미칠 수 있는 정보로 정의하였다.
5. 공개매수정보를 이용한 내부자거래를 기존의 준용규정 체제에서 벗어나 독립된 규정으로 신설하였고, 기존 제188조의2 제1항의 체제와 동일한 수준으로 상세하게 규정하였다.
6. 공개매수정보 이외에 다양한 M&A 정보를 이용한 내부자거래를 규제하기 위하여 주식등의 대량취득 · 처분의 경우를 독립된 조항을 추가 · 신설하였고, 기존 제188조의2 제1항의 체제와 동일한 수준으로 상세하게 규정하였다.
7. 공개매수시 공개매수자의 발판매수 등 사전매집행위는 공개매수의 준비행위로 보아 규제대상에서 제외하였다. 이는 제174조 제2항 제1호에서 제6호까지 규제대상의 주체에서 공개매수자를 제외한 것으로부터 유추 해석된다. 주식등의 대량취득 · 처분의 경우도 마찬가지이다.

이어 2013년 개정법은 내부자거래와 관련하여 추가적으로 몇 가지 부분이 보완되었는데, 중요한 것은 다음의 3가지 사항이다:

1. 이전에는 6개월 이전에 상장하는 법인만을 내부자거래 규제대상으로 하였지만, 개성법은 "6개월 이내에 상장법인과의 합병, 주식의 포괄적 교환, 그 밖에 대통령령으로 정하는 기업결합 방법[43]에 따라 상장되는 효과가 있는 비상장법

---

43) 대통령령으로 정하는 기업결합 방법이란 다음의 어느 하나에 해당하는 경우로서 그 결과 비상장법인

인"까지 포함하였다.

2. 기존의 '공개매수자'를 "공개매수를 하려는 자"(이하 "공개매수예정자")로 개정하였다. 또한 '대량취득 · 처분을 하는 자'도 "대량취득 · 처분을 하려는 자"로 개정하였다. 이는 아직 공개매수 공고가 나가기 이전 단계이므로 '공개매수예정자'로 변경한 것이다.
3. 기존에는 공개매수자의 발판매수, 즉 동 정보를 이용한 사전매수행위에 대해서 불분명하였는데, 개정법에서는 원칙적으로 내부자거래의 예외로 인정하되, 이러한 예외를 인정받기 위해서는 일정한 요건을 충족하도록 하였다. 즉 공개매수예정자가 공개매수공고 이후에도 상당한 기간 동안 주식등을 보유하는 등 주식등에 대한 공개매수의 실시 또는 중지에 관한 미공개정보를 그 주식등과 관련된 특정증권등의 매매, 그 밖의 거래에 이용할 의사가 없다고 인정되는 경우만이 내부자거래에 해당되지 아니한다. 대량취득 · 처분을 하려는 경우도 동일하다.

이어 2014년 12월, 자본시장법이 개정되면서 「시장질서 교란행위의 금지」가 도입되었다. 기존의 개정이 기존의 내부자거래 규제의 틀을 인정하면서 규제의 범위를 확대한 것이라면, 시장질서 교란행위의 도입은 내부자거래 규제 체계의 근본적인 변화라는 의미를 가지고 있다. 따라서 시장질서 교란행위 규제의 도입은 지금까지 내부자거래 규제를 강화하기 위한 여러 입법들이 있었지만, 이들과는 근본적으로 차이가 있는 가장 획기적인 개혁이라고 할 수 있다. 시장질서 교란행위는 크게 내부자거래 부분과 시세조종 부분으로 구분할 수 있는데, 본서에서는 내부자거래 부분을 중점적으로 설명한다.

시장질서 교란행위 제도 도입의 가장 큰 의의는 내부자거래의 규제범위의 대

---

의 대주주 또는 그의 특수관계인(이하 "대주주등"이라 한다)이 상장법인의 최대주주가 되는 방법을 말한다: (1) 상장법인이 비상장법인으로부터 법 제161조 제1항 제7호에 해당하는 중요한 영업을 양수하고, 그 대가로 해당 상장법인이 발행한 주식등을 교부하는 경우, (2) 상장법인이 비상장법인의 대주주등으로부터 법 제161조 제1항 제7호에 해당하는 중요한 자산을 양수하고, 그 대가로 해당 상장법인이 발행한 주식등을 교부하는 경우, (3) 비상장법인의 대주주등이 『상법』 제422조에 따라 상장법인에 현물출자를 하고, 그 대가로 해당 상장법인이 발행한 주식등을 교부받는 경우(영 201조 1항). 즉 우회상장이나 SPAC의 합병을 추진하는 내부자 등의 미공개정보 이용행위를 규제하기 위한 것이다.

폭적인 확대라고 할 수 있다. 다만, 기존의 내부자거래 규제는 그대로 두고, 기존의 규제가 커버하지 못하는 새로운 내부자와 행위들을 시장질서 교란행위, 구체적으로는 '정보이용형 교란행위'라는 이름으로 새로운 규제를 도입하였다. 미공개중요정보의 이용행위에 대한 제재를 Two Track, 즉 두 개의 규제 채널을 이용하여 금지한 것이다. 또한 '정보이용형 교란행위'를 위반한 자에 대해서는 과징금을 부여하도록 하여 기존의 내부자거래와 완전히 차별화하였다. 즉 기존의 내부자거래를 금지하는 제174조를 위반한 경우에는 형사처벌의 대상이 되지만, 제178조의2에서 규정하는 시장질서 교란행위를 위반한 경우에는 행정제재인 과징금 부과대상이 된다.

그런데 시장질서 교란행위 제도의 도입이 가지는 중요한 점은 비록 행정제재의 대상으로만 제한하였지만, 시장질서 교란행위 제도는 기존에 제174조의 한계로 지적되어 오던 규제대상자의 범위, 그리고 규제대상정보의 범위를 대폭적으로 확대하였다는 점이다. 따라서 시장질서 교란행위 제도의 도입은 내부자거래 규제의 도입 이후 가장 혁신적인 개혁이라 해도 과언이 아닐 것이다. 시장질서 교란행위의 세부내용에 대해서는 제8장에서 설명한다.

### (3) 내부자거래 규제의 구조

자본시장법상 내부자거래와 관련한 규제의 틀은 내부자거래를 직접 규제하는 5개의 조항과, 내부자거래를 예방하거나 모니터링 기능을 수행하는 3개의 조항을 통한 규제로 구분할 수 있다.

1. 제174조 제1항에 의한 전통적인 내부자거래 규제
2. 제174조 제2항에 의한 공개매수와 관련한 내부자거래 규제
3. 제174조 제3항에 의한 대량주식의 취득 · 처분과 관련한 내부자거래 규제
4. 제178조의2 제1항에 의한 시장질서 교란행위를 통한 미공개중요정보 이용행위 규제
5. 제173조의2 제2항에 의한 장내파생상품 관련 중요정보의 누설 · 이용금지 규제

6. 단기매매차익반환의무 (제172조)
7. 임원 등의 특정증권등의 소유상황보고 (제173조)
8. 장내파생상품의 대량보고의무 (제173조의2 1항)

## 2. 규제의 정당성에 대한 법원의 판결

내부자거래는 오늘날 증권시장에서 가장 대표적인 '화이트칼라 범죄'(white color crime)라고 할 수 있으며, 증권시장을 가지고 있는 거의 모든 국가에서 중대한 증권범죄로 규제하고 있다. 그 이유는 앞서 살펴본 것처럼 증권시장에서 신인의무를 지고 있는 기업의 내부자, 일정한 외부자 등이 일반에게 공개되지 아니한 '미공개중요정보'(material, non-public information)를 이용하여 정보의 우위에 서서 증권을 거래하여 '비밀스러운 이익'(secret benefit)을 취한다는 것은 공정하지 못할 뿐만 아니라 증권시장의 존립근거 자체를 흔들 수 있기 때문이다.[44] 이와 관련하여 우리 법원과 헌법재판소는 내부자거래 규제의 정당성에 대해 다음과 같이 설시하고 있다.

### (1) 대법원 1994. 4. 26. 선고 93도695 판결

내부자거래 규제에 있어 선도적 판결이라 할 수 있는 〈신정제지 사건〉에서 대법원은 구 증권거래법 제188조의2 제2항의 "투자자의 투자판단에 중대한 영향을 미칠 수 있는 정보"의 의미를 판시하면서, 다음과 같이 내부자거래 규제의 정당성에 대해서 설시하였다:

> 유가증권시장이 기업의 자금조달과 국민의 증권투자를 통한 자산운용이라는 양측면의 요구를 서로 연결시키는 터전으로서 자금을 효율적으로 배분하는 국민경제상 중차대한 기능을 적절하게 수행하기 위하여는 무엇보다도 일반투자자들이 유가증권의 거래가 공정하게 이루어지는 것으로 믿고 유가증권시장의 건전성을 전

44) Loss · Seligman · Paredes, 1270~1271.

> 제로 안심하고 유가증권의 거래에 참여할 수 있게 하는 것이 필요하다.
> 그런데 상장법인의 내부자가 당해 법인의 업무 등과 관련하여 접근이 허용되었던 법인의 공개되지 아니한 내부정보 중 유가증권의 투자판단에 영향을 미칠 수 있는 중요한 정보를 이용하여 유가증권의 거래에 관여할 경우에는, 그 내부자에게 부당한 이익을 용이하게 취득하게 하고 그로 인하여 유가증권시장에서의 거래당사자의 평등을 해치게 되어 유가증권거래의 공정성과 유가증권시장의 건전성에 대한 일반투자자들의 신뢰를 손상시킴으로써 유가증권시장이 국민자금을 효율적으로 배분하는 기능을 저해하는 결과를 초래하게 되는 것이므로, 유가증권시장이 그 기능을 다하여 국민경제의 발전에 적절하게 기여하도록 하기 위하여는 이와 같은 내부자거래에 대한 엄격한 규제가 필요불가결하기 때문에 "법"이 위와 같이 내부자의 거래를 금지하고 있는 것으로 이해된다.

대법원은 내부자거래 규제의 핵심적 요소로서 내부자가 미공개중요정보를 이용하여 거래하는 행위는 거래당사자의 평등성을 해치게 되어 궁극적으로 증권거래의 공정성을 해치고, 증권시장에 대한 일반투자자의 신뢰를 손상시키는 것을 막기 위한 것으로 보고 있다.

### (2) 헌법재판소 1997. 3. 27. 선고 94헌바24 결정

헌법재판소도 1997. 3. 27 선고 94헌바24 결정에서 구 증권거래법 부칙 제1조의 위헌소원 사건에서 내부자거래의 규제목적에 대해 다음과 같이 설시하였다:

> 내부자거래라 함은 상장법인(또는 등록법인)의 임원 · 직원 또는 주요주주 등 이른바 "내부자"가 그 직무 또는 지위에 의하여 얻은 내부정보를 이용하여 자기회사의 주식을 거래하는 것을 말한다. 이러한 거래가 규제의 대상이 되는 이유는 이들 내부자는 자기회사의 주가에 영향을 미칠만한 회사의 기밀 예컨대 유상증자 또는 무상증자나 자산재평가계획, 합병, 신상품개발, 부도발생 등 중요한 정보를 알게 될 기회가 많으므로 주식거래에 있어 일반투자자보다 훨씬 유리한 입장에 있는 반면

에 일반투자자는 손해를 보게 될 가능성이 많기 때문이다.

일반적으로 주식투자에 수반되는 위험은 주로 회사의 영업실적, 시장이나 경제동향 등에 대한 투자자의 판단이 불완전한 것에 기인하는 것이므로 투자자가 타인이 갖고 있는 정보를 이용하지 못했거나 그릇된 분석으로 인하여 손실을 입게 되더라도 이는 부득이한 일이라 할 것이다. 그러나 내부자거래로 인한 상대방의 손실은 능력의 부족이나 부주의로 정보를 몰랐기 때문에 발생하게 되는 것이 아니라 내부자가 자신의 이득을 위하여 그 정보가 일반에게 알려지지 아니한 상태를 이용하였기 때문에 발생하게 된다고 볼 수 있다. 따라서 이러한 행위는 윤리적 측면에서도 용납될 수 없는 것이다. 만일 이를 방치한다면, 일반투자자는 그러한 증권시장에 불신감을 갖게 되어 투자를 주저하게 될 것이고, 이로 인하여 증권시장의 건전한 발전이 저해될 것임은 물론 국민의 효율적 자산운영을 막는 결과를 초래할 것이다. 요컨대 내부자거래규제의 취지는 증권매매에 있어 정보면에서의 평등성 즉 공정한 입장에서 자유로운 경쟁에 의하여 공정한 거래를 하게 함으로써 증권시장의 거래에 참여하는 자로 하여금 가능한 동등한 입장과 동일한 가능성 위에서 증권거래를 할 수 있도록 투자자를 보호하고 증권시장의 공정성을 확립하여 투자자에게 그 신뢰감을 갖게 하려는 데에 있는 것이다.

헌법재판소 역시 대법원과 마찬가지로 내부자거래 규제의 취지를 '증권매매에 있어 정보 면에서의 평등성 즉 공정한 입장에서 자유로운 경쟁이라는 공정성을 확립하여 투자자에게 그 신뢰감을 갖게 하려는 데에 있는 것'이라고 밝히고 있다. 이후 2002년에 구증권법 제188조 제2항이 규정하는 단기매매차익 반환의무 제도가 기본권 제한에 관한 최소침해의 원칙에 반하는지 구증권법 제188조 제2항의 위헌소원이 헌법재판소에 다시 제기되었는데, 헌법재판소는 2002. 12. 18. 선고 99헌바105 결정을 통해서 단기매매차익 반환의무 제도가 헌법에 위반되지 아니한다고 결정하면서, 단기매매차익 반환의무 제도는 내부자거래에 대한 규제의 효율성을 확보하기 위한 사전적 간접적 규제수단으로 파악하면서, 내부자거래 규제의 목적에 대해서는 다시 한 번 헌법재판소 1997. 3. 27 선고 94헌바24 결정을 확인해 주었다.

### (3) 서울고등법원 2003. 2. 17. 선고 2002노2611 판결

서울고등법원 2002노2611 판결은 내부자거래의 규제목적에 대해 증권거래에 참가하는 개개의 투자자의 이익을 보호함과 함께 투자자 일반의 증권시장에 대한 신뢰를 보호하여 증권시장이 국민 경제의 발전에 기여할 수 있도록 하기 위함이라고 설시하였다:

> 구 증권거래법 제188조의2 제1항은 기업 내부의 정보에 접근하기 쉬운 내부자와 그로부터 정보를 전해들은 자가 당해 정보가 미공개된 점을 이용하여 이를 알지 못하는 자와 불평등한 상태에서 거래할 경우 그 거래를 정당한 거래로 볼 수 없고 그러한 부정한 거래를 제한하지 않는다면 증권시장 전체를 불건전하게 할 수 있기 때문에 증권거래에 참가하는 개개의 투자자의 이익을 보호함과 함께 투자자 일반의 증권시장에 대한 신뢰를 보호하여 증권시장이 국민 경제의 발전에 기여할 수 있도록 하기 위함[이다].

### (4) 정보의 평등성

법원과 헌법재판소가 내부자거래 규제의 정당성의 근거로 제시하는 것은 "정보의 평등성"으로 보인다. 즉 특정한 내부자로 하여금 미공개중요정보를 이용한 거래를 금지함으로써 미공개중요정보를 알고 있는 자와 알지 못하는 자와의 불평등한 상태를 제거하기 위한 것으로 보인다. 이에 비해 미국의 문헌들은 내부자거래를 규제하는 근거 중 하나로 '정보의 비대칭성'의 제거라기보다는 '정보접근의 평등성'(Equal to Access of MNPI)으로 설명하고 있다. 이는 동일한 정보라 하더라도 해당 정보를 이해하고 투자활동에 적용하는 능력에 있어서 투자자 간에 커다란 차이가 있기 때문에 정보의 비대칭성을 제거하기 위해 내부자거래를 금지하기 보다는 정보에의 접근성의 평등을 보장하기 위해 내부자거래를 금지하는 것으로 보는 것이 적절하다는 것이다.

### (5) 보호법익

내부자거래 규제의 근본 목적은 내부정보를 이용하여 정보의 우위에 서서 거래하는 내부자들의 거래행위는 그러한 정보를 알지 못하고 거래에 참여하는 일반투자자에게 피해를 입힐 것이고, 그러한 거래를 규제하지 않는다면 증권시장에 대한 일반투자자의 신뢰가 무너질 것이고, 이는 궁극적으로 증권시장 전체에 대한 불신으로 이어져 국민경제의 발전에 기여하기 어려운 상황으로 발전할 수 있기 때문이다.

따라서 내부자거래의 보호법익은 투자자보호와 함께 증권시장의 공정성을 확립하는 것이라 할 수 있다. 그렇다면 여기서 투자자란 내부자와 거래한 거래상대방을 의미하는지, 아니면 시장의 거래에 참여한 일반투자자인지 살펴볼 필요가 있다. 왜냐하면 내부자거래의 특성상 내부자와 거래한 투자자는 자기 판단으로 해당 거래에 참여한 것이기 때문이며, 내부자가 거래상대방에게 직접적인 피해를 입힌 것은 아니라고 할 수 있기 때문이다. 따라서 이 경우 투자자보호란 시장의 거래에 참여한 일반투자자로 보는 것이 합리적이라고 생각한다. 즉 내부자거래를 허용한다면 자신의 직무와 관련하여 알게 된 미공개 비밀정보를 이용하는 거래가 만연할 것이고, 이는 궁극적으로 증권시장에 대한 투자자의 신뢰를 잃게 되어 증권시장 존립이 위태롭게 될 것이기 때문이다. 이러한 측면에서 투자자보호는 증권시장의 공정성 확립과 동등한 가치를 지니면서 내부자거래 규제의 보호법익으로 보아야 할 것이다. 헌법재판소의 결정이나 법원의 판결 중 이와 동일한 견해를 보여주는 예들이 있다:

> 요컨대 내부자거래규제의 취지는 증권매매에 있어 정보면에서의 평등성 즉 공정한 입장에서 자유로운 경쟁에 의하여 공정한 거래를 하게 함으로써 증권시장의 거래에 참여하는 자로 하여금 가능한 동등한 입장과 동일한 가능성 위에서 증권거래를 할 수 있도록 투자자를 보호하고 증권시장의 공정성을 확립하여 투자자에게 그 신뢰감을 갖게 하려는 데에 있는 것이다.[45)]

45) 헌법재판소 1997. 3. 27 선고 94헌바24 결정.

이에 대해 내부자거래 규제의 보호법익은 초개인적 법익으로서 사회적 법익이라는 견해가 있다.[46] 또한 자본시장법은 내부자거래를 기본적 구성요건과 부당이익액의 정도에 따른 가중처벌 구성요건으로 구분하여 규제하고 있는바, 내부자거래로 인한 부당이익이나 회피손실이 일정한 금액 이상인 경우에는 투자자의 재산권은 부차적인 보호법익이 된다는 견해가 있다.[47] 그러나 내부자거래를 통한 부당이익 또는 회피손실이 일정 금액 이상이 되어 가중처벌의 대상으로 한 것은 내부자거래를 억지하고자 하는 입법정책의 결과라 할 수 있고, 그러한 입법정책을 통해 보호하고자 하는 보호법익 중 하나인 투자자보호가 부차적 보호법익을 바뀐다고 볼 수 없다.

이와 관련하여 대법원 2002. 6. 14. 선고 2002도1256 판결은 시세조종의 경우 개개인의 재산적 법익은 직접적인 보호법익이 아니라고 다음과 같이 설시하였다:

> 원심이 확정한 사실과 기록에 의하면, 피고인은 자신이 주식을 매입한 다음 그 매입한 주식을 고가에 매도하여 차액에 따른 이익을 얻을 목적으로 단일하고 계속된 범의 하에 2000. 8. 1.경부터 2001. 2. 1.경까지 사이에 실제 매수의사가 없는 대량의 허수매수주문을 내어 매수잔량을 증가시키거나 매수잔량의 변동을 심화시켜 일반투자자의 매수세를 유인하여 주가를 상승시킨 후 매수주식을 고가에 매도하고 허수매수주문을 취소하는 동일한 방법으로 합계 7,542회에 걸쳐 168개 종목에 관하여 시세조종행위를 하였음을 알 수 있는바, 이는 동일 죄명에 해당하는 수개의 행위를 단일하고 계속된 범의하에서 일정기간 계속하여 반복한 범행이라 할 것이고, 이 사건 범죄의 보호법익은 유가증권시장 또는 협회중개시장에서의 유가증권 거래의 공정성 및 유통의 원활성 확보라는 사회적 법익이고 각각의 유가증권 소유자나 발행자 등 개개인의 재산적 법익은 직접적인 보호법익이 아닌 점에 비추어 위 각 범행의 피해법익의 동일성도 인정되므로, 원심이 이 사건 각 범죄사실을 모두 포괄하여 법 제207조의2 제2호, 제188조의4 제2항 제1호 소정의 시세조종행위금지위반죄의 일죄가 성립한다고 판단한 조치는 정당하여 수긍되고, 거기에

46) 박임출, 29면.
47) 박순철, 20~21면.

상고이유에서 주장하는 바와 같은 경합범 내지 죄수에 관한 법리오해의 위법이 있다고 할 수 없다.

대법원이 시세조종의 보호법익은 사회적 법익이고 개개인의 재산적 법익은 직접적인 보호법익이 아니라고 설시한 부분은 동의하기 어렵다. 일반 형사법의 논리와는 다르게 증권규제는 역사적으로 투자자보호를 보호법익으로 하여 출발하였다. 증권시장의 급속한 성장과 함께 증권시장이 국민경제에 미치는 영향의 증대로 제정법을 통한 증권규제가 매우 중요해졌고, 따라서 증권시장의 공정성 확립 즉 '사회적 법익'이 자본시장법상 불공정거래 규제, 특히 시세조종 규제의 보호법익이라는 점은 다툴 여지가 없다. 그러나 앞서 언급한 것처럼 투자자보호가 전제되지 않는 증권시장의 공정성 확보는 애초부터 불가능하다. 오히려 증권시장의 공정성 확보라는 목적이 시장에 참여하는 투자자를 보호하기 위함이기 때문에, 오히려 투자자보호가 더 우선적 보호법익이라 할 수 있을 것이다. 특히 시세조종은 투자자의 이익을 직접적으로 침해하기 때문에 내부자거래보다도 투자자보호가 보호법익으로 더욱 강조될 수 있는 영역이라 할 수 있다.

결론적으로 내부자거래, 시세조종을 포함하여 자본시장법상 모든 규제의 보호법익은 투자자보호와 함께 증권 · 파생상품시장의 공정성 확보 또는 건전한 거래질서의 유지라 할 수 있다. 이러한 자본시장법상 제정 목적이 달성될 때 증권 · 파생상품시장에 대한 투자자의 신뢰가 가능해 질 것이다.[48)]

## 3. 내부자거래 방지를 위한 예방적 장치

자본시장법은 내부자거래에 대한 금지와 함께 내부자거래를 예방 또는 억제

---

48) 이와 관련하여 시세조종행위와 관련하여 헌법재판소 결정이나 대법원 판례에서 증권시장에서의 공정성이 보호법익이라고 한 경우도 있으나 투자자의 신뢰보호도 보호법익으로 보는 것이 타당하다는 견해가 있다(박순철, 19면). 여기서 '투자자의 신뢰 보호'와 '투자자보호'는 같은 개념으로 볼 수 있다.

하기 위한 예방적 장치들을 마련해 놓고 있다. 이러한 예방적 장치로는 내부자의 단기매매차익 반환의무, 임원등의 주식소유상황의 변동보고의무, 장내파생상품의 대량보유보고의무 부과 등이 있다. 이러한 장치들은 기본적으로 미국 34년법 제16조를 모델로 하여 도입한 것이다.[49] 구 증권거래법상 상장법인의 임원등의 공매도금지는 자본시장법에서는 폐지되었는데, 이는 구법에서 공매도 위반에 대한 책임을 위탁을 받은 증권회사에게 책임을 물었는데, 공매도 거래의 주체에게 위반의 책임을 전환하면서 상장법인의 임원등의 공매도 금지를 폐지하였다. 그러나 우리 법의 모델이 된 미국 34년법과 일본 금상법은 여전히 상장법인 임원등의 공매도금지 제도를 운영하고 있다.

### (1) 단기매매차익 반환의무

내부자거래 방지를 위한 사전적 · 예방적 장치의 첫 번째로는 내부자의 단기매매차익 반환의무를 들 수 있다.[50] 상장법인의 임원 · 직원 또는 주요주주(사실상의 지배주주 포함)가 거래소에 상장된 해당 법인의 주권 · 전환사채권 · 신주인수권부사채권 · 이익참가부사채권을 매매한 후 6월 이내에 반대매매에 의하여 단기매매차익을 얻은 경우에는 그 법인은 그 임직원 또는 주요주주에게 그 이익을 법인에게 반환할 것을 청구할 수 있다(법 172조 1항).

또한 해당 법인의 주주는 그 법인에 대하여 단기매매차익의 반환청구를 요구한 날로부터 2월이 지나면 해당 법인을 대위(代位)하여 청구할 수 있다(동조 2항). 구 증권거래법은 증권선물위원회에게 대위권을 부여하였지만 자본시장법은 이를 폐지하였다.

이 규정의 특징 중 핵심은 내부자가 미공개중요정보를 이용하였는지 여부를

---

49) 34년법 제16조(a)는 내부자의 소유주식상황 및 변동보고의무를, 제16조(b)는 내부자의 단기매매차익 반환의무를, 그리고 제16조(c)는 내부자의 공매도 금지를 규정하고 있다.

50) 이를 사후적 규제라고도 볼 수 있지만, 그러나 내부정보의 이용 여부를 불문하고 6개월 이내에 발생한 거래를 통해서 이익을 실현한 경우, 그 이익에 대한 반환청구권을 회사 및 대표주주에게 부여한 것은 그만큼 내부자거래의 동기 자체를 억제하기 위한 것으로 볼 때 예방적 차원의 규제수단으로도 이해할 수 있을 것이다.

불문한다는 것이다. 내부자가 6개월 이내의 반대매매로 인해 이익을 실현한 경우, 그 이익에 대해서 내부정보의 이용 여부를 묻지 않고 '획일적'으로 반환을 청구할 수 있다. 이는 내부자가 6개월 이내의 단기매매를 통해서 이익을 실현한 경우 그 이익의 반환의무를 부여함으로써 내부자거래의 의욕이나 동기 자체를 저하시키기 위한 제도이다. 이 제도는 미국에서 처음으로 시작되어 일본을 거쳐 우리나라에 도입되었는데, 이 제도가 가진 특징과 위헌성의 논쟁 등을 포함하여 자세한 내용은 '제14장 단기매매차익 반환의무'에서 설명한다.

우리나라의 경우 기업들은 내부자들의 단기매매차익에 대해서 관심이 매우 적은 편이다. 내부자가 단기매매금지규정을 위반하여 이익을 실현한 경우 그 이익을 반환 받아야 하는데, 이에 대해 매우 소극적이라 할 수 있다. 그 이유는 해당 법인이 임원이나 주요주주를 상대로 민사소송을 제기하는 것이 현실상 어려움이 많을 것이기 때문이다. 또한 이러한 단기매매차익 반환문제는 순수한 반환의 문제이므로 금융위원회나 금융감독원 그리고 거래소도 적극적인 적발의무를 가지고 있지 않다. 따라서 내부자 중 누구에게서 단기매매차익이 발생하였는지 파악하는 것은 매우 어렵다. 다만, 임원등의 경우는 특정증권등의 소유상황보고의무를 통해 금감원 DART를 통해 단기매매차익 발생 여부를 파악할 수 있다. 미국의 경우 내부자들의 매매거래 내용이 발표되는 SEC의 EDGAR 시스템을 통하여 기업의 내부자들의 거래를 면밀히 분석하고 6개월 이내에 거래가 이루어져 단기매매차익이 발생한 경우, 이를 기업에 알려주고 반환을 위한 민사소송을 전문적으로 수행하는 전문로펌(law firm)들도 있다.

### (2) 임원 등의 특정증권등 소유상황보고

a) 의 의

상장법인의 임원 또는 주요주주는 임원 또는 주요주주가 된 날로부터 5일(대통령령이 정하는 날은 산입하지 아니한다) 이내에 누구의 명의로 하든지 자기의 계산으로 소유하고 있는 특정증권등의 소유상황을, 그 특정증권등의 소유상황에 변동이 있는 경우(대통령령으로 정하는 경미한 소유상황의 변동[51]은 제외한다)에는 그 변동이 있는 날부터 5일까지 그 내용을 대통령령으로 정하는 방법에 따라 각각 증권선물위원회와 거래소에 보고하여야 한다(법 173조 1항). 그리고 증권선물위원회와 거래소는 이렇게 보고된 임원 등의 지분 또는 변동내용을 담은 보고서를 3년간 갖추어 두고 일반인이 그 내용을 알 수 있도록 인터넷 홈페이지 등을 이용하여 공시하여야 한다(동조 2항).

여기서 임원은 단기매매차익반환의무의 대상인 임원의 개념이 동일하게 적용되는데, 이사 및 감사 이외에 상법 제401조의2 제1항의 업무집행지시자가 포함된다(법 172조 1항, 영 200조 2항). 내부자거래 규제의 경우 임원의 개념에는 계열회사의 임원이 포함되지만, 이 경우에는 계열회사의 임원은 보고의무대상이 아니다. 임원의 특수관계인 지분 역시 포함하여 산정하지 않으며, 임원 개개인 단독을 기준으로 보유상황을 보고하면 된다.

이 규정은 기업의 임원 또는 주요주주로 하여금 자사주식의 거래내역을 감독기관에게 보고, 나아가 일반에게 공시하도록 함으로써 미공개중요정보를 이용한 거래의 가능성을 통제하고 모니터링하기 위한 제도이다. 일반투자자로서는 공시되는 임원 또는 주요주주의 자사주식 거래내용을 투자판단의 자료로 활용할 수 있을 것이다. 법은 이러한 보고의무를 강제하기 위하여 보고의무를 위반한 경우 1년 이하의 징역 또는 3천만 원 이하의 벌금에 처할 수 있도록 하였다(법 446조 31호).[52]

b) 규제대상증권

상장법인의 임원 또는 주요주주의 소유상황 보고의 대상이 되는 증권은 "특정증권등"으로 단기매매차익반환의무의 대상이 되는 증권과 동일하며, 다음과 같다(법 173조 1항). 최근 상장법인이 발행한 주식을 기초로 하는 주식옵션이나 주식선물

---

51) 대통령령으로 정하는 경미한 소유상황의 변동이란 증권선물위원회가 정하여 고시하는 바에 따라 산정된 특정증권등의 변동 수량이 1천주 미만이고, 그 취득 또는 처분금액이 1천만 원 미만인 경우를 말한다. 다만, 직전 보고일 이후 증권선물위원회가 정하여 고시하는 바에 따라 산정된 특정증권등의 변동 수량의 합계가 1천주 이상이거나 그 취득 또는 처분금액의 합계액이 1천만 원 이상인 경우는 제외한다(영 200조 5항).

52) 구증권법에 비해 징역은 2년에서 1년으로 형량이 낮아졌고, 벌금액은 1천만 원에서 3천만원으로 상향 조정되었다.

도 제4호의 규정에 의해 규제대상에 포함되는데, 특히 주식선물의 경우 상장법인이 발행인이 아니고 한국거래소에 상장이 된 파생상품이지만 보고의무대상이 된다는 사실에 유의할 필요가 있다.

1. 그 법인이 발행한 증권(대통령령으로 정하는 증권은 제외한다)
2. 제1호의 증권과 관련된 증권예탁증권
3. 그 법인 외의 자가 발행한 것으로서 제1호 또는 제2호의 증권과 교환을 청구할 수 있는 교환사채권
4. 제1호부터 제3호까지의 증권만을 기초자산으로 하는 금융투자상품

c) 보고서의 기재사항

주권상장법인의 임원(『상법』 제401조의2 제1항 각 호의 자를 포함한다) 또는 주요주주는 특정증권등의 소유상황과 그 변동의 보고를 하는 경우에는 보고서에 다음 각 호의 사항을 기재하여야 한다(영 200조 2항).

1. 보고자
2. 해당 주권상장법인
3. 특정증권등의 종류별 소유현황 및 그 변동에 관한 사항

d) 보고기간의 기준일

주권상장법인의 임원 또는 주요주주가 특정증권등의 소유상황을 보고하여야 하는 경우에 그 보고기간의 기준일은 다음 각 호와 같다(동조 3항).

1. 주권상장법인의 임원이 아니었던 자가 해당 주주총회에서 임원으로 선임된 경우: 그 선임일
2. 『상법』 제401조의2 제1항 각 호의 자인 경우: 해당 지위를 갖게 된 날
3. 주권상장법인이 발행한 주식의 취득 등으로 해당 법인의 주요주주가 된 경우:

그 취득 등을 한 날

4. 주권비상장법인이 발행한 주권이 증권시장에 상장된 경우: 그 상장일
5. 주권비상장법인의 임원(『상법』 제401조의2 제1항 각 호의 자를 포함한다) 또는 주요주주가 합병, 분할합병 또는 주식의 포괄적 교환 · 이전으로 주권상장법인의 임원이나 주요주주가 된 경우: 그 합병, 분할합병 또는 주식의 포괄적 교환 · 이전으로 인하여 발행된 주식의 상장일

e) 변동보고일

주권상장법인의 임원이나 주요주주가 그 특정증권등의 소유상황의 변동을 보고하여야 하는 경우의 그 변동일은 다음과 같다(동조 4항).

1. 증권시장(다자간매매체결회사에서의 거래를 포함한다)이나 파생상품시장에서 특정증권등을 매매한 경우에는 그 결제일
2. 증권시장이나 파생상품시장 외에서 특정증권등을 매수한 경우에는 대금을 지급하는 날과 특정증권등을 인도받는 날 중 먼저 도래하는 날
3. 증권시장이나 파생상품시장 외에서 특정증권등을 매도한 경우에는 대금을 수령하는 날과 특정증권등을 인도하는 날 중 먼저 도래하는 날
4. 유상증자로 배정되는 신주를 취득하는 경우에는 주금납입일의 다음날
5. 특정증권등을 차입하는 경우에는 그 특정증권등을 인도받는 날, 상환하는 경우에는 그 특정증권등을 인도하는 날
6. 특정증권등을 증여받는 경우에는 그 특정증권등을 인도받는 날, 증여하는 경우에는 그 특정증권등을 인도하는 날
7. 상속으로 특정증권등을 취득하는 경우로서 상속인이 1인인 경우에는 단순승인이나 한정승인에 따라 상속이 확정되는 날, 상속인이 2인 이상인 경우에는 그 특정증권등과 관계되는 재산분할이 종료되는 날
8. 제1호부터 제7호까지 외의 경우에는 『민법』 · 『상법』 등 관련 법률에 따라 해당 법률행위 등의 효력이 발생하는 날

f) 변동보고일의 예외

주권상장법인의 임원 또는 주요주주는 임원 또는 주요주주가 된 날로부터 5일 이내에 소유상황 또는 변동상황을 보고하여야 한다. 다만, 대통령령으로 정하는 부득이한 사유[53]에 따라 특정증권등의 소유상황에 변동이 있는 경우와 전문투자자 중 대통령령으로 정하는 자[54]에 대하여는 그 보고내용 및 시기를 대통령령으로 달리 정할 수 있다(법 173조 1항).

주권상장법인의 임원 또는 주요주주는 대통령령이 정하는 부득이 한 사유로 특정증권등의 소유상황에 변동이 있는 경우 그 변동이 있었던 달의 다음 달 10일까지 그 변동내용을 보고하면 된다. 또한 대통령령으로 정하는 전문투자자는 특정증권등의 소유상황에 변동이 있는 경우 그 변동이 있었던 분기의 다음 달 10일까지 그 변동내용을 보고하면 된다(영 200조 8항, 9항).

### (3) 장내파생상품의 대량보고의무

a) 의 의

장내파생상품을 일정 수량 이상으로 보유하고 있는 경우 또는 일정 수량 이상 변동된 경우에는 증권의 경우와 유사하게 금융위원회와 거래소에 신고하여야 한다. 즉 동일 품목의 장내파생상품(4조 10항 3호에 따른 일반상품, 그 밖에 대통령령으로 정하는 것[55]을 기초자산으로 하는 금융상품으로서 파생상품시장에서 거래되는 것만 해당한다)을 금융위원회가 정하여 고시하는 수량 이상 보유(누구의 명의로든지 자기의 계산으로 소유하는 경우를 말함)하

---

53) 대통령령으로 정하는 부득이한 사유란 다음의 어느 하나에 해당하는 사유를 말한다: (1) 주식배당, (2) 준비금의 자본전입, (3) 주식의 분할 또는 병합, (4) 자본의 감소(영 200조 6항).

54) 대통령령으로 정하는 자란 다음의 어느 하나에 해당하는 자로서 특정증권등의 보유 목적이 해당 법인의 경영권에 영향을 주기 위한 것(제154조 제1항에 따른 것을 말한다)이 아닌 자를 말한다: (1) 제10조 제1항 제1호 · 제2호의 어느 하나에 해당하는 자, (2) 제10조 제3항 제1호부터 제14호까지(제5호 · 제9호 및 제13호는 제외한다)의 어느 하나에 해당하는 자(영 200조 7항).

55) 대통령령으로 정하는 것이란 금융위원회가 정하여 고시하는 기준과 방법에 따른 주가지수를 말한다. 금융위원회가 정하여 고시하는 기준과 방법에 따른 주가지수란 한국거래소의 유가증권시장에 상장된 주권 중 200종목에 대하여 기준일인 1990년 1월 3일의 지수를 100 포인트로 하여 한국거래소가 산출하는 시가총액방식의 주가지수(이하 "코스피200"이라 한다)를 말한다(금융투자업규정 6-29조 1항).

게 된 자는 그 날로부터 5일 이내(대통령령으로 정하는 날은 산입하지 아니한다)에 그 보유상황, 그 밖에 대통령령으로 정하는 사항[56]을 대통령령으로 정하는 방법에 따라 금융위원회와 거래소에 보고하여야 하며, 그 보유수량이 금융위원회가 정하여 고시하는 수량 이상으로 변동된 경우에는 그 변동된 날로부터 5일 이내에 그 변동 내용을 대통령령으로 정하는 방법에 따라 금융위원회와 거래소에 신고하여야 한다(법 173조의2 1항).

이 제도는 구 선물거래법 제32조(거래 등의 제한 및 보고의무) 제2항을 자본시장법이 계수한 것인데, 증권의 경우와 마찬가지로 일반상품의 선물보유상황도 시장 및 투자자들에게 중요한 정보로서 의미를 가지고 있기 때문이다. 특히 상품선물의 경우 매집(cornering) 등을 통한 불공정거래 행위에 대한 모니터링 의미도 부여할 수 있다.

자본시장법 역시 구 선물거래법의 제도를 계수받아 일반상품 또는 일반상품의 지수를 대상으로 하는 선물거래의 포지션에 대해서 보고의무를 규정하고 있었다. 이후 2010년 11월 11일에 발생한 소위 "도이치증권 옵션쇼크사태"를 계기로 2013년 개정법은 코스피200 지수선물의 경우도 일정 수준 이상 보유한 경우에는 보고하도록 하였다.

b) 보고의무 기준

장내파생상품 등의 보고의무와 관련하여 금융위원회가 정하여 고시하는 수량이란 다음 각 호의 품목별 미결제약정(장 종료시점을 기준으로 최종거래일까지 소멸하지 아니한 장내파생상품거래약정을 말한다) 수량을 말한다(금융투자업규정 6-29조 2항).

1. 금을 대상으로 하는 장내파생상품거래의 경우
   가. 거래단위(1계약의 크기를 말한다)가 중량 1천 그램인 경우: 30계약
   나. 거래단위가 중량 1백 그램인 경우: 300계약
2. 돈육을 대상으로 하는 장내파생상품거래의 경우: 300계약
3. 코스피200을 대상으로 하는 장내파생상품의 경우: 10,000계약(한국거래소의 파생상품시장규정에서 정하는 미결제약정수량의 보유한도 적용방법에 따라 산출한 수량을

56) 시행령 제200조의2 3항에서 규정하고 있는 데, 상세내용은 35면에 설명되어 있다.

말하며, 그 수량을 산출함에 있어서 차익거래관련 수량 및 헤지거래관련 수량을 포함한다)

변동보고의무가 발생하는 수량은 금을 대상으로 하는 장내파생상품거래의 경우, 거래단위가 중량 1천 그램인 경우에는 6계약, 거래단위가 중량 1백 그램인 경우에는 60계약이다. 돈육을 대상으로 하는 장내파생상품 거래의 경우에는 60계약이고 코스피200을 대상으로 하는 장내파생상품의 경우에는 2,000계약이다(동조 3항).

c) 보고내용

보고할 내용은 동일 품목의 장내파생상품에 대한 보유상황, 즉 다음의 사항을 포함하여야 한다(영 200조의2 3항).

1. 대량보유자 및 그 위탁을 받은 금융투자업자에 관한 사항
2. 해당 장내파생상품거래의 품목 및 종목
3. 해당 장내파생상품을 보유하게 된 시점, 가격 및 수량
4. 제1호부터 제3호까지의 사항과 관련된 사항으로서 금융위원회가 정하여 고시하는 사항

금융위원회와 거래소에 보고하여야 할 자가 위탁자인 경우에는 금융투자업자로 하여금 대신하여 보고하게 할 수 있으며, 장내파생상품의 대량보유 상황이나 그 변동내용을 보고하는 날 전날까지 새로 변동내용을 보고하여야 할 사유가 발생한 경우에는 새로 보고하여야 하는 변동 내용은 당초의 대량보유 상황이나 그 변동 내용을 보고할 때 함께 보고하여야 한다(영 200조의2 4항).

d) 위반에 대한 제재

장내파생상품 보고의무를 위반한 경우, 즉 보고의무가 있음에도 보고를 하지 아니하거나 거짓으로 보고한 자에 대해서는 1천만 원 이하의 과태료에 처한다(법 449조 2항 8의3).

제2장

# 미국의 내부자거래 규제



## I. 서 론

세계 증권시장에서 내부자거래에 대한 규제는 미국에서 시작되었을 뿐만 아니라 수많은 법리적 발전 또한 미국에서 이루어졌다. 미국은 연방증권법에서 내부자거래 규제에 관한 명시적 규정이 없음에도 불구하고 판례를 통해서 내부자거래를 강력하게 규제해 왔는데, 이렇게 발전된 미국의 내부자거래 규제 법리는 오늘날 전 세계 각국의 내부자거래 규제의 입법에 중요한 영향을 미쳤다.

내부자거래를 강하게 규제해 온 미국법원에서 내부자거래 규제와 관련하여 발전된 이론은 크게 정보소유이론, 신인의무이론, 그리고 부정유용이론의 3가지로 구분할 수 있다. 그리고 오늘날 주요국의 내부자거래 규제법의 내용도 이 3가지 이론을 자국의 금융환경에 적절하게 수정하여 반영한 것이라 할 수 있다. 따라서 이 3가지 이론은 오늘날 내부자거래 규제 법리에 있어서 3개의 기둥이라 할 수 있다.

첫째로 "정보소유이론"(knowing possession theory)은 내부자거래 규제의 범위를 가장 넓히는 이론으로서 미공개정보를 소유한 모든 자에 대해 동 정보를 이용한 거래를 내부자거래로 규제하는 이론이다. 둘째로 "신인의무이론"(fiduciary theory)은 내부자의 범위를 회사 및 주주에 대하여 신인의무를 가진 자로 제한함으로써, 정보소유이론을 적용할 경우 무한대로 확장되는 내부자거래의 규제 범위를 '신인의무'를 부담하는 범위로 제한하기 위한 이론이다. 마지막으로 "부정유용이론"(不正流用理論) (misappropriation theory)은 미공개중요정보를 부정하게 유용한 모든 자에게 내부자의 범위를 다시 확대하는 이론으로서, 이는 정보소유이론과 신인의무이론의 중간에 위치한, 즉 신인의무이론에 의해 다소 제한된 규제의 범위를 일정 수준 확대하기 위한 이론이라 할 수 있다. 이 중 지난 30년 동안 미국증권시장의 내부자거래 규제에 있어서 중심을 이루어 온 두 개의 이론은 신인의무이론과 부정유용이론이라 할 수 있으며, 현재까지도 미국 내부자거래 규제의 중심을 형성하고 있다.[1]

1980년대부터 이 두 이론의 치열한 대립 속에서 신인의무이론이 주류를 형성하여 왔으나, 1990년대 중반부터 부정유용이론이 연방지방법원이나 항소법원에서 부분적인 승리를 거두다가 1997년 O'Hagan 판결에서 연방대법원에 의해 부정유용이론이 인정되면서 미국에서 내부자거래 규제는 새로운 시대를 맞이하게 되었다.[2]

---

1) Janvey, c.5-02.

2) 김정수, "O'Hagan 변호사의 좌절과 미 SEC의 승리 - 미 월스트리트의 내부자거래와의 전쟁," 『시민과

O'Hagan 사건 이후 미국 SEC는 내부자거래 규제의 범위를 더욱 확대하기 위하여 Adler 사건이나 Smith 사건에서 정보소유이론을 법원이 인정해 줄 것을 주장하였지만 법원은 이를 받아들이지 않았다. 위 두 사건에서 정보를 소유하였지만 이용하지 않은 경우 내부자거래로 처벌할 수 있는지가 다투어졌고, SEC는 이를 입법적으로 명확하게 하기 위하여 2000년에 SEC Rule 10b5-1을 제정하였다. 이하에서 1961년에 등장한 정보소유이론을 거쳐 신인의무이론과 부정유용이론이 구체적인 사건에서 어떻게 주장되고 발전되었는가를 살펴본다.[3)]

## 1. 보통법에서의 내부자거래 규제

영미의 보통법 체제에서는 일반적으로 거래가 정보의 균형상태에서 이루어질 것을 요구하지 않는다. 이는 반대로 정보의 불균형상태에서 거래가 이루어졌다 하더라도 손해를 입은 거래자가 특별히 보호되지는 않는다는 것을 의미한다.[4)] Laidlaw v. Organ 사건에서 미국의 마샬 연방대법원장은 매수자는 미국과 영국 간에 평화조약의 체결에 대해서 알고 있었지만, 이를 매도자에게 알려야 할 '적극적 공시의무'(affirmative duty of disclosure)는 존재하지 않는다고 판시하였다.[5)] 즉 거래의 당사자는 스스로의 노력으로 거래에 필요한 정보를 확보해야 하며, 거래시 상대방에게 필요하다고 생각되는 정보를 물을 수 있지만 상대방이 대답하지 않으면 그것으로 그만이라는 것이다. 이러한 원칙은 1902년 영국에서 발생한 Percival v. Wright 사건에

---

변호사』(2000. 5) 참조.

3) 미국 증권법상 내부자거래에 대한 국내문헌으로는 김재형 · 송현주, "미국의 내부자거래금지 근거법규에 관한 최근 동향", 『조선대 법학논총』(2001); 유진희, "미국법상 내부자거래의 규제", 『비교사법』 제9권 3호 (통권 18호); 하삼주, "미국법상 내부자거래 규제론", 『상사법연구』 제20권 제2호 (2001).

4) William Carney, *Signalling and Causation in Insider Trading*, 36 Catholic Univ. L. Rev. 863, 867 (1987).

5) 15 U.S.(2 Wheat.) 178, 195 (1817). 그러나 이러한 판결과는 대조적인 사건들도 있었다. 예를 들어, Frazer v. Gervais 사건에서 법원은 미국과 영국간의 평화조약 체결 사실을 알고 있던 원고는 피고에게 그 사실을 알릴 의무가 존재하며, 이를 알리지 않고 거래하였다면 그 거래는 무효라고 판결하였다 (William Carney, *id.* at 867).

서도 적용되었는데, 이 사건에서 기업의 이사는 기업에 대해서 신인의무를 가지지만 주주들에 대해서는 아니라고 판시하였다.[6)]

이러한 사건들은 모두 대면거래에서 이루어진 경우를 다룬 사건들이었다. 그러나 일반 상거래와는 달리 증권의 거래에도 이러한 원칙을 적용하는 것이 적절한지, 그리고 뉴욕증권거래소와 같은 공개시장에서 이루어지는 거래의 경우에도 동일한 원칙을 적용하는 것이 과연 올바른 것인지의 논란이 지속되고 있었다. 이러한 2개의 과제는 1930년대에 들어와서 연방의회가 연방증권법을 제정하면서 최종적으로 정리가 되었다. 다음에서 1933년 및 1934년 연방증권법 제정 이전의 회사법이 내부자거래와 관련하여 정보의 공시 문제를 어떻게 다루었는지에 대해 살펴본다.

### (1) 대면거래의 경우

1900년 이전의 Treatise law가 규정하는 회사의 이사 또는 경영진은 주주에 대한 신인의무원칙은 그들이 회사에서 그들의 지위를 통하여 지득한 정보의 이점을 활용하여 거래를 하는 행위까지 금지하는 것은 아니었다. 따라서 이러한 원칙은 회사의 이사 또는 경영진이 중요한 사실에 관하여 부실표시 또는 기망적 방법으로 숨기는 행위와 같은, 실질적인 사기적 행위를 이용한 것이 아니라면 내부자거래 책임이 인정되지 않았다. 당시 이러한 해석이 다수였기 때문에, 이를 "majority rule" 또는 "no duty rule"이라고 불렀다.

이러한 "majority rule" 또는 "caveat emptor" 이론은 당시 대부분의 미국 법원들이 받아들이고 있었다. 이러한 원칙은 뉴욕증권거래소와 같은 공개시장에서 이루어지는 증권의 거래에서도 동일하게 적용되었는데, 증권거래소에서 거래되는 불특정다수인 간의 거래의 경우에도 내부자가 내부정보를 공시하여야 할 적극적 공시의무는 없다는 것이다.[7)]

---

6) William Carney, *id.*; 영국은 제2차 세계대전 이후 내부자거래 규제의 필요성에 대한 보고서를 꾸준히 내었는데, 1962년 6월 발표된 Jenkins Report에서 Pecival v. Wright 사건에서의 법리가 잘못된 것이라고 비판하였다(Clarke, 26).

7) 이러한 원칙의 결과는 매수자나 매도자 모두 내부자의 우월적인 정보에 의해 피해를 입은 것이 아니라,

미국 연방대법원은 1909년의 Strong v. Repide 사건[8]에서 내부자가 거래를 함에 있어서 거래상대방이 모르는 특별한 사실이 있다면, 자신이 거래에 이용하고 있는 특별한 사실을 거래상대방에게 공시할 의무가 있다고 판시하였다.[9]

이 사건에서 피고인 Repide는 Philippine Sugar Estates Development 사(이하 'PSED 사')의 대표이사 겸 최대주주로서 동 사 주식의 약 3/4을 소유하고 있었다. 당시 Repide는 PSED 사가 소유하고 있는 필리핀 섬의 땅을 정부와 매각협상을 벌이고 있었고, 그런 과정에서 증권브로커를 내세워 Strong이 소유하고 있는 PSED 사의 주식을 매입하는 협상을 벌이고 있었다. Strong의 대리인은 Strong에게 통보도 없이 Strong이 보유하고 있던 PSED 사의 주식을 매각하였고, Repide가 정부에게 PSED 사가 소유하고 있던 땅을 최종적으로 매각한 이후 PSED 사의 주가는 약 10배가 상승하였다.

대법원은 후에 "특별한 사실의 원칙"(special facts doctrine)이라고 부르게 되는 원칙을 내세우면서 거래의 원상회복을 명령하였는데, 기업의 이사가 주주와 거래할 경우 일반적인 상황에서는 해당 주식의 가치와 관련하여 그가 소유하고 있는 정보를 공시할 의무는 없지만 '특별한 사실'이 있는 경우에는 공시의무가 존재하며, 따라서 Repide는 상대방에게 땅 매각협상에 관한 정보를 공개하였어야 했다는 것이다.[10]

### (2) 공개시장에서 이루어진 거래의 경우

공개시장에서 내부자거래가 발행한 경우의 책임을 다룬 선도적인 판결은 1933년에 메사추세츠 대법원이 판결한 Goodwin v. Agassiz 사건[11]인데, 지금도 대부분의 회사법 교과서에 실려 있는 판결이다.

---

그 정보를 모르고 투자함으로써 피해를 입은 것이라는 것이다(William Carney, *id.* at 867~ 868).

8) 213 U.S. 419 (1909).

9) Donald C. Langevoort, Insider Trading Regulation 36 (1991).

10) *Id.* at 36. "caveat emptor" 전통하에서 불특정다수인 간에 이루어지는 증권거래에 있어서 미공개중요정보의 공시 여부의 문제를 'special fact doctrine'이라는 원칙을 도입함으로써 미공개중요정보의 강제공시의무 부여를 위한 돌파구를 마련한 것으로 평가할 수 있다.

11) 283 Mass. 358, 186 N.E. 659 (1933).

이 사건에서 피고는 광업회사의 이사와 경영진 일부였다. 이 회사를 위해 일하는 지질학자가 미시간 북부 지역에 상당한 양의 구리가 매장되어 있을 것이라고 주장하는 이론을 제시하였다. 회사는 이 이론이 설득력이 있다고 판단하고, 그 지역의 광물권(mineral rights)을 확보하기 시작하였다. 반면, 피고들은 시장에서 주식의 매수를 시작하였다. 원고는 증권시장에서 자신의 주식을 매도한 사람이었다. 피고들이 주식을 매수한 것은 분명하지만, 그들이 누구의 주식을 산 것인지는 나중에서야 알게 되었다. 이후 그러한 사실이 밝혀진 후, 원고는 지질학자의 이론이 공시가 되었다면 자신은 주식을 매도하지 않았을 것이라고 주장하면서 회사의 이사와 일부 경영진을 대상으로 소송을 제기하였다. 법원은 피고들이 거래하기 전에 문제가 된 이론을 공시하여야 할 의무가 없다고 하면서 원고의 주장을 거부하였다.[12)]

메사추세츠주 대법원은 Goodwin 판결에서 내부자거래는 어떠한 투자자에게도 피해를 주지 않는다고 밝히고 있으며, 그 이유는 상대거래자들은 그 누구를 통해서도 그러한 거래의 권유를 받지 않았다고 설시하였다. 즉 법원은 내부자의 매수주문이 상대거래자들을 시장에 들어오도록 유인하였다고 볼 수 있는 이유가 존재하지 않으며, 따라서 인과관계가 존재하지 않기 때문에 내부자거래가 상대거래자에게 피해를 입혔다고 볼 수 없다는 것이다.[13)]

그러나 모든 법원들이 이러한 이론을 일관되게 받아들인 것은 아니다. 이와는 반대로 회사법상으로도 회사의 내부자는 자신의 지위를 통하여 얻은 미공개중요정보를 이용해서는 안 된다는 판례도 등장하고 있었다. 그러나 앞서 언급한 것처럼 이러한 견해는 소수에 불과하여 "minority rule" 또는 "duty to disclose rule"이라고 하였다. 이러한 견해의 선도적 판례로는 Oliver v. Oliver 사건을 들 수 있는데, 이 사건에서 조지아주 대법원은 회사의 이사가 자신의 지위를 통하여 내부정보를 취득한 경우 그 정보를 이용하여 거래해서는 안 된다고 판시하였다. 즉 회사의 이사는 상대

12) Bainbridge, 14.
13) *Id.* at 15.

방과 거래하기 전에 해당 정보를 공시할 의무가 있다고 판시하였다.[14)]

이처럼 미국의 많은 법원은 1930년대에 연방증권법이 제정되기 이전까지는 '불공시'(non-disclosure)가 증권거래에 있어서 어떠한 폐해를 가져온다고 보지 않았던 것으로 이해된다.[15)] 따라서 연방증권법의 등장까지 미국은 영미법의 전통적 원칙인 '불공시 원칙'과 회사 임원들에게 적극적 공시의무를 부여하는 '특별한 사실의 원칙'이 사안에 따라 혼용되어 적용되는 시기를 상당 기간 경험하게 된다. 그러나 '특별한 사실의 원칙'과 'minority 원칙'이 적용된 사례의 대부분은 단순히 공시의 실패라기보다는 적극적인 사기적 행태가 관여된 것이었고, 더욱 중요한 것은 대면거래에 의한 것이었다. 그 당시나 지금이나 증권거래의 거의 대부분은 공개시장인 거래소시장을 통해 이루어지는데, 경제적 측면에서 내부자거래의 금지는 대면거래뿐만 아니라 공개시장에서의 거래에 대해서도 적용되어야 할 필요가 있었다.

## 2. 34년법의 제정과 내부자거래 규제

영미법 전통하에서 내부자거래 규제에 대한 이러한 혼선은 1929년 9월 24일, 소위 '검은 목요일'(Black Thursday)이라 불리는 시장대붕괴사건이 발생하면서 커다란 전환점을 맞이하게 된다. 미국 연방의회는 증권시장 대붕괴의 중요한 요인 중 하나가 당시 만연한 기업 내부자들의 내부정보를 이용한 투기적인 내부자거래였다고 판단하고, 내부자거래를 규제하기 위하여 입법적 노력을 시도하였다. 연방의회는 34년법을 제정하면서 증권시장에서의 모든 사기적 거래를 금지하는 포괄적 규정인 제10조(b)를 채택하는 동시에 내부자거래를 사전에 예방하고 또한 그 동기를 억제하고자 제16조(a), 제16조(b) 및 제16조(c)를 만들었다. 제16조(a)는 내부자에게 소유주식의 변동이 생기면 10일 이내에 신고하고 공시할 것을 요구하였으며, 제16

---

14) *Id.* at 12.
15) William Carney, *id.* at 868. 이러한 논리는 이후 내부자거래 규제의 불필요성을 주장하는 측의 중요한 이론적 배경을 구성한다.

조(b)는 내부자가 자사주를 6개월 이내에 거래하여 이익이 발생한 경우 해당 이익의 반환의무를 규정하였다. 그리고 제16조(c)는 내부자의 공매도를 금지하였다.

Goodwin 판결과 거의 같은 시기에 이루어진 이러한 연방증권법의 제정은 주회사법을 무력화시킨 것은 아니지만, 내부자거래가 관련된 경우에는 연방법이 주회사법에 우선적으로 적용되게 되었다.[16)]

이처럼 미국은 34년법을 제정하면서 내부자거래의 발생을 억제하고 규제하기 위한 법적 기반을 마련하였지만, 내부자거래를 직접적으로 규제하는 34년법 제10조(b)는 포괄적인 사기금지조항으로서 증권거래와 관련하여 모든 사기적 행위의 금지를 규정하고 있을 뿐 내부자거래에 대한 금지를 직접적으로 규정하고 있지는 않다. 이후 SEC는 34년법 제10조(b)의 실질적 적용을 위해 SEC Rule 10b-5를 제정하였다.

이후 1961년 Cady, Roberts 사건이 발생하면서 SEC는 최초로 34년법 제10조(b)와 SEC Rule 10b-5를 적용하면서 내부자거래를 심판하는 기념비적인 결정을 내렸고, 이어 1968년의 Texas Gulf Sulpher 사건에서 연방법원에 의해 내부자거래 규제에 대한 법리가 한층 더 정교하게 정립되었다.

미국의 경우 증권시장의 놀랄만한 성장과 함께 크고 작은 내부자거래가 많이 발생하였는데, 특히 1980년대에 들어오면서 제4차 M&A 파도가 불면서 M&A와 관련된 내부자거래들이 빈번하게 발생하였고, 연방의회는 계속적으로 발생하고 있는 내부자거래에 강력하게 대응하고 이에 대한 처벌을 강화하기 위하여 34년법을 계속해서 수정하였으며, 또한 SEC는 34년법 제14조(e)를 근거로 공개매수를 이용한 내부자거래를 효과적으로 규제하기 위하여 SEC Rule 14e-3을 제정하였다.[17)]

---

16) Bainbridge, 16.

17) SEC Rule 14e-3이 34년법 제14조(e)가 위임한 위임의 범위를 넘어 제정되었는가 하는 논쟁이 꾸준히 제기되어 왔는데, 1997년 O'Hagan 사건을 다루면서 연방대법원은 SEC Rule 14e-3이 34년법이 위임한 위임의 범위를 벗어나지 않았다고 판결하였다. 이를 둘러싼 법리적 논쟁은 후에 자세히 기술한다.

## 3. 내부자거래제재법의 제정

1980년대에 들어오면서 Chiarella 사건과 Dirks 사건에서 연방대법원이 내부자거래의 범위를 축소시키며 브레이크를 걸자 연방의회는 내부자거래 규제를 위한 보다 명백하고 강력한 입법의 필요성을 느끼게 되었다.[18] 1984년의 『내부자거래제재법』(Insider Trading Sanction Act of 1984, 이하 'ITSA')은 이러한 배경을 가지고 제정되었고, ITSA 는 다음과 같은 측면에서 내부자거래 규제를 강화하였다.[19]

a) 민사제재금의 도입

SEC에 의한 규제의 효과를 높이기 위하여 연방증권법 분야에도 민사제재금(civil penalty)[20] 제도를 도입하였는데, 동법은 내부자거래를 한 자에 대해서 SEC가 부당이득 또는 회피손실의 3배 이내에서 민사제재금의 부과를 연방법원에 청구할 수 있는 권한을 부여하였다.[21] 이러한 민사제재금은 내부자거래를 행한 자뿐만 아니라 그러한 행위를 교사하거나 방조한 자에 대해서도 부과할 수 있다.[22] 이 민사제재금은 국고에 귀속된다. 이 청구권은 SEC나 법무성이 행사할 수 있는 다른 청구권과 중복하여 행사할 수 있다.

---

18) Hazen, 854.

19) 1980년대 들어오면서 연방대법원이 Chiarella 사건 및 Dirks 사건을 통해서 '신인의무이론'을 채택하면서 과거보다 오히려 내부자의 범위를 제한하자 기존의 34년법 규정만으로는 내부자거래 규제에 있어서 한계에 부딪히게 되었다. 또한 내부자거래가 적발되었다 하더라도 제재조치가 매우 미흡하다는 측면이 있었다. 형사처벌규정도 미흡하며, 손해배상청구의 범위도 위반자가 얻은 이익 또는 회피한 손실의 반환에 그치기 때문에 결국 원상회복의 수준에 그치고 만다는 비판이 있었다. 이에 대해 연방의회는 내부자거래에 대한 규제를 강화할 필요가 있었다고 판단한 것이다.

20) SEC가 운영하고 있는 민사제재금에 대한 보다 자세한 내용을 위해서는 Kirkpatrick, The Securities Enforcement Manual (2d.), 194~202 (2007); Arthur B. Laby and W. Hardy Callcott, *Patterns of SEC Enforcement Under The 1990 Remedies Act: Civil Money Penalty*, 58 Albany L. Rev. 5 (1994) 참조; 국내문헌으로서 미국의 민사제재금에 대해 상세하게 연구되어 있는 문헌으로는 박정유, "민사제재금(Civil Penalty)에 관한 고찰—미국의 '34년 증권거래법을 중심으로," 『증권조사월보』 제233권 · 235권 (증권감독원, 1996, 9 · 11) 참조.

21) 이 법이 제정되기 이전에는 SEC는 내부자거래로 인해 취득한 이익의 반환만을 청구할 수 있었다. 따라서 동법의 제정으로 내부자거래 규제에 있어 '진정한 벌칙'(real penalty)을 마련하게 되었다고 볼 수 있다.

22) 교사 및 방조한 자의 경우에 3배의 제재금을 부과하지 않는 몇 가지 예외조항이 존재한다.

b) 벌금 증액

과거 34년법에서는 내부자거래에 대해서 1만 달러 이하의 벌금 또는 3년 이하의 징역에 처하거나 또는 양자를 병과할 수 있도록 하였는데, ITSA는 벌금의 상한선을 10만 달러로 증액하였다.

c) 규제범위의 확대

내부자거래가 위임장경쟁이나 공개매수와 관련하여 자주 등장함에 따라 이러한 위반의 경우에도 앞에서 강화된 제재조치들을 동일하게 적용할 수 있도록 하였다.

d) 파생상품의 규제

공개매수 및 기업합병 등이 성행하면서 옵션의 매매가 크게 활발해지고 있으며, 미공개정보를 이용한 주식옵션거래를 통하여 적은 비용으로 막대한 이익을 얻을 수 있는 가능성이 커졌으나 옵션의 매매는 아직 원주(原株)에 대한 거래가 존재한다고 할 수 없으므로 증권법 등에 의한 규제 여부가 문제가 되었다. 이에 대해 ITSA는 미공개정보를 이용하거나 전달을 통한 옵션 또는 다른 파생상품의 거래 역시 원주의 경우와 동일하게 내부자거래 규제대상으로 명백하게 포함시켰다.[23)]

## 4. 내부자거래 · 증권사기규제법

ITSA법이 제정된 이후에도 내부자거래 사건은 계속 이어졌다. 특히 1986년의 '이반 보스키 사건'과 '마이클 밀켄 사건' 등 대규모의 내부자거래를 포함한 조직적인 대형 증권범죄 사건들이 등장하자 내부자거래 규제를 보다 강화할 필요를 느낀 연방의회는 1988년 『내부자거래 · 증권사기규제법』(Insider Trading and Securities Fraud Enforcement Act of 1988, 이하 'ITSFE법')을 다시 제정하였다. ITSFE법의 주요 핵심은 다음과 같다.

---

23) 우리의 경우는 주식옵션이나 주식선물을 이용한 내부자거래 규제는 2009년 2월 자본시장법의 제정을 통해서야 비로소 가능하게 되었다.

a) 감독자책임 강화

ITSFE법은 특히 조직적인 내부자거래의 예방 및 규제강화에 초점을 둔다는 측면에서 고용주와 지배자에 대해서도 책임을 부과하였다.[24] 즉 1984년의 ITSA법에서는 당사자와 교사 또는 방조한 자를 규제 범위에 포함시켰는데, ITSFE법은 조직적인 내부자거래의 예방 및 규제를 강화하기 위하여 내부자의 '지배자'(controlling person)로서 내부자거래의 방지를 위한 조치를 적절하게 취하지 않은 자에게까지 규제의 범위를 확대하였다.[25] 지배자에 대한 민사제재금의 한도는 백만 달러 또는 취득한 이익 또는 회피한 손실의 3배 중 많은 것을 초과하지 않도록 하였다.

b) 포상제도

내부자거래에 대한 정보제공자에 대한 포상제도를 도입하였는데, 민사제재금의 부과가 가능하도록 정보를 제공한 자에게 SEC 재량으로 민사제재금의 10% 범위 이내에서 포상금을 줄 수 있도록 하였다.[26]

c) 사적 소권의 확립

내부자거래에 대한 사적인 손해배상청구권을 명확히 하였다. 과거에는 내부자거래에 대해 일반불법행위의 법리에 따라 '묵시적 소권'(implied right)만이 인정되었었다. 그러나 이 법의 제정 후에는 내부자거래가 행하여진 경우, 동일한 시기 및 동일한 증권을 반대방향으로 매매한 자는 내부자거래에 의하여 위반자가 취득한 이익이나 회피한 손실의 범위 내에서 손해배상을 청구할 수 있도록 하였다.

d) 형사처벌 강화

형사처벌도 징역 5년에서 10년으로 강화하였고, 벌금에 대해서도 개인은 10만 달러에서 100만 달러로, 법인의 경우는 조직적인 범죄의 방지 관점에서 법인 전

---

24) Hazen, 856.

25) 여기서 지배자란 내부자거래를 행한 자의 고용주에 한하지 않고, 제3자의 행동 등에 영향이나 지배를 미칠 힘을 가진 자를 모두 포함한다. 이에 대한 예로써, 중개인 또는 트레이더 및 투자자문업자에 관해서는 내부자거래방지를 위한 조치에 불비가 있었기 때문에 내부자거래가 행하여진 경우에는 지배자로서의 책임을 지게 하였다.

26) SEC, 증권거래소 등 자율규제기관, 법무성 등의 임직원은 포상금 지급대상에서 제외된다(34년법 제21조(A)(e)).

체에 대하여 250만 달러로 상한선을 높였다.

## 5. 최근의 입법적 발전

미국의 내부자거래 규제는 34년법 제10조(b) 및 SEC Rule 10b-5를 근거로 해서 이루어졌는데, 이들 조항은 소위 "포괄적 사기적 행위의 금지조항"으로서, 구체적으로 내부자거래 금지와 관한 구성요건을 제시하고 있지 않다. 따라서 미국의 내부자거래는 불가피하게 판례법을 통해 발전할 수밖에 없는 구조를 가지고 있었다. 그러나 판례를 통한 해석은 근본적으로 법문을 크게 떠날 수는 없는 것이고, 내부자거래의 유형은 다양한 형태로 등장하면서 미국은 앞서 언급한 2개의 중요한 입법 이외에도 꾸준히 입법적 개선을 추진하여 왔다. 그 중 중요한 입법이라 할 수 있는 사안들을 보면 다음과 같다.

첫째, SEC는 Dirks 사건을 통해 정보수령자의 처벌에 어려움을 느끼자 2000년에 Regulation Fair Disclosure를 제정하여 애널리스트 등에게 선별적으로 미공개중요정보가 전달되는 관행을 근본적으로 제거하여, 미공개중요정보의 동시적 공개를 실현하는 제도를 마련하였다.

둘째, 미공개중요정보가 영업적 관계가 아닌 가족관계에서 이루어진 경우 '신인의무'의 존재 여부에 대해 계속해서 다툼이 있었고, 또한 미공개중요정보를 알고는 있었지만 해당 정보를 이용하지 않았다고 주장하는 경우 등 정보의 소유와 이용 간의 관계를 명확하게 하기 위해 SEC는 Rule 10b5-1 과 Rule 10b5-2를 제정하였다.

셋째, 연방의회 및 공무원들이 입법정보를 이용하여 주식투자에서 많은 수익을 올렸다는 보고서들이 공개되면서, 연방의회 및 공무원들의 미공개중요정보의 이용을 통한 내부자거래를 규제하기 위해 2012년에 소위 'STOCK ACT'(Stop Trading of Congress Knowledge Act)를 제정하였다.

이처럼 미국은 아래에서 자세하게 설명하는 것처럼, 기존의 34년법 제10조(b) 및 SEC Rule 10b-5의 해석을 통해 내부자거래 규제의 법리를 발전시켜 왔고, 현재는 이들 조항을 근거로 가능한 최대한의 범위까지 확대한 것으로 보인다. 그리고 이들 법조항의 해석을 근거로는 규제가 불가능한 부분들은 위에서 언급한 법제의 개혁을 통해 내부자거래 규제의 영역을 확대해 왔다고 볼 수 있다.

다음은 미국에서 34년법 제10조(b) 및 SEC Rule 10b-5를 어떻게 해석하고 적용하여 내부자거래를 규제할 것인가에 대한 미국 연방법원의 견해를 중심으로 살펴본다.

# II. 내부정보의 공시 또는 거래유보

내부자는 자신의 기업에 관한 미공개내부정보를 인지한 경우 동 정보를 이용하여 주식을 거래해서는 안 된다. 이러한 내부자거래의 규제는 미공개중요정보를 인지한 자에게 공시가 이루어지기 이전에는 거래를 금지하거나, 아니면 거래를 하기 위해서는 공시가 필요하다는 인식 위에 서 있다. 이를 "공시 또는 거래의 유보"(disclosure or abstain from trading)라고 한다.[27] 이처럼 내부정보를 알게 된 자는 해당 정보를 공시하거나 공시될 때까지 거래를 유보하여야 한다는, 즉 내부정보가 공시되기 이전에는 해당 정보를 이용한 거래를 하여서는 안 된다는 이론은 내부자거래 규제의 핵심이라 할 수 있다. 문제는 이러한 의무를 부담하는 자의 범위를 어디까지 설정할 것인가이다.

## 1. Cady, Roberts 사건

미국의 내부자거래 규제에 있어서 중요한 출발점을 이루는 사건은 SEC 심결

27) 내부자거래규제에 있어서 중요한 미공개정보를 알게 된 내부자는 정보의 공시 또는 거래 유보가 요구된다. 그러나 정보의 공시는 현실적으로 중요한 미공개정보를 알게 된 자가 그러한 정보를 공시할 권한이 없는 경우가 대부분이며, 따라서 그가 선택할 수 있는 실질적인 방법은 거래의 유보일 것이다.

로 이루어진 1961년의 In re Cady, Roberts & Co. 사건[28](이하 "Cady, Roberts 사건")이다.

1959년 11월 25일 오전 Curtiss-Wright Corporation(이하, "C-W") 사 이사회가 분기배당금의 발표문제를 의논하기 위하여 소집되었다. C-W 사는 이익은 없었지만, 1959년 3분기 동안 주당 .625달러의 배당금을 지급하여 왔는데, 이사회는 지난 분기와는 다르게 이번 분기에는 주당 .375달러의 배당금을 지급하기로 결정하였다. 약 11시경 이사회는 이러한 결정사실을 전신을 통하여 뉴욕증권거래소로 통보할 것을 결정하였다. C-W 사의 재무담당이사는 이 사실을 발표하기 위하여 즉시 이사회실을 떠났다. 그러나 이 사실의 전송은 타이핑 문제 등을 비롯하여 전신문제로 뉴욕증권거래소에 11시 29분에야 도착하였고, 《월스트리트 저널》에는 이 소식이 11시 45분에야 도착하였고, 다우존스 티커에는 11시 48분에야 나타나게 되었다.

배당금 결정이 있은 후 이사회는 얼마간 정회를 하였고, 이 사이에 이사인 Cheerver Cowdin은 Gintel에게 전화를 하여 배당금이 축소되었다는 사실을 알렸고, 이 전화를 받자마자 Gintel은 즉시 10개 계좌에서 2,000주 매도를, 그리고 다른 11개 계좌에서 5,000주 매도주문을 냈다. 이 5,000주 중 3명의 고객계좌에서 나간 400주 만이 체결이 되었다. 이 주문들은 11시 15분과 11시 18분에 각각 40달러 1/4, 40달러 3/8로 체결되었다. 이 배당금에 관한 소식이 다우존스 뉴스를 통해 공시되자 뉴욕증권거래소는 밀려오는 매도주문 때문에 C-W 사 주식의 매매중단을 시켰다. C-W 주식은 오후 1시 59분에 36달러 1/2 가격으로 재개되었고, 34달러 7/8로 폐장되었다.

이 사건에서 증권업자인 Gintel은 C-W 사가 배당률을 낮출 것이라는 계획을 C-W 사의 이사로부터 입수하고, 동 정보가 공시되기 이전에 상당한 물량의 주식을 매도하였다. 이 사건에서 SEC는 만장일치로 Gintel의 내부자거래 혐의를 인정하였다.

---

28) 40 S.E.C. 907 (1961).

SEC가 이 사건에서 Gintel이 내부자거래의 책임을 져야 한다고 제시한 이유는 다음과 같다. 첫째로 특정한 자에게 기업의 내부정보에 직접 또는 간접적으로 접근이 허용된 것은 오직 기업의 이익을 위한 것이지 개인의 이익을 위한 것이 아니라는 점, 둘째로 거래하는 상대방이 알지 못하는 정보를 가지고 거래하는 것은 본질적으로 공정하지 못하기 때문에 금지되어야 한다는 것이다.

Cady, Roberts 사건에서 내부자거래 금지에 관한 중요한 법리들이 논의되었는데, 중요한 것은 기업의 미공개중요정보를 알게 된 모든 자는 '공시를 하거나 거래를 단념할 의무'(duty of disclosure or abstain from trading)를 가진다는 사실이 확립되었다는 것이다. 즉 미공개정보에 접근할 수 있는 관계가 존재하는 경우 동 정보를 이용하여 거래하기 전에 동 정보를 공시하여야 하는데, 다른 말로는 공시가 이루어지기 전에는 동 정보를 이용하여 거래를 하여서는 안 된다는 것이다. Cady, Roberts 사건에서 SEC는 미공개중요정보를 보유하고 증권을 거래한 '모든 자'가 34년법 제10조(b)를 위반한 것이라고 주장한 것은 아니다. 따라서 이 사건에서 정보소유이론이 개진되거나 인정된 것은 아니다.[29)]

## 2. Texas Gulf Sulphur 사건

Cady, Roberts 사건이 있은 지 7년 후 연방제2항소법원은 Texas Gulf Sulphur (이하 "TGS") 사건[30)]에서 내부자거래에 있어서 기념비적인 판결을 내리게 된다. 이 사건에서 TGS는 1963년 11월에 지질탐사를 하다가 특정구간에서 매우 양질의 광물질이 저장되어 있는 사실을 발견하자 이 지역을 싼 가격에 매입하기 위하여 동 발견사실을 비밀에 부쳤다. 그러나 TGS의 이사, 임원 및 일부 직원들이 동 정보가 일반에게 공개되기 이전에 상당한 물량의 TGS 주식을 매입하였다. 그리고 그들은 동 정

---

29) David Brodsky & Daniel Kramer, *A Critique of the Misappropriation Theory of Insider Trading*, SB 93 ALI-ABA Course Study 112 (1997).

30) SEC v. Texas Gulf Sulphur Co., 401 F.2d 833 (2d Cir. 1968).

보가 공개되자 매도하여 상당한 이익을 실현하였다. 이 사건은 내부자거래의 전형을 보여주는 고전적인 사건이다.

TGS 법정은 내부자거래 규제의 근거인 34년법 제10조(b)는 모든 거래자는 중요한 정보에 동등한 접근이 보장되어야 한다는 증권시장의 정당한 기대를 인정하고 있다고 하였다. 따라서 제10조(b)의 입법취지는 누구라도 거래의 상대방이 접근할 수 없는 정보의 장점을 취하기 위하여 기업의 비밀정보에 접근하는 것을 허용하지 않는다는 것이다. TGS 법정은 이러한 연방증권법의 목적을 실현하기 위하여 SEC Rule 10b-5는 34년법 제16조(b)가 규정하고 있는 내부자, 즉 이사, 임원 및 주요주주 등 전형적인 내부자뿐만 아니라 미공개정보를 알고 있는 모든 자에게 적용된다고 판결하였다.

TGS 판결이 갖는 중요성은 미공개중요정보를 소유한 사람은 그 정보를 공시하거나 또는 기업의 영업상의 이익 등을 고려할 때 공시가 적절치 않은 경우에는 거래를 유보하거나 동 정보를 타인에게 제공해서는 안 된다는 것이다. 즉 회사와 특별한 관계에 있지 않음에도 불구하고 단지 미공개정보의 소유만으로도 해당 정보의 공시 또는 거래유보의 의무를 진다는 것이다. 이러한 TGS판결은 7년 전에 있었던 Cady, Roberts 사건에서 나타난 SEC의 입장을 확인해 주었으며, 더 나아가 내부자뿐만 아니라 내부정보를 소유한 모든 자는 동 정보를 이용한 거래가 금지된다는 소위 '정보소유이론'(knowing possession theory)을 분명하게 밝히고 있다는 점에서 중요한 의미를 가지고 있다. 그러나 이 이론은 내부자거래를 규제함에 있어서는 매우 효과적이지만, 규제의 범위가 너무 넓다는 것이 단점으로 지적될 수 있다.

## III. 신인의무이론

연방대법원이 1909년에 Strong v. Repide 사건에서 내부자거래의 금지에 대한 원칙적인 판결을 내린바 있고, 이후 약 70년 동안 하급 법원들에 의해 내부자거래 사건들이 다루어지게 되었다. 가장 중요한 판결이 앞서 살펴본 연방제2항소법원에 의한 TGS 사건이다.

그러나 1980년대에 들어오면서 연방대법원은 내부자거래 규제의 법리에 있어서 획기적인 전환점을 이루는 2개의 판결, 즉 Chiarella v. SEC 판결과 Dirks v. SEC 판결을 내리게 된다. 먼저, 1980년에 판결한 Chiarella 사건은 공개시장에서 이루어진 내부자거래 사건에 있어서 연방대법원이 최초로 접근한 사건이라는 점과 그리고 이전의 Cady, Roberts 사건이나 TGS 사건에서 확립된 정보소유이론을 부정함으로써 내부자거래의 규제대상 범위를 제한하였다는 점에서 미국의 내부자거래 규제의 역사에서 하나의 전환점을 이룬 판결이라 할 수 있다.[31] 또한 이후 정보수령자의 내부자거래 해당 여부를 판결한 Dirks 사건에서도 역시 내부자규제의 범위를 엄격하게 제한하였는데, 즉 내부자거래의 규제대상자의 범위에 대해 미공개중요정보를 알고 있는 모든 자가 아니라 회사와 주주에 대해 '신인의무'(fiduciary duty)를 가지는 자로 규제대상자를 제한한 것이다.

## 1. Chiarella v. U.S. 사건

빈센트 치아렐라(Vincent Chiarella)는 1975년과 1976년에 뉴욕에 있는 인쇄소인 Pandick Press 사에 근무하는 인쇄공이었다. 그가 작업하던 서류 중에는 아직 발표되지 않은 기업매수에 관한 자료들이 있었고, Pendick Press사는 정보의 보안 때문에 관련된 회사들의 이름 대신 코드(code)를 사용하였는데, Chiarella는 이 코드를 해독하여 타깃 기업의 이름을 알 수 있었다. 그는 이 정보를 통해 공개매수가 공개되기 전에 타깃 기업의 주식을 매수하였고, 공개매수가 일반에게 공표되면 주식을 매도하여 상당한 이익을 취하였다. Chiarella는 이러한 거래를 통해서 약 14개월에 걸쳐 30,000달러의 이익을 취득하였다.

---

31) Chiarella v. United States, 445 U.S. 222 (1980).

Chiarella 사건은 1980년대 미국에서 M&A와 관련된 내부자거래의 전형적인 형태라 할 수 있다. 만약 임박한 M&A 정보를 사전에 인지할 수 있다면, 그러한 공시가 이루어지기 전에 낮은 가격으로 주식을 매수하고, 공시가 이루어지고 주가가 상승하면 매도하여 상당한 이익을 챙길 수 있을 것이다. 만약 이익을 더욱 증가시키고자 한다면 타깃 회사의 주식보다는 옵션을 매수하는 것이 더 유리할 것이다.

연방지방법원은 Chiarella의 행위는 미공개중요정보를 이용한 거래로서 Rule 10b-5를 위반하였다고 판시하였다. 항소심인 연방제2항소법원 역시 TGS 사건에서 창설된, '정보에 대한 동등한 접근'을 근거로 하는 "공시 또는 거래금지 원칙"(disclose or abstain rule)에 근거하여 제1심의 판결을 그대로 인용하였다. '동등한 접근 원칙'에 기대어 Chiarella의 거래행위를 판단한다면 그는 분명히 거래상대방에 비해 정보의 우위에서 거래를 한 것은 분명하다. 그러나 Chiarella는 그가 거래했던 주식의 발행자인 회사의 직원도, 임원도 아니었다. 그는 단지 Pandick Press라는 인쇄소의 직원이었고, 그가 거래했던 주식의 발행자인 회사의 대리인도 아니었다. Pandick Press는 기업을 인수하고자 하는 기업을 위해 일을 하였고, 타깃 기업을 위해 일을 한 것은 아니었다.[32)]

이러한 상황에서 Chiarella의 범죄 여부는 연방증권법상 내부자거래 규제가 보통법의 선례와 어떠한 관계를 가져야 하는지의 판단에 달려있다. 즉 주 보통법(state common law)은 매도자와 매수자 사이에 신인관계가 존재하는 경우에만 책임을 인정하기 때문이다.

연방대법원은 제2항소법원의 판결을 파기하면서 Chiarella의 내부자거래 혐의를 부정하였다. 연방대법원은 미공개정보를 알게 된 경우에는 그 정보를 '공시하거나 그 정보를 이용한 거래를 유보'하여야 하지만, 그러나 이러한 규제의 대상이 되는 자는 기업 또는 주주에 대해 '신인의무'(fiduciary duty)를 가지는 내부자에 국한되어야 한다는 것이다. 이 사건에서 Chiarella는 기업의 내부자가 아니며, 타깃 기업으로부터 미공개정보를 입수한 것도 아니기 때문에 그는 해당 정보에 대한 공시의무가

32) Bainbridge, 40.

없다는 것이다. 또한 그는 거래상대방이었던 매도자와의 관계에서도 어떠한 의무도 가지고 있지 않다는 것이다. 즉 Chiarella는 기업, 주주 및 거래상대방 누구에 대해서도 "믿음과 신뢰의 관계"(relationship of trust and confidence)를 가지고 있지 않다는 것이다.

이 사건에서 연방대법원이 내부자거래 규제에 있어서 밝힌 입장은 '거래하기 이전에 공시하여야 할 의무'는 자신들의 이익보다는 주주들의 이익을 우선적으로 고려해야 할 기업의 내부자들이 기업의 미공개정보를 이용하여 개인적인 이익을 취하지 못하도록 규제하기 위한 것이라는 것이다. 따라서 제10조(b) 하에서 불공시(non-disclosure)가 사기적 행위, 즉 내부자거래가 되기 위해서는 기업의 내부자와 주주의 관계에서 볼 수 있는 '믿음과 신뢰의 관계'가 존재하여야 한다는 것이다.

Chiarella 사건은 내부자거래 규제의 대상은 기업 및 주주에 대해 신인의무를 가진 이사 또는 임원들에 제한되어야 한다는 사실을 확인해 주면서, 과거 정보소유이론에 의해 내부자거래의 책임이 지나치게 확대될 수 있다는 우려를 불식시켜 주었다. 그러나 직원이나 기업 자신이 내부자의 범위에 포함되는지, 즉 믿음과 신뢰의 관계가 존재하는지 여부에 대해서는 연방대법원은 명백하게 밝히지 않았다.

## 2. 외부자거래의 문제점: 기업과의 연계성

Chiarella 판결 이후 기업의 내부자인 이사 및 임원들은 미공개중요정보를 알게 된 경우, 거래를 유보하거나 공시할 의무가 있음은 명백해졌다. 그렇다면 기업과 계약관계에 있는 사람들, 예를 들어 기업의 외부변호사 또는 회계사들도 동일한 의무가 있는가? 즉 '외부자'(outsider)의 책임과 Chiarella 사건에서 확립된 신인의무를 어떻게 법리적으로 연결할 것인가가 문제가 될 수 있다. 이 외부자의 책임에 대해서 연방대법원은 Dirks 사건[33]을 통해서 특정한 그룹의 외부자도 내부정보의 공시 또

33) Dirks v. SEC, 463 U.S. 646 (1983).

는 거래의 유보책임이 있다고 분명히 하였다:

> 특정한 상황하에서 기업을 위해서 일을 하고 있는 인수인(underwriter), 변호사 또는 회계사들이 합법적으로 기업의 내부정보를 알게 된 경우, 이들 외부자들은 주주들에 대해서 신인의무를 부담하는 자들이 될 수 있다(may become). 이러한 신인의무를 인정하는 기초는 그러한 위치에 있는 자들이 단지 미공개정보를 획득하였다는 것이 아니라, 그들은 기업의 비즈니스를 함에 있어서 특별한 신뢰관계를 맺게 된 것이고, 또한 기업의 목적을 위해 해당 정보에의 접근이 허용된 것이기 때문이다. 이러한 특별한 관계로 인해 기업은 외부자가 중요한 미공개정보에 대해서 비밀을 유지할 것을 기대하여야 하며, 그러한 관계는 최소한 그러한 의무를 함축해야만 한다.[34]

이후 대부분의 법원들이 특별한 문제 없이 기업과 특별한 관계를 맺고 있는 외부자의 기업에 대한 신인의무를 인정하였다. SEC v. Lund 사건[35]에서 법원은 내부자의 친구였고, 조인트 벤처계획에 참여하였던 내부자와의 관계에서 정당하게 내부정보를 입수하게 된 사람에 대해 기업의 '임시내부자'(temporary insider)라고 인정하였다. 법원은 이 임시내부자인 Lund에게 정보가 주어진 것은 Lund가 그 정보의 비밀을 유지할 것이라는 기대와 함께 주어진 것이라는 사실을 인정하였다. 또한 SEC v. Ingram 사건[36]에서도 증권업자가 발행자의 합병 상대자를 물색하는 문제에 대해 조언을 요청받았고, 후에 소송의 대상이 되었던 협상의 자리에까지 초청을 받았는데, 법원은 이 증권업자도 임시내부자로 인정하였다.

이와 유사하게 전문직으로서 기업의 주요 프로젝트에 깊이 관여하는 변호사나 회계사의 경우도 이러한 유사 신인관계가 존재하며, 따라서 그들이 기업과의 합

---

34) 463 U.S. 646, 655 (1983).
35) 570 F.Supp. 1397 (C.D. Cal. 1983).
36) 694 F.Supp. 1437 (C.D. Cal. 1988).

법적인 업무관계를 통해서 지득한 내부정보를 이용한 증권의 거래는 금지된다.[37]

## 3. Dirks v. SEC 사건

Chiarella 사건은 '공시 또는 거래단념 원칙'에 대한 위반을 주장하기 위해서는 거래자와 주주 간에 신인관계가 존재하여야 한다는 신인의무이론을 확립하였다. 그러나 내부자가 직접 거래를 하지 않고 친구 또는 친척들에게 내부정보를 제공하여 그들이 거래를 한 경우에는 어떠한가? 이러한 경우에 신인의무는 어떻게 적용될 수 있는가? 즉 내부자와 정보수령자 간의 관계, 그리고 이러한 정보수령자의 내부자거래 책임에 대한 문제가 연방대법원이 다룬 Dirks 사건[38]을 통해서 중점적으로 거론되었다.

### (1) 사건의 개요

Dirks 사건에서 문제가 되었던 Equity Funding Corporation of America 사(이하 'Equity Funding'이라 한다)는 1960년대와 1970년대 초에 일반 대중에게 보험상품, 뮤추얼펀드 그리고 기타 투자상품을 판매하면서 아주 성공적인 금융회사로 보여졌다. 그러나 최소한 1964년 이후부터 Equity Funding의 고위급 간부 약 100여명 정도가 미국 역사상 거대한 분식회계 중 하나에 해당할 정도의 분식회계에 관여하였다.

이 내부자거래 사건에서 피고였던 레이몬드 덕스(Raymond Dirks)는 Equity Funding의 거대한 분식회계 사실을 밝혀내는데 중요한 역할을 하였던 증권 애널리스트였다. 1973년 Dirks는 뉴욕에 있는 증권회사의 임원이었는데, 그 회사는 기관투자가들에게 보험회사 주식들에 대한 투자분석을 전문적으로 제공하는 회사였다. 그

37) Lund 사건에서 Lund를 임시내부자로 인정하여 내부자거래 혐의를 인정하였지만, 그에 대해 비밀유지에 대한 기대가 충분치 않을 수 있다는 점이 지적되면서, 외부자들에게 비밀유지를 위한 '유사신인의무'를 부과하기 위해서는 보다 적극적인 동의 표시, 즉 비밀정보를 유용하지 않을 것이라는 표시가 있어야 할 필요가 있다는 것이 검토되었다.

38) 463 U.S. 646 (1983). 이 사건은 내부자거래에 있어서 정보수령자의 책임과 관련하여 가장 중요한 판결이라 할 수 있다.

해 3월 6일, Dirks는 Equity Funding의 전 임원이었던 세크리스트(Ronald Secrist)로부터 Equity Funding의 자산이 사기적인 방법을 통하여 지나치게 과대평가되어 있다는 말을 들었다. Secrist는 또한 여러 규제기관들이 Equity Funding의 이러한 문제점들을 찾아내는 데 실패하였다고 주장하면서 Dirks에게 그러한 사기사실을 일반에게 공표할 것을 설득하였다.

Dirks는 그가 주장하는 내용들을 모두 조사하기로 결정하였다. 그는 LA에 있는 Equity Funding 본사를 방문하였고, 여러 임원 및 직원들과 인터뷰를 하였다. 이 과정에서 경영진들은 어떠한 과실도 인정하지 않았지만 일부 직원들은 사기혐의를 인정하였다. Dirks와 그의 회사는 Equity Funding 주식을 거래하지 않았지만, 조사를 진행하면서 이 사실을 그의 고객 및 투자자들과 토의하였고, 이들 중의 일부는 그들이 보유하고 있던 Equity Funding의 주식을 매각하였다. 이 중 5명의 투자자는 1,600만 달러에 이르는 물량을 처분하였다.

Dirks가 LA에 머무르고 있을 때, 그는 《월스트리트 저널》의 LA 지국장인 William Blundell과 정기적으로 접촉하였고, Dirks는 Blundell에게 사기와 관련된 내용의 기사를 쓸 것을 요구하였다. 그러나 Blundell은 이 사실을 믿지 않았고, 그러한 사기적 행위는 적발되기 어렵다고 판단하여 기사를 쓸 것을 거부하였다.

Dirks가 이러한 조사를 진행하는 2주간 동안 이러한 말들이 번져나가기 시작하였고, Equity Funding의 주가는 주당 26달러에서 15달러 이하로 떨어졌다. 주가가 떨어지자 뉴욕증권거래소는 3월 27일 동 주식의 거래를 정지시켰다. 그러자 캘리포니아 보험당국이 Equity Funding의 장부를 압수하였고, 분식회계의 증거를 발견하였다. 이어 SEC가 바로 조사에 착수하였고, 4월 2일 《월스트리트 저널》은 Dirks로부터 입수한 정보들을 근거로 헤드라인 기사로 특종을 발표하였고, Equity Funding은 바로 법정관리상태로 들어가게 되었다.

### (2) 연방대법원의 판단

이 사건은 내부정보를 이용한 거래에 있어서 정보수령자의 책임에 대해 논한 가장 중심적인 판결이라 할 수 있다. 연방대법원은 이 사건에서 항소법원의 결정을 파기하면서 Dirks의 내부자거래 혐의를 부정하였다. 정보수령자인 Dirks의 내부자거래 책임 여부를 판단함에 있어서 연방대법원이 보여준 법리는 다음과 같다.

첫째, 정보수령자의 '공시 또는 거래유보' 의무는 내부자, 즉 정보제공자의 신인의무에서 파생된다. 즉 내부자가 신인의무를 위반하여 정보수령자에게 내부정보를 부적절하게 전달한 경우에만 정보수령자가 '공시 또는 거래의 유보' 의무를 부담한다. 따라서 이 사건에서 정보제공자인 Secrist는 Equity Funding 사의 사기적 행위를 밝히기 위하여 Dirks에게 정보를 전달한 것이기 때문에, Equity Funding 사의 주주들에 대한 신인의무를 위반한 것으로 볼 수 없다.

둘째, 정보제공자가 신인의무를 위반하여 내부정보를 정보수령자에게 제공한 경우 기본적으로 정보수령자는 '공시 또는 거래의 유보' 의무를 부담하지만, 만약 정보제공자의 그러한 정보제공행위가 신인의무를 위반하여 행해지는 것이라는 것을 정보수령자가 알았거나 과실로 알지 못한 경우에만 책임을 물을 수 있다.

셋째, 정보제공자가 신인의무를 위반하여 정보를 제공하는 경우도 항상 '공시 또는 거래유보' 의무를 부과하는 것은 아니다. 예를 들어, 기업의 내부자가 특정정보가 이미 공시되었거나 아니면 중요하지 않다고 잘못 판단하는 경우를 들 수 있다. 이처럼 정보가 부적절하게 전달이 되었는지 여부를 판단하기 위해서는 내부자가 정보를 제공함에 있어서 직접 또는 간접적으로 이득을 얻었는가를 물을 필요가 있다. 즉 '개인적인 이득'(personal benefit)이 없는 경우 주주들에 대한 신인의무 위반은 없었다고 볼 수 있다.[39]

이 사건에서 정보제공자인 Secrist는 직접 또는 간접적으로 개인적인 이득을 얻지 않았고, 따라서 그의 행위는 주주들에 대한 신인의무 위반이 아니며, 따라서 '파생적 책임'이라 할 수 있는 정보수령자의 책임, 즉 Dirks의 책임도 존재하지 않는다는 것이다.

이러한 연방대법원의 논리는 Chiarella 판결에서 보여준 입장을 다시 확인하

---

39) 이 테스트는 1961년 Cady, Roberts 사건에서 다루어졌던 문제로서 이를 "Cady, Roberts Standard"라 한다.

고 있다.[40] 즉 내부자거래의 책임은 해당 주식의 매도자 또는 매수자에 대한 신인의무 위반에 근거해야 한다는 것과[41] 34년법 제10조(b)나 Rule 10b-5가 미공개중요정보를 이용한 모든 거래를 금지하는 것이 아니라는 것이다. 거래자와 해당 주식의 주주와의 사이에 '특별한 관계'(special relationship)가 존재하는 경우에만 미공개중요정보를 이용한 거래가 금지된다는 것이다. 즉 전통적인 내부자들을 포함하여 변호사, 회계사, 투자은행가 등 기업과 특별하고 비밀스러운 관계를 가지고 있는 '임시내부자'들은 해당 정보가 공시되기 이전에는 거래가 금지되지만, 그러한 관계에 있지 않은 자들은 미공개중요정보를 이용한 거래가 금지되지 않는다는 것이다. 그리고 정보수령자의 책임은 이러한 내부자의 신인의무 위반 여부에 파생하여 결정된다는 것이다.

이 사건에서 Dirks로부터 정보를 제공받고 주식을 처분한 사람들의 책임 문제는 어떠한가? 연방대법원의 논리에 따르면 이에 대한 대답은 매우 간단하다. 즉 정보수령자의 책임은 정보제공자의 책임으로부터 파생되는 것이기 때문에 정보제공자가 신인의무 위반의 책임이 있으면 같이 책임을 지게 되는 것이고, 책임이 없으면 같이 책임이 없다는 것이다. 제2차, 제3차, 제4차 등의 정보수령자가 존재하는 경우도 마찬가지이다. 즉 최초의 정보수령자의 책임이, 그리고 보다 근본적으로는 정보제공자의 신인의무 위반 여부가 그들의 책임 여부를 결정짓는다는 것이다. 따라서 Dirks로부터 정보를 제공받고 주식을 처분한 사람들은 당연히 내부자거래에 해당되지 않는다.

이외에도 연방대법원은 Dirks의 내부자거래 혐의를 부정하는 또 하나의 이유로써 애널리스트인 Dirks의 상황을 고찰하였다. 즉 만약 애널리스트들이 기업의 내부자들로부터 미공개정보를 입수하여 고객들에게 제공하는 것을 내부자거래로 규제한다면, 애널리스트의 업무 자체를 금지하는 결과가 될 것이기 때문에 Dirks의 행

---

40) 이를 가리켜 "Dirks, the Son of Chiarella"라고 하기도 한다. David Cowan Bayne, S.J., *The Insider's Natural-Law Duty: Dirks, the Son of Chiarella*, 19 J. of Corp. Law 729 (1994).

41) Adam C. Pritchard, *United States v. O'Hagan: Agency Law And Justice Powell's Legacy For The Law of Insider Trading*, 78 Boston Univ. L. Rev. 13, 22 (1998).

위는 애널리스트로서 당시 상식적인 행위였다는 것이다.[42)]

# Ⅳ. 부정유용이론

## 1. 의의와 발전

부정유용이론(不正流用理論)은 현대 내부자거래 규제에 있어서 가장 강력한 이론으로 성장해 왔으며, 34년법 제10조(b)와 Rule 10b-5 해석에 관한 논쟁의 핵심에 자리잡고 있다. 부정유용이론이란 자신에게 알려진 미공개정보를 개인적인 목적으로 사용하는 것은 미공개정보를 '유용'(misappropriate)하는, 즉 정보를 제공한 '정보원(情報源)'(source of information)에 대한 신인의무를 위반하는 행위로서 34년법 제10조(b)와 SEC Rule 10b-5가 금지하고 있는 내부자거래에 해당된다는 것이다.

이 부정유용이론이 처음으로 등장한 것은 Chiarella 사건에서이다.[43)] 그 이후 SEC는 중요한 내부자거래 사건마다 부정유용이론을 규제의 중요한 근거로 제시하였는데, 1997년 최종적으로 연방대법원이 O'Hagan 사건을 통해 이 이론을 받아들이기까지 법원의 입장은 나뉘어 있었다.

1981년 United States v. Newman 사건[44)]에서 연방제2항소법원은 이러한 부

---

42) 당시 애널리스트들이 기업의 고위간부 또는 재무팀으로부터 중요정보를 사전에 입수하여 자신들의 고객이나 기관투자자들에게 제공하는 것은 관례였다. 그러나 이렇게 기업이 특정한 애널리스트들에게 미공개정보를 제공하고, 또 이들 정보를 애널리스트들이 자신의 고객이나 기관투자자들에게 다시 전달하는 것은 '선택적 공시'(selective disclosure)라 하여 내부자거래의 문제가 있다는 지적이 있어 왔다. 이러한 논쟁이 최근 들어 가열되었는데, 미국은 2000년 10월 23일, 『Regulation Fair Disclosure』를 채택하면서 이러한 선택적 공시를 전면적으로 금지하였다(이에 대한 상세는 김정수, "기업의 선택적 공시와 내부자거래," 『시민과 변호사』 (2001. 6).

43) 이 사건의 판결에서는 '부정유용이론'이 인정되지 않아 내부자거래가 인정되지 않았지만 반대의견을 쓴 Burger 대법관의 주장이 부정유용이론의 출발점이라 할 수 있다.

44) 664 F.2d 12 (2d. Cir. 1981).

정유용이론을 비더기업(bidder company)의 대리인으로 활동할 때 얻은 정보를 이용하여 타깃기업의 주식을 거래한 투자은행가들에 대해 증권사기 등의 형사책임을 묻는 데 적용하였다. 제2항소법원은 '믿음과 신뢰의 관계'(relationship of trust and confidence)에 있는 투자은행가가 투자은행이 보유하고 있는 비밀정보를 유용하는 행위는 34년법 제10조(b) 및 SEC Rule 10b-5하에서 사기행위에 해당되며, 따라서 내부자거래의 책임이 있다고 판결하였다. 항소법원은 이 사건에서 증권의 매도자 또는 매수자를 상대로 직접 사기행위가 이루어질 것을 요구하지 않았고, 오히려 '사용자'(employer)에 대해서 사기가 이루어졌다는 사실만으로도 증권사기의 책임을 묻기에 충분하다고 판결하였다. 항소법원은 이 부분에 대해 "고객의 비밀을 안전하게 보전하여야 하는 '사용인'들의 명예를 더럽힘으로써 피고들은 마치 그들이 돈을 훔치는 것과 동일하게 사용자들을 기망하였다."라고 언급하였다. 즉 내부정보를 부정하게 유용하는 행위는 단순히 기업경영의 내부문제가 아니라 현금이나 증권을 훔치는 행위와 유사하다는 것이다.

이러한 부정유용이론은 1984년의 SEC v. Materia 사건[45]에서도 적용되었다. 뉴욕의 금융서류를 주로 인쇄하는 인쇄소에서 근무하던 Materia는 중요한 미공개정보를 가지고 사용자의 고객의 주식을 거래하였는데, 이에 대해 제2항소법원은 Newman 사건을 인용하면서 Materia는 '사용자'에 대한 신인의무를 위반하였고, 이러한 행위는 34년법 제10조(b) 및 SEC Rule 10b-5하에서 사기행위에 해당한다는 지방법원의 판결을 인정하였다. 피고의 행위가 비록 거래상대방에 대해 신인의무가 없어 거래상대방에 대해서는 사기적 행위가 없었지만, 사용자에 대해서, 즉 사용자의 재산이라 할 수 있는 정보를 부정하게 유용함으로써 '누구든지에 대해'(upon any person) 사기적 행위를 금지하고 있는 SEC Rule 10b-5를 위반하였다는 법리이다.

---

45) 745 F.2d 197 (2d. Cir. 1984).

## 2. Carpenter v. U.S. 사건

이러한 부정유용이론은 제2항소법원이 다루었던 Carpenter 사건에서 내부자거래 규제 법리에 있어서 거대한 도약을 이루게 된다. 그러나 이 사건은 연방대법원[46]까지 올라갔으나 연방대법원은 부정유용이론에 대해서는 언급하지 않고 단지 하급법원에서 다루어졌던 사실들을 단순히 재언급하면서 하급심의 결정을 확인해 주는 수준에 머물렀다.[47]

1981년 3월 포스터 위난스(R. Foster Winans)는 《월스트리트 저널》의 기자였고, 그는 "Heard on the Street"라는 칼럼의 공동담당자였다. 이 칼럼은 특정주식들에 대한 정보를 제공하고 있었는데, 독자가 많고 매우 영향력이 있는 칼럼이었다. 카펜터(Carpenter)는 이 저널지의 데스크에서 1981년 12월부터 1983년 5월까지 일하였다. Kidder Peabody 사의 주식 브로커였던 Felis는 Kidder Peabody 사의 또 다른 주식 브로커인 Peter Brant에 의해서 동 회사에서 일하게 되었고, Brant는 Felis의 오랜 친구였다.

1981년 2월 이후 《월스트리트 저널》의 모회사인 다우 존스사는 모든 새로 입사한 직원들에게 회사의 '이익충돌'에 관한 정책이 설명되어 있는 "The Insider Story"를 배포하는 것이 관행이었다. 이러한 회사의 정책에도 불구하고, Winans는 Brant, 후에는 Felis 그리고 Carpenter와 함께 공모를 하여 Winans는 두 명의 주식 브로커에게 "Heard" 칼럼에 게재될 증권관련정보를 사전에 제공하기로 약속하였다. 이 정보에 기초하여 두 명의 주식브로커들은 관련 주식을 보도 이전에 매도 또는 매입한다는 것이었다. Winans와 사적 · 개인적 · 비업무적으로 개입된 Carpenter는 이들 공모자들 사이에서 주로 메신저의 역할을 담당하였다. 계좌는 Felis, Carpenter, Winans, Brant, David Clark, Western Hemisphere, 그리고 Stephen

---

46) 484 U.S. 19 (1987).

47) 후에 O'Hagan 사건에서 판결문을 작성한 Ginsberg 대법관은 Carpenter 사건에서 연방대법원이 부정유용이론을 부정한 것이 아니고, 정보유용이론이 적용되기에 가장 적합한 사건을 위해 그 논쟁을 유보한 것이라고 밝혔다.

Spratt의 이름으로 열었다. 1983년과 1984년 초 사이에 피고들은 저널지에 보도가 나가기 전에 약 27번 정도 저널지의 칼럼의 내용을 사전에 입수하고 매매를 하였다. 비록 이들 모든 칼럼들이 Winans에 의해서 쓰여진 것이 아님에도 불구하고, 일반적으로 Winans는 보도가 나가기 하루 전에 기사의 내용을 Brant에게 알려준 것으로 보인다. Winans는 보통 그에게 공중전화로 연락하였고, 가끔은 가명을 사용하였다. 이러한 계획을 통해 얻은 순이익금은 약 69만 달러에 이르렀다.

이 사건은 신문기자 · 전 신문사 직원 · 주식브로커들이 공동으로 음모하여 증권시장에 영향력이 있는《월스트리트 저널》의 칼럼이 보도되기 이전에 동 칼럼의 정보를 제 3 자에게 전달하여 증권을 거래하게 함으로써 개인적인 이득을 취한 사건이다. 이 사건은 이전의 Chiarella 사건이나 Dirks 사건과는 구조적으로 매우 다른 특징을 가지고 있다.

SEC는 Winans와 Felis에 대해서 제10조(b) 및 SEC Rule 10b-5 위반혐의로, Carpenter에 대해서는 방조 및 교사 혐의로 지방법원에 제소하였다. 지방법원은 Winans, Felis 및 Carpenter에 대해서 연방증권법 · 연방우편 및 전신사기금지법 등의 위반행위를 인정하였고, 제2항소법원도 이를 인정하였다. 그리고 연방대법원은 연방우편 및 전신사기금지법 위반에 대해서는 만장일치로, 증권법위반혐의에 대해서는 4:4로 의견이 나뉘어서 '부정유용이론'의 채택 여부 판단이 유보된 채 원심의 판결이 유지되었다. 이 사건의 구조는 앞에서 언급한 내부자거래 사건들과 많은 차이점을 발견할 수 있다.

첫째, Winans 등이 이용한 정보는 '내부정보'가 아니라는 점이다. 사실 칼럼에 소개된 정보들은 이미 공개된 정보들이었고, 다만 칼럼을 통한 공개시기, 공개사실, 그리고 칼럼이 가지는 영향력 등이 주가에 영향을 미치는 것뿐이었다.

둘째, 칼럼의 내용은 '사기적'(fraudulent)이지 않았다. 제공된 정보는 '정확'하였으며, 더군다나 주가를 조작하려는 의도는 전혀 없었다.

셋째, Winans 등은 이전의 부정유용이론이 적용되었던 사건에서의 피고들보다도 더욱 기업의 내부로부터 멀리 떨어진 '외부자'(outsider)라는 점이다.

여기서 가장 핵심적인 쟁점은 세 번째 사항이다. 즉 직원들의 내부자거래책임이 인정되었던 Newman 사건이나 Materia 사건 경우에는 동 사의 사용자가 직원들이 거래한 주식의 기업에 대해 신인관계가 존재하였고, 그러한 신인관계는 사용자의 직원에게까지 연결되어 다시 사용자와 직원들 간의 '믿음과 신뢰의 관계'를 형성하게 되는데, 직원이 미공개중요정보를 이용한 거래행위는 사용자에 대한 신뢰관계 위반이며 따라서 부정유용이론하에서는 내부자거래의 책임을 인정한 것이다. 그러나 Capenter 사건은 이들 사건과는 커다란 차이가 있는데, 즉 Winans의 사용자인 《월스트리트 저널》 사는 Winans의 기사대상이 된 기업들과 어떠한 신인관계 또는 어떠한 의무도 가지고 있지 않다는 점이다. 따라서 Newman 사건이나 Materia 사건의 법리에 비추어 볼 때, Winans의 내부자거래 책임을 묻기 위한 전제조건인 《월스트리트 저널》 사의 신인의무가 존재하지 않음에도 불구하고 Winans 등에 대한 내부자거래의 책임을 묻을 수 있는가가 쟁점이 된 것이다.

피고 측은 Newman 사건과 Materia 사건을 원용하면서 부정유용이론이 적용되기 위해서는 사용자가 특정기업 및 주주에 대해 '신인의무'가 존재하여야 하며, 이러한 신인의무의 존재가 피용자의 내부자거래 책임을 묻기 위한 최소한의 고리 또는 조건이 되어야 한다고 주장하면서 내부자거래의 책임을 부인하였다.

그러나 제2항소법원은 이전의 부정유용이론은 그 범위를 너무 좁게 해석한 면이 있으나, "부정유용이론은 증권의 매수 및 매도와 관련하여 내부자 또는 다른 자들이 미공개중요정보를 이용하는 것을 매우 광범위하게 금지하고 있다"[48]라고 언급하면서 그들의 내부자거래 책임을 인정하였다. 즉 Winans 등은 칼럼의 내용 및 타이밍과 관련한 정보를 사전에 유용함으로써 그들의 사용자에 대한 '비밀유지 의무'(duty of confidentiality)를 위반하였다는 것이다.

제2항소법원의 판결에 대해 비판도 있지만, 이 판결은 내부자거래 규제의 범위를 설정함에 있어서 '시장참가자'(market participants)뿐만 아니라 '비시장참가자'(non-market participants)까지 포함하였다는 측면에서 내부자거래 규제에 있어서

48) 791 F.2d. 1024, 1029 (2d Cir. 1986).

거대한 법리적 도약을 이룬 판결로 평가되기도 한다.[49)]

## 3. U.S. v. O'Hagan 사건

### (1) 사건의 개요

연방대법원은 1997년 6월 25일 오헤이건(O'Hagan) 사건에 대한 판결에서 그동안 논란이 많았던 부정유용이론을 인정하면서 O'Hagan 변호사의 내부자거래 혐의를 인정하였다. 이 판결은 그동안 많은 논란을 일으켰던 부정유용이론에 대해 연방대법원이 처음으로 수용하면서 지난 20년 동안 증권사기분야에 있어서 가장 획기적인 판결로 평가되고 있다. 이 판결을 통해서 미국의 내부자거래 규제는 새로운 전환점을 맞이하게 되었으며, 나아가 전세계 주요국의 내부자거래 규제에도 중요한 영향을 미치게 되었다.[50)]

O'Hagan은 미국 미네아폴리스에 소재하고 있는 법률회사인 Dorsey & Whitney(이하 "D&W")의 선임파트너였다. D&W 사는 275명의 변호사를 보유하고 있는 대형 로펌이었다. 1988년 여름 런던에 근거를 두고 있는 Grand Metropolitan PLC(이하 "Grand Met") 사는 Pillsbury 사 인수계획과 관련하여 D&W 사를 고용하였다. 그러나 O'Hagan 변호사는 Pillsbury 사 인수계획에는 전혀 관여하지 않았고 단지 귀동냥으로 인수계획에 대해서 알게 되었고, 그는 바로 Pillsbury 사의 콜옵션과 주식을 매입하기 시작하였다. 그는 1988년 8월에 시작하여 1988년 9월 말경까지 약

---

49) David Brodsky, Daniel Kramer and Schulte Roth & Zabel, *A Critique of the Misappropriation Theory of Insider Trading*, SB 93 ALI-ABA 105, 129 (1997).

50) 가장 가깝게는 1999년 6월에 일본에서 있었던 일본직물가공사건에서 보여준 최고재판소의 판결이 O'Hagan 판결의 영향을 입은 것으로 보인다. 일본도 우리처럼 내부자거래는 형식주의 · 열거주의 방식을 채택하고 있어 전통적으로 매우 엄격하게 해석하는 입장이었다. 내부자거래를 부정한 고등법원의 판결도 이러한 선상에 있었다. 그러나 최고재판소는 고등법원의 판결을 뒤엎고 증권시장의 공공성과 건전성, 그리고 일반투자자에게 미치는 영향을 고려하여 실질적인 판단에 의해 규제대상을 확대하여 내부자거래를 인정하였다; 미국 오헤이건 사건에 대한 국내 연구문헌으로는 하삼주, "내부자거래규제대상에서의 확장에 관한 미국판례 연구 - U.S. v. O'Hagan, 521 U.S. 642 사건판결", 『성균관법학』 제19권 제2호 참조.

400,000달러 규모의 콜옵션과 보통주를 매입하였다. 1988년 10월 4일 Grand Met 사가 Pillsbury 사에 대한 공개매수를 선언하자 Pillsbury 사 주가는 주당 39달러에서 거의 60달러까지 치솟았다. 주가가 오르자 O'Hagan은 바로 콜옵션을 행사하였고, 또한 이와 함께 사전에 매입하였던 보통주도 매도하였다. 이러한 거래를 통해서 O'Hagan은 약 4백 30만 달러를 벌었다. SEC는 법무성를 통해 O'Hagan을 34년법 제10조(b), 제14조e-2(a) 및 SEC Rule 10b-5 위반혐의로 기소하였는데, 기소항목은 내부자거래 · 연방통신법위반 · 돈세탁 등 50여 가지가 넘었다.

제1심에서 피고측은 O'Hagan은 단지 시장루머를 들었을 뿐이고, 그 이후 《월스트리트 저널》을 통해서 Pillsbury가 인수될 것이라는 정보를 알게 된 것이라고 주장하였고, 또한 만약 O'Hagan이 내부정보를 이용하여 거래를 하였다 하더라도 그러한 행위는 신인이론을 인정하고 있는 연방대법원의 입장에 배치된다고 주장하였으나, 제1심은 57개 항목에 대해서 유죄를 인정하여 41개월의 징역형을 선고하였다. 그러나 제8항소법원은 하급심의 판결을 뒤엎으면서 SEC가 주장하는 정보유용이론을 거부하였고, 또한 Rule 14e-3(a)는 34년법 제14조(e)의 위임의 범위를 벗어난 것으로 무효라고 판결하였다.

### (2) 연방대법원의 판결 요지

연방대법원은 Carpenter 사건 이후 정확히 10년 만에 다시 한 번 부정유용이론과 부딪히게 되었다. 그 사이에 대법원장을 비롯하여 대법원의 구성도 다소 바뀌었다. 당시는 그때보다도 더 연방증권법을 문자적으로 해석하려는 경향이 강한 분위기였다. 그러나 예상외로 연방대법원은 SEC의 부정유용이론을 인정하여 O'Hagan의 내부자거래를 인정하였고, Rule 14e-3(a)이 연방법이 위임한 권한을 벗어난 것이 아니라고 판결하였다. 다음은 연방대법원이 판결한 주요 내용이다.

#### a) 부정유용이론에 대하여

연방대법원은 기본적으로 부정유용이론이 34년법 제10조(b)의 목적과 일치한다고 판시하였다. 고전적 이론하에서는 내부자거래 책임은 기업의 내부자가 자신의 지위로 인해 얻은 미공개중요정보를 이용하여 해당 기업의 주식을 거래한 경우에 발생한다. 즉 그러한 거래는 기업의 주주들과(공시 또는 거래 유보의 의무를 가진) 내부자 사이에 존재하는 믿음과 신뢰관계 때문에 34년법 제10조(b) 및 Rule 10b-5가 규정하고 있는 '사기적 수단'(deceptive device)의 사용에 해당된다. SEC에 의해서 주장된 부정유용이론하에서 기업의 '외부자'가 미공개중요정보를 이용하여 증권을 거래하였을 때, 그는 거래상대방에 대해서라기보다 그에게 정보를 제공한 '정보원'(source of information)에 대한 신인의무를 위반함으로서 34년법 제10조(b) 및 Rule 10b-5를 위반한 것이다.

또한 부정유용이론은 '증권의 거래와 관련하여' 사기적 수단의 사용을 요구하는 법령의 요구사항과도 일치한다고 연방대법원은 판시하였다.

첫째, 정보를 부정하게 유용한 자는 '사기적'인 방법으로 거래를 한 것이다. 즉 부정유용자는 정보의 주체에 대해서 충실을 가장하고 비밀리에 개인의 이익을 위하여 그 미공개중요정보를 이용함으로써 정보의 주체를 기망한 것이다. 기업의 비밀정보는 기업이 독점적으로 사용할 권리를 가지고 있는 재산권인데, 그러한 정보를 공개하지 아니하고 유용하는 행위는 횡령에 가까운 사기로 인정한 것이다.

이러한 '불공시'(nondisclosure)를 통한 사기행위는 부정유용이론에 있어서 핵심적인 부분을 구성한다고 할 수 있다. 이는 34년법 제10조(b)하에서의 책임을 묻기 위해서는 사기적이고 기망적인 요소가 전제되어야 한다는 과거의 판례와 논리를 같이 한다고 볼 수 있다. 그럼에도 불구하고 항소법원은 부정유용이론이 부실표시나 불공시를 요건으로 하지 않는다고 이해함으로써 과실을 범했다는 것이다. 구체적으로 말한다면 O'Hagan은 그의 개인적인 거래사실을 D&W와 Grand Met 사에게 공시하는 데 실패하였고, 이러한 그의 의무의 위반은 제10조(b)하에서 '사기적' 행위에 해당된다는 것이다.

또한 항소법원은 과거 Chiarella 사건, Dirks 사건, Central Bank of Denver 사건하에서 연방대법원이 단지 거래의 상대방에 대한 의무위반 또는 투자자로서 시장의 참가자에 대한 의무위반만이 제10조(b)하의 책임을 묻기에 충분하다고 판결한 내용에 대해 오해를 하였다고 지적하였다.[51] 결론적으로 부정유용이론은 34년법 제10조(b)가 모든 신인의무 위반에 대한 것이 아니라, 사기적이고 기망적인 행위에 대한 것이라는 것을 강조한 Santa Fe 사건과도 일치하는 것이며, 이 이론의 본질적인 부분을 구성하는 사기행위는 '정보원'에 대한 신인관계를 침해하였다는 데 있다는 것이다. 따라서 만약 정보유용자가 그가 해당 정보를 이용하여 거래를 할 계획을 '정보원'에게 공시하였다면 사기적 행위는 존재하지 않게 되며, 따라서 제10조(b)의 위반이 아닌 것으로 된다. 이 부분은 O'Hagan 판결에 대한 비판 중 가장 중요한 부분으로 지적된다.

둘째, 정보유용자의 정보에 대한 사기적 수단이 '증권의 거래와 관련하여' 사용되었을 것을 요구하는 부분에 대해서도 정보유용자의 사기는 그가 비밀정보를 획득하였을 때가 아니라, 정보의 주체에 대해 공시하지 않고 정보를 이용하여 증권을 거래할 때 완성되기 때문에 부정유용이론은 이 요건을 충족시킨다. 나아가 미공개중요정보를 유용하여 거래하는 행위는 정보를 제공한 자에 대한 사기뿐만 아니라 일반투자자에게도 해를 끼치기 때문에 부정유용이론은 시장의 공정성을 유지하고 나아가 투자자의 신뢰를 증진하고자 하는 34년법의 목적에도 부합한다.

셋째, 연방대법원은 형사책임을 묻기 위해서 34년법이 요구하는 부분에 대해서도 부정유용이론은 충족하고 있다고 판결하였다. 34년법 제10조(b) 하에서 형사책임을 부과하기 위해서는 정부는 당사자가 '의도적'(willfully)으로 조항을 위반하였다는 사실을 입증하여야 한다. 이는 반대로 혐의자가 그러한 규정의 존재를 몰랐다고 입증한다면 Rule 10b-5 위반을 이유로 책임을 지지 않을 것이다.

b) 규칙 14e-3(a)의 적법성에 대하여

연방대법원은 SEC가 제정한 Rule 14e-3(a)는 34년법 제14조(e)가 위임한 권한을 일탈한 것이 아니라고 판결하였다. 제14조(e)는 '공개매수와 관련한 사기적 행

51) 즉 Chiarella 사건에서는 정보유용이론의 타당성 여부에 대해서는 명백하게 후에 다룰 문제로 남겨두었으며, Dirks 사건에서는 본격적으로 부정유용이론의 적용 여부를 다룰 만한 사건을 위해 뒤로 미루어 두었던 것이다. 그리고 Central Bank 사건에서는 34년법 제10조(b) 및 Rule 10b-5하에서 형사적 책임이 아니라 단지 민사적 책임만을 논의한 것이라고 지적하였다.

위의 금지'에 대해서 규정하고 있으며, SEC에게 '그러한 행위를 방지하기 위하여 필요한 합리적인 정의 및 기술'할 수 있는 권한을 위임하였다. 이러한 권한의 위임하에서 제정된 Rule 14e-3(a)는 공개매수와 관련한 미공개중요정보를 알게 된 모든 자에 대해서 동 정보를 이용한 거래를 금지하였고, 또한 그러한 미공개정보가 비더(bidder) 또는 발행자의 내부자 등으로부터 제공되었다는 사실을 알거나 알았어야 했던 사람은 동 정보가 일반에게 공개되고 합리적인 시간이 지나기 전까지는 거래가 금지되고 있다. 즉 Rule 14e-3(a)는 미공개정보의 비밀유지와 관련하여 신인의무의 존재와 관계 없이 공시하거나 거래를 유보할 의무를 부과하고 있다. 연방제8항소법원은 이러한 Rule 14e-3(a)가 무효라고 판결하면서 제14조(e)는 SEC에게 '사기적'(fraudulent) 행위를 정의하고 규제할 수 있는 권한을 위임한 것이지, '사기'(fraud)에 대한 자신의 정의를 내리라고 한 것이 아니라고 하였다.

이에 대해 연방대법원은 SEC가 Rule 14e-3(a)를 제정하여 공개매수와 관련한 내부자거래를 규제함에 있어서 거래자의 신인의무 위반을 요건으로 하지 않은 것은 34년법 제14조(e)가 위임한 범위를 초월한 것이라는 제8항소법원의 주장을 거부하였다. Rule 14e-3(a)가 제14조(e)하에서 공개매수와 관련하여 미공개중요정보를 이용한 사기적 행위를 '막기 위하여 합리적으로 고안된 수단'으로서 자격을 갖추고 있는지를 다루기 위해서 SEC의 제14조(e)의 사기에 대한 정의 권한이 제10조(b)하에서의 권한보다 넓은지 여부를 해결할 필요는 없다고 하면서 사기행위들을 예방하기 위한 조치들이 금지된 핵심적인 행위들보다 더 많은 것을 포함하는 것은 당연하다고 하였다. 즉 제14조(e)하에서 보통법 또는 제10조(b)하에서 금지조항이 사기적인 행동이나 관행을 막기 위하여 합리적으로 고안된 것이라면, SEC는 사기적인 행위 그 자체가 아닌 행위들도 금지할 수 있는 것이다. 공개매수와 관련한 미공개중요정보를 외부자가 이용한 거래는 비더, 타깃기업 또는 그들의 대리인에 대한 비밀유지 의무를 위반하였을 것이고, 세련된 거래자라면 그러한 책임으로부터 빠져나가기가 쉽고, 이에 대한 입증의 어려움을 알고 있는 SEC가 신인의무 위반이라는 특별한 입증부담을 벗어나기 위하여 Rule 14e-3(a)를 제정한 것이며, O'Hagan 사건의 경우에서와 같은 정보유용의 유형을 막기 위하여 그것이 기여하는 한 Rule 14e-3(a)

는 제14조(e)하에서 SEC에게 위임된 예방적 권한의 적절한 사용이라고 판시하였다.

# V. 정보의 보유와 이용

## 1. 보유 v. 이용

미국 SEC Rule 10b-5의 위반 여부를 다투는 거의 모든 내부자거래 케이스에서 원고는 피고가 해당 정보가 미공개중요정보라는 사실을 알면서도 의도적으로 거래를 하였다는 사실을 증명하여야 한다. 이러한 '인식'(scienter) 문제는 Rule 10b-5를 근거로 하는 소송에서 매우 중요한 하나의 요소이다. 내부자거래 사건에서 이러한 인식의 증명은 피고가 '믿음과 신뢰의 의무'를 위반해서 미공개중요정보를 "이용하여" 또는 "근거해서"(on the basis of) 거래를 한다는 사실을 '알고 있었다는' 또는 '최소한 부주의로 알지 못했다는' 사실의 증명을 통해서 입증할 수 있다. 이러한 인식은 직접 또는 간접 증거를 통해 증명될 수 있지만, 이러한 증명을 할 수 없다면 내부자거래의 책임은 인정되지 않는다.[52)]

대부분의 내부자거래 케이스에서 피고가 미공개중요정보를 알고 있는 상태에서 거래를 하였다는 사실이 증명된다면, 인식은 상대적으로 쉽게 증명되어진다. 그러나 일부 사건에서 피고들이 해당 정보가 미공개중요정보이긴 하지만, 그 정보가 자신의 거래에 영향을 미치지 않았다고 주장하기도 한다. 즉 일부 피고들은 그들이 미공개중요정보를 알고 있는 상태에서 거래를 하기는 하였지만, 해당 거래를 할 것인지 여부에 대한 결정에 영향을 받지 않았다고 주장한다. 또는 해당 정보가 중요하지 않은 정보라든지, 또는 미공개정보가 아니라는 주장을 하기도 한다.

---

52) Harry Davis, Answer Book, 113.

이러한 논쟁에 대해 SEC는 미공개중요정보를 알고 있는 상태에서, 즉 해당 정보를 '보유'(possession)하고 있는 상태에서 거래를 하는 것은 Rule 10b-5 위반이라고 오랫동안 주장해왔다. 따라서 이에 대한 논쟁은 법정에서 치열하게 다투어져 왔다. 가장 대표적으로 U.S. v. Teicher 사건, SEC v. Adler 사건, SEC v. Smith 사건을 들 수 있다. 그러나 이러한 SEC의 입장에 대해 그 기준이 너무 모호하다는 비판이 많이 제기되었고, SEC는 이에 대한 분명한 기준을 제시하기 위하여 2000년에 Rule 10b5-2를 제정하면서 그 기준을 분명히 하게 되었다. 이하에서는 Rule 10b5-2가 제정되기 이전까지 주요 판례를 살펴보고, Rule 10b5-2가 제정된 이후 그 내용에 대해서 살펴본다.[53)]

### (1) U.S. v. Teicher 사건

연방제2항소법원은 U.S. v. Teicher 사건[54)]에서 신인관계를 위반하여 취득한 미공개중요정보를 "알고 있는 상태"(knowing possession)에서 거래가 이루어졌다면 내부자거래에 해당한다고 판단하였다. 연방제2항소법원은 내부자거래로 기소하기 위해 내부정보가 실제로 거래에 이용되었는지에 대해 적극적으로 증명할 필요가 없다고 판시하였다. 이에 대해 법원은 다음과 같이 세 가지 이유를 제시하였다: 첫째, 정보보유기준(knowing possession standard)이 Rule 10b-5가 탄력적으로 해석되어져야 한다는 논리에 더 조화를 이룬다. 둘째, 이 기준은 비밀정보를 보유한 신인의무자들이 해당 정보를 공시할 수 없다면 거래를 해서는 안 된다는 '공시 또는 거래단념'(disclose or abstain) 원칙과 조화를 이룬다. 셋째, 이 기준은 미공개중요정보를 보유한 거래자는 시장의 다른 거래자들에 비해 정보의 우위를 가진다는 이유 때문에 더욱 현실적이다. 그러나 Teicher 사건에서 보여준 연방제2항소법원의 논리에도 불구하고 다른 항소법원은 Teicher 법정의 논리를 거부하였다.[55)]

---

53) Rule19b-1 및 Rule 10b5-2에 대한 국내 연구문헌으로는 김재형, 최장현, "미국의 내부자거래규제를 위한 신규칙에 관한 고찰-SEC Rule 10b5-1, 10b5-2를 중심으로", 『기업법연구』 제7집 (2001).

54) 987 F.2d 112 (2d Cir), cert. denied, 510 U.S. 976 (1993).

55) Bainbridge, 72.

### (2) SEC v. Adler 사건

연방제11항소법원은 SEC v. Adler 사건에서 Teicher 법정의 논리를 거부하면서 내부자거래의 혐의를 인정하기 위해서는 단지 내부자가 정보를 보유하고 있었다는 것으로는 충분하지 않고, 그가 미공개중요정보를 이용하여 거래를 하였다는 증명이 필요하다고 판시하였다. 다음은 Adler 사건의 개요이다:[56]

> Comptronix Corporation 사의 창립자인 Harvey Pegram은 Comptronix 사가 공시하기 직전에 주식을 매도함으로써 20,000달러의 손실을 회피하였는데, 이에 SEC는 Pegram을 내부자거래 혐의로 제소하였다. Pegram은 이 거래는 미리 사전에 계획된 거래였고, 그의 거래는 공시정보의 '이용'과 관계가 없다고 주장하였다. 지방법원은 그가 내부정보를 소유하고 있다는 사실은 분명하지만, Pegram이 자신의 거래는 공시와는 관계없이 그 이전에 이미 계획된 것이었다는 사실을 증명하였기 때문에 Pegram의 내부자거래 혐의를 인정하지 않았다.
>
> 이에 대해 SEC는 미공개중요정보를 소유하고 거래한 모든 기업내부자들은 비록 그가 그 정보를 사용하지 않았더라도 내부자거래의 책임이 있다고 주장하였다. 이러한 SEC의 주장은 Chiarella 사건에서 대법원이 반복적으로 인정한 '공시 또는 거래유보' 원칙에 근거하고 있다. 이러한 기반 위에서 SEC는 단순히 내부정보를 소유하고 있는 상황에서 거래하는 것만으로도 내부자거래에 해당된다는 것이다. 즉 SEC의 주장은 내부정보를 '소유'한 상태에서 거래를 하면 내부자거래에 해당되는 것이지 동 정보를 '이용'하였을 것을 요구하지 않는다는 것이다.

이 사건을 다룬 연방제11항소법원은 SEC의 주장에 대해 Chiarella 사건과는 상황이 다르다고 인식하였다. 내부자의 공시 또는 거래유보 의무는 '기업내부자가 공시를 하지 않은 상황에서 내부정보로 인한 우위를 취하도록 허용하는 것이 불공정'하다는 데서 출발하는 것이고, 또한 연방법원들은 기업내부자가 그들 개인의 이

---

56) SEC v. Adler, 137 F.3d 1325 (11th Cir. 1998).

익을 위해서 미공개중요정보를 '이용'(use)하는 경우에 34년법 제10조(b) 위반이 된다고 인정하였다는 사실을 상기시켰다. 또한 항소법원은 Dirks 사건에서 공시 또는 거래를 유보해야 할 정보수령자의 의무는 정보수령자가 미공개중요정보를 공개함에 있어서 그의 신인의무를 위반하였는지 여부에 의존한다는 연방대법원의 판결을 검토하면서, 정보수령자가 단순히 내부정보를 소유한 채로 거래하였다는 사실만으로 내부자거래로 보기에는 충분치 않다고 판단하였다.[57)]

제11항소법원은 '소유'냐 '이용'이냐의 문제와 관련하여 SEC의 주장은 자신의 선례와도 일치하지 않는다고 보았는데, 이는 행정심판인 Investor Management 사건에서 SEC는 Rule 10b-5 위반 요건의 하나로 미공개중요정보의 '이용'이 내부자가 거래를 결정하도록 한 요소라고 결정하였다. 이 심결에서 SEC는 명백하게 "use test"를 채택하였다는 것이다.[58)] 항소법원은 이러한 선례들을 분석하면서 "use test"가 이들 선례들과 잘 조화되며, 따라서 미공개중요정보를 소유한 채 거래하였다는 것만으로 내부자거래로 인정하는 것은 무리라고 판결한 것이다.

이러한 "use test"를 인정할 경우 SEC로서는 거래자의 마음속에 존재하는 진정한 거래의 동기를 입증해야 하는 상당한 어려움에 처하게 된다. 이 입증책임과 관련해서 항소법원은 내부자가 미공개정보를 소유한 채 거래를 하였다면 동 정보가 거래에 이용되었을 것이라는 강한 추정이 인정되며, 따라서 동 정보를 이용하지 않았다는 입증책임을 내부자가 부담한다고 확인하였다. 이러한 추정은 SEC가 보다 직접적인 증거를 가지고 입증을 하지 않아도 SEC에게 "prima facie"[59)]를 허용해 준다. 즉 Adler 사건과 같이 내부자가 나쁜 정보가 공시되기 직전에 거래를 한 경우 동 정보가 그러한 투자결정의 한 요소였다는 추정은 가능하며, 내부자거래의 혐의를 벗

57) 이러한 항소법원의 견해는 O'Hagan의 딕타(dicta)는 내부자가 미공개중요정보에 '근거하여'(on the basis of) 거래한 경우에 제10조(b) 및 Rule 10b-5를 위반한 것이라고 한 사실을 고려한 것이라 할 수 있다.

58) 그러나 SEC의 입장이 일관된 것은 아니다. 예를 들어 이로부터 7년이 지난 행정심판인 Sterling Drug, Inc. 사건에서는 이전의 선례에 대한 언급도 없이 '소유'기준을 적용하였다.

59) "prima facie"란 라틴어로 특정한 행위가 있으면 그 행위 자체로서 입증책임을 면할 수 있는 정황증거를 말한다. 여기서는 원고인 SEC에게 입증책임을 면제시켜 주며, 피고인이 내부정보를 이용하지 않았다는 반증을 제시하여야 한다.

기 위해서는 그러한 거래가 동 정보를 이용한 거래가 아니라는 사실을 증명해야 한다.

제1심인 지방법원은 Pegram의 내부자거래 혐의를 부정하였는데, 그가 자신이 소유하고 있는 주식의 상당한 물량을 매도한 것이 아니며, 또한 Compronix 사의 변호사가 그 매도사실을 알고 있으며, 그 매도는 Compronix 사의 신규공모발행에 따른 보유기간의 만료 직후라는 사실에 의존하고 있다. 연방제11항소법원은 지방법원이 이 사건을 약식판결로 처리한 것은 잘못된 것이라고 판결하였지만, 지방법원이 Pegram의 거래정황을 볼 때 내부정보를 이용하지 않았다고 판결한 것은 정당하다고 인정하였다.

### (3) U.S. v. Smith 사건

연방제9항소법원은 U.S. v. Smith 사건에서 약간 다른 접근을 시도하였다.[60] 이 사건에서도 항소법원은 Teicher 법정의 논리를 거부하였는데, 내부자거래 사건에서 원고인 정부는 미공개중요정보의 실질적인 이용이 있었다는 사실을 증명해야 한다고 판시하였다. 법원은 "정보보유기준"은 인식에 대한 요건을 제거할 것이고, 내부자거래 규제가 지나치게 강화될 우려를 표명하였다. 법정은 이러한 결론에 도달함에 있어서 연방대법원의 선례에 의존하였고, Adler 사건에 이루어진 많은 논쟁들을 반영하였다. 그러나 Smith 사건은 형사사건이었기 때문에 Adler 사건의 분석과는 다를 수밖에 없었지만, 항소법원은 피고가 보유하고 있는 미공개중요정보를 근거로 그 정보를 이용하였다는 정부측의 주장을 받아들이지 않았다. 연방제9항소법원은 Adler 사건과 같이 SEC가 집행하는 사건에는 정보보유기준이 나름대로 장점이 있을 수 있지만, 그러한 추론은 형사사건에서는 용인될 수 없다고 판단하였다.

---

60) 155 F.3d 1051 (9th Cir. 1998).

## 2. Rule 10b5-1 의 제정

미국의 경우 내부자거래에 대한 규제는 사기금지조항인 34년법 제10조(b)와 SEC Rule 10b-5가 근간을 이루었지만, 그 명확성의 결여로 사건에 따라 법원들이 서로 상이한 입장을 보였던 경우가 많아 혼란을 빚기도 하였다. 특히 바로 앞에서 살펴본 것처럼, O'Hagan 사건에서 부정유용이론이 채택되었지만 내부정보의 '소유'와 '이용'간의 차이에 대해 분명한 정리가 되지 않아 최근의 Adler 사건과 Smith 사건에서 SEC와 법원은 내부자거래의 규제에 있어서 입장의 차이를 보여주었다.[61]

이는 내부자거래에 대한 규제의 투명성 및 효율성에 커다란 장애가 되었고, 시장과 투자자들도 매우 혼란스러웠다. SEC는 이러한 불명확한 부분에 대한 규제를 명확히 하기 위하여 2000년 10월 Rule 10b5-1을 제정하였다.

### (1) Rule 10b5-1

SEC는 내부정보를 소유한 상태에서 내부자가 거래를 한 경우, 그 거래는 내부정보를 이용한 것으로 보아 내부자거래로 처벌할 수 있도록 Rule 10b5-1을 제정하였다. 그러나 내부자가 내부정보를 알고는 있었지만 동 정보를 거래에 이용하지 않았다고 입증하는 경우에는 내부자거래로 인정되지 않는다. 즉 내부자에게 '적극적 방어'(affirmative defense)를 인정하고 있다. 이처럼 내부정보를 알고 있는 상태에서 거래를 하였다면 일단 동 정보를 이용한 것으로 간주하고, 다만 내부정보를 이용하지 않았다는 것을 내부자가 입증하는 경우에는 내부자거래로 인정하지 않는다는 것이다. 결론적으로 내부정보를 거래에 '이용'한 경우에만 내부자거래로 처벌할 수 있

61) 1993년의 United States v. Teicher, 987 F.2d 112 (2d Cir), cert. denied, 510 U.S. 976 (1993)에서는 정보를 소유한 상태에서 거래한 것만으로도 내부자거래를 처벌하기에 충분하다고 판결하였지만, 1998년의 SEC v. Adler, 137 F.3d 1325 (11th Cir. 1998)과 United v. Smith, 155 F.3d 1051 (1998) 사건에서는 내부정보를 이용할 것이 요구되며, 다만 정보를 소유하였다는 사실은 동 정보를 거래에 이용하였을 것이라는 강한 추정을 제공한다고 판결하였다.

도록 한 것이다.[62)]

이러한 입법은 투자자보호와 시장의 건전한 질서를 보호하기 위해서는 정보소유이론의 적용이 바람직하지만, 이는 규제의 범위가 지나치게 확장될 우려가 있어 새로운 규칙의 제정은 이러한 양 측면을 조화시킨 것으로 보인다. 이로써 Adler 사건이나 Smith 사건에서 논란을 빚었던 '소유'냐 '이용'이냐의 논쟁은 '이용'으로 정리가 된 셈이다.

### (2) 코멘트

SEC Rule 10b5-1의 제정은 형식적으로 Adler 논리를 거부한 것으로 볼 수 있다. 그러나 실무적으로 볼 때 Adler 논리와 Rule 10b5-1과의 차이는 매우 미미하다. Adler 법정은 내부자가 미공개중요정보를 알고 있는 경우에 그 정보를 사용하였을 것이라는 추정(presumption)을 창설하였다. 반면, Rule 10b5-1은 사전에 계획된 플랜, 계약 등에 따라 거래한 거래자들에게 적극적인 방어수단을 제공해 주었다. 결과적으로 두 개의 접근은 많은 경우 유사한 결론으로 이끌게 될 것으로 보인다는 것이다.[63)]

이처럼 Rule 10b5-1이 Adler 논리와 유사한 점이 있을지는 모르지만, SEC는 새로운 Rule의 제정을 통해 단순한 보유 기준을 더욱 확고한 규제의 틀로 바꾸어 놓고자 한 것으로 볼 수 있다. 그러나 SEC의 이러한 의도가 반영된 Rule 10b5-1의 타당성에 대해 심각한 의문을 제기하는 많은 증거들이 있다. SEC는 Rule을 제정할 수는 있지만, 그것은 어디까지나 법에서 부여한 범위 이내에서만 가능하다. 연방대법원은 Rule 10b-5가 채택될 수 있도록 허용한 모법 규정인 34년법 제10조(b)는 원칙적으로 사기(fraud) 또는 시장조작(manipulation)에 대해서만 금지한다고 일관되게 판결해 왔다. 이는 결과적으로 사기로 판단하기 위해서는 피고(인)의 기망적 의도, 즉

62) SEC Rule 10b5-1은 10b5-1(a)와 10b5-1(b)로 구성되어 있고, 10b5-1(a)는 일반원칙을, 그리고 10b5-1(b)는 미공개중요정보의 이용에 대한 정의를 내리고 있다.

63) Bainbridge, 73-74.

인식(scienter)이 요구된다. 실제로 연방대법원은 Dirks 판결에서 "내부자의 행위가 투자자에게 피해를 입혔다는 사실만으로는 충분하지 않다. 오히려 Rule 10b-5 위반은 '투자자를 기망하거나 속이기 위해 고안된 의도적(intentional) 또는 악의적 행동(willful conduct)'이 있는 경우에만 해당된다."라고 판시하였다. 연방제9항소법원 역시 Smith 사건에서 "연방대법원이 지속적으로 제시한 것처럼, 비록 dictum을 통한 것이기는 하지만 Rule 10b-5는 정부에게 내부자거래를 기소하기 위해서는 그 증명책임을 요구한다."라고 판시하였다. 즉 정부가 내부자가 미공개중요정보를 이용하였다는 사실을 증명해야 한다는 것이다. 따라서 정부에게 그러한 책임을 부과하는 기존의 해석과 상충되는 Rule 10b5-1은 그 부당성을 제기하는 잠재적 도전 앞에 매우 취약한 입법일 수밖에 없다는 평가이다.[64]

# VI. 신인의무와 비전통적 관계

## 1. 의 의

내부자거래 규제에 있어서 '공시 또는 거래금지 원칙' 또는 '부정유용이론'을 따르든 간에 가장 기본적으로 요구되는 것은 신인관계 또는 이와 유사한 내부자와 정보수령자 간의 신뢰와 비밀유지 관계로부터 비롯되는 공시의무를 위반하였다는 사실이다. 따라서 내부자거래의 책임을 묻기 위해서 가장 먼저 전제되는 것은 내부자와 정보수령자 간에 신인관계가 존재하는지 여부이다. 그런데 내부자거래의 책임을 묻기 위해서 전제적으로 요구되는 이러한 신인관계 존재의 판단의 문제는 주법에 따르든, 연방증권법에 따르든 분명하지가 않다. 즉 어떠한 관계가 신인관계를 의

64) Bainbridge, 74.

미하는지 분명하지 않다는 것이다. O'Hagan 사건은 우리에게 변호사 - 의뢰인 사이의 관계는 신인관계라는 것을 보여주었다. 3개의 연방대법원 판결은 - 비록 dictum을 통해서이지만 - 회사의 이사와 경영진은 그들의 주주에 대해 신인관계에 있다는 것을 알려주었다. 그러나 가족들 간에 이루어진 정보의 전달을 비롯하여 다양한 상황에서 발생하는 정보의 제공 또는 전달이 Rule 10b-5에 의해 규제되는 신인관계에 해당하는지는 여전히 모호하다. 이하에서는 이러한 정보전달의 고전적 사건인 Chestman 사건을 비롯하여 몇 가지 주요한 사례를 살펴보고, 이후 이러한 갈등을 해결하기 위해 제정된 Rule 10b5-2를 살펴본다.

## 2. U.S. v. Chestman 사건

신인관계의 존재 여부를 다투는 사안에서 가장 시사적인 사건은 Chestman 사건이라 할 수 있다. 이러 발트바움(Ira Waldbaum)은 슈퍼마켓 체인 회사로서 상장회사인 Waldbaum Inc. 의 지배주주이며 대표이사였다. Ira는 Waldbaum을 A&P에게 주당 50달러의 가격으로 매각하기로 결정하였는데, 그 가격은 당시 시장가격에 100%의 경영권 프리미엄이 붙은 가격이었다. Ira는 이러한 미래의 거래를 그의 여동생인 셜리(Shirley)에게 이야기하였다. 그녀는 이를 다시 그녀의 딸인 수잔 로엡(Susan Loeb)에게 이야기하였고, 그녀는 다시 그의 남편인 케이츠 로엡(Keith Loeb)에게 이야기하였다. 이들은 다음 사람에게 이 정보를 이야기 하면서 그 정보는 비밀이니 비밀유지를 부탁하였다. 케이츠는 이 정보를 조금 각색해서 그의 증권브로커인 로버트 체스트만(Robert Chestman)에게 전달하였고, 그는 자신의 계좌와 다른 고객의 계좌로 Waldbaum 주식을 매수하였다. Chestman은 Rule 10b-5 위반으로 기소되었다. 이 사건에서 정부는 케이츠는 그의 아내 수잔에 대해 신인의무를 가지고 있는데, 그는 해당 정보를 이용하여 거래를 하였고, Chestman에게 정보를 전달함으로써 이 의무

를 위반하였다고 주장하였다.[65)]

연방제2항소법원은 결론적으로 Chestman과 케이츠의 내부자거래 혐의를 부정하였다. 연방법원은 케이츠가 정규적으로 가족 간의 비밀스러운 비즈니스 대화에 참여하였다는 증거가 없으며, 단지 가족 간의 관계만으로는 케이츠와 수잔 또는 케이츠와 발트바움 패밀리 간에 신인의무를 창설하는 것은 아니라고 판시하였다. 이와 유사하게, 비밀정보를 누군가에게 일방적으로 맡기는 것 자체만으로 신인의무가 창설되는 것은 아니며, 그러한 전달이 "don't tell"과 같은 경고와 함께 이루어진 경우조차도, 즉 수잔이 케이츠에게 말한 것처럼, 그러한 경우도 마찬가지이다. 케이츠는 신인의무를 가지고 있지 않기 때문에 그가 개인적인 이익을 위하여 해당 정보를 이용하였더라도 Rule 10b-5 위반이 아니라는 것이다.[66)]

이러한 결론에 도달하면서, 법원은 '비전통적 관계'(nontraditional relationships)의 경우에 적용할 수 있는 일반적인 틀을 제시하였다. 법원은 일련의 "본질적 신인관계"(inherently fiduciary)에 해당하는 일련의 리스트를 제시하였는데, "신인관계에 있어서 교과서적 리스트라고 할 수 있는 예로는, 변호사와 의뢰인, 유언집행자와 상속자, 보호자와 피보호자, 주인과 대리인, 신탁관리자와 신탁수혜자, 그리고 회사의 경영진과 주주들이 있다."라고 하였다. 소송에서 문제가 된 관계가 이들 그룹에 해당된다면, 그것은 신인관계가 존재하는 것이다. 예를 들면, O'Hagan 사건에서, 피고인 O'Hagan은 잠재적 기업인수자를 대리하는 로펌의 파트너로서의 그의 지위에 의해 Rule 10b-5 맥락에서 신인의무를 가진 것으로 간주된다. O'Hagan은 기업인수자의 신인의무자(fiduciary)이고, 발행자 또는 주주에 대해서는 아니다. 비록 O'Hagan이 고전적인 '공시 또는 거래금지 원칙'에 의한다면 기소될 수 없었음에도 불구하고, 그가 한 거래의 기초가 된 정보원(source of information)에 대한 그의 신인관계는 부정유용이론 하에서는 책임을 묻기에 충분하다. 대조적으로 Chestman 사건에서 법원은 이 사건에서 문제가 된 관계, 즉 케이츠와 수잔, 그리고 케이츠와 발

65) Bainbridge, 102.
66) *Id.* at 102.

트바움 가족 사이의 관계는 전통적인 신인관계가 아님은 명백하다고 판시하였다.[67]

미국에서 '신인관계'(fiduciary relationship)는 재량적 판단과 독립성을 특징으로 한다. 예를 들면, 어느 사람이 다른 사람 즉 수탁자에게 자신의 이익을 위해 특정한 일을 부탁할 때, 수탁자가 자신의 이익을 위해 행동할 것을 기대하는 것이고, 신탁자는 수탁자에게 특정한 재산의 보호를 맡기게 된다. 수탁자가 신탁관계 또는 신인관계의 목적을 위해 특정한 재산을 관리하게 되는데, 수탁자는 그 자신의 목적을 위해 그 재산을 부적절하게 처리하지 않은 구속력 있는 의무를 부담하게 된다.

이러한 논리를 내부자거래 논리에 적용해 보면, 관련된 재산은 신탁자에게 속하는 비밀정보가 될 것이다. 케이츠와 수잔 사이의 관계는 재량적 권한이나 독립성이 존재하지 않으며, 따라서 특성상 그들의 관계는 신인관계라 할 수 없다. 즉 신인관계는 우월적이고 지배적인 성격을 본질적으로 가져야 하고, 단지 다른 사람에게 영향력을 기대할 수 있는 정도를 의미하지 않는다. 즉 이 기준에 적용될 수 있는 관계는 "superiority, dominance, or control"에 의해서 특징지울 수 있으며, 동등한 위치에 있는 사람들 간의 관계를 의미하는 것은 아니다.

## 3. Rule 10b5-2의 제정

SEC는 Chestman 사건에서 패배한 후, 부정유용이론 하에서 제기되는 내부자거래 사건에 적용할 수 있도록 특정한 경우에는 신인관계가 존재한다는 Rule 10b5-2를 2000년에 제정하였다. 즉 내부자거래 규제에 있어서 그동안 논란이 되고 불확실하였던 가족이나 개인적인 관계와 같은 소위 '비영업적 관계(non-business relationships)'에서 내부정보가 전달된 경우, 이들에 대해서도 신인의무가 존재한다고 보고 내부자거래로 처벌하겠다는 것이다. SEC는 Rule 10b-2를 통하여 배우자 · 부모 · 자녀 등 가족관계의 경우를 포함하여 다음의 3가지 경우에는 부정유용이론

67) *Id.* at 103.

과 관련하여 '믿음과 신뢰의 의무'가 존재하는 것으로 규정하였다.[68]

첫째, 서로가 정보의 비밀을 유지할 것으로 약속하는 경우이다. 둘째, 정보의 수령자와 정보의 제공자 사이에 정보수령자는 정보제공자가 정보의 비밀을 유지해 줄 것을 기대한다는 것을 알거나 또는 합리적으로 알았어야 하는 정보의 비밀유지 관행 또는 의무가 상호 간에 존재하는 경우이다. 셋째, 배우자, 부모, 자녀, 또는 형제로부터 미공개중요정보를 받거나 획득한 경우에도 신인의무가 존재한다. 따라서 Rule 10b5-2를 Chestman 사건에 적용한다면, 케이츠는 그의 배우자로부터 정보를 받은 것이고, 결과적으로는 그녀의 부모로부터 받은 것이기 때문에 내부자거래의 책임이 발생한다.[69] 그러나 이러한 관계에 있는 자가 '사실 및 정황 테스트'하에서 신뢰의 의무가 존재하지 않는다는 사실을 증명하는 경우에는 내부자거래로 인정되지 않는 '적극적 방어'를 인정하고 있다.

그러나 이 규칙의 타당성에 대해서는 의문이 제기된다. 첫째, Chestman 법정에서 내부자거래의 책임을 묻기 위해서는 신인관계이든 또는 "유사한 믿음과 신뢰의 관계"(similar relationship of trust and confidence)가 필수적으로 요구된다는 사실이 검토되었다. 그리고 법원은 내부자거래의 책임을 묻기 위해서 지나치게 관계의 유형을 확대하는 것은 결과지향적인 적용이 될 수 있다는 문제를 인식하였다. 따라서 '유사' 신인의무의 적용은 매우 조심스럽게 접근할 필요가 있다. 이러한 측면에서 Chestman 법정은 내부자거래의 책임을 인정하기 이전에 믿음과 신뢰의 관계는 "신인관계와 기능적으로 유사"하여야 한다고 판결하면서, 이러한 기능성에 매우 민감하였다. 또한 Chestman 사건은 최소한 형사사건에 대해서는, 신인의무의 전통적인 핵심 부분을 벗어나 있는 것들에 대해서 내부자거래 책임을 부과하기 위해 다른 유형의 관계까지 확대 적용되어서는 안 될 것이라고 판결하였다. 그러나 Rule 10b5-2는 예를 들어, 단순히 계약적 관계까지 포섭함으로써 기능적으로 신인의무

68) 이 경우 양부모(step-parents), 양자녀(step-children)의 경우는 분명하지 않으나 적용범위에서 제외된다는 의견이 많다.

69) Bainbridge, 104.

와 유사한 관계를 넘어서 가고 있다. 그럼에도 불구하고 최근 한 법원은 Rule 10b5-2 제정에 대해 SEC의 적절한 입법권의 행사라고 판시하였다.[70] 또한 후술하는 맥기 사건에서도 연방제3항소법원은 Rule 10b5-2가 34년법이 위임한 범위를 일탈한 것이라는 피고의 주장을 배척한 바 있다. 그러나 쿠반 사건에서 연방지방법원은 Rule 10b5-2가 34년법이 위임한 범위를 일탈한 것이라고 판결하였다. 이처럼 이 부분에 대한 연방법원의 견해는 아직 일치되어 있지 않은 것으로 보인다.

## 4. 특별한 관계

### (1) 종업원과 대리인

종업원과 대리인은 신인의무를 부담한다. 따라서 회사의 종업원이나 대리인들이 그들의 고용주에 대해 신인의무를 가지고 있고, 이러한 의무로부터 내부자거래의 책임을 회피하기 위해서는 공시의무가 존재한다는 것에 대해서는 이의가 없다. 여기에는 회사의 아주 말단 직원까지 포함된다. 연방대법원이 O'Hagan 판결을 통해 부정유용이론을 인정하면서 회사의 종업원과 대리인은 회사 내부의 정보를 자신의 이익을 위해 '유용'(misappropriate)하는 행위는 내부자거래로 인정된다.

가장 대표적인 판결이 O'Hagan 판결인데, 피고인 O'Hagan은 자신의 고용주인 로펌에 대해, 그리고 그의 로펌의 고객인 그랜드 메트로폴리탄에 대한 정보를 유용한 것으로 인정되었다. 1980년의 Chiarella 사건에서도 인쇄회사의 인쇄공이었던 Chiarella는 회사의 업무과정에서 지득한 정보를 이용하여 거래를 하였다.[71] 연방제2항소법원은 저널리스트가 그를 고용하고 있는 잡지 또는 신문사에 대해 신인의무를 가지고 있다고 판시하였고, 저널리스트에 대한 그러한 의무는 언론의 자유를 침해하는 것이라는 주장을 거부하였다.[72]

---

70) *Id.* at 102~103.

71) 판결 당시는 부정유용이론이 인정되지 않아 Chiarella의 내부자거래 혐의는 부정되었지만, 현재의 부정유용이론을 적용한다면 Chiarella의 행위는 명백히 내부자거래에 해당된다.

72) *Id.* at 105.

### (2) 배우자와 가족 관계

연방제11항소법원은 SEC v. Yun 사건[73]에서 Chestman 법정과는 의견을 달리하였다. Yun 법정은 Chestman 법정에서 검토된 논리의 취약점이나 재량에 대한 깊이 있는 분석 없이 그냥 단순하게 배우자는 비밀유지에 대한 합리적이고 정당한 기대를 갖는다는 의견을 제시하였다. 그러나 그러한 판결을 하면서도 Yun 법정은 Rule 10b5-2에 크게 의존하였다. Yun 사건에서 문제가 된 거래가 Rule 10b5-2가 효력을 발생하기 이전에 이루어졌음에도 불구하고, 따라서 직접적으로 Rule에 구속되지 않음에도 불구하고, 연방제11항소법원은 SEC가 Rule을 통해 입법화한 가족관계에 대한 분석을 그대로 수용하였다.[74]

### (3) 의사와 환자의 관계

연방지방법원은 1990년에 U.S. v. Willis 사건에서 정신과 의사가 환자로부터 들은 정보에 근거하여 거래를 하는 것은 내부자거래에 해당한다고 판단하였다.[75] 법원은 신인의무 위반이 발생하였는지에 대한 필수적인 요건을 판단함에 있어서 히포크라테스 선서에 크게 의존하였다. 히포크라테스 선서는 환자와 관련하여 의사가 보거나 듣는 모든 정보에 대해 신성한 비밀로 여기고 비밀을 유지할 것으로 요구한다. Willis 법정은 거의 모든 사람들이 히포크라테스 선서에 포함되어 있는 비밀유지에 대한 약속을 알고 있고, 모든 환자는 이러한 침묵의 보장에 의존할 권리가 있다고 판시하였다. 법원은 그러므로 선서는 부정유용이론 하에서 정신과 의사에게 내부자거래의 책임을 인정하는 것을 정당화하기에 충분한 정신과 의사와 환자 사이의 신인관계를 창설한다고 판결하였다.[76]

---

73) 327 F.3d 1263 (11th Cir. 2003); SEC v. Yun 사건에 대한 국내 연구문헌으로는 하삼주, "최근 미국판례상 내부자거래 요건의 동향", 『비교사법』 제14권 3호(하) (통권 38호) 참조.

74) Bainbridge, 106.

75) 737 F.Supp. 269 (S.D.N.Y. 1990).

76) Bainbridge, 106; Wang · Steinberg, 455~456.

### (4) 주주소송에서의 대표원고

집단소송이나 대표소송에서 변호사가 대표원고에게 소송의 진행과 관련하여 미공개중요정보를 이야기 하였을 때, 주주가 해당 정보에 근거하여 발행인의 주식을 거래한 사건에서 주법원은 강한 조치를 취하였다. Steinhardt v. Howard-Anderson 사건[77]에서 주 집단소송에 여러 명의 대표원고들은 원고의 변호사로부터 소송의 진행에 대한 비밀정보를 알게 되었다. 그리고 원고들은 이 정보를 근거로 해서 피고인 기업의 주식을 거래하였다. 이러한 부적절한 거래를 발견하자 마자 법원은 원고들을 이 사건에서 제외해 버렸고, 소송으로부터 어떠한 보상을 받는 것을 금지하였으며, 그들의 거래를 SEC에 스스로 보고할 것을 요구하였으며, 미래에 대표원고로 활동할 때 그러한 부적절한 거래를 공개할 것으로 요구하였으며, 그리고 거래로부터 얻은 이익인 약 5억 원 이상 부당이득을 반환할 것을 명령하였다.[78]

그러나 대표원고들이 연방법상 내부자거래 규제를 위반하였는지는 의문이다. 이 문제에 대한 분석은 항상 문제가 된 관계가 신인관계인지 아닌지 여부를 묻는 질문으로 시작한다면서 델라웨어 대법원은 다음과 같이 판시하였다:[79]

> 델라웨어 회사의 주주가 대표원고로서 소송을 제기하였을 때, 원고는 스스로 집단을 위해 수탁자로서의 지위를 떠안는다. 수탁자로서 대표원고는 소송의 집단에 대해 최고 수준의 충실의무를 부담하게 된다.

대표원고와 소송의 집단 사이의 관계를 교과서에 나오는 신인관계의 하나로 가정한다면, 아마 부정유용이론이 대표원고의 거래에 대해 적용할 수 있을 것으로 보인다. 그러나 여전히 부정유용이론을 적용하다고 하더라도 최소한 2개의 잠재적인 문제들이 남는다. 첫째, 여기서 문제가 된 관계가 Chestman 사건에서 요구된

---

77) 2012 WL 29340 (Del. Ch. 2012).
78) Bainbridge, 107.
79) *Id.* at 107.

"재량적이고 독립적 특징"을 포함하고 있는가? 이론적으로 대표원고는 소송에 대해 일정 부분 재량적 권한을 가지고 있고, 다른 주주들은 그들의 이익을 위해 봉사하는 대표원고에 의존한다. 그러나 실제적으로는 주주소송에 있어서 실제 이해당사자는 집단의 변호사이다. 소송을 실제로 진행하는 자는 집단의 변호사이며, 집단의 구성원들은 그에게 의존한다. 대표원고는 단순히 소송에 이름만 빌려준 것이다. 따라서 대표원고에 의한 거래에 대한 판단은 법원의 자유재량에 맡겨놓아야 할 필요가 있다.[80)]

### (5) 대배심원

2006년 뉴욕지방검찰청은 대배심원에 대해 내부자거래 건으로 기소한다는 사실을 발표하였다. 이 사건에서 피고는 제이슨 스미스(Jason Smith)인데, 그는 Bristol-Myers Squibb Company의 분식회계에 대한 대배심의 조사에 관련된 미공개중요정보를 골드만삭스의 직원인 Eugene Plotkin과 David Pajcin에게 제공한 혐의였다. 골드만삭스의 직원인 이들은 스미스로부터 대배심의 조사의 진전에 관한 정보를 입수한 후 Bristol-Myers 증권을 거래하였는데, 이들은 대배심의 조사결과가 발표되면 주가가 하락할 것이라는 데에 배팅을 하였다.[81)]

그렇다면 대배심원은 정보의 소스(여기서는 아마 정부)에 대해 신인관계를 가지는가? 이 사건이 포인트가 똑 같지는 않더라도, U.S. v. Brenson 사건은 이 질문에 대한 긍정적인 답을 제시해 준다. 이 사건에서 연방제11항소법원은 마약 밀수와 돈세탁에 대한 대배심의 조사를 하면서 개인에게 진행 중인 정보를 제공한 대배심원은 공공의 신뢰의 지위를 위반하였고, 그리고 연방양형기준에 따라 가중된 형사처벌을 받았다.[82)]

추가로, 전형적으로 배심원을 교육하는 과정에서 대배심의 진행과 관련한 비

80) *Id.*
81) *Id.* at 108.
82) *Id.* at 109.

밀의 유지에 대한 경고가 주어진다. SEC는 그러한 경고는 Rule 10b5-2(b)의 목적을 위해 비밀유지에 대한 동의를 구성한다는 입장을 가진 것으로 보여진다.[83)]

### (6) 정부기관의 직원

1993년 웨스트버지니아주 지방법원은 United States v. ReBook 사건에서 정부기관의 직원에 대해 Rule 10b-5위반을 근거로 부정유용이론을 적용하여 내부자거래로 판단하였다.[84)] 피고인은 웨스트버지니아주 복권기관의 변호사였는데, 그는 복권추첨기계 제조회사의 주식을 거래하고 또한 정보를 제공한 혐의로 내부자거래로 기소되었다. 복권이 주 전체에 걸쳐 시행되고, 특정 회사가 2,500만 달러 규모의 계약을 체결할 것이라는 미공개중요정보를 이용하여 거래한 혐의이다. 지방법원은 피고인은 3개의 소스, 즉 (i) 주 윤리법(the state Ethics Act), (ii) 주정부기관의 직원으로서의 본질적인 책임, (iii) 그의 고용주와의 신뢰의 관계로부터 나오는 신인의무를 위반하였다고 판단하였다. 그러나 항소심인 연방제4항소법원은 부정유용이론을 거부하며 원심을 파기하였다. 그러나 앞서 언급한 것처럼 연방대법원이 부정유용이론은 수용한 이후 모든 법원은 이 사건에서 지방법원이 판결과 동일한 판결을 내려야 할 것이다.[85)]

2004년의 한 연구보고서는 미국 연방 상원의원들의 투자수익률이 연평균 약 12%에 달하는 반면, 일반투자자는 1.4%, 그리고 기업의 내부자들은 약 6%라는 사실을 발표하였다. 이는 연방상원의원들이 자신의 직무와 관련한 정보를 주식투자에 이용한다는 간접적인 사실을 시사해준다고 볼 수 있다. 이후 유사한 연구보고서들이 발표되면서 미국에서 사회적 비난이 쏟아졌고, 기나긴 과정을 통해 2012년 4월 소위 "STOCK Act"가 제정되어 연방의원, 스탭 및 직원들, 그리고 연방공무원에 대해서는 다시 한 번 신인의무를 부여함으로써 그들이 직무와 관련하여 알게 된 정

83) *Id.*
84) 837 F.Supp. 162 (S.D. W. Va, 1993).
85) Wang · Steinberg, 440~442.

보를 이용한 거래는 내부자거래로 처벌하도록 하였다. 이에 대한 상세는 후술한다.

## 5. 비밀유지의무

### (1) McGee 사건

2008년, 티모시 맥기(Timothy McGee)는 Philadelphia Consolidated Holding Corporation (이하 'PHLY')의 임박한 매각이라는 미공개중요정보를 PHLY의 내부자인 크리스토퍼 매과이어(Christopher Maguire)로부터 알게 되었다. PHLY의 주식은 공개시장에서 거래되고 있었다. 맥기와 매과이어는 1999년에서 2001년 사이에 알코홀중독자들을 지원하는 Alcoholics Anonymous (AA)을 통해서 알게 되었고, 그 이후 수년 동안 맥기는 매과이어의 비공식적으로 맨토 역할을 하였다. 그 기간 동안 두 사람은 빈번하게 비밀정보를 교환하였고, 맥기는 매과이어에게 그들의 대화는 비밀로 유지될 것을 약속했다.

2008년, 매과이어는 PHLY의 매각하기 위한 비공개협상에 관여하였다. 이 기간 동안 그는 업무 스트레스로 인해 산발적으로 알코홀 증상이 재발하였다. 어느 AA 미팅이 끝나고, 맥기는 매과이어에게 자주 미팅에 빠진 이유에 대해 물어보았다. 매과이어는 임박한 PHLY의 매각으로 인한 심리적 압박에 대해 이야기하였고, 맥기가 이 정보의 비밀을 유지해 줄 것으로 믿었다. 매과이어는 PHLY가 장부가의 3배 가치인 주당 61.50 달러에 회사 매각을 진행하고 있고, 그로 인해 스트레스가 많다고 이야기하였다. 이 대화가 끝나고 맥기는 6.875달러의 이자를 주면서 22만 달러를 빌려서 PHLY 주식 10.750주를 매수하였다. PHLY 매각이 발표되자마자 맥기는 보유주식을 매도하여 약 30만 달러의 이익을 실현하였다.

이러한 맥기의 거래행위가 부정유용이론에 근거하여 내부자거래에 해당되는지 여부가 다투어지게 되었다. 맥기는 그와 매과이어와의 관계는 부정유용이론에서 내부자거래의 책임의 근거가 되는 유사한 신인관계가 충분하지 않다고 주장하였다. 그러나 2012년, 배심은 맥기가 내부자거래의 책임이 있다고 판단하였다. 맥기의 거래는 그들이 정보의 비밀을 공유해 온 역사, 패턴 또는 관행을 고려할 때 그들 사이에는 믿음과 신뢰의 관계가 존재하고, 이러한 관계를 깨뜨리는 행위는 Rule 10b5-2(b)(2) 위반에 해당된다고 판단하였다.

연방제3항소법원은 맥기와 매과이어 사이에는 서로 이야기하는 정보는 공개되지 않고 어느 누구에 의해 이용되지 않을 것이라는 상호 이해에 근거하여 상호 간에 신뢰의 관계가 충분히 존재한다는 배심의 판단을 인정하였다. 거의 10년 동안, 맥기는 미공식적으로 매과이어의 멘토였고, 매과이어는 맥기에게 알코홀 재발과 관련된 스트레스의 극복을 위해 매우 개인적인 정보를 나누었다. 법원은 이러한 사정은 Rule 10b5-2(b)(2)에 근거한 책임을 발생시키는 그 이상이라고 판단하였다.[86]

### (2) Cuban 사건

2004년, 마크 쿠반(Mark Cuban)은 맘마닷컴(Mamma.com)의 주식 6,000주를 매수하면서 최대주주가 되었다. 약 몇 달이 지난 후, 맘마닷컴의 CEO는 쿠반에게 회사가 준비하고 있는 사모증자계획(PIPE: Private Investment in Public Equity)에 참여할 것을 제안하면서, 이 대화는 비밀이 유지되어야 한다는 것을 전제로 하였다. 일단, 쿠반은 CEO와의 대화에서 PIPE 계획에 대해 부정적인 반응을 보였다. 그 이유는 PIPE가 현재의 주가에서 할인해서 진행될 것이고, 자신의 지분이 상당히 희석될 것이기 때문이었다. 쿠반은 PIPE를 진행하는 증권회사의 담당자에게 전화를 걸어 PIPE에 대한 세부내용을 물어보았다.

쿠반은 증권회사 담당자와 통화한 이후 자신의 브로커에게 전화를 하여 자신이 보유한 맘마닷컴 주식의 전부를 매도할 것을 지시하였다. 다음 날 맘마닷컴은 사모증자계획을 발표하였고, 회사의 주가는 그 다음 주까지 약 40% 정도 하락하였다. 쿠반은 그의 매도로 인해 약 75만 달러의 손실을 회피하였다.

SEC는 쿠반의 거래는 부정유용이론에 따를 때 내부자거래에 해당한다고 민사재판에 회부하였다. SEC에 따르면 쿠반은 사모증자계획에 대한 미공개중요정보

---

86) US v. McGee, 12-cr-00236 (E.D.Pa. Sep. 13, 2012).

의 비밀유지를 약속하였고, 그리고 해당 정보를 이용한 거래를 금지할 것을 동의하였음에도 불구하고, 해당 정보를 이용하여 거래함으로써 맘마닷컴을 기망하였다는 것이다.

2009년, 연방지방법원은 쿠반의 주장을 받아들여 SEC의 주장을 기각하였다. 쿠반은 정보의 비밀유지에 대해서는 동의하였지만, 해당 정보를 이용하여 거래하지 않을 것까지 동의한 것은 아니기 때문이라는 것이다. 2010년 SEC는 항소하였고, 연방제5항소법원은 원심의 판단을 파기환송하였다. 항소법원은 쿠반이 CEO와 거래하지 않을 것이라고 동의하였다는 SEC의 주장은 일단 설득력이 있으며, 따라서 SEC의 주장이 진실인지 여부가 사실심을 거쳐 확인할 필요가 있다고 판단한 것이다.

2013년 3월, 연방지방법원은 쿠반의 약식재판 신청을 거부하면서, 항소법원의 견해처럼 SEC가 쿠반과 CEO 사이에 존재하는 믿음과 신뢰의 관계를 사실심에서 증명할 수 있는 기회를 제공하기 위하여 배심(jury)에 회부하였다. 더 나아가, 당사자들의 행동과 당시의 상황으로부터 미공개중요정보의 비밀유지와 거래금지에 대한 '묵시적인' 합의가 있었는지 확인할 필요가 있다는 것이다. 2013년 10월, 8일간의 배심재판 결과 배심은 쿠반이 거래하지 않을 것이라고 동의하였다는 SEC의 주장을 거부하면서 쿠반의 거래는 내부자거래에 해당하지 않는다고 평결하였다.

이 사건에서 연방지방법원의 판결은 내부자거래 법리에서 중요한 의미를 가진다. 신인의무의 위반을 이유로 내부자거래의 책임을 묻기 위해서는 당사자 간의 비밀유지 합의만으로는 충분하지 않으며, 해당 정보를 이용한 거래금지 합의까지 필요하다는 것이다. 이러한 법리를 제시한 판결은 연방법원으로서는 최초의 판결이라 할 수 있다.[87]

### (3) 해 설

위 두 사건은 미국 내부자거래 법리에 있어서 중요한 이슈를 포함하고 있다.

---

87) SEC v. Cuban, No. 3:08-cv-2050-D, 2013 WL 791405 (N.D.Tex, Mar 5, 2013). 5, 2013).

첫째, 미공개중요정보를 제공하는 자와 정보를 수령하는 자가 서로 비밀유지 협약에 서명한 경우, 그러한 약속은 해당 정보를 이용한 거래의 금지까지 포함되는가? 이에 대해 연방지방법원은 쿠반 사건에서 '신뢰와 믿음의 관계'가 성립되기 위해서는 비밀유지의무만으로는 부족하고 해당 정보를 이용한 거래금지에 대한 합의까지 필요하다고 판시하였다. 이러한 판단은 연방법원으로서는 최초로 의미를 가지고 있어, 이러한 판단이 계속 유지될 수 있는지는 불확실하다 할 수 있다.

둘째, 쿠반 사건과 맥기 사건 모두의 경우 피고들의 내부자거래의 근거법규인 Rule 10b5-2가 SEC의 규정제정 권한을 일탈한 것으로서 무효라고 주장하였다. 즉 부정유용이론에 근거하여 내부자거래 책임을 다툴 때, 거래자와 정보를 제공한 자 사이의 관계의 본질이 문제가 되는데, 신뢰와 믿음의 관계를 위반하였을 때만이 34년법 제10조(b)의 위반에 해당된다는 것이다. Rule 10b5-2는 신뢰와 믿음의 관계가 설정되는 3가지의 경우를 정의하였는데, (1) 정보수령자가 정보의 비밀유지를 약속하였을 때, (2) 당사자 간에 정보를 공유해 온 과거의 역사, 패턴 또는 관례에 비추어 볼 때 비밀의 유지를 기대할 수 있을 때, (3) 정보가 배우자, 부모, 자녀 또는 형제자매로부터 나왔을 경우를 규정하고 있다. 이러한 Rule은 신인의무를 요구하지 않기 때문에 34년법 제10조(b)가 위임한 권한을 일탈한 것이라는 주장이다.

이에 대해 McGee 사건을 다룬 연방제3항소법원은 이러한 주장을 배척하였다. 그러나 Cuban 사건에서 연방지방법원은 Rule 10b5-2는 34년법이 위임한 권한을 일탈한 것으로 판시하였다. 물론 Cuban 사건에서 쿠반이 내부자거래의 책임이 없다고 판단된 것은 사실관계의 확인에서 SEC의 주장이 입증되지 못하였다고 판단되었기 때문이다. 아무튼 내부자거래의 규제 범위를 명확히 하기 위해 SEC가 제정한 Rule 10b5-2의 근거에 대해 이미 많은 비판이 있는 가운데, 서로 엇갈리는 판결이 나온 것은 매우 흥미롭다고 할 수 있다.

# VII. SEC Rule 14e-3: 공개매수 정보

## 1. 의 의

부정유용이론이 최초로 판례에서 문제가 되었던 사건은 Chiarella 사건이다. 앞에서 이미 논한 것처럼 Chiarella는 항소법원에서는 유죄판결을 받았으나 연방대법원은 항소심판결을 파기하였다. 연방대법원의 입장은 내부자거래 책임은 단지 중요한 미공개정보를 이용하였다는 사실만으로 성립하는 것이 아니라, 거래 당사자 간에 신인의무가 존재하는 경우에만 발생한다는 것이다. 이 사건에서 SEC는 부정유용이론에 근거하여 Chiarella의 내부자거래를 주장하였으나, 대법원은 부정유용이론에 대해서는 동 이론이 원심에서 배심원들에게 설명되지 않았다는 이유로 특별히 언급하지 않았다.

SEC는 Chiarella 사건에서 패배하자 공개매수 정보에 근거한 내부자거래를 규제하기 위한 입법의 필요성을 절감하였고, 이에 서둘러서 Rule 14e-3을 제정하게 되었다. 이는 Chiarella 판결을 통해서 연방대법원은 Rule 10b-5의 적용요건으로서 발행회사의 주주에 대한 충실의무가 전제될 것을 요구하였으며, 그렇다면 공개매수 정보를 이용한 내부자거래는 상당수가 규제대상에서 제외될 수가 있기 때문이다. 왜냐하면 공개매수 정보에 근거하여 거래하는 내부자는 공개매수를 행하는 자에 대하여 신인의무를 지는 반면 발행회사, 즉 타깃기업의 주주에 대해서는 신인의무를 지지 않기 때문이다. 따라서 SEC는 Chiarella 사건에 대한 즉각적인 대응방안으로 공개매수 정보를 이용한 내부자거래를 규제하기 위하여 Rule 14e-3을 제정하였다.

새로이 제정된 Rule 14e-3(a)는 공개매수가 시작되었거나 또는 공개매수를 위해 "상당한 조치"가 취해졌다면, 누구라도 공개매수와 관련한 (i) 미공개중요정보를, (ii) 소유한 상태에서 거래를 한다면, (iii) 그리고 그 정보가 공개매수자, 타깃기업 또는 이들의 임직원이나 대리인으로부터 직접 또는 간접적으로 나왔다는 사실을 알거나 또는 알았어야 하는 경우라면, 그러한 거래는 내부자거래에 해당된다고 규정하고 있다. 또한 14e-3(d)는 공개매수 정보의 제공을 금지하고 있는데, 공개매수자와 그 임직원, 타깃기업과 그 임직원, 이들을 대리하는 대리인은 공개매수와 관련된 미공개중요정보를 다른 사람에게 전달하는 것은 금지된다. 또한 이들로부터 정보를 받은 자에 대해서는 해당 정보를 이용한 거래를 금지하고 있다.

여기서 "상당한 조치"(substantial steps)란 무엇을 의미하는가? 이미 공개매수가 시작된 후에는 미공개의 요건이 제거되었기 때문에 내부자거래 이슈는 의미가 없기 때문에, 결국 아직 공개매수가 공고되지 않았지만 내부에서 진행되는 공개매수를 위한 준비단계를 의미한다고 볼 수 있다. 즉 공개매수의 실질적인 시작으로 볼 수 있는 조치들, 예를 들어 공개매수 결정에 대한 대표이사 등 주요 임원의 의사결정, 공개매수를 위한 자금조달을 위한 차입규모의 조사 등 공개매수 추진을 위한 업무들을 의미한다. 이는 궁극적으로 해당 공개매수 정보를 언제 중요정보로 성립되었다고 판단할 수 있는지의 기준점이 될 수 있을 것이다. 이에 대해 SEC가 무엇이 '상당한 조치'에 해당되는지 정의를 내린 것은 없지만 다음의 행위들은 '상당한 조치'에 해당될 수 있을 것으로 보인다:

- 공개매수자의 이사회가 공개매수와 관련한 의사결정을 내린 경우
- 공개매수자 또는 공개매수자의 대리인이 공개매수를 위한 계획 · 제안의 작성
- 공개매수를 위해 자금조달과 같은 공개매수를 실질적으로 시도하기 위한 적극적 활동
- 공개매수 자료의 준비, 지시 또는 권한의 부여행위
- 공개매수와 관련하여 거래매니저(deal manager) 또는 거래추진자(soliciting dealer) 등으로서 활동하기 위하여 누구와라도 협상을 위한 권한 부여 또는 계약체결을 위한 협상진행 또는 체결[88)]

---

88) Tender Offer, Exchange Act Release No. 17,120, 1980 WL 20869. (Q. 396).

## 2. Rule 14e-3의 특징

공개매수 정보를 이용한 내부자거래를 규제하기 위한 Rule 14e-3은 Rule 10b-5 와 중요한 차이가 있다. Rule 10b-5 위반으로 내부자거래 책임을 묻기 위해서는 선제적으로 신인의무가 존재하여야 한다는 것을 앞에서 살펴보았다. 그러나 Rule 14e-3은 정보제공자가 개인적인 이익을 위하여 신인의무를 위반하였다는 사실의 증명을 요구하지 않는다. 이러한 구분은 Chestman 사건에서 분명하게 드러난다. 주식브로커인 Chestman은 임박한 발트바움 회사의 임박한 공개매수 정보를 발트바움 회사의 최대주주이며 CEO인 발트바움의 조카딸의 남편으로부터 입수하였고, 그는 이 정보를 이용하여 자신의 계좌와 고객의 계좌로 거래를 하였다. 정부는 Chestman을 Rule 10b-5 및 14e-3 위반으로 기소하였다. 연방제2항소법원은 14e-3 위반에 대해서는 Chestman의 신인의무를 증명이 요구되지 않기 때문에 14e-3 위반을 인정하였다. 그러나 10b-5에 대해서는 가족 간에 정보의 제공이 이루어진 경우 가족 간에 신인의무가 존재한다고 볼 수 없기 때문에 부정유용이론을 적용한다고 하더라고 내부자거래에 해당하지 않는다고 판결하였다.

이처럼 Rule 14e-3은 공개매수와 관련된 중요한 정보를 알고 있거나 공개매수자 또는 타깃기업의 내부자 등으로부터 동 정보를 획득한 모든 자에 대해서 동 정보가 공시되기 이전에는 '공시 또는 거래금지' 의무를 부과하고 있다. 즉 SEC는 동 규칙에서는 신인의무의 존재 여부와 관계없이 공시되지 않은 공개매수 정보를 이용한 거래에 대해 내부자거래의 책임을 인정한 것이다. 이는 Chiarella 사건에서 연방대법원이 보여준 입장과는 배치되는 것으로 보일 수 있기 때문에 이후 이 규칙은 34년법이 위임한 권한의 범위를 일탈한 것이라는 논쟁에 휘말리게 된다. 이 논쟁은 연방대법원이 O'Hagan 판결을 통해 Rule 14e-3이 34년법이 위임한 범위를 일탈하지 않았다고 판단함으로써 종결되었다. 외형적으로 이 규칙의 적법성 여부는 부정유용이론과는 독립된 문제라고도 볼 수 있으나 실질적으로는 부정유용이론의 승리와 맥을 같이 한다고 볼 수 있다.

# VIII. Regulation FD

## 1. 도입의 배경과 논쟁

기업공시는 증권규제의 기본철학 중 하나로서 기업내부에 중요한 정보가 발생한 경우 '적시에'(timely) 그리고 모든 투자자들에게 '동시에'(simultaneously) 공시할 것을 요구하고 있다. 따라서 연방법은 특정인에게만 선별적으로 중요한 정보를 제공하는 것을 금지하고 있으며, 이러한 행위는 내부정보의 제공이라는 측면에서 내부자거래에 해당될 위험이 있다. 그런데 이러한 관행은 공시철학의 예외로 오랫동안 증권시장에서 인정되어 왔는데, 즉 기업의 고위간부 또는 IR(Investor Relationship) 담당간부들이 자사를 홍보하기 위해 증권회사 애널리스트(analyst) 또는 주요 기관투자자에게 중요정보를 적극적으로 제공하는 이른바 '선택적 공시'(selective disclosure)이다.[89]

이러한 관행을 통해서 애널리스트들은 분기보고서 등 실적보고서가 정식으로 발표되기 이전에 기업의 고위간부들로부터 추정자료를 입수하기도 하였고, 기타 기업의 신기술개발의 진행상황 등 주가에 민감한 정보에 접근이 가능하였다. 애널리스트들은 이렇게 취득한 정보를 기초로 하여 특정기업의 주식의 매수 또는 매도 추천을 하며 투자자들에게 기업의 새로운 가치를 인식시켜 주는 역할을 하여 왔다.

이러한 애널리스트들에 대한 선택적 공시문제는 내부자거래의 일종으로 규제되어야 한다는 비판이 이미 오래 전에 제기되었지만, 기업이 공시하는 수많은 정보들을 애널리스트의 기능을 통해 일반투자자들이 이해하기 쉽게 분석해서 제공된다는 측면에서 긍정적인 측면도 함께 있어 규제의 필요성 여부를 놓고 오랫동안 논란이 있었다. 그러나 미국은 최종적으로 2000년 8월 애널리스트들에 대한 선별적 정

89) 이에 대한 상세는 김정수, "기업의 선택적 공시와 내부자거래," 『시민과 변호사』 (서울지방변호사협회, 2001.6) 참조; 김재형, "선택공시의 규제를 통한 내부자거래금지의 확장문제 - 미국 SEC의 새로운 "공정공개규칙"을 중심으로", 『상사법연구』 제20권 제1호 (2001).

보제공을 전면적으로 금지하는 "Regulation Fair Disclosure"를 채택하였다. "Reg. FD"는 2000년 10월 23일에 효력을 발생함으로써 과거 70년간 지속되어 온 미국증권시장의 공시주의철학에 새로운 지평을 열게 되었다.[90]

월스트리트는 전체적으로 "Regulation FD"의 제정에 반대하였다. 애널리스트들은 현실적으로 기업의 정보를 일반투자자에게 효과적으로 전달해 주는 주체가 되고 있으며, 또한 정보가 충분히 시장에 반영되도록 중요한 역할을 수행하는 긍정적인 측면을 외면할 수 없다는 의견이었다. 이러한 기능은 시장가격이 보다 정확하게 형성되는 데 기여하며, 또한 시장의 변동성을 줄여 주며 나아가 전체적으로 시장의 효율성을 제고시키는 역할을 한다는 것이다. 따라서 새로운 규정이 기업의 금융정보에 관한 완전한 공시를 주장하고 있지만, 이는 기업이나 애널리스트들에게 지나치게 엄격한 규제를 가함으로써 완전공시를 고무하기보다는 정보의 흐름을 억제하는 '냉각효과'(chilling effect)를 가져올 것이라고 우려하였다.

또한 이러한 규정의 도입에도 불구하고 기업과 좋은 관계를 유지하는 애널리스트들은 여전히 중요한 정보에 접근할 수 있을 것이며, 그들은 이 정보를 공식적인 보고서에는 포함하지 않을 것이며, 그들의 특별한 고객에게만 동 정보를 제공함으로써 'fair market'이 아니라 'unfair market'을 조장시킬 우려조차 있다고 비판하였다.

그러나 이러한 비판에도 불구하고 압도적인 다수가 "Regulation FD"의 제정을 찬성하였다. 그들은 인터넷 보급이 확산되면서 일반투자자들도 월스트리트 전문가들 못지않게 기업정보에 빠르게 접근할 수 있는 환경이 마련되었음에도 불구하고, 기업들은 자신들이 선호하는 애널리스트나 중요한 기관투자자들에게만 사적인 모임 또는 전화회의(conference call) 등을 통해서 중요한 새로운 정보를 제공하는 경우가 빈번하다는 것이다. 이것은 명백한 '선택적 공시'에 해당되며, 지금까지 합법으

90) "Reg. FD"에 대한 자세한 문헌으로는 Jamse Hamilton · Ted Hamilton, Guide to Regulation FD and Insider Trading Reforms, CCH (2001); 국내연구논문으로는 최승진, "미국 증권거래위원회의 공정공시규정(Regulation FD)에 대한 소고," 『증권법연구』 제3권 제1호 (2002) 참조.

로 인정되어 온 월스트리트의 관행을 이제는 정리하여야 할 단계에 왔다는 것이다.

찬성론자들의 주장은 애널리스트들이 정보를 소화해서 이들을 투자자들에게 전달하는 순기능이 있지만, 그러나 현실적으로 애널리스트들은 이 정보를 자신의 중요한 고객에게 1차적으로 전달하고, 그리고 일정시간이 지난 후에야 일반 투자자들에게 전달하는 일들이 빈번하게 발생하고 있으며, 결과적으로 일반투자자들만 피해를 보게 되는 공정하지 못한 관행이라는 것이다.

이렇듯 "Regulation FD"가 일반투자자들에게 압도적인 지지를 받은 것은 2000년 초반에 발생한 기술주 폭락과 무관하지 않다. 기업과의 직접 대화가 차단되어 있는 그들은 애널리스트들의 말만 믿고 기술주에 투자했다가 50% 또는 그 이상의 손실을 보았던 것이다. 더 이상 애널리스트들의 윤리적 순수성을 믿을 수 없다는 것이다.

따라서 이 새로운 규정이 가진 긍정적인 측면은 시장의 모든 투자자들에게 정보의 '동등한 접근'(equal access)을 허용해 준다는 것이며, 이는 애널리스트들로 하여금 그들 본연의 업무로 돌아가도록 강요하게 될 것이라는 것이다. 즉 다른 사람보다 먼저 정보를 입수하여 자신의 선택된 투자자그룹에게 정보를 제공하는 '연결점'(switching point) 역할을 더 이상 할 필요가 없게 된다는 것이다. 또한 애널리스트들은 기업의 IR 담당자나 재무담당자들에게 전화를 해서 중요한 정보를 사전에 입수하기 위하여 압력을 가하기도 하는데, 이 새로운 규정은 그들에게 이러한 압력을 명백하게 거부할 수 있는 근거를 마련해 주었다는 측면도 있다.

## 2. 주요 내용

"Regulation FD"는 Rule 100에서부터 Rule 103까지 4개의 조항으로 구성되어 있는데, 중요한 부분은 다음과 같다.

### (1) 선택적 공시에 대한 규제

기업 또는 기업을 대신해서 행동하는 모든 자가 특정인에게 선택적으로 정보를 제공하는 경우, 그것이 '의도적'인 공시의 경우에는 '동시'(simultaneously)에, 그리고 '비의도적'인 경우에는 '신속하게'(promptly) 공시하여야 한다. 이는 애널리스트 등 일부의 그룹에게 미공개중요정보를 제공하던 과거의 선택적 공시를 전면적으로 금지한 것이다. 즉 선택적 공시가 의도적으로 이루어진 경우에는 일반투자자들에게도 '동시에' 공시하여야 하며, 만약 그러한 선택적 공시가 '비의도적'으로 이루어진 경우에는 일반투자자들에게도 '신속하게' 공시하여야 한다.

공시의 주체는 기업뿐만 아니라 '기업을 대신해서 행동하는 모든 자'(any person acting on its behalf)도 포함되는데, 그 범위가 너무 광범위하다는 지적이 있다.

선택적 공시가 행해지는 주요 대상에 대해서 규정은 크게 다음의 4개의 그룹으로 구분하고 있다. 즉 (i) 브로커-딜러, (ii) 투자자문가, (iii) 투자회사 · 헤지펀드 등 증권시장 전문가들, (iv) 선택적 정보를 근거로 증권을 거래한다고 판단되는 해당 증권의 보유자 등이다. (iii) 그룹에 애널리스트, 기관투자자의 기금관리자 등 선택적 정보를 기초로 거래를 행하는 기타 시장전문가들은 당연히 포함된다.

이러한 선택적 공시의 예외로 인정되는 4가지 경우가 있다. 첫째로 기업의 임시내부자로서 기업에 대해 신뢰와 믿음의 의무를 부담하는 자, 예를 들어 변호사, 투자은행가 또는 회계사 등이 있다. 둘째로 선택적으로 제공된 정보를 비밀로 지키겠다는 명시적인 동의를 받은 자, 셋째로 신용평가를 고유의 업무로 하는 신용평가기관 등에게 신용평가의 목적으로 정보를 제공하는 경우, 그리고 마지막으로 33년법의 등록증권의 공모와 관련한 커뮤니케이션의 경우는 예외로 인정된다.

### (2) 주요 용어의 개념

미공개중요정보의 '의도적'(intentional)인 선택적 공시란 공시를 한 자가 인식하였거나 아니면 부주의로 인식하지 못한 상태에서 미공개중요정보를 일부 제한된 자를 대상으로 공시한 것을 의미한다.

#### a) 발 행 자

'발행자'는 34년법 제12조에 의해 등록한 기업(상장기업 또는 자산총액이 1,000만 달러 이상이며 주주수가 500명 이상) 또는 34년법 제15조(d)에 의해 사업보고서 제출의무가 있는 회사가 그 대상이다. 폐쇄형 투자회사의 경우는 발행자의 범위에 속하나 기타의 투자회사 및 외국 정부 또는 기업은 발행자의 범위에 해당되지 않는다. 즉 개방형 투자회사와 외국 기업의 경우 "Regulation FD"의 규제대상에서 제외되어 있다.

b) 발행자를 대신해서 행동하는 자

'발행자를 대신해서 행동하는 자'란 그 범위가 매우 광범위한데, 애널리스트 및 해당 기업의 주식보유자들과 정기적으로 교류하는 발행회사의 고위간부 · 경영자 · IR 담당간부 · 일반직원 등을 비롯해서 폐쇄형 투자회사 및 발행회사의 투자자문회사의 고위간부들도 해당된다.

c) 신속하게

'신속하게'란 합리적으로 실행이 가능한 가장 빠른 시간을 의미하는데, 구체적으로는 발행회사의 고위간부가 비의도적으로 미공개중요정보에 대한 선택적 공시를 한 사실을 알았거나 또는 '부주의'(reckless)로 알지 못한 후 24시간 이내 또는 뉴욕증권거래소에서 다음날 거래가 시작되기 이전을 말한다.

d) 일반 공개

'일반 공개'(public disclosure)란 8-K 양식에 의해 SEC에 보고서를 제출하거나 합리적으로 일반에게 정보를 공시할 수 있는 또 다른 수단을 통해 공시가 될 수 있도록 하는 것을 의미한다.

### (3) Rule 10b-5와의 관계

"Regulation FD"의 제정과 관련하여 문제점으로 지적된 것이 발행자 등이 외부자와의 정보교환을 매우 꺼려할 것이며, 따라서 정보의 냉각효과가 발생할 것이라는 것이었다. 이러한 문제와 관련하여 규정을 위반한 경우 어느 정도의 책임을 물을 것인가가 함께 논쟁이 되었었다.

Rule 102는 "Regulation FD" 규정이 요구하는 일반 공시의무만을 위반한 경우에는 Rule 10b-5에 의한 책임에서 면제된다. 즉 FD 규정이 새로운 책임을 창설한 것은 아니다. 그러나 기존에 Rule 10b-5가 요구하는 책임에 영향을 미치는 것은 아니다. 예를 들어 선택적 공시가 Dirks 사건에서와 같이 "personal benefit test"에 해당되는 경우에는 Rule 10b-5가 금지하는 정보의 제공이나 내부자거래의 책임을 지게 된다. 또한 일반 공시의무를 위반하게 된 경우, 상황에 따라서는 '정정공시의무'(duty to correct) 또는 '정보갱신의무'(duty to update)를 부담할 수도 있다. 또한 발행자가 "Regulation FD"에 따라 일반 공시를 하는 경우, 그 내용에 허위 또는 오해를 유발하는 정보가 포함되어 있는 경우에는 Rule 10b-5 책임으로부터 벗어나지 못한다.

최종적으로 발행자가 FD 규정을 위반한 경우, 34년법 제13조(a) 또는 제15조(d) 및 "Regulation FD" 규정위반에 따른 SEC의 조치대상이 된다. 이 경우 SEC는 정지명령과 같은 행정적 조치, 금지명령 또는 민사제재금의 부과와 같은 민사제재를 취할 수 있다.

# IX. STOCK Act

## 1. 의의와 배경

2004년 미국의 한 연구결과는 1990년대 동안 미국 상원의원들의 주식투자 성과가 연 평균 약 12% 정도로 시장의 평균수익율을 훨씬 능가하였다는 사실을 발표하였다.[91] 이와는 대조적으로 미국의 일반투자자의 평균수익률은 불과 1.4%에 불과하였고, 기업의 내부자들조차도 같은 기간 동안 평균수익률이 약 6% 수준에 불과하였다. 이러한 결과는 상원들이 내부정보를 이용하여 부당한 이득을 챙겼을 것이라는 사실을 시사해준다.[92] 그러나 이러한 조사결과는 사회적으로 크게 주목을

91) Alan J. Ziobrowski et al., Abnormal Returns from the Common Stock Investments of the US Senate, 39 J. Fin. & Quant. Anal. 661 (2004).

92) Bainbridge, 109.

받지 못하다가, 2010년 10월, 《월스트리트 저널》이 "Congress Staffers Gain from Trading in Stocks"이라는 기사를 헤드라인으로 보도하면서 사회적인 이슈로 떠올랐다. 이 기사는 2008년과 2009년 동안 의회 스탭들의 주식거래와 관련된 3000건 이상의 공시문건을 분석하였고, "상원 및 하원 양쪽에서 최소한 72명의 측근이 그들의 의원이 감독을 도와주었던 회사의 주식을 거래하였다."라고 보도하였다. 비록 그들은 연방의회의 일을 한 결과로 얻은 정보에 근거하여 거래를 해서 어떠한 이익도 취하지 않았다고 주장하였지만, 미국 사회가 내린 결론은 내부자거래 규제가 의회에 미치지 않고 있다는 것이다.

이러한 보도 후 사회적 비난이 쏟아졌고, 일부 연방의원들의 내부자거래 금지 법안을 발의하였지만 정작 연방의회는 이에 관심을 보이지 않았다. 그러다가 STOCK Act는 2006년 3월에 공화당의 Brian Baird와 민주당의 Louise Slaugher에 의해서 발의되었지만, 동 법안은 위원회에서 거부되었다. 법안이 그 이후 5년 동안 몇 번 더 발의되었지만 더 이상 진전은 없었다.

그 후 2011년 11월에 텔레비전 뉴스인 『60 Minutes』에서 골든타임에 전 미국인이 볼 수 있도록 방영되었고, 당시 대통령 후보자들이 연방의원들의 내부자거래 혐의를 비난하면서 미국 사회의 핫이슈로 급부상하였다. 그 프로그램은 연방의회의 의원들이 의회에서 얻은 정보를 개인의 주식거래에 이용하여 이익을 이용하고 있다고 보도하였다. 그 보도는 여러 세간의 이목을 끄는 의원들, John Boehner 하원의장, Nacy Pelosi 전 하원의장에 대해 내부자거래 혐의를 주장하였다. 이제 발등에 불이 떨어진 연방의원들은 이 법안에 대해 co-sponsor가 되겠다고 나섰고, 여러 개의 상원 version들이 제출되기에 이르렀다.

2012년 4월 4일, 오바마 대통령은 워싱톤과 다른 주들과의 사이에 현재의 "신뢰의 결여"(deficit of trust)를 언급하면서. "우리는 이곳에 미국 국민들을 위해 봉사하기 위해, 그리고 미국 국민의 이익을 돌보기 위해 보내진 것이지, 우리 자신의 이익을 돌보기 위해 보내진 것이 아니다."라고 언급하면서 STOCK Act에 서명을 하였다.

## 2. 규제의 정당성과 법리 논쟁

연방의회의 의원들은 미공개중요정보를 여러 채널을 통해 얻을 수 있다. 예를 들어, 그들은 회사가 의회 청문회 또는 조사과정에서 비밀스럽게 밝힌 내부정보를 쉽게 얻을 수 있다. 그러나 많은 경우 시장정보를 얻는 것으로 보이는데, 예를 들면 "조세입법이 통과될 것 같고, 그러면 어느 회사들이 혜택을 입을 것이다." 또는 "어떤 회사가 정부계약을 따낼 것이다 라든가 또는 특정 약품이 규제승인이 날 것 같다."와 같은 정보에 기초해서 거래를 하는 경우 등을 들 수 있을 것이다.

그렇다면 연방의원 또는 의회의 직원들이 이러한 내부정보를 이용하여 거래를 할 경우 Rule 10b-5를 근거로 규제할 수 없는가? 이에 대해 미국에서 학자들 간에 규제가 가능하다는 주장과 가능하지 않다는 주장들이 엇갈린다.[93)]

일반적으로 연방의회의 의원들이나 정부의 관료들이 고전적 내부자 또는 준내부자 또는 정보수령자로서의 자격을 갖춘 케이스들은 기존의 법제를 통해 규제하는데 어려움은 없어 보인다. 왜냐하면 연방의원이라 하여 기존의 내부자거래의 적용을 배제할 특별한 이유가 존재하는 것은 아니기 때문이다. 그러나 기존의 법제를 통해 연방의원 등에 의한 내부자거래를 규제하는 것이 어렵다고 주장하는 학자들은, 그러한 케이스들은 예측컨대 매우 드물 것으로 보고 있다. 하원 윤리매뉴얼에 따르면, 예를 들면, 의원들과 그들의 고위급 스탭들은 "협회, 기업 또는 다른 조직의 이사회 멤버 또는 경영진으로서 보상을 받는 일을 하면 안 된다."라고 규정하고 있다. 따라서 고전적 내부자로서 내부자거래를 할 기회는 발생하지 않을 것으로 보인다.[94)]

오히려 회사의 내부자들이 의원들 또는 다른 정부 관료들에게 내부정보를 제공하는 경우가 많을 것으로 보고 있는데, 이 경우 의원과 다른 정부 관리들을 부정유용이론에 근거하여 내부자거래의 책임을 묻을 수 있는지는 의문으로 보고 있다. 정

93) STOCK Act와 이에 대한 상세는 박준선, "국회의원에 의한 내부자거래", 『기업법연구』 제27권 제4호(통권 55호) 참조.

94) Bainbridge, 110.

부 관료에 의한 미공개중요정보의 거대한 남용행위는 오직 정보유용이론으로만 다룰 수 있기 때문에, 미국에서 이것은 오랫동안 중대한 문제였다.[95]

연방의원들, 의원의 스탭들 또는 정부의 관리들은 그들이 직무를 수행하는 과정에서 미공개중요정보를 얻고, 그리고 그것을 관련된 주식의 거래에 사용하는 경우, 그들의 행동은 쉬운 말로 정보의 도둑질이라 할 수 있을 것이다. 그러나 부정유용이론 하에서 모든 잠재적인 내부자거래의 책임은 의원이나 정부 관료와 정보원 사이에 신인관계의 존재에의 입증이 요구될 것이다. 이러한 측면에서, 국회의원과 정부 관료 사이에 중요한 차이가 존재한다. 행정부처의 근무자들을 위한 윤리행위기준(Standards of Ethical Conduct)은 다음과 같이 말하고 있다: "공공서비스는 공무원에게 사익을 넘어서서 헌법, 법률, 그리고 윤리적 원칙에 대한 충성을 요구하는 공중에 대한 신뢰이다." 따라서 행정부처의 종사자는 정부의 대리인으로 간주되어야 하고, 또는 최소한 정부와 신뢰와 비밀유지 의무와 유사한 관계를 가진다고 할 수 있다.[96]

연방의회의 경우, 연방의원의 스탭 또는 위원회의 스탭들은 각각 의회와 위원회의 직원들이다. 그들은 "정부의 의무를 이행하는 과정에서 비밀스럽게 알게 된 어떤 정보도 개인의 이익을 위한 수단으로 결코 사용할 수 없다."라는 윤리적 의무를 부담한다. 이러한 고용관계는 의회의 스텝들에게 그들을 고용하고 있는 기관과 대리인 관계 또는 신뢰와 비밀유지 관계를 가지고 있다고 간주하기에 충분하다. 예를 들면, SEC v. Cherif 사건에서 법원은 "고용이라고 하는 신인관계를 통해서 그에게 위탁된 중요정보를 부정유용하여 거래를 하는 행위는 Rule 10-5 와 34년법 제10조(b)를 위반한 행위에 해당한다."라고 판시하였다. O'Hagan 판결의 용어를 사용한다면, "의회 직원들의 의회에서 취득한 미공개정보를 자기를 위해 주식을 매수하거나 매도하는 것은 의회에 대한 충성과 비밀유지 의무를 위반하여 의회를 기망하는 것

95) *Id.*
96) *Id.* at 111.

이다."라고 할 수 있을 것이다.[97]

그러나 연방의원은 누구에 대해 대리인이나 수탁자의 위치에 있는가? 그들은 거래하기 전에 공시를 해야 할 필수적 의무를 가진다면, 그것을 요구하는 신뢰와 비밀유지라는 선제적 관계는 누구에 대해서 가지는가? 유일한 논리적 후보자는 유권자 또는 국가밖에 없다. 다른 콘텍스트 속에서 일부 선례가 있기는 하지만, "공무원은 공공의 최고의 이익을 위해 정부의 의사결정을 내릴 신인의무를 부담한다."라는 정도이다. 그러나 SEC의 전 집행부분의 고위책임자였던 Thomas Newkirk는 "연방의원이 그의 위원회가 어떤 회사에 영향을 미칠 수 있는 어떤 일을 막 하려고 하는 것을 알고, 그는 바로 거래하러 가는데, 그는 누구에 대해서도 비밀을 유지할 의무를 가지고 있지 않기 때문이다."라고 언급하였다. 따라서 연방의원들의 내부자거래 행위를 기존의 법제를 통해 규율이 가능하다는 견해들이 있었지만, 그렇지 않다는 견해들도 만만치 않았고, 이들은 연방의원들에 의한 내부자거래는 부정유용이론 하에서도 불법이 아니라는 결론을 내리고 있다. 이러한 논쟁을 종식시키고, 또는 입법적 흠결을 완전하게 봉쇄하기 위해 연방의회는 2012년에 Stop Trading on Congressional Knowledge Act (STOCK Act)[98]를 통과시켰다.[99]

## 3. STOCK Act의 주요 내용

STOCK Act의 내용은 간단하다. 즉 연방의원과 연방의회의 직원들에 대해 기존의 법제에서 내부자거래로 규제하기 위해 선제적으로 필요한 신인의무 또는 신인관계가 존재한다고 법에 명시한 것이다. 즉 법은 타이틀에서는 "Prohibition of Insider Trading"이라 하였지만, 조문에서는 내부자거래를 명문으로 금지하기 보다

97) *Id.*

98) 이 법의 명칭인 『Stop Trading on Congressional Knowledge Act』는 약칭이고, 원래 정식 명칭은 『An Act To prohibit Members of Congress and employees of Congress from using nonpublic information derived from their official positions for personal benefit, and for other purposes』이다.

99) Bainbridge, 112.

는 이들에게 연방의회, 미국 정부, 그리고 미국 국민에 대한 신인의무를 창설함으로써 내부자거래 행위를 규제하는 내용으로 되어 있다. STOCK Act 제4조는 다음과 같이 규정하고 있다:

SEC 4. PROHIBITION OF INSIDER TRADING.

(a) Affirmation of Nonexemption – Member of Congress and employees of Congress are not exempt from the insider trading prohibition arising under the securities laws, including section 10(b) of the Securities Exchange Act of 1934 and Rule 10b-5 thereunder.

(b) DUTY-

...

(2) AMENDMENT – SEction 21A of the Securities Exchange Act of 1934 (15 U.S.C. 78u-1) is amended by adding at the end the following:

"(g) Duty of Members and Employees of Congress -

'(1) IN GENERAL – Subject to the rule of construction under section 10 of the STOCK Act and solely for purposes of the insider trading prohibition arising under this Act, including section 10(b) and Rule 10b-5 thereunder, each Member of Congress or employees of Congress owes a duty arising from a relationship of trust and confidence to the Congress, the United States Government, and the citizens of the United States with respect to material, non-public information derived from such person's position as a Member of Congress or employees of Congress or gained from the performance of such person's official responsibilities. ...

Nothing in this subsection shall be construed to impair or limit the construction of the existing antifraud provision of the securities laws or the authority of the Commission under those provisons.'"

STOCK Act는 위에서 보는 것처럼 Section 4(b)(2)에서 연방의원이나 의회의 직원은 자신의 지위에서 파생된 미공개중요정보를, 또는 그들의 공무의 집행의 과정에서 얻은 미공개중요정보와 관련하여 의회, 미국 정부, 그리고 미국 국민들에 대해 '믿음과 신뢰의 관계' 즉 신인관계에서 파생되는 의무를 부담한다고 규정하고 있다.

그리고 STOCK Act는 연방의원 및 연방의회의 직원에 대해 새로운 신인의무를 부여하면서, 이와 함께 동법 제9조는 행정부의 공무원, 법관 및 법원 직원에 대해서도 내부자거래를 금지하는 보다 분명한 해석지침을 만들 것을 요구하면서 내부자거래를 규제할 수 있는 입법적 조치를 완료하였다.

또한 이러한 새로 신설된 조항이 기존에 증권법상 불공정거래 규제나 SEC의 권한을 훼손하거나 제한하는 것으로 해석되어져서는 안 된다고 규정하고 있다.

# 제2편

# 내부자거래 규제

제3장

# 회사관계자등에 대한 규제



## I. 서 론

자본시장법 제174조 제1항은 내부자거래 규제가 적용되는 내부자의 범위에 대해서 규정하고 있다. 따라서 내부자거래 규제대상자는 진정신분범으로서 그 범위는 입법정책에 의해 결정된다고 할 수 있다. 내부자거래 규제대상의 이러한 특징으로 인해 주요국마다 내부자거래로 처벌될 수 있는 내부자의 범위 또는 규제대상행위는 매우 다양할 수밖에 없다. 그러나 최근 주요국은 자국 자본시장의 효율성과 공정성을 더욱 강화하기 위해 내부자거래 규제를 강화하고 있어, 내부자거래 규제의 수준에 있어 글로벌적인 수렴현상이 나타나고 있다. 대표적으로 최근 EU는 『Market Abuse Directive 2』를 채택하여 회원국들이 유사한 수준의, 그러면서도 기존보다 강화된 내부자거래 규제를 시행할 것으로 요구하였다.

내부자거래 규제의 종주국이라 할 수 있는 미국은 판례를 통하여 내부자의 범위를 점차 확장해 가는 과정을 거쳤는데, 이에 비해 우리 자본시장법은 법 제176조에서 내부자의 범위를 명시적으로 규정하고 있기 때문에 미국의 방식보다는 법적 안정성을 기대할 수 있을 것이다. 반면, 자본시장법은 내부자의 범위를 구법에 비해 다소 확대하였음에도 불구하고 회사관계자를 중심으로 한 내부자의 범위 그리고 회사의 내부정보를 중심으로 한 규제체계를 근본적으로 벗어나지 못하여 주요국에 비해 내부자거래 규제의 범위가 매우 제한적이었다.

최근에 발생한 〈CNK 사건〉이나 〈CJ E&M 사건〉 등은 이러한 문제점을 다시 한 번 드러냄으로써 내부자거래 규제의 공백이 사회적으로 논란이 되었고, 이에 대응하여 국회와 금융당국은 2014년 12월 시장질서 교란행위의 금지를 자본시장법에 도입하여 기존 법 제174조를 통해 규제하기 어려웠던 내부자거래의 상당 부분을 규제할 수 있도록 하였다.

이하에서는 법 제176조에서 규율하는 내부자의 범위에 대해서 살펴본다. 법 제174조가 규율하는 내부자의 범위는 기본적으로 상장법인을 중심으로 규정하고 있다. 먼저, 회사 내부에서 발생하는 미공개중요정보에 쉽게 접근할 수 있는 자들을 내부자로 규정하여 동 정보를 이용한 거래를 금지하고 있다. 이처럼 회사 내부에서 미공개중요정보에 쉽게 접근할 수 있는 자들, 즉 임원, 주요주주, 직원들이 기본적으로 규제대상에 포함된다. 이들을 "고전적 내부자"(classical insiders)라고 부른다.

이어 회사의 내부자들은 아니지만 회사의 경영과 관련하여 미공개중요정보에 자연스럽게 접근할 수 있는 상장법인의 감독기관에 소속된 자, 그리고 상장법인과 계약관계를 통해 중요정보에 접근할 수 있는 자들도 그러한 관계를 통해 알게 된 미공개중요정보를 이용한 거래가 금지된다. 이처럼 '고전적 내부자' 이외에 회사의 경영과 관련하여 발생하는 미공개중요정보에 자연스럽게 접근할 수 있는 외부자 그룹을 "준내부자"(quasi-insider) 또는 "임시내부자"(temporary or constructive insider)라고 부른다. 또한 이들로부터 미공개중요정보를 전달 받은 자도 해당 정보를 이용한 거래가 금지된다.[1)]

---

1) 자본시장법상 미공개중요정보의 이용주체 또는 내부자의 범위에 관한 연구문헌으로는 송현주, "내부자거래의 내부자범위에 관한 연구", 『조선대 법학논총』 제98집; 정준우, "자본시장법상 미공개중요정보의

# II. 내부자의 범위

## 1. 서 론

법 제174조는 내부자거래의 규제대상이 되는 내부자그룹을 6개로 분류하여 다음과 같이 규정하고 있다:

1. 그 법인(그 계열회사를 포함한다. 이하 이 호 및 제2호에서 같다) 및 그 법인의 임직원 · 대리인으로서 그 직무와 관련하여 미공개중요정보를 알게 된 자
2. 그 법인의 주요주주로서 그 권리를 행사하는 과정에서 미공개중요정보를 알게 된 자
3. 그 법인에 대하여 법령에 따른 허가 · 인가 · 지도 · 감독, 그 밖의 권한을 가지는 자로서 그 권한을 행사하는 과정에서 미공개중요정보를 알게 된 자
4. 그 법인과 계약을 체결하고 있거나 체결을 교섭하고 있는 자로서 그 계약을 체결 · 교섭 또는 이행하는 과정에서 미공개중요정보를 알게 된 자
5. 제2호부터 제4호까지의 어느 하나에 해당하는 자의 대리인(이에 해당하는 자가 법인인 경우에는 그 임직원 및 대리인을 포함한다) · 사용인, 그 밖의 종업원(제2호부터 제4호까지의 어느 하나에 해당하는 자가 법인인 경우에는 그 임직원 및 대리인)으로서 그 직무와 관련하여 미공개중요정보를 알게 된 자
6. 제1호부터 제5호까지의 어느 하나에 해당하는 자(제1호부터 제5호까지의 어느 하나의 자에 해당하지 아니하게 된 날부터 1년이 경과하지 아니한 자를 포함한다)로부터 미공개중요정보를 받은 자

첫째, 제1호는 고전적인 내부자로서 그 법인의 임직원 · 대리인을 규정하고 있다. 이에 더하여 해당 법인을 내부자거래의 주체에 포함시켰다.

---

이용주체", 『한양법학』 제20권 제4집 (통권 제28집) (2009. 11) 참조.

둘째, 제2호는 주요주주를 내부자로 규정하고 있다. 주요주주란 10%의 주식을 소유하거나 또는 1% 이상 주식을 소유하면서 회사에 사실상 영향력을 행사하는 주주를 말한다. 이들은 지분상황 또는 회사와의 관계에서 있어서 회사의 고위 간부와 마찬가지로 내부정보에 접근할 가능성이 크기 때문이다.

셋째, 제3호는 법령에 따른 인 · 허가권을 가지는 자를 규정하고 있다. 특정 상장법인의 영업에 대한 인 · 허가권을 가지는 자가 특정 인 · 허가의 공표 전에 해당 정보를 이용하여 거래할 개연성이 존재하기 때문이다.

넷째, 제4호는 계약관계를 통해 상장법인의 중요정보에 접근할 수 있는 자들을 규정하고 있다. 이미 계약을 체결한 상태에 있는 자는 물론 체결을 교섭하고 있는 자 역시 내부자의 범위에 포함된다. 아직 계약이 최종적으로 체결되지는 않았지만, 이미 계약의 중요조건 등이 진행되고 있다면 이 역시 중요정보로서 기능할 수 있기 때문에 교섭 중인 자도 규제대상에 포함시켰다.

다섯째, 제5호는 앞의 제2호부터 제4호의 대리인 · 사용인 · 종업원들도 규제대상으로 규정하고 있다. 이들 역시 앞의 내부자들의 업무를 대리 · 수행하는 과정에서 중요정보를 알 수 있으며, 동 정보를 이용한 거래의 개연성이 존재하기 때문이다. 대리인 · 사용인이 법인인 경우에는 그 임직원 · 대리인이 포함된다.

여섯째, 제6호는 앞의 제1호부터 제5호의 자로부터 미공개중요정보를 전달받은 자를 규제대상으로 규정하고 있다. 내부자 또는 준내부자로부터 중요정보를 전달받아 거래하는 자 역시 일반투자자보다 정보의 우위에 서서 거래하기 때문에 정보수령자에 의한 거래 역시 내부자거래로 규정하여 금지하는 것이 마땅하다. 실제 내부자거래 사건에서 정보수령자에 의한 거래들이 다수 차지하고 있다.

이처럼 내부자거래의 행위주체는 회사의 미공개중요정보에 접근할 수 있는 특별한 지위에 있는 자들로 규정되어 있는데, 따라서 법에서 규정하는 일정한 신분을 가진 자만이 규제대상이 되는 신분범 형식으로 되어 있고, 그와 같은 신분이 없는 자는 내부자거래의 단독정범이 될 수 없다.[2)]

---

2) 박임출, 115면.

## 2. 해당 법인

### (1) 의 의

구 증권거래법은 1999년 제20차 개정을 통해 해당 법인을 내부자거래의 주체로 포함시켰고, 자본시장법은 이를 계수하였다. 자연인이 아닌 법인이 미공개정보를 이용하는 내부자거래의 행위주체가 될 수 없음에도 불구하고 법인을 내부자거래의 주체로 규정한 것은, 구 증권거래법의 개정으로 법인의 자기주식취득이 배당가능 이익의 범위 내에서 자유롭게 허용됨에 따라 해당 법인이 자기주식취득을 통한 내부자거래의 가능성이 커졌기 때문이다.

법인이 자신의 내부정보를 이용하여 자기주식의 취득 또는 매각을 통해 내부자거래를 행할 가능성은 현실적으로 존재한다. 미국의 경우 해당 법인이 내부정보를 이용하여 내부자거래를 한다면, 이는 Rule 10b-5 위반에 해당한다고 판시한 판결들을 다수 발견할 수 있다. 즉 미국은 해당 법인을 내부자거래의 주체로 인정하고 있다.[3)]

그러나 법인에 의한 내부자거래는 실제로는 이사회의 결정 또는 대표이사나 담당 임원의 의사결정으로 이루어지게 된다. 이사회의 결정을 통해 내부자거래가 이루어지는 경우라도 실제 거래는 대표이사 또는 임원의 지시에 의해 실행된다. 이러한 경우 법인의 내부자거래에 직접적으로 관여한 기업의 간부들은 어떠한 책임을 지는가? 법 제448조는 "법인(단체를 포함한다)의 대표자가 법인 또는 개인의 대리인, 사용인, 그 밖의 종업원이 그 법인 또는 개인의 업무에 관하여 제443조부터 제446조까지의 어느 하나에 해당하는 위반행위를 하면 그 행위자를 벌하는 외에 그 법인 또는 개인에게도 해당 조문의 벌금형을 과한다."라고 규정하고 있다. 따라서 해당 법인의 임직원이 미공개중요정보를 이용하여 법인의 업무에 관하여 자사주를 매수 또는 매각하는 경우라도 그 법인의 임직원은 내부자거래에 해당되어 형사처벌

---

3) Bainbridge, 58.

된다.

이처럼 자본시장법은 내부자거래 행위가 '자신의 계산' 또는 '타인의 계산'으로 이루어지든 구분하고 있지 않기 때문에, 해당 법인의 임직원이 회사 보유의 자사주를 회사의 계산으로 거래를 행한 경우라도 해당 임직원들은 직접 내부자거래 규제 위반에 해당하며,[4] 법인은 양벌규정에 의해 처벌된다.[5] 해당 법인을 내부자거래의 주체로 추가하였지만, 이처럼 법 448조의 양벌규정에 의하여 법인에 대한 처벌이 가능한 상황에서 법인을 내부자거래의 주체로 추가할 필요가 있는지,[6] 또는 범죄능력이 없는 법인을 내부자거래의 행위주체로 하는 것이 적절한지에 대해 의문을 제기하는 의견도 있다.[7]

대법원은 기업의 경영진이 자신의 이익이 아니라 회사의 이익을 위해 내부정보를 이용하여 자사주를 거래하여 손실을 회피한 〈통일중공업 사건〉에서 경영진의 내부자거래 책임을 인정하였다.[8]

통일중공업의 대표이사와 재무담당임원 등은 1998. 8. 17경 통일재단 재무기획팀으로부터 통일중공업에 대한 감자를 단행하라는 지시를 받고, 8. 21 감자에 관한 이사회결의가 예정되어 있는 상황에서 회사운영자금의 마련을 위해 보유하고 있는 통일중공업 주식을 감자이사회결의 공시 전에 매각할 필요성이 있다고 판단하여 통일중공업 주식 1,062,748주를 약 12억 원에 매각하였다.

이 사건에서 대법원은 구증권거래법(1999. 2. 1 법률 제5736호로 개정되기 전의 것) 제188조의2 제1항 제1호에서 말하는 임직원의 미공개정보이용행위는 그것이 자신의 이익을 추구할 목적으로 자기의 계산으로 하는 것이든 또는 당해 법인에게 이익이 귀속될 자사주식의 처분처럼 타인의 이익을 위하여 타인의 재산으로 하는 것이든 아무런 제한을 두고 있지 아니하였던 데다가 같은 법 제215조가 법인의 대표자,

---

4) 대법원 2002. 4. 12. 선고 2000도3350 판결; 박순철, 85면; 임재연, 281면.
5) 박순철, 85면.
6) 김건식 · 정순섭, 397면.
7) 박임출, 117면.
8) 대법원 2002. 4. 12. 선고 2000도3350 판결.

대리인 · 사용인 기타 종업원이 그 법인의 업무에 관하여 제207조의2의 위반행위를 한 때에 행위자를 벌하도록 규정한 것을 보면 당해 법인의 임직원 또는 대리인이 미공개정보를 이용하여 법인의 업무에 관하여 자사의 주식을 매각하는 경우에도 그 법인의 임직원 또는 대리인은 당연히 형사처벌되는 것이라 할 것이므로, 개정된 법률에서 미공개정보이용행위 금지의 주체로 법인을 추가하고 당해 법인의 내부자거래를 처벌의 대상으로 삼게 되었다고 하여 구법의 규정을 달리 볼 수는 없다고 판시하였다.[9)]

### (2) 계열회사

자본시장법은 해당 법인을 내부자거래의 주체로 규정함으로써 해당 법인이 자사의 미공개중요정보를 이용하여 거래하는 경우 내부자거래로 처벌되고, 법인에는 그 계열회사가 포함된다. 법인에 계열회사를 포함함으로써 내부자거래 규제대상자의 폭이 상당히 넓혀졌다. 즉 법인의 임직원 · 대리인이 '계열회사의 임직원 · 대리인'까지 확대된 것이다.

그러나 법은 제1호 및 제2호의 경우에만 법인의 범위에 계열회사를 포함시키고 있고, 제3호의 인허가권자에 대한 규제와 제4호의 계약체결자 및 계약을 교섭하고 있는 자의 경우는 제외하고 있다. 이처럼 계열회사의 임직원이 규제대상으로 포함되었지만, 실제 그들의 내부자거래 규제 위반 여부를 논할 때는 해당 법인의 임직원에게 '직무관련성'이 요구되듯이, 계열회사의 임직원의 경우 역시 '직무관련성'이 요구된다.[10)]

"계열회사"라 함은 2 이상의 회사가 동일한 기업집단에 속하는 경우에 이들 회사는 서로 상대방의 계열회사라 한다(공정거래법 2조 3호). 여기서 "기업집단"이란 동일인(동일인이 회사인 경우 그 동일인과 그 동일인이 지배하는 하나 이상의 회사의 집단, 그리고 동일인이 회

---

9) 자본시장법은 1999년 2월에 개정된 구 증권거래법의 내용을 그대로 계수하였기 때문에 대법원의 이러한 견해는 자본시장법상에서도 동일하게 해석된다고 볼 수 있다.

10) 임재연, 283면.

사가 아닌 경우 그 동일인이 지배하는 2 이상의 회사의 집단)이 시행령 제3조에서 정하는 기준에 의하여 사실상 그 사업내용을 지배하는 회사의 집단을 말한다(공정거래법 2조 2호).

내부자거래의 규제대상에 해당 법인을 넘어 계열회사까지 확대한 것은 현실적으로 계열회사의 임직원들이 계열회사의 중요정보를 이용한 거래가 빈번히 발생하는데, 기존의 법제로서 규율할 수 없었기 때문이다. 그렇다면 실질적으로 계열회사의 임직원 등은 어떻게 내부자거래의 규제대상으로 포섭되는가? 예를 들어, 상장법인 A사에 중요정보가 발생하였고, A사의 계열회사인 B사의 임원이 해당 중요정보를 알게 된 경우, 해당 정보를 이용한 A사의 주식거래는 금지된다. 이러한 계열회사의 확대는 공개매수와 주식의 대량취득 · 처분의 경우에도 적용된다. 예를 들어, 오래 전에 현대중공업이 신흥증권을 인수하면서 증권업에 진출하고자 하였을 때, 현대중공업의 계열회사의 임직원들이 동 정보를 이용하여 신흥증권의 주식을 거래하였지만 규제대상에서 제외되었었는데, 이러한 개정을 통해서 이제는 그러한 거래 역시 내부자거래 규제대상에 포함되게 되었다.

우리나라의 경우 재벌을 중심으로 다수의 계열회사 구조를 가지고 있어 계열회사의 중요정보를 입수 · 거래를 할 가능성이 매우 높은데, 제1차 정보수령자만을 규제하는 기존 규제의 한계를 극복하기 위하여 해당 법인에 계열회사를 포함하도록 하여 내부자거래 규제대상자의 범위를 확대한 것이다.[11]

### (3) 상장예정법인등

내부자거래의 규제대상 증권은 이미 거래소에 상장되어 거래되는 증권만이 대상이지만, IPO 추진과정에서 상장예정법인의 내부에서 미공개중요정보가 발생할 수 있고, 동 정보를 이용한 내부자거래가 발생할 가능성이 있다. 이에 규제대상법인에 "6개월 이내에 상장하는 법인"을 포함시켰다.

그러나 IPO 과정에 있는 법인 이외에도 합병이나 주식의 포괄적 교환 등 다양한 유형의 거래를 통해 상장하는 효과가 발생하는 경우에도 내부정보를 이용한 거

11) 이상복, 128면.

래의 개연성이 존재하기 때문에, 2013년 개정법은 '6개월 이내에 상장하는 법인'에 추가하여 "6개월 이내에 상장법인과의 합병, 주식의 포괄적 교환, 그 밖에 대통령령으로 정하는 기업결합 방법에 따라 상장되는 효과가 있는 비상장법인"(이하 '상장예정법인등')을 포함시켰다. 시행령에서 정하는 기업결합방법이란 다음과 같다:

> **제201조(정보의 공개 등)** ① 법 제174조 제1항 각 호 외의 부분에서 "대통령령으로 정하는 기업결합 방법"이란 다음 각 호의 어느 하나에 해당하는 경우로서 그 결과 비상장법인의 대주주 또는 그의 특수관계인(이하 이 조에서 "대주주등"이라 한다)이 상장법인의 최대주주가 되는 방법을 말한다.
>
> 1. 상장법인이 비상장법인으로부터 법 제161조 제1항 제7호에 해당하는 중요한 영업을 양수하고, 그 대가로 해당 상장법인이 발행한 주식등을 교부하는 경우
> 2. 상장법인이 비상장법인의 대주주등으로부터 법 제161조 제1항 제7호에 해당하는 중요한 자산을 양수하고, 그 대가로 해당 상장법인이 발행한 주식등을 교부하는 경우
> 3. 비상장법인의 대주주등이 「상법」 제422조에 따라 상장법인에 현물출자를 하고, 그 대가로 해당 상장법인이 발행한 주식등을 교부받는 경우

이처럼 '상장예정법인등'이 해당 법인의 범위에 포함됨으로써 상장예정법인등의 경우도 상장법인의 경우와 마찬가지로 제174조 규제의 틀이 그대로 적용된다.

## 3. 임직원 등

### (1) 임　원

자본시장법이 내부자로 정의하고 있는 첫 번째 그룹에 해당 기업의 임직원이 포함된다. 먼저, 임원에 대해 살펴보면 법 제9조 제2항은 "임원이란 이사 및 감사를 말한다."라고 규정하고 있다. 그러나 내부자거래의 규제대상으로서의 '임원'에는 단기매매차익 규제의 경우와 마찬가지로 이사와 감사 이외에 상법 제401조의2에서

규정하는 '업무집행지시자'가 포함된다(법 172조 1항). 상법 제401조의2는 업무집행지시자의 책임을 규정하면서 다음의 자들을 규정하고 있는데, 이들은 내부자거래 규제에 있어서 임원의 개념에 포함된다.

1. 회사에 대한 자신의 영향력을 이용하여 이사에게 업무집행을 지시한 자
2. 이사의 이름으로 직접 업무를 집행한 자
3. 이사가 아니면서 명예회장 · 회장 · 사장 · 부사장 · 전무 · 상무 · 이사 기타 회사의 업무를 집행할 권한이 있는 것으로 인정될 만한 명칭을 사용하여 회사의 업무를 집행한 자

미국의 경우도 SEC나 법원은 특정인이 공식적으로 임원의 직함을 가지고 있지 않더라도 그가 실제적으로 임원의 기능을 수행한다면 그를 임원에 포함시키는 것으로 해석하여 왔다. 따라서 자본시장법은 미국의 관례와 유사하게 임원의 개념을 규정하고 있는데, 이는 구 증권거래법에 비해 임원의 개념을 명확히 하면서 그 범위 또한 다소 확대한 것이다.[12] 이사는 사외이사와 사내이사로 구분할 수 있는데, 사외이사도 당연히 이사의 범위에 포함되어 내부자거래의 규제 대상이 된다.

임원의 범위와 관련하여 형식적으로는 임원의 직함을 가지고 있지는 않지만 실제적으로 임원이 하는 기능과 유사한 기능을 수행하는 자에 대해서는 입법적으로 해결하였지만, 반대로 임원이란 직함은 가지고 있지만 실제로는 전혀 임원의 기능을 수행하지 않는 자를 어떻게 취급할 것이냐가 문제가 될 수 있다. 예를 들어, 회사를 퇴직한 자에게 예우로 고문 등의 직함을 주고 일정 기간 사무실을 제공하는 경우가 있을 수 있다.[13] 형식적으로는 이사의 직함을 가지고 있으나 업무상이나 실질적

---

12) 구증권법은 증권의 모집 · 매출과 관련하여 시행령 제2조의4 제3항에서 임원에 대해 "이사 · 감사 또는 사실상 이와 동등한 지위에 있는 자"로서 정의를 내리고 있었을 뿐, 내부자거래의 규제대상인 임원에 대해서는 다른 언급이 없었다.

13) 다만, 법 제174조 1항 6호는 내부자의 지위에서 물러난 지 1년이 경과하기 전까지는 여전히 내부자로 규정하고 있으므로 내부자의 지위에서 벗어난 지 1년이 경과하여야 한다.

으로 아무런 역할을 수행하지 않는 고문 또는 명예이사의 경우에는 원칙적으로 내부자에 포함되지 않는 것으로 보아야 할 것이다.[14]

임원의 범위와 관련하여 자본시장법에서 주목할 만한 부분은 계열회사의 임원까지 확대하였다는 점이다. 이는 앞서 살펴본 바와 같다. 계열회사 간에는 서로 상대방 회사의 미공개중요정보를 인지할 개연성은 매우 높기 때문에, 이처럼 계열회사를 해당 법인의 범주로 확대한 것은 내부자의 범위에 관련한 한정적 열거주의의 한계를 극복할 수 있는 중요한 개선이라고 볼 수 있다.

### (2) 직 원

일반적으로 상장법인의 직원들이 임원 등에 비해서 회사의 미공개중요정보에 접근할 가능성은 많지 않지만, 직원 역시 회사의 업무와 관련하여 알게 된 중요정보를 이용하여 거래하는 것은 임원과 마찬가지의 이유로 금지된다. 직원은 회사의 업무를 위하여 고용계약 또는 취업계약을 체결한 정식직원을 포함하여, 해당 회사의 지휘 · 명령 하에 현실적으로 해당 회사의 업무에 종사하는 한 임시직원, 파견직원, 용역직원, 인턴, 아르바이트 등도 모두 포함된다.[15] 대법원 역시 "증권거래법 제215조 제2항(양벌규정) 소정의 법인의 종업원에는 법인과 정식의 고용계약이 체결되어 근무하는 자뿐만 아니라 법인의 대리인, 사용인 등의 자기의 보조자로서 사용하고 있으면서 직접 또는 간접으로 법인의 통제 · 감독 하에 있는 자도 포함한다."라고 판시하였다.[16] 계열회사의 직원들에 대해서도 이러한 직원의 포괄적 개념이 동일하게 적용된다.

법은 제174조 제1항 제5호에서 "제2호부터 제4호까지의 어느 하나에 해당하는 자의 대리인 · 사용인, 그 밖의 종업원"을 별도로 규정하고 있다. 여기서 "대리인 · 사용인, 그 밖의 종업원"이 법인인 경우에는 "그 임직원 및 대리인"을 포함한다.

---

14) Feder v. Martin Marietta Corp., 406 F.2d 260 (2nd Cir. 1960).
15) 김건식 · 정순섭, 398면; 박순철, 86면; 박임출, 118면; 이상복, 129면; 임재연 284면; 증권법학회, 주석서 I, 1030면.
16) 대법원 1993. 5. 14. 선고 93도344 판결, 서울중앙지방법원 2007. 2. 9 선고 2006고합332 판결.

이 경우 역시 "대리인 · 사용인, 그 밖의 종업원"은 해당 법인과의 정식 고용관계 여부를 묻지 않고, 법인의 업무와 관련하여 업무를 수행하는 자 모두를 포함한다. 즉 계약관계가 존재하지 않아도 사실상 종사하고 있다면 충분하고, 타 회사의 종업원이 사실상 해당 회사의 업무를 수행하고 있는 경우도 포함된다.[17)]

이처럼 법은 제1호에서 회사의 임직원 및 대리인을 신분범으로 규정하여 규제대상자로 포섭함과 동시에, 기타 내부자인 제2호부터 제4호까지에 해당하는 자의 대리인 · 사용인, 그 밖의 종업원까지 규제대상자로 다시 규정하고 있다.

### (3) 직무관련성

#### a) 개 념

상장법인의 임직원이 미공개중요정보를 이용하여 거래를 한 경우에도, 해당 정보를 "직무와 관련하여" 알게 된 때에만 규제대상이 된다. 이는 반대로 해석하면, 회사관계자가 해당 법인의 미공개중요정보를 인지하고 거래한 경우라 할지라도 해당 정보를 "직무와 관련하여" 알게 된 경우가 아니라면 규제대상에서 제외된다. 따라서 내부자거래 규제 법리에 있어서 "직무와 관련하여 미공개중요정보를 알게 된" 요건은 신분범의 구성요건을 한정하는 구성요건 요소로서 매우 중요한 의미를 가지고 있다.

"직무"란 임직원이 자신의 지위 또는 직책으로 인해 회사로부터 자신에게 맡겨진 일체의 업무를 말하는데, 회사의 직무에 대해서는 회사의 내규 또는 직무규정에서 정하는 경우가 있지만, 그러한 규정을 통한 직무 또는 업무 범위에 대한 규정의 존재가 요구되는 것은 아니다. 또한, 구체적으로 현재 담당하고 있는 업무 또는 사무만으로 제한되지는 않으며, 특명에 의해 새롭게 주어진 업무도 직무에 포함되며, 임시적으로 타 부서의 업무를 지원하는 일이 주어진 경우 그러한 업무도 직무에 관련한 것으로 볼 수 있다.[18)] 이처럼 '직무관련성'을 폭넓게 보는 것이 다수설로 보이지

---

17) 西村, 57면.
18) 西村, 59면.

만, 내부자거래 규제의 구성요건에 이러한 제한을 설정한 것은 내부자의 범위를 일정 범위로 제한하고자 하는 것이기 때문에, '직무관련성'의 해석에 있어서 긴장이 존재한다.

b) 일본에서의 논의

"직무와 관련하여"에서 '직무'란 법적인 개념이라기보다는 실무적인 개념이기 때문에 그 정의를 내리는 것이 쉽지 않다. 일본에서는 "직무와 관련하여 미공개 중요정보를 알게 된 [때]"에 관하여 다음의 4가지 견해가 존재한다. 우리 자본시장법의 '직무관련성'은 일본법을 모델로 한 것이기 때문에 '직무관련성'에 관한 일본의 학설을 살펴본다.[19]

제1설은 직무행위 자체로부터 알게 된 경우 외에 직무와 밀접히 관련된 행위에 의해 알게 된 경우를 포함한다.

제2설은 제1설과 같이 직무행위 자체로부터 알게 된 경우 외에 직무와 밀접히 관련된 행위에 의해 알게 된 경우로 보면서도, 여기에 '그 자의 지위가 해당 중요사실을 알 수 있는 지위' 일 것을 추가로 요구하는 견해이다.

제3설은 증권의 투자판단에 영향을 미칠 수 있는 특별한 사정에 관여하고 또는 접근하는 특별한 입장에 있는 자가, 그 특별한 입장에 의해 중요한 정보를 알게 된 때가 '그 자의 직무에 관하여 알게 된 때'에 해당된다고 하는 입장이다.

제4설은 직무의 실행에 관하여 알 필요가 있거나 또는 아는 경우에서 특정 정보를 알게 된 경우에 '직무에 관하여 알게 된 것'이라고 하는 입장이다.

이처럼 일본의 경우 '직무관련성'의 해석과 관련하여 통설은 존재하지 않지만 일본의 다수설과 판례는 제1설의 입장을 취하고 있다.

c) 사례의 분석

일본의 경우 "그 직무와 관련하여 알게 된 [때]"에 해당하는 지 여부를 살펴보기 위해 2개의 기준을 설정하여 분석하기도 한다. 첫째는 미공개중요정보와 직무와

---

19) 이하는 服部秀一, 36~41면 참조.

의 관련성 문제이고, 둘째는 미공개중요정보를 어떠한 경우 · 상황에서 알게 된 것인가의 문제이다. 다음의 사례들은 실제로 발생 가능한 경우로서 이러한 사례들이 법에서 규정하는 "직무와 관련하여"에 해당되는지 여부에 대해 일본에서의 논의를 중심으로 살펴본다:[20]

(1) 커피점의 점원이 상장법인에 대해 커피를 납품할 때 해당 법인의 신주발행의 결정 등 중요사실을 들었을 때, 이것은 '계약을 이행하는 과정에서 알게 된 때'에 해당하지 않는다고 보는 견해가 있다. 그것은 계약의 이행행위 자체에 의해 알게 된 것도 아니고, 또한 이행행위와 밀접히 관련된 행위에 의해 알게 된 것도 아니기 때문이다. 즉 커피 납품이라는 계약이행의 과정, 즉 직무와 관련이 없기 때문이며, 또한 이행행위와 무관하게 알게 된 경우이기 때문이라는 것이다.[21] 그러나 반대의견도 있다.[22] 우리의 경우에 적용한다면 어떠한가? 우리 법원은 '직무관련성'을 넓게 해석하고 있으므로 '직무관련성'이 있다고 볼 개연성이 있지만, 이러한 경우는 직무관련성이 없으며, 또한 계약의 이행과정으로도 볼 수 없다고 본다.

(2) 회사에서 신주발행 결정을 하였고, 이렇게 조달된 자금은 신제품의 개발에 투입될 예정인데, 신제품의 개발담당자가 신주발행 결정사실을 알게 된 경우는, 그 자의 직무에 관하여 알게 된 경우에 해당한다.

(3) 지점의 직원이 본점의 경리부를 출장 · 방문하였을 때 동 부서 담당자로부터 중요사실을 들어서 알게 된 경우, 해당 지점의 직원의 직무가 해당 정보에 관련되어 있다면, "직무에 관하여" 알게 된 때에 해당된다. 그러나 출장의 목적도, 해당 직원의 직무도 해당 중요사실과 관련이 없다면, "그 자의 직무에 관하

20) 服部秀一, 37~38면

21) 並木, 158면.

22) 服部秀一과 西村는 이 견해에 대해 반대의 의견을 제시한다. 즉 커피의 납품은 커피점의 식음제공계약의 이행 자체이며, 직무와 관련되어 있지 않다고 하는 것은 합리성을 결여한다고 한다(服部秀一, 37면).

여 알게 된 때"에 해당하지 않는다고 본다.[23] 그러나 우리의 경우는 어떠한가? '직무관련성'을 배제하기 어려울 수 있다고 본다. 만약 '직무관련성'이 없다고 보더라도 지점의 직원은 정보수령자에 해당된다고 볼 수 있다.

그 자의 직무가 중요사실을 알 수 있는 입장에 있는 경우라 할지라도, 어떠한 경우 · 상황에서 중요사실을 알았는가를 불문한다면, 예를 들어, 신문의 특종 기사에 의해 중요사실을 안 경우나, 완전 제3자로부터 들은 경우 등 일반인이라면 거래가 제한되지 않는데, 단지 회사의 임직원이기 때문에 거래를 할 수 없다고 되어 증권거래의 자유에 대한 과도한 제한이 될 수 있다.[24] 그러나 이러한 경우 내부자의 신분을 통해 해당 미공개중요정보를 알게 된 것이 아니라는 증명의 책임은 내부자에게 있다.

(4) 상장회사의 서류를 훔치거나 도청을 통해 중요사실을 알게 된 경우가 "그 자의 직무에 관하여 알게 된 경우"에 해당하지 않는 것은 다툼이 없다. 이 경우 그 자가 임직원의 신분이라 할지라도 외부의 자가 도취 · 도청한 경우가 내부자거래가 되지 않는 것과 동일하다. 이러한 경우는 내부자거래 위반이 아니라 다른 법에 의하여 처벌될 수 있을 것이다.

(5) 상장법인의 인사담당 이사가 연구소의 담당 이사와 개인적으로 골프를 치면서, "어제 연구본부회의에서 신제품의 대규모 투자가 결정되었다. 이에 따라 이번 인사이동에서 연구소의 대폭적인 인원증가를 도모하고 싶은데 잘 부탁한다."라는 말을 들었다. 이 경우 인사담당 이사는 신제품의 대규모 투자계획이라는 중요정보를 "그 자의 직무에 관한 알게 된 때"에 해당한다.

다음의 사례의 경우는 "그 자의 직무에 관하여 알게 된 때"에 해당하는지 일본에서 견해가 나누어진다:

---

23) 服部秀一, 38면.
24) 服部秀一, 38면.

(6) 상장회사에 복사 등 중요하지 않은 업무를 지원하는 OL(Office lady)가 근무 중에 상사로부터 어떤 서류의 복사를 부탁받았는데, 복사를 하면서 무심코 서류를 보았고, 그 서류에는 당사와 모기업과의 업무제휴에 관한 서류였다. 이 경우 OL이 동 정보를 이용하는 경우는 직무관련성이 인정된다. (野村新版 128면, 西村 40면)

(7) 상장회사에 근무하는 이사의 운전기사가 자신이 담당하고 있는 재무담당 이사가 자동차 전화에서 사장에게 경영회의에서 보고한 결산실적의 예상치에 대해서 설명하고 있는 것을 들은 경우, 직무관련성이 인정된다. (野村新版 128면, 西村 40면)

(8) 상장회사에서 각 부서에 우편물을 배부하는 직원 甲이 우편물 배포 도중에 책상 위에 극비서류를 우연히 보게 되었다. (硏究會 130면, 직무관련성 부정; 西村 40면 직무관련성 인정)

(9) 직무로서 우편물을 배포하고 있는 직원 甲이 우편물 봉투를 열어서 내용물인 극비서류를 보았다. 이 경우에는 직무관련성을 인정한다. (硏究會 132면, 西村 40면)

(10) 상장회사의 청소를 맡고 있는 자가 쓰레기통에 버려진 자료를 무심코 보았는데, 회사의 증자에 관한 자료였다. (硏究會 137면, 직무관련성 인정. 그러나 청소부가 책상 위에 놓여진 극비서류를 우연히 본 경우라면 직무관련성 부정)

(11) 상장회사의 오사카 지점의 후생부 사원 甲은 동경 본사에 출장 중 우연히 복도를 걷고 있을 때, 이사회 관련 서류를 주어 신제품의 개발이라는 '중요사실'을 알고 거래를 행했다. (硏究會 129면, 직무관련성 부정. 그러나 개발부의 종업원이나 신제품의 연구를 행하고 있는 연구소의 직원이 복도에서 신제품의 개발에 관한 자료를 주어 거래에 이용한 경우는 직무관련성 인정)

(12) 타부서 또는 회의실에 입장하여 단순히 물리적인 접근을 통해 타 부서의 내부정보를 알게 된 것에 불과한 경우에는, 이러한 매매를 허용해도 투자자의 신뢰를 해하지 않는 것으로서 규제대상에서 제외하는 것이 바람직하다. (木目田 46면). 그러나 우리의 경우 '직무관련성'을 인정할 가능성이 높다고 본다.

(13) 상장회사의 청소담당자가 청소작업 중에 책상 위에 놓여 있는 서류를 우연히

보고 중요사실을 안 경우 또는 영업부원이 광고활동을 협의하기 위해 광고부를 방문하였을 때 책상 위에 있는 사내보고를 우연히 보고 신규사업의 개시를 알게 된 경우, 모두가 직원 등의 신분이었기 때문에 우연히 볼 수 있었다고 할 수 있기 때문에 직무관련성을 인정한다. (黒沼悅郞, "내부자거래 규제와 법령해석" 금융법무사정 1866호 49면)

c) 판례의 입장

회사관계자의 직무관련성에 대한 개념은 위에서 살펴본 것처럼 매우 모호하여 해석상 논란이 될 소지가 크다. 우리 법원이 '직무관련성'의 개념에 대해 직접 정의를 내린 것은 없지만, 아래의 몇 가지 사례를 볼 때 법원은 직무관련성의 범위를 매우 폭넓게 보고 있다. 이는 위에서 살펴본 일본에서의 제1설에 가까운 것으로 보인다.

**$\alpha$) 구내식당에서 전해들은 경우**

서울중앙지방법원은 자신의 직무와 직접 관련이 없지만 구내식당에서 동료로부터 중요정보를 전해 듣고 거래한 사안에서, 회사관계자의 직무관련성을 인정하였다.[25)]

피고인 甲은 A약품의 생산본부장(이사)으로 A약품의 신약개발 등을 지원하는 업무에 종사하는 사람인 바, 피고인 甲은 2005. 8. 26.경 A약품 구내식당에서, A사 중앙연구소장으로 기술이전계약 담당 임원인 乙로부터 'A약품이 개발한 위궤양 치료제의 전 세계 판매를 위하여 다국적 제약회사인 B사와 조만간 기술이전계약을 체결할 예정이다'라는 취지의 중요정보를 직무와 관련하여 전해 듣고 위 정보를 이용하여 그러한 기술이전 관련 정보가 공개(2005. 9. 8. 11:50)되기 전인 2005. 8. 26. 피고인 甲의 사무실에서 홈 트레이딩 시스템을 통해 피고인 甲 및 처남 명의로 A약품의 주식 1,100주를 시가 22,538,000원에 매수한 것을 비롯하여 그때부터 같은 해 9. 8.까지 총 6회에 걸쳐 A약품의 주식 총 18,200주를 시가 합계 433,943,000원 상당을

25) 서울중앙지방법원 2007. 12. 26. 선고 2007노3274 판결.

매수하고 합계 102,837,430원의 부당이득을 취하였다.

이 사건에서 법원은 피고인 甲이 미공개중요정보인 '기술이전계약체결' 사실을 직무와 관련하여 지득하고 이를 거래에 이용하였다고 판단하였다.

**β) 사무실에서 우연히 알게 된 경우**

서울지방법원은 같은 부서에서 근무하면서 다른 업무를 수행하는 직원이 파기한 서류를 통해 우연히 미공개중요정보를 알게 된 사안에서 회사관계자의 직무관련성을 인정하는 판시를 하였다.[26)]

피고인 甲은 A사 총무과 대리로서 2000. 2. 21. 18:00경 A사 총무과 사무실에서, 위 회사의 주식담당직원인 乙이 기안하였다가 파기한 이사회 결의서(안)에 2000. 2. 22. 개최 예정인 위 회사 이사회에서 사업목적에 전자상거래 및 인터넷 사업을 추가한다는 내용이 기재되어 있는 것을 보고, 위와 같은 내용의 이사회 결의사항이 증권거래소를 통하여 공시된 같은 달 22. 17:02 보다 이전 시각인 같은 날 14:34:54경부터 15:00:43경까지 위 회사 총무과 사무실에서 홈트레이딩 시스템에 접속하여, 자신 명의로 개설한 증권계좌를 통하여 총 28회에 걸쳐 위 회사의 주식 14,000주를 1주당 평균 금 3,406원에 매수하였는데, 법원은 주식의 매매거래와 관련하여 일반인에게 공개되지 아니한 중요한 정보를 이용한 행위로 판단하였다.

**γ) 직무관련성을 부정한 사례**

수원지방법원은 상장법인의 영업담당 상무보가 신주인수권부증권의 소각정보를 이용하였는지를 다투는 사건에서 피고인은 해당 정보를 '직무상 지득하였음'을 인정할 자료가 없다면서 무죄를 선고하였다.[27)]

피고인 甲은 주식회사 A의 영업담당 상무보로 근무하던 자인바, 2005. 10. 10.경 A사 사무실에서, A사가 발행한 신주인수권부증권 12,831,000주 중 10,264,800주를 소각 목적으로 매입할 것이라는 중요 미공개정보를 직무상 지득하고 동 정보가 증권시장에 알려질 경우 주가가 상승할 것을 예측하여 일반인에게

---

26) 서울지방법원 2002. 1. 23. 선고 2001고단 10894 판결.

27) 수원지방법원 2008. 7. 30. 선고 2008노1134 판결.

2005. 11. 25. 공개되기 이전인 2005. 10. 14.부터 같은 해 11. 25.까지 乙 명의로 동사 주식 42,000주를 매수한 후 2005. 12. 13.부터 2006. 2. 10.까지 이를 전량 매도하여 미공개정보를 이용하여 금 27,038,713원의 부당이득을 취하였다고 기소되었다.

법원은 2005. 10. 18.부터 같은 해 11. 25.까지 사이에 매입한 것으로 인정되는 25,000주는 이 사건 정보를 이용하여 취득한 것인지에 대하여 보건대, 앞서 본 바와 같이 피고인이 짧은 기간 내에 다량의 A사 주식을 취득하였고, 같은 기간 동안 다른 회사 주식을 취득하였다는 자료가 없는 점, 피고인이 회사의 재무 관련 업무를 처리하는 피고인 丙, 丁과 같은 사무실에서 근무하였다는 점에서 피고인 甲이 이 사건 정보를 알고 주식을 취득하였을 개연성이 크다는 점은 인정하였다.

그러나 법원은 신주인수권부 주식의 매입사무를 담당하였던 피고인 丙, 丁은 이 사건 정보를 대표이사와 자신들만이 알고 있었고 업무 당사자가 아닌 피고인 甲 등 다른 임직원에게는 이를 알리지 않았다고 진술하고 있고, 달리 피고인 甲이 이 사건 정보를 미리 얻었음을 인정할 직접적인 증거가 없으며, 피고인 甲은 검사가 이 사건 정보를 안 시기로 주장하는 2005. 10. 10. 이전에도 2002년에 4회에 걸쳐 합계 7,300주, 2003년에 2,000주, 2004년에 900주를 매입한 적이 있고, 2005. 9. 27. 3,010주, 2005. 10. 7.에도 3,000주를 매입한 적이 있어, 피고인 甲이 단기간에 집중적으로 회사 주식을 매수하였다는 사정만으로 위 피고인이 매입 당시 이 사건 정보를 지득하고 있었다고 단정하기에 부족하고, 달리 이를 인정할 증거가 없으며, 또한 피고인 甲은 '영업담당 상무보'로서, 신주인수권부증권의 소각과 관련된 업무를 담당하는 자가 아닌데, 이 사건 정보를 직무상 지득하였음을 인정할 자료가 또한 찾을 수 없어 무죄를 선고하였다.

[평 석]

이 사건에 관한 전체적인 자료가 부족한 상황에서 판결문에 나타난 정보만을 기초로 하여 볼 때 법원의 판결은 다음과 같은 측면에서 동의하기 어렵다.

첫째, 이 사건에서 신주인수권부증권의 소각과 관련한 자들인 丙, 丁 등 역시 내부자거래 혐의로 기소되었는데, 피고인 甲은 丙, 丁과 같은 사무실을 사용하고 있었다. 이러한 정황이라면 甲 역시 丙, 丁을 통해 해당 정보를 입수할 가능성이 매우 크고, 또는 자연스럽게 같은 사무실을 사용하므로 해당 정보를 인지할 가능성이 매우 크다고 볼 수 있다. 사정이 이러하다면, 甲은 자신의 직무가 영업담당이라 하더라도 동 정보를 담당하는 丙, 丁과 같은 사무실을 사용하고 있는 이상 '직무와 관련하여' 동 정보에 접근할 개연성이 매우 크다고 볼 수 있다.

둘째, 내부자거래 혐의 여부를 판단하는 중요한 포인트 중의 하나가 혐의자의 과거의 거래패턴이다. 피고인이 문제가 된 자신의 거래가 중요정보를 이용한 것이 아니라 기존의 거래의 일관성 상에서 이루어진 거래의 일부라고 증명할 수 있다면, 이는 미공개중요정보를 이용한 거래가 아니라는 중요한 증거가 될 수 있기 때문이다. 이 사건에서 피고인 甲이 기존의 거래패턴은 이러한 면을 일부 보여주는 것은 사실이다. 그러나 거래량 규모를 보면 이번에 문제가 된 피고인 甲의 거래량은 기존의 거래량과는 확연히 다른 패턴을 보여준다. 즉 기존에는 2002년의 경우 7,300주가 이루어졌는데, 이 거래량은 4회에 걸쳐 이루어진 거래량의 합계이다. 즉 단일 거래는 평균 2,000주에 미치지 못할 것으로 보인다. 이러한 거래량 규모는 2003년부터 2005년 10월까지 이루어진 거래량 규모와 크게 벗어나지 않는다. 즉 피고인 甲은 자사주를 거래하면서 평균 2,000주 정도의 안정적인 투자를 한 것으로 볼 수 있다. 그러나 금번에 문제가 된 거래는 43,000주를 한 번에 매수하였다. 이는 기존의 거래패턴과 확연히 다른 모습이라 할 수 있다. 이처럼 기존과는 다른 대규모의 거래가 이루어지는 경우는 대부분 주가상승에 대한 확신을 가지는 경우라 볼 수 있으며, 이로부터 중요정보를 알고 거래하였을 것이라는 추정이 가능하다.

이처럼 내부정보 이용의 강력한 추정증거를 법원은 오히려 내부정보를 이용하지 않은 증거로 제시하고 있어 납득하기 어려운 부분이 있다.

## 4. 주요 주주

### (1) 개 념

자본시장법이 내부자거래의 규제대상자로 규정하는 두 번째 범주는 주요주주이다. 주요주주란 누구의 명의로 하든지 자기의 계산으로 의결권 있는 발행주식총수의 100분의 10 이상의 주식을 소유하거나, 임원의 임면 등의 방법으로 법인의 중요한 경영사항에 대하여 사실상 영향력을 행사하는 주주를 말한다(법 9조 1항 2호). '사실상 영향력'을 행사하는 주주란 (i) 단독으로 또는 다른 주주와 합의 · 계약 등에 따라 대표이사 또는 이사의 과반수를 선임한 주주, (ii) 법인의 중요한 경영사항에 대하여 사실상의 영향력을 행사하는 주주, 즉 경영전략 · 조직변경 등 주요 의사결정이나 업무집행에 지배적인 영향력을 행사한다고 인정되는 자로서 금융위원회가 정하여 고시하는 주주를 의미한다(영 9조).

먼저, 발행주식총수의 10% 이상을 소유한 주요주주를 내부자의 범주에 포함시킨 것은, 주요주주는 기업의 임원은 아니지만 회사의 경영에 영향력을 행사할 수 있는 위치에 있기 때문에 회사의 미공개중요정보에 접근할 개연성이 존재하기 때문이다. 그러나 오늘날 상장법인의 자본금 규모를 고려할 때 "10% 주요주주" 기준을 아직도 유지한다는 것은 매우 비현실적이라고 본다. 일본의 경우 '회계장부열람권 보유주주' 즉 발행주식총수의 3% 이상 보유한 자로 하고 있고, 영국의 경우는 모든 주주를 내부자의 범주에 포함시키고 있다. 규제의 효과성을 도모하기 위해서는 10% 기준을 낮출 필요가 있다고 본다.

둘째, 주요주주 이외에 사실상의 영향력을 행사하는 주주도 내부자의 범주에 포함된다. 이는 우리나라 기업의 현실상 10% 미만의 소유주식을 가지고도 계열사 또는 친인척 등 특수관계인 구조를 통해서 기업경영에 영향력을 행사하는 경우가 많으며, 또한 이러한 상황을 이용하여 내부정보를 취득할 가능성이 매우 높기 때문이다. 금융위 고시는 금융투자업규정을 통해 '금융위원회가 정하여 고시하는 주주'에 대해 "주주로서 의결권 있는 발행주식총수의 100분의 1 이상을 소유하는 자"로 규정하고 있다(규정 1-6조).

### (2) 주요주주 판단기준

법은 주요주주에 대해 그 개념을 정의하고 있지만 주요주주의 판단기준에 대해 모호한 면이 있다.

첫째, 전환사채나 신주인수권부사채 등 주식관련 채권을 소유한 경우, 이들 채권으로부터 주식으로 전환될 수 있는 주식수를 주요주주의 소유주식에 포함시킬 것인지 여부가 문제가 된다. 이들 채권들은 일정 시점이 되면 소유권자의 선택에 의해 일정한 주식으로 전환할 수 있는 권리를 가지고 있기 때문이다. 그러나 법에서 주요주주의 정의를 "발행주식총수 또는 출자총액의 100분의 10 이상의 주식 또는 출자증권을 소유한 자"로 규정하고 있어 이들 주식형 사채권의 보유자가 권리행사로 소유하게 될 지분은 포함되지 않는다.[28]

둘째, 주요주주를 판단함에 있어서 특수관계인의 지분을 합산할 수 있는지 여부도 문제가 될 수 있다. 주요주주의 개념에 회사 경영에 사실상의 영향력을 행사하는 주주를 포함시키고 있는데, 이는 특수관계인의 지분을 합산하여 10% 이상에 이른다면 사실상 회사에 영향력을 미칠 수 있기 때문이다. 그러나 법원은 〈LG카드 사건〉에서 주요주주를 판단함에 있어서 지분상황은 개인을 기준으로 하고 특수관계인을 포함하지 않는다고 다음과 같이 판시하였다:[29]

> 증권거래법 제188조 제1항 및 같은 법 시행령 제83조의5 제1항의 규정은 주권상장법인 등의 '주요주주'라 함은 누구의 명의로 하든지 자기의 계산으로 의결권 있는 발행주식총수 또는 출자총액의 100분의 10 이상의 주식 또는 출자증권을 소유한 자와 임원의 임면 등 당해 법인의 주요 경영사항에 대하여 사실상 영향력을 행사하고 있는 주주를 말하는 내용을 규정하고 있는데, 주주가 '주요주주'에 해당하는지 여부는 개별 주주 1인을 기준으로 판단하여야 할 것이다.[30]

### (3) 권리를 행사하는 과정에서

주요주주와 관련하여 구 증권거래법은 다른 내부자들과 마찬가지로 "업무 등과 관련하여"라고 표현하고 있었는데, 자본시장법은 이를 "그 권리를 행사하는 과정에서"로 개정하였다. 주요주주가 업무 등과 관련하여 미공개중요정보를 얻기보다는

28) 우리나라의 다수설이다. 반대: 신영무, 453면.
29) 법원의 견해와 같은 해석으로는 이상복, 133면; 임재연 284면.
30) 서울고등법원 2008. 6. 24. 선고 2007노653 판결.

그의 지위에서 비롯되는 권리행사의 과정에서 미공개중요정보를 취득할 개연성이 높다고 보아, 해당 내부자의 신분적 특성에 맞추기 위해 표현을 달리한 것이다.

그렇다면 주요주주가 권리행사를 행사할 수 있는 경우란 어떠한 경우인가? 상법이 인정하는 구체적인 주주권은 여럿 있지만, 내부정보와 관련하여 주목할 부분은 '회계장부열람권' 정도라 할 수 있다. 반면 발행주식 총수의 10% 이상을 소유한 주요주주에게만 인정되는 구체적인 주주권은 없다. 따라서 주요주주가 "권리를 행사하는 과정에서" 미공개중요정보를 취득한다는 법문은 허공에 떠 있는 것으로 보인다. 우리가 '10% 기준'의 모델로 하였던 일본의 경우 '회계장부열람권 보유주주'로 법을 개정한지 이미 오래 전이다. 우리의 경우, 주요주주가 아닌, 발행주식총수의 3%의 지분을 보유하는 특정주주가 회계장부열람권을 행사하는 과정에서 회사의 미공개중요정보를 알게 되었고, 해당 정보를 이용하여 거래한 경우는 내부자거래에 해당하지 않는다. 이 경우 시장질서 교란행위로 처벌이 가능할지 여부도 불확실하다.

이처럼 주요주주는 모든 소수주주권을 행사할 수 있는 위치에 있는 자이어서 권리행사란 주로 그러한 경우를 의미할 것으로 보인다. 그러나 주요주주의 경우도 직접적으로 해당 권리를 행사하는 과정에서 알게 된 경우로 제한되지 않고 권리의 행사와 '밀접하게 관련된 행위'에 의해 알게 된 경우도 포함한다고 보아야 할 것이다. 즉 회계장부열람권을 행사한다고 가정할 때, 회계장부열람청구권의 행사를 통해 직접 회계장부를 볼 필요까지는 없고, 회계장부열람청구권의 행사를 위해 준비 · 조사 · 교섭 등의 과정에서 해당 법인의 중요정보를 알게 된 경우 역시 '권리를 행사하는 과정'에 포함된다고 보아야 할 것이다. 이는 내부자거래의 규제 취지가 주요주주가 실제로 회계장부를 열람하였는지 아닌 지와는 관계가 없기 때문이다.

또한 주요주주는 '권리를 행사하는 과정', 즉 '직무관련성' 보다는 '자신의 지위와 관련하여' 다양한 상황에서 미공개중요정보를 취득할 개연성이 매우 높다. 예를 들어, 주요주주의 신분으로 회사를 방문하였다가 경영진과의 대화에서 중요한 정보를 인지한 경우, 경영진이 의도적으로 정보를 제공하였다면 주요주주는 제1차 정보수령자에 해당되지만, 경영진이 정보제공의 의도가 없는 경우라도 주요주주가 해당 정보를 이용하여 거래를 하였다면 내부자거래에 해당된다고 보아야 할 것이다. 따라서 '권리를 행사하는 과정'뿐만 아니라 '자신의 지위와 관련하여' 내부정보를 알게 된 경우도 포함하여야 할 것이다.[31] 그러나 이러한 해석은 죄형법정주의의 명확성 원칙에 반한다는 견해가 있다.[32]

### (4) 법인이 주요주주인 경우

개인이 상장법인의 10% 이상의 지분을 취득하여 주요주주가 되는 경우보다 법인이 주요주주가 되는 경우가 오히려 더 많다고 볼 수 있다. 이 경우 주요주주인 법인 역시 해당 상장법인의 미공개중요정보를 이용하여 거래를 하는 것은 금지된다. 또한 해당 법인의 임직원 역시 해당 정보를 이용한 거래가 금지된다. 주요주주인 법인이 출자하고 있는 상장법인의 미공개중요정보를 이용하여 내부자거래로 적발된 사례들이 적지 않다.

a) 대법원 1994. 4. 26. 선고 93도695 판결 〈신정제지 사건〉

피고인 A개발은 창업투자지원회사로서 신정제지에 창업지원을 한 신정제지의 주요주주이고, 피고인 甲은 위 A개발의 대표이사인 자로서 피고인 甲은 신정제지와의 합작투자계약에 따라 정기 또는 수시로 확인하거나 보고를 통하여 B제지의 매출액 추이, 어음교환규모 등 회사 자금사정 및 경영전반에 관한 정보를 지득하여 왔는데, 신정제지가 극심한 자금사정 악화로 부도발생 위기에 있다는 정보를 사전에 입수하고 있었을 뿐만 아니라, 그럼에도 불구하고 상장 직후 신정제지의 시초가가 당초 예상보다 훨씬 높은 가격에 형성되어 있음을 알고, B제지의 자금악화사정과 부도발생 위기사실에 관한 정보가 아직 대외적으로 공표되지 않아 일반투자자들이 이러한 사실을 전혀 모른 채 증권시장에서 정상적으로 주식거래가 이루어지고 있음을 기화로, 신정제지가 상장된 지 일주일만인 1992. 2. 1.부터 2. 17. 사이에 보

---

31) 同旨: 박순철, 93면; 안수현, "자본시장법 시행 이후 불공정거래 규제 변화와 과제," BFL 제40호 (2000년) 72면.

32) 임재연, 286면.

유주식 도합 48만여주 전량을 51억여 원에 매각처분함으로써, 상장법인인 신정제지의 주식매매와 관련하여 일반인에게 공개되지 아니한 정보를 이용하였다.

이 〈신정제지 사건〉은 상장시초가 형성에 개입하여 시세를 조종하였고, 분식회계를 통한 허위표시를 통해 상장가격을 부풀렸고, 위에서 살펴본 것처럼 주요주주를 비롯하여 다수의 회사관계자들이 이러한 회사의 부실을 알고 곧 주가가 붕괴될 것이라는 미공개중요정보를 이용하여 다수의 내부자거래가 발생한 대표적인 불공정거래 사건이었다.

b) 대법원 2000. 11. 24. 선고 2000도2827 판결

상장법인 A사의 주요주주인 B사의 대표이사로 근무하는 甲이 A사가 발행한 어음 등의 부도처리가 불가피한 사실을 알고 B사가 보유하고 있던 A사의 주식을 1998. 4. 16.부터 같은 달 23일까지 매도(위 거래에 대한 결제가 이루어진 것은 위 매매체결일로부터 각 3일째인 같은 달 18일에서 같은 달 25일까지)한 사실과 甲의 위 주식매매가 끝난 다음날인 같은 달 24일 A사가 최종 부도처리 되어 공시된 사실이 있는 바, 증권거래법 제186조 제1항 제1호에서 규정하고 있는 상장법인 등이 발행한 어음 또는 수표가 부도처리 될 것이 거의 확실시 되는 사정도 당해 법인의 경영에 중대한 영향을 미칠 수 있는 사실로서 합리적인 투자자라면 누구든지 해당 법인의 주식의 거래에 관한 의사를 결정함에 있어서 상당히 중요한 가치를 지니는 것으로 판단할 정보에 해당하는 것임이 분명하므로, 이러한 상황을 알고 있는 당해 법인의 주요주주 등이 그 정보를 공시하기 전에 이를 이용하여 보유주식을 매각하였다면 이는 미공개정보 이용행위를 금지하고 있는 같은 법 제188조의2 제1항을 위반하였다고 보지 않을 수 없다.

### (5) 주요주주인 법인의 임원

상장법인의 주요주주인 법인이 상장법인의 미공개중요정보를 이용하여 거래하는 것과 동일하게, 주요주주인 법인의 임직원이 해당 정보를 이용하여 거래하는 것도 금지된다. 이는 법 제174조 제1항 제5호에서 "제2호부터 제4호까지의 어느 하나에 해당하는 자의 대리인(이에 해당하는 자가 법인인 경우에는 그 임직원 및 대리인을 포함한

다), 사용인, 그 밖의 종업원(제2호부터 제4호까지의 어느 하나에 해당하는 자가 법인인 경우에는 그 임직원 및 대리인)으로서 그 직무와 관련하여 미공개중요정보를 받은 자"로 규정하고 있기 때문이다.

a) 서울고등법원 2007. 6. 8. 선고 2007노402 판결 〈외환카드 사건〉

피고인 甲은 외환(A)은행 상무로 근무하면서 외환은행과 자회사인 외환(B)카드의 합병실무를 총괄하던 자로서 B카드의 주요주주인 A은행의 임원으로서 그 직무와 관련하여 알게 된 중요정보를 이용해서는 아니 됨에도, 2003. 11. 20. 열린 A은행의 이사회에서 대주주인 미국계 론스타(C)펀드의 추진에 의하여 선임된 등기이사인 乙, 丙 등의 주도로 자회사인 B카드를 흡수, 합병하기로 결정함과 동시에 B카드에 대한 합병 전 감자계획이 논의된 사실이 다음날 언론을 통하여 발표되어 B카드의 주가가 하락하는 상황에서 2003. 11. 24.경에는 C펀드의 재무자문사인 D증권에서 A은행 합병 테스크포스팀에 보낸 업무연락 이메일 등을 통해 실제로는 C펀드의 경영진들이 B카드에 대한 감자를 추진할 의사가 없음을 알게 되고 2003. 11. 28. 19:00 공시되기 전인 같은 날 10:12부터 14:02까지 차명계좌를 통해 B카드 주식 70,710주, 125,000주를 각 매수하였다가 2003. 12. 1. 전부 매도함으로써 107,961,611원의 부당이득을 취하였다.

b) 서울동부지방법원 2006. 8. 18. 선고 2006고단1047 판결

피고인 甲은 A사의 최대주주(38.2%)인 B개발금융의 투자 및 관리를 담당하는 이사 겸 A사의 비상근 감사로 근무하는 자이고, 피고인 乙은 위 甲과 친구지간인바, 피고인 甲은 주요주주인 B사의 임원으로서 2004. 6.경부터 A사 및 B사의 대표이사인 丙을 도와 A사의 재무구조 개선을 위하여 A사의 주요 자산인 용인시 고람동 소재 공장부지 22,000평의 매각을 추진하여 오던 중, 2004. 12.말경 丙으로부터 위 공장부지가 매각될 것 같다는 말을 듣고 그 정보를 乙에게 알려주어 동인으로 하여금 A사의 주식을 취득케하여 이익을 취득할 수 있도록 해 주기로 마음 먹고, 2005. 1. 4. 18:00경부터 丙으로부터 丁이 위 공장부지를 428억 원에 매입할 의사가 있으니 다음날 오전에 丁이 가져오는 부동산매매계약서를 검토할 준비를 하라는 지시를 받은 후 2005. 1. 5. 오전 11:00경 丙으로부터 丁이 위 공장부지를 매수하기로 합

의하였다는 부동산 매각정보를 취득하여 이를 부동산 매각공시(2005. 1. 5. 16:45) 전에 乙에게 알려주어 동인으로 하여금 같은 날 13:46경 증권계좌를 개설하고 같은 날 14:45경 위 지점에서 A사 주식을 645원에서 660원 사이의 가격으로 75,000주, 합계 49,396,750원 상당을 매수한 후 부동산매각 공시 이후인 같은 달 10. 위 75,000주를 주당 900원 합계 74,250,000원에 전량 매도하여 24,316,500원의 부당이득을 취득하게 함으로써 위 乙로 하여금 A사 주식의 매매와 관련하여 그 정보를 이용하게 하고, 피고인 乙은 甲으로부터 동인이 직무상 알게 된 위 정보를 받고 위와 같이 A사 주식을 거래하여 24,316,500원의 부당이득을 취득함으로써 A사 발행 주식의 매매와 관련하여 그 정보를 이용하였다.

## 5. 법령상의 권한을 가지는 자

### (1) 의 의

해당 법인에 대하여 법령에 의한 허가 · 인가 · 지도 · 감독, 그 밖의 권한을 가지고 있는 자도 내부자로 규정하여 내부자거래를 금지하고 있다(법 174조 1항 3호). 상장법인에 대해 법령상의 권한을 행사하는 과정에서 해당 기업의 내부정보를 인지하는 경우가 많을 수 있는데, 법령의 권한행사의 과정에서 일반 투자자에 비해 정보의 우위에 있는 자들이 내부정보를 이용한 거래를 금지하는 것은 당연하다고 볼 수 있다.[33]

먼저, 은행 · 보험 · 금융투자업자 등에 대한 금융감독기관의 공무원 · 임직원 등을 들 수 있지만, 상장법인의 업종에 따라 해당 법인의 업무에 대한 인허가권을 갖는 다양한 행정부의 공무원들이 이에 해당한다. 인허가권 이외에도 특정 법인에 대한 회계감리 결과 상당한 분식회계 사실을 인지한 경우, 해당 정보를 이용하

33) 중국의 증권법은 내부자거래를 규제함에 있어서 감독기구에 속하는 자가 감독업무의 과정에서 알게 된 내부정보를 이용한 경우에는 더욱 엄격한 처벌을 할 수 있도록 규정하고 있다. 그 죄의 악성이 더 크다고 본 것이다.

여 거래하는 경우도 해당될 것이다. "허가 · 인가 · 지도 · 감독" 이외에 "그 밖의 권한"을 가지는 자로 규정하여 적용범위는 필요에 따라 상당히 확대될 가능성이 열려 있기 때문이다.

제1호 및 제2호의 법인에는 계열회사가 포함되지만, 법령상의 권한을 가지는 자에 대해서는 해당 법인의 업무 등과 관련한 미공개중요정보에 대해 허가 · 인가 · 지도 · 감독의 권한을 가지는 경우로 제한된다.

최근 정부는 면세점 인가를 선정하는 과정에서 서울지역 대기업군 면세점 사업자로 H 사 등을 선정하였다. 그런데 관세청이 선정자를 발표하는 날, H 사의 주가와 거래량은 이례적인 상황을 보여주었다. 관세청은 2015. 7. 10 오후 5시경 최종 선정자를 발표하였는데, 당일 H 사의 주가는 오전 장개시부터 갭상승으로 출발(64,000원, 전일 대비 6.67% 상승)하여 오전 10시 34분 경 상한가를 기록하였다. 이후 약간의 조정을 보이다가 오후 2시 20분 경 다시 상한가를 기록한 후 그대로 종가로 이어졌다. 거래량은 2015년 일평균 약 2만주 정도에 불과하였는데, 7. 10. 거래량은 약 87만주를 기록하였다. 이러한 H 사의 주가폭등과 거래량 폭증은 면세점 선정 정보가 새어나간 것이 아닌지 하는 의혹이 있을 수 있는데, H 사 측보다는 인가 권한을 가지고 있는 관세청 쪽에서 정보가 새어나갈 가능성이 존재한다. 가정이지만, 만약 면세점 인가를 담당하는 관세청 공무원 중 일부가 동 정보를 이용하여 거래를 하였거나 동 정보를 타인에게 이용하게 하였다면 법 제174조 제1항 제3호에 해당하는 전형적인 내부자거래 사건이 될 것이다.

### (2) 권한을 행사하는 과정

법령상의 권한을 가진 자의 미공개중요정보 이용행위가 내부자거래에 해당하기 위해서는 "권한을 행사하는 과정"에서 내부정보를 취득하여야 한다. 이러한 요건은 회사관계자의 "그 직무와 관련하여" 요건에 대응하는 것으로 볼 수 있다. 위 H 사 사례에서 관세청 직원의 경우를 예를 들면, 면세점 인가를 직접 담당하는 공무원은 물론이고, 직간접적으로 또는 그 인가업무와 밀접한 관계에 있는 공무원이 해당 정보를 인지하여 거래하였다면 동 요건을 충족하는 것으로 볼 수 있다.

법령상의 권한을 가진 자가 권한을 행사하는 내용과 이용대상이 된 내부정보가 일치할 필요가 없다는 견해가 있다.[34] 그러나 "권한을 행사하는 과정"을 요구하는 법정신은 권한을 행사하는 과정에서 알게 된, 즉 권한의 행사와 관련된 정보로 제한하여 해석하는 것이 바람직하다고 본다. 만약 '권한을 행사하는 과정'에서의 범주를 벗어나 제174조를 통한 규율이 어려운 경우라면 시장질서 교란행위 규제상 '자신의 직무' 관련 여부를 검토해 볼 수 있을 것이다.

## 6. 계약체결자 또는 체결을 교섭하고 있는 자

### (1) 규제대상자

상장법인과 계약을 체결하고 있거나 체결을 교섭하고 있는 자로서 그 계약을 체결 · 교섭 또는 이행하는 과정에서 미공개중요정보를 알게 된 자도 동 정보를 이용한 거래가 금지된다(법 176조 1항 4호). 이러한 자는 계약의 체결 · 교섭 또는 이행의 과정에서 상장회사의 미공개중요정보를 알 수 있는 위치에 있기 때문에 이들을 '준내부자'로 규정하여 동 정보를 이용한 거래를 금지하고 있다. 구 증권거래법에서는 계약체결자만 규제대상이었는데, 실제로 계약을 체결하는 과정에서 중요정보를 이용할 개연성이 매우 크므로 자본시장법이 제정되면서 "체결을 교섭하고 있는 자"를 포함하였다.

상장법인과 계약을 체결하고 있는 자 또는 체결을 교섭하고 있는 자의 대리인 · 사용인, 그 밖의 종업원도 직무와 관련하여 미공개중요정보를 알게 된 경우에는 규제대상이 된다. "대리인 · 사용인, 그 밖의 종업원"이 법인인 경우에는 그 법인의 임직원 및 대리인도 규제대상에 포함된다(동항 5호). 상장법인과 계약을 체결하고 있는 자 또는 체결을 교섭하고 있는 자가 법인인 경우 역시 그 임직원 및 대리인도

34) 박순철, 99면.

규제대상에 포함된다(동항 5호). 상장법인과 계약을 체결하고 있는 자로는 여러 경우가 있을 수 있다. 대표적으로 회계감사계약을 통한 회계사, 법률자문계약을 통한 변호사, 경영컨설팅계약을 통한 컨설턴트 등 전문가 그룹이 이에 해당되며, 이외에도 상장법인과 비니지스 관계에서 특정 상품의 공급 또는 판매계약 등을 체결하고 있는 거래업체, 또는 자금을 대출해 주고 있는 은행 등도 '계약을 체결하고 있는 자'에 해당된다.

이처럼 계약에 의하여 기업의 영업활동과 관련하여 일정한 관계를 맺고 있는 자들은 고전적 내부자들처럼 내부자로서의 지위가 지속적인 것이 아니라 계약을 체결하는 과정부터 계약이 유지되는 기간 동안에만 규제대상이 된다. 이들 준내부자에 대해서도 고전적 내부자와 동일하게 규제하는 이유는 (i) 해당 기업의 미공개중요정보를 획득할 수 있는 지위에 있으며, (ii) 해당 기업의 경영과 관련하여 "특별한 비밀관계"(special confidential relationship)에 들어간 자들이며, (iii) 그러한 정보는 오직 기업의 경영목적을 위해 접근이 허용된 것이기 때문이다.[35] 따라서 이들도 계약을 체결 · 교섭 또는 이행하는 과정에서 지득한 미공개중요정보를 이용한 거래는 금지된다.

계약의 체결과 관련하여 검토할 사항이 2가지가 있다. 먼저, 제1호에서 규정하는 "그 법인의 임직원"은 법인과 위임계약 또는 고용계약을 체결하고 있지만, 여기서 설명하는 제4호, 즉 "상장법인과 계약을 체결하고 있[는]" 자에 해당된다고 볼 수 있는가? 상장법인의 임직원은 회사에 입사할 때 위임계약 또는 고용계약을 체결하게 되고, 그 이후 해당 회사의 임직원의 신분을 가지게 되므로 제1호에 의해 규제대상이 된다고 보아야 하고, 제4호는 앞서 언급한 것처럼 기업의 외부자(outsider)가 상장법인과 특정한 계약을 체결한 상태 또는 체결하는 과정에서 중요정보를 인지한 경우, 동 정보를 이용한 거래를 규제하기 위한 것이므로 제4호가 중복해서 적용된다고 볼 수 없다.

---

35) 미국연방대법원이 Dirks 사건에서 준내부자들도 동일하게 내부자거래의 규제대상이라고 판시하면서 밝힌 이유(463 U.S. 646, 655 (1983)); Steinberg, 677.

둘째, 외부자가 상장법인과 계약을 체결한 상태에 있고, 또한 해당 상장법인과 체결한 계약의 이행을 위해 상장법인의 대리인으로 활동하는 경우는 어떠한가? 예를 들어, 변호사 A는 상장법인 B가 비상장법인 C를 합병하는 문제에 있어서 법률자문계약을 체결한 상태이고, 나아가 A는 이 합병의 교섭 및 추진을 위해 B의 대리인으로 활동하는 경우를 가정해 보자. 먼저, 변호사 A는 제1호의 '그 법인의 대리인'에 해당된다. 그러나 A가 중요사실을 안 경위는 법률자문계약에 따라 그 업무를 수행하는 과정에서 동 중요정보를 지득한 것이고, 합병교섭의 대리인으로서 직무에 관한 업무수행의 과정에서 안 것이라고 하기 어렵다. 따라서 이러한 경우에는 변호사 A는 법규정상 제1호에도 해당이 되지만, 제4호에 따라 즉 "상장법인과 계약을 체결하고 있거나 체결을 교섭하고 있는 자로서 그 계약을 체결 · 교섭 또는 이행하는 과정에서 미공개중요정보를 알게 된 자"에 해당된다고 보는 것이 적절하다.

### (2) 계약의 의미

비즈니스 관계에서 다양한 형태의 계약들이 체결되는데 내부자거래에서 규제하는 계약은 어떠한 개념으로 볼 수 있는가? 실제로 소송에서 특정 계약을 놓고 법 제174조 제1항 제4호의 "계약"에 해당되는지 여부가 다투어진 사례가 적지 않다. 서울지방법원 2003. 6. 25. 선고 2002노9772 판결에서 계약의 의미 및 성격에 대해 다음과 같이 판시하였다:

> 증권거래법 제188조의2 제1항 제4호는 "당해 법인과 계약을 체결하고 있는 자", 제5호는 "제4호에 해당하는 자가 법인인 경우에는 그 임원, 직원 및 대리인"이라고 규정하고 있는 바, 여기의 '계약'에는 계약의 내용이나 계약형태, 이행시기, 계약기간의 장단 등은 불문하고 위 규정의 입법취지는 회사와의 일정한 관계에서 비롯되는 지위로 인하여 내부정보에 특별히 접근할 수 있기 때문에 이들이 정보상의 이점을 이용하거나 남용하여 증권거래를 한다면 이와 같은 정보를 알지 못하는 일반투자자의 희생하에 부당한 이득을 얻게 되므로 이를 방지하기 위한 것[이다].

이처럼 법원은 계약의 의미를 내부자거래의 규제의 취지에 비추어 매우 폭넓게 해석하고 있다. 위 사건에서 피고인은 회사를 대표하여 거래상대방과 A&D 추진을 위한 "비밀유지합의 계약"을 체결하였는데, 이러한 비밀유지합의서 역시 법에서 규정하는 계약에 해결한다고 판시하였다. 그러나 법적 구속력이 없고 도의적 책임만 있는 MOU의 경우는 계약으로 보지 않는다.

### (3) 구두계약 · 가계약

계약의 체결과 관련하여 아직 문서계약이 작성되기 이전 단계인 '구두계약'만이 이루어진 상태를 '계약의 성립'이 이루어진 것으로 볼 수 있는가? 계약의 '체결'이라는 법문의 표현은 문서적 행위를 필요적으로 요구하는 것으로 볼 여지가 없는 것은 아니지만, 법원은 구두계약 역시 법에서 규정하는 계약의 체결에 포함되는 것으로 판시하였다. 일본의 경우도 구두계약 · 가계약 모두 내부자거래 규제대상인 "계약"에 해당된다고 보는 것이 통설로 보인다.[36]

**[서울고등법원 2011. 7. 8. 선고 2011노441 판결]**

구 증권거래법 제188조의2 제1항 제4호의 문언상 '계약'이라고만 되어 있지 이를 서면계약에 한정하고 있지 아니한 점, 위 법 규정의 취지가 법인과 계약을 체결하고 있는 자는 그 법인의 미공개 중요정보에 쉽게 접근할 수 있어 이를 이용하는 행위를 제한하지 아니할 경우 거래의 공정성 내지 증권시장의 건전성을 해할 위험성이 많으므로 이를 방지하고자 하는 데에 있으므로 계약을 체결하고 있는 자를 정하는 기준은 정보에 대한 접근가능성을 최우선적으로 고려함이 마땅한 점, 이와 같이 미공개 중요정보 이용행위에 관한 위 증권거래법위반죄는 추상적 위험범으로서 거래의 공정성 등을 해할 우려가 있으면 족하므로, 그 계약의 법률적 효력을 발생하기 위한 절차적 요건을 갖추지 아니하였더라도 규제 대상이 되는 점을 종합하면, 위 법 규정에서 말하는 '계약'은 법인과 계약을 체결함으로써 법인의 미공개 중

---

36) 西村, 79면.

요정보에 용이하게 접근하여 이를 이용할 수 있는 지위를 발생시키기만 한다면, 그 계약의 형식, 내용, 종류, 이행시기, 계약기간의 장단 등을 묻지 아니하고, 서면으로 된 정식계약에 한하지 아니한다고 볼 수 있으며, 따라서 구두계약이나 가계약도 당연히 위 '계약'에 포함된다고 해석함이 당연하다.

그렇다면, 법적 구속력이 없이 도덕적 책임만이 따르는 양해각서나 언제든지 바뀔 수 있는 잠정적인 구두합의와 같은 경우는 '계약 체결을 교섭하고 있는' 단계로서 위 '계약'에 포함되지 아니하나, 비록 서면계약이 아니라 할지라도 계약의 중요하고 핵심적인 부분이 당사자 사이에 법적 구속력이 있을 정도로 성립되어 있어 중요정보에 대한 접근 가능성이 있다면 구두계약은 위 '계약'에 포함된다고 해석함이 위 입법취지에 부합한다.

### (4) 계약의 절차적 요건과 유효성

대법원은 신주인수계약이 체결되고 그 후에 형식적인 이사회 결의가 이루어진 사안에서 신주인수계약체결 전에 실질적으로 이사회의 동의를 받은 것으로 볼 수 있고, 다만 형식적인 이사회 결의가 계약체결 이후에 이루어진 것으로 볼 수 있으므로 이러한 신주인수계약의 체결은 비록 이사회 결의 이전에 이루어졌다 하더라도 내부자거래 규제 대상인 '계약체결'이 이루어진 것으로 볼 수 있다고 판시하였다.[37]

여기서 '당해 법인과 계약을 체결하고 있는 자'를 내부거래의 규제 범위에 포함시킨 취지는 법인과 계약을 체결하고 있는 자는 그 법인의 미공개 중요정보에 쉽게 접근할 수 있어 이를 이용하는 행위를 제한하지 아니할 경우 거래의 공정성 내지 증권시장의 건전성을 해할 위험성이 많으므로 이를 방지하고자 하는 데에 있다 할 것이다. 이와 같은 입법 취지를 고려하여 보면, 법인과 계약을 체결함으로써 그 법인의 미공개 중요정보에 용이하게 접근하여 이를 이용할 수 있는 지위에 있다고 인

---

37) 대법원 2010. 5. 13. 선고 2007도9769 판결. 이 사건의 원심인 서울고등법원 2007. 10. 26. 선고 2007노1733 판결은 이사회 결의가 정식으로 이루어진 후에야 비로소 준내부자의 지위를 취득하였다고 판단하였지만 대법원은 이를 파기환송하였다.

정되는 자는 비록 위 계약이 그 효력을 발생하기 위한 절차적 요건을 갖추지 아니하였다고 하더라도 '당해 법인과 계약을 체결하고 있는 자'에 해당한다고 봄이 상당하다.

이 사건에서 문제가 된 계약이 이사회의 결의를 거치지 않아 절차적으로 유효하지 않은 상태였지만, 대법원은 효력을 발생하기 위한 절차적 요건을 충족하지 않은 경우에도 법 제174조 제1항 제4호에서 규정하는 "계약"에 해당된다고 판시한 것이다. 따라서 구법하에서도 '체결을 교섭하고 있는 자'가 '계약체결자'에 해당할 가능성은 열려있었다고 할 수 있다. 그러나 자본시장법을 통해 '계약체결을 교섭하고 있는 자'가 규제대상으로 명백하게 포함되었기 때문에 더 이상 계약의 형식적 완성 여부는 그 중요성이 크게 퇴색되었다.

#### (5) "계약을 체결 · 교섭 또는 이행하는 과정에서 미공개중요정보를 알게 된"의 의미

a) 해당 계약을 체결 · 교섭 또는 이행하는 과정

"계약의 체결 또는 교섭 · 이행하는 과정에서" 미공개중요정보를 알게 된 경우는 계약의 체결 · 교섭 · 이행 행위 자체에 의해 알게 된 경우뿐만 아니라, 이것과 밀접하게 관련한 행위에 의해서 알게 된 경우도 포함된다고 볼 수 있다. 또한 해당 계약의 체결 · 교섭 · 이행행위는 계약의 체결 · 교섭에 대한 권한을 가지거나, 또는 그 이행에 대한 의무를 지는 자의 행위에 한하지 않고, 이것을 보조하는 자의 행위도 포함된다고 볼 수 있다.[38]

앞서 언급한 사례 (1)에서 상장법인에 대해 커피를 납품하는 계약을 맺고, 계약의 이행을 위해 정기적으로 회사를 방문하여 커피자판기 등 커피를 공급하는 커피회사의 직원이 커피를 납품하기 위하여 상장법인을 방문하여 커피자판기에 커피를 공급하는 과정에서 해당 회사의 직원들로부터 우연히 신기술 개발이라는 동사에

38) 西村, 80면.

대한 중요정보를 알게 된 경우 '계약의 이행과정에서 중요정보를 알게 된 경우'로 보아야 하는가?

앞서 살펴본 것처럼 이에 대해 두 개의 견해가 가능하다고 본다. 첫째, '계약을 이행하는 과정에서 알게 된 경우'에 해당하지 않는다고 보는 견해이다. 즉 신기술개발이라는 중요정보는 계약의 이행행위와 아무런 관계가 없으며, 또한 이행행위와 밀접히 관련된 행위에 의해 알게 된 것도 아니기 때문이다. 즉 전혀 우연히 해당 중요정보를 알게 된 것이기 때문이다. 둘째, '계약을 이행하는 과정에서 알게 된 경우'에 해당된다고 보는 견해이다. 이 사례에서 커피회사의 직원이 계약처에 커피를 납품하는 행위는 식품제공계약의 이행 자체이며, 이를 직무와 관련되지 않는다고 볼 수는 없다는 것이다. 그러나 이 경우 첫 번째 견해처럼, 계약의 이행이란 것은 계약의 내용에 중요정보가 포함되어 있고, 이러한 계약의 내용을 이행하는 과정에서 중요정보를 안 경우로 보는 것이 적절하기 때문에. 이 사례의 경우는 '계약을 이행하는 과정에서 알게 된 경우'에 해당하지 않는다고 본다.

b) "알게 된"의 의미

현재 해당 계약의 체결 · 교섭 또는 이행하는 담당자가 알고 있는 것에 한하지 않고, 그 자로부터 해당 계약의 체결 · 교섭 또는 이행 상황과 관련하여 동 업무를 같이 진행하는 동료, 이러한 업무의 진행을 보고받아 동 사정을 알게 된 상사의 경우도 해당 계약에 체결 · 교섭 또는 이행에 관하여 "알게 된" 경우에 해당한다고 볼 수 있다. 이는 직접 계약의 교섭 · 이행에 관여되어 있지 않았지만 실질적으로는 업무의 보고 등을 통해 해당 계약의 체결 · 교섭 또는 이행의 과정에서 안 것과 차이가 없다고 볼 수 있기 때문이다.[39]

이러한 경우 계약의 체결 · 교섭 또는 이행을 행한 담당자로부터 해당 계약의 체결 · 교섭 또는 이행에 대해서 보고를 받아 알게 된 경우는 제5호에 근거한 정보수령자에 해당될 여지도 있지만, 실질적으로 해당 계약의 체결 · 교섭 또는 이행을

---

39) 西村, 80면.

행한 자와 하나의 그룹으로 묶어서 보는 것이 더 합리적으로 보아 정보수령자로 보기보다는 제4호에 따른 규제대상으로 해석하는 것이 바람직하다.[40]

c) 일본의 사례

신일본국토공업(주)와 매매계약을 체결하고 목적물의 인도 등 자기의 채무이행은 모두 완료하고 신일본국토공업(주)로부터 매매대금을 수령하는 것만 남아 있는 상태에 있는 자가, 신일본국토공업(주)가 발행한 수표의 부도정보를 입수하고, 해당 부도정보의 공시 전에 자신이 보유하고 있던 신일본국토공업(주)의 주식을 매도한 사례에서 일본 법원은 내부자거래로 인정하였다.[41]

해당 사안은 약식명령으로 확정되었기 때문에 법원의 판단의 이유에 대해서는 명확하지 않지만, 결론적으로 신일본국토공업(주)로부터 발행된 수표의 부도정보를 입수한 시점에서 이미 자기의 채무인 목적물의 인도 등의 이행을 완료했다고 하더라도, "해당 계약의 체결 또는 그 교섭 · 이행에 관하여" 수표의 부도정보를 알게 된 경우라고 볼 수 있다. 즉 상장법인과 계약을 체결한 자가 이미 자기의 채무이행을 완료했다고 해도 채무이행 등의 채권확보 등의 일환으로서 부도정보를 파악한 경우는 이행에 "관하여" 안 경우에 해당된다고 본 것이다.[42] 우리의 경우는 제174조 제1항 본문에 의해 여전히 계약체결자의 신분을 유지하기 때문에 내부자거래로 처벌될 것이다.

이외에 노동조합의 위원장이 회사와의 보너스 교섭 자리에서 회사측이 제시하는 보너스 금액의 근거로서 재무담당의 이사로부터 당기순이익이 당초보다 감소할 전망이라는 결산에 관한 중요사실을 들은 경우, 노동조합의 위원장은 노동협약 등의 "계약의 체결 · 교섭 · 이행에 관하여" 중요사실을 안 경우라고 보는 견해가 있다.[43] 그러나 이러한 경우 노동조합 위원장은 회사의 종업원의 신분을 가지기 때문에 자본시장법 제174조 제1항 제1호에 해당한다고 볼 수 있다.

---

40) 西村, 80~81면.
41) 西村, 81면.
42) 西村, 81면.
43) 西村, 81면.

또한, 상장회사의 주간사 증권회사가 구체적인 인수계약 등을 체결하기 이전에 상장회사로부터 중요사실을 들은 사실이 "계약의 체결 또는 이행에 관하여" 안 것이라고 할 수 있는지 문제가 된다. 이는 상장회사와 주간사 증권회사와의 관계에 대해 양자가 자금조달에 대한 구체적인 검토가 행해지고 있는지 여부와 상관없이, "장래의 자금조달을 위해서 상장회사는 필요하다고 생각되는 미공개중요사실을 주간사 증권회사에 제공하고, 정보를 제공받은 주간사 증권회사는 그 정보를 발행회사의 자금조달과 관련한 업무 이외에 사용하지 않는다."라는 계약관계가 존재하고 있다고 생각해야 하기 때문에, "계약의 체결 또는 이행에 관한" 중요사실을 알았다고 해석하는 견해가 있다. 주간사 증권회사의 담당자가 상장회사의 이사 등으로부터 회사의 공식 업무 차원이 아니라 개인적으로 친분 있는 사람과 대화 수준에서 중요사실을 들은 경우에는 "계약의 체결 또는 이행에 관하여" 알았다고 말할 수 없다고 할 여지가 있을 수는 있다.[44)]

한편, 계약체결자나 그 임원 등이 해당 계약의 체결 · 교섭 · 이행을 위하여 상장회사의 사옥을 방문한 때 우연히 사내에서 임직원들이 서서하는 이야기를 듣고 안 경우는 단순히 물리적 접근에 의해 알게 된 경우에 지나지 않으며, 따라서 계약의 체결 등에 "관해" 안 것이라고 할 수 없다고 본다.[45)]

### (6) 계약체결자의 직무관련성

구 증권거래법은 계약을 체결하고 있는 자를 내부자의 범주에 포함하면서 "직무 등과 관련하여" 미공개중요정보를 알게 된 경우를 규제대상으로 하였다. 이후 계약을 체결하고 있는 자에 '계약체결을 교섭하고 있는 자'를 추가하면서, 이전의 '직무관련성 요건'을 "그 계약을 체결 · 교섭 또는 이행하는 과정에서 미공개중요정보를 알게 된 자"로 변경을 하였다.

그렇다면 이전의 '직무관련성' 요건은 제거된 것인가? 계약체결이 된 경우는

---

44) 西村, 82면.
45) 西村, 82면.

그 계약을 '이행하는 과정에서', 그리고 계약체결을 교섭하고 있는 경우는 '교섭하는 과정'에서 미공개중요정보를 알게 된 경우로 표현하여 이전의 '직무관련성' 보다 그 의미를 명확히 하였다고 볼 수 있다. 계약을 이행하는 과정 또는 계약을 교섭하는 과정에서 미공개중요정보를 알게 된 경우가 직무와 관련하여 미공개중요정보를 알게 된 것이라고 할 수 있다. 따라서 이전과 내용에 있어서는 실질적으로 달라진 것은 없다고 본다. 다만, 앞서 살펴본 것처럼 다른 내부자의 유형에서 '직무관련성'을 넓게 해석한 것에 대응하여 계약체결자 및 체결교섭자에 대해서도 마찬가지로 '직무관련성' 요건은 넓은 의미로 적용할 수 있을 것이다. 법원의 견해도 마찬가지이다.

a) 해당 계약과 직접적인 관련성이 있는 경우

서울지방법원은 상장법인과 자금대차계약을 맺고 있던 상황에서 해당 법인의 수표가 부도났다는 정보를 알고, 동 정보가 일반에게 공개되기 전에 공매도를 한 행위에 대해 '직무관련성'을 인정하여 내부자거래로 판단하였다.[46]

> A상호신용금고 사주로서 주식투자 및 사채알선 등을 하는 피고인 甲은 1998. 5.경부터 B텔레콤에 자금을 대여하고 그 회사 발행의 당좌수표를 교부받아 사채업자에게 할인하여 사용하는 내용으로 위 회사와 자금대차계약에 있던 중, 같은 해 7. 28. 08:00경 위 수표가 부도났다는 사실을 알게 되자, 그 부도사실이 일반인에게 알려지면 주가가 급락할 것을 예상하여 당시 위 회사 주식을 전혀 보유하고 있지 않았음에도 위 부도사실이 아직 일반인에게 공시되기 이전인 7. 28. 09:28:40에 C증권에 개설한 乙 명의의 주담보계좌를 통하여 위 회사 주식 21만주를 당일 하한가인 2,465원에 공매도함으로써, 일반인에게 공개되지 아니한 중요정보를 이용하였다.

b) 해당 계약과 직접적인 관련성이 없는 경우

수원지방법원은 해당 계약과 직접적인 관련성이 없는 경우, 즉 경영자문계약

46) 서울지방법원 2000. 7. 6. 선고 2000고단2425 판결.

을 체결한 자가 경영진의 긴급체포 소식을 안 경우에 '직무관련성'을 인정하여 내부자거래로 판단한 사례가 있다.[47]

B사는 기업경영, 자금유치, 기업인수 및 기업합병의 자문을 주업으로 하는 회사이고, 피고인 甲은 위 회사의 대표이사인바, 피고인 甲은 B사가 2002. 1. 4. 코스닥 상장기업(2001. 12. 26. 코스닥등록, 2002. 12. 28.부터 주식거래)으로서 乙이 대표이사이던 A사와 기업경영 등의 자문계약을 체결하였고, 2002. 1. 28.경 A사로부터 기업인수비용으로 받은 3억 원으로 2002. 1. 29.부터 2002. 2. 15.까지 여러 차례에 걸쳐 당시 평균 2,578원 정도이던 A사의 주식 합계 117,565주를 매수하였으며(B사는 이로써 종전부터 보유한 20,000주와 합하여 137,565주를 보유하게 됨), 그 무렵 乙과 A사의 연구원들이 C시스콤의 기술을 훔친 다음 허위매출로 코스닥에 등록한 혐의로 검찰의 내사를 받다가 2002. 3. 7. 07:30경 乙 등이 긴급 체포되고, A사도 압수 · 수색 당하였으며, 그들이 그 혐의사실로 2002. 3. 8. 각 구속되었고, A사는 2002. 3. 12.에 이르러서야 이러한 사실을 공시하였음에도, 2002. 3. 7. 오전 B사 사무실에서 A사의 성명불상의 직원으로부터 "사장과 자금부장이 오늘 오전에 검찰에서 긴급체포되었다"라는 전화를 받고, 피고인 甲이 평소 알고 지내던 변호사에게 "범죄혐의를 알아봐 달라"라고 부탁한 후, 그 날 저녁 위 변호사로부터 乙 등이 기술을 훔친 혐의사실로 긴급 체포되어 조사받고 있음을 전해 듣자, 소규모 벤처회사인 A사의 사장과 간부가 검찰에서 위와 같은 혐의사실로 긴급 체포 되었다면 향후 A사의 경영 등이 순탄치 않고 이러한 사실이 일반에게 알려질 경우 A사의 주식도 급락할 것으로 예상하고서, 손실을 회피하고자 2002. 3. 8. 아침 일찍 피고인의 집에서 A사로 가던 중 B사의 직원에게 "우리 회사에서 가지고 있는 A사의 주식을 매도하라"라고 지시하여 직원이 그 날 09:49:15경부터 그 날 10:43:32까지 57분 사이에 전화로 위와 같이 가지고 있던 A사 주식 137,565주 중 132,565주를 346,738,280원(회피손실액 325,527,800원)에 매도함으로써, 투자자의 투자판단에 중대한 영향을 미칠 수 있는 중요한 정보로서 일반인에게 공개

---

47) 수원지방법원 2003. 7. 25. 선고 2003고단1044, 1999 병합.

되지 아니한 정보를 A사의 기업경영 등의 자문계약에 따른 직무와 관련하여 알게 된 피고인 甲이 A사 주식 매매와 관련하여 이용하였다고 인정하였다.

c) 외부연구소의 직원이 자체전산망으로 중요정보를 취득한 경우

서울중앙지방법원은 코스닥상장법인과 기술이전계약을 체결하고 있는 연구원의 직원이 기술개발완료라는 정보를 이용하여 거래한 〈플래닛82 사건〉에서 동 직원의 내부자거래 행위를 인정하였다. 이 사건은 계약체결자의 '직무관련성' 요건을 넓게 해석해 온 우리 법원의 견해를 대법원이 확인해 준 중요한 판례라고 할 수 있다:[48]

코스닥상장법인 A사는 2003. 12.경 B연구원과 사이에 기술이전계약을 체결하여, B연구원이 수행하고 있는 개발과제인 '나노기술을 이용한 초고감도 이미지센서'에 관한 기술을 기술료 50억 원 및 향후 매출액의 2%를 지급하는 조건으로 인수하기로 약정하였다. B연구원의 행정연구원인 피고인 甲은 2005. 10. 24. B연구원에서 사내전산망인 MIS에 'A사 기술시연회(10/24)'라고 게시된 주간업무보고를 보고 "나노 이미지센서칩(SMPD) 개발완료 및 시연회 개최"라는 미공개정보를 지득하고, 같은 해 10. 25.부터 같은 해 11. 3.까지 피고인 명의의 계좌를 통하여 A사 주식 40,500주 약 1억 3,000만 원 상당을 매수한 다음, 위 정보가 일반인들에게 공시된 2005. 11. 10. 이후에 이를 매도하여 합계 5억 8,400만 원 상당의 부당이득을 취하였다.

이 사건에서 피고인 甲은 B연구원의 건설추진실 직원으로서 나노 이미지센서 개발 및 홍보업무에 직접 관여하지 않았지만 사내전산망인 MIS를 통해 동 정보를 알게 되었다. 이러한 경우 계약체결자의 직무관련성 요건이 충족되었다고 볼 수 있는가? 이에 대해 법원은 다음과 같이 판시하였다:

---

48) 서울중앙지방법원 2008. 11. 27. 선고 2008고합236 판결.

> 비록 피고인 甲이 B연구원의 건설추진실 직원으로 근무하여 나노 이미지센서 개발 및 홍보업무에 직접 관여하지 않았다 하더라도, 일반투자자에게는 접근이 허용되지 아니하는 B연구원 내의 전산망을 통해서 이 사건 정보를 취득하였으므로, 이는 피고인이 B연구원에 근무한다는 지위를 이용하여 불공정하게 정보를 취득한 때에 해당한다고 할 것이다. 나아가 B연구원에서 나노 이미지센서의 기술을 개발하여 이를 그대로 A사에 양도하기로 약정한 이상, 그 기술을 완료하였다는 정보는 B연구원의 업무상 정보에 해당함과 동시에 당해 법인인 A사의 업무상 정보에도 해당된다고 할 것이므로, 결국 피고인은 자신의 직무와 관련하여 당해 법인인 A사의 공개되지 아니한 업무상 정보를 취득하였다고 봄이 상당하다.

동 판결에서 2005. 10.경 B연구원의 교육연수사업실장인 피고인 乙이 수차례 주간업무회의 등에 참석하면서 이 사건 미공개정보를 지득하고, 2005. 11. 2.부터 같은 달 4.까지 피고인 명의의 증권계좌를 통해서 A사 주식 5,900주를 매수한 후 위 정보가 일반인들에게 공시된 2005. 11. 10. 이후에 이를 매도하여 합계 101,894,420원의 부당이득을 취득하였다는 공소사실에 대하여, 피고인의 업무가 이 사건 나노 이미지센서의 개발이나 홍보업무와는 전혀 무관한 점 등에 비추어 피고인 乙이 직무와 관련하여 위 정보를 이용하였다고 볼 증거가 없다는 등의 이유로 무죄를 선고하였으나, 2심(서울고등법원 2009. 5. 15. 선고 2008노3397 판결)에서는 비록 위 피고인이 B연구원 교육연수사업실 실장으로 근무하여 나노 이미지센서 개발 및 홍보업무에 직접 관여하지 않았다 하더라도, 일반투자자에는 접근이 허용되지 아니하는 B연구원 업무회의를 통해서 이 사건 정보를 취득하였으므로, 위 정보를 취득함에 있어서 위 피고인의 직무관련성이 인정된다고 판시하였다. 대법원은 원심의 판결을 인용하여 피고인의 유죄를 확정하였다(2009도4662 판결).[49]

피고인 乙에 대해 최종적으로는 유죄가 선고되었지만, 제1심인 서울지방법원은 건설추진실 직원인 피고인 甲이 사내전산망인 MIS를 통해 나노 이미지센서 개발

49) 금융감독원, 판례분석, 259면.

정보를 취득한 행위는 '직무관련성' 요건을 충족한 것으로 판단하고, 교육연수사업실 실장인 피고인 乙이 주간업무회의 참석을 통해 동 정보를 지득한 행위에 대해서는 '직무관련성' 요건을 충족하지 않은 것으로 판단한 것은 납득하기 어렵다. 앞서 설명하였지만, 간부회의에서 배포된 서류상에 미공개중요정보가 기재되어 있는 경우, 간부회의에 참석한 자가 동 정보를 지득하고 거래를 한 경우는 '직무와 관련하여' 정보를 알게 된 경우에 해당되어 내부자거래에 해당된다고 보아야 할 것이다. 오히려 간부회의는 제한된 자격을 갖춘 자만이 참석하기 때문에 사내전산망을 통한 지득보다도 '직무관련성'이 더 높다고 본다.

### (7) 계약체결자 관련 기타 판례

앞서 살펴본 계약체결자가 체결된 계약의 이행과정에서 알게 된 미공개중요정보를 이용한 내부자거래 사건들을 살펴보았는데, 이외에도 계약의 체결을 통해 알게 된 미공개중요정보를 이용한 다수의 사례들이 있다:

- **M&A 및 컨설팅계약 체결자**: M&A 및 컨설팅 계약을 체결한 후 컨설팅 추진과정에서 발생한 제3자배정 유상증자 정보를 컨설팅 업체 대표이사가 이용한 경우 (서울고등법원 2009. 3. 19. 선고 2008노2314 판결)
- **신주인수계약 체결자**: 경영권을 인수하기 위해 신주인수계약을 체결한 자가 감자정보를 이용하여 기보유 주식을 매도한 경우 (대법원 2007. 7. 26. 선고 2007도4716 판결)
- **자금유치 자문계약 체결자**: 자금유치에 관한 자문계약을 체결하고 있는 회사의 부사장이 자문 받고 있는 회사의 자금유치가 확실시 되는 정보를 이용하여 해당 정보를 타인에게 이용하도록 하고 대가를 교부받은 경우 (대법원 2007. 7. 12. 선고 2007도3782 판결)
- **투자유치 자문계약 체결자**: 투자 및 경영자문을 전문적으로 하는 컨설팅 업체의 대표이사가 자문해 주고 있는 상장기업의 포괄적 주식교환 정보를 이용한 경우 (수원지방법원 성남지원 2007. 10. 24. 선고 2007고단1954 판결)
- **손실보전약정 체결자**: 은행의 부부장(甲)이 은행이 투자한 회사(A)가 자금난을 겪게 되면서 타 회사와 합병을 결정하자, 이에 동의하면서 합병 후 3개월 내에 은행이 정하

는 수익률을 유지하지 못할 경우 그 차액을 A사의 대표이사 겸 대주주(乙)와 손실보전 약정을 체결하였다. 합병 후 A사의 주가가 오르지 않자 乙에게 차액보상을 요구하던 중, 甲은 乙로부터 A사가 자금난을 겪고 있다는 말을 듣고 보유주식을 모두 매도한 경우 (서울중앙지방법원 2006. 8. 18. 선고 2006노1559 판결)

- **M&A 업무 용역계약 체결자**: M&A 업무 전문회사인 A사는 B회계법인과 컨소시엄을 구성하여 상장법인으로서 정리회사인 C사 사이에 M&A 업무 용역계약을 체결한 바, A사의 부장인 甲은 C사의 M&A 관련 매각일정 공시 직전에 관련 정보를 지인에게 알려주어 C사 주식을 매수토록 한 경우 (서울북부지방법원 2004. 9. 2. 선고 2004노484 판결)
- **경영정상화 약정 체결자**: 은행의 직원들이 은행과 경영정상화 계약을 체결한 B사의 여신관리담당자로부터 B사의 예상 감자비율 및 이사회 결의예정일 등 정보를 전달받은 후, 은행이 보유하고 있는 B사의 주식을 감자에 관한 이사회 결의 공시 이전에 매도한 경우 (대구지방법원 2005. 7. 22. 선고 2005노1343 판결)

## 7. 대리인 · 사용인

법은 제174조 제1항 제5호에서 "제2호부터 제4호까지의 어느 하나에 해당하는 자의 대리인 · 사용인, 그 밖의 종업원"을 별도로 규정하고 있다. 따라서 주요주주(법 174조 1항 2호), 허가 · 인가 · 지도 · 감독권한을 가진 자(3호), 계약을 체결하고 있거나 체결 중인 자(4호)의 경우에도 그들의 대리인 · 사용자 및 기타 종업원까지도 모두 내부자의 범위에 포함된다.[50] "대리인 · 사용인, 그 밖의 종업원"이 법인인 경우에는 "그 임직원 및 대리인"을 포함한다.

대법원은 '법인의 대리인, 사용인 기타 종업원'의 개념에 대해 반드시 법인의 내부규정에 따라 정식 채용절차를 거친 직원 또는 임원에 한정되는 것이 아니라는

50) 제1호에서 법인의 대리인은 규제대상으로 되어 있지만, 임직원의 대리인은 규제대상에서 제외되어 있다.

하급심의 판결을 정당하다고 인정하였다.[51] 따라서 "대리인 · 사용인, 그 밖의 종업원"은 해당 법인과의 정식 고용관계 여부를 묻지 않고, 법인의 업무와 관련하여 업무를 수행하는 자라면 모두를 포함된다고 보아야 할 것이다. 즉 계약관계가 존재하지 않아도 사실상 종사하고 있다면 충분하고, 타 회사의 종업원이 사실상 해당 회사의 업무를 수행하고 있는 경우도 포함된다.[52]

법인의 대리인은 일반적으로 법인과 계약을 체결하고 특정한 업무의 대리인으로서 역할을 할 수 있는데, 이러한 경우는 법인의 대리인으로서 뿐만 아니라 제4호에서 규정하는 "계약을 체결하고 있거나"에 이중적으로 해당될 수 있을 것이다. 예를 들어, 상장법인과 자문계약을 체결하고 있는 변호사가 어느 거래에서 해당 법인의 대리인도 되는 경우가 있을 수 있다. 이 경우 해당 변호사가 계약에 근거한 업무의 수행 중에 해당 법인의 미공개중요정보를 인지하여 거래한 경우, 제4호 또는 제1호 모두에 해당되지만, 앞서 설명한 것처럼 제4호를 적용하는 것이 맞다고 생각한다. 다만, 결론적으로는 차이가 없을 것이다.

대리인의 개념과 관련하여 계약의 형식은 중요하지 않다. 따라서 정식으로 대리인 계약을 체결하지 않은 상태라도 실질적으로 대리인의 역할을 하고 있으며, 그 과정에서 중요한 내부정보를 인지하고, 이를 이용하여 거래를 한 경우에는 내부자거래에 해당된다. 즉 법적 대리권은 없더라도 법인의 사무를 위임받아 수행하는 모든 자가 대리인의 범위에 포함된다고 볼 수 있다.[53] 대리인의 범위에 임의대리인도 당연히 포함된다.

자본시장법은 대리인 이외에도 사용인 그 밖의 종업원까지 규제대상으로 포섭하고 있는데, 이는 일반적인 대리인 이외에 '정식의 고용계약을 체결한 자뿐만 아니라 사실상 자기의 보조자로 사용하고 있으면서 직접 또는 간접으로 자기의 통제 · 감독하에 있는 자'를 모두 내부자거래 규제대상자로 포함하고 있다.[54]

---

51) 대법원 1993. 5. 14. 선고 93도344 판결.
52) 西村, 57면.
53) 이철송, 내부자거래 제한의 법리 (자유기업원, 2003), 69면.
54) 대법원 1993. 5. 14. 선고 93도344 판결; 서울중앙지방법원 2007. 2. 9. 선고 2006고합322 판결 참조.

a) 서울고등법원 2008. 6. 24. 선고 2007노653 판결

서울고등법원은 〈LG카드 사건〉에서 "L그룹의 회장으로 있는 甲은 임원의 임면 등 L카드의 주요 경영사항에 대하여 사실상 영향력을 행사하고 있는 주주인데, 피고인은 K명예회장의 지시를 받아 주요주주에 해당하는 甲회장의 사실상 사용인 내지 대리인으로서의 역할을 수행하여 온 사실을 인정할 수 있으므로, 만약 피고인이 주요주주인 甲의 대리인으로서 일하면서 L카드의 중요정보를 취득한 다음 LG카드의 주식을 매도하면서 위 정보를 이용하였다면 위 피고인은 증권거래법 제188조의2 제1항 제5호, 제207조의 제1항 제1호, 제2항의 규정에 의하여 처벌될 수 있다 할 것이다."라고 판시하였다.[55]

b) 수원지방법원 2008. 8. 29. 선고 2008고합112 판결 (비상장사의 자금유치 대리인)

바이오 벤처기업인 A사의 대표이사 甲은 경영실적이 부진하여 피고인 乙을 대리인으로 내세워 A사 투자자금 유치에 나서 상장회사인 B사 이사인 丙과 투자협상을 시작하였으며, 2005. 5. 2. B사와 甲 사이에 B사가 현물출자에 의한 제3자 배정방식으로 유상증자를 하여 A사를 계열사로 인수하기로 하고 A사와 전략적 업무제휴 협정을 맺기로 하는 합의를 하여 B사와 계약을 체결하고 있는 자가 됨으로써 'B사가 현물출자에 의한 제3자 배정 유상증자 방식으로 A사를 계열사로 편입하여 바이오산업에 진출한다'라는 취지의 일반인에게 공개되지 아니한 중요한 정보를 직무와 관련하여 알게 되자, 2005. 5. 4.부터 2005. 5. 7.까지 乙의 이모, 처남 등 4명 명의로 개설한 차명 증권계좌로 B사 주식 158,090주를 합계 1억 76,014,076원에 매수한 다음, 2005. 5. 23.부터 2005. 7. 7.까지 4회에 걸쳐 B사 주식 전량을 매도하여 합계 10억 43,375,852억 원의 부당이득을 취함으로써 미공개 내부정보를 이용하였다.

---

55) 그러나 이는 법리를 설시한 것이고, 실제 판결에서는 주요주주의 대리인으로서 미공개정보를 이용한 것으로 볼 수 없다고 보아 무죄를 선고하였다(확정).

## 8. 이전 회사관계자

법 제167조 제1항 제1호부터 제5호에 열거되어 있는 자로서 중요사실을 알게 된 회사관계자는 회사관계자의 신분을 떠난 후 1년 동안은 회사관계자로 보아 그 상장법인등의 주식등을 거래하는 것이 금지된다. 구체적으로는 임원이었던 자가 회사를 퇴직하는 경우, 또는 법령에 따라 권한을 보유하는 자가 이동 등에 의해 그 자리를 떠나는 경우, 계약을 체결하고 있는 자가 계약관계가 해소된 경우 또는 계약을 체결하고 있는 회사를 퇴직한 경우 등을 생각할 수 있다.

회사관계자가 아니게 되었다고 하여 바로 규제의 대상에서 제외해 버린다면, 즉 회사의 중요정보를 알고 있는 자가 회사를 퇴직하였다고 해서, 또는 계약을 체결하고 있는 자가 계약관계가 해소되었다고 하여 그 이전의 신분을 통해 인지하고 있는 중요정보를 이용하여 거래를 하도록 하는 것은 문제가 있을 수 있다. 따라서 회사관계자등이 아니게 된 후 1년간은 회사관계자등과 동일하게 보아 내부자거래의 규제대상으로 규정한 것이다. 규제기간을 1년으로 정한 것은 무한정 거래를 규제하는 것은 필요하지 않고, 통상 1년 정도면 미공개중요정보가 공개될 것으로 기대할 수 있고, 만약 공개가 되지 않았다 하더라도 더 이상 중요정보로서의 의미를 부여할 필요가 없기 때문이다.

또한 이전 회사관계자로서 규제를 하는 것은 회사관계자였던 시점에서 알았던 중요사실에 관하여 규제를 하는 것이므로, 회사관계자의 지위를 떠난 후에 알게 된 중요사실에 대해서는 '이전 회사관계자'로서의 조항이 적용되지 않는다고 본다(정보수령자로서의 문제는 별개이다).

## 9. 소 결

위에서 살펴본 것처럼 법 제176조 제1항은 내부자거래의 행위주체에 대해 회사의 미공개중요정보에 접근할 수 있는 특별한 지위에 있는 자들을 중심으로 해서 구체적으로 열거하고 있다. 따라서 법에서 규정하는 일정한 신분을 가지지 않은 자는 미공개중요정보를 이용하여 거래하더라도 내부자거래의 규제대상이 되지 않는다. 오늘날 미공개중요정보는 다양한 채널을 통해 전달될 수 있음에도 불구하고, 법 제176조의 규정형식은 내부자거래를 규제함에 있어서 충분치 못한 부분이 있다. 대표적으로 최근 발생한 〈예당컴퍼니 사건〉을 들 수 있다.

예당미디어의 대표인 甲은 예당컴퍼니의 대표이면서 친형인 乙의 사망소식을 듣고 乙의 차명주식의 매각을 지시하여 상당한 손실을 회피하였다. 이 사건에서 甲의 내부자거래 책임을 묻기 위해서는 (i) 甲이 예당컴퍼니의 사실상의 임원으로 내부자의 신분을 지니거나, (ii) 차명주식의 명의인인 테라리소스 또는 예당컴퍼니가 예당미디어와 계열회사 관계가 있어야만 가능하다. 서울고등법원은 이 사건에서 피고인 甲은 예당컴퍼니의 사실상 임원에 해당하지 않고, 테라리소스와 예당미디어는 계열회사의 관계에 있지 않다고 판단하여 피고인에 대해 무죄를 선고하였다.[56] 피고인이 예당컴퍼니의 대표인 고(故) 乙과 형제관계이고 '사장'이라고 호칭되었다는 사유만으로 사실상의 영향력이 있다고 판단할 수 없고, 예당미디어와 테라리소스는 공정거래법상 기업집단의 범위에 포함되지 않아 계열사 관계가 아니라고 판시한 것이다. 즉 예당미디어 홈페이지상에 테라리소스가 나와 있기는 하지만 그 사유만으로 경제적 동일체로 인정할 수 없다는 것이다.

내부자거래 규제의 목적이 비밀스러운 정보를 취득할 만한 위치에 있는 자가 미공개중요정보를 알고 해당 정보가 공시되기 전에 거래하는 행위를 막고자 하는 것임을 고려할 때, 이 사건에서의 피고인이 규제대상이 될 수 있도록 제176조의 내부자의 범위를 확장할 필요가 크다고 본다. 〈예당컴퍼니 사건〉은 우리나라의 내부자거래 규제가 주요국에 비해 매우 취약하다는 사실을 상징적으로 보여주고 있다.

56) 서울고등법원 2014. 6. 26. 선고 2014노458 판결.

# IV. 정보수령자

## 1. 규제의 의의

회사관계자 등 내부자거래 규제대상자(이하 "회사관계자등"이라 한다)로부터 미공개중요정보를 전달을 받은 자는 해당 미공개중요정보가 공표될 때까지 해당 상장법인의 주식등을 거래하는 것이 금지된다.

이는 회사관계자등으로부터 미공개중요정보를 전달받은 자가 동 정보를 이용하여 거래를 하는 행위는 내부자가 직무상 중요사실을 알게 된 상태에서 거래를 하는 행위와 차별할 이유가 없기 때문이다. 또한 회사관계자등은 자신들에 대한 거래규제를 회피하기 위하여 가까운 지인 등을 통해 거래를 할 개연성이 크며, 그러한 경우가 아니더라도 회사관계자등으로부터 중요정보를 전달 받은 자는 통상 회사관계자등과 특별한 관계가 있는 것이라고 생각될 수 있기 때문이다. 따라서 그 전달을 받은 자에 대해서도 증권시장의 공정성과 건전성에 대한 투자자의 신뢰를 확보한다는 관점에서 규제의 대상으로 할 필요가 있다.

정보수령자는 회사관계자등으로부터 미공개중요정보를 전달 받은 자이며, 따라서 정보를 제공한 회사관계자등이 존재하는 것을 전제로 한다. 이러한 관계를 대법원은 〈신동방 사건〉에서 '대향관계'로 설명하기도 한다. 회사관계자등으로부터 미공개중요정보를 전달 받은 자라면 그 지위나 회사관계자등과의 관계를 묻지 않고 규제대상이 된다. 미국의 경우 중요정보의 전달이 가족 간에, 즉 비영업적 관계에서 이루어진 경우 내부자거래의 책임을 물을 것인가를 다투는, 소위 '신인관계의 존재'를 조건으로 한다는 점과 차이가 있다. 즉 자본시장법은 회사관계자등으로부터 미공개중요정보의 제공 또는 전달이 이루어졌다면 회사관계자등과 정보수령자 간의 신인관계 여부를 묻지 않고 정보수령자를 규제대상으로 하고 있다. 다만, 정상적인 또는 계약을 통한 업무처리의 과정에서 이루어지는 정보의 제공은 당연히 허용된다.

자본시장법상 정보수령자의 규제대상 범위는 원칙적으로 회사관계자등으로부터 정보를 전달받은 제1차 정보수령자에 한정되며, 이후의 제2차 정보수령자부터는 규제대상이 아니다. 이에 대해 자본시장법이 규정하고 있는 내부자 · 준내부자로부터 "미공개중요정보를 받은 자"의 문언상 의미가 반드시 '직접' 받은 자에 한정된다고 볼 수 없다는 견해가 있다.[57] 이는 "로부터 받은"의 의미를 일반통념에 따른 언어적 의미를 벗어나지 않는 범위 내에서 체계적 · 논리적으로 해석함과 함께 동시에 그 입법목적으로 고려해야 하기 때문이라고 그 이유를 제시하고 있다.[58]

그러나 대법원은 〈신동방 사건〉에서 구 증권거래법의 규정은 제1차 정보수령자로 규제대상을 제한하고 있다고 분명히 확인해 주었다.[59] 대법원은 그 이유에 대해 "미공개 내부정보는 성격상 전달과정에서 상당히 변질되어 단순한 소문 수준의 정보가 되기 마련이어서 미공개 내부정보의 이용에 대한 규제대상을 적절한 범위 내로 제한하여야 할 필요도 있[다]"라고 판시하였다.

그러나 현실적으로 제1차 정보수령자에 의한 정보전달이 다시 제2차 또는 제3차 정보수령자 등으로 이어진 거래가 발생할 가능성이 존재하며, 실제로도 제2차 정보수령자에 의한 내부자거래 사건들이 발생하기도 하였다. 대표적으로 2002년의 〈신동방 사건〉부터 최근 〈게임빌 사건〉, 〈CJ E&M 사건〉 그리고 〈한미약품 사건〉까지 제2차 정보수령자에 의한 미공개정보 이용행위들이 발생하였다. 이 사건들에서 제2차 이후의 정보수령자들이 이용한 정보는 '단순한 소문 수준으로 변질된 정보'로 보기 어렵다고 본다. 따라서 제2차 정보수령자를 처벌하기 위한 입법적 개선이 시급하였다.

2014년 12월에 자본시장법이 개정되어 『시장질서 교란행위』 제도가 도입되었는데, 시장질서 교란행위 제도는 위에서 언급한 제2차 및 그 이후의 정보수령자의 거래행위에 대해 과징금을 부과할 수 있도록 함으로써, 제1차 정보수령자 이후의 미

---

57) 윤광균, "내부자거래에서의 2차 정보수령자와 공범관계", 법조 201 · 5 (Vol 668), 126면.
58) 윤광균, 전게논문, 126면.
59) 자본시장법은 이 부분에 있어서 구증권법을 그대로 계수하였기 때문에 구법과 해석상 차이가 없다.

공개중요정보를 이용한 거래에 대한 규제공백이 보완되었다고 할 수 있다. 그러나 이는 정상적인 입법의 모습이라고 할 수 없고, 제2차 및 그 이후의 정보수령자의 미공개중요정보를 이용한 거래도 모두 제174조의 규율 대상이 되도록 하는 것이 맞다고 본다. 동일한 죄질의 범죄행위에 대해 차수에 따라 형사처벌과 행정제재로 구분하는 것 자체가 부적절하며, 무엇보다도 우리 시장에 만연하고 있는 내부자거래의 억제를 위해 2차 이후의 정보수령자에 대해서도 엄격한 형사처벌이 필요하다고 본다. 다만, 이 경우에도 형사제재 이외에 과징금제도를 병행하여 규제의 효율성을 어떻게 제고할 것이냐는 다른 문제라 할 수 있다.

## 2. 정보수령자의 의미

### (1) 제1차 정보수령자의 범위

자본시장법상 제1차 정보수령자만이 내부자거래의 규제대상이 된다. 따라서 제1차 정보수령자로부터 정보를 전달받은 제2차 정보수령자는 규제대상이 아님은 명백하다. 그렇지만 제1차 정보수령자의 해당 여부가 반드시 회사관계자로부터 물리적으로 직접 전달을 받았는지 여부와 같이 형식적으로만 판단되는 것은 아니고, 제2차 정보수령자와의 업무관계 또는 금전관계 등을 고려하여 실질적으로 판단할 여지가 충분히 존재한다. 특히 제1차 정보수령자가 법인에 속한 자로서 수령한 정보를 회사 내부의 동료에게 전달하거나 상사에게 보고한 경우, 해당 동료와 상사를 제2차 정보수령자로 볼 것인지, 아니면 제1차 정보수령자와 같은 동일 차수로 볼 것인지의 문제가 있다. 현실적으로 이러한 경우는 빈번하게 발생할 수 있으며, 대표적으로 〈CJ E&M 사건〉에서도 그 사례를 볼 수 있다.

그렇다면 어떤 경우에 제2차 정보수령자가 제1차 정보수령자의 개념으로 포섭되거나 또는 공범으로 판단되어 제1차 정보수령자로 처벌될 수가 있는가? 법령에 명시적인 내용이 없어 모호한 면이 있는데, 다음의 사례를 통해 살펴본다.

**[Case 1]** 언론사에 정보가 전달된 사례를 살펴본다. 상장법인에 대한 취재 등을

통해 회사관계자로부터 중요정보를 전달받은 신문기자가 제1차 정보수령자가 되는 것은 당연하지만, 해당 회사관계자의 의도는 통상 신문기자 개인에 대한 전달이라기보다는 그 신문기자가 속한 보도기관 전체에 대한 것이라고 생각되는 경우가 있을 수 있다. 따라서 해당 회사관계자의 의도가 그 신문기자가 속한 보도기관 전체에 대한 것이라고 인정되는 경우에는 보도에 이르는 과정에서 해당 중요사실을 안 자(구체적으로는 그 보도기관 내에서 편집, 인쇄 등에 종사하는 과정에서 해당 중요사실을 안 자, 또한 그 보도기관이 인쇄를 외부에서 하는 경우에는 외주처의 종업원도 규제대상이 된다)도 회사관계자로부터 중요사실을 전달받았다고 보아 제1차 정보수령자로서 규제대상이 된다고 해석할 수 있는가?[60]

**[Case 2]** 증권 애널리스트가 그 자의 직무상(예를 들어, 상장법인에 대한 취재 등에 의해) 회사관계자로부터 중요정보를 전달 받아 동 정보를 상사인 임원 등에게 보고가 이루어진 경우, 회사관계자의 의도는 해당 증권 애널리스트에 대한 전달로 해당 증권 애널리스트가 속한 증권회사 전체에 대한 것인지, 아니면 애널리스트 개인에 대한 것인지 명료하지 않은 경우가 있을 수 있다. 이러한 경우, 해당 회사관계자에게는 해당 임원에 대한 전달의도가 없었기 때문에 해당 임원 등은 회사관계자로부터 중요사실을 전달받은 것이 아니라고 보아야 하는가?[61]

일본의 경우, [Case 1]의 경우 언론사 전체를 제1차 정보수령자로 보고 있고, [Case 2]의  경우는 상사인 임원이 직무에 관하여 해당 증권 애널리스트로부터 중요정보를 받아 알게 된 경우에는 제1차 정보수령자로 보고 있다. 일본에서 이와 관련된 판례로서 상장회사의 임원의 대리인을 통해 제3자 배정 증자결정 사실을 전달받은 자가 제1차 정보수령자로 인정된 사건(일본기선사건), 그리고 회사관계자로부터 직무상 상장회사가 민사회생절차의 개시 신청을 한다는 결정사실을 전달받은 자로부터 직무에 관하여 해당 사실을 보고받은 자가 제1차 정보수령자로 인정된 사건

60) 西村, 88면.
61) 西村, 88면.

(대일본토목사건) 등이 있다.

우리의 경우는 어떠한가? 이에 대해 판례 또는 학자들의 견해는 아직 정립되어 있는 것으로 보이지 않는다. 다만, [Case 1]의 경우 일본처럼 언론사 전체를 제1차 정보수령자로 보는 것은 가능하다고 본다. 예를 들어, 〈신동방 사건〉에서 상장법인이 신제품의 홍보시연회를 개최한다는 미공개중요정보가 언론사에 도달한 경우, 이 경우 언론사의 홍보담당 특정 기자가 수신인이 되는 경우 또는 수신인의 지정 없이 상장법인의 보도자료가 홍보부에 도달한 경우가 있을 수 있는데, 어느 경우라도 언론사의 임직원 전체가 제1차 정보수령자가 된다고 볼 수 있다.[62] 구체적으로 살펴본다면, 이 사건에서 언론사의 K기자는 동생에게 중요정보를 제공하여 문제가 되었지만, 만약 K기자가 같은 언론사에 근무하는 A기자에게 동 정보를 제공한 경우, A기자는 제2차 정보수령자가 아니라 제1차 정보수령자에 해당한다고 볼 수 있다는 것이다.

[Case 2]의 경우 회사관계자의 정보제공이 해당 증권 애널리스트가 속한 증권회사 전체에 대한 것이 명확한 경우라면 증권회사 임직원 전체를 제1차 정보수령자로 볼 수 있을 것이다. 그러나 특정 애널리스트에게 제공한 것이라면, 그가 상사인 임원에게 보고한 경우, 해당 상사는 직접 업무 라인에 있기 때문에 애널리스트와 같이 제1차 정보수령자로 보되, 직접적인 업무 라인이 아닌 자에게 다시 정보가 전달된 경우 그 자는 제2차 정보수령자로 보는 것이 적절하다고 본다.

최근 〈CJ E&M 사건〉 제1심은 CJ E&M의 내부자로부터 3분기 추정실적정보를 제공받은 A증권사의 애널리스트가 해당 정보를 사내 미팅에서 공유하였고, 이 미팅에 참여한 법인영업부 소속 甲은 다시 해당 정보를 B자산운용사의 펀드매니저인 乙에게 전달한 행위와 관련하여, 甲의 위치에 대해 별다른 언급 없이 판결문 뒷부분에서 제2차 정보수령자라고 언급하였다.[63)]

2013. 10. 16. 07:50~08:00 피고인 A투자증권 오전 미팅에서 피고인 甲으로

---

62) 同旨: 박순철, 110면.

63) 서울남부지방법원 2016. 1. 7. 선고 2014고합480 판결.

> 부터 '3분기 실적 가마감 결과 영업실적이 저조하여 피고인 CJ E&M 측에서 애널리스트를 상대로 개별적으로 대응할 것이다. 피고인 CJ E&M 의 시장 컨센서스가 약 200억 원인데 방송부문 등이 많이 안 좋아서 컨센서스를 못 맞춘다'는 취지의 3분기 실적부진 정보를 취득한 피고인 A투자증권 법인영업부 소속 직원 乙은 2013. 10. 16. 08:29경 B자산운용 펀드매니저 한○○에게 전화하여 이를 전달하였고, 한○○ 는 같은 회사 소속 펀드매니저인 김○○과 함께 위 정보를 이용하여 정보가 공개되기 전(공개시점은 2013. 11. 14. 18:01)인 2013. 10. 16. 09:09~13:14경 피고인 CJ E&M 주식 214,980주를 8,074,088,700원에 공매도하여 1,131,002,607원 상당의 이익을 취하였다.

그러나 앞서 살펴본 것처럼, 내부자로부터 정보를 제공받은 증권회사의 제1차 정보수령자인 애널리스트가 해당 정보를 회사 차원에서 공유한 경우 그 미팅에 참석한 모든 자를 제1차 정보수령자로 보는 것이 맞다고 본다.

### (2) 정보를 받은 자

회사관계자등이 중요정보를 "이용하게" 할 의도가 없는 상황에서 중요정보가 정보수령자에게 제공 · 전달된 경우는 어떠한가? 우리 법문은 정보수령자에 대해 "제1호부터 제5호까지의 어느 하나에 해당하는 자로부터 미공개중요정보를 받은 자"로 되어 있고, 대법원은 "'당해 정보를 받은 자(소위 정보수령자)'란 같은 조 제1항 각호에 해당하는 자로부터 직무와 관련하여 알게 된 당해 정보를 전달받은 자"로 해석한 바 있다.[64)]

그런데 "미공개중요정보를 받은 자"에서 "받은 자"라는 표현이 정보수령자의 처벌요건 중 하나로 정보제공자의 정보제공 의도를 필요로 하는 것인지 법령상 명확하지 않다. 먼저, 정보제공자가 정보수령자로 하여금 해당 정보를 이용하여 거래하도록 할 의도가 있었고, 정보수령자가 해당 정보를 '받고' 이를 이용해서 거래를

64) 대법원 2003. 11. 14. 선고 2003도686 판결.

한 경우 정보수령자에게 내부자거래의 책임이 발생한다는 사실에는 다툼이 없다. 즉 내부자등으로부터 미공개중요정보를 직·간접적으로 제공 또는 전달받았어야 한다. 따라서 정보수령자가 "우연히" 미공개중요정보를 알게 된 경우, 즉 '정보의 전달'이라는 과정이 존재하지 않는 상태에서 정보수령자가 미공개중요정보를 알게 된 경우에는 제6호에서 규정하는 정보수령자에 해당되지 않는다.

예를 들어, 식당에서 웨이터가 CEO 미팅의 식사 서빙을 하는 중 미공개중요정보를 우연히 엿듣게 된 경우 또는 상장법인의 담당자가 유실한 중요서류를 우연히 주워 중요사실을 안 경우 등은 규제의 대상이 되지 않는다. 이러한 경우는 회사관계자등에게 중요사실을 알게 된 자에 대한 정보전달의 의도, 즉 정보의 전달과정이 존재하지 않기 때문이다.[65] 또한 시장질서 교란행위의 경우 역시 정보를 전달받은 자가 "우연히" 알게 된 경우에는 규제대상에서 제외하고 있다.[66]

그렇다면 정보수령자에게 내부자로부터 미공개중요정보를 제공 또는 전달을 받았지만, 내부자는 정보수령자가 해당 정보를 이용하게 할 의도가 없었던 경우에 정보수령자가 해당 정보를 이용하여 거래하였다면 내부자거래의 책임이 발생하는가?

제174조 제1항 본문은 내부자등은 미공개중요정보를 "이용하거나 타인에게 이용하게 하여서는 아니 된다."라고 규정하고 있어, 제6호에 해당하는 자 즉 정보수령자 역시 '이용 금지의 독립적 주체'로서 규제대상이 된다. 제1항 본문에서 "타인에게 이용하게 하여서는 아니 된다"라는 규정은 정보제공에 있어서 정보제공자의 '고의'를 요구하는 구성요건이며, 이것이 정보수령자의 처벌요건으로 직접 연결되는 것은 아니다. 즉 정보제공자의 구성요건과 정보수령자의 구성요건은 별개의 것으로 보아야 한다. 따라서 정보수령자는 정보제공자의 고의 여부와 관계없이 미공개중요정보를 제공 또는 전달받은 경우 해당 정보를 이용하여 거래하는 경우 내부자거래의 책임이 발생한다고 본다.

---

65) 西村, 88면.
66) 금융위, 133면.

대표적인 사례로 미국의 Willis 사건을 들어본다. 이 사건에서 임박한 합병 건으로 집을 자주 비우는 남편으로 인해 스트레스를 받은 부인을 상담하는 과정에서 합병의 타깃회사의 이름을 알게 된 의사가 해당 정보를 이용하여 거래하였다. 이 사건에서 의사가 환자와의 상담과정에서 얻은 M&A정보를 이용하여 거래를 하였는데, 환자는 의사에게 해당 정보를 이용하게 할 의도가 없었다는 것은 명백하다. 미국 법원은 의사의 거래행위는 환자와의 (묵시적인) 비밀유지 의무를 깨뜨리는 것이기 때문에 내부자거래에 해당한다고 판결하였다.

우리의 경우는 어떠한가? 이 사례에서 환자는 제1차 정보수령자이고, 의사는 제2차 정보수령자이어서 의사는 제174조에 의해 규율되지 않으므로, 남편을 직접 환자로 설정하여 설명한다. 이 사안의 경우 환자가 의사에게 정보를 제공하였지만, 의사에게 동 정보를 이용하게 하려는 의도는 전혀 없었다. 우리의 경우도 내부자거래의 책임이 발생한다고 본다. 정보제공자가 의사에게 정보를 이용하게 할 의도가 전혀 없었다는 이유로 미공개정보를 거래에 이용한 의사에게 내부자거래의 책임이 없다고 볼 수 없다고 본다. 정보제공자로부터 미공개정보를 제공 또는 전달받은 정보수령자는 정보제공자의 고의 여부를 불문하고 해당 정보를 이용하여 거래하는 것은 원칙적으로 금지되기 때문이다.

이에 대해 정부수령자의 처벌요건 중 하나로 정보제공자가 타인에게 미공개정보를 제공하면서 정보수령자가 동 정보를 이용하도록 할 의사가 요구된다는 견해가 있다. 자본시장법 제174조는 내부자거래를 규제하는 엄격한 형사처벌 조항으로서 중요한 의미를 지니는 데 비해 지나칠 정도로 모호한 부분이 많은데, 이 부분 역시 입법적으로 명확하게 규정하는 것이 바람직하다.

### (3) 정보수령자이면서 계약체결자인 경우

서울중앙지방법원은 상장법인과 계약을 체결하고 있으면서 정보수령자에 해당하는 경우, 피고인이 제2차 정보수령자(은행의 투자금융부 책임자)에 해당되어 규제대상에서 제외된다고 주장하는 사안에서, 그 차수를 불문하고 해당 상장법인이 자금난에 봉착해 있다는 정보는 계약을 체결하고 있는 은행의 직무와 관련하여 알게 된

미공개중요정보이므로 준내부자로 보아 내부자거래의 책임을 물은 사례가 있다.[67]

### (4) 정보생성자

〈화승강업 사건〉에서 피고인 甲은 화승강업의 경영권을 취득하기 위해 화승강업의 최대주주인 화승알앤에이(R&A)(이하 "화승"이라 함)와 회사인수계약을 체결한 바, 이러한 계약을 체결하기 전에 화승강업의 주식을 취득한 거래가 미공개중요정보를 이용한 거래에 해당하는지 여부가 다투어졌다.[68]

대법원은 이 사건에서 피고인 甲이 이 사건 지분 290만주에 매매 및 회사인수계약을 체결한 계약의 상대방은 화승강업 주식의 40%를 보유하고 있던 화승인 사실을 알 수 있고, 화승강업과 화승이 실질상 동일한 회사라거나 화승의 대표이사인 H가 화승강업을 대리하여 계약을 체결하였다고 볼 아무런 자료도 기록상 발견할 수 없으며, 법 제188조의2 소정의 미공개정보 이용행위의 금지 대상이 되는 "당해 정보를 받은 자(소위 정보수령자)"란 같은 조 제1항 각 호에 해당하는 자로부터 이들이 직무와 관련하여 알게 된 당해 정보를 전달 받은 자를 말하는데, 기록에 의하면 피고인 甲이 법 제188조의2 제1항 각 호에 해당하는 자로서 화승강업의 주요주주인 화승으로부터 전달받았다는 이 사건 공소사실 기재 당해 정보인 "화승이 위 피고인에게 화승강업 주식 290만 주를 양도하여 화승강업의 경영권을 양도한다."라는 정보는 화승이 그 소유의 주식을 위 피고인에게 처분함으로써 스스로 생산한 정보이지 직무와 관련하여 알게 된 정보가 아니고, 위 피고인은 당해 정보를 화승으로부터 전달받은 자가 아니라 화승과 이 사건 주식 양수계약을 체결한 계약 당사자로서 화승과 공동으로 당해 정보를 생산한 자에 해당한다 할 것이므로, 원심이 위 피고인이 법 제188조의2 제1항 제4호의 "당해 법인과 계약을 체결하고 있는 자" 또는 법 제188조의2 제1항 소정의 "당해 정보를 받은 자"에 해당하지 아니한다고 판단한 것은 정당하다고 판시하면서, 원심을 판결을 인용하였다.

---

67) 서울중앙지방법원 2006. 8. 18. 선고 2006노1559 판결.
68) 대법원 2003. 11. 14. 선고 2003도686 판결.

〈화승강업 사건〉에서 검찰은 피고인에 대해 '계약체결자' 또는 '정보수령자'에 해당한다고 기소하였지만, 대법원은 이를 모두 부정하였다. 이후 자본시장법은 대법원의 판례에 따라 공개매수 또는 주식등을 대량으로 취득하는 경우 동 정보를 이용한 '발판매수'의 경우 내부자거래에 해당되지 않는다고 명시적으로 규정하였다. 다만 이러한 면제를 받기 위해서는 상당한 기간 동안 해당 주식등을 보유하는 등 일정한 조건의 준수를 요구하고 있다(법 174조 3항 단서).

## 3. 정보제공자의 의도

### (1) 의 의

회사관계자등은 미공개중요정보를 "타인에게 이용하게 하여서는 아니 된다." 법은 내부자에 대해 자신이 미공개중요정보를 이용하는 행위를 금지함과 동시에 타인에게 해당 정보를 제공하여 이용하게 하는 행위 역시 금지하고 있다.

먼저, 내부자가 타인에게 정보를 제공하는 경우 정보제공자를 처벌하기 위해서는, (i) 자신이 타인(정보수령자)에게 미공개중요정보를 전달한다는 인식이 있어야 하며, (ii) 해당 정보가 전달이 금지된 미공개중요정보라는 사실을 알아야 하며, (iii) 정보가 전달되면 정보수령자가 해당 정보를 이용하여 거래를 할 것이라는 인식이 있어야 한다.[69] 즉 정보제공자가 정보수령자에게 미공개중요정보를 제공 · 전달하는 행위가 정보수령자로 하여금 동 정보를 "이용하게" 하려는 '의도' 즉 '고의'가 있어야 한다.

반면, 정보수령자를 처벌하기 위해 정보수령자에게 요구되는 '주관적 인식'은, (i) 정보제공자가 법에서 규정하는 내부자일 것, (ii) 제공받은 정보가 법에서 금지하

---

69) 대법원 1995. 6. 29. 선고 95도467 판결; 김건식, "내부자거래 규제 이론의 이론적 기초", 증권학회지, 제28집 (2001), 171~172면; 박삼철, "증권거래법상의 내부자거래 규제에 관한 연구: 제188조의2를 중심으로", 고려대학교 석사학위논문 (1998), 142~143면; 박임출, 126면; 조인호, "내부정보를 이용한 내부자거래의 규제에 관한 소고", 비교사법 제13권 3호 (통권 34호), 415면; 증권법학회, 주석서 I, 1036면.

는 미공개중요정보라는 사실을 알았어야 한다. 즉 정보수령자는 정보제공자가 회사관계자로서 직무와 관련하여 알게 된 미공개중요정보를 자신에게 이용하여 거래를 하게 하기 위해 동 정보를 제공 · 전달한다는 사실을 인식하였어야 한다.[70] 이 부분, 즉 정보수령자의 '인식' 요건에 대해서 '정보이용형 교란행위'의 경우에는 "정을 알면서" 문구를 통해 분명히 하였지만, 이러한 표현이 없는 제174조 제1항 제6호의 경우도 동일하게 해석하여야 한다고 본다.

이러한 '인식'의 문제는 특히 미국에서 정보수령자의 책임을 논할 때 많이 다투어지는데, 즉 정보제공자가 정보수령자로 하여금 동 정보를 이용하여 거래를 하도록 할 의도가 없었다면 내부자거래에 해당되지 않는다. 따라서 정보제공자의 정보제공 의도가 없었거나 정보수령자가 우연히 중요정보를 알게 되어 이를 거래에 이용한 경우에는 정보제공자의 책임이 없으며, 결과적으로 정보수령자의 거래행위는 내부자거래에 해당되지 않는다. 예를 들어, 식당에서 웨이터가 CEO들의 공개매수 대화를 엿듣고 타깃기업의 주식을 공시 전에 매수한 경우라든지, 운동경기장 벤치에서 어느 CEO가 자신의 기업에 대한 매각협상에 관한 사정을 부인과 대화를 할 때 뒤에 앉아 있던 제3자가 우연히 엿듣고 해당 기업의 주식을 매수한 경우 등은 정보제공자가 정보를 타인에게 이용하게 할 의도가 없었고, 또한 정보의 전달과정이 존재하지 않기 때문에 정보수령자의 거래행위는 내부자거래에 해당되지 않는다.

정보제공자가 위에서 언급한 모든 요건을 충족하면서 정보수령자에게 중요정보를 이용하게 하였지만 최종적으로 정보수령자가 동 정보를 이용하여 거래를 하지 않은 경우 정보수령자가 처벌되지 않는 것은 당연하지만 정보제공자의 책임은 발생하는가? 이에 대해서는 견해가 엇갈리는데, 이에 대한 상세는 『제5장 주요 구성요건, V. 정보의 이용행위』에서 살펴본다.

---

70) 윤광균, 전게논문(각주 57), 129면; 조인호, 전게논문, 415면; 증권법학회, 주석서 I, 1049면.

### (2) 정보의 전달이 소극적으로 이루어지는 경우

정보의 전달이 반드시 적극적인 방법으로 이루어질 필요는 없고, 상대방이 정보를 안다는 것을 인식하고 이를 용인하는 경우도 전달이라고 할 수 있다. 따라서 정보의 전달이 소극적으로 이루어진 경우도 "이용하게" 하는 행위로 보아 규제대상에 포함된다. 예를 들면, 회사 간부들의 중요회의가 사외의 장소에서 이루어지는 경우, 그 사외의 회의장의 운영자 또는 그 종업원이 회의장에 있는 것을 회사간부가 인지하고 있으면서 회의의 주요내용을 듣는 것을 묵인하며 회의를 진행한 경우에는, 해당 회의장 경영자나 종업원은 회사관계자로부터 중요사실을 전달을 받았다고 하여 제1차 정보수령자로서 규제 대상이 될 가능성이 있다고 본다. 또한 상장법인의 간부회의에서 배포한 회의자료에 중요한 정보가 담겨진 경우, 그 정보가 직접적으로 회의의 안건으로 다루어진 경우는 아니더라도, 그 회의에 참석한 자들 모두에게 중요정보가 전달된 것으로 볼 수 있다. 이 경우 그 회의에 참석한 모든 자들에게 중요정보가 전달될 수 있다는 사실을 용인하고 있었기 때문에 정보전달의 의도가 있었다고 인정할 수 있기 때문이다.[71] 후자의 경우는 정보의 전달 이외에 '직무관련성'을 인정하여 내부자에 해당되어 처벌이 가능하다고 본다.

### (3) 중요정보의 일부 전달을 받은 경우

중요정보의 일부만 전달 받은 경우도 정보수령자가 된다고 본다. 전달 받은 정보가 중요정보의 일부이며, 중요정보에 관한 정보전달을 받은 자는 상장회사 등이 공표하지 않는 한, 그러한 중요정보의 일부조차 알 수 없는 일반투자자와의 관계에 있어서 회사관계자등과 동일한 특권적 위치에 있고, 그러한 정보에 근거하여 거래한 이상 증권시장의 공정성과 건전성에 대한 투자자의 신뢰를 확보하기 위하여 내부자거래 규제의 대상에 포함시켜야 된다고 볼 수 있기 때문이다. 예를 들어, "대규모 합병을 한다." 또는 "획기적인 신제품을 판매한다." 등과 같이 구체적인 합병상대

71) 西村, 89면.

방이나 합병의 규모 또는 신제품의 출시에 의한 매출증가 예상액 등을 구체적으로 들지 않은 경우에도 정보수령자가 될 수 있다.[72)]

이와 유사하게 내부자가 정보의 구체적인 내용을 알려주지 않고 특정 주식을 매도하라고만 지시하였고, 이러한 정보에 의해 거래한 자를 정보수령자로 인정한 사례가 있다. 대전지방법원은 상장법인의 직원인 피고인 甲이 해당 법인의 업무 등과 관련하여 일반인에게 공개되지 아니한 정보인 "A사가 H에셋과 경영자문을 체결하는 것으로 합의되어 H에셋은 A사에 대한 적대적 인수합병 시도를 중단한다."라는 정보를 직무와 관련하여 알게 된 후, 영국 런던에 소재하고 있는 친형 乙에게 휴대폰으로 전화를 걸어 "현재 가지고 있는 A사 주식을 처분하라."라고 하였고, 乙은 전화를 받자마자 바로 A사 주식을 처분하여 약 9,000만원 상당의 손해를 회피한 사건에서 乙을 정보수령자로 인정하였다.[73)]

이러한 경우 乙은 A사 내부에서 발생한 중요정보의 구체적인 내용은 전달받지 못하였지만 해당 주식을 급히 매도하여야 할 필요성 자체를 중요정보로 볼 수 있기 때문에, 내부자로부터 매도하라는 정보만을 수령하고 거래하였다고 하더라도 해당 행위를 미공개중요정보를 이용한 거래로 인정하는데 아무런 문제가 없다고 본다.

#### (4) 이미 중요사실을 알고 있는 자에게 전달이 행해진 경우

정보수령자에 해당하는 한 그 자가 이미 해당 중요사실을 알고 있다고 하더라도 정보수령자로서 규제대상이 된다고 볼 수 있다. 예를 들어, 외부로부터 취재에 의해 회사의 중요사실을 안 신문기자가 해당 회사의 임원 등으로부터 해당 중요사실의 확인을 얻은 경우, 그 신문기자는 제1차 정보수령자로서 규제의 대상이 된다고 해석되고 있다. 그러나 다음의 〈팬텀엔터테인먼트 사건〉에서는 정보제공행위와 정보수령자의 이용행위 사이에 인과관계가 인정되어야 한다고 설시하면서, 정보수령자가 그 정보를 다른 경로로 알고 있는 경우에는 정보제공행위와 정보수령자의 이

---

72) 西村, 90면.
73) 대전지방법원 천안지원 2011. 5. 25. 선고 2010고합228 판결.

용행위 사이에 인과관계가 인정되지 않아 내부자거래에 해당하지 않는다고 판시하였다.

a) 팬텀엔터테인먼트 그룹 사건

피고인 甲은 2005. 4. 1. 코스닥 상장법인인 (주)팬텀엔터테인먼트그룹(이하 '팬텀'이라 한다)의 최대주주이던 (주)동성그린테크(이하 '동성'이라 한다)와 팬텀 주식 740만 2천주(48.69%)에 관하여 매매계약을 체결하고, 2005. 4. 18. 그 대금 전액을 지급하고 그 주권을 교부받아 팬텀의 주요주주가 된 다음, 팬텀이 음반제작회사인 (주)이가엔터테인먼트(이하 '이가'라 한다)를 포괄적 주식교환의 방법으로 우회상장을 시키고 그 사업목적을 변경하여 음반제작 등을 포함한 종합적인 연계 엔터테인먼트 회사로 탈바꿈할 것이라는 미공개 중요정보를 2005. 4. 26.경 이가 사무실에서 피고인 丙(2004. 8. 9.부터 2006. 7.경까지 이가와 팬텀의 홍보이사로 재직하였다)을 통하여 乙에게 전달하여, 그로 하여금 위 미공개중요정보가 공시(2005. 5. 6)되기 이전인 2005. 4. 28.부터 2005. 5. 2.까지 이를 이용하여 60,507주를 92,871,205원에 매수하도록 함으로써 乙로 하여금 주식매매와 관련하여 미공개중요정보를 이용하게 하였다. 이러한 사실을 기초로 검사는 피고인 甲을 구 증권거래법 제188조의2 위반으로 기소하였다.[74)]

제1심은 중요정보의 제공 또는 전달과 관련하여 정보의 제공행위 또는 이용행위를 처벌하기 위해서는 정보의 제공행위와 이용행위 사이에 인과관계가 필요하다고 다음과 같이 판시하면서, 이 사건은 그러한 인과관계를 인정할 수 없다고 하며 무죄를 선고하였다:[75)]

> 증권거래법 제188조의2에 의하면, 내부자가 미공개정보를 '직접 이용하는 행위'뿐만 아니라 '다른 사람으로 하여금 이를 이용하게 하는 행위' 또한 금지되고, 이에 위반된 행위는 동법 제207조의2에 의하여 형사처벌 된다. 이때 다른 사람에게 정보를 제공하는 행위는 수령자가 그 정보를 당해 주식거래에 이용하려한다는

---

74) 이외에도 이가와 우성의 우회상장 과정에서의 사기적 부정거래, 주식 대량보유 보고의무 위반, 주식 양도소득세 포탈 등의 혐의로 기소되었으나 여기서는 내부자거래와 관련한 부분만 살펴본다.

75) 서울고등법원 2005. 6. 4. 선고 2008노145 판결.

정을 알면서 그에게 정보를 제공하는 정도면 족하고, 꼭 그 정보를 이용하여 주식 거래를 하도록 권유할 필요까지는 없다.

한편, '다른 사람으로 하여금 이를 이용하게 하는 행위'는 다른 사람의 이용행위를 당연한 전제로 하는 것인 점, 다른 사람의 이용행위가 없다면 정보를 제공하는 행위만으로는 증권시장의 공정성에 대한 사회 일반의 신뢰에 어떠한 위험을 가져오지 않는 점, 그러므로 정보 제공행위로 기소된 사건에서 정보수령자가 미공개정보를 언제 어떻게 매매거래에 이용하였다는 것인지에 관한 구체적인 범죄사실이 적시되지 아니하면 공소사실이 특정된 것으로 볼 수 없는 점(대법원 2004. 3. 26. 선고 2003도7112 판결 참조) 등에 비추어, 증권거래법 제188조의2 소정의 '다른 사람으로 하여금 이를 이용하게 하는 행위'에 해당하기 위해서는 정보제공행위뿐만 아니라 정보수령자의 이용행위 및 정보제공행위와 그 이용행위 사이의 인과관계까지 인정되어야 한다. 따라서 정보수령자가 이미 그 정보를 다른 경위로 알고 있는 경우에는 정보제공행위와 정보수령자의 이용행위 사이에 인과관계가 인정되지 아니하므로 '다른 사람으로 하여금 이를 이용하게 하는 행위'에 해당하는 것으로 볼 수 없다.

그런데 이 법원이 적법하게 조사한 증거에 의하여 인정되는 다음의 사실, 즉 ① 피고인 丙은 피고인 甲이 팬텀을 정식으로 인수하기 전인 2005. 3.경 피고인 甲 또는 丁의 지시로 乙에게 이가의 우회상장 계획을 알려주며 팬텀 주식을 사전 매도한 사실(다만, 당시에는 대상 회사가 팬텀이라는 것을 알려주지는 않았다), ② 그 뒤 2005. 4. 1. 피고인 甲은 팬텀의 최대주주 지분을 인수하는 본계약을 체결한 다음, 같은 날 이를 공시하였고, 그 무렵 이 사실이 언론에도 보도된 사실, ③ 이를 통해 乙은 이가의 우회상장 대상 회사가 팬텀이라는 사실을 알게 되었고, 이에 따라 2005. 4. 8.부터 장내에서 팬텀 주식을 매수하기 시작한 사실, ④ 그런데 그 이후인 2005. 4. 26.경 피고인 丙은 乙에게 팬텀의 주권을 전달하면서 이가의 우회상장 대상 회사가 팬텀인 것을 알려준 사실 등에 비추어 보면, 위 乙은 피고인 丙으로부터 2005. 4. 26.경 이가의 우회상장 대상 회사가 팬텀이라는 정보를 받기 전에 이미 그 정보를 알고 있었다고 봄이 상당하다. 그렇다면 乙의 미공개정보 이용행위가 피고인 丙의 2005. 4. 26. 정보제공행위로 인한 것이라고 할 수 없어서, 피고인 丙의 행위를 증권거래법 제188조의2 소정의 '다른 사람으로 하여금 이를 이용하게 하는 행위'에 해당한다고 할 수 없다.
또한, 이 법원이 적법하게 조사한 증거들만으로는 피고인 甲이 피고인 丙에게 위 2005. 4. 26.의 정보제공행위를 지시하였다거나 丙이 이를 행할 것을 의욕하였다고 보기에는 부족하고, 달리 이를 인정할 만한 증거가 없다.

이러한 제1심의 판결에 대해 서울고등법원은 "제1심의 채택 증거들에 의하면 제1심 공동피고인 丙이 2005. 3.경 乙에게 이가가 우회상장을 할 계획이라고 알려주었고, 2005. 4. 26.경 乙에게 팬텀의 주권을 전달하면서 이가의 우회상장 대상 회사가 팬텀이라는 것을 알려 준 사실은 인정되나, 피고인 甲이 丙에게 위와 같은 정보제공행위를 지시하였다거나 丙이 이를 행할 것을 의욕하였는지에 관하여 이를 인정할 만한 아무런 증거가 없다."라는 이유로 원심을 유지하였다.[76]

이에 관해 검사 측에서 상고하였으나 대법원은 "원심판결 이유와 원심이 인용한 제1심판결의 채택 증거들을 기록에 비추어 살펴보면 원심의 위와 같은 사실인정과 판단은 정당하고, 거기에 검사의 상고이유 주장과 같이 자유심증주의의 한계를 벗어난 위법이 없다. 그리고 丙의 정보제공행위와 乙의 정보이용행위 사이에 인과관계를 요하지 않는다는 취지의 검사의 상고이유는 원심이 이 부분 무죄의 이유로 삼지 않은 사유에 관한 주장이어서 받아들일 수 없다."라고 하면서 기각하였다.[77]

## 4. 신동방 사건

### (1) 의 의

자본시장법은 내부자 또는 준내부자로부터 정보를 수령한 자도 그 정보를 이용하여 증권을 거래하는 것을 내부자거래로 규정하여 금지하고 있음은 이미 살펴보

76) 서울고등법원 2008. 6. 4. 선고 2008노145 판결.
77) 대법원 2008. 11. 27. 선고 2008도6219 판결.

았다(법 174조 1항 6호). 그런데 법 제174조 제1항 제6호는 "제1호부터 제5호까지의 어느 하나에 해당하는 자로부터 미공개중요정보를 받은 자"로 규정하고 있어, 회사관계자등으로부터 '직접' 미공개중요정보를 받은 자만을 내부자의 범주에 포함시키고 있다. 즉 회사관계자등으로부터 '직접' 중요정보를 받은 "1차 정보수령자"(the first tipee)로 한정하여 정보수령자를 처벌하는 것으로 해석된다. 따라서 1차 정보수령자로부터 다시 정보를 전달 받은 2차 및 3차 등 이후의 정보수령자들은 법문상 정보수령자의 범위에 포함되지 않아 내부자거래에 해당되지 않는다. 판례도 동일한 입장이다.

그러나 현실적으로 내부자거래의 경우 미공개정보는 여러 단계를 거치면서 확산해 나가는 것이 일반적이다. 따라서 1차 정보수령자는 내부자거래로 처벌하면서 2차 및 그 이후의 정보수령자에 대해서는 처벌을 면제해 주는 것은 투자자 사이의 정보의 불평등을 위법의 근본이념으로 이해하고 있는 내부자거래 취지에도 맞지 않는다고 본다.[78] 다음의 〈신동방 사건〉은 이처럼 제2차 정보수령자의 처벌이 불가한 상황에서 검찰이 제2차 정보수령자를 제1차 정보수령자와 공범으로 기소하여 처벌하려고 한 사건이었는데, 대법원은 원심을 파기하면서 이를 부정하였던, 정보수령자에 대한 처벌 법리에 있어서 중요한 사건이라 평가할 수 있다.[79]

### (2) 사건의 개요와 판결요지

중앙일보 기자인 K씨는 1998. 8. 17. (주)신동방(이하 '신동방')의 홍보이사로부터 중앙일보사에 취재요청과 함께 모사전송한 보도자료 등을 통하여 상장법인인 신동방에서 다음날 새롭게 개발한 무세제 세탁장치의 시연회를 개최한다는 사실을 알게 되자 그 기사가 보도되기 전 날 22 : 00 경에 동생에게 전화를 걸어 그 사실을 알려주었고, 동생은 그 다음날 신동방 주식 34,280주를 매수하였다가 그 후 무세제 세

78) 同旨: 박임출, 192면; 미공개정보가 여러 단계를 거치면서 확산되는 경우 2차 및 그 이후의 정보수령자들의 정보수령사실을 확인하고 입증하는 것이 쉬운 문제는 아니나 법에서 처음부터 이들에 대해 면책을 허용하는 것은 바람직하지 않다.

79) 대법원 2002. 1. 25. 선고 2000도90 판결.

탁장치 개발 사실이 언론에 보도되어 주가가 급상승한 후인 그 달 20일부터 그 해 9. 8.까지 매수한 주식을 주당 15,450원 내지 21,000원에 매도하여 464,445,950원의 매매차익을 취득하였다.

제1심은 정보수령자가 '일정한 사람으로부터 정보를 수령한 자'라는 신분을 구성요건으로 하는 일종의 '진정신분범'이지만, 형법 제33조에 의하여 구법 제188조의2 제1항에서 정한 신분이 없는 자라도 그러한 신분 있는 자의 범행에 관하여 공동가공하여 범죄를 실현하려는 의사의 결합이 이루어지면, 그와 같은 신분관계가 없다 하더라도 법 제188조의2 제1항 위반죄로 처벌할 수 있다고 하여 두 사람을 공범으로 인정하였고, 제2심도 이를 인정하였다.

그러나 대법원은 다음과 같은 이유로 원심의 판결을 파기환송하였다:

> 법 제188조의2 제1항은 내부자로부터 미공개 내부정보를 전달받은 제1차 정보수령자가 유가증권의 매매 기타 거래와 관련하여 그 정보를 이용하거나 다른 사람으로 하여금 이를 이용하게 하는 행위만을 금지하고 있을 뿐 제1차 정보수령자로부터 미공개 내부정보를 전달받은 제2차 정보수령자 이후의 사람이 유가증권의 매매 기타 거래와 관련하여 당해 정보를 이용하거나 다른 사람으로 하여금 이를 이용하게 하는 행위를 금지하지는 아니하므로 결국 법 제188조의2 제1항, 제207조의2 제1호는 내부자로부터 미공개 내부정보를 전달받은 제1차 정보수령자가 유가증권의 매매 기타의 거래에 관련하여 당해 정보를 이용하거나 다른 사람에게 이를 이용하게 하는 행위만을 처벌할 뿐이고, 제1차 정보수령자로부터 제1차 정보수령과는 다른 기회에 미공개 내부정보를 다시 전달받은 제2차 정보수령자 이후의 사람이 유가증권의 매매 기타의 거래와 관련하여 전달받은 당해 정보를 이용하거나 다른 사람에게 이용하게 하는 행위는 그 규정조항에 의하여는 처벌되지 않는 취지라고 판단된다.
>
> … 한편으로는 미공개 내부정보는 정보의 성격상 전달과정에서 상당히 변질되어 단순한 소문 수준의 정보가 되기 마련이어서 미공개 내부정보의 이용에 대한 규제 대상을 적절한 범위 내로 제한하여야 할 필요도 있으므로 …

그리고 법 제188조의2 제1항의 금지행위 중의 하나인 내부자로부터 미공개 내부정보를 수령한 제1차 정보수령자가 다른 사람에게 유가증권의 매매 기타 거래와 관련하여 당해 정보를 이용하게 하는 행위에 있어서는 제1차 정보수령자로부터 당해 정보를 전달받는 제2차 정보수령자의 존재가 반드시 필요하고, 제2차 정보수령자가 제1차 정보수령자와의 의사 합치하에 그로부터 미공개 내부정보를 전달받아 유가증권의 매매 기타 거래와 관련하여 당해 정보를 이용하는 행위가 당연히 예상되는바, 그와 같이 제1차 정보수령자가 미공개 내부정보를 다른 사람에게 이용하게 하는 법 제188조의2 제1항 위반죄가 성립하는데 당연히 예상될 뿐만 아니라, 그 범죄의 성립에 없어서는 아니되는 제2차 정보수령자의 그와 같은 관여행위에 관하여 이를 처벌하는 규정이 없는 이상 그 입법 취지에 비추어 제2차 정보수령자가 제1차 정보수령자로부터 제1차 정보수령 후에 미공개 내부정보를 전달받은 후에 이용한 행위가 일반적인 형법총칙상의 공모, 교사, 방조에 해당된다고 하더라도 제2차 정보수령자를 제1차 정보수령자의 공범으로서 처벌할 수는 없다고 할 것이다.

2인 이상의 서로 대향된 행위의 존재를 필요로 하는 범죄에 있어서는 공범에 관한 형법총칙 규정의 적용이 있을 수 없고 따라서 상대방의 범행에 대하여 공범관계도 성립되지 아니하는 것으로 본 대법원 1985. 3. 12. 선고 84도2747 판결, 1988. 4. 25. 선고 87도2451 판결들의 취지가 이 사건에 참고가 될 것이다.

### (3) 평　석

이 사건에서 공동피고인(중앙일보 K 기자)이 내부자로부터 전달받은 미공개중요정보를 피고인(K 기자의 동생)에게 제공하여 피고인이 그 정보를 이용하여 증권거래를 하게 하였다. 따라서 피고인은 제2차 정보수령자가 되어 내부자거래 규제 대상에서 벗어난다. 이에 검사는 피고인을 구 증권거래법 제188조의2 제1항 위반죄의 공동정범으로 기소하였다. 따라서 이 사건에서 제1차 정보수령자가 제2차 정보수령자인 피고인으로 하여금 미공개 내부정보를 이용하게 하는 행위를 형법상 공범으로 처벌할 수 있는가가 중요한 쟁점으로 다투어졌다.

이 사건에서 대법원은 제1차 정보수령자와 제2차 정보수령자의 관계를 필요적 공범 중 대향범의 구조와 유사하다고 보았다. 그리고 대향적 범죄에 대하여는 따로 처벌규정이 없는 이상 공범이나 방조범에 관한 형법총칙 규정이 적용되지 않는다는 판례에 따라 이 사건 피고인을 공범으로 처벌할 수 없다고 판결하였다.

'대향범'이란 범죄의 성립을 위해 상대방을 필요로 하는 범죄를 말한다. 예컨대 간통죄(형법 241조), 도박죄(형법 246조), 뇌물죄(형법 129조, 133조) 같은 죄가 이에 해당한다. 또한 대향자 중 일방만이 처벌되는 경우, 예를 들어 음화판매죄와 같은 경우를 '편면적 대향범'이라 한다. 이러한 대향범에 있어서는 외부인은 대향범의 공범이 될 수 있으나, 대향범의 내부인 사이에는 공범이 성립될 수 없다는 것이 판례의 입장이며, 학설은 대립하고 있다.[80] 따라서 제1차 정보수령자와 제2차 정보수령자를 대향범으로 보는 견해에서는 두 사람 간에 공범의 성립은 불가능하다. 대법원은 제2심이 제2차 정보수령자를 처벌하기 어려운, 구 증권거래법의 규정[81]을 극복하기 위하여 제2차 정보수령자를 제1차 정보수령자와 공범으로 묶어 처벌하려 한 것을 대향범의 논리를 내세워 거부한 것이다.

그러나 제1차 정보수령자와 제2차 정보수령자의 관계를 편면적 대향범으로 보아 공범의 논리를 부정하는 것이 적절한가? 내부자거래에 있어서 제1차 정보수령자와 제2차 정보수령자의 관계를 형법상 대향범의 논리를 획일적으로 적용하는 것은 적절치 않다고 본다.[82]

---

80) 구길모, "대향범에 대한 공범규정 적용 타당성: 자본시장법상 미공개정보 이용행위에 대한 처벌규정을 중심으로," 『안암법학』 통권 제40호 (2013. 1) 96~103면 참조.

81) 현재 자본시장법 규정도 구증권법 규정과 차이가 없다.

82) 구길모, 상게논문, 120면 ("현재 대법원은 편면적 대향범 중 처벌규정이 없는 일방에 대한 공범성립 가능성을 엄격히 부정하고 있다. 이러한 태도는 일반인의 법감정에 반하여 처벌의 흠결상황을 발생시키고, 미공개정보 이용행위의 경우에는 처벌의 불평등한 상황까지 발생하고 있다. 이러한 형사정책적 문제점으로 인하여 학자들은 물론이고, 하급심 판례에서도 대법원 입장의 타당성에 대한 의문이 제기되고 있는 상황이다"); 최재경, "증권거래법상 내부자거래에 관한 판례와 수사실무," 『형사재판의 제문제』 제3권 (2000) 212면 이하는 대법원 판결에 대해 다음과 같이 비판적 의견을 개진하고 있다. 즉 미공개정보이용행위는 그 자체가 일반 투자자에 대한 사기나 배임과 유사한 성격을 갖는 범죄로서 금융기관 임 · 직원의 부당대출 같은 업무상 배임사건 등에서 대출을 받은 등 이익을 얻은 제3자가 구성요건상의 신분을 갖춘 배임행위자와 공동정범이 될 수 있는 것과 거의 유사한 논리구조를 갖고 있고 제2차 정보수령자가 적극적 가담 내지 본질적 범행기여를 한 경우에 한하여 공동정범이 성립하는 것이므

첫째, 제1차 정보수령자가 제2차 정보수령자에게 내부정보를 이용하게 한 경우 제2차 정보수령자의 거래 여부와 관계없이 내부자거래 위반으로 볼 수 있다.[83] 다만, 2차 정보수령자가 거래를 하지 않은 경우 제1차 정보수령자에 대한 비난가능성이 적어 처벌의 실익이 없을 것이며, 제2차 정보수령자의 거래가 시장에서 이루어지지 않는 한 제1차 정보수령자의 정보제공 사실을 규제당국에서 인지하기도 어렵다. 그러나 법리상으로 제1차 정보수령자의 정보제공행위는 추상적 위험범에 해당하며, 미공개중요정보의 제공행위 자체로 위법행위를 구성한다고 본다. 이러한 측면에서 대향범의 구조로 볼 수 없다.

둘째, 이 사건에서 제2차 정보수령자는 제1차 정보수령자를 적극적으로 설득 · 교사하여 정보를 넘겨받았는데, 이러한 제2차 정보수령자의 행위는 수동적으로 또는 우연히 정보를 제공받은 것이 아니기 때문에 공동정범에 해당될 수 있다. 즉 내부자거래는 미공개중요정보를 특정증권등의 거래에 이용하는 사기행위로서 그 행위의 상대방은 거래상대방 또는 증권시장이며, 정보제공자와 정보수령자가 공모하여 그러한 사기를 저지르는 것이다. 따라서 이는 대향범이 아니라 일반적 공범의 유형으로 보는 것이 옳다고 본다.[84] 또한 제1차 정보수령자의 이용하게 하는 행위의 교사범으로도 처벌이 가능하다고 본다.[85]

셋째, 대법원은 제2차 정보수령자를 규제대상에서 제외한 이유의 하나로 미공개중요정보는 정보의 성격상 전달과정에서 상당히 변질되어 단순한 소문수준의 정보가 되기 마련이고, 따라서 처벌범위가 불명확하게 되거나 법적 안정성을 해치게 되는 것을 막기 위한 것이고, 이것이 죄형법정주의 원칙에 부응하기 때문이라 밝혔지만, 앞서 살펴본 것처럼 정보수령자의 처벌조건으로서 정보수령자가 받은 정보가 미공개중요정보라는 사실과 함께 해당 정보가 내부자로부터 제공되었다는 사실을

---

로 처벌범위가 무한히 확장되는 것은 아니라고 지적하고 있다.

83) 이에 대해서는 반론이 있지만, 내부자거래의 구성요건은 형식범, 추상적 위험범으로 볼 때 정보의 제공행위 자체로 구성요건에 해당될 여지는 존재한다고 볼 수 있다.

84) 윤광균, 전게논문(각주 57), 130면.

85) 구길모, 전게논문(각주 80), 119면.

'인식'하고 있어야 하므로 정보수령자가 부당하게 처벌되는 일은 없다.[86] 또한 후술하는 〈파루 사건〉에서 공범을 인정한 첫 번째 논리는 제1차 정보수령자가 받은 정보를 "막바로" 이용하였다는 점인데, 〈신동방 사건〉에서 제2차 정보수령자 역시 "막바로" 이용하였다. 〈신동방 사건〉의 경우 제2차 정보수령자는 신동방이 무세제 세탁장치를 개발하였다는 미공개정보를 당해 정보가 공시되기 직전일 오후 10시에 전달받아 익일 오전 9시 40분경에 신동방의 주식을 대량으로 매수하였고, 신동방의 무세제 세탁장치의 개발사실 공시 이후 주가가 급등하면서 제2차 정보수령자는 단기간에 약 4억 원의 이익을 얻게 되었다. 이러한 거래정황을 고려할 때 제2차 정보수령자가 이용한 정보를 '전달되는 과정에서 상당히 변질된 소문수준의 정보'로 평가하여 이를 처벌할 필요가 없다는 주장은 납득하기 어렵다. 따라서 일반인의 법감정상 차이가 없는 두 개의 사건에서 처벌의 흠결상황을 발생시키고 있다고 볼 수 있다.[87]

제2차 이후의 정보수령자의 내부정보를 이용한 거래행위는 고전적 내부자 및 준내부자, 그리고 제1차 정보수령자의 미공개중요정보 이용행위와 본질적으로 다르다고 볼 이유가 없다.[88] 대법원의 논리대로 '단순한 소문수준'의 정보인지, 아니면 법이 규정하고 있는 미공개중요정보인지 여부는 법원이 구체적인 사안에 따라, 그리고 정보수령자의 처벌요건 충족 여부를 고려하여 판단하는 것으로 충분하다고 본다.[89]

이 사건은 자본시장법 내부자거래 규제의 흠결을 보여주는 대표적 사례 중 하나이다. 비교법적으로도 주요국의 경우 모두 제2차 정보수령자들도 동일하게 처벌하고 있다. 검찰은 제2차 정보수령자의 거래행위를 규제하지 못하는 현행법의 흠결을 극복하기 위해 이들을 공범의 논리를 적용하여 둘 다 처벌하려고 한 것이다. 입법

86) 윤광균, 전게논문(각주 57), 129면.

87) 구길모, 전게논문(각주 80), 120면 참조.

88) 同旨: 박순철, 259면; 강희주, "증권거래법 제188조의2 제1항에 의한 내부자거래의 규제—내부자의 범위 및 정보수령자를 중심으로," 『인권과 정의』 제360호 (2006. 8) 123면.

89) 미국의 경우 부정유용이론이 채택되기 이전인 '신인의무이론' 단계에서도 제2차 이후의 정보수령자에 대한 규제는 법리적으로 아무런 문제가 되지 않았다. 이는 제1차 정보수령자의 내부정보이용행위와 본질적으로 차이를 발견할 수 없기 때문이라 할 것이다.

론적인 개선이 가장 시급하지만, 법원이 편면적 대향범 중 처벌규정이 없는 일방에 대한 공범성립을 엄격히 부정하기 보다는 제2차 정보수령자의 적극성의 정도, 정보제공자와 제2차 정보수령자와의 친분 관계 등을 고려하여 탄력적 적용이 필요하다고 본다.[90]

### (4) 제2차 정보수령자의 공범 여부

대법원은 최근 〈파루 사건〉에서 다음과 같은 이유로 원심에서 제2차 정보수령자를 무죄로 판결한 것을 파기하고, 제2차 정보수령자를 제1차 정보수령자의 공범으로 처벌하였다.[91] 〈파루 사건〉의 개요는 다음과 같다:

> 피고인 甲은 파루의 대표이사인 丙의 처이고, 피고인 乙은 甲과 이전부터 알고 지내던 사이인 바, 2005. 9. 초순경 甲의 집에서, 甲은 그녀의 남편인 丙으로부터 丙이 직무와 관련하여 알게 된 "파루에서 '저가형 플라스틱 무선 전파인식 장치(RFID Tag)'와 관련된 기술개발을 거의 완료하였다."라는 정보를 전해 듣고 2005. 9. 중순경 甲의 집에서 피고인 乙에게 전화하여 위와 같은 기술개발현황을 알려 주자 피고인 乙은 파루의 주식이 오른 후에 RFID Tag 기술 개발정보가 증권사이트에 공시되어 주가가 오르면 이를 처분하여 수익을 분배하기로 제안하고, 甲은 피고인 乙의 위와 같은 제안을 승낙한 후, 2005. 9. 22.경 甲의 집에서 은행에서 예금을 인출하거나 대출을 받는 등의 방법으로 마련한 3억 9,900만 원을 피고인 乙에게 전달하였으며, 피고인 乙은 2005. 9. 23.경부터 2005. 9. 27.경까지 甲으로부터 전달받은 위 3억 9,900만 원 및 피고인 乙이 소지하고 있던 1,700만 원으로 피고인 乙 및 피고인 乙의 시어머니 증권계좌를 통하여 A사의 주식 235,000주

---

90) 同旨: 윤광균, 전게논문(각주 53), 134면; 대법원의 이러한 '대향범' 논리에 대해 찬성하는 글로는 노태악, "최근 판례에 나타난 내부자거래규제의 법리: 자본시장과 금융투자업에 관한 법률의 제정에 덧붙여," 『BFL』 제25호 (2007. 9) 29면; 윤경, "증권거래법상 미공개 내부정보 이용행위에서의 정보수령자의 범위," 『판례평석』 (2008. 7. 8) 참조.

91) 이 사건은 코스닥상장법인(A)의 대표이사인 남편의 전화통화 중 A사의 미공개중요정보를 부인이 듣고 제 2 차 정보수령자인 B에게 동 정보를 제공하면서 자신의 돈을 B에게 함께 제공하여 A사의 주가가 오르면 이익을 분배하기로 합의하고 A사의 주식을 B가 거래하여 상당한 이익을 취한 사건이다.

> 를 1주당 1,635원 내지 1,815원에 매수하고 808주를 12주당 1,675원에 매수하였다가, 2005. 10. 5. 18:46경 증권선물거래소 게시판에 '파루가 순천대학교 戊 교수로부터 저가형 플라스틱 RFID Tag 제작기술을 이전받기로 협약을 체결하였다'는 공시가 이루어지고 그와 같은 내용이 언론에 보도되면서 주가가 급등하자, 2005. 10. 13. 경 위와 같이 매수한 파루 주식 234,692주를 1주당 4,520원 내지 4,690원에 매도하여 그 매매차익 합계 675,750,450원에서 각종 수수료와 거래세 합계 4,553,645원을 공제한 671,196,805원의 이익을 취하였다.

대법원의 판결요지는 다음과 같다.

첫째, 제2차 정보수령자가 제1차 정보수령자로부터 제1차 정보수령 후에 미공개 내부정보를 전달받은 후에 이용한 행위가 일반적인 형법 총칙상 공모, 교사, 방조에 해당된다고 하더라도 제2차 정보수령자를 제1차 정보수령자의 공범으로 처벌할 수는 없지만, 제1차 정보수령자가 제1차로 정보를 받은 단계에서 그 정보를 거래에 막바로 이용하는 행위에 제2차 정보수령자가 공동 가담하였다면 그 제2차 정보수령자를 제1차 정보수령자의 공범으로 처벌할 수 있다.[92]

둘째, 제1차 정보수령자가 제2차 정보수령자에게 미공개중요정보를 제공하면서 이익의 분배를 제안하고 자신이 자금을 직접 제공한 이 사건의 경우 비록 제1차 정보수령자가 직접 주식거래를 실행한 바가 없더라도 공범인 제2차 정보수령자의 주식거래행위를 이용하여 자신의 범행의사를 실행에 옮긴 것으로 보아야 할 것이고, 따라서 제2차 정보수령자는 제1차 정보수령자의 이러한 행위에 공동 가담한 것으로 볼 수 있다.

그렇다면 대법원의 판결은 앞서 〈신동방 사건〉의 논리를 변경한 것으로 볼 수 있는가? 대법원은 '제1차 정보수령자로부터 1차 정보수령과는 다른 기회에 정보를 다시 전달받은 제2차 정보수령자의 이용행위'와 '제1차 정보수령자의 이용행위에 제2차 정보수령자가 공동가담'하는 경우를 구분하여 후자의 경우에는 공범으로 처

---

92) 대법원 2009. 12. 10. 선고 2008도6953 판결.

벌할 수 있다고 판시하였다.[93] 이는 〈파루 사건〉과 〈신동방 사건〉을 구분하는 의도로 보이고, 따라서 〈신동방 사건〉의 논지를 변경한 것으로 보이지는 않는다. 즉 정보제공자와 정보수령자를 공범으로 판단하기 위해서는 '공동가담'이라고 할 만한 수준의 행위가 있어야 하고, 단순히 1차 정보수령과는 다른 기회에, 즉 제1차 정보수령자가 1차 정보를 수령한 후 "다른 기회에" 즉 1차 정보수령과는 독립된 다른 상황에서 제2차 정보수령자에게 정보가 전달되어 이용하게 한 경우는 공범으로 볼 수 없다는 것이다.[94] 그러나 이러한 논리가 〈파루 사건〉과 〈신동방 사건〉을 구분하는 기준이 될 수 있는지는 의문이다.

대법원은 이 사건에서 제1차 정보수령자가 제2차 정보수령자에게 거래자금을 제공하였고, 이익금의 60%를 취득한 점에 초점을 두고 제1차 정보수령자가 자신의 범행의사를 제2차 정보수령자를 통해 실행하였는데, 이러한 행위를 제2차 정보수령자가 제1차 정보수령자의 범행에 공동가담한 것으로 판단하여 〈신동방 사건〉과는 차별화하면서 둘의 공범관계를 인정한 것이다. 따라서 대법원이 원심을 파기하고 제2차 정보수령자의 공범을 인정한 이 판결은 기존의 편면적 대향범의 논리를 탄력적으로 적용한 것으로 평가할 수 있다.

따라서 제1차 정보수령자와 제2차 정보수령자 간의 공모의 정도와 실행에의 관여 등을 고려하여 제2차 이후의 정보수령자가 공범으로 인정될 수 있는 길은 열려 있다. 즉 앞서 언급한 것처럼 제1차 정보수령자의 범위의 판단은 정보전달의 외형적 구조만으로 판단하지 않고, 거래의 실질을 고려하여 제2차 정보수령자가 제1차 정보수령자로 포섭될 여지가 존재한다.

---

93) 윤광균, 전게논문(각주 57), 132면.

94) 이에 대해 1차 정보수령자의 거래에 공동가담한다는 것이 어떤 행위형태를 의미하는지 분명하지 않을 뿐만 아니라, 1차 정보수령자가 2차 정보수령자에게 정보를 다시 제공하여 증권거래에 이용하도록 하는 행위와 어떤 차이가 있는지도 분명하지 않다는 지적이 있다(윤광균, 전게논문, 132면).

제4장

# 중요정보



## I. 구 증권거래법상 중요정보의 개념

내부자의 미공개정보를 이용한 행위를 처벌하기 위해서는 그 정보가 '중요한' 정보이어야 한다. 구 증권거래법은 중요정보에 대해 "일반인에게 공개되지 아니한 중요한 정보라 함은 법 제186조 제1항 각 호의 1에 해당하는 사실 등에 관한 정보 중 투자자의 투자판단에 중대한 영향을 미칠 수 있는 것"(제188조의2 2항)이라고 규정하였다. 구법 제186조 제1항에 열거되어 있는 정보들은 상장법인의 수시공시의무에 해당하는 내용들이었는데, 구법상 중요정보의 개념을 이들 "사실 등에 관한 정보 중"에서 "투자자의 투자판단에 중대한 영향을 미칠 수 있는 것"으로 규정한 것이다. 이로 인해 구법 체제에서 특정 정보의 중요성 여부 판단 기준과 관련하여 수시공시의무사항을 규정한 법 제186조의 열거조항과의 관계가 논란이 되었는데, 이는 법문으로부터 자연스럽게 불거질 수 있는 논쟁이었다. 즉 구법 제186조 제1항에 열거되어 있는 제1호부터 제12호까지의 사항이 중요정보의 모집합을 의미하는지 여부가 논쟁이 되었다.

이에 대해 대법원은 내부정보의 중요성 여부를 최초로 판단한 〈신정제지 사건〉에서 "투자자의 투자판단에 중대한 영향을 미칠 수 있는 정보라 함은 … 법 제186조 제1항 제1호 내지 제11호에 그 사실 등의 유형이 개별적으로 예시되고 나아가 제12호에 포괄적으로 규정되어 있는 '법인경영에 관하여 중대한 영향을 미칠 사실'들 가운데, 합리적인 투자자라면 그 정보의 중대성과 사실이 발생할 개연성을 비교 평가하여 판단할 경우 유가증권의 거래에 관한 의사를 결정함에 있어서 중요한 가치를 지닌다고 생각하는 정보를 가리키는 것이라고 해석함이 상당하며, 나아가 그 정보가 반드시 객관적으로 명확하고 확실할 것까지 필요로 하지는 아니하는 것으로 보아야 할 것"이라고 판시하였다.[1)]

대법원은 〈신정제지 사건〉에서 중요정보의 판단기준에 대해서는 설시를 하였지만, 수시공시의무사항과의 관계에서는 그 사실들을 모집합으로 보는 표현을 하고 있다. 이 사건에서 문제가 된 정보는 수시공시사항에 해당하는 정보였기 때문에 이 문제가 본격적으로 다루어지지는 않았다. 대법원은 신정제지 판결 1년 후인 〈바로크 사건〉에서 이 문제를 정면으로 다루었는데, 제186조에 열거된 유형에 빠져 있더라도 그것이 투자자의 투자판단에 중대한 영향을 미칠 만한 정보라면 중요한 정보로 간주될 수 있다고 판시하였다:[2)]

> 법률이 내부자거래의 규제대상이 되는 중요한 정보에 관하여 규정하는 방법에는, 규제대상이 되는 정보를 구체적으로 열거하여 그 열거된 정보만을 규제대상으로 삼는 제한적 열거주의 방법과, 중요한 정보의 개념만 정의하여 두고(또는 이와 병행하여 중요한 정보의 사례를 예시하고) 구체적인 사건에 당하여 법원으로 하여금 중요성의 해당 여부를 가리게 하는 포괄주의 방법의 두 가지가 있을 수 있는데, 증권거래법 제188조의2 제2항은 내부자거래의 규제대상이 되는 같은 조 제1항 소정의 "상장법인 또는 등록법인의 업무 등과 관련하여 일반인에게 공개되지 아니한 중

1) 대법원 1994. 4. 26. 선고 93도695 판결.
2) 대법원 1995. 6. 29. 선고 95도467판결.

> 요정보"를 "제186조 제1항 각 호의 1에 해당하는 사실 등에 관한 정보 중 투자자의 투자판단에 중대한 영향을 미칠 수 있는 것으로서 당해 법인이 재무부령이 정하는 바에 따라 다수인으로 하여금 공개하기 전의 것을 말한다."고 정의하고 있으므로, 현행 증권거래법이 제186조 제1항 각호의 1에 해당하는 정보가 아니면 어떠한 정보라도 내부자거래의 규제대상이 되는 정보에 포함시키지 않는 제한적 열거주의의 입법을 취하고 있는 것이 아닌가 하는 의문이 있을 수 있다. 그러나 같은 법 제186조 제1항 각호에 열거된 사항은, 상장법인의 경영에 관한 중대한 영향을 미칠 수 있는 사실들로서 증권거래소에 지체 없이 신고하여야 하는 사실들로 한정되어 있는데, 같은 조 제2항은 증권거래소가 제1항 각호에 열거된 사항과는 별도로 "제188조의2의 규정에 의한 중요한 정보"의 유무에 대한 공시도 당해 상장회사에 대하여 요구할 수 있다고 규정함으로써, 제188조의2 제1항 소정의 중요한 정보가 제186조 제1항 각호에 열거된 사실에 한정되지 않는 것임을 간접적으로 인정하고 있다고 할 것이므로, 제188조의2 제2항이 "제186조 제1항 각 호의 1에 해당하는 사실 등에 관한 정보 중"이란 표현을 사용하고 있더라도, 이는 위 사실들만을 내부자거래의 규제대상이 되는 중요한 정보에 해당하는 것으로 제한하고자 하는 취지에서가 아니라 중요한 정보인지의 여부를 판단하는 기준인 "투자자의 투자판단에 중대한 영향을 미칠 수 있는 정보"를 예시하기 위한 목적에서라고 보아야 할 것이다.

이처럼 대법원은 법의 형식은 '제한적 열거주의'의 모양을 가지고 있지만 내부정보의 중요성 여부를 판단함에 있어서 '포괄주의'로 해석하였다. 이러한 대법원의 견해는 1995년 9월의 〈대미실업 사건〉의 제2심인 서울형사지방법원에 의해 다시 확인되었다. 이 사건에서 법원은 "상장법인의 신고의무에 관한 법 제186조 제1항과 내부자거래의 금지에 관한 같은 법 제188조의2는 각기 규정하는 대상이 다른 것이므로 어떤 정보가 신고의무가 없는 것이라고 하더라도 그 정보가 일반투자자들의 투자판단에 중대한 영향을 미칠 수 있는 것이기만 하면 같은 법 제188조의2 제1항에 의해 금지되는 것으로 보아야 할 것"이라고 판시하였다.[3] 그리고 대법원은 2000년 〈한국주강 사건〉에서 원심을 인용하며 이러한 견해를 재확인하였다.[4]

이러한 법원의 탄력적인 해석은 증권시장 및 기업환경의 빠른 변화로 말미암아 입법 당시에는 중요한 사실로 인식하지 못하였지만, 이후 중요한 정보로서 시장이 받아들이는 경우가 발생하기도 하고, 또한 새로운 중요한 정보의 유형들이 계속하여 발생할 수 있다는 상황을 고려한 것으로 보인다. 또한 역으로 중요정보라 할 수 있는 정보도 상황에 따라서 중요정보에서 배제할 필요성이 증권시장에서는 발생할 수 있기 때문이다.[5]

법원의 이러한 해석과 관련하여 이처럼 법 제186조 제1항 제13호를 적용하여 내부자거래로 판단하는 것은 죄형법정주의 또는 헌법 위반이라는 주장이 〈한국주강 사건〉 상고심에서 제기되었는데, 이에 대해 대법원은 "원심은 위와 같은 미공개정보가 바로 법 제188조의2 소정의 중요한 정보에 해당한다는 것이지 법 제186조 제1항 제13호를 들어 중요한 정보에 해당한다고 한 것이 아님은 분명하므로, 이와 달리 원심이 위 법 제186조 제1항 제13호를 적용하고 있음을 전제로 하여 그 처벌 대상이 되는 행위의 구성요건 사실을 법률에서 명확히 규정하지 않고 대통령령에 위임함으로써 죄형법정주의 또는 헌법을 위반하였다는 취지의 상고 이유는 받아들일 수 없다."라고 판시하였다.[6]

최근 대법원 2010. 5. 13. 선고 2007도9769 판결에서 위에서 언급한 〈바로크가구 사건〉과 동일한 판결을 내렸다. 이 사건에서 A제약이 자기자본금의 3.07%

---

3) 서울형사지방법원 1994. 9. 28. 선고 93노1491 판결.

4) 대법원 2000. 11. 24 선고 2000도2827 판결.

5) 예를 들어 액면분할이나 유상증자를 들 수 있다. 먼저, 액면분할이란 액면가를 분할하여 자본금은 변하지 않은 채 주식수만 증가하는 것으로서 액면분할로 인해 주가가 고가인 경우는 매매가 편해지고 따라서 유동성이 증가한다는 장점이 있다. 따라서 이론적으로 액면분할 자체가 주가에 커다란 영향을 미칠 만한 사항으로 판단되지는 않지만, 2000년대 초에는 액면분할을 한다는 공시가 나가면 주가는 상당할 정도로 치솟았으며, 규제당국은 액면분할이 공시된 경우 이와 관련한 내부자거래 존재 여부를 조사한 적이 있다. 유상증자의 경우 증자비율 등에 따라 주가에 미치는 영향이 다를 수 있지만, 일반적으로 시장이 호황일 경우에는 호재가 될 수 있지만 시장이 침체상황인 경우에는 오히려 악재가 되어 주가가 하락하는 현상이 많이 나타난다.

6) 대법원 2000. 11. 24. 선고 2000도2827 판결.

에 해당하는 자금을 출자하여 B바이오의 신주를 인수함으로써 B바이오 출자지분 10.24%를 보유하게 되었는데, 이러한 사실은 A제약 자기자본의 100분의 5 이상의 타법인의 주식 취득 또는 처분의 경우만 신고의무사항으로 규정하고 있는 『증권의 발행 및 공시에 관한 규정』에 따른 신고의무사항에 해당되지 않지만, A제약이 국내 최초의 바이오 장기 개발 전문회사이자 복제돼지의 생산에 성공하기도 한 B바이오의 신주를 인수한다는 내용은 주식시장에서 호재성 정보로 인식하기에 충분하다는 점을 인정하여, 동 정보를 이용하여 거래를 한 내부자들에 대해 내부자거래를 인정하였다.

## II. 자본시장법상 중요정보의 개념

자본시장법은 이러한 구 증권거래법의 체제와 결별하고 중요정보에 대해 "투자자의 투자판단에 중대한 영향을 미치는 정보"로 직접 정의함으로써 내부자거래 규제에서 주요 구성요건 중 하나인 '중요정보'에 대해 독자적인 개념을 구축하였다. 이로써 내부자거래 규제에 있어서 중요정보의 개념은 자본시장법상의 주요사항보고내용(법상 수시공시사항)을 포함할 수 있지만, 이에 제한받지 않는 구조를 가지게 되었다. 즉 법상 수시공시의무사항과 내부자거래의 규제대상인 중요정보는 완전히 분리되었다.[7]

이러한 변화는 자본시장법은 구 증권거래법 체제에서 발생한 법형식과 판례 사이에 존재하였던 '틈'을 해소함으로써 결과적으로 법원의 견해에 법형식을 맞추었다고 볼 수 있고, 따라서 주요사항보고의 대상이나 거래소의 수시공시 대상이 아니더라도 투자자의 투자판단에 중대한 영향을 미칠 수 있는 정보를 내부자거래 규

7) 임재연, 322면.

제대상인 중요정보로 포함할 수 있는 구조가 되었지만, 실질적으로 중요정보의 개념을 해석함에 있어서 구법과 차이가 없다고 본다.[8]

그렇다면 어떠한 정보가 "투자자의 투자판단에 중대한 영향을 미치는 정보"라고 볼 수 있는가? 정보의 중요성 여부를 결정하는 요소는 무엇인가? 자본시장법 역시 구법과 마찬가지로 중요정보의 구체적인 판단기준에 대해서는 침묵하고 있지만, 내부자가 이용한 특정 정보가 중요한 정보인지 여부를 판단하는 기준들은 주로 미국에서 판례를 통해 발전해 왔고, 우리 법원은 대체로 이 기준들을 인용하고 있다고 할 수 있다.

첫째, 내부자들이 해당 정보를 이용하여 거래를 하였다는 자체가 그 정보가 중요정보임을 증명한다고 볼 수 있다. 해당 정보가 중요하기 때문에 이익을 취하거나 손실을 회피하기 위하여 해당 거래를 한 것으로 볼 수 있기 때문이다. 이러한 견해는 내부자거래 행위자들이 해당 거래를 통하여 상당한 이득을 취하였거나 손실을 회피한 경우, 그들의 거래 자체가 그들이 이용한 정보의 중요성을 증명해 준다는 것이다.

미국의 판례도 같은 입장이다. 미국에서 내부자거래에 있어서 기념비적인 판결인 SEC v. Texas Gulf Sulphur 사건에서 연방제2항소법원은 양질의 구리와 아연이 함유된 미네랄층의 발견사실을 인지한 내부자들이 동 정보를 공시하기 이전에 상당한 거래를 하였다는 사실 자체만으로 해당 정보가 중요한 정보임을 증명해 주는 한 요소라고 판단하였다. 법원은 이들 내부자들이 이전에는 콜옵션 거래를 해 본 적이 없는 사람들이거나 Texas Gulf Sulphur 사(이하 'TGS') 주식을 한 번도 거래해 본 적이 없는 사람들인데, 이들의 TGS 주식 또는 콜옵션 거래는 미네랄 저장층 발견사실에 의해 영향을 받았다는 사실을 추론할 수 있으며, 즉 그들의 투자판단에 영향을 미친 증거로 판단하였다.[9]

---

8) 同旨: 증권법학회, 주석서 I (2010), 869면.

9) 이러한 연방제2항소법원은 견해는 Rothberg v. Rosenbloom, 771 F.2d 818 (2d Cir. 1985), rev'd on other grounds after remand, 808 F.2d 252 (3d Cir. 1986), cert denied, 481 U.S. 1017 (1987); United States v. O'Hagan, 139 F.3d 641, 648 (8th Cir. 1998) 에서도 발견할 수 있다(Wang & Steinberg, 111~113).

둘째, "중대성/개연성 기준"(magnitude/probability test)이다. 이 기준은 앞서 언급한 TGS 사건에서 피고들이 발견된 광물질이 경제적으로 가치가 있는지 여부는 아직 불확실한 상태였기 때문에 중요한 정보라 볼 수 없다는 주장을 배척하며 법원이 인정한 기준이다. 즉 문제가 된 정보가 회사경영이나 주가에 미치는 중대한 효과가 있으며, 그러한 정보가 현실화될 수 있는 개연성이 있다면 해당 정보는 중요정보로 볼 수 있다는 기준이다. 이에 대한 상세는 후술한다.

셋째, 해당 정보가 공시되었을 때 시장의 반응이다. 예를 들어, 임박한 공개매수 정보가 중요한 정보인지 여부를 다룬 사건에서 미국 연방지방법원은 "이 정보가 중요한 정보라는 사실은 해당 주식에 대해 거래소에서 잠시 거래중단 조치를 취하였고, 공개매수가 공시되었을 때 해당 주가가 주당 30 달러에서 45 달러로 즉각적으로 급등한 사실에 비추어 보아 인정할 수 있다."라고 판시하였다.[10] 이처럼 특정 정보가 시장에 미친 충격 여부는 내부자거래 사건에서 중요정보를 판단하는 중요한 요소이다. 이어서 미국은 Carpenter 사건에서도 해당 칼럼이 언론을 통해 시장에 공개되었을 때 상당한 시장충격이 있었음을 인정하였으며, 따라서 해당 정보는 중요한 정보로 인정하기에 충분하다고 하였다.[11] United States v. Mylett 사건에서도 연방제2항소법원은 "공식적인 인수 공시 후 NCR 주가의 급등은 해당 정보가 중요한 정보로 판단하는데 충분하다."라고 판시하였다.[12] 악재가 쟁점이었던 SEC v. Kirch 사건[13]에서도 공시 후 주가가 전일 종가의 9.5 달러에서 공시 당일 종가가 4달러로 급락하였는데 해당 정보를 중요정보로 판단하였다.[14]

우리의 경우도 크게 다르지 않을 것으로 생각한다. 정보가 관련 증권을 거래하도록 투자자의 마음에 영향을 미칠 수 있었다면 충분한가? 아니면 증권시장에서 관

10) SEC v. Tome, 638 F.Supp. 596, 623 (S.D.N.Y. 1986).
11) 484 U.S. 19 (1987).
12) 97 F.3d 663 (2d Cir. 1996).
13) 63 F.Supp. 2d 1144 (N.D.Ill. 2003).
14) 이후 SEC v. Farrell, [1997-1997 Transfer Binder] Fed. SEc. L. Rep. (CCH) 99,365, at 96,275 (S.D.N.Y. 1996), In Re Burlington Coat Factory Securities Litigation, 114 F.3d 1410 (3d Cir. 1997)에서도 같은 견해를 보여주고 있다(Wang · Steinberg, 113~115 참조).

련 증권의 가격에 영향을 미칠 수 있어야만 하는가? 투자자의 투자판단에 영향을 미칠 수 있어야 한다는 말은 투자자의 의사결정에 영향을 미칠 수 있어야 하는 의미로 해석할 수 있다. 그런데 정보가 공시되고 증권의 가격에 영향을 크게 미칠 수 있을 수 있다면, 그만큼 투자자의 마음에 영향을 미칠 수 있었다고 볼 수 있기 때문에 결과적으로 2개의 질문은 다르지 않다고 볼 수 있다.[15] EU가 해당 정보가 투자자의 투자판단에 영향을 미쳤는지를 판단하는 요소로 '가격민감도'를 명시적으로 표현한 것은 이러한 측면을 반영한 것이다.

따라서 해당 정보가 투자자의 투자판단에 중대한 영향을 미쳤는지를 판단하는 요소의 하나로 가격민감도를 고려할 수 있을 것이지만, 투자자의 투자판단요소가 오직 증권의 가격만이 아니라 또 다른 시장요소들이 될 수도 있기 때문에, 큰 가격변동폭을 필요충분조건으로 보기보다는 하나의 판단요소로 고려하는 것으로 충분하다고 본다. 또한 중요정보로 인정되기 위해서 해당 정보가 결정적이거나 특별히 중대한 요소일 것까지는 요구되지 않는다.[16] 실제 내부자거래 소송에서 어떠한 정보들이 중요정보로 인정되었는지에 대해서는 뒤의 판례 부분에서 상세히 살펴본다.

## III. 중요정보의 판단기준 및 성립시기

### 1. 의　의

투자자의 투자판단에 영향을 미치는 중요한 정보라 하더라도 어느 시점부터 그 정보가 중요한 정보로 인성될 수 있느냐가 또 다른 중요한 문제로 제기된다. 하드

---

15) 同旨: 박임출, 138면.
16) Barry Rider, 5~6.

정보의 경우에는 처음부터 중요한 정보로 갑자기 생성 · 발생할 수 있지만, 소프트 정보나 투기적 정보의 경우는 시간이 경과되면서 '중요한' 정보의 형태로 발전되어 가기 때문이다.

대표적으로 합병과 같은 사안은 투자자의 투자판단에 중대한 영향을 미치는 중요한 정보임에 틀림이 없지만, 하나의 합병이 이루어지기까지는 초기단계에서 합병대상회사의 물색 등 시장조사를 거쳐 많은 단계의 협상과 논의를 거쳐 최종적으로 합병에 이르게 되고, 어음이나 수표의 부도의 경우도 기업이 부도나기 이전에 이미 영업활동의 부진, 자금사정의 악화 등 부도의 '예고적 현상'이 발생하는 것이 일반적인데, 내부자가 동 정보를 이용하여 거래한 시점에서 해당 정보를 내부자거래 규제가 금지하는 중요한 정보로 성립되었는지 여부는 또 다른 문제이기 때문이다.

실제로 내부자거래 사건에 중요정보의 문제는 특정 정보가 중요한 정보인지 여부의 다툼이라기보다는 피고인이 이용한 문제의 정보가 거래시점에 이미 중요정보로 성립하였는지의 여부, 즉 '중요정보의 성립시기' 여부를 판단하는 문제라고 할 수 있다.[17] 즉 아무리 중요한 정보라 하더라도 내부자가 거래에 이용한 시점에는 아직 중요정보로 성립되지 않았다고 인정이 된다면, 해당 내부자의 거래는 법에서 금지하는 거래에 해당하지 않기 때문이다. 그리고 이 문제는 바로 중요정보의 판단기준 문제로 이어지게 된다.

이러한 중요정보 성립시기 또는 중요성 판단기준에 관해 미국에서 판례법을 통해 발전해 왔고, 우리 법원은 미국에서 발전해 온 중요성 판단기준을 원용하여 특정 정보의 중요성 여부를 판단하고 있는데, 대표적으로 미국의 〈TGS 사건〉의 예를 따라 '중대성/개연성 기준'을 언급한 1994년의 〈신정제지 사건〉이나 '시세영향기준'을 논한 1995년의 〈바로크가구 사건〉을 들 수 있다.

---

17) 김용진, 96~97면.

## 2. 중대성/개연성 기준

우리 법원은 내부자거래의 전제조건인 중요정보 여부를 판단함에 있어서 '중대성/개연성 기준'과 '시세영향기준'을 적용하여 왔는데, 2개의 기준 중 '중대성/개연성 기준'을 더 활용하고 있는 것으로 볼 수 있다. 대법원은 1994년 〈신정제지 사건〉에서 내부정보의 중요성 여부를 판단함에 있어 최초로 '중대성/개연성 기준'을 적용하였다:

> '투자자의 투자판단에 중대한 영향을 미칠 수 있는 정보'라 함은 법 제186조 제1항 제1호 내지 제12호에 그 유형이 개별적으로 예시되고 나아가 제13호에 포괄적으로 규정되어 있는 '법인의 경영 · 재산 등에 관하여 중대한 영향을 미칠 사항'들 가운데, 합리적인 투자자라면 그 정보의 '중대성'과 사실이 발생할 '개연성'을 비교 평가하여 판단할 경우 유가증권의 거래에 관한 의사를 결정함에 있어서 중요한 가치를 지닌다고 생각하는 정보를 가리키는 것이라고 해석함이 상당하며, 나아가 그 정보가 반드시 객관적으로 명확하고 확실한 것까지 필요로 하지는 아니하는 것으로 보아야 할 것이다.

여기서 대법원이 논한 '중대성/개연성 기준'(magnitude/probability test)은 미국에서 1968년 제2항소법원이 Texas Gulf Sulphur 사건에서 채택한 기준으로 우리 법원이 이를 인용한 것이다.

이 기준에 따르면 먼저 문제가 된 사안이 회사경영에 중대한 영향을 미치거나 주가에 중대한 영향을 미치는 것이어야 한다. 즉 해당 사실이 회사경영이나 주가에 미치는 효과의 '중대성'(magnitude)이 있어야 한다. 이런 점에서 '중대성'은 중요성 기준의 제1요건이라 할 수 있다.[18] 이와 함께 해당 정보가 현실화될 수 있는 '개연성'(probability)이 있어야 한다. 특정정보가 아무리 중대성이 있다고 하더라도 실현가

---

18) 김용진, 120면.

능성이 희박하다면 합리적인 투자자들은 그러한 정보를 중요한 정보로 고려하지 않을 것이다. 따라서 '개연성'은 중요성 기준의 제2요건이라 할 수 있다.[19]

중대성과 개연성의 관계에 있어서 개연성, 즉 실현가능성이 적은 경우 일반적으로 중대성 역시 작다고 할 수 있으나 반드시 그런 것은 아니다. 따라서 이 둘의 관계 또한 사안의 성격[20] 및 전체적 구조 안에서 어느 단계에서 중요한 정보로 성립되었는지, 즉 투자자의 투자판단에 중대한 영향을 미치는 중요정보로 성숙되었는지를 구체적으로 판단해야 할 것이다.

예를 들어, 합병의 경우 '중대성/개연성 기준'에 따르면 합병에 관한 중요한 조건이 확정되어야 동 정보가 중요정보로 성립되는 것은 아니며, 합병의 성사 개연성이 객관적으로 명확하고 확실할 것까지 필요로 하지 않는다. 따라서 합병의 경우 중요한 조건들이 확정되지 않은 상황에서 동 정보를 공시해야 할 의무는 발생하지 않지만, 동 정보를 이용하여 거래하는 행위는 내부자거래에 해당될 위험이 크다.[21]

대법원은 〈신원종합개발 사건〉에서 '자사주 취득 후 이익소각'의 실행 여부가 다분히 유동적이고 불확정적이어서 상당한 정도의 개연성이 있었다거나 실제 투자자들의 투자판단에 중대한 영향을 미치는 것으로 보기 어렵다는 이유로, 동 정보를 구증권법 제188조의2 제1항, 제2항의 '중요한 정보'에 해당하지 않는다고 판단한 원심을 파기하고 다음과 같이 판시하였다:[22]

> 증권거래법 제188조의2 제1항의 '중요한 정보'의 인정기준인 같은 조 제2항의 '투자자의 투자판단에 중대한 영향을 미칠 수 있는 정보'란 법인의 경영 · 재산 등에 관하여 중대한 영향을 미칠 사실들 가운데에서 합리적인 투자자가 그 정보의 중대성 및 사실이 발생할 개연성을 비교 평가하여 판단할 경우 유가증권의 거래에 관

---

19) 김용진, 100면.

20) 정보의 성격이 하드정보, 소프트정보 또는 투기적 정보 여부에 따라 분석의 틀이 변경될 수 있다.

21) 대법원은 신정제지 사건에서 '중대성 · 개연성기준'을 논하면서, 그 정보가 반드시 객관적으로 명확하고 확실할 것까지 필요로 하는 것은 아니라고 판시하였다. 이는 소위 '명백성 기준'(bright-line test)를 배척한 것으로 볼 수 있다.

22) 대법원 2009. 1. 26. 선고 2008도9623 판결.

한 의사결정에서 중요한 가치를 지닌다고 생각하는 정보를 가리킨다. 한편 일반적으로 법인 내부에서 생성되는 중요정보라는 것이 갑자기 한꺼번에 완성되지 아니하고 여러 단계를 거치는 과정에서 구체화되는 것이므로, 그러한 정보가 객관적으로 명확하고 확실하게 완성된 경우에만 중요정보가 생성되었다고 할 것은 아니고, 합리적인 투자자의 입장에서 그 정보의 중대성 및 사실이 발생할 개연성을 비교 평가하여 유가증권의 거래에 관한 의사결정에서 중요한 가치를 지닌다고 생각할 정도로 구체화되었다면 중요정보가 생성된 것으로 보아야 한다.

이처럼 우리 법원은 중요정보의 생성시기 또는 성립시기에 관하여 일관되게 명확성의 원칙을 배척하면서 '중대성/개연성 기준'을 활용하고 있다. 대법원 2008도6219 판결 역시 "법인 내부에서 생성되는 중요정보란 갑자기 완성되는 것이 아니라 여러 단계를 거치는 과정에서 구체화되는 것으로서, 중요정보의 생성 시기는 반드시 그러한 정보가 객관적으로 명확하고 확실하게 완성된 경우를 말하는 것이 아니라, 합리적인 투자자의 입장에서 그 정보의 중대성과 사실이 발생할 개연성을 비교 평가하여 유가증권의 거래에 관한 의사결정에 있어서 중요한 가치를 지닌다고 생각할 정도로 구체화되면 그 정보가 생성[된]"것으로 판시하였다.[23]

## 3. 시세영향기준

대법원은 〈신정제지 사건〉 1년 후인 1995년의 〈바로크가구 사건〉에서는 〈신정제지 사건〉에서 논한 기준과는 다른 기준을 언급하였는데, 즉 "투자자의 투자판단에 중요한 영향을 미치는 정보란 합리적인 투자자가 당해 유가증권을 매수 또는 계속 보유할 것인가 아니면 처분할 것인가를 결정하는 데 있어서 중요한 가치가 있는 정보, 바꾸어 말하면 일반투자자들이 안다고 가정할 경우에 당해 유가증권의 가격에 중대한 영향을 미칠 수 있는 사실을 말한다."라고 판시하였다.

---

23) 대법원 2008. 11. 27. 선고 2008도6219 판결.

이 사건에서 대법원은 기존의 '중대성/개연성 기준' 대신에 '유가증권의 가격에 중대한 영향을 미칠 수 있는 사실'을 언급하면서 "시세영향기준"(Market Reaction Test)을 중요성 판단기준으로 언급하였다.

'중대성/개연성 기준'이 비해 '시세영향기준'이 보다 객관적이라는 측면에서 더 유용하다는 견해가 있다.[24] 즉 해당 정보의 공시 후에 주가의 변동이 미미하다면 해당 정보를 중요정보로 인정할 필요가 없다는 것이고, 투자자의 투자판단에 중대한 영향을 미칠 수 있다는 추상적인 표현보다 더 객관적일 수 있다는 것이다. 그러나 앞서 언급한 것처럼, 이 2개의 기준은 동일한 내용을 다른 측면에서 설명한 것에 불과하다고 볼 수 있다. 즉 증권시장에서 합리적인 투자자의 투자판단의 결과는 궁극적으로 시장의 가격으로 반영되어 나타나기 때문에 '중대성/ 개연성 기준'에 의해 중요정보로 인정할 수 있는 경우라면 '시세영향기준'에 의해서도 동일하게 중요정보로 인정될 수 있기 때문이다.[25]

## 4. 투자자 기준

특정 정보의 중요성 여부를 판단하는 기준들을 살펴보았지만, 또 하나의 중요한 기준은 투자자이다. 즉 어떤 투자자의 입장에서 해당 기준들을 적용 · 평가할 것인가의 문제이다.

미국의 경우 특정 정보의 중요성 여부를 결정하는 두 가지 기준이 있다. 첫째, "합리적인 투자자"(reasonable investor)가 투자를 결정함에 있어서 해당 정보가 중요하다고 판단한다면 해당 정보는 중요한 정보이다. 둘째, 합리적인 투자자의 입장에서 볼 때, 해당 정보가 이용 가능한 정보의 전체를 상당한 정도로 변경시킨다면 해당 정보는 중요정보이다. 그러나 해당 정보가 합리적인 투자자의 투자결정을 바꾸도록

---

24) 강대섭, "증권시장에서의 부실표시로 인한 손해배상책임에 관한 연구," 고려대학교 박사학위논문 (1992) 67~68면.

25) 박임출, 138면; 옥무석, "미국 증권법상 정보의 중요성 판단기준", 기업법의 현대적 과제(행솔 이태로 교수 화갑기념논문집, 1992), 281-282면.

할 정도여야 하는 것은 아니다. 이처럼 정보의 중요성 여부는 '합리적인 투자자'의 눈에서 결정된다.

우리의 경우도 다르지 않다고 본다. 즉 "투자자의 투자판단에 중대한 영향을 미칠 만한 정보"에 있어서 '투자자'는 '합리적인 투자자'를 말한다. 개별 투자자의 주관적 특징을 반영하여 중요성 여부를 판단한다면 판단기준 자체가 크게 흔들려 법적 안정성을 해치거나 남소로 이어질 가능성이 있으므로 합리적인 투자자를 전제로 해서 객관적으로 판단할 필요가 있기 때문이다.[26] 즉 중요성을 판단하는 주체는 중요정보를 이용한 매매 기타 거래를 한 자가 아니라 합리적인 투자자여야 한다.[27]

시장전문가들은 과학적 또는 기술적 정보에 대해 관심을 보일 수 있지만, 합리적인 투자자의 입장에서 볼 때 그러한 정보는 중요한 정보가 아닐 수 있다.[28] 그렇다고 투자자가 다른 사람들과 다르게 행동하였을 것이라고 보일 필요까지는 없다.[29] 미국 연방대법원은 최근 Matrixx Initiatives v. Siracusano 사건에서 의약제품의 결함이 통계적으로 유의하지 않더라도 합리적인 투자자에게 있어 제품의 결함에 대한 정보는 해당 제품에 대한 정보의 전체를 상당할 정도로 변경시킬 것으로 볼 수 있기 때문에 해당 정보는 중요한 정보라고 판시하였다.

그렇다면 '합리적인 투자자'란 어떤 투자자를 의미하는가? 증권시장에는 고도의 정보체계를 갖춘 기관투자자로부터 세련된 개인투자자, 그리고 초보투자자 등 여러 유형의 투자자들이 존재하고 있다. 따라서 이들이 중요정보를 판단하는 기준에 차이가 있을 수 있지만, 합리적인 투자자란 '보통의 투자자'(ordinary investor), 일반투자자, 상식적인 투자자 또는 '초보적인 투자자'[30]로 보아야 할 것이다.

---

26) 박임출, 139면.

27) 대법원 1994. 10. 25. 선고 93도2516 판결; 대법원 1995. 6. 29. 선고 95도467 판결; 미국의 사례도 Basic 사건에서 연방대법원이 중요정보의 판단기준을 논하면서, 합리적인 투자자가 문제가 된 정보의 누락공시가 정보의 전체적 상황을 상당할 정도로 변경시키는 것이라고 판단할 상당한 개연성이 있다면 중요정보로 볼 수 있다고 판시하였다.

28) Milton v. Van Dorn Co., 961 F.2d 965 (1st Cir. 1992)(Hazen, 794에서 재인용).

29) Folger Adam Co. v. PMI Industries, Inc., 938 F.2d 1529 (2d Cir. 1991), cert. denied 502 U.S. 983 (1991)(Hazen, 794에서 재인용).

30) 김용진, 120면.

## 5. 미국에서의 중요성 판단기준

### (1) 연방대법원의 판단기준

연방대법원은 합리적인 투자자가 투자결정을 함에 있어서 해당 정보를 중요한 것으로 판단한다면 그 정보는 중요한 것이라고 판시하였다. 그러므로 중요성 여부는 합리적인 투자자가 불공시 정보 또는 부실표시 정보를 중요한 것으로 판단하는지 여부에 달려 있다. 모든 상황을 고려할 때, 생략된 또는 부실하게 표시된 사실이 합리적인 투자자의 투자판단에 실질적인 중대성(significance)을 추정할 수 있는 '상당한 개연성'(substantial likelihood)이 있어야 한다. 즉 합리적인 투자자가 생략되거나 또는 부실표시 된 사실이 '정보의 전체적 상황'(total mix of information)을 상당할 정도로 변경시켰을 것으로 고려할 상당한 개연성이 존재하여야만 하는 것이다.

연방대법원은 1976년의 TSC Industries, Inc. v. Northway, Inc. 판결[31]을 통하여 "합리적인 주주가 중요한 것이라고 생각할 상당한 개연성(substantially likelihood)"을 중요성의 판단기준으로 제시하였다. 대법원은 중요성 문제는 "합리적인 투자자에 대하여 생략되거나 또는 부실표시 된 사실의 중요성을 포함하는 객관적인 것이다."라고 하였다. 위임장 진술서의 내용을 가지고 다투어진 이 사건에서 대법원은 "생략된 사실이 합리적인 주주들에게 있어서 어떻게 투표를 하여야 할지를 결정함에 있어서 중요한 것으로 고려할 것이라는 상당한 개연성이 있다면, 그 사실은 중요한 정보이다."라고 판결하였다. 대법원은 이와 관련하여 다음과 같이 판시하였다:

> It does not require proof of a substantial likelihood that disclosure of the omitted fact would have caused the reasonable investor to change his vote. What the standard does contemplate is a showing of a substantial likelihood that, under all the circumstances, the omitted fact would have assumed actual significance in the deliberations of the reasonable

---

31) 426 U.S. 438 (1976).

shareholder. Put another way, there must be a substantial likelihood that the disclosure of the omitted fact would have been viewed by the reasonable investor as having significantly altered the "total mix" of information made available.

이후 연방대법원은 1988년 Basic 사건에서 TSC Industries 판결의 중요성 판단 기준을 명백하게 확장하였다. Basic 법정은 Rule 10b-5 요건으로서 중요성이란 "생략된 사실의 공시가 합리적인 투자자로 하여금 그러한 공시가 활용할 수 있는 정보의 전체 성격을 상당할 정도로 변경시키는 것으로 고려할 상당한 개연성"이 있는 것으로 판시하였다.[32]

이와 함께 중요성 여부를 판단하는 또 다른 기준으로 앞서 살펴본 '중대성/개연성 기준'(magnitude/probability test)이 있다. 이 기준은 문제가 된 정보가 과거의 확정된 정보가 아니라 미래에 대한 예측이나 전망, 즉 불확실성을 내포하는 소프트정보나 투기적 정보의 경우에 활용되는 기준이다. 연방제2항소법원은 1968년 TGS 사건에서 TGS 사가 광물탐사 결과 양질의 광물질이 저장된 지층을 발견하였는데, 이러한 발견 정보가 Rule 10b-5의 구성요건인 중요한 정보인지 여부를 판단하는데 이 기준을 사용하였다.[33] 연방제2항소법원은 이러한 탐사정보가 유동적인 부분은 있지만 해당 정보의 중요성 여부를 판단함에 있어서 해당 정보가 사실로 확정된 개연성(probability)이 있고, 또 그 정보가 공개될 경우 주가에 상당한 영향을 미칠 만한 중대성(magnitude)이 있다면 중요정보로 볼 수 있다고 판단하였다.[34] 이러한 '중대성/개연성 기준'은 위에서 언급한 연방대법원의 TSC 사건에서 다시 인용되면서 '상당한 개연성 기준'과 함께 특정 사실의 중요성 여부를 판단하는 중요한 2개의 기준으로 활용되고 있다.

이처럼 소프트정보나 투기적 정보의 경우 '중대성/개연성 기준'이 중요한 기

---

32) Basic, Inc. v. Levinson, 485 U.S. 224 (1988).

33) SEC v. Texas Gulf Sulphur Co., 401 F.2d 833 (2d Cir. 1968).

34) 이후 Eisenstadt v. Centel Corp., 113 F.3d 738 (7th Cir. 1997)에서도 동일한 기준이 적용되었다.

준으로 활용될 수 있지만, 이들 정보의 특성이 불확실성을 내포하기 때문에 미래의 불확실한 사실에 대해 충분한 '주의문구'(bespeaks caution)를 표시한 경우에는 그 중요성이 약해져서 결국 중요한 정보의 표시가 아닐 수 있다.[35] 이는 소프트정보 또는 투기적 정보의 중요성 여부를 고찰할 경우 고려해야 할 중요한 부분이다.

### (2) SEC 가이드라인

SEC는 중요성에 대한 일련의 가이드라인을 제시하였다.[36] SEC는 중요성 판단을 하는 것이 어려운 문제이고, 따라서 이러한 어려움에 대한 적절한 답이 명확한 기준을 제시한다든지, 또는 중요한 사항들을 명백하게 리스트를 열거하는 것이라고 믿지 않는다고 하였다. 그럼에도 불구하고 SEC는 잠재적으로 중요하다 할 수 있는 특정한 유형의 정보 또는 사건(events)을 제시하였다:

- 결산실적 정보
- 합병, 인수, 공개매수, 조인트 벤처, 자산의 양수도
- 신제품의 개발, 고객 또는 공급자와 관련한 변화 (예, 계약의 체결 또는 취소)
- 지배권 또는 경영권의 변화
- 외부감사인의 변경 등
- 회사의 증권에 관한 특별한 사건 (선순위증권의 디폴트, 상환부 증권의 call, 재취득 계획, 주식분할 또는 배당금 변경, 주주의 변화, 신주의 공모 또는 사모발행 등)
- 파산 또는 법정관리

SEC가 이처럼 잠재적으로 중요한 정보 또는 사건으로 볼 수 있는 일련의 리스트를 제시하였지만, 이들 자체가 그냥 중요한 정보가 되는 것은 아니다. 예를 들어,

---

35) Kaufman v. Trump's Castle Funding, 7 F.3d 357 (3rd Cir. 1993); Harris v. IVAX Corp. 182 F.3d 799 (11th Cir. 1999).

36) SEC Release No 34-43154 (SEC 2000).

어떤 신제품 개발이나 새로운 계약이 해당 회사에게 중요할 수 있지만, 모든 신제품이나 계약이 중요하다는 것을 의미하는 것은 아니다. 신제품의 개발진행 상황, 계약의 진척 상황 등을 고려하여 내부자가 거래한 시점에 해당 정보가 내부자거래 규제가 규정하는 중요한 정보로 성립하였는지에 대한 판단이 요구되는 것이다.

### (3) 시세영향기준

정보의 중요성 여부를 판단하는 기준으로 '시세영향기준' 또는 'Market Reaction Test'가 있음은 앞서 살펴보았다. 공시가 이루어진 후 시장의 반응을 보고 사후적으로 해당 정보의 중요성 여부를 판단하는 기준이다. 이 기준은 미국에서 하급심에 몇 번 등장을 하였고,[37] EU는 내부정보의 중요성 여부를 판단하는 요소의 하나로 시장의 반응, 즉 '가격민감도'를 명시적으로 규정하였다.

미국 연방지방법원은 임박한 공개매수 정보가 중요한 정보인지 여부를 다룬 사건에서 "이 정보가 중요한 정보라는 사실은 해당 주식에 대해 거래소에서 잠시 거래중단 조치를 취하였고, 공개매수가 공시되었을 때 해당 주가가 주당 30달러에서 45달러로 즉각적으로 급등한 사실에 비추어 보아 인정할 수 있다."라고 판시하였다.[38] 이어서 미국은 Winans 사건[39]에서도 해당 칼럼이 언론을 통해 시장에 공개되었을 때 상당한 시장충격이 있었음을 인정하며, 따라서 해당 정보는 중요한 정보로 인정하기에 충분하다고 하였다. United States v. Mylett 사건[40]에서도 연방제2항소법원은 "공식적인 인수 공시 후 NCR 주가의 급등은 해당 정보가 중요한 정보로 판단하는데 충분하다."라고 판시하였다. 악재가 쟁점이었던 SEC v. Kirch 사건[41]에서도 공시 후 주가가 전일 종가의 9.5 달러에서 공시 당일 종가가 4달러로 급락하였는

---

37) Burlington Coat Factory Securities Litigation (CA-3 1997), 1997 CCH Dec. 99485; Oran v. Stafford (CA-3 2000), 2000-01 CCH Dec. 91,205.

38) SEC v. Tome, 638 F.Supp. 596 (S.D.N.Y. 1986).

39) U.S. v. Winans, 612 F.Supp. 827 (S.D.N.Y. 1985).

40) 163 F.3d 1354 (1998).

41) 63 F.Supp. 2d 1144 (N.D.Ill. 2003).

데, 해당 정보를 중요정보로 판단하였다.[42] 이들 내용들은 앞서 살펴보았다.

같은 맥락에서 미국 연방제3항소법원은 Oran v. Stafford 사건[43]에서 기업의 중요한 모든 정보가 즉각적으로 주가에 반영이 되는 뉴욕증권거래소와 같이 공개되고 잘 발달된 시장의 경우 특정 정보가 중요한 정보라면 공시 이후 즉시 주가에 반영이 될 것이라고 판시하면서 다음과 같이 설시하였다:

> As a result, when a stock is traded in an efficient market, the materiality of disclosed information may be measured post hoc by looking to the movement, in the period immediately following disclosure, of the price of the firm's stock. Because in an efficient market the concept of materiality translates into information that alters the price of the firm's stock, if a company's disclosure of information has no effect on stock prices, it follows that the information disclosed was immaterial as a matter of law.

미국 SEC도 정보의 중요성 판단의 중요한 요소로 특정 공시에 반응하여 해당 회사의 주가의 변동성을 인정한다. 예를 들어, 경영진이나 외부감사인이 알고 있는 부실정보가 공시되었을 때 주가가 긍정적이든 부정적이든 중요한 움직임이 있을 것이라고 예상한다면, 그러한 시장의 반응은 해당 정보의 중요성 여부를 판단하는 요소로 보는 것이다.

미국 펜실베니아주의 연방서부지방법원은 최초로 공시가 되자 상당할 정도로 주가가 하락하였지만 바로 주가가 회복된 사건을 다루었는데, 최초로 공시가 있은 후 첫 날 동안 주가하락분의 상당 부분이 회복되었고, 이어진 3일 안에 주가하락분이 완전히 회복되었다. 법원은 이 사안에서 이러한 빠른 속도의 가격회복은 투자자

---

42) 이후 SEC v. Farrell, [1997-1997 Transfer Binder] Fed. SEc. L. Rep. (CCH) 99,365, (S.D.N.Y. 1996), In Re Burlington Coat Factory Securities Litigation, 114 F.3d 1410 (3d Cir. 1997)에서도 같은 견해를 보여주고 있다(Wang · Steinberg, 113~115 참조).

43) Oran v. Stafford (CA-3 2000), 2000-01 CCH DEc. 91,205.

들이 공시된 정보가 투자판단에 중요한 정보가 아니라고 즉시 결정한 것으로 볼 수 있기 때문에 문제가 된 공시는 중요한 정보가 아니라고 판시하였다.[44] 이처럼 공시 이후 시장의 반응은 해당 정보의 중요성 여부를 판단하는 기준으로 활용되고 있다.

### (4) 시장에서의 진실이론

중요성을 판단하는 또 다른 부차적인 기준으로는 '시장에서의 진실이론'(Truth on the market theory)이 있는데, 이는 시장에서의 정보의 효율성을 가정한 것으로서 주가는 시장에서 이용 가능한 모든 정보를 종합하여 판단하여야 하고, 시장에서의 주가는 모든 중요한 정보를 반영하여 결정된 것이라는 것이다. 비록 공시된 내용 중에 허위 또는 부실기재가 있다 하더라도 시장에서 또는 일반투자자가 그것에 대하여 허위 또는 부실하다는 사실을 알고 있는 경우에도 마찬가지다. 이는 진실된 정보가 이미 시장에 알려진 경우, 즉 시장에 참여하는 전문가가 회사의 공시사항이 부실표시에 해당한다는 것을 이미 알고 있는 경우에는 회사의 부실표시가 시장을 기망할 수 없으므로 중요성이 인정되지 않는다는 이론이다.[45] 이 이론을 적용하여 문제가 된 정보가 중요정보로 판단하지 않은 판례들은 다음과 같다.

Wielgos v. Commonwealth Edison Co 판결

원자력 발전소를 건설하여 운영하는 회사의 주주들이 회사가 교부한 사업설명서에 허위의 부실공시가 있다고 주장하면서 회사를 상대로 소송을 제기하였는데, 이에 대하여 회사는 이러는 사항이 이미 시장에서 널리 알려져 있는 것이기 때문에 책임이 없다고 주장하였다. 연방제7항소법원은 에디슨전력의 행위에 대하여 원칙적으로 허위부실공시 또는 공시누락으로 책임을 부담하여야 한다는 입장이지만, 증권시장이 이미 그러한 잘잘못에 대하여 상세히 알고 있기 때문에 책임을 부과할 수 없다고 판단하였다. 이러한 판단기준을 소위 '시장에서의 진실원칙'(Truth on the

44) SEC v. Butler (WD Pa) 2005 CCH Dec. 93,244.
45) Wielgos v. Commonweahth Edison Co., 892 F.2d 509 (7th Cir. 1989).

market doctrine)'이라 하는데, 만일 증권시장이 공시의 누락 또는 허위부실공시에 대하여 구체적으로 알고 있는 경우 법률적으로 중요한 것이 아니라고 보는 것이다. 연방제7항소법원은 Wielgos 측이 주식을 매입한 시점에서 동 회사의 주가는 그러한 내용을 모두 반영하고 있는 것이기 때문에 실질적으로 피해를 입은 자가 없다고 판결하였다.[46]

Eisenstadt v. Centel Corp 판결

이 사건에서 센텔주식회사가 사업의 일부를 공개입찰 방식으로 매각하기로 하고 입찰계획을 공시하자 센텔의 주가는 상승하였지만 실제로 입찰에 참여하는 기업은 거의 없었다. 그러나 센텔의 임원들은 입찰에 대하여 잘 되어 가고 있다는 식의 낙관적인 견해를 발표하였다. 결국 공개입찰은 성공하지 못했고, 개인투자자에게 사업을 매각하기로 결정하였다. 이에 입찰계획의 발표 후 주식을 매입한 주주와 회사 임원의 낙관적인 견해발표를 신뢰하여 계속 주식을 보유한 주주들이 집단소송을 제기하였다.

연방제7항소법원은 어떤 물건을 팔려고 하는 사람이 밝은 측면을 말하거나 또는 낙관적인 견해를 가지는 것은 지극히 일반적인 것이고, 센텔 측이 "잘 되어 가고 있다."라고 한 것은 일이 아직 진행 중에 있다는 의미로 해석하여야 하므로 이는 중요한 사실에 대한 허위표시로 볼 수 없으며, 따라서 책임을 부과할 수 없다고 판결하였다.[47]

### (5) 예측정보와 Bespeaks Causation Doctrine

예측공시의 경우 미국에서 판례를 통해 발전한 원칙 중 '주의문구 원칙'(Bespeaks Caution Doctrine)이 있다. 이는 보통법의 'caveat emptor' 원칙[48]이 포기되

46) Wielgos vs. Commonwealth Edison Co., 892 F.2d 509 (7th Cir. 1989).
47) Eisenstadt v. Centel Corp., 113 F.3d 738 (7th Cir. 1997).
48) "caveat emptor" 원칙이란 '매수인은 주의하라'(Let the buyer beware)라는 의미의 보통법상 상거래에 관한 격언이다. 이 격언은 매수자는 거래의 위험성을 피하기 위해서 스스로가 조사하고 테스트하고

고 중요성의 개념이 등장하면서 함께 나타난 원칙이라 할 수 있다.[49] 즉 추정이익이나 추정매출액의 공시와 같은 예측공시의 경우, 결과가 불확실하며 예측대로 실현이 되지 않을 수 있다는 '주의문구'(bespeaks caution)를 넣어 함께 공시한 경우에는 손해배상의 책임을 면할 수 있다는 원칙이다. 이 경우 '주의문구'는 단순한 경고의 수준을 넘어서야 한다. 이러한 '주의문구'가 공시된 경우 비록 심하게 과장되어 공시를 한 경우나 일부 중요정보가 누락된 채로 공시를 한 경우에도 그 정보의 중요성은 경감되어 중요한 정보가 되지 않는다는 이론이다.

미국에서 연방제2항소법원은 Luce v. Edelstein 사건에서 기업이 당초 계획이 '상당히 투기적'(necessarily speculative)이며 실현되지 않을 수 있다는 사실을 경고하였기 때문에 해당 계획이 실현되지 않은 것에 대해 면책을 허용하면서 '주의문구' 원칙은 증권사기소송에서의 방어수단으로 확고하게 확립되었다.[50] 그리고 연방대법원은 이 원칙을 Virginia Bankshares v. Sandberg 사건에서 묵시적으로 인정하였다.[51]

이 'bespeaks caution' 원칙은 도널드 트럼프에 의해서 개발된 애틀랜틱 시티 카지노가 채권을 공모한 사건에서 매우 강하게 부각되었다.[52] 법원은 사업설명서상에 "발행자가 모든 채무를 충분히 감당할 수 있다."라는 희망적인 표현이 기재되어 있지만, 사업설명서의 다른 곳에서 함께 공시된 상당한 '주의문구'들은 이러한 표현을 중요하지 않은 정보로 바꾼 것이라고 인정하였다. 법원은 "상황에 따라서는 이자를 지불할 수 있는 발행자의 능력이 문제가 될 수 있고, 투자자에게 벤처투자의 위험을 경고"한 사업설명서상의 공시부분을 지적하면서 트럼프 캐슬 펀딩 사의 면책을

판단하여야 한다는 내용을 말한다. 이러한 격언은 엄격한 책임, 보장 또는 소비자보호법 등이 보호하고 있는 소비자가 매수자인 거래보다는 법원에서 시행하는 경매 등에 보다 잘 적용될 수 있다(Black's Law Dictionary (6th, 1990))(이에 대한 상세는 김정수, 1084면 참조).

49) '주의문구' 원칙의 기원은 Polin v. Conductron Corp., 552 F.2d 797, 806 (8th Cir. 1977), cert. denied, 434 U.S. 857 (1977)로 알려져 있다.

50) 802 F.2d 49, 56 (2d Cir. 1986).

51) 501 U.S. 1083 (1991).

52) Kaufman v. Trump's Castle Funding, 7 F.3d 357 (3d Cir. 1993).

인정한 것이다.[53]

미국의 판례법상 발전한 '주의문구' 법리는 1995년 증권민사소송개혁법(이하 '개혁법')이 제정되면서 법령화되었다. 즉 이 원칙이 예측공시와 관련하여 판례법상의 면책요건에서 '법적인 면책조항'(exclusive safe harbor rule)으로 발전하게 되었으며, 동시에 SEC에 제출되는 문건에 공시되었는지 관계없이 적용되게 되었다. 그러나 이 원칙은 법령화를 떠나서 매우 광범위하게 적용되고 있으며, 일부 법원의 경우는 '선의' 또는 '합리적인 근거' 여부와 관계없이 적용되기도 한다. 이는 법적 면책조항은 '배타적' 면책조항으로서의 의미를 가지고 있는 반면, 법적 면책조항에 해당되지 않는 경우에는, 예를 들어 '정직하게 가지고 있는 믿음'이 존재하는 경우에는 법원의 판단에 따라 면책될 개연성이 존재한다.

자본시장법은 미국의 제도를 모델로 하여 예측공시를 허용하되, 투자자들의 혼란을 예방하기 위해 일정한 방법에 따라 공시할 것으로 규정하고 있다. 법 제125조 제2항은 예측공시의 방법으로 4가지 방법을 규정하고 있는데, 제4호에서 "그 기재 또는 표시에 대하여 예측치와 결과치가 다를 수 있다는 주의문구가 밝혀져 있을 것"을 요구하고 있는데, 이는 미국의 '주의문구요건'을 반영한 것이다.

## 6. 중요정보 성립시기에 관한 주요 판례

내부자거래에 이용된 특정한 정보가 중요한 정보인지 여부를 판단함에 있어서 2가지 접근방법이 있다. 첫째, 하드정보 즉 역사적 정보(historical information)인 경우에는 이미 발생한 정보 자체가 중요한 정보인지를 판단하여야 하고, 둘째, 소프트정보 또는 투기적 정보인 경우에는 해당 정보가 중요정보로 어느 시점에 성립하였는지를 판단해야 하는 문제가 남아있다.[54] 따라서 중요정보의 판단기준 또는 성립

---

53) Palmiter, 94.

54) 내부자거래 규제에 있어서 중요정보의 성립시기에 대해 판례별로 분석한 연구문헌으로는 박임출, "내부자거래의 구성요건인 중요정보의 성립시기 - 결정사실을 중심으로", 『외법논집』 제34권 제2호(2010. 5) 참조.

시기의 문제는 하드정보보다 소프트정보 또는 투기적 정보의 경우에 쟁점이 되고 한다. 아래 판례들은 하드정보와 소프트정보가 섞여 있는데, 아래 판례들은 일반적으로 어떠한 정보들이 투자자의 투자판단에 중대한 영향을 미치는 중요정보인지, 그리고 어느 정도의 시점에 중요정보로 성립하였다고 법원이 판단하는지 알 수 있는 중요한 사례들이라 할 수 있다.[55]

### (1) 그룹 경영진에 대한 사업계획 보고

대법원은 2008도6219 판결에서 L카드 甲 사장이 2003. 7. 21. L그룹 乙부회장 등에게 '수정사업계획 및 주요경영현안'이라는 대외비 문건을 보고하면서 2003년 연간 적자액이 1조 2,893억 원에 이를 가능성이 있다고 예상하고, 경영정상화를 위하여는 약 4,000억 원 규모의 자본확충을 검토하여야 한다는 내용이 일부 포함되어 있는 점을 알 수 있는바, 합리적인 투자자의 입장에서 위와 같은 내용의 정보는 객관적으로 명확하고 확실하게 완성되지 않은 상태라도 유가증권의 거래에 관한 의사결정에 있어서 중요한 가치를 지닌다고 생각할 정도로 구체화되었다고 할 것이므로, 이 사건 중요정보는 2003. 7. 21. 무렵에 최초로 생성되었다고 판시하였다.[56]

### (2) 자사주 취득 후 이익소각 검토

피고인 甲은 신원종합개발의 최대주주인 B사의 기획담당이사로 있으면서 2003년 5월부터 신원종합개발의 기업홍보 및 주식관리의 업무를 담당하였는데, 2004. 1.경 신원종합개발의 주가가 액면가 대비 40%를 하회하자, 2004. 1. 중순부터 같은 해 2. 9.경까지 사이에 신원종합개발이 관리종목으로 지정되는 것을 방지하고 그 주가를 부양하기 위하여 신원종합개발의 자사주를 매입한 후 이를 소각하는 방안을 검토하면서 일반인에게 공개되지 아니한 신원종합개발의 '자사주 취득 후 이익소각'이라는 중요한 정보를 C종합금융주식회사의 직원인 피고인 乙에게 제공

55) 금융감독원, 판례분석, 196~204면 참조.

56) 대법원 2008. 11. 27. 선고 2008도6219 판결.

하고, 이에 따라 피고인 乙, 丙은 2004. 2. 11. 신원종합개발의 자사주 취득 후 이익소각 사실이 공시된다는 사실을 알고 위 정보가 공시되기 전인 2004. 2. 9.부터 같은 달 10.까지 사이에 3인 명의의 차명계좌를 통하여 합계 1,223,394주를 501,812,675원에 매수하였고, 신원종합개발은 2. 11. 이사회를 개최하여 '자사주 직접 취득 및 이익소각에 관한 건'을 의결하고 같은 날 이 내용을 공시하였다. 피고인들은 공시 익일인 2003. 2. 12.부터 같은 달 18.까지 사이에 이를 매도하여 합계 65,970,690원 상당의 부당이득을 취하였다.

대법원은 이 사건에서 '자사주 취득 후 이익소각'이라는 방안은 2004. 1. 중순 당시 이미 현실화될 개연성이 충분히 있었다고 할 것이고, 또한 이 방안은 미공개 중요정보를 예시하고 있는 증권거래법 제186조 제1항 제9호, 제11호 등에 해당하는 정보로서 회사경영이나 주가에 미치는 사안의 중요성이 인정된다고 판단하였다. 그리고 어느 회사에서 주가부양이 필요하다는 막연한 사실에 관한 주식시장의 인식과 회사 내부에서 실제로 그 방안을 구체적으로 검토하고 있다는 사실의 확인은 정보로서의 가치가 다르다고 보았고, 합리적인 투자자라면 2004년 1월 중순경 신원종합개발 내부에서 주가부양방법으로 '자사주 취득 후 이익소각'의 방안이 확정되지는 않았지만 구체적으로 검토되고 있다는 정보는 신원종합개발 주식의 거래에 관한 의사결정의 판단자료로 삼기에 충분하고, 따라서 이 정보는 피고인 甲이 피고인 乙에게 이를 전달한 2004년 1월 중순경 이미 미공개 중요정보로 생성되어 있었다고 판시하였다.[57)]

### (3) 대표이사와 대주주 간 무상증자 합의

피고인 甲은 상장법인 A의 재경부장으로서 2006. 10. 30.경 대표이사 乙과 주요주주 겸 회장인 丙이 회사의 자산재평가 적립금을 재원으로 무상증자를 실시하기로 하여 위 회사 재경부를 총괄하는 감사 丁으로부터 무상증자를 위한 이사회를 소

57) 대법원 2009. 11. 26. 선고 2008도9623 판결.

집하고 무상증자 일정과 안건을 작성하라는 지시를 받고 무상증자 계획을 수립하면서, 무상증자가 이사회에서 확정되고 공시가 되면 주가가 급등할 것을 예상하고 같은 달 31. A사 사무실에서 위 회사 주식 200주를 주당 93,779원에 매수한 것을 비롯하여, 그 때부터 같은 해 11. 7.까지 동서 명의 계좌 및 피고인의 처 명의 계좌 등 2개 증권계좌를 이용하여 위 회사 주식 639주를 합계 72,527,800원에 매수한 후 위 회사 무상증자 이사회 결의 공시일인 같은 해 11. 7. 직후인 같은 달 10.부터 13.까지 전량 매도하여 66,749,555원의 부당이득을 취하였다.

이 사건에서 피고인 甲은 A사의 대표이사 乙과 위 회사의 회장 丙이 무상증자 합의시점은 2006. 10. 30. 아닌 같은 해 10. 31.이고, 乙은 같은 해 11. 1. 丁에게 이사회 개최를 지시하였을 뿐만 아니라, 乙과 丙의 무상증자 합의 및 이사회 개최 지시만으로 무상증자의 실시가 확정되었다고 볼 수 없다고 주장하였지만, 이에 서울중앙지방법원은 다음과 같이 판시하였다:[58]

> 피고인 甲은 1976년 4월경부터 A사에 근무하였는데 2005년 3월경부터는 재경부장으로 회계, 채권회수 등 위 회사의 자금을 관리하는 업무와 공시에 관한 업무를 담당한 사실, 2002년 무렵부터 A사가 공공기관에서의 입찰 등에 유리한 지위를 차지하기 위해 자본금의 증자를 계획하고 있다는 사실을 알고 있던 중, 2006. 10. 31. 감사 丁의 이사회 개최에 관한 전화통화 내용과 소속부서 차장인 戊로부터 A사와 동종 회사의 자본금 현황을 알아보라는 감사의 지시를 받았다는 사실을 알게 된 사실, 같은 날 피고인은 이 사건 주식을 그전의 거래에 비하여 많이 집중적으로 매수한 이래, 피고인의 처와 동서의 명의로 공소사실과 같이 이 사건 주식을 매수한 사실, 실제로 같은 해 11. 7. A사의 이사회가 개최되어 무상증자에 대한 의결이 이루어졌고, 같은 날 이러한 내용이 공시되었으며 그 직후 회사의 주가가 급등한 사실을 각 인정할 수 있고, 한편 증권거래법 제188조의2 제2항 소정의 투자자의 투자판단에 중대한 영향을 미칠 수 있는 정보라 함은 합리적인 투자자라면 그

58) 서울중앙지방법원 2008. 12. 10. 선고 2008노3093 판결.

정보의 중대성과 사실이 발생할 개연성을 비교 평가하여 판단할 경우 유가증권의 거래에 관한 의사를 결정함에 있어서 중요한 가치를 지닌다고 생각하는 정보를 가리키는 것이라고 해석함이 상당하고, 그 정보가 반드시 객관적으로 명확하고 확실할 것까지 필요로 하지 않는다고 할 것이다(대법원 1994. 4. 26. 선고 93도695 판결 등 참조). 앞서 인정한 사실과 법리에 더하여, 앞서 든 각 증거에 의하여 인정되는 A사의 지배구조와 자본금 등에 비추어보면, A사의 이사회의 무상증자에 관한 의결이 곧 이루어질 것이라는 정보는 회사의 중요한 내부정보라 하지 않을 수 없고, 또 대표이사와 회장 겸 대주주 사이에 이사회의 의결을 거쳐 무상증자를 하기로 합의한 사실만으로도 무상증자의 실시에 관한 정보라고 봄이 상당하다.

### (4) 기업인수협상

대법원은 A사가 2003. 9. 하순경 구조조정 전문회사인 B사에서 도어록 생산업계 1위를 차지하고 있는 C사를 기업인수합병 시장에 매물로 내놓은 것을 알고 B사에 지분인수의향서를 제출한 후, 2003. 10. 중순경 구체적인 매각조건 등에 대하여 협상하게 되어 이때 사실상 A사는 최종 인수자로 확정되기에 이르렀고, 동 지분인수협상에 참여하여 이러한 사실을 알게 된 A사의 관리이사인 甲은 지인인 乙에게 동 정보를 전달하여 정보가 공개된 2003. 11. 5. 이전에 乙이 중요한 정보를 이용한 행위에 대해 미공개중요정보를 이용한 행위로 판단하였다.[59]

### (5) 계약교섭 중의 정보

피고인 甲은 A사의 사업총괄 부사장 겸 등기이사인 자로서 2007. 9. 초순경 'A사가 B사와 폴리실리콘 장기공급계약을 체결하는 것을 전제로 폴리실리콘 공급가격을 결정'한 사실을 인식하였고, 2007. 11. 초순경 A사 신재생에너지사업본부 본부장 乙로부터 'B사와 2007. 11. 이내에 계약을 체결할 예정'이라는 내용의 보고를 받고, 'B사와의 폴리실리콘 장기공급계약 체결'이라는 중요한 정보를 이용하여

59) 대법원 2005. 9. 9. 선고 2005도4653 판결.

동 정보가 증권선물거래소를 통하여 공시된 2007. 11. 20. 16:32 이전인 2007. 11. 9.부터 2007. 11. 19.까지 피고인 명의 계좌 등 총 4개 계좌로 A사 주식 9,271주를 2,423,472,000원에 매수하여 합계 418,285,878원의 부당이득을 취득하였으며, 그 후 A사는 2007. 11. 29. '2007. 9. 초순경 이미 합의한 가격'으로 B사와 장기공급계약을 체결하였다.

이 사건에서 피고인 甲은 2007. 11. 6. B사로부터 정식제안서를 받은 후 선수금과 물량 등에 관하여 협의를 시작하여 2007. 11. 14.경 물량이 확정되고, 2007. 11. 23.경 선수금의 액수가 확정되었기 때문에, A사와 B사 사이에 공급물량 및 선급금에 관한 합의가 이루어지기 전까지는 장기공급계약 체결정보가 중요정보로 생성된 것으로 볼 수 없다고 주장하였다. 이에 대해 서울지방법원은 다음과 같이 판시하였다:

> 통상 계약을 체결함에 있어 중요한 요소는 공급가격, 공급물량 및 선급금 비율 등으로 볼 수 있으나, B사의 설립목적, A사와 B사의 관계, 2007. 9. 초순경 A사와 B사 사이에 폴리실리콘 공급가격에 대한 합의가 이루어진 점, B사가 2007. 11. 6. A사에 정식제안서를 제출한 후 공급물량 및 선급금 비율에 관하여 협의를 하였지만, 이는 양사의 입장을 조율하는 정도에 불과할 뿐 이견이 있다고 하여 계약체결이 무산될 가능성은 사실상 없었던 점 등에 비추어 보면, B사가 2007. 11. 6. A사에 정식제안서를 제출한 시점에는 A사와 B사 사이의 장기공급계약 체결이 임박하였던 것으로 보이므로, 2007. 11. 6. 무렵에는 B사와의 장기공급계약 체결 정보가 일반 투자자의 입장에서 유가증권의 거래에 관한 의사결정에서 중요한 가치를 지닌다고 생각할 정도로 구체화되었다고 봄이 상당하다.[60]

수원지방법원 역시 같은 논리에서 "상장법인의 업무 등과 관련하여 일반인에게 공개되지 아니한 중요한 정보와 관련하여 상장법인의 계약 또는 협약 등과 관련한 정보는 계약서가 작성되어야만 생성되는 것은 아니고 그 교섭이 상당히 진행되

---

60) 서울중앙지방법원 2011. 4. 7. 선고 2010고합775 판결. 서울고등법원 2011. 12. 2. 선고 2011노1043 판결로 확정.

거나 계약사항의 주요 부분에 대한 합의가 이루어진 경우에는 이미 정보로서 생성된 것"으로 판시한 사례가 있다.[61]

### (6) 경영자문계약의 체결

서울고등법원은 〈한신기계공업 사건〉에서, 한신기계공업을 실질적으로 대표한 피고인 丙과 A사의 대표인 피고인 甲, 乙은 2008. 7. 16.경부터 수차례 논의한 끝에 늦어도 2008. 8. 24.경에는 적대적 인수합병을 중단하는 대신 경영자문용역계약을 체결하기로 하는 구두계약을 체결하였고, 실제로 그 중요한 일부를 서면화한 계약도 체결하였으므로, 그 무렵에는 합리적인 투자자의 입장에서 한신기계공업의 유가증권의 거래에 관한 의사결정에서 중요한 가치를 지닌다고 생각할 정도로 구체화된 정보가 생성되었다고 판단하였다.[62]

일반적으로 경영자문계약의 체결이 중요정보로 판단되는 경우는 매우 드물다고 할 수 있다. 이 사건에서 경영자문계약의 체결은 적대적 인수합병의 중단 대가로 체결된 것인데, 한신기계공업의 주가에 중대한 영향을 미치는 정보는 경영자문계약의 체결이라기보다는 적대적 인수합병 추진 또는 중단 정보라고 볼 수 있는데, 적대적 인수합병의 중단이라는 정보는 자본시장법상 내부자거래의 규제대상정보가 아니므로 경영자문계약의 체결이라는 내부정보와 적대적 인수합병의 중단이라는 시장정보가 결합된 정보로 판단하여 경영자문계약의 체결 정보를 중요정보로 판단한 사례이다. 이 사건은 현재 대법원에 계류 중이다.

### (7) 거래소의 상장폐지

2008. 10.경 A사는 직원의 급여 및 차입금에 대한 이자를 지급하지 못하고 있었고, 2008. 9. 30. 기준 A사의 누적 분식규모는 약 710억 원에 이르러 2008. 12.경부터는 금융감독원으로부터 회계감리 자료를 제출하라는 요청까지 받게 되었다. 그

---

61) 수원지방법원 2008. 8. 29. 선고 2008고합112 판결.
62) 서울고등법원 2011. 7. 8. 선고 2011노441 판결.

후 피고인은 2009. 1. A사 재무담당 직원들을 모두 퇴사시키고, 금융감독원의 위 자료 요청에 대해서는 직원 퇴사 및 자료 멸실로 제출이 어렵고 2008년도 결산도 어렵다고 주장하였으며, 이를 이유로 2008년 사업보고서를 법정제출시한(2009. 3. 31)까지 제출하지 않아 2009. 4. 13. 한국거래소는 A사의 상장폐지를 공시하였고, 같은 달 23. A사는 결국 상장폐지 되었다.

이 사안에서 피고인은 담보제공주식과 차명주식을 포함하여 처분가능한 모든 주식의 매도를 지시하였는데, 법원은 이 당시에는 이미 분식회계와 관련된 금융감독원의 조사가 진행되고 더 이상 분식회계를 지속할 수 없게 됨으로써 A사는 2009년도 상반기에 상장폐지가 될 것이 2008. 12.말경에는 확정되었다고 볼 수 있기 때문에, 피고인의 매수시점은 상장폐지 정보가 이미 생성된 시점으로 보아 피고인의 내부자거래 행위를 인정하였다.[63] 이 사안에서 피고인은 약 27.8억 원의 손실을 회피하였다.

## 7. 소 결

대법원은 〈바로크가구 사건〉을 판시한 2개월 후에 〈대미실업 사건〉을 다루면서 '시세영향기준'보다는 〈신정제지 사건〉에서 채택하였던 '중대성/개연성 기준'을 다시 적용하였다.

따라서 대법원은 중요성 판단기준으로 2가지 기준을 적용하고 있다고 볼 수 있다. 이에 대하여 정보의 중요성은 '중대성/개연성 기준'보다는 보다 객관적이라 할 수 있는 '시세영향기준'에 의해 결정되는 것이 바람직하다는 견해가 있다.[64] 그러나 이 두 개의 기준 사이에는 실질적인 차이가 없다고 본다.[65] 즉 합리적인 투자자가

63) 서울중앙지방법원 2011. 1. 28. 선고 2010고합1459 판결.

64) 강대섭, "증권시장에서의 부실표시로 인한 손해배상책임에 관한 연구," 고려대학교 박사학위논문 (1992) 67~68면.

65) 박임출, 138면; 옥무석, "미국증권법상 정보의 중요성 판단기준," 기업법의 현대적 과제 (행솔 이태로 교수 화갑기념논문집) (1992).

특정정보가 중대하고 그리고 현실화될 개연성이 크다고 판단한다면 해당 주가는 중대한 영향을 받을 것이고, 반대로 특정정보가 해당 주가에 중대한 영향을 미칠 수 없다면 그러한 정보를 합리적인 투자자가 중대하고 현실화될 개연성이 큰 정보로 보기는 어려울 것이다. 따라서 '시세영향기준'은 특정 정보의 중대성을 '중대성/개연성 기준'을 수치적으로 표현한 것으로 볼 수 있다. 따라서 앞서 언급한 것처럼 이 두 기준을 상호 배타적으로 볼 것이 아니라 EU처럼 사안에 따라 선택적으로 이용하는 것이 바람직하다고 본다.

대법원이 〈대미실업 사건〉에서 바로 앞에서 판결하였던 '시세영향기준'을 채택하지 않고 '중대성/개연성 기준'을 선택하였고, 이후 우리 법원은 주로 '중대성/개연성 기준'을 선호해 왔다고 할 수 있는데, 이러한 기준은 해당 정보가 시세에 직접적인 영향을 미치지 않은 경우에도 중요정보로 판단할 수 있는 보다 폭넓은 여유를 제공해 준다고 볼 수 있다.

## IV. 정보의 진실성 · 정확성

내부자거래의 규제대상정보는 진실하고 정확하여야 하는가? 법은 이에 대해 명확하게 언급하고 있지 않다. 그러나 내부자거래의 규제대상이 되는 정보는 정확하고 진실성을 가진 정보라야 한다.[66] 왜냐하면 내부정보를 이용하는 내부자로서는 해당 정보가 정확하고 진실하다고 신뢰하는 경우에야 거래의 실행에 옮긴다고 볼 수 있기 때문이다. 또한 해당 정보가 공시된 이후 주가의 상당한 반응이 나타나는 것이 일반적인데, 이는 해당 정보가 지닌 중요성 및 정확성, 그리고 진실성을 대변하는 것이기 때문이다. 만약 내부자가 중요한 정보라고 인지하고 거래를 하였지만, 그 정

66) 이상복, 156면; 임재연, 334면; 증권법학회, 주석서 I, 1041면.

보가 정확하지도 않고 사실과도 다른 정보였다면 해당 정보의 공시 이후 주가는 별다른 변화를 보이지 않을 것이다.

영국의 경우 FSMA 2000은 Market Abuse의 한 유형으로 내부자거래를 규제하고 있는데, 내부정보(inside information)의 성격에 대해 Section 118(2)는 "정확한 내용"(precise nature)일 것을 요구하고 있다. 그리고 Section 118(5)는 정확한 정보에 대해 정의를 내리면서 '특정성'(specific)을 추가하고 있다. EU의 Market Abuse Directive 제1조 1. 역시 정보의 "정확한 내용"(precise nature)을 동일하게 요구하고 있다. 영국의 형법(Criminal Justice Act 1993) 제56조는 내부정보에 대해 4가지의 요건을 모두 충족할 것으로 요건으로 제시하고 있는데, 그 중 하나로 "특정성 또는 정확성"(specific or precise)을 규정하고 있다.

이처럼 영국이나 EU가 내부자거래 규제정보를 '정확한' 및 '특정한' 정보로 규정하는 것은 루머 · 추측 · 풍자적인 말(innuendo) · 일상적인 지식이나 애매한 정보 등은 배제하기 위한 것이라 볼 수 있다.[67] 그리고 영국의 경우 "정확성" 및 "특정성"을 함께 규정한 것은 "정확성"이라는 표현만 사용할 경우 법원에서 이 개념을 너무 좁게 해석할 수 있다는 우려에 기인한다. 즉 "특정성"은 "정확성"보다 넓은 개념인데, "특정성"은 반드시 "정확"할 필요는 없는 것이며, 정확한 정보는 항상 특정적 정보이다.[68]

그런데 이처럼 규제의 대상을 정확한 정보로 제한하는 것은 타당하지만 정확성의 개념은 고정적인 것은 아니다. 예를 들어, 공개매수가 진행될 것이라는 정보는 '특정성'에 해당되지만, 공개매수의 가격이나 수량 등은 '정확성'의 문제가 될 수 있다. 따라서 특정성에 의해 보완될 필요가 있는 것이다. 이러한 측면에서 영국의 내부정보의 '정확성'은 세부적인 항목의 정확성을 요구하는 것이라 볼 수 없다. 정확성이라는 개념은 막연한 추측에서 비롯된 정보 또는 잘못 전달되어 온 사실과 다른 정보를 배제하는 의미로 보아야 할 것이다. 미국 법원은 U.S. v. Mylett 사건에서 내부자

---

67) Sarah Clarke, Insider Dealing, 59.

68) *Id.*, at 60~61.

거래의 규제대상이 되는 정보는 "구체적"(specific)이어야 하며, "단순한 루머 이상으로 사적"(more private than general rumor)이어야 한다고 판시하였다. 따라서 내부자가 어떤 예측(prediction)을 제공하였고, 정보수령자가 해당 예측에 근거하여 거래하였고, 그 예측이 사실로 확인된 경우 해당 예측은 내부자거래의 규제대상정보가 아니라고 판시하였다.

〈플래닛82 사건〉에서 피고인은 문제가 된 정보가 과장되고 정확성이 결여된 정보이므로 내부자거래 규제의 대상이 되지 않는다고 주장하였지만, 법원은 이를 받아들이지 않았다. 사건의 개요는 다음과 같다:

> 코스닥 상장법인인 A사는 2003. 12.경 B연구원과 사이에 기술이전계약을 체결하여, B연구원이 수행하고 있는 개발과제인 '나노기술을 이용한 초고감도 이미지센서'에 관한 기술을 기술료 50억 원 및 향후 매출액의 2%를 지급하는 조건으로 인수하기로 약정하였다. 이미지센서는 외부의 빛 신호를 사람이 볼 수 있는 영상으로 바꿔주는 반도체로서 일반적으로 칩 제작업체가 제작한 칩을 제공받아 구동시킴으로써 그 영상을 확인하거나 테스트를 하는 과정을 거쳐 제작되는데 B연구원은 외부업체를 통해 제작한 칩에 대한 테스트를 진행하던 중 그 영상이 구현되는 것을 확인하였고, 이에 2005. 10. 19.경 A사 대표이사 甲의 참석하에 내부시연회를 마쳤으며, 그에 관한 공개시연회를 개최하기로 결정하였다. B연구원은 2005. 11. 10. 산업자원부와 공동으로 공개시연회를 개최하였고, A사는 기술인수 기업으로서 위 공개시연회를 함께 준비하였다. 한편 A사는 그 무렵 주가가 급등하자 2005. 11. 10. 공정공시를 통해 나노 이미지센서의 개발이 완료되었고, 이에 따른 기술시연회를 개최한다는 내용의 이 사건 공시를 하였다.
>
> 피고인 乙은 2005. 10. 24. B연구원 행정연구원으로 B연구원에서 사내전산망인 MIS에 'A사 기술시연회(10/24)'라고 게시된 주간업무보고를 보고 "나노 이미지센서칩(SMPD) 개발완료 및 시연회 개최"라는 미공개정보를 지득하고, 같은 해 10. 25.부터 같은 해 11. 3.까지 피고인 명의의 계좌를 통하여 A사 주식 40,500주 약 1억 3,000만 원 상당을 매수한 다음, 위 정보가 일반인에게 공시된 2005. 11.

10. 이후에 이를 매도하여 합계 5억 8,400만 원 상당의 부당이득을 취득하였다.

서울지방법원은 이 사건에서 문제가 된 정보가 단순한 추측 정보와 같이 정확성이 결여되거나 허구의 정보라면 규제대상이 되지 않지만, 어느 정도의 정확성이 인정된다면 그것이 반드시 객관적으로 명확하고 확실할 것까지 요구하지는 않는다고 판시하였다:[69]

피고인은 중요정보에 해당하기 위해서는 그 내용이 진실한 정보여야 하는데 이 사건 정보는 허위정보에 해당하여 중요정보에 해당하지 않는다거나 또는 그와 같은 전제에서 결과발생이 불가능한 불능범에 해당한다는 취지로 주장하는 바, 살피건대 단순한 추측 정보와 같이 정확성이 결여되거나 추상적인 것은 내부자거래 규제의 대상이 되는 정보라 할 수 없고, 또한 완전 허구의 사항이라면 이를 정보라 할 수도 없으므로, 적어도 투자판단에 중대한 영향을 미칠 수 있는 정보라고 하려면 그 정보에 어느 정도의 정확성이 인정되어야 할 것이나, 증권거래법 제188조의 2 제2항 소정의 중요한 정보가 반드시 객관적으로 명확하고 확실한 것까지 요구하지 않는다는 것 또한 앞서 본 바와 같다(대법원 2003. 9. 5. 선고 2003도 3238 판결, 1994. 4. 26. 선고 93도695 판결 등).

이 사건에 관하여 보건데, 당시 B연구원이 개발한 나노 이미지센서가 상용화 단계에 이르지 못했다고 하더라도 일부 저조도 특성이 발견되는 등 그 기술적 특성이 인정되었으므로 이를 전혀 허구의 기술이라고 단정할 수 없는 점, 일반투자자의 관점에서도 나노 이미지센서의 개발완료라는 정보가 상당히 개연성 있는 정보로 인식되었을 것이라는 점, 더욱이 '시연회 개최'라는 정보는 객관적 사실에 부합하는 점, 그런데 당시 나노 이미지센서의 개발과정에 관한 기사가 수회에 걸쳐 언론에 보도되고 있는 상황이었으므로 기술개발의 주체가 개발을 완료한 다음 이에 관한 공개시연회를 개최한다는 정보 자체로도 투자판단에 상당한 영향력을 미칠 것

69) 서울중앙지방법원 2008. 11. 27. 선고 2008고합236 판결.

으로 보이는 점 등을 고려하면, 이 사건 정보에 일부 허위 또는 과장된 부분이 포함되어 있다 하더라도 그를 이유로 정보 자체의 중요성을 부정할 수는 없다고 할 것이다. 따라서 나노 이미지센서의 개발이 완료되어 기술시연회를 개최한다는 내용의 이 사건 정보는 증권거래법 제188조의2 제2항의 소정의 '중요한 정보'에 해당한다.

이 사건은 앞서 계약체결자의 '직무관련성' 여부를 논할 때 살펴 본 것이다. 앞에서는 행정연구원인 乙연구원의 직무관련성 여부를 검토하였지만, 이 사건에서 乙연구원 이외에 A사의 대표이사 甲은 내부자거래와 허위사실 유포의 혐의로 각각 다른 법정에서 재판을 받았다.

위 乙연구원이 주장하는 것처럼 기술개발완료는 상당 부분 과장되어 있었던 것으로 보이고, 피고인 甲 역시 기술개발완료가 상당부분 과장되었고, 해당 기술의 가능성이 매우 불확실하였다는 사실 등을 들어 중요정보가 아니라고 항변하였지만, 항소심인 서울고등법원은 "A사와 B연구원 사이의 기술이전계약의 내용은 B연구원이 피고인 회사에 나노광전자 원천기술 및 응용기술에 대한 특허권 및 기타 지적재산권 등 일체의 권리를 이전하거나 그 전용실시권 또는 독점적 통상실시권을 부여한다는 것이고, 나노광전소자기술은 카메라 휴대폰, 디지털 카메라의 중요 부품인 고감도 이미지센서개발이 가능한 기술로서 이 기술을 카메라폰에 장착할 경우 어두운 실내에서도 선명한 촬영과 고화질의 이미지 구현이 가능한 신기술인 사실이 인정되므로, 위 기술이전계약이 체결될 무렵 위 기술의 개발정도가 1,024 화소급의 시제품만 개발된 단계인지 여부, 상용화에 대한 성공가능성이 불확실하였는지 여부에 상관없이 위 기술이전 계약체결은 투자자의 투자판단에 중대한 영향을 미칠 수 있는 정보라고 판단된다."라고 판시하였다.[70)]

이 사건은 영국의 "특정성" 또는 "정확성" 기준을 적용한다고 하더라도 유죄라

---

70) 서울고등법원 2008. 11. 13. 선고 2007노1034 판결. 대법원 2009. 5. 28. 선고 2008도11164 판결로 확정되었다.

고 볼 수 있다. 이 사건에서 나노광전소자의 기술이 상용화되기 위해서는 아직 많은 연구가 필요하고, 그 성공 여부도 불확실한 상황이었지만, 그러나 이러한 내용은 외부에 공시되지 않았고, 오직 대표이사인 甲만 알고 있는 정보라 할 수 있으며, 乙도 이러한 사실까지는 인지하지 못하였을 것으로 추정된다. 그러나 이 사안에서 공시정보의 오류 또는 일부 허위는 회사가 직접 작성한 것이고, 이러한 공시내용의 일부 허위에 대해서 일반투자자들은 알 수 없었기 때문에 공시를 한 정보 자체가 주가에 상당한 영향을 행사하여 주가는 상당할 정도로 상승하였다. 따라서 정보의 정확성 여부를 논할 경우, 정보의 일부 허위를 직접 생성한 자가 해당 정보의 비정확성을 이유로 내부자거래를 부정하는 것은 모순이라 할 수 있다. B의 경우도 마찬가지로 해당 정보의 일부 허위성을 몰랐다 하더라도, 외부에 공시되는 정보 자체에 대해 B를 포함하여 일반투자자들 모두가 진실된 정보로 반응할 수밖에 없기 때문에, 해당 정보는 일부 허위 또는 과장된 부분이 있다 하더라도 법원의 판결처럼 해당 정보는 투자자의 투자판단에 중대한 영향을 미치는 정보로 볼 수 있다. 즉 정확하지 않은 정보로 볼 수 없다.

검찰은 피고인 甲의 행위에 대해 내부자거래와는 별개로는 공개시연회 등을 통해 실제로는 세계 최초의 고감도 이미지센서 칩의 기술개발이 완료되지 않았음에도 마치 완료되어 곧 제품생산이 가능하고 매출을 올릴 수 있는 것처럼 허위사실을 유포하거나 기타 위계를 사용한 혐의로 기소하였는데, 이 죄목에 대해서 제1심에서는 징역 5년, 항소심에서는 무죄, 그리고 대법원에서 최종적으로 무죄가 확정되었다.[71]

71) 대법원 2009. 5. 28. 선고 2009도1153 판결.

# V. 주요 판례

내부자거래 규제에 있어서 특정 정보의 중요성 요건은 구성요건의 하나로서 중요한 의미를 가지지만, 앞서 설명한 것처럼 실제 내부자거래 사건에서 해당 정보의 중요성 여부를 다투기보다는 내부자가 해당 정보를 거래에 이용한 시점에 그 정보가 이미 중요정보로 성립되었는지 여부, 즉 "중요정보로서의 성립시기"를 언제로 볼 것인가가 많이 다투어진다. 왜냐하면 대부분의 사건에서 내부자가 거래에 이용한 정보는 중요한 정보로 판단하였기 때문에 내부자가 위법을 무릅쓰고 해당 정보를 이용한 거래를 감행한 것이기 때문이다.

그러나 실제 내부자거래 사건에서 어떠한 정보들이 거래에 이용되었는지 살펴보는 것도 내부자거래 규제를 이해하는데 유익할 것이다. 내부자들이 실제 거래에 이용한 미공개중요정보는 크게 호재성 정보와 악재성 정보로 구분할 수 있다. 호재성 정보인 경우에는 공시 이전에 매수를 하고, 악재성 정보인 경우에는 공시 이전에 매도를 하게 된다. 악재성 정보의 경우 보유주식이 없는 경우에는 대차거래 등을 통해 주식을 빌려와 공매도를 하기도 한다. 그러나 유의할 점은 동일한 정보라 하더라도 항상 악재로 작용하거나 반대로 호재로 작용하는 것은 아니라는 점이다. 대표적으로 제3자배정 유상증자의 경우는 기업의 경영상황 및 자금조달 상황에 따라 어떤 경우에는 악재로, 어떤 경우에는 호재로 작용하기도 한다.

다음에서 우리 시장에서 발생한 내부자거래에 있어서 어떠한 미공개중요정보들이 이용되었는지 살펴본다.[72] 일본의 사례도 부분적으로 소개한다.

---

72) 금융감독원, 판례분석, 214~233면에 크게 의존하였다.

## 1. 호재성 정보

### (1) 무상증자

A사 경영기획팀장 甲은 이사회, 주주총회 소집 및 투자 등의 업무에 종사하는 자로서 2003. 6. 16.경 A사 부사장인 乙로부터 유동성 확보 등을 위하여 무상증자계획 수립을 지시 받고 그 무렵 300% 무상증자안을 입안한 후 A사 대표이사인 丙의 결재를 받고 7. 7.경 본부장 회의를 통하여 당시 개발 중이던 온라인 게임의 고객 호응도가 높을 경우 예정대로 무상증자를 실시하기로 재차 결의되고 7. 9. 위 게임이 출시되자 시장이 폭발적인 반응을 보여 무상증자가 확정적으로 됨에 따라, 7. 9. 甲의 사무실에서 A사 주식 15,930주를 33회에 걸쳐 총 2,610,805,000원에 매수한 후 A사 무상증자 이사회 결의 공시일인 7. 14. 전에 소량 판매하고 나머지 잔량은 공시일 및 그 다음날 집중 매도하여 570,464,016원 상당의 부당이득을 취하였다.[73)]

### (2) 타법인 인수

A엔터테인먼트사 영상사업부 이사 甲은 2005. 10. 11. A사가 B엔터테인먼트의 비디오 및 DVD 등의 유통을 담당하고 있는 C엔터테인먼트를 인수하기로 내부적으로 결정하고 그 시경부터 2005. 10. 18.까지 A사 영상사업부 이사로서 직접 C측과 접촉한 결과 C사 인수조건 등에 관하여 사실상 합의하여 A사가 C사를 인수하게 된 사실을 직무상 알게 됨을 기화로 위 정보가 일반인에게 공시된 2005. 10. 20. 16:38경 이전인 2005. 10. 18.부터 10. 20. 사이에 甲의 처 乙을 통하여 차명계좌를 이용해 A사 주식 총 45,625주를 매수한 다음 일반인에게 정보가 공개된 이후인 2005. 10. 24.부터 10. 26. 사이에 위 주식 중 43,625주를 매도하여 합계 41,147,002원 상당의 부당이득을 취득하였다.[74)]

---

73) 대법원 2005. 4. 29. 선고 2005도1835 판결.

74) 서울중앙지방법원 2007. 1. 26. 선고 2006고합1411 판결. 타법인 인수정보를 이용한 유사한 내부자거래 사건으로 대법원 2005. 9. 9. 선고 2005도4653 판결이 있다.

### (3) 합 병

합병은 가장 대표적인 중요정보 중 하나이다. 따라서 미공개의 합병 정보를 이용한 거래는 내부자거래에 해당될 가능성이 매우 크다고 보아야 한다. 다음의 수원지방법원 판결은 합병 정보를 이용한 전형적인 내부자거래의 유형이라 할 수 있다:[75)]

피고인 甲은 코스닥상장법인으로 PDP, LCD 등 디지털 TV를 제조 · 판매하는 주식회사 A의 관리이사로 근무하던 자, 피고인 乙은 A사의 영업담당이사로 근무하던 자, 피고인 丙은 위 乙의 처이다.

피고인 甲은 2006. 2. 28.경 A사의 합병협상과정에 참여하여 'B사가 C사의 경영권을 인수한 후 A사와 C사를 합병시킬 것'이라는 중요 미공개정보를 직무상 지득하고 동 정보가 증권시장에 알려질 경우 주가가 상승할 것을 예측하여 일반인에게 위 정보가 공개(2006. 3. 6)되기 이전인 같은 해 3. 2.경부터 같은 달 3.경까지 사이에 차명의 증권계좌로 A사의 주식 21,600주를 금 58,713,730원에 매수하였다가 같은 달 9. 위 주식을 전량 매도하여 미공개정보를 이용하여 금 44,361,101원의 부당이득을 취하였다.

피고인 乙은 위 합병에 관한 미공개중요정보를 일반인에게 2006. 3. 6. 공개되기 이전에 직무상 지득하고, 같은 날 밤 피고인의 집에서 이를 자신의 처인 피고인 丙에게 알려 주어 피고인 丙으로 하여금 같은 해 3. 2. 위 丙의 부친 丁 명의의 증권계좌로 A사의 주식 38,100주를 96,997,625원에 매수하였다가 같은 해 5. 3. 위 주식을 전량 매도하여 금 11,967,607원의 시세차익을 취득하는 거래와 관련하여 미공개정보를 이용하였다.

피고인 丙은 2006. 2. 28.경 자신의 집에서 남편인 피고인 乙로부터 중요 미공개정보를 전해 듣고 동 정보가 증권시장에 알려질 경우 주가가 상승할 것을 예측하여 일반인에게 2006. 3. 6. 공개되기 이전인 같은 해 3. 2.경 부친인 丁 명의의 한양증권 명동지점 증권계좌로 주식회사 A의 주식 38.100주를 96,997,625원

75) 수원지방법원 2007. 12. 26. 선고 2007고단4009 판결.

에 매수하였다가 같은 해 5. 3. 미공개정보를 이용하여 위 주식 전량 매도하여 금 11,967,607원의 부당이득을 취득하고, 같은 해 3. 2.경 위와 같이 지득한 중요 미공개정보를 자신의 모친인 戊에게 알려주어 戊로 하여금 같은 날 위 丁 명의의 증권계좌로 A사의 주식 9,900주를 금 25,802,620원에 매수하였다가 같은 해 5. 3. 위 주식을 전량 매도하여 금 2,511,180원의 시세차익을 취득하는 거래와 관련하여 미공개정보를 이용하였다.

### (4) 우회상장

피고인 甲은 A사의 대주주로 위 회사의 운영을 총괄하던 사람인바, 2005. 5. 19.경 상피고인 乙과의 사이에 '피고인 甲이 위 乙에게 장외에서 피고인 甲 소유의 A사 주식 2,046만주를 6,138,000원(주당 300원)에 매도하되, A사와 B생명과학의 합병 또는 우회등록이 무산될 경우 계약을 해지한다.'라는 내용의 계약을 체결한 다음 같은 달 25.경 위 乙로부터 매매계약금을 교부받고, 그 무렵 乙과 丙으로부터 주식교환 방식에 의하여 상장회사인 위 A사를 이용하여 B생명과학이 우회상장하려고 한다는 A사의 업무에 관한 미공개 중요정보를 전해 듣자 이를 기화로 위와 같은 일반인에게 공개되지 아니한 중요한 정보를 이용하여 A사 주식을 매수하여 시세차익을 얻을 것을 마음먹고, 2005. 5. 25.경 장소불상에서 HTS 주문방식으로 피고인 甲 명의의 계좌로 A사 주식 217,920주를 매수(1주당 405원)한 다음, 같은 달 5. 31.경 이를 매도하여 금 33,213,201원 상당의 부당이득(매도금액 122,253,120원 – 매수금액 88,257,600원 – 수수료 105,909원 – 제세금 676,410원)을 취득한 사례에서, 서울고등법원은 피고인 甲의 내부자거래 규제 위반을 인정하였다.[76]

### (5) 자사주 취득

상장법인 A사 대표이사 甲은 2001. 9. 20.경 A사 사무실에서 乙이 A사의 주식을 거래하면서 시세조종 하고 있다는 사실을 알면서 동인에게 'A사에서 주가부양을

---

76) 서울고등법원 2007. 10. 19. 선고 2007노1819 판결.

위해 자사주를 취득할 것이다'라는 사실을 알려주고, 같은 해 10월말경 같은 장소에서 乙에게 'A사에서 한 달 뒤 정도에 해외신주인수권부 사채를 발행할 것이다'라는 사실을 알려주어 乙로 하여금 일반인에게 공개되지 아니한 중요한 정보를 A사 주식 매매거래에 이용하게 한 사례에서, 대법원은 자사주취득 정보를 중요정보로 인정하였다.[77]

### (6) 해외전환사채 발행 계획

1999년 4월 초순 피고인 甲의 형인 A사 대표이사 乙이 B사 해외전환사채 60억 원 가량을 인수하기로 협의하고 4월 하순경 B사 대표이사 丙과 이에 대한 포괄계약을 체결하였고 같은 해 5. 4. 해외전환사채의 발행 및 인수계획이 공시되어 일반인에게 공개되었는데, 甲은 동 해외전환사채의 인수계약 협의 및 추진실무를 맡고 있는 자로서 1999. 4. 28. ~ 29. A사 사무실에서 자신의 계좌를 이용하여 B사 주식 총 3,000주를 18,502,090원에 매수한 사례에서, 서울지방법원은 해외전환사채 발행 계획을 중요정보로 인정하였다.[78]

또한 〈엠엔에프씨 사건〉에서 (주)엠앤에프씨는 해외 신주인수권부사채를 발행하고, 그 자금을 기반으로 신규 사업에 진출할 것을 결정하였는데, 동 정보가 공시되기 전에 엠엔에프씨의 주식을 매수한 피고인에 대해 법원은 내부자거래의 유죄를 선고하였다.[79]

### (7) 기술이전계약 체결

피고인 갑은 A약품의 홍보담당이사로서 A약품의 신약개발 등 업무성과를 홍보하는 업무에 종사하는 사람인바, 2005. 8. 26.경 A약품 홍보실 사무실에서, A사 중앙연구소장으로 기술이전계약 담당임원인 丁으로부터 A약품에서 개발한 위궤

---

77) 대법원 2004. 3. 26. 선고 2003도7112 판결.
78) 서울지방법원 2003. 8. 26. 선고 2003고합94 판결.
79) 서울고등법원 2014. 7. 24 선고 2014노1034 판결.

양 치료제와 관련하여 'A약품이 개발한 위궤양 치료제의 전 세계 판매를 위하여 다국적 제약회사인 B사와 조만간 기술이전계약을 체결할 예정이다'라는 취지의 중요정보를 직무와 관련하여 전해 듣고 위 정보를 이용하여 2005. 8. 29. 위 홍보실 사무실에서 홈트레이딩 시스템을 통해 피고인 乙 명의로 A약품의 주식 1,600주를 시가 38,251,660원에 매수한 것을 비롯하여 그때부터 같은 해 9. 7.경까지 총 3회에 걸쳐 A약품의 주식 총 2,100주 시가 합계 49,840,830원 상당을 매수하고 합계 13,789,170원의 부당이득을 취득한 사례에서, 서울중앙지방법원은 '기술이전계약 체결' 사실을 중요정보로 인정하였다.

### (8) 특허 취득

피고인 甲은 반도체 설계용 소프트웨어 개발 및 반도체 유통업체인 A사의 반도체 설계 연구소장으로 근무하면서 2002. 3. 6. 회사 대표이사인 乙로부터 "A사가 EISC기술에 관한 지적재산권을 미국의 B사에게 1,000만불에 매입하기로 협의하였다."는 정보(공시일 2002. 3. 20)를 전해 듣고, 2002. 3. 11.경 미국 캘리포니아주 산타클라라시 소재 B사 사무실에서 A사의 이사인 丙으로부터 "A사가 EISC 기술에 대한 미국 특허를 취득하였다."라는 미공개 중요정보(공시일 2002. 3. 15)를 전해듣고 정보가 공개되기 전인 3. 6.부터 3. 20.까지 甲의 차명계좌를 통하여 총 29회에 걸쳐 A사 주식 20,600주를 평균매수단가 18,315원에 매수한 후 매도하는 과정에서 196,800,600원 상당의 부당이득을 취득한 사례에서, 서울중앙지방법원은 특허의 취득 정보를 중요정보로 인정하였다.[80]

### (9) 추정결산실적

결산정보는 내부자거래 사건에서 가장 대표적으로 중요한 정보로 평가되는 정보이다. 일본 금상법은 결산정보를 가장 대표적인 중요정보의 하나로 규정하고

80) 서울중앙지방법원 2004. 3. 18. 선고 2004고합147 판결.

있고, 미국 역시 내부자거래 예방 규정에서 결산실적의 집계가 진행 중인 일정한 기간 동안에는 임직원들의 자사주식 거래를 명시적으로 금지하고 있다. 다음 판결은 내부자거래 사건의 초기 판결에 속하는 사건이지만, 대법원은 추정결산실적을 이용한 다음의 사건에서 내부자거래 위반을 인정하였다.[81)]

> 상장회사인 A사의 상무이사인 甲은 1992. 12. 하순경 동 회사의 합계잔액시산표 등에 의거하여 1992 사업연도의 결산실적을 추정한 결과, 총 매출액이 금 94,000,000,000원, 순이익이 금 148,000,000원으로 각각 전년대비 70.1 퍼센트와 131.2 퍼센트 증가하였음을 확인한 후, 다음해 1. 4.경 B증권회사 영업부장으로 근무하고 있던 친구 乙이 자기 증권회사에서 위 회사의 1992 사업연도의 매출액을 금 90,000,000,000원, 당기순이익을 금 110,000,000원으로 추정하고 있는데 맞느냐고 묻자, 乙에게 그 수치가 거의 맞다고 확인하여 줌으로써, 乙로 하여금 위 정보를 자기 고객들에게 알려주어 1993. 1. 5.부터 같은 해 1. 27.까지 사이에 위 회사의 주식 205,000주, 금 3,148,863,000원 상당을 매매하게 하여, 일반인에게 공개되지 아니한 중요한 정보인 위 회사의 1992 사업연도의 추정결산실적을 이용하게 한 바, 회사의 추정영업실적이 전년도에 비하여 위와 같이 대폭으로 호전되었다는 사실은 위 회사의 유가증권의 가격에 중대한 영향을 미칠 것임이 분명한 것으로 보아, 대법원은 추정결산실적 정보를 투자자들의 투자판단에 중대한 영향을 미칠 수 있는 정보로 판단하였다.

최근 CJ E&M이 분기결산 추정치가 예상보다 낮게 나오자 주가의 연착륙을 도모한다는 생각으로 일부 증권회사 애널리스트들에게 이 정보를 제공하고, 애널리스트들은 펀드매니저들에게 다시 동 정보를 제공하여 펀드매니저들이 동 정보의 공시 전에 상당한 물량의 CJ E&M 주식을 매도한 사건이 발생하였다. 이 사건은 현재 재판이 진행 중인 사건인데, 이 사건에서 문제가 된 정보는 분기 추정실적이었다.

---

81) 대법원 1995. 6. 29. 선고 95도467 판결.

### (10) 공개매수

공개매수 정보는 내부자거래 사건에서 이용되는 전형적인 정보로서 법에서는 공개매수 정보를 이용하는 행위에 대해 별도로 규정하고 있다. 이는 공개매수 정보를 이용한 경우는 자기 회사의 주식을 거래하는 것이 아니라 공개매수의 대상이 되는 기업의 주식을 매수하기 때문이다. 이와 관련하여 공개매수 정보의 경우도 중요정보의 요건이 충족되어야 한다는 견해가 있지만, 법에서 공개매수 정보를 이용한 거래 자체를 금지하고 있는 것으로 볼 때 공개매수 정보를 이용한 내부자거래 사건에서 공개매수 정보를 이용한 것만으로 충분하다고 본다. 서울중앙지방법원은 다음과 같이 공개매수 정보를 이용한 피고인에 대해 유죄를 인정하였다.[82]

> 피고인은 상장법인인 주식회사 A의 대표이사로 재직하였고, 2008. 7. 3. A사가 존속법인인 B사와 신설법인인 A사로 분할된 이후 B사의 대표이사로 재직하고 있는 자인바, 2008. 8. 초순경 예상과 달리 사업회사인 A의 주가가 지주회사인 B사의 주가보다 낮게 형성되어 회사분할을 통한 외부투자 유치라는 당초 목적으로 달성하기 어렵게 되자, 2008. 8. 말경 B사가 사업자회사인 A사의 주식 100%를 공개매수하여 A사의 상장폐지를 추진하기로 결정하고, 'B사의 A사 주식 공개매수 신청' 사실이 공개되면 A사 주가가 상승할 것으로 예상하고 위 회사의 직무와 관련하여 알게 된 미공개정보를 이용하여 A사 주식을 매수하기로 마음먹고, 2008. 9. 19. 11:25경 증권선물거래소 게시판에 동 정보가 공시되기 전인 2008. 9. 3.부터 같은 달 18.까지 피고인의 차명계좌인 乙 명의의 계좌와 乙의 자녀들, 피고인의 자녀들 명의의 계좌 등 총 5개 계좌로 A사 주식 52,610주를 1,545,999,000원에 집중적으로 매수하여 379,700,430원의 부당이득을 취하였다.

일본에서 사회적으로도 크게 논란이 되었던 〈무라카미 펀드 사건〉도 무라카미 펀드의 대표이사인 무라카미가 라이브도어가 니폰방송 주식에 대해 공개매수를

82) 서울중앙지방법원 2011. 8. 10. 선고 2011노1250 판결.

하여 경영권은 인수할 예정이라는 정보를 동 공개매수 공표 전에 니폰방송 주식을 매수한 사건으로서, 전형적으로 공개매수 정보를 이용한 내부자거래 사건으로서 일본최고재판소에서 유죄를 선고 받았다.

### (11) 해외 자원개발 투자

최근 해외 자원개발투자가 테마주를 형성하면서 주가가 급등한 사례가 많았다. 서울중앙지방법원이 판단한 다음의 사례는 러시아 유전개발투자 정보를 이용한 내부자거래 사례이다:

> 주식회사 A가 주식회사 B로부터 러시아 유전개발회사 주식을 인수하기로 하고 이를 위해 컨설턴트 乙과 주식양수도 계약을 중개하는 내용의 컨설팅계약을 체결하였는데, 피고인 甲은 2007. 5. 25.경 乙로부터 "내가 컨설팅을 해 주고 있는 A사가 러시아 유전개발회사 주식을 인수하는 계약을 체결하기로 하였는데, 계약에 필요한 대금 마련을 위해 (A사가) 실시하는 유상증자에 참여할 생각이 있느냐, A사가 투자하려고 하는 러시아 유전개발회사는 현재 생산 중인 유전광구를 가지고 있고, 원유매장량이 매우 많아 투자를 하면 대박이 난다."라는 말을 들은 뒤 러시아 유전개발회사 투자계약 사실이 공시되면 A사의 주가가 급등할 것으로 예상하고, 2007. 5. 29. 자신의 계좌를 이용하여 A사 주식 204,490주를 매수한 후 러시아 유전개발회사 주식양수도 계약체결 사실이 공시된 같은 해 6. 8. 이후인 6. 15.부터 6. 19.까지 주식 전량을 매도하여 243,048,975원의 부당이득을 취득하였다.

### (12) 주식분할

주식분할은 이론적으로 회사의 가치가 상승하는 것은 아니지만, 유동성 제고 등 다른 효과로 인해 호재로 작용하여 주가를 상승시키는 경우가 많다. 우리나라에서 주식분할 정보를 이용한 내부자거래 사건은 발견하기 어려운 반면, 일본의 경우

는 다수의 사례가 존재한다.[83)]

먼저, 〈캐논소프트웨어 사건〉에서 동증 2부 상장회사인 캐논소프트웨어(Canon Software)는 주식분할 결정사실을 평성 14년 6월에 공표하였다. 주식분할에 관한 결정공고와 관련하여 동사와 업무위탁계약을 체결하였던 A사의 영업국장인 B는 동 계약의 체결과정을 통해 캐논소프트웨어의 주식분할 결정사실을 알게 되었다. B는 주식분할에 관한 결정을 공표하기 이전에 캐논소프트웨어 주식을 매수하여 이익을 취하기 위해 주식분할에 관한 결정이 공표되기 전에 자기명의로 캐논소프트웨어 주식 4,000주를 약 364만 엔에 매수하고, 공표 후에 높은 가격으로 매도함으로 약 293만 엔의 이익을 취득하였다. 동경지방재판소는 평성 18년 7월 8일, A에 대해 징역 1년 6월 (집행유예 3년), 벌금 50만 엔, 추징금 658만 엔을 명하였다.

〈아라이드 테레시스 사건〉에서는 네트웍 관련 기기판매의 아라이드 테레시스는 주식분할 결정사실을 평성 16년 4월에 공표하였다. 동사의 상급 집행임원이었던 A는 4월 15일 그 직무와 관련해서 동 중요정보를 알게 되었다. A는 이 중요사실이 공표되기 전에 B 및 C와 공모하고 각각 B 자신 및 C의 지인 여성의 명의로 동사 주식 계 2,500주를 매수하였다. B는 A로부터 중요정보를 전달받았고 동 정보의 공표 전에 단독으로도 자기명의로 동사 주식 1000주를 매수하였다. A로부터 동 중요정보를 전달을 받았던 D 역시 중요정보가 공표되기 전에 자기명의로 동사 주식 3000주를 매수하였다. 사이다마지방재판소는 평성 18년 11월 28일, A에 대해 징역 1년 6월 (집행유예 5년), 벌금 100만 엔, 추징금 1089만 엔을 명하였다. B, C, D에 대해서도 각각 집행유예와 함께 징역형을 명하였다.

〈BC 데포코포레이션 사건〉에서 컴퓨터 판매회사인 BC데포코포레이션의 종업원이었던 A는 평성 16년 1월부터 평성 17년 8월에 걸쳐 동사가 주식분할을 결정한 사실을 알고, 또한 동사가 거래처인 B사와 업무제휴를 한 것 등 각 중요사실의 공표 전에 BC데포코포레이션 주식 46주 (약 1,656만 엔), B사 주식 21만 9000주(6,883만

---

83) 西村, 144~145면.

엔)을 매수하고, 공표 후에 이들을 매각하여 약 2,400만 엔의 이익을 취하였다. 요코하마지방재판소는 평성 19년 12월 18일 A에 대해서 징역 4년 6월, 벌금 500만 엔, 추징금 1억 938만 엔을 명하였다.

〈일본경제신문사 사건〉에서 일본경제신문사 동경본사의 광고국 금융광고부원이었던 A는 니시마쓰점(西松屋) 체인 등 5개사가 주식분할을 행하는 것을 결정하였다는 중요사실을 업무를 통해서 알게 되었고, 이들 중요사실이 공표되기 전에 이들 5사의 주식을 각각 매수하고, 동 중요사실이 공표된 후에 각 주식을 매도하여 이익을 취득하기로 마음먹고 각사의 주식 9만 4000주를 약 2억 4000만 엔에 매수하였다. 동경지방재판소는 평성 18년 12월 25일, A에 대해 징역 2년 6월 (집행유예 4년), 벌금 600만 엔, 추징금 1억 1674만 3900엔을 명하였다.

## 2. 악재성 정보

### (1) 재무구조 악화 및 대규모 유상증자

〈LG 카드 사건〉에서 LG카드의 적자가 누적됨에 따라 자본부족 문제로 인하여 재무구조가 급속히 나빠져 회사의 경영상황이 악화될 것이라는 정보 및 상반기에 1차 유동성 위기 해소를 위해 실시된 1조 원 상당의 자본 확충이 끝났음에도 위와 같은 재무구조의 악화 등으로 LG카드에서는 추가 자기자본 확충을 위하여 조만간 수천억 원 이상 규모의 유상증자가 이루어져야 하는 상황이라는 정보를 이용하였는데, 대법원은 다른 이유를 들어 내부자거래 혐의를 부정하였다.[84)]

### (2) 계열회사의 수익성 악화

A사는 2001. 8.경부터 계열회사인 미국 소재 B사로부터 계속적인 자금요청을 받자 아예 동사 지분을 100퍼센트 인수할 계획을 추진하던 중, 같은 해 10. 하순

---

84) 대법원 2008. 11. 27. 선고 2008도6219 판결.

경 A사의 임직원 등이 B사의 경영실태를 실사하였던바, 동사의 재무상황이 심하게 악화되어 그 회복이 어렵고 주 사업인 인터넷전화사업의 수익성이 거의 없다는 사실이 파악되어, 같은 해 11. 6.경 A사는 임직원 등이 회의 및 투표를 거쳐 B사 인수를 포기하기로 결정하여 B사는 사실상 파산에 이르게 되었는데, 실사에 참여한 A사 임원 甲은 동 사실이 공개(2001. 11. 16)되기 전인 같은 해 11. 7. A사 주식을 총 542,322,000원에 매도하여 164,983,500원의 손실을 회피하고, A사의 회장 乙은 같은 해 11. 8. A사의 주식을 3,813,100,000원에 매도하여 1,041,100,000원의 손실을 회피하였다.

이러한 사례는 계열회사의 부실이 A사에 미치는 부정적인 효과를 인지하고 이러한 사실이 공시되기 이전에 A의 회장 및 임원이 자사 주식을 매도한, 악재를 이용하여 손실을 회피하고자 하는 내부자거래의 전형적인 형태라 할 수 있다.[85]

### (3) 대규모 적자 · 부도정보

회사의 대규모 적자 정보는 투자자의 투자판단에 중대한 영향을 미치는 전형적인 악재라 할 수 있다.

대법원은 〈대미실업 사건〉에서 대미실업은 자본금이 101억 규모인 회사인데, 사이판의 자회사에서 화재가 발생하여 약 20억 원의 손실을 입은 것을 비롯하여 1991. 12. 결산 결과 약 35억 원의 적자가 발생한 것이 드러났고, 그와 같은 내용이 아직 공개되지 아니하고 있었다면, 그와 같은 정보는 위 법 제188조의2에서 말하는 중요정보로서 그 공개 전의 내부자거래는 위 법이 규제하는 대상에 해당한다고 판시하였다.[86]

수원지방법원도 상장법인의 대표이사가 진행 중인 회계감사 과정에서 담당 공인회계사로부터 부실채권으로 인해 대규모의 영업손실이 발생하였고, 이를 재무제표에 반영해야 할 것 같다는 말을 듣고, 자기가 보유 중인 주식 657,067주를 매도

---

85) 서울지방법원 2003. 5. 14. 선고 2003노1891 판결.

86) 대법원 1995. 6. 30. 선고 94도2792 판결.

하여 160,808,114원의 손실을 회피한 사례에서 내부자거래 혐의를 인정하였다.[87]

대법원은 상장법인 A사의 주요주주인 B사의 대표이사로 근무하는 甲이 A사가 발행한 어음 등의 부도처리가 불기피한 사실을 알고 B사가 보유하고 있던 A사의 주식을 1998. 4. 16.부터 같은 달 23일까지 매도하였는데, 甲의 매도행위가 끝난 다음 날인 같은 달 24일 A사가 최종 부도처리 되어 공시된 사건에서, 甲의 내부자거래 행위를 인정하였다.[88]

### (4) 화의개시 신청

코스닥 상장법인인 주식회사 A의 대표이사인 피고인 甲은 무리한 사업 확장으로 극심한 자금압박에 시달리고 있어 회사 발행 어음금조차 정상적으로 결제하지 못하는 상황에 이르게 되어 B텔레콤의 乙과 A사에 대한 매각협상을 벌이던 중 2005. 9. 21. (정보생성시점) 乙로부터 매각협상의 최종 결렬을 통보받고 사실상 화의개시 신청을 할 수밖에 없는 상황에 이르게 되자, 화의개시 신청 사실이 공시되면 A사의 주가가 급락할 것을 예상하고 이 정보를 이용하여 A사 주식을 매각함으로써 부당이득을 취할 것을 마음먹고, 2005. 9. 21. A사의 수원영업소에서, 명의를 대여받아 개설해 놓은 丙 명의의 증권계좌를 이용하여 온라인 주식거래 시스템을 통해 피고인 甲 소유의 A사 주식 2,256,239주를 1주당 405원 상당에 매도함으로써 합계 8억 7,800만 원 상당의 부당이득을 취하였다.[89]

일반적으로 화의개시 신청은 회사의 재무구조가 회복하기 어려운 상황에 처하게 되었을 때 선택하는 것으로 화의개시 신청 사실이 공시가 되면 주가는 거의 반토막 나는 경우가 빈번하다. 따라서 화의개시 신청 정보를 이용하여 거래를 하는 것은 매우 위험한 행위라 할 수 있다.

---

87) 수원지방법원 2010. 4. 23. 선고 2010고합72 판결.
88) 대법원 2000. 11. 24. 선고 2000도2827 판결.
89) 청주지방법원 2008. 5. 7. 선고 2008노195 판결.

### (5) 감자의 실시

감자는 회사의 재무구조가 매우 악화되어 새로운 자금의 유입을 위한 지배구조의 재편과정에서 발생하는 경우가 많은데, 대표적으로 감자 후 유상증자를 실시하는 경우를 들 수 있다. 이외에도 다양한 상황에서 감자 결정이 이루어질 수 있는데, 감자 결정은 기업의 재무구조의 취약성을 환기시키는 효과가 있어 통상적으로 투자자의 보유주식 매도를 유발할 소지가 매우 크다. 다음의 대구지방법원 사건은 감자정보의 공시 전에 여신계약을 체결 중인 은행이 내부자거래를 행한 사건이다.

대구지방법원은 A은행 직원인 甲과 乙은 공모하여 甲은 2003. 8. 7. A은행 여신관리팀 사무실에서 A은행과 2002. 2. 27. 경영정상화 약정을 체결한 B사의 여신관리담당자로부터 B사의 예상 감자비율 및 감자에 대한 이사회 결의 예정일 등이 기재된 'B사 제11차 채권금융기관 운영위원회 서면결의 안건 및 사전회의자료'를 전달받자 즉석에서 A은행이 보유하고 있는 B사 주식의 매매거래를 담당하고 있는 자금운용팀의 乙에게 위 자료를 팩스로 전송하였고 乙은 팩스를 받은 즉시 C증권의 A은행 명의의 증권계좌를 통하여 B사 주식 235,710주를 평균 단가 2,025원에 매도하여 B사의 감자에 관한 이사회 결의사실이 공시된 2003. 9. 9. 이후 최저가인 주당 1,260원(2003. 9. 16. 종가)과 대비하여 총 178,181,410원의 손실을 회피한 사례에서 甲과 乙의 내부자거래 규제 위반을 인정하였다.

이외에도 대법원 2007. 7. 26. 선고 2007도4716 판결은 상장법인의 대표이사가 증자 후 무상감자 정보를 이용한 거래에 대해서, 서울고등법원 2007. 7. 5. 선고 2007노782 판결은 역시 대표이사가 감자 후 유상증자 정보를 이용하여 공시 전에 매도한 사건에서, 의정부지방법원 고양지원 2009. 11. 6. 선고 2009고단1319 판결은 역시 대표이사가 감자의 불가피성을 인지하고 동 정보가 공시되기 이전에 매도한 사건에서 모두 내부자거래 규제 위반으로 판단하였다.

### (6) 경영진의 긴급체포

기업인수 및 기업합병의 자문을 주업으로 하는 A사의 대표이사인 피고인 甲은 자문계약을 체결하고 있는 B사의 대표이사와 자금부장이 검찰에 긴급 체포되었다는 전화를 A사의 직원으로부터 받고, 평소 알고 지내던 변호사에게 범죄혐의를 알아봐 달라고 부탁한 후, 그날 저녁 위 변호사로부터 B사의 대표이사 등이 기술을 훔친 혐의사실로 긴급 체포되어 조사받고 있음을 전해 듣고, 소규모 벤처회사인 A사의 경영이 순탄치 않고, 향후 동 정보가 공시될 경우 A사의 주가가 급락할 것을 예상하여 자사의 직원에게 A사가 보유하고 있는 B사의 주식을 모두 매도할 것을 지시하였다.

수원지방법원은 이 사건에서 피고인 甲은 일반에게 알려지지 않은 미공개중요정보를 이용하여 손실을 회피한 것으로 보아 내부자거래에 해당한다고 판단하였다. 이 사건에서 A사의 주식매도로 인해 회피한 손실은 325,527,880원인 반면, 법원은 피고인 甲에게 벌금 50,000,000원, A사에게는 양벌규정을 적용하여 벌금 20,000,000원을 선고하였다.[90)]

### (7) 회계법인의 감사의견 거절

서울지방법원은 회계감사법인으로부터 회사에 대한 감사의견이 '의견거절'로 결정되었음을 통보받고 해당 감사의견이 대외적으로 공시되는 경우 주식이 상장폐지 될 것임을 인식하고 감사의견이 공시되기 전에 보유주식을 매도하여 약 3,400만 원의 손실을 회피한 상장법인의 최대주주 겸 대표이사에 대해 내부자거래 규제 위반을 인정하였다.[91)]

### (8) 회사자금의 횡령

A사의 감사로 근무하던 피고인 甲은 2004. 2. 16. A가 주식 466,371주를 보유하고 있었는데, 동 주식은 저축은행 및 증권 등에서 대출받은 자금 약 13억 원으로 매입한 것으로 2005. 2. 16. 저녁 A사의 실질 경영자였던 乙이 회사자금 27억 원 정도를 횡령하고 도주한 사실을 알게 되고, 2005. 2. 17.부터 주식이 거래되지 않고 연일 하한가를 기록하면서 폭락하여 대출금을 변제하지 못할까봐 걱정이

---

90) 수원지방법원 2012. 11. 23. 선고 2011고단1945 판결.
91) 서울지방법원 2003. 12. 17. 선고 2003노5398 판결.

되자, 2005. 2. 17.부터 2. 24.까지(乙의 횡령 및 도주사실에 대한 공시는 2005. 2. 28) 보유주식 중 103,869주를 매도하였고, 2005. 2. 25.에는 62,435주를 새로 매입하였다가 그 날 53,000주를 매도하였으며, 그 후 2005. 2. 28. 162,352주를 매도함으로써 합계 319,221주를 매도하여 12억 원의 손실을 회피한 사례에서 서울고등법원은 피고인의 내부자거래 규제 위반을 인정하였다.[92)]

### (9) 부실금융기관 지정

서울지방법원은 상장법인의 대표이사가 금융감독원으로부터 부실금융기관 지정 예정통보가 있기 전에 동 정보를 이용하여 거래를 한 행위에 대해 내부자거래로 판단하였다.[93)]

피고인은 1999. 12. 28.경부터 2000. 12. 16.경까지 A화재해상보험주식회사의 대표이사, 2000. 12. 17.경부터 2001. 3. 10.경까지 사이에 위 회사의 회장으로 근무하였던 자로서, 2001. 2.초경 A사 회장 사무실에서, 자신이 직접 추진한 외자유치가 실패하는 등 금융감독원의 적기시정조치 유예조건을 이행하지 못하여 부실금융기괸 지정의 제재를 받을 수밖에 없다는 사실을 알고 있었던 상태에서, 위 회사 부회장 甲으로부터 금융감독원에서 부실금융기관지정 여부를 앞서 위 회사 직원들이 내부적으로 자체 실시한 결과 A사의 순자산액이 320억 원 상당 부족하여 금융감독원으로부터 실사를 받을 경우 위 회사가 부실금융기관으로 지정될 가능성이 높다는 보고를 받은 후, 이러한 사실이 일반에게 알려질 경우 위 회사의 주가가 하락할 것으로 예상하여 2001. 2. 5.경 자신의 차명계좌를 관리하던 위 회사 위험관리팀장 乙에게 피고인이 丙 명의로 보유한 위 회사 주식을 모두 매도하도록 지시하여, 乙로 하여금 위 회사에 설치된 컴퓨터 단말기를 이용하여 같은 날부터 금융감독원의 A사에 대한 부식금융기관 지정 예정통보가 있기 하루 전인 같은 달 23.경까지 위 丙의 명의로 개설된 B증권 남대문지점 계좌와 C증권 개포지점 계

92) 서울고등법원 2007. 5. 10. 선고 2007노322 판결.
93) 서울지방법원 2002. 6. 11. 선고 2002고단4430 판결.

좌에 있던 위 회사 주식 105,180주를 전량 매도하게 하여 직무와 관련하여 알게 된 일반인에게 공개되지 아니한 중요한 정보인 A사가 외자유치실패 및 순자산액 부족으로 인하여 금융감독원으로부터 부실금융기관 지정을 받을 것이라는 정보를 주식의 매매와 관련하여 이용하였다.

### (10) 상장폐지 정보

〈유리이에스 사건〉에서 유리이에스 대표의 친인척인 피고인 甲은 유리이에스의 부채가 자산을 초과하고, 탄자니아 금광과 인도네시아 석탄사업 투자자금에 대해 실재성이 없어 상장폐지가 될 수 있다는 정보를 이용하여 약 5억 원의 손실을 회피하였다. 피고인 甲은 상장폐지 정보가 증권카페 게시판에 게시되었고, 일부 언론에서 추측성 보도가 나왔기 때문에 미공개정보라 할 수 없다고 항변하였지만, 서울중앙지방법원은 미공개정보를 인식한 상태에서 해당 증권을 거래한 경우에는 특별한 사정이 없는 한 정보를 이용하여 매매를 하였다고 볼 수 있다고 판시하였다. 여기서 특별한 사정이란 법률에 의해 비자발적으로 매매를 하여야 하는 상황 등으로 인해 해당정보를 이용하여 매매한 것이 아니라는 것을 입증할 만한 사정을 말한다고 판시하였다.[94]

---

94) 서울중앙지방법원 2014. 7. 4. 선고 2013고합658 판결.

제5장

# 주요 구성요건



## I. 규제대상 증권

### 1. 의 의

내부자거래의 규제대상이 되는 회사는 기본적으로 상장법인이며, 따라서 규제대상이 되는 증권도 이들 법인이 발행한 증권이다. 이는 내부자거래 규제의 취지가 상장회사 내부에서 발생한 미공개중요정보가 공시되기 이전에 내부자가 직무와 관련하여 취득한 동 정보를 이용한 거래를 금지하는 것이기 때문이다. 그러나 금융시장이 고도화되면서 상장법인이 발행한 증권을 기초자산으로 하는 파생상품의 경우, 그러한 파생상품의 거래를 통하여 동일한 경제적 이득을 취할 수 있기 때문에 상장회사의 내부정보를 이용한 상장법인이 발행한 증권을 기초자산으로 하는 파생상품의 거래 역시 규제할 필요성은 동일하다고 할 수 있다. 그러나 구 증권거래법에서는 개별주식옵션 · 선물은 '당해 법인이 발행한 증권'이 아니므로 내부자거래 규제대상에서 제외되는 규제의 흠결이 있었다. 오히려 파생상품은 현물보다 레버리지 효과가 크기 때문에 증권의 거래에서보다도 더 큰 경제적 이득을 취할 개연성이 존재한다. 미국의 경우 주요 내부자거래 사건에서 내부자들은 주식과 함께 콜옵션을 매수한 것을 쉽게 볼 수 있다.

이에 자본시장법은 다음과 같이 규제대상증권을 규정하여 ELW, 개별주식옵션, 개별주식선물 등을 모두 내부자거래 규제대상 금융투자상품으로 포섭하여 구법의 한계를 커버하였다(법 172조 1항).

1. 그 법인이 발행한 증권(대통령령으로 정하는 증권은 제외)
2. 제1호의 증권과 관련된 증권예탁증권
3. 그 법인 이외의 자가 발행한 것으로서 제1호 또는 제2호의 증권과 교환을 청구할 수 있는 교환사채권
4. 제1호부터 제3호까지의 증권만을 기초자산으로 하는 금융투자상품

2013년 개정법은 상장법인의 개념에 "상장예정법인등"을 포함하여 이들 법인등이 발행한 해당 특정증권등까지 규제대상증권에 포함되도록 하였다. 상장예정법인등이란 6개월 이내에 상장하는 법인 또는 6개월 이내에 상장법인과의 합병, 주식의 포괄적 교환, 그 밖에 대통령령으로 정하는 기업결합 방법에 따라 상장되는 효과가 있는 비상장법인을 말한다. 따라서 "상장예정법인등"에 해당하지 않는 비상장법인이 발생한 증권은 내부자거래 규제대상에서 제외된다. 대표적으로 장외시장인 K-OTC 시장에서 거래되는 비상장증권은 내부자거래 규제의 대상이 아니다. 미국의 경우 내부사거래 규제의 근거법이라고 할 수 있는 34년법 제10조(b)나 SEC Rule 10b-5에서 거래소 또는 NASDAQ의 상장증권 여부를 묻지 않고 있기 때문에 상장증권 이외의 증권도 내부자거래의 규제대상이 된다. 일본도 제한적이지만 금상법에서 유가증권 점두파생상품에 대해서 내부자거래를 금지하고 있다.

**《지수선물 · 옵션거래의 내부자거래 가능성》**

내부자거래는 상장법인이 발행한 증권 중 가격변동성이 큰 주식, 주식형 채권, 그리고 파생상품으로는 ELW, 개별주식선물 · 옵션 등을 대상으로 이루어지는 것이 일반적이다. 그렇다면 대형지수선물 · 옵션이나 소형지수선물(narrow index futures)을 이용한 내부자거래의 가능성은 어떠한가? 일반적으로 그 가능성은 매우 적다고 하겠으나 배제할 수는 없다.

대우사태를 예로 들어 본다. 대우사태의 임박을 예상한 대우그룹의 내부자가 대우사태가 공개적으로 발표되면 시장에 충격을 가할 것이고, 따라서 시장이 폭락할 것을 예상하고 KOSPI 200 선물의 매도하거나 KOPSI 200 옵션의 풋(put) 매입 또는 콜(call) 매도를 가정할 수 있다. 특히 소형지수선물의 경우 특정 산업군에 충격을 미치는 정보가 발생하는 경우 그 가능성은 상대적으로 대형지수를 기초로 한 상품에 비해 크다고 할 수 있다. 이처럼 내부자 또는 외부자의 이러한 거래는 내부자거래에 해당되지 않지만, 자본시장법은 제한적이지만 파생상품시세에 영향을 미칠 수 있는 정보의 이용규제를 통하여 금지하고 있다.

## 2. 상장예정법인등의 증권

### (1) 의 의

자본시장법은 6개월 이내에 상장하는 법인 또는 6개월 이내에 상장법인과의 합병, 주식의 포괄적 교환, 그 밖에 대통령령으로 정하는 기업결합 방법에 따라 상장되는 효과가 있는 비상장법인(이하 "상장예정법인등"이라 한다)의 경우에도 상장관련 정보를 이용한 내부자거래를 금지하고 있다.

이처럼 아직 상장을 예정하고 있는 법인과 상장과 유사한 효과를 도모하는 기업결합 등의 경우까지 내부자거래의 규제대상으로 포함시킨 것은 아직 상장증권은 아니지만 상장증권의 미공개중요정보를 이용하는 행위와 실질적으로 유사하다고 할 수 있는 행위들 또한 내부자거래로 규제할 필요가 있기 때문이다. 먼저 "6개월 이내에 상장하는 법인"이 해당된다. 이 경우 6개월 기간의 시작일은 거래소 상장일로부터 역산하여 산정한다. 즉 상장일 이전 6개월 동안에 상장과 관련한 정보를 이용하여 해당 주식을 거래하였다면 내부자거래에 해당된다. 따라서 상장일 6개월 이전에 미공개중요정보를 이용한 경우에는 처벌할 수 없다.

### (2) 우회상장

신규상장과정에서 내부자거래가 발생할 가능성은 '우회상장'(back door listing)의 경우도 마찬가지인데, 우회상장이란 비상장법인이 상장법인을 인수하되 상장법인을 존속회사로 하는 경우이다.

우회상장의 경우 비상장법인이 상장법인에 흡수합병 되어 '실질적'으로 상장의 효과를 누리게 되는데, 이렇게 상장의 효과를 가지게 되는 비상장법인이 법에서 규제하고 있는 "6개월 내에 상장하는 법인"에 해당되는 않는다. 법에서 "6개월 이내에 상장하는 법인"은 IPO 과정을 통해 거래소시장에 상장하는 법인을 의미하기 때문이다. 따라서 비상장법인의 내부자가 우회상장과 관련한 미공개정보를 이용하여 자사주를 거래한 경우 내부자거래에 해당되지 않는 허점이 있다. 이에 2013년 개정법은 "우회상장"과 "SPAC"의 경우도 '6개월 내의 상장법인'의 개념에 포함하여 규제대상으로 포함시켰다.

### (3) 주식의 포괄적 이전 등

주식의 포괄적 교환, 그 밖에 대통령령으로 정하는 기업결합 방법에 따라 상장되는 효과가 있는 비상장법인의 주식거래도 규제대상에 포함된다. 대통령령으로 정하는 기업결합 방법이란 다음의 어느 하나에 해당하는 경우로서 그 결과 비상장법인의 대주주 또는 그의 특수관계인이 상장법인의 최대주주가 되는 방법을 말한다(영 201조 1항). 우회상장뿐만 아니라 이러한 형태의 기업결합도 규제대상에 포함시킨 것은 기업결합의 효과가 실질적으로 우회상장과 유사하기 때문이다.

1. 상장법인이 비상장법인으로부터 법 제161조 제1항 제7호에 해당하는 중요한 영업을 양수하고, 그 대가로 해당 상장법인이 발행한 주식등을 교부하는 경우

2. 상장법인이 비상장법인의 대주주등으로부터 법 제161조 제1항 제7호에 해당하는 중요한 자산을 양수하고, 그 대가로 해당 상장법인이 발행한 주식 등을 교부하는 경우
3. 비상장법인의 대주주등이 『상법』 제422조에 따라 상장법인에 현물출자를 하고, 그 대가로 해당 상장법인이 발행한 주식등을 교부받는 경우

## 3. 공개매수등의 규제대상증권

공개매수의 경우 공개매수의 대상이 되는 증권의 범위와 이들 증권과 관련된 미공개정보를 이용한 거래를 금지하는 증권의 범위가 서로 다르다. 공개매수의 대상이 되는 증권은 "주식등"이며, 공개매수 정보를 이용한 내부자거래 규제대상이 되는 증권은 "주식등과 관련된 특정증권등"이다(법 174조 2항 본문).

여기서 '주식등'은 의결권이 있는 주식에 관계되는 증권으로서 (i) 주권, (ii) 신주인수권이 표시된 것, (iii) 전환사채권, (iv) 신주인수권부사채권, (v) 앞의 증권들과 교환을 청구할 수 있는 교환사채권, (vi) 앞의 증권들을 기초자산으로 하는 파생결합증권 등이다(법 133조 1항, 영 139조).

이들 '주식등'과 관련한 공개매수정보로 인해 해당 증권의 가격이 상승하게 되는데, 그러한 상승은 해당 회사가 발행한 증권, 기타 그 증권과 관련된 그 밖의 증권들의 가격도 상승시킬 것이기 때문에, 미공개정보를 이용한 거래금지대상증권의 범위는 더 확대된다. 법은 이들 내부자거래의 금지대상증권을 "특정증권등"으로 표현하고 있는데, "특정증권등"은 단기매매차익규제와 임원 등의 특정증권등 소유상황 보고의 대상이 되는 "특정증권등"과 동일하며 다음과 같다(법 172 1항).

1. 그 법인이 발행한 증권(대통령령으로 정하는 증권[1]은 제외한다)

---

1) "대통령령으로 정하는 증권"이란 다음 각 호의 증권을 말한다.
   1. 채무증권. 다만, 다음 각 목의 어느 하나에 해당하는 증권은 제외한다.
      가. 전환사채권

2. 제1호의 증권과 관련된 증권예탁증권
3. 그 법인 외의 자가 발행한 것으로서 제1호 또는 제2호의 증권과 교환을 청구할 수 있는 교환사채권
4. 제1호부터 제3호까지의 증권만을 기초자산으로 하는 금융투자상품

그러면 "주식등"과 "특정증권등"은 어떻게 차이가 있는가? "주식등"은 미공개정보가 발생하는 소스로서의 의미를 가지는 반면, "특정증권등"은 실제로 내부자가 거래에 이용하는 거래대상증권을 의미한다. 두 개의 다른 개념이 "관련된"이라는 고리를 통해 연결되어 있는데, 중요한 차이는 "주식등"은 의결권이 있는 증권들이며, "특정증권등"에 포함되는 증권들은 의결권의 존재 여부를 묻지 않는다. 이는 미공개중요정보를 이용하는 거래의 경우에는 의결권 보유 여부가 문제가 되지 않기 때문이며, 나아가 해당 내부정보를 이용하여 이득을 취할 수 있는 모든 금융투자상품을 규제대상으로 규정한 것이다. 결론적으로 공개매수 대상회사의 "주식등"과 관련한 미공개중요정보를 이용하여 거래를 할 가능성이 있는 모든 금융투자상품의 거래를 내부자거래의 규제대상으로 하고 있다.

주식등의 대량취득 · 처분의 경우도 공개매수의 경우처럼 대량취득 · 처분의 대상이 되는 증권의 범위와 이들 증권과 관련된 미공개정보를 이용한 거래를 금지하는 증권의 범위가 서로 다르다. 대량취득 · 처분의 경우 '주식등'과 '특정증권등'의 개념과 상호관계는 위에서 언급한 공개매수의 경우와 동일하여 설명을 생략한다.

---

나. 신주인수권부사채권
다. 이익참가부사채권
라. 그 법인이 발행한 지분증권(이와 관련된 증권예탁증권을 포함한다) 또는 가목부터 다목까지의 증권(이와 관련된 증권예탁증권을 포함한다)과 교환을 청구할 수 있는 교환사채권
2. 수익증권
3. 파생결합증권(법 제172조 제1항 제4호에 해당하는 파생결합증권은 제외한다)

# II. 규제대상정보

법 제174조를 통한 내부자거래 규제는 상장법인을 중심으로 구축되어 있다. 내부자의 범위도 회사관계자를 중심으로 구성되어 있으며, 이에 정보수령자가 추가되어 있을 뿐이다. 규제대상정보도 상장법인의 경영 등과 관련하여 발생한 '내부정보'(inside information)를 중심으로 되어 있다. 외부정보로는 공개매수정보와 주식등의 대량취득 · 처분 정보가 있으며, 파생상품시장과 관련해서 파생상품 시세에 영향을 미칠 수 있는 정보 정도가 추가되고 있다. 최근 법원은 시장정보의 성격이 강하지만 해당 정보가 상장법인의 내부정보와 결합되어 있다면 해당 정보는 제174조의 규제대상정보가 될 수 있다고 판결한 사례가 있다.

그러나 자본시장을 둘러싼 메커니즘이 점점 고도화되면서 상장법인의 경영 · 재무 등에 중대한 영향을 미칠만한 중요한 정보가 외부에서 생성되는 경우들이 빈번하다. 예를 들어, 시장정보, 언론정보, 정책정보 등을 들 수 있다. 최근 우리 사회에서 외부에서 생성된 미공개중요정보를 이용한 몇 건의 내부자거래 사건이 발생하였지만 해당 정보는 규제대상정보가 아니어서 처벌하지 못하는 사례가 있었다. 이에 대해 2014년 12월 『시장질서 교란행위의 금지』 제도를 도입하여 기존의 내부자거래로 규율할 수 없는 부분을 보완하기 위한 입법적 개혁이 있었다. 특히 '시장질서 교란행위'는 상장법인의 내부에서 생성된 정보 이외에 상장법인의 주가에 중대한 영향을 미칠 수 있는 모든 정보를 규제대상으로 하였다. 이에 대해서는 후술한다.

## 1. 내부정보

내부자거래는 일반에게 공개되지 않은 중요정보를 이용하여 상장법인의 증권을 거래하는 행위인데, 내부자거래에 해당되기 위해서는 먼저 특정정보가 아직 일반에게 공개되지 아니한 '미공개'(nonpublic) 정보이어야 하며, 그 미공개정보는 투자자의 투자판단에 중대한 영향을 미칠 수 있는 '중요한'(material) 정보이어야 한다. 그러나 투자자의 투자판단에 중대한 영향을 미칠 만한 모든 미공개정보라도 기본적으로 이들 정보의 생성이나 발생이 해당 기업의 내부에서 비롯된 정보일 것을 전제로 하고 있다. 따라서 내부자거래에서 규제되는 정보는 기본적으로 기업의 내부자가 가장 먼저 인지할 수 있는 기업의 '내부정보'(inside information)일 것을 전제로 하고 있다.

자본시장법은 내부자거래의 규제대상이 되는 미공개정보는 기본적으로 해당 기업과 관련한 내부정보로 제한하고 있다. 즉 상장법인의 경영 · 재무 기타 업무와 관련하여 생성되거나 발생한 정보를 의미한다. 이처럼 상장법인의 업무와 관련한 내부정보로는 (i) 기업이 의사결정을 하는 정보, (ii) 실적의 예상이나 결산에 관한 정보, (iii) 기타 기업의 경영, 업무 또는 재산에 관한 정보 중 투자판단에 중대한 영향을 미칠 수 있는 정보 등을 들 수 있다.

이에 비해 일본 금상법은 중요정보에 대해 우리보다 세부적인 규정을 운용하고 있다. 금상법은 중요정보의 그룹을 (i) 결정사실, (ii) 발생사실, (iii) 결산정보, (iv) 바스켓조항, (v) 자회사에 관한 사실, (vi) 상장투자법인에 관한 사실 등으로 구분한다. 그리고 결정사실에는 ① 신주발행, ② 자기주식취득, ③ 주식분할, ④ 잉여금의 배당, ⑤ 주식교환, ⑥ 사업제휴 · 해소, ⑦ 자회사 이동을 수반한 주식양도 등, ⑧ 민사재생 · 회사갱생, ⑨ 새로운 사업의 시작 등을 명시적으로 규정하고 있다(금상법 166조 2항).

공개매수정보의 경우는 양면성이 있다. 상장법인이 특정 기업을 공개매수 하고자 하는 경우에는 '내부정보'에 해당이 되지만, 제3자가 특정 상장법인에 대해 공개매수를 하고자 하는 경우에는 '외부정보' 또는 '시장정보'가 된다. 내부정보에 해당될 경우 해당 상장법인의 내부자는 자기주식의 취득이 금지되는 반면 동시에 공개매수 대상기업의 주식의 매수도 금지된다. 이는 특정 상장법인의 공개매수로 인해 타깃기업의 주가가 크게 변동될 수 있기 때문이다. 주식등의 대량취득 · 처분의 경우도 마찬가지이다.

이처럼 공개매수 정보와 주식등 대량취득 · 처분 정보 이외에 외부정보는 특정 상장법인의 주가에 영향을 미칠 수 있는 정보라 하더라도 기업 내부에서 생성되지 않은 정보, 즉 '외부정보'로서 내부자거래의 규제대상에서 원칙적으로 제외된다. 외부정보에 해당될 수 있는 정보는 시장정보, 정책정보 그리고 언론정보 등이 있다.[2] 그러나 외부정보도 일정한 경우 내부자거래 규제대상 정보가 될 수 있다.

## 2. 파생상품시세에 영향을 미칠 수 있는 정보

### (1) 의 의

자본시장법은 시장정보를 이용한 거래행위를 내부자거래로 처벌하고 있지 않지만, 장내파생상품의 시세에 영향을 미칠 수 있는 정보를 업무와 관련하여 알게 된 자는 그 정보를 누설하거나, 제1항에 따른 장내파생상품 및 그 기초자산의 매매나 그 밖의 거래에 이용하거나, 타인으로 하여금 이용하게 하는 행위는 금지하고 있다(법 173조의2 2항).

이 조항은 자본시장법을 제정하면서 파생상품의 시세에 영향을 미칠 수 있는 정보를 이용하여 장내파생상품 또는 그 기초자산을 거래하는 행위를 금지하기 위하여 도입한 것이다. 앞서 지적한 것처럼 법 제174조는 미공개중요 시장정보를 이용하는 행위를 처벌하지 못하기 때문에, 별도의 규정을 통해 장내파생상품 및 그 기초자산의 시세에 영향을 미칠 수 있는 시장정보 또는 정책정보를 이용하는 행위를 금지한 것이다.

이 조항이 도입된 직접적인 배경은 돈육선물시장의 개설과 관련되어 있다. 돈육선물의 경우 돈육이 거래되는 도매시장에서의 현물시장 정보는 돈육선물의 시세에 영향을 미칠 수 있는 중요한 정보가 될 수 있는데, 기초자산인 현물시장의 정보를

---

2) 시장정보와 정책정보의 구분이 항상 명료한 것은 아니다. 대표적으로 금융통화위원회의 금리정책결정을 들 수 있다. 금리정보의 경우 주요국에서 시장정보로 구별하여 규제하고 있기 때문에 본서에서도 시장정보에 포함하여 설명한다. 그리고 시장정보나 정책정보의 틀로 분류하기 어려운 기타 외부정보들도 존재한다. 예를 들어 최대주주가 변경되는 방법이 여러 가지가 있지만, 최대주주와 최대주주의 지분을 인수하려는 개인 간에 사적으로 거래가 이루어진 경우, 인수자가 5% 보고의무에 따라 공시하기 이전에는 해당 기업도 시장도 최대주주의 변경사실을 인지할 수가 없다. 따라서 이러한 정보를 일반적인 시장정보로 보기는 어렵지만, 광의의 시장정보개념으로 보아 시장정보로 분류하여 설명한다.

이용하여 돈육선물을 거래하는 행위를 규제하기가 어려웠다. 즉 돈육선물의 불공정거래는 당시 선물거래법에 의해 규율되고 있었지만, 장외상품시장인 돈육현물시장에 대해서는 규율할 수 있는 법제가 존재하지 않았었다. 이처럼 장내파생상품의 기초자산이 상장되어 있지 않은 경우 기초자산에 관한 정보를 이용하여 장내파생상품을 거래하는 행위를 규제할 수단이 존재하지 않았었다.

이에 자본시장법은 장내파생상품의 시세에 영향을 미치는 정보를 이용하여 장내파생상품 및 그 기초자산의 매매 그 밖의 거래에 이용하거나 타인으로 하여금 이용하게 하는 행위를 금지하였다.

### (2) 장내파생상품의 시세에 영향을 미치는 정보

"장내파생상품의 시세에 영향을 미치는 정보"에는 다양한 정보가 있을 수 있다. 예를 들어, 돈육선물인 경우에는 돈육현물거래정보가 해당될 수 있다. 주식선물이나 주식옵션의 경우에는 기초자산인 개별주식에 관한 정보, 즉 특정 상장법인의 미공개중요정보가 해당될 수 있다. 지수선물인 경우, 대표적으로 KOSPI200 지수선물인 경우에는 중요한 현물(대형주 등)의 거래정보가 해당될 수 있다.

**[도이치증권의 2010.11.11. 옵션쇼크사태]**

2010.11.11. 도이치증권은 지수차익거래를 위해 장 종가시간대에 주식 약 2조 4,000억 원 규모의 대규모 매도를 하였다. 이러한 매도는 당연히 KOSPI200 지수의 하락을 야기할 것이고, 따라서 이러한 현물매도정보를 아는 자는 종가시간 시작 전에 KOSPI200 지수선물을 매도하든지, 아니면 풋옵션을 매수하든지 하여 상당한 이익을 취득할 수 있을 것이다. 이러한 사례는 장내파생상품의 시세에 영향을 미치는 정보, 즉 거대한 현물매도가 종가시간대에 이루어질 것이라는 정보를 이용하여 KOSPI200 지수선물의 매도 또는 풋옵션의 매수를 하는 행위로서, 전형적인 장내파생상품의 시세를 영향을 미치는 정보를 이용한 거래행위라고 할 수 있다. 물론 KOSPI200지수를 하락시키기 위하여 대량의 현물을 매도하고 동시에 풋옵션 등을 매수하는 행위는 연계 시세조종에 해당된다.

법 제173조의2 제2항을 위반한 경우 형사처벌의 대상이 되는데, 내부자거래보다는 가벌성이 약하다고 판단하여 형사처벌도 내부자거래 규제 위반의 경우와 차별하여 3년 이하의 징역 또는 1억 원 이하의 벌금을 부과할 수 있도록 하였다(법 445조 22의2호). 그러나 이 조항은 기존의 법 제174조의 규제공백을 보완하기 위한 조항이고, 미공개중요정보를 이용하는 행위의 구조는 내부자거래와 차이가 없기 때문에 형사처벌 및 벌금을 내부자거래의 처벌 수준과 다르게 할 이유는 없다고 본다.

### (3) 규제대상자

이 조항의 규제대상자는 내부자거래와 유사하게 신분범 형식으로 특정되어 있는데, 법은 다음과 같이 3개의 그룹으로 구분하여 규정하고 있다. 즉 (i) 장내파생상품의 거래와 관련하여 장내파생상품의 시세에 영향을 미칠 수 있는 정책을 입안 · 수립 또는 집행하는 자, (ii) 해당 정보를 생성 · 관리하는 자, (iii) 이들 상품의 기초자산의 중개 · 유통 또는 검사와 관련된 업무에 종사하는 자들이다(법 173조의2 2항). 이처럼 장내파생상품의 시세에 영향을 미칠 수 있는 정보를 인지할 가능성이 있는 자들을 규제대상에 포함시켰다.

이에 더하여 이들이 파생상품의 시세에 영향을 미칠 수 있는 정보의 입수과정은 '업무와 관련하여' 알게 될 것을 요구하고 있다. 그리고 앞의 3개 그룹에 해당하는 자들로부터 정보를 전달받은 1차 정보수령자도 규제대상으로 하고 있다. 따라서 본래의 규제대상자와 이들로부터 정보를 제공받은 1차 정보수령자는 동 정보를 누설하거나, 장내파생상품 및 그 기초자산의 매매 그 밖의 거래에 이용하거나, 타인으로 하여금 이용하게 하여서는 안 된다. 기본적으로 내부자거래 규제구조와 유사한 체제로 되어있다.

## 3. 시장정보와 결합된 내부정보

자본시장법상 시장정보는 내부자거래의 규제 대상이 아니다. 그러나 미공개중요정보인 시장정보가 상장법인의 내부정보와 결합되어 있는 경우 내부자거래의 규제대상정보로 볼 수 있는가? 최근 서울고등법원은 〈한신기계공업 사건〉에서 시장정보와 결합한 내부정보는 내부자거래 규제대상 정보에 해당된다고 판시하였다[3].

### (1) 사건의 개요[4]

피고인 甲과 乙은 경영자문회사인 H사의 공동대표이사로서 2008. 7. 4. H사 법인계좌 및 피고인들의 개인계좌를 이용하여 한신기계공업(주)의 주식 1,498,749주를 매수하여 5.24%가 넘는 주식을 보유하게 되었고, 5% 대량보유보고 공시를 함에 있어서 'H사는 한신기계공업에 자사주 소각, 공장부지의 자산재평가, 배당률 인상, 이익소각을 위한 자사주 매입, 불량 투자 유가증권의 조속한 원금회수를 현 경영진에 요구하고 향후 회사경영에 영향력을 행사할 것'이라는 경영참여의사를 공시하였다.

피고인 甲과 乙은 2008. 7. 24. 한신기계공업의 주주명부 및 회계장부열람 및 등사 가처분신청을, 2008. 7. 30. 한신기계공업의 대표이사 직무집행정지가처분을, 2008. 8. 14. 한신기계공업의 임시주주총회소집허가를 수원지방법원 안산지원에 신청하여 위 경영권 분쟁 사항을 공시할 의무가 있는 한신기계공업이 위 경영권 분쟁 사항을 공시하도록 하였다.

위와 같은 경영권 분쟁 공시 내용으로 일반투자자들의 주가 상승에 대한 기대심리로 인하여 2008. 7. 4. 1,020원을 하던 한신기계공업의 주가가 2,125원까지 급등하였고, 2008. 8. 19.로 위 임시주주총회소집허가신청에 대한 심문기일이 정하여진 상황에서 경영권에 위협을 느낀 한신기계공업 대표이사 A의 위임을 받은 피고인 丁은 피고인 甲과 乙에게 합의를 제안하였다.

피고인들은 2008. 8. 17.경 서울 소재의 호텔에서 만나 H사의 적대적 인수합병을 중단하는 대가를 한신기계공업의 비용으로 지급하되 다만 회사 및 주주들에 대

---

3) 서울고등법원 2011. 7. 8. 선고 2011노441 판결. 원심은 수원지방법원 안산지원 2011. 1. 21. 선고 2010고합184 판결.

4) 사건의 개요는 판결문에 나와있는 검찰의 주장을 인용하였다.

한 배임 혐의를 피하기 위하여 허위의 경영자문계약을 체결한 후 3년 동안 분기별로 지급할 것을 약정하였다.

피고인들은 2008. 8. 24.경 위 구두계약을 문서화하기 위하여 "한신기계공업에 독립적인 투자위원회를 설치하고 H사가 지정하는 2명이 투자결정시 자문을 하며 H사 측 인사를 이사로 선임하고, H사는 적대적 인수합병을 중지한다. 한신기계공업은 H사가 지정하는 합의된 내용의 취지를 경영합의공시의 형태로 공시한다."라는 내용의 "주주계약서"를 체결하였다.

피고인 甲과 乙은 2008. 8. 25. 및 2008. 8. 26. 7주를 남기고 한신기계공업의 주식을 처분한 다음, 적대적 인수합병의 외관을 창출하다가 고점에서 갑자기 주식 전량을 매도할 경우 사기적 부정행위로 인한 법률적인 책임을 질 수 있다는 판단 아래 위 주주계약서에 "H사는 지분율을 시가총액 5% 미만으로 한다."라는 조항을 추가하여 2008. 8. 27.자 "계약서"를 작성한 후, 한신기계공업에게 주주계약서에서 합의된 바에 따라 2008. 8. 27.에 위 계약서를 공시하여 달라고 요구하여 한신기계공업은 2008. 8. 27. 15:21경 "기업지배구조관련 공시"라는 제목의 공시를 하였다. 피고인 甲과 乙은 위 공시 직후 같은 날 15:32경 "H사가 한신기계공업 주식 장내 처분으로 인하여 보유지분을 4.55%로 지분율이 떨어졌다."라는 주식 등의 대량보유상황보고서를 공시하였다.

피고인 甲과 乙은 공모하여 2008. 8. 25. 및 8. 26. 한신기계공업의 주식 1,801,153주를 3,022,130,740원에 매도하여 1,298,946,867원의 손실을 회피하였고, 피고인 丁은 2008. 8. 25. 및 8. 26. 한신기계공업의 주식 495,390주를 864,466,000원에 매도하여 390,387,636원의 손실회피금액을 실현하였다. 이로써 피고인 甲과 乙은 공모하여 상장법인과 경영자문계약을 체결한 법인의 임원으로, 피고인 丁은 상장법인의 임원으로 각 당해 법인의 업무 등과 관련하여 일반인에게 공개되지 아니한 중요한 정보인 "H사는 한신기계공업과의 경영자문계약의 대가로 적대적 인수합병 시도를 중단한다."는 정보를 알게 된 후 당해 법인이 발행한 유가증권의 매매에 그 정보를 이용하였다.

피고인 丁은 2008. 8. 27. 09:00경 일반인에게 공개되지 아니한 중요한 정보인 "한신기계가 H사와 경영자문계약을 체결하는 것으로 합의되어 H사는 한신기계에 대한 적대적 인수합병 시도를 중단한다."는 내용의 정보를 피고인 丙에게 알려주었고, 피고인 丙은 8. 27. 10:37경 한신기계공업 주식 35,000주를 54,073,000원에 매도하여 20,606,708원의 손실을 회피하였다. 또한 피고인 丁은 8. 24.경에서 8. 27. 10:37경 사이에 불상의 장소에서 영국 런던에 소재하고 있던 친형 戊에게 휴대폰으로 전화를 걸어 "현재 가지고 있는 한신기계 주식을 처분하라."고 알려주었고, 戊는 8. 27. 10:37경(런던 시각 01:37경) 한신기계공업 주식 151,000주를 238,543,300원에 매도하여 94,139,126원의 손실을 회피하였다. 이로써 피고인 丁은 주권상장법인의 직원으로서 당해 법인의 업무 등과 관련하여 일반인에게 공개되지 아니한 중요한 정보인 "한신기계가 H사와 경영자문계약을 체결하는 것으로 합의되어 H사의 한신기계에 대한 적대적 인수합병 시도를 중단한다."는 정보를 직무와 관련하여 알게 된 후 친형 戊로 하여금 당해 법인이 발행한 유가증권의 매매에 그 정보를 이용하게 하였다.

### (2) 항소이유의 요지

가. 피고인 甲과 乙

**1) 규제 대상 내부자 여부**

피고인 甲과 乙이나 H사는 다음과 같은 이유로 구 증권거래법 제188조의2 제1항 제4호가 규정하고 있는 '당해 법인과 계약을 체결하고 있는 자'라고 볼 수 없다.

(1) 단순히 구두합의를 한 자는 구 증권거래법상 '계약을 체결하고 있는 자'에 해당하지 않고, 나아가 2008. 8. 24.자 주주계약서에 경영자문용역계약에 관한 규정이 없는 점에서도 보듯이 피고인 甲과 乙이 주식을 매도하기 이전에 피고인 甲과 乙, H사와 한신기계공업 사이에 경영자문계약에 관한 구두합의가 이루어지지 않았다.

(2) H사가 2008. 8. 24. 체결한 주주계약의 상대방은 한신기계공업이 아니라 한신기계공업의 주주인 A이므로 피고인 甲과 乙이나 H사를 한신기계공업과 계약을 체결하고 있는 자라고 할 수 없다.

**2) 규제 대상 정보 여부**

피고인 甲과 乙이 주식을 매도하기 전에 생성된 정보는 적대적 인수합병 중단 정보이었고, 이는 당해 법인의 업무 등과 관련한 정보가 아니라 피고인 甲과 乙이 스스로 생성한 것으로서 회사의 외부에서 생겨난 정보이므로 구 증권거래법 제188조의2가 규제하고 있는 미공개정보에 해당하지 않으며, 규제 대상 정보라 할 수 있는 경영자문용역에 관한 정보는 피고인 甲과 乙이 주식을 매도한 후에 구체적으로 생성되었다.

나. 피고인 丁

적대적 기업인수행위의 중단이라는 정보는 시장정보 내지 외부정보로서 이를 회사의 미공개 내부정보를 이용한 것으로 볼 수 없다.

### (3) 항소심의 판단 요지

이 사건에서 내부자거래 규제의 핵심 쟁점이라 할 수 있는 피고인 甲과 乙이 내부자거래 규제 대상자인지 여부, 그리고 문제가 된 정보가 규제 대상 정보인지에 대해서 살펴본다.

① 피고인 甲과 乙이 '당해 법인과 계약을 체결하고 있는 자'인지 여부

구법 제188조의2 제1항 제4호에서 '당해 법인과 계약을 체결하고 있는 자'를 내부자거래의 규제범위에 포함한 취지는 법인과 계약을 체결하고 있는 자는 그 법인의 미공개 중요정보에 쉽게 접근할 수 있어 이를 이용하는 행위를 제한하지 아니할 경우 거래의 공정성 내지 증권시장의 건전성을 해할 위험성이 많으므로 이를 방지하고자 하는 데에 있다. 이와 같은 입법 취지를 고려하여 보면, 법인과 계약을 체결함으로써 그 법인의 미공개중요정보에 용이하게 접근하여 이를 이용할 수 있는 지위에 있다고 인정되는 자는 비록 위 계약이 그 효력을 발생하기 위한 절차적 요건을 갖추지 아니하였다고 하더라도 '당해 법인과 계약을 체결하고 있는 자'에 해당한다고 봄이 상당하다(대법원 2010. 5. 13. 선고 2007도9769 판결).

② '계약을 체결하고 있는 자'에 구두계약을 체결한 자가 포함되는지 여부

구 증권거래법을 대체하여 제정된 자본시장법 제174조 제1항 제4호에 '그 법인과 계약을 체결하고 있거나 체결을 교섭하고 있는 자'라고 규정되어 있고, 그 입법

취지와 죄형법정주의의 이념에 따른 형벌법규의 엄격 해석의 법리에 비추어 볼 때, 구 증권거래법 제188조의2 제1항 제4호 소정의 '당해 법인과 계약을 체결하고 있는 자'에 '계약 체결을 교섭하고 있는 자'는 포함하지 않는 것으로 해석함이 타당하다.

그러나 구 증권거래법 제188조의2 제1항 제4호의 문언상 '계약'이라고만 되어 있지 이를 서면계약에 한정하고 있지 아니하고, 또한 이 '계약'은 법인과 계약을 체결함으로써 법인의 미공개 중요정보에 용이하게 접근하여 이를 이용할 수 있는 지위를 발생시키기만 한다면, 그 계약의 형식, 내용, 종류, 이행시기, 계약기간의 장단 등을 묻지 아니하고, 서면으로 된 정식계약에 한하지 아니한다고 볼 수 있으며, 따라서 구두계약이나 가계약도 당연히 위 '계약'에 포함된다고 해석함이 상당하다.

③ 구두계약의 상대방이 한신기계공업인지 여부

피고인들은 구두계약의 상대방이 한신기계공업의 최대주주인 A이지 한신기계공업이 아니라고 주장하였지만, 법원은 여러 정황을 고려하여 판단한 결과 거래상대방은 한신기계공업으로 볼 수 있다고 판단하였다.

④ 규제 대상 정보에 '시장정보와 결합한 내부정보'가 해당되는지 여부

**1) 법인의 '업무등과 관련된' 정보**

구 증권거래법 규제 대상이 되는 정보는 법인의 '업무등과 관련된' 정보인데, 이는 당해 법인의 재산상태나 경영 또는 경영실적 등에 직접적 또는 간접적으로 영향을 미칠 수 있는 정보라 할 것이므로, 당해 법인의 증권 가격이나 수급에 영향을 미치는 정보인 시장정보는 완전히 외부에서 결정되는 사항이어서 통상 구 증권거래법상 규제 대상이 되는 정보에는 포함되지 않는다. 따라서 단순히 '적대적 인수합병을 중단한다'는 정보는 시장정보에 불과하여 구 증권거래법상 규제 대상이 되는 정보가 아니다.

그러나 이 사안에서 문제된 정보는 아래 (2)항에서 알 수 있듯이 단순히 '적대적 인수합병을 중단한다'는 정보가 아니라 '법인과의 경영자문용역계약 체결을 통하여 대가를 지급받고 적대적 인수합병을 중단한다'는 기업경영 관련 구두계약에 관한 정보로서 법인 내부에서 결정한 정보가 시장정보와 함께 결합하여 있는 것이고, 이러한 정보는 비록 시장정보가 포함되어 있다고 하더라도 전체적으로 보아 당

해 법인의 재상상태나 경영 또는 영업실적 등에 직접적 또는 간접적으로 영향을 미칠 수 있는 정보로서 법인의 영향력 범위 내에 있다고 할 것이어서, 이러한 정보에 쉽게 접근할 수 있는 자가 이를 이용하는 행위를 제한하지 아니할 경우 거래의 공정성 내지 증권시장의 건전성을 해할 위험성이 많으므로 구 증권거래법 제188조의2 제1항의 입법취지에 비추어 볼 때, 그 규제 대상이 되는 법인의 '업무등과 관련된 정보'에 포함된다고 봄이 상당하다.

2) 이 사건 정보의 성격: 단순한 인수합병 중단 정보가 아닌, 일정한 대가를 조건으로 한 적대적 인수합병 중단 정보

피고인들이 주식을 매도하기 직전에 작성된 2008. 8. 24.자 주주계약서의 내용은 단순히 H사가 적대적 인수합병을 중단하는 것에 그치는 것이 아니라 H사가 한신기계공업의 경영에 참여하는 것을 내용으로 하고 있는 점, 또한 앞서 본 바와 같이 늦어도 2008. 8. 24. 무렵에는 H사와 한신기계공업 사이에 적대적 인수합병 사이에 인수합병 시도 포기에 의하여 경영권에 영향을 줄 수 있는 요인을 확정적으로 배제시키고, 그 대신 한신기계공업이 H사와 경영자문용역계약을 체결하는 형식으로 그 대가를 지급하기로 하는 구두계약이 있었다고 판단되는 점, 피고인들은 위 구두계약의 내용을 알고 있는 상태에서 바로 그 다음 날부터 이틀에 걸쳐 보유하고 있던 주식 대부분 매도하였고, 피고인들의 이러한 급작스러운 처분에는 위와 같은 구두계약에 관한 정보 보유가 하나의 '요인'이 되었던 것은 분명한 사실이고 당시 피고인들이 위 주식 대부분을 급작스럽게 매도할 수밖에 없었던 불가피한 사정은 찾아 볼 수 없는 점 등에 비추어, 피고인들이 주식 매도에 이용한 정보는 H사의 적대적 인수합병 시도 또는 한신기계공업의 주식 대량매도만을 내용으로 하는 단순한 시장정보가 아니라 경영자문용역계약을 체결하는 형식으로 그 적대적 인수합병 시도 중단의 대가를 지급하기로 하는 내부정보가 결합되어 있는 정보라 할 것이다.

⑤ 규제 대상 정보에 공동생성한 정보가 해당되는지 여부

구 증권거래법 제188조의2 제1항의 규제 대상 정보는 '직무와 관련하여' 알게 된 정보이다. 정보를 '알게 된' 경우에는, 당해 정보를 '받은' 경우의 해석(대법원 2003. 11. 14. 선고 2003도686 판결 참조)과 달리, 그 문언 및 입법취지에 비추어 볼 때 이미 생

성되어 존재하는 정보를 수동적으로 수령하여 알게 된 경우뿐만 아니라 그 정보의 생성 과정에 적극적으로 관여하거나 공동으로 생성하는 과정에서 알게 된 경우도 포함된다고 해석함이 상당하다.

이 사안의 경우 앞서 본 바와 같이 2008. 8. 24.경 H사와 한신기계공업 사이에 적대적 인수합병 중단 및 그와 관련된 조건에 관하여 구두계약이 있었던 이상, 피고인들이 2008. 8. 25. 및 그 다음 날 주식 매수에 이용한 정보를 H사가 독자적으로 생성한 정보라고 볼 수는 없고, 당해 법인인 한신기계공업과 함께 그 정보의 생성 과정에 적극적으로 관여하거나 공동으로 생성한 정보라고 할 것이다. 이와 같은 정보의 경우에는 계약을 체결한 당사자가 그 정보를 이용하여 거래의 공정성 내지 증권시장의 건전성을 해할 위험성이 많고 이를 방지할 필요성도 크므로 구 증권거래법상 규제대상이 된다고 할 것이다.

다만, 이 경우 '직무와 관련하여' 알게 된 정보이어야 함은 당연하다. 따라서 어느 법인의 주요주주가 자기 소유의 주식을 처분하면서 경영권을 양도한다는 정보와 관련하여 자기 소유 주식을 처분하는 것은 주주로서의 직무가 아니므로 위 정보는 주주가 직무와 관련하여 알게 된 정보가 아니다.

그러나 이 사안의 경우는 한신기계공업이라는 법인을 사실상 대표한 이사 피고인 丁이 H사와 체결한 '경영자문용역계약을 통한 대가를 지급받고 적대적 인수합병을 중단한다'는 구두계약에 관한 것이므로, 위와 같은 구두계약의 내용은 한신기계공업의 업무와 관련된 정보이자 피고인 丁의 직무와 관련된 정보임이 분명하고, H사의 입장에서 보더라도 이는 위 구두계약을 체결하는 과정에서 계약 당사자로서의 특수한 지위에 기하여 그 생성과정에 관여하여 알게 된 정보라 할 수 있어 위 직무관련성 요건을 역시 충족된다.

따라서 이 사안의 '법인과의 경영자문용역계약을 통하여 대가를 지급받고 적대적 인수합병을 중단한다'는 기업경영 관련 구두계약에 관한 정보는 구 증권거래법상 규제 대상이 되는 정보에 해당되므로 피고인들의 주장은 이유 없다.

### (4) 평 석

항소심의 판결은 "내부정보와 결합되어 있는 시장정보"도 내부자거래의 규제대상 정보라고 판시함으로써 구 증권거래법 제188조의2 제1항의 적용범위를 확장하는 의미를 가지고 있다.[5] 이 사건에서 피고인들이 주장하는 것처럼 이 사건의 구조는 기존의 전통적인 내부자거래 법리로 볼 때 다소 명확하지 않은 부분들이 있는 것은 사실이다. "적대적 인수합병의 중단"은 전형적인 시장정보로서 기존의 내부자거래 규제대상 정보가 아님에도 불구하고, 법원은 피고인들의 행위를 내부자거래로 처벌하기 위하여 동 정보가 상장법인의 내부정보와 연계되어 있는 점을 포착하여 "내부정보와 결합되어 있는 시장정보"라는 새로운 개념을 도출해 내면서, 동 정보는 내부자거래 규제대상 정보라고 판시한 것으로 보여 진다. 즉 외부정보를 이용한 내부자거래에 대한 규제의 공백을 메꾸어 보려는 시도라고 평가할 수 있다.[6]

2014년 12월 시장질서 교란행위 제도가 도입되어 이제는 〈한신기계공업 사건〉과 유사한 사건이 발생한 경우 제178조의2 제1항 제1호 나목에 해당되어 과징금 부과대상이 될 가능성이 있다. 그러나 〈한신기계공업 사건〉처럼 시장정보인 외부정보라 하더라도 내부정보와 연계될 수 있는 접촉점을 가지고 있다면 제178조에 의한 내부자거래 규제가 작동할 가능성이 열려 있다고 보아야 할 것이다. 다만, 외부정보가 어느 상황 또는 어느 시점에서 내부정보화 되어 제174조의 규제대상 정보가 되는지 불분명한 면은 남아 있다.[7] 이 사건은 현재 대법원의 판단을 기다리고 있다.

---

5) 조인호, "서울고등법원 2011. 7. 8. 선고 2011노441 판결에 대한 소고: 내부자거래 쟁점을 중심으로", 한양법학 제25권 제1집 (2014. 2), 169면.

6) 조인호, 상게논문, 169면.

7) 조인호, 상게논문, 170면.

# III. 매매, 그 밖의 거래

## 1. 매매, 그 밖의 거래

### (1) 의 의

내부자거래 규제에 있어서 규제대상이 되는 거래는 "매매, 그 밖의 거래"(이하 "매매등"이라 한다)이다. 이에 비해 일본 금상법은 "매매, 그 밖의 유상의 양도 또는 양수, 합병 또는 분할에 의한 승계 (합병 또는 분할에 의해 승계시키거나 승계한 것을 말한다) 또는 금융파생상품거래"로 보다 구체적으로 규정하고 있다(금상법 166조 1항).

먼저, '매매'란 당사자 일방, 즉 매도인이 일정한 재산권을 상대방인 매수인에게 이전할 것을 약정하고, 상대방은 이에 대하여 대금을 지급할 것으로 약정함으로써 성립하는 낙성(諾成)·쌍무(雙務)·불요식(不要式)의 유상계약이다.[8]

둘째, 법문은 이러한 '매매'에 더하여 '그 밖의 거래'까지 규제대상으로 규정하고 있다. '그 밖의 거래'는 '매매'보다 훨씬 넓은 개념으로서 매매의 개념으로 포섭할 수 없는 다양한 유형을 포섭할 수 있는데, 증권과 현금의 거래뿐만 아니라 주식교환, 합병 또는 분할로 인한 주식의 승계, 옵션의 매수 등 다양한 거래가 포함될 수 있을 것이다. 이러한 거래는 일반적으로 장외에서 이루어지는데, 당연히 장외에서 미공개중요정보를 이용한 이러한 거래행위들도 내부자거래에 해당된다.

셋째, "매매, 그 밖의 거래"가 반드시 자신의 이름으로 이루어질 것을 요구하지 않는다. 타인의 명의로 이루어진 경우도 규제대상이 되며, 타인의 계산으로 이루어진 거래 역시 규제대상이 된다(예를 들어, 자산운용사의 펀드매니저가 미공개중요정보를 이용하여 거래하는 행위 또는 투자자문업자가 미공개중요정보를 이용하여 일임매매를 하는 경우).

넷째, "매매, 그 밖의 거래"에 무상으로 행해지는 증여는 포함되지 않는다. '매매'는 유상계약을 전제로 하는 반면, '그 밖의 거래'는 반드시 유상계약만을 포

---

8) 지원림, 민법강의, 홍문사 (2015) 1431면.

함하는 것은 아니기 때문에, 외형상 '그 밖의 거래'에 포함된다는 견해가 있을 수 있지만 무상으로 행해지는 증여는 '그 밖의 거래'에 해당되지 않는다고 본다.[9] 무상으로 소유권을 이전하는 증여의 경우는 근본적으로 내부자가 미공개중요정보를 이용하여 이익을 얻을 수 있는 구조가 아니며, 또한 일반투자자의 보호에도 아무런 영향을 미치지 않기 때문이다. 이외에 '매매, 그 밖의 거래'와 관련하여 이슈가 될 수 있는 문제들을 살펴본다.

### (2) 매매의 실행성

"매매, 그 밖의 거래에 이용하거나, 타인으로 하여금 이용하게 하여서는 아니 된다." 이와 관련하여 내부자가 내부정보를 근거로 거래하기 위해서 증권회사를 통해 거래소에 호가를 제출하였지만 실제로 매매가 체결되지 않은 경우도 '매매, 그 밖의 거래에 이용한 행위'로 보아 내부자거래에 해당된다고 볼 수 있는가? 그리고 내부자가 타인에게 정보를 제공하였지만 타인이 해당 정보를 이용하여 거래하지 않은 경우 내부자의 정보제공행위는 내부자거래 규제 위반인지의 문제가 있을 수 있다. 즉 매매의 실행성을 요구하는지의 문제이다. 이에 대해서는 후술하는 "V. 정보의 이용행위" 부분에서 상세하게 설명한다.

### (3) 증권의 발행 · 원시취득

발행시장에서 증권이 발행되고 투자자가 원시취득 하는 거래는 원칙적으로 내부자거래 규제의 대상이 되는 "매매등"에 포함되지 않는다. 다만, 법 제176조 제2항 본문에서 규제대상 상장법인의 범위에 "6개월 이내에 상장하는 법인"을 포함하고 있어 IPO를 추진하는 법인의 경우 상장일로부터 역산하여 6개월 이내에서는 내부자거래 규제의 대상이 된다.

그렇다면 이미 상장되어 있는 법인이 증권을 발행할 때 미공개중요정보를 이

---

9) 임재연, 361면

용한 거래가 가능한가? 이에 대해 '상장법인이 발행한 특정증권등'의 문언에서 신규로 증권을 발행하는 순간 발행한 증권이 된다고 볼 수 있으므로 기발행 증권만을 의미한다고 할 수 없고, 또한 일본의 경우와 달리 발행시장에서의 신주의 취득은 원시취득이므로 매매에 해당하지 않지만 우리 자본시장법에서는 "그 밖의 거래"에 포섭될 수 있기 때문에 발행시장에서의 증권의 발행도 규제대상에 포함된다는 견해가 있다.[10]

그러나 발행시장에서 증권의 발행과 원시취득의 경우는 "매매등"에 해당되지 않는다고 본다. 증권의 발행이 문어적으로 "그 밖의 거래"에 해당될 수 있지만, 그렇다 하더라도 다음과 같은 이유에서 내부자거래의 규제대상으로 보는 것은 적절하지 않다고 본다. 첫째, 원시취득과 같이 발행인과 투자자 사이에서 이루어지는 거래구조에서 발생하는 불공시의 문제, 중요한 정보를 공시하지 않은 경우와 중요한 정보의 공시를 누락한 경우는 발행시장 공시규제의 문제로 보아야 할 것이다. 이러한 공시위반에 대한 제재조항이 이미 마련되어 있다. 둘째, 내부자거래 규제 철학은 연혁적으로 그리고 거래구조적 특징에서 고찰할 때 기발행된 증권의 거래와 관련하여 투자관련 정보에 대한 투자자의 동등한 접근을 보장하기 위한 것이다. 셋째, 법 제174조는 상장법인 이외에 6개월 이내에 상장하는 법인도 내부자거래의 규제대상으로 하고 있는데, 비록 IPO등의 경우에 한정되지만 이러한 입법의 취지는 발행시장에서의 원시취득은 제174조의 규제대상이 아니라는 것을 전제하고 있다고 볼 수 있다.

증권의 발행구조를 볼 때 미공개중요정보를 이용한다면 악재의 경우만이 가능할 것이다. 호재라면 매수자에게 이익이 될 것이기 때문이다. 예를 들어, 〈신정제지 사건〉같이 회사가 분식회계 사실을 숨기고 증권을 발행하여 상장까지 성공한 경우, 그 사실을 알고 있는 회사의 내부자가 보유주식을 매도한 행위는 외형상 내부자거래 구조에 해당하지만, 증권을 발행한 발행인은 증권신고서 등 중요사실의 허위

---

10) 박순철, 163~164면.

기재를 이유로 법 제444조에 따른 벌칙규정을 적용하여 처벌하는 것이 적절하다고 본다.[11] 실제 〈신정제지 사건〉에서도 회사에게 내부자거래 혐의를 묻지 않았다.

### (4) 스톡옵션

스톡옵션의 경우는 어떠한가? 회사가 임직원에게 스톡옵션을 부여하는 행위는 원시취득에 해당하지만, 회사가 미공개중요정보가 발생한 사정을 알면서, 또는 스톡옵션을 받는 경영진이 이러한 사정을 알면서 스톡옵션을 받는다면 "매매등"에 해당된다고 본다. 이는 미공개중요정보를 이용한 자사주식의 취득과 다를 바가 없기 때문에다. 이는 앞서 살펴본 증권의 발행의 경우와는 사정이 다르다.

미국의 경우 텍사스걸프 사건에서 대표이사를 비롯한 일부 경영진이 회사가 캐나다 북동부 지역에서 경제적 가치가 매우 높은 광맥층을 발견한 사실을 알면서, 그 사실을 모르는 회사의 스톡옵션위원회로부터 해당 정보를 알리지 않고 일정한 스톡옵션을 받은 행위에 대해 연방제2항소법원은 내부자거래 책임을 인정하였고, 부여받은 스톡옵션의 취소를 명령했다.

또한, 이사 등이 신주예약권을 행사하여 회사로부터 주식을 취득하는 행위 역시 위에서 살펴본 스톡옵션의 경우와 마찬가지라고 본다. 즉 "매매등"에 해당되어 내부자거래의 규제 대상이 된다.

### (5) 대차거래 또는 대주거래

대차거래와 대주거래는 그 거래의 실질이 동일하지만 주식을 빌려오는 기관에 따라 구분하는 개념이다. 즉 대차거래는 예탁결제원 또는 증권금융으로부터 주식을 빌리는 것을 말하며, 대주거래는 자기가 거래하는 증권회사로부터 주식을 빌리는 것을 말한다. 거래의 실질은 동일하므로 대차거래를 중심으로 설명한다.

대차거래란 대주(貸主)가 차주(借主)에게 주식을 빌려주고, 차주가 대주에 대해

---

11) 박임출, 145면 참조.

서 기간 중에 수수료를 지불하고, 대주기간이 경과한 후에 빌렸던 주식과 동일한 주식 · 수량 등을 반환하는 거래로서 법적 성질은 소비대차계약과 유사하다. 대차거래에 있어서 대주료는 주식을 빌려주는 대가로서 지불하는 금액인데, 이는 금전소비대차에 있어서 이자에 상응하는 것이고, 일반적으로 이자부 소비대차계약은 유상계약이다. 또한 소비대차에 있어서 목적물의 소유권은 차주에게 이전된다.

따라서 소비대차로서의 대차거래는 목적물이 되는 주식의 소유권이 대주로부터 차주에게 유상으로 이전되는 것이기 때문에 "매매등"에 해당된다. 이러한 대차거래에서는 차주가 적극적 행동을 하고, 대주는 수동적 행동을 하게 된다. 따라서 차주가 미공개중요정보를 알면서 해당 주식의 대차를 하는 행위는 내부자거래 규제대상인 "매매등"에 해당된다고 본다. 이렇게 대차거래를 통해 취득한 주식을 보유하고 있다가 나중에 매도하거나 아니면 대차를 일으키는 동시에 바로 매도하는 행위(소위 공매도)는 이후의 행위는 당연히 "매매등"에 해당된다.

### (6) 담보권의 설정

특정증권등에 담보권, 예를 들어 질권 또는 양도담보권을 설정하는 행위가 "매매, 그 밖의 거래"에 해당되어 내부자거래의 규제 대상이 되는지 문제가 된다.

질권 설정의 경우는 대차거래와는 다르게 주식의 소유권이 이전되지 않는다. 따라서 '매매'에는 해당이 되지 않지만, '그 밖의 거래'에 해당되는지가 의문이다. 양도담보권의 설정은 '소유권의 이전'이라는 형식을 취하기 때문에 '매매, 그 밖의 거래'에 해당된다고 볼 수 있다. 그러나 실제로 내부자거래 규제와 관련하여 양도담보가 문제가 되는 것은 설정할 때 보다는 양도담보권의 실행으로 특정증권등을 처분하는 경우에 문제가 된다. 양도담보권의 실행을 통해 특정증권등을 처분하는 것은 특정증권등의 소유권이 담보권자에게서 제3자에게 이전하는 것이기 때문에 명백하게 매매에 해당된다. 이와 마찬가지로 질권의 실행으로 인해 경매 등에 의해 특정 증권 등을 처분하는 경우도 명확하게 매매에 해당된다고 볼 수 있다.

실제로, 담보권 설정자가 담보권자에게 미공개중요정보를 전달하여 담보권자가 담보로 가지고 있던 특정 주식을 증권시장에서 매도한 사례에서 담보권자의 매도행위를 내부자거래로 규율한 사례가 있다.

# Ⅳ. 정보의 공개

## 1. 의　의

내부자가 이용한 '미공개정보' 또는 '내부정보'는 '대통령령으로 정하는 방법에 따라 불특정 다수인이 알 수 있도록 공개되기 전의 정보'를 의미한다(법 174조 1항). 따라서 일반에게 공개된 정보는 그것이 중요한 정보라 할지라도 내부자들에게도 거래가 허용된 정보라 할 수 있다. 중요한 정보가 공개된 이후에는 '비밀정보'(confidential information)가 '공개된 정보'(public information)로 바뀌게 되는 것이다.

정보의 공개시점과 관련하여 몇 가지 검토할 기술적인 문제들이 있다.

첫째, 상장법인은 중요정보를 공시함에 있어서 관련된 모든 정보를 완전하게 공시하여야 한다. 만약 부분적으로 공시를 하였다면 '불완전공시'가 되어 허위공시가 될 우려가 있다. 즉 공시되지 않은 정보가 투자자의 투자판단에 중대한 영향을 미치는 정보로 판단될 수 있다면, 그러한 정보를 누락한 공시는 여전히 '미공개' 정보의 상태로 남아있게 된다. 즉 단순히 공시가 이루어졌다고 해서 '공개' 정보로 전환된다고 볼 수 없는 경우가 있을 수 있다. 또한 특정인에게만 미공개정보가 제공된다면 '선택적 공시'(selective disclosure)가 되어 공정공시 위반이 될 소지가 크며, 이 경우 내부자거래 문제는 계속 남게 된다.

둘째, '검토 중' 또는 '추진 중' 공시와의 관계이다. 예를 들어, 특정기업에 대한 M&A설이 시장에서 나돌며 주가가 급변하면 거래소는 해당 기업에게 공시를 요구하게 된다. 이 경우 해당 기업이 '검토 중'이라고 공시를 한다면, 이러한 공시를 미공개정보의 공표라고 볼 수 있는가? '검토 중'이라는 의미는 말 그대로 현재 검토는 하고 있지만 실현가능성에 대해서는 불확실하다는 의사표시이다.[12] 우리 증권시장의 경우 '검토 중' 공시가 실제로 사실로 확인된 경우는 50%에 미치지 못하는 것이 현실이다. 그러나 통계수치를 떠나서 '검토 중'이라는 공시는 일반적으로 미공개정보의 공시로 볼 수 없다. 1997년 미국의 O'Hagan 사건도 이와 유사한 내용을 내포하고 있다.[13]

## 2. 공시의 주지기간

기업의 미공개중요정보라도 일단 공시가 이루어지면 내부자도 동 정보를 이용한 거래를 할 수 있다. 그러나 회사가 공시를 하였다고 해서 바로 거래가 허용되는 것은 아니며 일정한 시간의 경과가 필요하다. 즉 정보의 공개는 해당 법인이나 해당 법인으로부터 공개권한을 위임받은 자 또는 그 법인의 자회사나 그 자회사로부터 공개권한을 위임받은 자가 법정된 방법으로 정보를 공시하고 일정한 기간이나 시간이 지날 것을 요구한다(영 202조 1항). 이처럼 공시가 이루어진 후에도 일정 시간의 경과를 요구하는 것은 일반투자자가 내부자와 동등하게 동 정보에 접근할 기회와 정보의 가치를 판단할 충분한 시간을 부여해 주기 위함이다. 이처럼 공개된 정보가 유포되어 일반투자자에게 충분히 주지되도록 요구되는 기간을 '주지기간'(周知期間)이라고 한다.

우리나라는 자본시장법 시행령 제201조 제2항에서 정보의 유형에 따라 구체적으로 주지기간을 정하고 있는데, 공시매체에 따라 공시한 후 빠르면 3시간에서 24시간이 경과되면 일반투자자에게 유포된 것으로 인정하고 있다. 우리의 경우는 미국의 경험을 근거로 한 것인데, 최근 자본시장법의 개정을 통해 주지기간을 크게

---

12) '추진 중' 공시 또한 현재 추진은 하고 있으나 많은 부분이 미확정이며 따라서 성사 여부는 아직 알 수 없다는 의미이다. 실질적으로 '추진 중' 공시는 '검토 중' 공시와 크게 다를 바 없다.

13) O'Hagan은 Pillsbury 주식의 매입 동기에 대해서 Pillsbury 사에 대한 공개매수 정보는 당시 시장에 루머로 파다하게 퍼져 있었고, 《월스트리트 저널》 지도 이러한 공개매수가 추진 중이라는 기사를 보도하였고, 자신은 이러한 정보를 바탕으로 주식을 매입하였다고 주장하였다. 이러한 경우 내부자가 신문에 보도된 정보를 근거로 투자를 하였다고 주장할 시 매우 어려운 입증문제에 부딪힐 것으로 보인다.

단축하였다.

1. 법령에 따라 금융위원회 또는 거래소에 신고되거나 보고된 서류에 기재되어 있는 정보: 그 내용이 기재되어 있는 서류가 금융위원회 또는 거래소가 정하는 바에 따라 비치된 날부터 1일
2. 금융위원회 또는 거래소가 설치 · 운영하는 전자전달매체를 통하여 그 내용이 공개된 정보: 공개된 때부터 3시간
3. 『신문 등의 진흥에 관한 법률』에 따른 일반일간신문 또는 경제분야의 특수일간신문 중 전국을 보급지역으로 하는 둘 이상의 신문에 그 내용이 게재된 정보: (i) 게재된 날의 다음날 0시부터 6시간, (ii) 해당 법률에 따른 전자간행물의 형태로 게재된 경우에는 게재된 때로부터 6시간
4. 『방송법』에 따른 방송 중 전국에서 시청할 수 있는 지상파방송을 통하여 그 내용이 방송된 정보: 방송된 때로부터 6시간
5. 『뉴스통신진흥에 관한 법률』에 관한 법률에 따른 연합뉴스사를 통하여 그 내용이 제공된 정보는 제공된 때로부터 6시간

이처럼 특정 정보가 상장법인에 의해 공시가 이루어졌다고 하더라도 법에서 정한 일정한 시한이 경과되기 이전에는 여전이 법적으로는 '미공개정보'에 해당된다. 따라서 중요정보에 대한 공시가 이루어졌다 하더라도 법에서 정한 매체별로 요구되는 주지기간이 경과되기 이전에 내부자가 동 정보를 이용하여 거래한 경우 내부자거래로 처벌된다.

## 3. 공시의 주체

법령에서 정한 매체를 통해 공시가 이루어지지 않았다면 '공개된 정보'로 인정되지 않는다. 대표적으로 언론보도의 경우를 들 수 있는데, 신문에 해당 미공개정보에 대한 보도가 있었더라도 해당 법인을 통해 공시되지 않는 한 여전히 '미공개' 정

보에 해당된다.[14)]

정보의 공개 여부와 관련하여 피고들이 주장하는 근거 중의 하나가 해당 정보가 언론에 이미 보도되어 더 이상 '미공개' 정보가 아니었다는 주장이다. 이러한 주장은 국내 사건에서뿐만 아니라 해외의 내부자거래 사건에서 전형적으로 등장하는 항변 중의 하나이다. 그러나 대법원은 〈한국주강 사건〉에서 "어떤 정보가 당해 법인의 의사에 의하여 재정경제부령이 정하는 바에 따라 공개되기까지는 그 정보는 여전히 미공개정보 이용행위 금지의 대상이 되는 정보에 속한다고 할 것이므로, 한국주강 스스로가 부도사실이 불가피하다는 사실을 공개한 사실이 없는 이상 비록 경제신문에서 그 유사한 내용으로 추측 보도된 사실이 있다고 하더라도 그러한 사실만으로 일반인에게 공개된 정보라고 할 수는 없다."라고 판시하였다.[15)] 2006년의 대법원 2003도4320 판결 역시 "증권거래법 제188조의2 제2항의 규정에 비추어 어떤 정보가 당해 회사의 의사에 의하여 재정경제부령이 정하는 공시절차에 따라 공개되기까지는 그 정보는 여전히 내부자거래의 규제대상이 되는 정보에 속한다고 보아야 한다."라고 판시하였다.[16)] 이러한 태도는 우리 법원의 일관된 견해이다.[17)]

### (1) 플래닛 82 사건

최근 서울중앙지방법원은 〈플래닛82 사건〉에서 나노 이미지센서의 개발 시연회 관련한 일부 내용이 언론에 보도되기는 하였지만 해당 정보의 공시가 해당 법인의 의사에 의하여 이루어지지 않았고, 피고가 주장하는 일부 신문은 법에서 정하고 있는 신문이 아니기 때문에 해당 정보의 미공개성을 인정하였다:

증권거래법 제188조의2 제2항은 '일반인에게 공개되지 아니한 중요한 정보라 함

---

14) 대법원 2010. 2. 25. 선고 2009도4662 판결; 대법원 2006. 5. 12. 선고 2004도491 판결; 대법원 2000. 11. 24. 선고 2000도2827 판결 참조.

15) 대법원 2000. 11. 24. 선고 2000도2827 판결. 대법원 1995. 6. 29. 선고 95도467 판결; 대법원 2000. 11. 24. 선고 2000도2827 판결; 대법원 2006. 5. 12. 선고 2004도491 판결.

16) 대법원 2006. 5. 11. 선고 2003도4320 판결.

17) 대법원 1995. 6. 29. 선고 95도467 판결; 대법원 2006. 5. 12. 선고 2004도491 판결.

은 해당 법인이 재정경제부령이 정하는 바에 따라 다수인으로 하여금 알 수 있도록 공개하기 전의 것을 말한다'고 규정하고, 증권거래법 시행규칙(재정경제부령 제429호) 제36조 제2호는 '법 제188조의2 제2항의 규정에 의한 다수인으로 하여금 알 수 있도록 공개한 정보라 함은 "정기간행물의 등록 등에 관한 법률"에 의한 일반 일간신문 또는 경제분야의 특수일간신문 중 전국을 보급지역으로 하는 2 이상의 신문에 그 내용이 게재된 날부터 1일이 경과된 정보를 의미한다'고 규정하며, "정기간행물의 등록 등에 관한 법률" 제2조는 "일반 일간신문은 정치 · 경제 · 사회 · 문화 · 시사 등에 관한 보도 논쟁 및 여론 등을 전파하기 위하여 매일 발행하는 간행물을, 특수일간신문은 산업 · 과학 · 종교 · 교육 또는 체육 등 특정분야(정치를 제외한다)에 국한된 사항의 보도 · 논평 및 여론 등을 전파하기 위하여 매일 발행하는 간행물을 의미한다'고 규정하고 있다. 따라서 해당 법인의 의사에 의하여 2 이상의 위와 같은 일간신문에 게재된 경우 그 정보는 공개되었다고 볼 것이다.

이 사건에 관하여 보건대, 이 사건 정보가 A사의 공정공시를 통해 2005. 11. 10. 일반에 공개되었음은 앞서 본 것과 같고, 변호인 제출의 증거들에 의하면 2005. 8. 24.자 서울경제신문 및 2005. 9. 20.자 동아일보에 나노 이미지센서의 개발이 완료되었다는 취지의 기사가 게재된 사실을 인정할 수 있다. 그러나 ① 변호인들이 제출하고 있는 위 각 기사가 A사의 의사에 의해 게재된 것으로는 보이지 아니하는 점, ② 위 각 기사에 시연회 개최에 관한 언급이 전혀 없었던 점 등을 고려하면, 결국 나노 이미지센서의 개발이 완료되어 시연회를 개최한다는 이 사건 정보가 해당 법인인 A사의 의사에 의해 전국을 보급지역으로 하는 신문에 게재되었다고 할 수 없다(한편 일부 변호인들은 위와 같은 주장의 근거로 2005. 6. 23.자 스포츠한국의 기사를 제출하였으나, 스포츠한국은 정기간행물의 등록 등에 관한 법률이 정한 일반일간신문 또는 경제분야의 특수일간신문에 해당하지 아니하고, 그 기사 역시 A사의 의사에 의해 게재된 것으로 보이지 않는다). 따라서 나노 이미지센서의 개발이 완료되어 기술시연회를 개최한다는 내용의 이 사건 정보는 증권거래법 제188조의2 제2항 소정의 '미공개정보'에 해당한다.

### (2) CJ E&M 사건

최근 〈CJ E&M 사건〉에서 문제가 된 '3분기 추정실적정보'의 미공개성 여부가 다투어졌다. 이 사건에서 CJ E&M의 IR팀 직원들이 특정 애널리스트들에게 추정분기실적 정보를 제공하였고, 애널리스트들은 펀드매니저들에게, 그리고 펀드매니저들은 다시 자신의 고객 등에게 해당 정보를 전달하였다. CJ E&M의 IR 직원으로부터 해당 정보를 제공받은 K는 해당 정보를 특정한 펀드매니저들에게만 알려준 것이 아니라 자신의 야후메신저 주소록에 등록되어 있는 340명 모두(펀드매니저에 국한되지 아니한다) 및 사내 메신저에 등록된 직원 약 1,900명, 문자메세지를 통해 고객 1,058명에게 일괄적으로 발송하였다.

제1심은 이러한 행위는 특정 내지 소수의 사람에게만 정보를 알려주어 이용하게 하는 미공개중요정보의 이용행위의 특성과는 부합하지 않는다고 판시하였다. 그러나 법원의 이러한 판단은 정보의 미공개성에 대한 기존의 법리를 벗어난 것으로 보인다. 이러한 경우 일반적인 내부자거래 사건과 비교할 때 상당히 많은 사람들에게 해당 정보가 제공된 것은 사실이지만, 법상 공시주체를 통해 일반투자자 모두에게 공시된 것으로 인정되지 않는 한 여전히 '미공개정보'로 보아야 할 것이다.

또한 제1심 법원은 K가 공개한 위 정보는 2013. 10. 16. 09:07에 증권 관련 사이트인 '씽크풀'의 게시판에, 같은 날 09:25에 한국경제신문에 기사로 각 게재되었는데, 이 게재시작 등을 고려하면 위 정보는 피고인 K가 공소사실 기재와 같은 정보를 공개한 것과 동시에 피고인 K에 의해 위 각 매체에 전달된 것으로 보이고, 따라서 위 정보가 자본시장법 제174조 제1항 및 시행령 제201조 제2항에서 정한 절차에 따라 공개된 바 없어 법률적으로는 여전히 미공개중요정보에 해당한다 하더라도(대법원 1995. 6. 29. 선고 95도467 판결 취지 등 참조), 적어도 피고인 K로서는 위 정보가 위와 같은 매체를 통하여 대중에게 알려짐으로써 특정 펀드매니저들만이 아닌 개인투자자들까지 이용할 수 있게 되었다고 판단하였다고 봄이 상당하고, 위와 같은 판단은 미공개중요정보를 이용하게 하는 행위에 대한 고의와 양립하기 어렵다고 판시하였다. 법원의 이러한 견해 역시 해당 정보가 '미공개정보'로 볼 수 없다는 해석의 연속선상에 있다고 볼 수 있다. 이 사건은 현재 항소심이 진행 중인데, 항소심의 판결이 주목된다.

## 4. 상대거래

### (1) 거래상대방이 미공개중요정보를 알고 있는 경우

자본시장법에서 내부자거래를 금지하는 기본적인 철학은 모든 투자자에게 정보에 대한 "동등한 접근권"(equal access to information)을 보장하기 위한 것이다. 즉 회사의 내부자 등이 회사내부의 비밀스러운 내부정보를 이용하여 특정한 거래를 하는 것을 금지하기 위한 것이다. 그러나 공개시장에서의 거래가 아니라 거래당사자 간의 직접 협상에 의한 상대거래의 경우 해당 거래와 관련된 미공개중요정보를 알고 있는 경우가 있을 수 있다. 이런 경우에는 비록 법에서 정한 공시방법에 의해 공시가 이루어지지 않았다 하더라도 미공개중요정보로 보지 않는다. 이는 거래상대방이 해당 정보를 충분히 인지한 상태에서 거래가 이루어지기 때문에 투자자보호 등을 위한 기존의 내부자거래 규제 틀을 적용할 필요가 없기 때문이다.

서울고등법원은 2003년 〈삼애실업 사건〉 소위 '보물선 탐사 사건'에서 거래상대방이 미공개중요정보를 전해 들어 알고 있는 경우에는 정보가 불평등한 상태에서 이루어졌다고 볼 수 없으므로 미공개중요정보를 이용하게 한 것이 아니라고 판시하였다.[18] 사건의 개요는 다음과 같다:[19]

> 피고인 甲은 B은행에 900만불 상당의 A실업 해외전환사채를 발행한 후 이를 재매입하기로 약정하였으나, 이를 지키지 못한 채 A실업의 주가가 계속 하락하였고, B은행 해외유가증권팀장으로부터 전환사채의 재매입독촉을 받자 피고인 甲은 "현재 A실업에서 획기적인 사업을 추진하고 있으니 걱정하지 말고 기다려 보자, 그 사업은 보물선탐사 및 해저유물발굴사업이다"라고 하면서 이 사업을 예정대로

18) 서울고등법원 2003. 2. 17. 선고 2002노2611 판결. 금감원, 판례분석, 208면 참조.
19) 금감원, 판례분석, 208면.

잘 추진하면 회사는 아무런 문제가 없고, 회사의 주가도 폭등할 것이라고 하였다.
피고인 甲은 2001. 1. 10.경 A실업 내에 금괴발굴사업을 추진할 특수자원개발탐사 사업부를 설치하고, 2001. 1. 16. 丙과 금괴발굴사업에 대한 동업계약을 체결하여 본격적으로 금괴발굴사업을 추진하였는데 증권가에 이러한 소문이 나돌면서 2001. 1. 초순경부터는 A실업의 주가가 급등하기 시작하였다.
피고인 甲은 B은행과의 재매입약정에 따라 2001. 1. 26. 피고인 乙로 하여금 위 해외전환사채 300만불 상당을 추가로 매입하도록 한 후 2001. 1. 29. 주식 1,334,042주로 전환하게 한 다음, 2001. 2. 9. '신규사업 투자 및 운영자금 조달을 위한 우선주 발행 검토' 공시, 다음 달 15. '운영자금 및 신규사업 자금 마련을 위한 우선주 200만주 유상증자' 결의를 하고, 같은 달 21. '특수자원(보물선 인양 및 매장물 발굴 등) 개발사업 추진'을 공시하였다.
피고인 乙은 A실업의 주가가 급등하게 되자, 전환된 주식을 2001. 2. 20.부터 같은 달 26. 사이에 모두 합계 금 19,286,399,036원에 매각하여 합계 15,466,118,000원의 시세차익을 얻었고, B은행 역시 A실업 해외전환사채를 스스로 매각하여 907,000불 상당의 이득을 취하였다.

서울고등법원은 이 사건에서 피고인 乙이 B은행으로부터 위 해외전환사채 300만불 상당을 매수할 당시인 2001. 1. 26.경에는 위 금괴발굴사업 추진 여부가 공시되지는 않았지만 이미 B은행의 해외유가증권팀장도 피고인 甲으로부터 A실업이 금괴발굴사업을 추진하고 있다는 정보를 전해 들어 잘 알고 있었고, 더욱이 해외전환사채는 금괴발굴사업을 시행하기 이전에 발행 당시부터 피고인 甲측에서 매수해 오기로 약정이 되어 있었던 점에 비추어 보면, 거래 당사자인 B은행과 피고인 乙 사이에 정보가 불평등한 상태에서 거래가 이루어졌다고 볼 수 없으므로 피고인 甲이 피고인 乙에게 미공개정보를 이용하게 하였다고 볼 수 없다고 판시하였다. 또한 피고인 乙이 위 해외전환사채를 주식으로 전환한 후 금괴발굴사업이 공시된 2001. 2. 21. 이전에 매각한 부분(피고인 乙은 2001. 2. 20.부터 매각하였다)에 관해서는 이 부분 공소사실 기재에 의하더라도 위와 같은 금괴발굴사업을 추진하면서 A실업의 주가를 상승시켜 이익을 얻는데 이용하려 하였다는 것이므로 이러한 정보를 알지 못한 채 매수하는 자를 상대로 미공개정보를 이용하였다고 볼 수 없고, 공시된 이후에 매각한 부분에 대해서는 거래당사자 간에 이미 공개된 정보이므로 이 역시 미공개정보를 이용하였다고 볼 수 없다. 결국 피고인 甲이 직무상 알게 된 공개되지 않은 중요한 정보인 금괴발굴사업 추진 정보를 피고인 乙에게 알려주어 동인으로 하여금 유가증권의 매매와 관련하여 이를 이용하게 하였다고 볼 수 없다고 판시하였다.[20]

### (2) 거래상대방에 대한 내부정보의 불완전한 공개

거래상대방이 미공개중요정보를 알고 있는 사정이라면 내부자거래가 성립하지 않는다. 앞의 판결에 이어 2006년 대법원은 "거래의 당사자가 거래의 목적인 유가증권 관련 내부정보에 대하여 전해 들어 이를 잘 알고 있는 상태에서 거래에 이르게 되었음이 인정되는 경우에는 공개되지 않은 중요정보를 이용한 것으로 볼 수 없다."라고 판시하였다.[21] 그러나 대법원은 동일한 사건에서 거래당사자인 법인의 담당 직원이 거래의 상대방으로부터 그 유가증권 관련 내부정보를 들었음에도 이를 정식으로 법인의 의사결정권자에게 보고하거나 그에 관한 지시를 받지 아니한 채 거래의 상대방으로부터 거래의 성사를 위한 부정한 청탁금을 받고서 법인에 대한 배임적 의사로 거래가 이루어지도록 한 경우에는 거래당사자에 대하여 내부정보의 완전한 공개가 이루어졌다고 볼 수 없다고 판시하였다.[22]

---

20) 금감원, 판례분석, 208~209면.
21) 대법원 2006. 5. 11. 선고 2003도4320 판결; 대법원 2003. 6. 24. 선고 2003도1456 판결.
22) 대법원 2006. 5. 11. 선고 2003도4320 판결.

# V. 정보의 이용행위

## 1. 정보의 이용

### (1) 의 의

법은 내부자가 미공개중요정보를 직접 이용하여 거래하는 행위를 금지하고 있다. 따라서 내부자가 해당 미공개정보를 알고는 있었지만, 매매 그 밖의 거래에 해당 정보를 "이용하여" 거래하지 않았다면 내부자거래에 해당되지 않는다.[23]

미공개중요정보를 "이용하여"(use) 거래를 하였다는 의미는 미공개중요정보를 지득한 상태에서 증권을 거래하였는데, 그 정보가 증권의 거래 여부, 거래시점, 거래량, 가격 등 거래조건의 결정에 하나의 요인으로 작용하여 만일 그러한 정보를 알지 못했더라면 내렸을 결정과 다른 결정을 내리게 함으로써 영향을 미쳤다는 사실을 의미한다.[24] 이처럼 미공개정보이용행위로 처벌하기 위해서는 단순히 미공개정보를 "소유"(possession)하고 있는 상태에서 증권의 거래를 한 것만으로는 부족하고, 그것을 "이용"하여 증권의 거래를 했어야 한다. 법원은 이에 대해 다음과 같이 판시하였다:[25]

> 증권거래법 제188조의2 제1항은 유가증권의 매매 기타 거래와 관련하여 미공개중요정보를 '이용'하는 행위를 금지하고 있기 때문에, 미공개정보 이용행위로 처벌하기 위해서는 단순히 미공개정보를 '보유'하고 있는 상태에서 유가증권의 거래를 한 것만으로는 부족하고, 그것을 '이용'하여 유가증권의 거래를 한 경우에는 특별

---

23) 임재연, 362면.

24) 서울중앙지방법원 2007. 2. 9. 선고 2006고합332 판결. 서울고등법원 역시 "내부자의 거래가 전적으로 내부정보 때문에 이루어졌음이 요구되는 것이 아니라, 단지 거래를 하게 된 하나의 요인이기만 하면 정보의 '이용'이라는 요건을 충족하는 것으로 해석함이 상당하다."라고 판시하여 같은 견해를 보이고 있다(서울고등법원 2009. 5. 15. 선고 2008노3397 판결).

25) 서울중앙지방법원 2007. 7. 20. 선고 2007고합159 판결

> 한 사정이 없는 한 그것을 이용하여 유가증권 거래를 한 것으로 봄이 상당하고, 또한 유가증권 거래를 하게 된 다른 요인이 있더라도 미공개 내부정보를 이용한다는 것이 하나의 요인이 된 경우에는 미공개정보를 이용하여 유가증권 거래를 한 것으로 인정할 수 있다.[26]

그리고 거래의 다른 요인이 있었다고 하더라도 보유하고 있는 미공개중요정보가 거래의 한 원인으로 작용하였다면, 미공개중요정보를 "이용"한 것으로 판단하고 있다. 미국은 1997년 Adler 사건, Smith 사건, Teicher 사건을 거치면서 연방법원 간에 '보유기준'과 '소유기준' 사이에서 혼란이 있었는데, 이에 SEC는 Rule 10b5-1을 제정하여 미공개중요정보를 '보유'한 상태에서 거래를 하였다면 해당 정보를 이용한 것으로 추정하여 내부자거래로 처벌한다는 것을 분명히 하였다. 다만, 미공개정보를 알고는 있었지만 이용하지 않았다는 사실을 입증하는 경우에는 면책을 인정하고 있다. 따라서 우리 법원의 입장 역시 미국 Rule 10b5-1과 크게 다르지 않다고 볼 수 있다.

반면, 유럽은 2003년 Market Abuse Directive를 제정하면서 소위 "소유기준"을 채택하였다. 즉 미공개정보를 알고 있는 상태에서 거래를 하였다면 내부자거래에 해당된다. 이는 미공개정보를 알고 있는 경우 해당 거래를 근본적으로 금지시키기 위한 정책의 반영이라고 생각한다. 이러한 Directive를 EC 회원국들은 적절하게 반영하고 있는데, 대표적으로 영국과 독일은 소유기준을 채택하였고 결과적으로 내부자거래 규제의 폭이 크게 확대되었다.

그렇다면 어떠한 경우에 정보를 이용한 거래로 볼 수 있는가? 서울고등법원은 정보를 이용하였는지 여부에 대해 다음과 같이 판시하였다:[27]

> 당해 정보의 중요성과 확실성 정도, 정보 인식시점과 거래시점 사이의 시간적 간

---

26) 동지판례: 서울동부지방법원 2011. 12. 30. 선고 2011고합221 판결.

27) 서울고등법원 2011. 12. 2. 선고 2011노1043 판결.

격, 거래시점과 정보공개 시점 사이의 시간적 간격, 주가의 동향, 행위 전후의 제반 사정 등을 종합하여 판단할 수밖에 없다고 할 것인데, 법인의 내부자가 미공개중요정보를 인식하고 그 직후 또는 그와 근접한 시기에 조만간 공시 등을 통해 일반인에 대한 정보 공개가 이루어질 것을 예상하면서 유가증권 거래를 한 경우에는 특별한 사정이 없는 한 미공개정보를 이용하여 유가증권 거래를 한 것으로 봄이 상당하다.

이에 대해 내부자거래 혐의자는 자신이 미공개중요정보를 이용하여 거래하지 않았다는 적극적인 방어의 입증책임을 부담하게 된다.

### (2) 정보의 이용행위와 거래의 완성과의 관계

정보의 이용행위와 관련하여 내부자가 매도주문을 제출하였다가 매매체결 전에 회사에 관한 호재인 미공개중요정보를 알게 되어 매도주문이 체결되기 전에 취소한 경우, 또는 반대로 매수주문을 제출하였지만 악재인 미공개중요정보를 알게 되어 매수주문을 취소한 경우가 있을 수 있다. 이러한 경우 행위자가 미공개중요정보를 "이용"한 것으로 볼 수 있는지 법문상 명확하지 않아 해석상 논란의 여지가 있다.

먼저, 내부자가 미공개중요정보에 기하여 매매주문을 하였는데 거래가 성립하지 않았거나 거래의 성립 전에 스스로 주문을 취소한 경우에는 기수에 이르지 못한 것이고, 자본시장법상 미수범 처벌규정이 없으므로 처벌대상이 아니라는 견해가 있다. 이에 반해 "이용행위"라는 부분에 초점을 맞추어 행위자에 의한 주문의 제출 및 취소라는 행위가 존재하기 때문에 해당 정보를 이용하였다고 보는 견해가 있다. 이 견해에 따르면 비록 매매주문이 체결되지 않았지만, 행위자는 매매주문을 취소하는 행위 자체는 일반인에게 공시되지 않은 미공개중요정보를 인지한 결과로서의 행동이고, 따라서 거래의 완성 여부와 관계없이 미공개중요정보를 "이용"한 행위로 보는 것이다. 일본에서도 학설이 갈린다. 전자보다 후자의 견해가 법문에 충실한 것으로 보인다. 내부자거래 규제가 엄격한 형사처벌 조항인 만큼 입법적으로 명확하게 하는 것이 필요하다고 본다.

### (3) 정보의 이용행위를 인정한 사례

앞서 직무관련성 부분에서 다루었던 나노 이미지센서칩 개발 관련 사안에서 피고인은 자신의 거래는 D일보 보도를 통해 나노 이미지센서의 개발이 완료되었음을 알게 되었고, 그 후 주가의 추이를 주시하다가 2005. 5.경부터 A사 주식을 매수한 것이며, 연구원 내부의 전산망인 MIS를 통해 "나노 이미지센서칩(SMPD) 개발완료 및 시연회 개최"라는 미공개정보를 지득하지 않았다는 주장에 대해 법원은 다음과 같은 이유를 들어 피고인의 미공개중요정보의 이용행위를 인정하였다:[28)]

> ① 피고인 甲이 종래 주식투자를 해 오면서 2005. 6. 1.경 A사 주식 1,600주를 매수하여 이를 2005. 7. 13.경 매도하기는 하였으나, 그 이후에는 A사 주식에 투자하지 아니하였던 점, ② 그러던 중 2005. 10. 25. A사 주식 33,000주를, 같은 해 11. 3. 같은 주식 7,500주를 각 매수하였고, 이 사건 정보에 관한 공시 이후에 이를 순차로 처분하였던 점, ③ 피고인 甲의 기존 투자방식은 여러 종목의 주식에 분산 투자하는 것이었음에도, 2005. 10. 25.경 주식을 매수함에 있어 당시 보유하고 있던 다른 종목의 주식들을 모두 처분하여 A사 주식을 집중 매수하였고, 전체 매수대금 약 1억 3,000만 원 중 3,000만원 가량은 마이너스 통장에서 인출한 금원이었던 바, 위와 같은 주식투자 형태는 기존의 방식에 비해 매우 이례적인 것으로서 다른 특별한 정보가 없는 이상 이러한 형태의 투자를 하기는 어려운 점으로 보이는 점, ④ 한편 피고인 甲이 주식을 다시 매수하기 직전인 2005. 10. 24. B연구원 내부 전산망인 MIS에 이 사건 정보의 내용이 기재된 주간업무보고서가 게시되었는데, 평소 주식투자에 관심이 있는 피고인으로서는 그 정보를 충분히 확인할 수 있었을 것으로 보이는 점 등을 종합하면, 피고인 甲이 2005. 10. 24.경 B연구원 내부 전산망을 통해 이 사건 정보를 알게 되어 위와 같은 거래를 하였다고 봄이

---

28) 서울중앙지방법원 2008. 11. 27. 선고 2008고합236 판결. 항소심인 서울고등법원 2009. 5. 15. 선고 2008노3397 판결을 거쳐 대법원 2010. 2. 25. 선고 2009도4462 판결에서 확정.

상당하다.

동일한 사건에서 또 다른 정보수령자들의 내부자거래 책임이 문제가 되었는데, 법원은 이들에 대해서도 위에서 적시한 것처럼 피고인들의 거래행태를 분석하며 정보수령자의 중요한 매매패턴을 지적하고 있다. 법원은 이들의 거래가 미공개정보를 이용한 거래의 근거로서, (i) 분산 투자하지 않고 A사 주식을 집중적으로 매수한 사실, (ii) 평소에는 거의 주식투자를 하지 않는 사람이 미수거래를 일으키면서까지 중요한 시기에 A사 주식을 대량 매수한 사실, (iii) 일부 매수자금은 신용카드 대출을 통해 조달한 사실, (iv) 공시 후 주식매도를 통해 상당한 이익을 실현한 후 정보제공자에게 상당한 금원을 송금한 사실, (v) 정보제공자와 정보수령자 사이가 잦은 금전거래를 할 정도로 가까운 사이였던 점 등을 들고 있다. 법원의 지적처럼 이러한 거래는 일반적인 주식투자 방식이라 할 수 없고, 미공개정보를 알고 주가 상승에 대한 확신을 가지지 않는다면 가능하지 않은, 미공개중요정보를 이용한 전형적인 투자행태라고 할 수 있다.

### (4) 정보의 이용행위를 부정한 사례

법원이 정보의 이용행위를 부정한 근거로는 첫째, 정보 자체를 취득하지 않았다고 인정하는 경우, 둘째, 정보를 알고 있었지만 중요정보 발생 전에 체결한 약속의 이행을 위해 주식을 매도하는 경우와 같이 주식을 매도할 만한 합리적인 이유가 있었을 경우를 들 수 있다. 두 번째의 경우, 시장질서 교란행위의 경우는 명시적으로 "권리를 행사하거나 의무를 이행하기" 위해 매매등을 하는 경우는 적용 예외를 허용하고 있다. 제174조의 경우 이러한 명시적인 내용이 없지만 아래에서 보는 것처럼 법원은 정보의 이용행위를 부정하고 있다. 이에 추가하여 법원은 〈팬텀엔터테인먼트 사건〉에서 정보제공자를 통해 정보를 전달받았지만 이미 정보수령자가 다른 채널을 통해 해당 정보를 알고 있는 경우에는 정보제공자의 정보제공 행위를 부정하였다.

### a) LG카드 사건

대법원은 〈LG카드 사건〉에서 내부자거래 혐의로 기소된 피고인에 대해 피고인은 중요정보를 일반적으로 취득 · 이용할 지위에 있지 않았고, 따라서 다소 의문스러운 정황이 엿보이지만 피고인이 중요정보를 취득 이용하였다는 직접적인 증거가 없다고 판단하여 다음과 같이 무죄를 선고하였다:[29]

1) 피고인 甲은 LG화학 재무관리팀장으로서, K 명예회장의 지시에 따라 LG그룹 대주주 및 특수관계인 100여 명이 보유하고 있는 LG그룹 계열사의 주식을 관리하여 왔을 뿐, LG카드의 직원도 아니고 이사회 · 감사위원회 등의 구성원도 아니며 이 사건 중요정보의 생성 · 보고 · 결재에 관여할 수 없어서 이 사건 중요정보를 일반적으로 취득 · 이용할 지위에 있지 않았고(더구나 이 사건 중요정보는 대외비 문건으로 분류되어 LG그룹 핵심 경영자 사이에서만 은밀하게 보고가 이루어진 것으로 보이는데, 이러한 정보가 위 피고인에게 전달되었음을 인정할 직접적인 증거가 전혀 없다), 가사 위 피고인이 이 사건 중요정보를 누군가로부터 취득하였다 하더라도 K 명예회장의 지시 없이 자신의 독자적인 판단으로 그 정보를 이용하여 LG카드의 주식을 매도할 지위에 있지도 않았으며, 이로 인하여 개인적인 이득을 취하거나 손해를 회피할 지위도 아니었다.

2) 피고인 丙은 LG그룹 계열사가 아닌 대한펄프주식회사(이하 '대한펄프'라 한다)의 대주주 겸 경영자로서 당시 재정적으로 어려움을 겪고 있던 대한펄프의 부채비율을 낮추고 자금난을 해소하기 위하여 500억 원 규모의 유상증자를 추진하였고, 그 자금 마련을 위하여 K 명예회장의 양해 아래 자신의 보유 주식을 관리하고 있는 피고인 甲에게 LG그룹 주식의 환가를 부탁하였으며, 피고인 甲이 이 사건 공소사실 기재와 같이 매도한 LG카드 주식의 매도 대금은 모두 위 대한펄프의 유상증자 자금으로 투입되었다.

3) 피고인 甲은 자신이 관리하고 있는 LG카드의 대주주 약 60명의 보유 주식 중에

29) 대법원 2008. 11. 27. 선고 2008도6219 판결.

서 오로지 피고인 丙 보유 주식만을 제3자에게 매도하였는데, 만약 이 사건 중요정보를 이용하여 LG카드의 주가하락으로 인한 손실을 회피할 생각이었다면 굳이 다른 대주주 보유 주식은 놓아두고 피고인 丙 보유 주식만 매도할 합리적인 이유가 없다(더구나 당시 LG카드는 재무구조 악화로 인하여 증자를 추진하여야 할 형편이었고, 실제로도 피고인 丙을 제외한 다른 대주주들의 주식 보유량은 전체적으로 증가한 것으로 보이는데, 이러한 상황에서 별다른 절박한 목적 없이 오로지 시세차익이나 손실회피를 목적으로 피고인 3 보유 주식을 매도한다는 것은 납득하기 어렵다).

4) 피고인 甲이 2003. 10. 23. 하루 동안 피고인 丙 보유 주식 나머지 전량을 모두 매도하라고 증권회사 직원에게 독촉한 정황, 그 밖에 이 사건 주식을 매각하는 방법이나 시기 등에 있어서 상고이유로 주장하는 바와 같이 다소 의문스러운 정황이 엿보이지만, 피고인 甲이 이 사건 중요정보를 취득 · 이용하였다는 직접적인 증거가 없고 앞에서 본 바와 같이 합리적인 의심이 존재하는 상황에서 위와 같은 정황만으로 피고인 甲, 丙에 대한 이 사건 공소사실을 유죄로 인정할 수는 없다.

이 사건에서 피고인 乙은 LG카드의 2대 주주인 사모펀드를 관리하는 자인데, 피고인 乙이 사모펀드가 보유하는 LG카드 주식의 매도에 대해서도 중요정보의 취득 · 이용행위를 부정하며 다음과 같이 무죄를 선고하였다:

피고인 乙이 피고인 에이컨인베스트먼트홀딩스 주식회사(이하 '에이컨'이라 한다), 피고인 피칸인베스트먼트홀딩스 주식회사(이하 '피칸'이라 한다) 보유의 LG카드 주식을 관리하다가 매도할 당시에 이 사건 중요정보를 취득 · 이용하였다고 인정하기 어렵다고 판단한 원심의 조치는 정당하고, 거기에 채증법칙 위반 등의 위법이 없다.

1) 피고인 乙이 관리하던 LG카드 보유 주식의 실제 소유자는 워버그 핀커스 등의 사모투자펀드인데, 위 사모투자펀드는 LG카드의 2대주주로서 당시 경영권을 행사하던 최대주주 LG그룹 측과는 협력하면서도 견제하는 관계에 있었기 때문에, 비록 피고인 乙이 위 사모투자펀드를 대리하여 LG카드의 사외이사 겸 감사위원의 지위에 있었다고 할지라도 LG그룹 측에서는 아직 확정되지 않은 단계인 이 사건

중요정보를 미리 위 피고인측에 제공할 이유가 없었던 것으로 보인다(이 사건 중요정보는 LG카드의 전망을 어둡게 보고 있기 때문에 이를 피고인 乙 측에서 미리 알게 되면 공동투자관계에서의 조속한 이탈을 유발할 가능성이 있고, 외부로 유출되면 LG카드에 나쁜 영향을 미칠 수 있다).

2) 실제로 LG그룹측 내부에서 이 사건 중요정보가 생성되었을 무렵 그 내용을 담은 문서들(2003. 7. 21.자 문건, 2003. 9. 22.자 문건 등)은 대외비 등으로 분류되어 핵심 경영자만 접근할 수 있도록 관리되었는데, 외부투자자의 이익을 대표하는 지위에 있던 피고인 乙이 위 문서들에 접근할 수 없었던 것으로 보인다(위 문건들은 수사기관이 수사에 착수하여 찾아내기 전까지 비밀로 유지되었다).

3) 피고인 乙은 2003. 8. 11. 개최된 감사위원회, 2003. 9. 3. 개최된 이사회에 참석한 바 있으나, 위 감사위원회와 이사회에서 이 사건 중요정보의 내용이 피고인 乙에게 전달되었음을 인정할 직접증거가 없다(오히려 당시 LG카드 경영진은 다소 낙관적인 전망을 하면서 자본확충에 적극적인 의지를 보이지 아니하여 위 피고인이 시장의 우려를 전하면서 추가적인 자본확충의 필요성을 언급한 내용이 회의록에 나타나기도 한다).

4) 피고인 乙이 2003. 8. 11.자 감사위원회 및 2003. 9. 3.자 이사회에서 이 사건 중요정보를 취득하였다면 굳이 1개월 반 정도가 경과한 후에서야 LG카드의 주식을 매도하기 시작한 이유를 납득하기 어렵고, 손실회피를 목적으로 주식을 매각한 것이라면 2003. 10. 30. LG카드의 유상증자 공시 이전에 서둘러 많은 물량을 매도하지 않은 이유, 위 공시 이후 주가가 떨어진 다음에도 11. 20.경까지 꾸준히 매도를 진행하여 보유 주식 전량을 매도한 이유를 합리적으로 설명하기 어렵다(그 밖에도 피고인 2가 이 사건 중요정보의 취득 · 이용과는 무관하게 위 사모투자펀드의 전략적 방침에 따라 LG카드 주식을 모두 처분한 것이라고 볼 만한 정황이 있다).

5) LG카드 경영진은 지속적인 자금부족 때문에 2003. 9. 22. '추가 자본확충 검토(안)'이라는 문건을 작성하면서 확정적으로 자본확충을 시도하기로 결정하여 2003. 10. 20. 이사회에 보고하였고, 피고인 乙은 위 이사회에 참석하여 이 사건 중요정보를 취득한 것으로 보이는데, 이미 위 피고인은 그 전부터 동원증권과 일임매매에 관한 협의를 하여 2003. 10. 7. 동원증권과 일임매매약정을 체결한 다음 LG카드 주식 전량의 매도를 진행하고 있던 상태였으므로 이 사건 중요정보를

이용하였다고 볼 수 없다.

6) 피고인 乙의 지위나 이 사건 주식을 매각한 시기 등에 있어서 상고이유로 주장하는 바와 같이 다소 의문스러운 점이 엿보이지만, 직접적인 증거가 없고 앞에서 본 바와 같은 합리적인 의심이 존재하는 한 피고인 乙, 에이컨, 피칸에 대한 이 사건 공소사실을 유죄로 인정하기 어렵다.

b) 계약에 따른 의무이행을 위한 주식매도

주식의 매도가 중요정보 발생 이전에 이루어진 계약의 이행을 위해 이루어진 경우와 같이 정보의 이용행위로 볼 수 없는 합리적인 이유가 있는 경우에는 정보의 이용행위로 볼 수 없다. 서울동부지방법원은 중요정보 발생 전에 대출금상환을 위해 체결한 상환이행계약서상의 의무이행을 위해 주식을 매도한 경우 미공개정보의 이용행위에 해당하지 않는다고 판시하였다.[30]

피고인 A사는 2008. 7.경 B증권회사로부터 10억 원을 대출받으면서 자신이 보유하고 있던 C사 주식 400만주를 담보로 제공하였는데, C사가 2008. 12.경 회생절차개시 신청을 함에 따라 C사 주가가 하락하자 B사는 피고인 A사에 담보부족 예고통지를 하였고, 피고인 A사는 2009. 1.초순경 대출금 중 4억 원을 변제하면서 B사에 나머지 대출금 상환기한을 1개월 연장해 줄 것을 요청하였고, B사는 이에 응하여 2009. 1. 중순경 담보로 제공받은 주식을 처분하여 대출금 상환에 우선적으로 변제한다는 취지의 상환이행계약서를 작성하였으며, 한편 C사에 대한 회생개시결정이 이루어짐에 따라 C사 주식은 2008. 12.말경부터 2009. 1. 하순경까지 매매거래정지 조치가 된 상태였고, 매매거래정지 조치가 해제된 이후인 2009. 2.초경 피고인 A사의 재무이사인 피고인 甲은 B사 지점 직원에게 전화로 C사 주식 중 약 19만주를 매도해 달라고 주문하여 이를 매도하였고, B사는 주식매도대금으로 피고인 A사에 대한 대출금 변제에 충당하였다.

이 사건에서 법원은 다음의 이유를 들어 미공개중요정보의 이용행위를 부정

30) 서울동부지방법원 2011. 12.30. 선고 2011고합221, 279(병합) 판결.

하였다: ① B사가 담보로 가지고 있던 C사 주식 400만주가 피고인 A사에 반환된 것으로 보이지 않는 점, ② 상환이행계약서에 담보로 제공된 주식을 처분하여 대출금 상환에 우선적으로 변제하도록 정하고 있는데, 2009. 2.초경 C사 주식이 매도되어 곧바로 대출금 변제에 충당된 점으로 비추어 볼 때 이 부분 주식 매도행위는 피고인 甲이 주문을 하였다 할지라도 그 실질은 피고인 A사와 B사 간에 체결된 상환이행계약의 이행에 따른 행위로 보이는 점, ③ B사는 위 주식매도가 반대매매에 해당한다는 확인서를 작성하여 준 점 등의 사정에 비추어, 이 부분 주식매도행위가 미공개정보의 이용행위에 해당하지 않는다고 판시하였다.

## 2. 타인에게 이용하게 하는 행위

### (1) 개 념

법은 내부자가 거래하는 것뿐만 아니라 타인에게 미공개중요정보를 제공하여 해당 정보를 "이용하게 하는 행위"도 금지하고 있다. 중요한 정보가 상장법인의 내부에서 생성된 경우 내부자 자신이 스스로 동 정보를 이용하여 거래하는 것은 물론 타인에게 동 정보를 제공하여 거래하도록 하게 하는 행위도 금지된다.

이는 타인이 내부자로부터 미공개중요정보를 받아 거래하는 행위 역시 내부자의 거래행위와 차별할 필요가 없기 때문이다. 내부자로부터 정보를 받은 제1차 정보수령자가 다시 타인에게 정보를 이용하게 하는 행위 역시 내부자거래에 해당된다. 다만, 제1차 정보수령자로부터 정보를 받은 제2차 정보수령자는 내부자의 범위에 포함되지 않아 처벌 대상에서 제외된다.

### (2) 요 건

내부자가 미공개중요정보를 타인에게 이용하게 하는 행위에 해당하기 위해서는 다음의 요건들이 구비되어야 한다.

첫째, 내부자가 제공한 정보가 미공개중요정보이어야 한다. 그리고 이 정보를 타인에게 제공하면서, 그가 동 정보를 이용하여 거래하도록 할 의사, 즉 고의가 있어야 한다.[31] 고의란 정보수령자가 미공개중요정보를 이용하여 거래를 할 것이라는 예견을 하면서 정보를 제공하는 것을 의미한다. 정보제공자가 타인에게 정보를 제공할 때 경제적 반대급부의 존재 여부는 문제가 되지 않는다.[32]

둘째, 정보수령자는 정보제공자가 내부자이며, 내부자가 동 정보를 직무와 관련하여 취득한 미공개중요정보라는 사실을 인식하고 거래를 하였어야 한다. 시장질서 교란행위의 경우 내부자로부터 "나온 미공개중요정보 또는 미공개정보인 정을 알면서"로 규정하여 이 부분을 분명히 하였다(법 178조의2 1항 1호 가목, 라목). 법 제174조의 경우 이에 대해 명시적인 표현은 없지만, 정보수령자가 해당 정보가 내부자로부터 나온 정보임을 모르는 경우까지 처벌하는 것은 부당하기 때문에 마찬가지로 해석하여야 할 것이다.

셋째, 정보제공자는 정보수령자가 미공개중요정보를 이용하여 거래를 할 것이라는 예견을 하면서 정보를 제공하였지만, 제1차 정보수령자가 동 정보를 이용하여 거래를 하지 않은 경우 정보제공자의 책임이 발생하는가?

정보제공자는 정보수령자의 거래행위 여부와 관계없이 미공개중요정보를 정보수령자로 하여금 이용하게 하기 위해 제공행위를 하였다면, 그 행위 자체로 구성요건을 충족시킨다고 본다. 정보제공자가 타인에게 내부정보를 이용하게 하는 행위는 형식범, 추상적 위험범 형태로 규정하고 있기 때문에 상대방이 실제 해당 정보를 이용하여 매매 그 밖의 거래를 할 것으로 요건으로 하지 않는다고 본다.[33]

이에 대해 내부자거래의 책임을 부정하는 견해가 있다. 먼저 '정보제공행위'와 '이용하게 하는 행위'를 구분하여야 하며, 내부자가 정보를 제공하였다 하더라도 정보수령자가 그 정보를 이용한 거래를 하지 않은 경우에는 "이용하게 하는 행위"가 있다고 볼 수 없다는 견해이다.[34] 또 다른 견해도 이와 유사한데, 타인이 동 정보를

---

31) 김건식 · 정순섭, 417면; 임재연, 917면.
32) 김건식 · 정순섭, 403면.
33) 同旨: 박순철, 176면, 박임출, 148면. 증권법학회, 주석서 I, 1049면.
34) 노태악, "미공개 중요정보의 중요성 판단과 정보의 이용행위 등에 관하여,"『BFL』 제43호 (2010) 33면; 임재연, 918~919면.

이용하지 않은 경우에는 '이용하게 한 것이 아니기 때문에' 정보를 제공한 내부자의 책임이 발생하지 않는다는 것이다.[35]

법원은 〈팬텀엔터테인먼트 사건〉에서 '정보제공행위'와 '이용행위'를 구분하고, 정보제공 행위를 처벌하기 위해서는 정보수령자의 거래행위가 요구된다고 판시하였다.

### (3) 내부자의 사실 확인

앞서 살펴본 것처럼 정보수령자를 처벌하기 위해서는 정보제공자의 고의가 필요하다. 정보수령자가 해당 정보를 이용하여 증권을 거래할 가능성이 있음을 인식하면서 정보를 제공하는 경우도 포함된다.[36] 그러나 검찰은 단지 수동적으로 사실관계를 확인해 준 내부자에 대해서 타인에게 정보를 전달하여 이용하게 할 의도가 없었다고 보는 것을 추정된다.[37]

먼저, 사채업자인 피고인은 최대주주인 甲과 15억 원 규모의 주식담보대출약정을 체결하고 甲으로부터 본건 회사 주식 50,000주를 담보로 받아 보유하고 있던 중, 인터넷 등에 본건 회사의 횡령설이 언급되자 甲에게 전화하여 사실관계를 확인하는 과정에서 甲으로부터 "乙이 회사자금을 횡령하여 해외로 도피하였다."라는 사실을 듣고 보유하고 있던 50,000주 전량을 매도한 사건에서, 검찰은 甲에 대해서 정보이용 또는 정보를 전달하여 이용하게 한 혐의로 기소하지 않았다.[38]

또한, 회사를 퇴직한 피고인 甲은 이전부터 친분이 있던 회사 내부자 乙에게 전화를 걸어 '회사가 개발한 위궤양 치료제의 전 세계 판매를 위하여 다국적 제약회사와 조만간 기술이전계약을 체결할 예정'이라는 중요정보를 전해 듣고 거래를 한 사건에서, 甲과 乙은 가끔 안부전화를 하는 사이였고, 甲이 먼저 乙에게 전화를 하여 기술이전계약의 진행상황 등 회사 근황에 대하여 문의하자 乙이 기술이전계약 체결

35) 김건식 · 정순섭, 417면.
36) 김건식 · 정순섭 417면; 임재연, 917면.
37) 금융감독원, 판례분석, 274면.
38) 대전지방법원 천안지원 2011. 5. 25. 선고 2010고합228 판결(금융감독원, 판례분석, 274면 참조).

가능성이 높아졌다는 사실을 알려준 것으로 甲에게 동 정보를 알려준 乙의 행위는 단순한 유선통화 내용 중 일부분으로 의도적인 행위가 아닌 것으로 판단되어 乙의 정보제공 행위에 대해서는 무혐의 처리하였다.[39]

### (4) 정보제공행위와 이용하게 한 행위의 구분

법원은 '정보제공행위'와 '이용행위'를 구분하고, 정보제공자의 정보제공행위를 처벌하기 위해서는 정보수령자의 거래행위를 요구하고 있다. 일부 학설도 정보제공행위와 이용행위를 구분해서 정보제공자의 제공행위가 있었다 하더라도 정보수령자가 실제 거래에 이용하지 않았다면 정보제공자의 '이용하게 한 행위'가 없어 내부자거래의 책임을 물을 수 없다는 견해가 있음은 앞서 살펴보았다. 최근 〈CJ E&M 사건〉의 1심에서도 이와 동일한 입장에서 피고인에게 무죄를 선고하였다.[40]

> 자본시장법과 금융투자업에 관한 법률 제174조 제1항은 처벌대상이 되는 행위에 관하여 '타인에게 정보를 이용하게 하는 행위'라고만 규정하고 있고 '정보를 제공하는 행위' 자체를 처벌대상으로 규정하고 있지는 아니한바, 따라서 설령 정보수령자가 정보를 이용하여 거래할 가능성을 인식하면서 정보를 제공하였다 하더라도 정보수령자가 실제로 정보를 이용하지 않았다면 이는 정보를 이용하게 하는 행위에 해당한다고 볼 수 없다(이와 같이 해석하는 것이 위 규정에 대한 미수범처벌규정을 두지 아니한 입법취지에 부합한다).

그러나 법원의 이러한 해석은 다음과 같은 이유로 동의하기 어렵다.

첫째, '정보제공행위'와 '이용하게 하는 행위'의 구분이 개념적으로 명확하다고 보기 어렵다. 정보제공행위는 객관적 행위이지만, 이용하게 하는 행위는 정보제공행위에 '이용하게 하는' 내심의 주관적인 의사가 포함된 행위인데, 이러한 주관적

---

39) 서울중앙지방법원 2007. 12. 26 선고 2007노3274 판결(금융감독원, 판례분석, 274면 참조).
40) 서울남부지방법원 2016. 1. 7. 선고 2014고합480 판결.

의사의 존재 여부를 객관적으로 증명한다는 것은 불가능하다.

둘째, 법은 정보제공자의 미공개중요정보의 업무와 관련하지 않은 제공행위 자체를 금지하고 있다고 보아야 한다. 법상 회사 외부의 타인에게 정보제공이 허용되는 경우는 회사의 정상적인 업무처리를 위해서만 가능하다. 대표적으로 회계감사업무를 수행하는 외부감사인, M&A업무를 진행하는 자문변호사 등에 대한 정보제공을 들 수 있다. 이처럼 회사 내부에서 발생한 미공개중요정보의 제공은 정상적인 업무처리 과정에서 계약관계에 있는 자들에게만 특별하게 허용되는 것이다. 만약 이들이 해당 정보를 이용하여 거래를 하였다면 정보수령자로서 처벌되는 것이 아니라 법 제174조 제1항 제3호 또는 제4호에 해당되어 준내부자로 처벌된다. 이처럼 내부자가 타인에게 미공개중요정보를 제공하는 행위는 원칙적으로 법 제174조 제1항 제3호 또는 제4호 외에는 허용되지 않는다고 볼 수 있다. 즉 법 제174조 제1항은 회사 업무의 정상적인 처리과정에서 타인에게 정보를 제공하는 경우 이외에는 모든 정보제공행위가 "이용하게 하는" 행위에 해당된다고 해석하는 것이 타당하다고 본다. 다만, 정보제공자가 지인에게 비밀유지를 당부하면서 정보를 알려준 경우는 '이용하게 하는 행위'에 해당하지 않는다고 보아야 할 것이다.[41]

셋째, 앞서 언급한 것처럼 정보제공자의 구성요건과 정보수령자의 구성요건은 분리해서 보아야 한다. 따라서 정보수령자의 거래 여부가 정보제공자의 처벌 여부를 결정한다고 볼 수 없다.

다만, 정보제공자의 정보제공행위는 제174조를 위반하였지만 정보수령자에 의한 거래가 이루어지지 않았기 때문에 실제로 투자자보호나 건전한 시장질서를 침해하지 않았으므로 양형의 참작 사유가 될 수 있을 것이다. 미공개정보가 전달되었지만 실제 거래가 이루어지지 않은 경우를 규제당국에서 적발한다는 것은 현실적으로 어려운 면이 있지만, 정보의 전달이 2차 · 3차로 이어지고 리모트 정보수령자가 궁극적으로 거래를 한 경우에는 적발이 가능할 수 있다.

41) 임재연, 374면.

영국은 타인에게 미공개중요정보를 "부적절하게 제공하는 행위"(improper disclosure) 즉 '정보의 누설' 자체를 시장남용행위의 하나로 규정하고 있다. 일본은 최근 금상법을 개정하여 정보전달 또는 거래권유의 금지제도를 도입하면서, 정보전달자의 처벌요건으로 정보를 전달받은 자가 거래를 하였을 것을 명시적으로 규정하였다. 우리도 정보수령자의 거래가 정보수령자의 처벌요건으로 하기 위해서는 일본처럼 입법으로 명확히 해야 할 것이다.

### (5) 정보제공행위와 이용행위 사이의 인과관계

법원은 〈펜텀엔터테인먼트 사건〉에서 "다른 사람으로 하여금 이를 이용하게 하는 행위"는 정보제공자의 정보제공행위와 정보수령자의 이용행위 간에 인과관계가 요구된다고 판시하였다.[42]

> 증권거래법 제188조의2에 의하면, 내부자가 미공개정보를 '직접 이용하는 행위' 뿐만 아니라 '다른 사람으로 하여금 이를 이용하게 하는 행위' 또한 금지되고, 이에 위반된 행위는 동법 제207조의2에 의하여 형사처벌 된다. 이때 다른 사람에게 정보를 제공하는 행위는 수령자가 그 정보를 당해 주식거래에 이용하려한다는 정을 알면서 그에게 정보를 제공하는 정도면 족하고, 꼭 그 정보를 이용하여 주식거래를 하도록 권유할 필요까지는 없다.
> 한편, '다른 사람으로 하여금 이를 이용하게 하는 행위'는 다른 사람의 이용행위를 당연한 전제로 하는 것인 점, 다른 사람의 이용행위가 없다면 정보를 제공하는 행위만으로는 증권시장의 공정성에 대한 사회 일반의 신뢰에 어떠한 위험을 가져오지 않는 점, 그러므로 정보 제공행위로 기소된 사건에서 정보수령자가 미공개정보를 언제 어떻게 매매거래에 이용하였다는 것인지에 관한 구체적인 범죄사실이 적시되지 아니하면 공소시실이 특정된 것으로 볼 수 없는 점(대법원 2004. 3. 26. 선고 2003도7112 판결 참조) 등에 비추어, 증권거래법 제188조의2 소정의 '다른 사람으

42) 서울고등법원 2005. 6. 4. 선고 2008노145 판결.

로 하여금 이를 이용하게 하는 행위'에 해당하기 위해서는 정보제공행위뿐만 아니라 정보수령자의 이용행위 및 정보제공행위와 그 이용행위 사이의 인과관계까지 인정되어야 한다. 따라서 정보 수령자가 이미 그 정보를 다른 경위로 알고 있는 경우에는 정보제공행위와 정보수령자의 이용행위 사이에 인과관계가 인정되지 아니하므로 '다른 사람으로 하여금 이를 이용하게 하는 행위'에 해당하는 것으로 볼 수 없다.

법원의 판결처럼 정보수령자를 처벌하기 위해서는 정보제공자로부터 제공받은 정보를 이용해서 거래를 하였어야 하며, 정보수령자가 거래한 동기가 정보제공자로부터 얻은 정보와 인과관계, 즉 해당 정보를 "이용"(use)하여 거래한 것이 아니라면 내부자거래의 책임이 발생하지 않는다. 이것은 앞서 설명한 '정보제공행위'와 '이용하게 한 행위'의 구분과는 관계가 없다. 즉 정보제공자가 정보제공행위를 통해 정보수령자로 하여금 해당 정보를 이용하게 거래하게 하였지만, 정보수령자가 거래를 한 원인이 정보제공자가 제공한 정보를 '근거로'(on the base of) 한 것이 아니라면 정보수령자의 내부자거래의 책임은 발생하지 않는다는 것이다.

### (6) 정보제공자와 제2차 정보수령자와의 관계

내부자가 제1차 정보수령자에게 미공개중요정보를 제공하였고, 제1차 정보수령자는 거래하지 않고 다시 제2차 정보수령자에게 해당 정보를 제공하여 제2차 정보수령자만 거래한 경우, 제1차 정보수령자는 미공개중요정보를 '이용하게 한 행위'의 책임을 진다. 이 경우 내부자 역시 '이용하게 한 행위'의 책임을 지는가?

제174조 제1항 본문은 "타인에게 이용하게 하여서는 아니 된다"라고 규정하고 있는데, 여기서 "타인"에 제2차 정보수령자까지 포함되는지 여부이다. 내부자가 직접적으로 이용하게 한 대상자는 제1차 정보수령자이기 때문이다. 그러나 제174조 제1항 본문에서 "타인"을 제1차 정보수령자로 제한한다고 해석할 이유가 없으며, 궁극적으로 내부자가 제1차 정보수령자로 하여금 '이용하게 한 행위'가 다시금 제1차 정보수령자를 통해 제3자에게 전달될 개연성을 충분히 인식할 수 있었기 때

문에 제2차 정보수령자가 거래를 한 경우 내부자 역시 '이용하게 한 행위'의 책임이 성립한다고 본다. 이에 죄형법정주의의 원칙과 관련하여 논란의 여지가 있다는 의견이 있다.[43]

대법원은 상장법인의 상무이사인 피고인인 증권회사 영업부장인 친구로부터 매출액과 당기순이익에 관한 추정결산실적 정보에 관한 문의를 받고 수치를 확인해 주었고, 피고인 증권회사 영업부장은 동 정보를 확인받자 자신의 고객들에게 알려 주어 거래를 한 사안에서, 피고인의 그러한 행위는 증권거래법 제188조 제1항이 금하고 있는 "그 정보를 다른 사람으로 하여금 이용하게 하는 행위"에 해당한다고 판시한 사례가 있다.[44]

### (7) 제1차 정보수령자가 타인에게 이용하게 하는 경우

제1차 정보수령자가 제2차 정보수령자에게 정보를 제공하여 이용하게 하였지만 제2차 정보수령자가 거래하지 않고 제3차 정보수령자에게 정보를 제공하고 이용하게 하였고, 제3차 정보수령자가 거래한 경우 제1차 정보수령자에 대해 '타인에게 이용하게 하는 행위'가 성립하는가?

이러한 경우 제1차 정보수령자는 '타인에게 이용하게 하는 행위'에 해당되어 정보제공의 책임이 발생한다고 본다. 내부자의 "타인에게 이용하게 하는 행위"와 제1차 정보수령자의 '타인에게 이용하게 하는 행위'와 다르게 볼 이유가 없기 때문이다.[45] 다만, 제1차 정보수령자가 제2차 정보수령자에게 정보를 전달하면서, 제2차 정보수령자로부터 다시 정보를 전달받아 이용할 타인(제3차 정보수령자)에 대한 구체적인 인식까지 요구하는가? 이에 대해 제1차 정보수령자에게 그러한 구체적인 인식이 없는 경우에는 '타인에게 이용하게 하는 행위'의 고의가 성립하지 않는다고 보는

43) 임재연, 305면.
44) 대법원 1995. 6. 29. 선고 95도467 판결.
45) 윤법렬, "법인의 임직원이 미공개중요정보의 수령자인 경우 개인과 법인의 책임," 「BFL」 제69호 (2015. 1) 55면.

견해가 있다.[46)]

그러나 제1차 정보제공자의 책임은 제2차 정보수령자에게 미공개중요정보를 이용하게 할 의도로 정보를 제공함으로써 이미 발생하고, 그 이후 차수의 정보수령자의 거래행위는 책임발생의 요건이 되지 않는다고 본다. 또한 판례의 견해처럼 정보수령자의 거래행위를 책임발생 요건으로 보더라도 위 사안의 경우 제3차 정보수령자가 거래를 한 경우 제1차 정보수령자의 정보제공 책임이 발생한다고 본다. 제1차 정보수령자가 제2차 정보수령자에게 정보를 제공하면서 이용하게 한 이상, 제1차 정보수령자는 제2차 정보수령자가 타인(제3차 정보수령자)에게도 정보를 전달할 가능성에 대한 충분한 '인식'을 가지고 있었다고 볼 수 있기 때문이다. 이는 내부자가 제1차 정보수령자에게 정보를 제공하여 이용하게 하였고, 제1차 정보수령자가 거래하지 않고 제2차 정보수령자에게 다시 정보를 제공하고 이용하게 하였고, 제2차 정보수령자가 거래에 이용한 경우 내부자에게 정보제공의 책임이 발생하는 논리와 같다고 본다. 제1차 정보수령자 역시 제174조 제1항 본문에 의해 '타인에게 이용하게 하는 행위'의 주체로 규정되어 있기 때문이다.

## 3. 미공개중요정보를 안 것과 매매와의 인과관계

내부자가 미공개중요정보를 알고 증권의 매매를 하면, 이미 내부자의 신분을 취득하여 해당 정보의 "이용" 여부와 관계없이 내부자거래에 해당한다는 일본 판례가 있다.

일본 〈아오소라은행 사건〉에서 피고인은 공개매수의 관계자인 甲으로부터 C사 주권의 공개매수의 실시에 관한 사실을 전달받은 후 C사의 주권을 매수하여 내부자거래 혐의로 기소되었다. 피고인은 C사 주권의 공개매수가 있는 것에 대해서는 보도를 통해 알았고, 공개매수 관계자로부터 정보를 얻은 것이 아니라고 주장하여

46) 윤법렬, 전게논문, 55면.

정보의 전달과 매매와의 인과관계를 다투었다. 이에 대해 법원은 "내부자거래 규제는 형식범이고, 법이 정한 미공개의 사실을 알면서 주식의 매매를 하는 행위가 있다면, 바로 내부자거래에 해당되는 것이고, 해당 사실에 근거하여 매매를 한 것은 범죄의 성립 여부에는 관계가 없다. 즉 피고인이 甲으로부터 해당 사실의 전달을 받은 시점에서 피고인은 그 공표까지는 해당 회사의 주식등의 매매등을 금지하는 법률상의 신분을 취득하는 것이고, 전달과는 별도로 보도 등으로부터 C사의 공개매수 실시에 대해서 알고 그것에 근거하여 매매를 하였다 하더라도 범죄의 성립 자체를 방해하는 것은 아니다."라고 하면서 피고인의 주장을 배척하였다.

이러한 판례의 입장은 정보를 '소유'하였지만 '이용'하지 않았다는 항변 자체를 거부하는 것으로 볼 수 있다. 즉 내부자의 신분을 취득한 자는, 그것도 미공개중요정보의 전달을 통해 정보수령자의 신분을 취득함으로써 내부자의 신분을 취득한 경우, 이는 미공개중요정보를 '알게 된 자'라는 신분범이 됨으로써 동 정보의 이용 여부, 즉 동 정보를 소유는 하였으나 이용하지 않았다는 항변 자체를 거부하는 것으로 미국의 SEC Rule 10b5-1 보다 강한 입장을 보여주는 사례라 할 수 있다.

제6장

# 자사주거래와 내부자거래



## I. 서 론

### 1. 의 의

자기주식의 취득(stock repurchase)이란 회사가 자기가 발행한 주식을 주주로부터 양수하는 것을 뜻한다. 기업이 자기주식을 취득할 수 있는 동기로는 첫째, 회사가 여유자금을 보유하고 있으나 적당한 투자기회가 없는 경우, 이를 재투자에 사용하기보다는 자기주식을 취득하여 장래의 이익배당의 압박을 줄이기 위한 방법으로 자기주식을 취득할 수 있다. 이는 재무상황에 기인한 자기주식의 취득으로 볼 수 있다. 둘째, 회사의 주가가 어떤 이유로든 저평가되어 있다고 판단하는 경우 주가를 회복, 즉 주가를 상승시키기 위해 자기주식을 매입하는 경우이다. 우리나라에서는 증권시장이 침체하여 주가가 많이 하락하면 많은 기업들이 자기주식 취득에 나서는 현상을 볼 수 있는데, 이러한 경우 자기주식취득의 목적은 주가관리 또는 주가상승이라 할 수 있다. 셋째, 적대적 기업매수(hostile takeover)에 대한 방어전술로의 활용이다.

우리 증권시장이 외국인에게 전면적으로 개방이 되면서 외국인 등에 의한 적대적 기업매수에 대한 방어수단으로 활용할 수 있도록 상장법인의 자기주식취득 한도를 100분의 10에서 3분의 1로 확대하였고,[1] 1999년 5월 27일 시행령을 개정하여 취득주식수의 한도에 관한 제84조의2 제1항을 폐지하였다. 그러나 실질적으로는 이익배당이 가능한 범위 내에서만 가능하기 때문에 일정한 제약이 존재하고 있었다(구법 189조의2 1항 단서).

적대적 기업매수 수단으로서의 자기주식취득은 양면성이 있다.[2] 방어기업의 자기주식취득으로 인해 적대적 기업매수자가 시장에서 과반수를 확보하기 위하여 매입하여야 할 주식의 수는 그만큼 상대적으로 줄어들 것이고, 이는 적대적 매수자에게 그만큼 자금의 여유를 제공할 수 있기 때문이다.[3] 이외에도 자기주식취득이 적대적 기업매수의 방어수단으로 사용되는 일반적인 경우로는 '그린메일'(greenmail)의 경우와 적대적 기업매수자의 매수가격이 정당하지 않다고 판단될 때 매수가격을 올리기 위해 시장에서 자기주식을 취득하는 경우를 들 수 있다.[4] 또한 상장법인이 '폐쇄기업으로 전환'(going private)하려는 경우 자기공개매수(self tender offer) 방법을 통한 자기주식취득이 있다.[5]

---

1) 1998년 4월 1일부터 시행된 시행령 제15687호.

2) 미국에서도 자기주식매입이 적대적 기업매수에 대한 방어전술의 하나로 활용되고는 있지만, 다른 방법들에 비해 채택비율이 높은 편은 아니다. 한 자료는 자기주식매입을 방어전술로 채택한 기업은 약 38% 정도에 이른다고 보고하고 있으며, 이러한 비율은 자기주식매수 전술이 매우 효율적이라거나 또는 비효율적이 아닌 중간 정도의 평가를 받고 있는 것으로 보고 있다(Gregory Anderson and Steven Augspurger, *Defensive Tactics to Hostile Tender Offers: An Exanimation of Their Legitimacy and Effectiveness,* 11 Journal of Corporate Law 651, 698 (1986) 참조).

3) 최근 우리 사회에서 적대적 기업매수를 사전에 예방한다는 차원에서 자기주식을 취득하는 경우를 볼 수 있는데, 이는 시장에 해당 주식에 대한 공급물량을 줄여준다는 점에서 적대적 기업매수자에게 오히려 유리한 입장을 제공해 줄 수 있으므로, 예방적 차원에서 자기주식을 취득하는 경우에는 지분의 분포상황, 즉 우호적 세력의 지분분포상황 등을 고려하여야만 소기의 효과를 달성할 수 있을 것이다. 미국의 경우 적대적 기업매수에 대한 방어수단으로서의 자기주식 취득은 적대적 기업매수자가 SEC에 공개매수신고서를 접수한 이후에 시작되는 것이 일반적이라 할 수 있다(Hazen, 643 참조).

4) Richard Jennings, 734 (1998).

5) 이를 보통 "going private transaction"이라고 부르며, 공개매수 규제를 준수하면 된다. 미국의 경우는 SEC Rule 13e-4가 규제하고 있다(Hazen, 644).

## 2. 자기주식취득의 금지와 예외

### (1) 상법에 의한 금지와 예외

2011년 개정상법 이전에는 회사는 원칙적으로 자기의 계산으로 자기주식을 취득할 수 없었다. 그러나 개정상법은 회사가 자기의 명의와 계산으로 자기주식을 취득할 수 있도록 허용하였다.

상법상 회사가 자기주식을 취득하는 방법은 2가지가 있다. 먼저 배당가능이익의 범위 내에서는 취득목적에 제한 없이 자기주식을 취득할 수 있고(상법 341조), 특정목적에 의한 자기주식의 취득은 취득한도액에 제한이 없다(상법 341조의2). 특정목적에 의해 자기주식을 취득할 수 있는 경우는 다음과 같다.

1. 회사의 합병 또는 다른 회사의 영업전부의 양수로 인한 경우
2. 회사의 권리를 실행함에 있어 그 목적을 달성하기 위하여 필요한 경우
3. 단주(端株)의 처리를 위하여 필요한 경우
4. 주주가 주식매수청구권을 행사한 경우

회사가 자기주식을 취득하려고 하는 경우에는 미리 주주총회의 결의로 (i) 취득할 수 있는 주식의 종류 및 수, (ii) 취득가액의 총액의 한도, (iii) 1년을 초과하지 아니하는 범위에서 자기주식을 취득할 수 있는 기간을 결정하여야 한다. 다만, 이사회 결의로 이익배당을 할 수 있다고 정관으로 정하고 있는 경우에는 이사회 결의로써 주주총회의 결의를 갈음할 수 있다(상법 341조 2항).

상법은 회사가 자기주식을 취득하는 방법으로서 다음의 2가지 방법을 규정하고 있다(동조 1항).

1. 거래소에서 시세(時勢)가 있는 주식의 경우에는 거래소에서 취득하는 방법
2. 상법 제345조 제1항의 주식의 상환에 관한 종류주식의 경우 외에 각 주주가 가진

주식수에 따라 균등한 조건으로 취득하는 것으로서 대통령령으로 정하는 방법[6]

이처럼 개정상법은 자기주식취득에 대해 원칙적으로 허용하고 있는데, 다만 다음의 경우에는 자기주식취득에 제한이 있다. 첫째, 회사는 발행주식총수의 20분의 1을 초과하여 자기의 주식을 질권의 목적으로 받지 못한다. 다만, 상법 제341조의2 제1호 및 제2호의 경우에는 그 한도를 초과하여 질권의 목적으로 할 수 있다(상법 341조의3). 둘째, 다른 회사의 발행주식의 총수의 100분의 50을 초과하는 주식을 가진 회사("모회사")의 주식은, (i) 주식의 포괄적 교환, 주식의 포괄적 이전, 회사의 합병 또는 다른 회사의 영업전부의 양수로 인한 때, (ii) 회사의 권리를 실행함에 있어 그 목적을 달성하기 위하여 필요한 때를 제외하고는 그 다른 회사("자회사")가 이를 취득할 수 없다(상법 342조의2). 두 번째의 경우, 모회사의 주식취득을 제한하는 것은 자회사가 자기주식의 취득은 아니지만 그와 유사한 효과를 발생시키기 때문이다.

### (2) 자본시장법에 의한 허용

자본시장법은 2011년 개정상법 이전에는 상법의 제한에도 불구하고 주권상장법인에 대하여 자기주식의 취득을 원칙적으로 허용하였으며, 다만 이익배당을 할 수 있는 한도 이내로 제한하고 있다.[7] 그러나 개정상법이 자기주식취득에 대해 자본시장법과 마찬가지로 이익배당의 범위 내에서 자기주식의 취득을 원칙으로 허용하면서 차이가 없어졌다.

자본시장법은 자기의 명의와 계산으로 자기주식을 취득할 수 있도록 하였는

---

6) 대통령령으로 정하는 방법이란 다음 각 호의 어느 하나에 해당하는 방법을 말한다: (1) 회사가 모든 주주에게 자기주식 취득의 통지 또는 공고를 하여 주식을 취득하는 방법, (2) 자본시장법 제133조부터 제146조까지의 규정에 따른 공개매수의 방법(상법 시행령 9조 1항).

7) 구증권법에 자기주식취득의 근거가 마련된 것은 1994년이며, 당시 발행주식총수의 10%(시행령상 5%) 이내의 주식수와 이익배당한도 내에서 법령에서 정하는 적립금 및 준비금을 공제한 금액의 범위 내에서 취득을 허용하였다. 이후 취득한도는 1996년 12월에 발행주식총수의 10%로, 이어 1998년 2월에 발행주식총수의 1/3로, 그리고 1998년 5월에 발행주식과 관련한 한도를 완전히 폐지하였고, 다만 취득재원을 배당가능이익의 한도로 제한하였다..

데(법 165조의3 1항), 취득방법은 다음과 같다.

1. 『상법』 제341조 제1항에 따른 방법
2. 신탁계약에 따라 자기주식을 취득한 신탁업자로부터 신탁계약이 해지되거나 종료된 때 반환받는 방법(신탁업자가 해당 주권상장법인의 자기주식을 『상법』 제341조 제1항의 방법으로 취득한 경우로 한정한다)

자본시장법은 상장법인에게 자기주식의 취득을 원칙적으로 허용하되 그 방법은 증권시장에서 취득하거나 공개매수의 방법에 의할 것을 요구하고 있다. 이러한 방법 이외에 신탁계약에 따라 자기주식을 취득한 신탁업자로부터 신탁계약이 해지되거나 종료된 때 반환받는 방법으로도 가능하다. 다만 신탁업자가 해당 법인의 자기주식을 증권시장이나 공개매수의 방법에 따라 취득한 경우만 해당한다(법 165조의3 1항 2항).

증권시장에서의 취득과 관련하여 유의할 점이 있다. 정규시장 이외의 시간외 대량매매를 통해 자기주식을 취득하는 것은 '증권시장에서의 취득'으로 인정되지 않는다(발행공시규정 5-5조 2항). 자기주식의 취득방법을 이처럼 제한하는 이유는 특정 주주의 지분을 인수하는 것을 방지하기 위한 것이다. 시간외 대량매매의 방법이 허용되면 증권시장에서의 취득이라는 당초의 의도가 퇴색될 수 있기 때문이다. 그러나 자기주식의 매도의 경우에는 이러한 제한이 없으므로 시간외 대량매매로 매도가 가능하다.

자본시장법에서 자기주식의 취득을 원칙적으로 허용하고 있지만, 실질적으로 취득의 한도는 상법 제462조 제1항의 규정에 의한 배당가능이익의 범위 이내로 제한된다(법 165조의2 2항). 여기서 배당가능이익은 대차대조표상의 순자산액에서 자본금, 그 결산기까지 적립된 자본준비금과 이익잉여금의 합계액, 그 결산기에 적립하여야 할 이익준비금의 액을 공제한 금액이 된다(상법 462조 1항).

## 3. 자기주식의 취득 또는 처분 절차

### (1) 이사회의 결의

주권상장법인이 자기주식을 취득 또는 처분하거나 신탁계약을 체결 또는 해지하려는 경우 이사회는 다음의 사항을 결의하여야 한다. 다만, 주식매수선택권의 행사에 따라 자기주식을 교부하는 경우와 신탁계약의 계약기간이 종료한 경우에는 그러하지 아니하다(영 176조의2 1항).

1. 증권시장을 통하거나 공개매수의 방법으로 취득 또는 처분하려는 경우에는 취득 또는 처분의 목적 · 금액 및 방법, 주식의 종류 및 수, 취득(처분)방법, 취득(처분)하고자 하는 기간, 취득 후 보유예상기간, 취득(처분)을 위탁할 투자중개업자의 명칭 등
2. 자기주식 취득을 위한 신탁계약을 체결 또는 해지하려는 경우에는 체결 또는 해지의 목적 · 금액, 계약기간, 그 밖에 금융위원회가 정하여 고시하는 사항

### (2) 취득금액한도의 산정기준

주권상장법인이 자기주식을 취득할 수 있는 금액의 한도는 직전 사업년도말 재무제표를 기준으로 상법 제462조 제1항에 따른 이익배당을 할 수 있는 한도의 금액에서 일정한 금액을 공제하거나 가산한 금액으로 하는데, 이에 관한 구체적인 산정방식은 「발행공시규정」 제5-11조에 상세하게 나와 있다.

신탁계약을 체결하고 있는 주권상장법인으로서 자기주식취득금액 한도를 초과하게 된 경우에는 해당 주권상장법인은 신탁계약을 체결하고 있는 신탁업자에게 해당 사실을 지체 없이 통보하여야 한다(발행공시규정(이하 "규정") 5-11조 3항).

상장법인이 이익배당을 할 수 있는 한도 등의 감소로 인하여 취득한도를 초과하여 자기주식을 소유하게 된 경우에는 어찌해야 하는가? 구법은 그 날로부터 3년

이내에 그 초과분을 처분하도록 하였으나,[8] 2013년 개정법은 이를 삭제하였다. 따라서 처분의 의무가 존재하지 않는다.

### (3) 주요사항보고서의 제출

주권상장법인이 자기주식을 취득 또는 처분할 것을 이사회에서 결의한 때에는 자기주식취득 등과 관련한 사항을 기재한 '주요사항보고서'를 그 사실이 발생한 날의 다음 날까지 금융위원회에 제출하여야 한다(법 161조 1항). 구 증권거래법에서는 자기주식을 취득할 것을 이사회에서 결의한 때에는 지체 없이 '자기주식취득신고서'를 제출하도록 하였는데, 자본시장법에서 주요사항보고서제도가 신설되면서 자기주식의 취득 또는 처분결의를 주요사항보고서의 제출대상으로 하였다. 또한 자기주식의 취득에 관한 사항은 수시공시사항으로서 거래소에 공시하여야 한다.

### (4) 취득 또는 처분의 결과보고

주권상장법인은 자기주식의 취득을 완료하거나 이를 취득하고자 하는 기간이 만료된 때에는 그 날로부터 5일 이내에 자기주식의 취득에 관한 '취득결과보고서'를 금융위원회에 제출하여야 한다. 취득결과보고서에는 매매거래의 내역을 증명할 수 있는 서류와 취득에 관한 이사회 결의 내용대로 취득하지 않았을 경우에는 그 사유서 및 소명자료를 첨부하여 제출하여야 한다(규정 5-8조).

처분의 경우에도 취득의 경우와 마찬가지로 처분하고자 하는 기간이 만료된 때에는 그 날로부터 5일 이내에 '처분결과보고서'를 금융위원회에 제출하여야 한다. 이사회 결의 내용대로 처분하지 못한 경우에도 취득의 경우를 그대로 준용한다(규정 5-9조 1항).

---

8) 구법 제165조의2 제5항, 구영 제176조의3.

### (5) 취득 또는 처분기간

주권상장법인이 자기주식을 취득하려는 경우에는 이사회 결의 사실이 공시된 날의 다음 날부터 3개월 이내에 금융위원회가 정하여 고시하는 방법에 따라 증권시장에서 자기주식을 취득하여야 한다(영 176조의2 3항).[9] 처분의 경우도 마찬가지로 이사회 결의사실이 공시된 날의 다음날부터 3개월 이내로 한다. 다만, 주식매수선택권의 행사에 따라 자기주식을 교부하는 경우에는 이를 준용하지 아니한다(규정 5-9조).

그리고 신고서를 제출한 상장법인이 위의 기간 내에 자기주식의 취득을 완료하지 못하여 다시 자기주식을 취득하고자 할 때에는 이미 제출한 취득신고서에 기재된 취득기간 만료 후 1월이 경과하여야 새로운 이사회 결의를 할 수 있다.[10] 다만, 보통주를 취득하기 위하여 취득에 관한 이사회 결의를 하였으나 다시 상법 제370조의 규정에 의한 의결권 없거나 제한되는 주식을 취득하고자 하는 경우에는 그러하지 아니한다(규정 5-4조 1항).

처분의 기간은 이사회 결의 사실이 공시된 날의 다음날부터 3월 이내로 한다. 그러나 이사회에서 결의한 기간 내에 처분신고주식수량을 모두 처분하지 못한 경우에는 해당 처분기간 만료 후 1월이 경과한 후 새로운 이사회 결의를 통하여 다시 처분할 수 있다(규정 5-9조 1항).

### (6) 취득 또는 처분을 위한 매매주문 방법

자기주식의 취득은 해당 주식의 시세에 미치는 영향이 클 수 있기 때문에 주문의 시기나 방법에 대해서 일정한 규제를 가하고 있다. 특히 매수의 경우 주가를 상승시키고자 하는 의도가 존재할 개연성이 크다고 볼 수 있기 때문에 일반적으로 자사주매입에 대한 주문방법의 규제가 이루어져 왔다.

---

9) 구 자본시장법은 주요사항보고서를 제출한 후 3일이 경과한 날부터 3개월 이내에 취득하도록 하였다.
10) 구 증권거래법에서는 3월이 경과하여야 가능하였으나 자본시장법은 1월로 단축하였다.

a) 취득을 위한 매수주문의 방법

**$\alpha$) 일반원칙**

주권상장법인이 증권시장을 통하여 자기주식을 취득하기 위하여 매수주문을 하고자 할 때에는 다음의 방법에 따라야 한다(규정 5-5조 1항).

1. 거래소가 정하는 바에 따라 장개시 전에 매수주문을 하는 경우 그 가격은 전일의 종가와 전일의 종가를 기준으로 100분의 5 높은 가격의 범위 이내로 하며, 거래소가 정하는 정규시장의 매매거래시간 중에 매수주문(정정매수주문을 포함한다)을 하는 경우 그 가격은 다음 가목에서 정하는 가격과 나목에서 정하는 가격의 범위 이내로 할 것. 이 경우 매매거래시간 중 매수주문은 거래소가 정하는 정규시장이 종료하기 30분 전까지 제출하여야 한다.
   가. 매수주문시점의 최우선매수호가와 매수주문 직전까지 체결된 당일의 최고가 중 높은 가격
   나. 매수주문시점의 최우선매수호가와 매수주문 직전의 가격 중 높은 가격으로부터 10 호가가격단위 낮은 가격
2. 1일 매수주문수량은 취득신고주식수 또는 이익소각신고주식수의 100분의 10에 해당하는 수량과 이사회결의일 전일을 기산일로 하여 소급한 1개월간의 일평균거래량의 100분의 25에 해당하는 수량 중 많은 수량 이내로 할 것. 다만, 그 많은 수량이 발행주식총수의 100분의 1에 해당하는 수량을 초과하는 경우에는 발행주식총수의 100분의 1에 해당하는 수량 이내로 할 것
3. 매수주문일 전일의 장 종료 후 즉시 제4호의 규정에 의한 위탁 투자중개업자로 하여금 1일 매수주문수량 등을 거래소에 신고하도록 할 것
4. 매수주문 위탁 투자중개업자를 1일 1사로 할 것(자기주식 취득 또는 이익소각에 관한 이사회결의상의 취득기간 중에 매수주문을 위탁하는 투자중개업자는 5사를 초과할 수 없다)

**β) 시간외 대량매매**

일반적인 경우 이외에 다음과 같은 경우에는 일반원칙을 무시하고 거래소가 정하는 시간외 대량매매의 방법에 따라 자기주식을 취득할 수 있다(동조 2항).

1. 정부, 한국은행, 예금보험공사, 한국산업은행, 중소기업은행, 한국수출입은행 및 정부가 납입자본금의 100분의 50 이상을 출자한 법인으로부터 자기주식을 취득하는 경우
2. 정부가 주권상장법인의 자기주식취득과 관련하여 공정경쟁 촉진, 공기업 민영화등 정책목적 달성을 위하여 허가 · 승인 · 인가 또는 문서에 의한 지도 · 권고를 하고 금융위에 요청한 경우로서 금융위가 투자자보호에 문제가 없다고 인정하여 승인하는 경우

**γ) 주식매수선택권의 행사에 따른 취득의 경우**

주권상장법인이 주식매수선택권의 행사에 따라 자기주식을 교부하기 위하여 새로이 자기주식을 취득하고자 이사회 결의를 한 때에는, 매수주문가격의 경우 '전일'과, 매수주문수량의 경우 '이사회 결의일 전일'은 각각 '이사회 결의'를 기준으로 적용한다(규정 5-5조 3항).

**δ) 특례규정**

거래소는 시장상황급변 등으로 투자자보호와 시장안정을 유지하기 위하여 즉각적인 조치가 필요한 경우 1일 매수주문수량을 이사회결의 주식수 이내로 하여 주권상장법인이 자기주식을 취득(이익소각을 위하여 자기주식을 취득하는 경우를 포함)하도록 할 수 있다. 거래소가 이러한 조치를 취하거나 이를 변경할 경우에는 금융위원회의 승인을 받아야 한다(규정 5-6조).

**ε) 투자중개업자의 위탁거부**

주권상장법인으로부터 자기주식취득을 위탁받은 투자중개업자는 해당 상장법인이 자기주식의 취득을 할 수 없는 기간 중에 자기주식의 매수를 위탁하는 것임을 안 경우에는 그 위탁을 거부하여야 한다(규정 5-7조).

**ζ) 불공정거래와의 관계**

위와 같은 매매주문방법에 따라 자기주식을 취득하는 경우 주가가 상당히 상승하는 경우에도 시세조종이나 성황을 이루고 있는 듯이 보이는 외관의 형성 등의 혐의에서 자유로울 수 있다. 즉 이러한 주문방법에 따른 매수는 법 제176조 또는 제178조에 대한 '완전한 면책'(exclusive safe harbor)이 될 수 있다. 그러나 내부정보를 이용한 자기주식취득의 경우에는 동 매매주문방법의 준수여부와 관계 없이 면책이 되지 못한다.

**η) 신탁계약을 통한 경우**

신탁계약을 통해 자기주식을 취득하는 경우에는 위에서 언급한 매수주문방법이 적용되는가? 「발행공시규정」 제5-9조 제5항은 "법 제165조의3에 따라 취득한 자기주식을 처분하고자 하는 주권상장법인이 증권시장을 통하여 자기주식을 처분하기 위하여 매도주문을 할 때에는 다음 각 호의 방법에 따라야 한다."라고 규정하고 있으므로, 신탁계약을 통한 자기주식의 취득의 경우도 취득을 위한 매수주문방법이 적용된다고 본다.[11] 처분의 경우도 동일하다.

b) 처분을 위한 매도주문의 방법

**α) 일반원칙**

주권상장법인이 증권시장을 통하여 자기주식을 처분하고자 하는 경우에는 매도주문을 다음의 방법에 따라 제출하여야 한다(규정 5-9조 5항).

> 1. 거래소가 정하는 바에 따라 장 개시 전에 매도주문을 하는 경우 그 가격은 전일의 종가와 전일종가를 기준으로 2 호가가격단위 낮은 가격의 범위 이내로 하며, 거래소가 정하는 정규시장의 매매거래시간 중에 매도주문(정정매도주문을 포함한다)을 하는 경우 그 가격은 매도주문 직전의 가격과 매도주문시점의 최우선매도호가 중 낮은 가격과 그 가격으로부터 10 호가가격단위 높은 가격의 범위 이내

11) 현실적으로도 신탁업자는 특정기업의 입장을 대변해서 주가상승을 의도하는 매수주문을 제출할 개연성이 존재한다. 즉 신탁업자가 주권상장법인의 이해에 종속될 가능성이 매우 크기 때문에 신탁계약의 경우도 주권상장법인이 직접 자기주식을 취득하는 경우와 동일하게 규제되어야 한다고 본다.

로 할 것. 이 경우 매매거래시간 중 매도주문은 거래소가 정하는 정규시장이 종료하기 30분 전까지 제출하여야 한다.

2. 1일 매도주문수량은 처분신고주식수의 100분의 10에 해당하는 수량과 처분신고서 제출일 전일을 기산일로 하여 소급한 1개월간의 일평균거래량의 100분의 25에 해당하는 수량 중 많은 수량 이내로 할 것. 다만, 그 많은 수량이 발행주식총수의 100분의 1에 해당하는 수량을 초과하는 경우에는 발행주식총수의 100분의 1에 해당하는 수량 이내로 할 것
3. 매도주문일 전일의 장 종료 후 즉시 제4호의 규정에 의한 위탁 투자중개업자로 하여금 1일 매도주문수량 등을 거래소에 신고하도록 할 것
4. 매도주문 위탁 투자중개업자를 1일 1사로 할 것(처분에 관한 이사회 결의에 정한 처분기간 중에 매도주문을 위탁하는 투자중개업자는 5사를 초과할 수 없다)

**β) 시간외 대량매매**

주권상장법인이 거래소가 정하는 시간외대량매매의 방법으로 자기주식을 처분하고자 하는 경우에는 일반원칙에 따른 매도주문가격 및 매도주문수량을 적용하지 않는다. 이 경우에는 매도주문의 호가는 당일(장 개시 전 시간외대량매매의 경우에는 전일을 말한다) 종가를 기준으로 100분의 5 낮은 가격과 100분의 5 높은 가격의 범위 이내로 하여야 한다(규정 5-9조 6항).

**γ) 다자간매매체결회사를 통한 처분**

주권상장법인이 다자간매매체결회사를 통하여 자기주식을 처분하고자 하는 경우 매도주문은 주권상장법인이 증권시장을 통하여 자기주식을 처분하기 위하여 매도주문하는 방법을 준용한다(규정 동조 7항).

**δ) 투자중개업자의 위탁거부**

상장법인으로부터 자기주식의 처분을 위탁받은 투자중개업자는 해당 상장법인이 법령에서 정한 처분기준 등을 위반하여 자기주식의 매도를 위탁하는 것임을

안 경우에는 그 위탁을 거부하여야 한다(규정 동조 8항).[12)]

### (7) 공개매수에 의한 자기주식 취득

법은 공개매수에 의한 자기주식의 취득을 1999년 4월 1일부터 허용하였고, 나아가 주권상장법인이 장외에서 자기주식을 취득할 경우 반드시 공개매수에 의해 자기주식을 취득하도록 하였는데, 이는 장외에서 자기주식을 취득할 경우 대주주 또는 특정 주주들을 선별하여 우호적인 조건으로 자기주식을 취득할 개연성을 법으로 사전에 차단한 것이다.

따라서 주권상장법인이 장외에서 취득예상주식이 발행주식총수의 5%에 미달하는 경우라도 반드시 공개매수의 방법을 통해 취득하여야 한다. 즉 6개월간 10인 이상으로부터 주식을 취득하여 본인(특수관계인 포함)의 보유비율이 발행주식총수의 5% 이상일 경우에만 적용되는 의무공개매수 규정은 자기주식취득의 경우에는 적용되지 않는다.

자기공개매수는 일반 공개매수에 적용되는 내용들이 동일하게 준용된다. 따라서 공개매수신고서를 제출하여야 하고, 주주평등의 원칙, 최고가격의 원칙, 안분비례의 원칙 등이 모두 준용된다.

### (8) 교환사채권 발행에 의한 처분

주권상장법인이 『상법』 제469조 제2항 제2호에 따라 소유하고 있는 상장증권 중 자기주식을 교환대상으로 하는 교환사채권을 발행한 경우에는 그 사채권을 발행하는 때에 자기주식을 처분한 것으로 본다(영 176조의2 4항).

---

12) 자기주식취득의 경우 투자중개업자가 위탁을 거부할 사유로 시행령 제176조의2 제 2 항만을 들고 있는 반면, 처분의 경우는 시행령 제176조의2 전체를 들고 있다.

## 4. 취득 또는 처분의 제한기간

상장법인은 다음의 기간 동안에는 자본시장법의 규정에 의한 자기주식의 취득 또는 처분 및 신탁계약 등의 체결 또는 해지를 할 수 없다. 즉 (i) 다른 법인과의 합병에 관한 이사회 결의일부터 과거 1월간, (ii) 유상증자의 신주배정에 관한 기준일(일반공모 증자의 경우에는 청약일) 1월 전부터 청약일까지의 기간, (iii) 준비금의 자본전입에 관한 이사회 결의일부터 신주배정기준일까지의 기간, (iv) 시장조성을 하는 기간, (v) 법 제174조 제1항에 따른 미공개중요정보가 있는 경우 그 정보가 공개되기 전까지의 기간, (vi) 처분(신탁계약의 해지를 포함) 후 3개월간 또는 취득(신탁계약의 포함) 후 6월간은 자기주식의 취득이나 처분이 금지된다.

이러한 제한을 두고 있는 것은 자기주식취득의 허용이라는 기본적인 목적에 충실하기 위한 것이다. 위에서 언급한 사항들은 회사경영에 중대한 일이라 할 수 있으며, 주가에도 영향을 미칠 만한 사항들이다. 따라서 회사경영에 중대한 영향을 미칠 만한 사건이 발생할 경우, 이들 정보를 이용하여 자기주식을 거래할 가능성이 존재하는 바, 이들 사건들이 발생할 경우 그 전후로 일정한 기간 동안 자사주를 매입하거나 처분하는 행위를 금지한 것이다.[13)]

그러나 법은 자기주식처분의 제한기간 운용과 관련하여 투자자의 투자판단에 중대한 영향을 미칠 요인이 적거나 기업경영상 불가피하게 자사주의 취득 또는 처분이 필요한 경우까지 제한할 필요는 없기 때문에 처분 후 3개월간 취득제한 또는 취득 후 6개월간 처분제한과 관련하여 다음과 같은 경우에 예외를 허용하여 있다(영 176조의2 2항 6호).

1. 임직원에 대한 상여금으로 자기주식을 교부하는 경우
2. 주식매입선택권의 행사에 따라 자기주식을 교부하는 경우

---

13) 일부 기업의 경우 이러한 법령상의 제한을 인지하지 못하고 중요한 공시 이전에 자기주식을 매입하는 경우를 볼 수 있는데, 이는 내부자거래의 혐의를 배제하기 어려울 수 있다.

3. 자기주식취득 한도를 초과하는 자기주식을 처분하는 경우
4. 임직원에 대한 퇴직금 · 공로금 또는 장려금 등으로 자기주식을 지급하는 경우
5. 근로자복지기본법에 따라 우리사주조합에 처분하는 경우
6. 법령 또는 채무이행 등에 따라 불가피하게 자기주식을 처분하는 경우
7. 공기업의 경영구조개선 및 민영화에 관한 법률의 적용을 받는 기업이 민영화를 위하여 그 기업의 주식과의 교환을 청구할 수 있는 교환사채권을 발행하는 경우
8. 국가 또는 예금자보호법에 따른 예금보험공사로부터 자기주식을 취득한 기업이 그 주식과 교환을 청구할 수 있는 교환사채권을 발행하는 경우(일부 예외 있음). 이 경우 교환의 대상이 되는 자기주식의 취득일부터 6개월이 지난 후에 교환을 청구할 수 있는 교환사채권만 해당
9. 앞의 (8)에 따른 기업이 교환사채권을 해외에서 발행하는 경우로서 자기주식을 갈음하여 발행하는 증권예탁증권과 교환을 청구할 수 있는 교환사채권을 발행하는 경우
10. 자기주식의 취득일부터 금융위원회가 정하여 고시하는 기간이 경과한 후 자기주식을 기초로 하는 증권예탁증권을 해외에서 발행하기 위하여 자기주식을 처분하는 경우
11. 법 제165조의3 제2항 제3호에 따라 신탁계약을 해지하여 자기주식을 취득하는 경우 등이 있다.

# II. 시장에서의 자기주식취득 또는 처분

## 1. 법인의 자기주식취득 · 처분

### (1) 자기주식취득 · 처분 정보를 이용한 내부자거래

자본시장법 제174조 제1항은 "상장법인 등과 관련된 미공개중요정보"를 내부

자거래 규제의 대상정보로 규정하고 있는데, 상장법인이 자기주식의 취득 또는 처분을 결정한 경우 이 정보는 제174조 제1항에 규제하는 미공개중요정보에 해당될 수 있다. 따라서 법인 또는 임직원이 법인의 자기주식의 취득 · 처분이라는 정보를 이용하여, 이사회에서 결정 · 공시하기 이전에 해당 정보를 이용하여 주식을 매수하는 행위는 내부자거래에 해당될 수 있다. 다만, 자기주식 취득의 규모 등 주가에 미치는 영향을 고려하여 중요정보 해당 여부를 판단할 필요가 있을 것이다. 그러나 일반적으로 자기주식의 취득 또는 처분정보는 중요정보에 해당될 가능성이 크기 때문에 유의할 필요가 있다.

### (2) 자기주식취득 · 처분 결정 이후에 중요정보 발생

법인이 자기주식의 취득 또는 처분을 이사회를 통하여 결정하였다 하더라도, 그러한 결정 이후 자기주식 취득 또는 처분 정보 이외의 다른 중요정보가 발생한 경우에는 어떻게 하여야 하는가? 이에 대해 시행령 제176조의2 제2항 제5호는 "법 제174조 제1항에 따른 미공개중요정보가 있는 경우 그 정보가 공개되기 전까지의 기간"까지 자기주식의 취득 또는 처분을 명시적으로 금지하고 있다. 따라서 법인이 자기주식을 취득하기 위한 결정 또는 실행하는 경우에는 자사 내의 모든 부문에서 중요사실의 발생 여부를 확인할 필요가 있다.

만약, 상장법인이 자기주식의 취득 또는 결정을 한 후에 미공개중요정보가 발생하였고, 그 정보가 공개되기 전에 자기주식의 취득 또는 처분을 실행한 경우 시행령 제176조의2를 위반한 것은 분명하지만, 제174조를 위반한 것으로도 볼 수 있는가? 이 경우 두 개의 조항을 동시에 위반한 것으로 보아야 할 것이다. 즉 법 제174조를 위반한 것으로 보아 형사처벌 대상이 되며, 또는 시행령 제176조의2를 위반한 것으로 보아 과태료 처분의 대상이 될 것이다.

이에 대해, 이전부터 자기주식의 취득계획이 있어 그 계획이 실행되기 직전에 중요사실이 발생한 경우까지 내부자거래의 대상으로 삼는 것은 과잉규제라 볼 수 있고, 즉 중요사실이 발생하기 이전부터 취득일과 취득수량 등 구체적인 자기주식 취득에 관한 계획이 존재하고 있었던 때에는, 자기주식취득의 단계에서 중요사실을 알게 되더라도, 계획에 따른 것인 한 그러한 거래가 증권시장의 공정성 · 건전성에 대한 투자자의 신뢰를 해한다고 볼 수 없기 때문에 내부자거래 규제의 적용에 제외되어야 한다는 의견이 있다.[14)]

그러나 법인이 자기주식취득 또는 처분을 실행하고 있는 과정에서 중요정보가 발생한 경우에는 자기주식취득 또는 처분행위를 중단할 필요가 있다고 본다. 이러한 경우 발생한 중요정보가 법인으로서 예측하기 어려운, 즉 외부적 요인에 의해 중요정보가 생성된 경우에는 이미 매수 또는 매도한 부분에 대해서는 내부자거래에 해당될 가능성은 없지만, 만약 그러한 정보의 발생을 예상할 수 있는 사정이 있었거나 또는 회사 내부에서 발생하였다면 중요정보의 생성 이후에 이루어진 자기주식취득 또는 처분에 대해 내부자거래의 위험이 있을 수 있다.

이러한 경우는 자기주식 취득의 경우보다는 주로 처분의 경우에 문제가 될 수 있다. 예를 들어, 어느 회사가 자사주를 매각하여 운영자금에 조달하려는 계획을 가지고 있다고 가정하자. 그런데 약 1~2개월 후에 이루어질 분기보고서상 실적발표는 예상치와 많이 달리 부정적으로 발표될 것으로 추정되는 경우, 회사는 당연히 이 사실을 알고 있다. 그럼에도 불구하고 이사회 결의를 거쳐 자기주식의 처분이 이루어지고, 약 1개월 후 분기보고서가 공시되면서 주가가 하락하였다면 내부자거래의 의혹이 있을 수 있다. 물론, 회사는 그러한 매각이 자금의 조달을 위해 '미리 계획된'(pre-planned) 매도였으며, 자사주 매각 이외에는 다른 방법이 전혀 없었음을 입증하는 등 미공개중요정보를 이용한 매도가 아니라는 사실을 다툴 여지가 없는 것은 아니다.

일본의 경우에도 새로 생성된 미공개중요정보가 공시되기 전까지는 이사회 결의에 따른 자기주식 취득 · 처분이라 할지라도 내부자거래에 해당될 수 있다는 견해가 있다.[15)]

---

14) 오성근, "자기주식의 취득 · 처분과 내부자거래 규제", 비교사법 제19권 3호 (통권 58호) 821면.
15) 白井 眞, 285면.

## 2. 직무 관련성

제174조가 금지하는 내부자거래는 "직무관련성" 요건이 요구된다. 그런데 법인은 범죄의 행위능력이 없고, 결국 법인의 임원 등이 법인의 계산으로 자사주를 취득 · 처분하게 된다. 이 경우 자사주를 취득 · 처분하는 임원 또는 직원이 "직무와 관련하여" 자사주 취득 · 처분 결정 이외의 미공개중요정보를 지득하고 이용할 것이 요구되는가? 이에 대해 법문은 언급이 없다. 따라서 해석이 갈릴 수 있지만, 이 경우 역시 "직무관련성"이 요구된다고 본다. 그러나 법원은 '직무관련성'을 적용함에 있어 매우 폭넓게 접근하고 있어 실질적으로는 직무관련성이 요구되지 않는 경우와 큰 차이가 없을 수 있다.

일반적으로 자사주의 취득 결정은 이사회의 결의를 요하고, 이사회 결의 이전에 다른 중요정보가 생성되어 있었다면 자사주의 취득 또는 처분은 내부자거래의 위험이 크다고 볼 수 있다. 그러나 실무적으로 문제가 되는 사안은, 자사주 취득 · 처분의 결정이 내려진 후 실행에 들어가기 전까지, 또는 실행 기간 중에 중요정보가 발생한 경우 자사주의 취득 실행을 하는 부서 또는 담당자가 중요사실의 발생을 모르고 자사주를 취득 · 처분하는 경우이다. 이러한 경우에는 해당 자사주 취득 · 처분행위를 내부자거래에 해당된다고 보기 어렵다. 자사주의 취득 · 처분을 실행하는 임직원이 해당 미공개중요정보를 알지 못한 상태였고, 더 나아가 "직무와 관련하여" 알게 되고, 이를 이용한 것이 아니기 때문이다. 그러나 해당 임원은 중요사실의 발생을 알고 있었고, 다만 주문을 실행하는 직원은 모르고 있는 상태에서 임원이 자사주의 취득을 지시하여 취득이 이루어진 경우는 내부자거래에 해당된다고 본다.

## 3. 신탁계약에 의한 자기주식의 취득

### (1) 취득의 한도

주권상장법인이 금전의 신탁계약 등에 의하여 자사주를 취득하게 하는 경우에도 배당가능이익의 범위 내에서 취득하여야 하며, 이 경우 취득한 자기주식의 금액을 계산함에 있어서는 당해 신탁계약 등의 계약금액을 기준으로 하여 취득한 금액을 산정한다(법 165조의3 2항).

### (2) 이사회 결의사항

상장법인이 자기주식의 취득을 목적으로 하는 신탁계약을 체결하거나 자기주식의 취득을 목적으로 하는 신탁계약을 해지할 것을 이사회에서 결의한 때에는 이에 관한 주요사항보고서를 금융위원회에 제출하여야 한다. 신탁계약의 체결 또는 해지와 관련하여 이사회 결의를 거쳐야 할 사항으로 (i) 신탁계약의 체결의 경우에는 체결목적, 금액, 계약일자 및 계약기간, 계약을 체결하고자 하는 신탁업자의 명칭 등을, (ii) 신탁계약의 해지(일부 해지 포함) 경우에는 해지목적, 해지금액, 해지일자, 해지할 신탁업자의 명칭 등이 있다(규정 5-2조).

### (3) 취득상황 및 해지결과의 보고

자기주식취득에 관하여 신탁계약을 체결한 주권상장법인은 해당 계약을 체결한 후 3월이 경과한 때에는 그 날부터 5일 이내에 신탁계약에 따라 신탁업자가 취득하여 보유하고 있는 '자기주식상황보고서'를 금융위원회에 제출하여야 한다(규정 5-10조 1항).

또한 자기주식취득에 관한 신탁계약을 해지하거나 신탁계약이 기간만료로 종료된 때에는 신탁계약이 해지 또는 종료된 날로부터 5일 이내에 신탁계약의 '해지결과보고서'를 금융위원회에 제출하여야 한다(동조 2항).

이와 같이 자기주식상황보고서 또는 해지결과보고서를 금융위원회에 제출할 때 취득의 경우에는 신탁계약을 통하여 취득한 자기주식의 취득결과를 확인할 수 있는 서류를, 해지의 경우에는 신탁계약의 해지사실을 확인할 수 있는 서류를 각각 첨부하여야 한다(동조 3항).

### (4) 보유상황의 정기보고

신탁계약에 따라 자기주식을 취득하여 보유하고 있는 주권상장법인은 자기주식 보유상황을 해당연도 각 분기말을 기준으로 사업보고서 및 분기 · 반기보고서에 기재하여야 한다(동조 4항).

### (5) 내부자거래 이슈

최근 신탁방식 또는 투자일임방식을 통해 자기주식의 취득을 외부 증권회사에게 위임하는 경우들이 많이 발생하고 있다. 이러한 신탁방식 또는 투자일임방식은 실무상 매수의 주체는 증권회사이지만, 해당 주문을 상장법인이 행하기 때문에 상장법인의 회사관계자가 미공개중요정보를 알고 있는 경우에 해당 거래가 내부자거래의 규제대상이 되는지 문제가 될 수 있다.[16]

이러한 경우 특정 자사주의 취득 · 처분행위가 내부자거래에 해당되는지 여부는 신탁방식 또는 투자일임방식의 외형보다도 해당 주문의 실질적 주체가 누군가에 따라 판단이 달라질 수 있다.[17]

첫째, 상장법인이 자사주 취득 · 처분을 위한 신탁계약 또는 투자일임계약을 체결한 후 매수 지시를 하지 않는 형태의 계약을 체결한 경우에는 신탁은행 등이 매수의 시기를 판단하고 매수가 이루어지게 되는데, 이러한 매수의 실시는 상장법인의 의사와는 관계없이 이루어진 것이기 때문에, 설혹 자사주 취득 · 처분의 계약이 체결된 이후에 중요정보가 발생하여 그 사실을 상장법인이 알고 있는 경우라도 내부자거래의 대상이 된다고 할 수 없을 것이다. 그러나 상장법인이 자사주 취득 · 처분을 위한 신탁계약 또는 투자일임계약을 체결하기 이전에 중요정보가 발생한 경우에는 신탁계약 또는 투자일임계약의 체결을 통한 자사주 취득 · 처분의 경우도 상장법인 스스로가 중요정보를 이용하여 자사주를 취득하는 행위와 차별되지 않는다.[18]

---

16) 西村, 364면.
17) 西村, 364면.
18) 西村, 364면.

둘째, 상장법인이 자사주 취득 · 처분을 위한 신탁계약 또는 투자일임계약을 체결한 후 주문의 지시를 상장법인이 하는 경우라 하더라도, 주문 지시를 하는 부서가 중요정보로부터 차단되어 있고, 해당 부서가 중요정보를 알고 있는 자로부터 독립하여 지시를 행하는 등, 그 시점에 있어서 중요정보에 근거하여 지시가 행해지고 있지 않다고 인정되는 경우에는 내부자거래에 해당되지 않는다고 볼 수 있다.[19] 그러나 이러한 경우 대표이사 등은 상장법인 전체의 중요정보를 관장하고 있다고 볼 수 있기 때문에 내부자거래의 혐의를 배제하기 위해서는 충분한 상황의 입증이 요구될 수 있다.[20]

셋째, 자사주 취득 · 처분을 위한 신탁계약을 체결할 때, 상장법인은 주문 등에 개입하는 않는 계약을 체결한 후 상장법인 내부에 중요정보가 발생한 경우 상장법인에게 신탁은행 등에 대해 자사주 취득 · 처분거래를 중단시킬 의무가 있는가? 즉 내부자거래 규제와 관련하여 부진정 부작위범이 성립할 수 있는지 문제가 있다. 이에 대해 일본 금융청은 2008년 11월, 『내부자거래에 대한 Q&A』를 발표하여 이 부분을 보다 명료하게 정리하였다. 일본 금융청의 견해는 다음과 같다:[21]

(1) 신탁계약 또는 투자일임계약의 체결 · 변경이 해당 상장법인에 의해 중요사실을 알지 못하고 이루어진 경우,

(2) ① 해당 상장회사가 계약체결 후에 주문에 관한 지시를 행하지 않는 형태의 계약인 경우, 또는 ② 해당 상장회사가 계약 체결 후에 주문에 관한 지시를 행한 경우라도 지시를 수행하는 부서가 중요사실로부터 차단되고, 해당 부서가 중요사실을 알고 있는 자로부터 독립하여 지시를 행하는 등 그 시점에서 중요사실에 따라 지시가 행해지고 있지 않다고 여겨지는 경우에서는 일반적으로 상기 회사관계자가 중요사실을 알고 매매 등을 실시하는 경우에 해당하는 것으로 생각되어지지 않기 때문에 기본적으로 내부자거래 규제에 위반하지 않는

19) 日本 金融廳, "내부자거래에 대한 FAQ" (西村, 365~366면에서 재인용).
20) 西村, 368면.
21) 西村, 365~366면.

것으로 생각된다.

즉 일본의 경우 상기요건을 충족하는 경우 위임방식에 의한 자기주식 취득·처분에 대한 불확실성이 상당 부분 해소되었다고 볼 수 있다. 이러한 금융청의 지침에 근거하여 일본에서는 앞서 제기한 의문, 즉 자기주식 취득·처분 결정 이후에 다른 중요정보가 발생한 경우에도 상장법인은 신탁은행 등에 거래를 중단시킬 의무는 없다고 해석하는 것으로 보인다.[22] 우리의 경우도 이러한 경우는 내부자거래에 해당되지 않으며, 오히려 회사에 중요사실이 발생하였더라도 그 사실을 공표함이 없이 주식매수를 할 수 있고, 내부자거래 규제의 적용을 회피할 수 있는 이점이 있다는 견해가 있다.[23]

## 4. 차이니즈 월과 내부자거래

금융투자회사의 경우 법령에 의해 정보교류의 차단장치, 즉 '차이니즈 월'(Chinese Wall)을 의무적으로 구축하여야 한다. 이러한 차이니즈 월 구축의 기본적인 목적은 금융투자회사 내부에서 미공개중요정보의 흐름을 차단하기 위한 것이다. 따라서 금융투자회사가 자사주를 취득하는 결정을 내렸을 때, 자사주를 취득하는 부서와 중요정보가 생성되어 보유하고 있는 부서가 다를 수 있다. 예를 들어, IPO를 담당하는 IB 부서에서 어느 특정 법인의 중요정보를 입수하게 되었는데, 금융투자회사의 트레이딩 부서는 해당 중요정보를 모르고 해당 법인의 주식을 대량으로 매수할 수 있다. 이러한 경우 금융투자회사의 특정 주식의 매수행위는 내부자거래 규제의 대상은 아니다.

그러나 금융투자회사가 상장법인이고 자사주를 취득하는 경우에는 어떠한가? 이는 근본적으로 차이니즈 월로 해결될 수 있는 문제로 보이지는 않는다. 차이니즈

---

22) 白井 眞, 286면.
23) 오성근, 전게논문(각주 14), 822면.

월의 구축이 중요정보의 불공정한 교류를 차단할 목적으로 설치되었지만, 대표이사 등 법인의 경영 전체를 통괄하는 지위에 있는 소수의 자에 대해서는 '월 크로싱'(wall crossing)이 가능하다. 즉 대표이사의 경우에는 자사주 취득의 결정을 내린 이사회 의장이면서, 자사주 취득 결정 이후에 법인 내부에서 중요정보가 발생한 경우 이를 충분히 아는 위치에 있기 때문에, 이러한 경우 차이니즈 월을 이유로 트레이딩 부서가 중요정보를 몰랐고, 이용하여 거래한 것이 아니라는 주장은 설득력이 약할 수 있다. 따라서 통상적으로 자기주식의 취득을 결정하는 임원이 자기주식 취득 · 처분 결정 이외에 중요정보를 알지 못하는 경우는 많지 않기 때문에 현실적으로 차이니즈 월의 구축 · 존재를 통한 규제의 적용을 피하기는 어려울 수 있다.[24]

## III. 공개매수를 통한 자기주식 취득

상장법인의 자기주식 취득방법으로는 앞서 언급한 공개시장에서의 매입과 함께 공개매수를 통한 매입이 가능하다.

상장법인이 공개매수의 방법을 통해 자기주식을 취득하고자 할 때 법에 일정한 요건을 규정하고 있다. 상장법인은 자기주식 공개매수를 위한 공개매수신고서를 제출할 때까지 발생한 모든 중요정보를 공표해야 하고, 공개매수신고서를 제출한 뒤 공개매수 기간의 말일까지의 기간 사이에 중요정보가 발생한 경우에는 즉시 해당 중요정보를 공시하고 응모자들에게 통지하여야 한다. 또한 공개매수 기간의 연장(공개매수 기간의 말일의 다음날부터, 공표된 날보다 계산하여 10일을 경과한 날까지)을 하여야 한다(법 136조 3항).

공개매수신고서의 제출 후에 중요정보가 발생한 경우 즉시 해당 중요정보를

---

24) 西村, 363면, 368~369면.

공시한다면, 해당 공시 이후에 공개매수에 응모하는 주주와의 관계에서는 상장법인에게 내부자거래의 문제는 발생하지 않는다. 중요정보가 발생한 경우 공시를 통해 공개매수 기간의 연장 등 응모주주들에 대해 응모 여부에 대한 기회를 다시 제공하기 때문이다. 또한 상장법인은 해당 중요정보에 따라 공개매수 조건 자체를 변경할 수도 있을 것이다. 따라서 이러한 조치가 적절한 타이밍에 이루어진다면 상장법인의 내부자거래 문제는 없다고 할 수 있다.[25]

그렇다면 공개매수신고서 제출 이전에 이미 중요정보가 존재하는 경우에는 어떠한가? 상장법인이 의도적으로 해당 중요정보를 공시하지 않고 공개매수를 진행한다면 내부자거래에 해당될 가능성이 매우 높지만, 만약 상장법인이 과실로 중요정보의 공시 누락을 인식하지 못한 채 공개매수신고서를 제출해 버리고 뒤늦게 중요사실의 공시누락을 알게 되는 경우가 있을 수 있다. 이 경우 해당 중요사실이 공표될 때까지 그 사이에 이루어진 응모에 대해서는 상장법인이 내부자거래 규제 위반이 될 수 있을 것이다.[26] 그러나 공개매수 기간이 종료되기 전에 이러한 누락을 인지하고 공시한 경우, 그리고 공개매수 기간의 연장 등 적절한 조치를 취하여 응모주주들에게 응모의 취소 등 재응모의 기회가 부여된다면, 내부자거래 규제 위반의 행위는 치유된다고 볼 수 있다. 즉 응모주주는 공개매수 기간 중에 응모를 철회할 수 있고, 또한 일정한 수량만을 매수하겠다는 조건 등이 공개매수에 붙어 있는 경우 등도 있어 응모주주의 응모만으로 '매매 그 밖의 거래'가 완성되었다고 볼 수 없기 때문이다. 따라서 실무적으로는 공개매수를 시작하기 전에 중요정보의 공시 또는 공개가 누락된 것이 없는지를 신중히 검토할 필요가 있다.[27]

---

25) 西村, 496~497면.
26) 西村, 497~498면.
27) 西村, 497면.

제7장

# 공개매수예정자등에 의한 내부자거래



## I. 서 론

법 제174조 제2항은 증권시장의 공정성 또는 건전성에 대하여 일반투자자의 신뢰 확보를 위해 공개매수예정자 및 그와 일정한 관계에 있는 자에 대해 공개매수정보를 이용한 내부자거래를 규제하고 있다.[1] 공개매수와 관련한 내부자거래는 주로 공개매수자가 기업인 경우 해당 기업의 내부자들이 공개매수 정보를 이용하여 공개매수 대상회사의 주식을 매수하는 행위로 나타나는데, 기존의 내부자거래 규제

1) 자본시장법은 2013년 개정을 통해 '공개매수자'를 '공개매수예정자'로 용어를 변경하였는데, 본서에서는 두 개의 용어를 같은 의미로 사용한다.

는 내부자가 내부정보를 이용하여 자기회사 주식을 거래하는 것을 금지하는 것이어서, 내부자가 공개매수 정보를 이용하여 타깃기업의 주식을 거래하는 것은 규제대상에서 제외된다. 따라서 공개매수 정보를 이용한 타깃기업 주식의 거래를 규제하기 위해서는 별도의 금지조항이 필요하다.

미국은 1980년 Chiarella 사건에서 공개매수자의 업무를 지원하는 인쇄소의 직원이 공개매수와 관련한 유인물을 인쇄하는 과정에서 알게 된 공개매수 정보를 이용하여 타깃기업의 주식을 거래하였는데, 연방대법원은 피고인인 Chiarella에 대해 Rule 10b-5에 근거할 때 내부자에 해당하지 않는다고 판시하였다. 미국의 SEC는 이러한 규제의 공백을 제거하기 위해 공개매수자, 그 임직원 및 그와 일정한 관계에 있는 자가 타깃기업의 주식을 거래하는 경우 내부자거래로 규율할 수 있도록 Rule 14e-3을 제정하였다.

자본시장법 제173조 제2항은 이를 분명히 하고 있다. 또한 동조 제3항은 주식등의 대량취득 · 처분에 대한 정보도 공개매수 정보에 준하는 것으로 보아 동일한 내부자거래 규제를 적용하고 있다. 즉 누군가가 상장법인의 주식등을 경영권에 영향을 줄 가능성이 있는 대량취득 · 처분을 하는 경우, 그러한 대량취득 · 처분의 실시 또는 중지에 관한 미공개중요정보를 알면서 그 주식등과 관련된 특정증권등을 거래하는 것은 금지된다.

공개매수정보 또는 대량거래정보를 내부자거래 규제대상 정보로 한 것은 공개매수자 · 대량거래자의 관계자가 그 직무에 관하여 공개매수 · 대량거래의 실시 또는 중지에 관한 미공개정보를 알고, 그 공표 전에 해당 공개매수 · 대량거래의 대상이 되는 증권을 거래하는 것은 공개매수자 · 대량거래자의 이익에 해가 될 수 있음과 동시에, 주가에 중대한 영향을 미칠 수 있는 정보를 일반투자자들이 알기 전에 동 정보를 이용하여 거래하는 것은 증권시장의 공정성과 신뢰성에 대한 투자자의 신뢰를 훼손하기 때문이다.

# II. 규제대상이 되는 공개매수와 대량거래

## 1. 공개매수의 실시 · 중지

법 제174조 제2항은 공개매수의 실시 또는 중지에 관한 미공개정보를 그 주식등과 관련된 특정증권등의 매매, 그 밖의 거래에 이용하거나 타인에게 이용하게 하는 것을 금지하고 있다. 여기서 공개매수란 법 제133조 제1항의 "불특정 다수인에 대하여 의결권 있는 주식, 그 밖에 대통령령으로 정하는 증권("주식등")의 매수(다른 증권과의 교환 포함)의 청약을 하거나 매도의 청약을 권유하고 증권시장 및 다자간매매체결회사(이와 유사한 시장으로서 해외에 있는 시장 포함) 밖에서 그 주식등을 매수하는 것"을 의미한다.

법 제133조 제1항은 공개매수에 대한 정의를 내리고 있는 반면, 제2항은 의무공개매수 요건을 규정하고 있다. 제2항에 의하면, "대통령령으로 정하는 기간 동안 증권시장 밖에서 대통령령으로 정하는 수 이상의 자로부터 매수등을 하고자 하는 자는 그 매수등을 한 후에 본인과 특별관계자(대통령령으로 정하는 특별한 관계가 있는 자)가 보유(소유, 그 밖에 이에 준하는 경우로서 대통령령으로 정하는 경우 포함)하게 되는 주식등의 수의 합계가 그 주식등의 총수의 100분의 5 이상이 되는 경우(본인과 그 특별관계자가 보유하는 주식등의 수의 합계가 그 주식등의 총수의 100분의 5 이상인 자가 그 주식등의 매수등을 포함하는 경우)에는 공개매수를 하여야 한다."라고 규정하고 있다.

## 2. 주식등의 대량취득 · 처분의 실시 · 중지

### (1) 경영권에 영향을 줄 수 있는 거래

법 제174조 제3항은 주식등의 대량취득 · 처분(경영권에 영향을 줄 가능성이 있는 대량취득 · 처분으로서 대통령령으로 정하는 처분 · 취득)의 실시 또는 중지에 관한 미공개정보(대통령령으로 정하는 방법에 따라 불특정다수인이 알 수 있도록 공개되기 전의 것)를 그 주식등과 관련된 특정증권등의 매매, 그 밖의 거래에 이용하거나 타인에게 이용하는 것을 금지하고 있다.

공개매수 이외에 대량취득 · 처분의 실시 또는 중지에 관한 정보를 이용한 거래를 금지한 것은 대량취득 · 처분의 경우 중 경영권에 영향을 줄 가능성이 있는 대량거래의 경우는 투자자의 투자판단에 중대한 영향을 미칠 수 있기 때문이다. 경영권에 영향을 줄 가능성이 있는 거래로서 대통령령이 정하는 취득 · 처분이란 다음의 각 호의 요건을 모두 충족하는 경우를 말한다(영 201조 4항).

1. 제154조 제1항의 목적으로 할 것(취득의 경우만 해당한다)
2. 금융위원회가 정하여 고시하는 비율 이상의 대량취득 · 처분일 것
3. 그 취득 · 처분이 법 제147조 제1항에 따른 보고대상에 해당할 것

시행령 제154조 제1항은 다음의 어느 하나에 해당하는 것을 위하여 회사나 그 임원에 대하여 사실상 영향력을 행사(상법, 그 밖의 다른 법률에 따라 상법 제363조의2 · 제366조에 따른 권리를 행사하거나 이를 제3자가 행사하도록 하는 것을 포함)하는 것을 말한다.

1. 임원의 선임 · 해임 또는 직무의 정지
2. 이사회 등 회사의 기관과 관련된 정관의 변경
3. 회사의 자본금의 변경
4. 회사의 배당의 결정
5. 회사의 합병, 분할과 분할합병
6. 주식의 포괄적 교환과 이전
7. 영업전부의 양수 · 양도 또는 금융위원회가 정하여 고시하는 중요한 일부의 양수 · 양도
8. 자산 전부의 처분 또는 금융위원회가 정하여 고시하는 중요한 일부의 처분
9. 영업전부의 임대 또는 경영위임, 타인과 영업의 손익 전부를 같이하는 계약, 그 밖에 이에 준하는 계약의 체결, 변경 또는 해약

단순투자 목적으로 5% 이상의 대량취득을 하는 자(다른 요건도 모두 충족하는 경우)가 시행령 제154조 제1항에 해당하는 행위와 관련하여 사실상의 영향력을 행사할 수 있는가? 단순투자 목적으로 보유를 하는 한 할 수 없다고 보아야 할 것이다. 그렇다면 법리상 단순투자 목적의 5% 이상의 대량취득정보는 내부자거래 규제대상에서 제외된다. 그런데 단순투자 목적으로 신고를 하였지만 나중에 경영권 참여로 보유목적을 변경하는 경우에는 어떠한가? 법문은 이에 대해 불명확하지만, 보유목적의 변경 정보는 미공개정보에 해당되어 내부자거래의 규제대상이 된다고 본다.

### (2) 금융위의 고시비율과 5%의 취득

시행령 제201조 제4항 제2호는 금융위원회가 정하여 고시하는 비율 이상의 대량취득 · 처분일 것을 요구하는데, 그 비율에 대해 「자본시장조사 업무규정」 제54조 제1항은 다음과 같이 규정하고 있다.

> 시행령 제201조 제4항 제1호의 규정에서 금융위가 정하여 고시하는 비율이란 다음 각 호의 비율 중 낮은 비율을 말한다.
>
> 1. 100분의 10 (발행주식등의 총수에 대한 취득 · 처분하는 주식등의 비율)
> 2. 취득 · 처분을 통하여 최대주주 등이 되거나(발행주식등의 총수를 기준으로 누구의 명의로 하든지 특수관계인 및 자기의 계산으로 소유하는 주식등을 합하여 그 수가 가장 많게 되는 경우를 말한다) 되지 않게 되는 경우 그 변동 비율

먼저, 위 제1호는 100분의 10 이상을 규정하는데 대상증권은 의결권 유무를 가리지 않는다. 그리고 기존에 4.9%를 보유하고 있는 상태에서 6%를 추가 취득하여 총 10%를 초과하는 경우, 비록 6%의 매수이지만 내부자거래 규제대상이 된다. 취득을 위한 방법은 특별히 규정되어 있지 않기 때문에 공개시장을 통한 거래 또는 장외거래 여부를 묻지 않는다.

둘째, 시행령 제3호는 그 취득 · 처분이 법 제147조 제1항에 따른 보고대상일 것을 규정하고 있다. 즉 주식등의 5% 이상 신규 보유보고 또는 1% 이상의 변동보고

를 의미한다. 여기서 5% 이상 등의 개념은 본인과 그 특별관계자가 보유하는 주식등의 수를 합산한 것이다. 반면, 제1호는 본인 기준이다.

셋째, 위 규정 제1호와 시행령 제201조 제4항 제3호와의 관계를 살펴본다. 주식등의 대량거래에 해당하기 위해서는 제1호와 제3호 모두 충족하여야 한다. 제1호는 10% 기준이고(다른 기준도 있지만) 제3호는 5% (변동의 경우 1%) 기준이다. 그리고 제1호는 의결권 없는 주식을 포함하고, 제3호는 의결권 있는 주식만을 기준으로 한다. 즉 주식등의 대량거래에 해당하기 위해서는 최소한 의결권 있는 주식의 5% 이상을 취득하면서, 이에 추가하여 의결권 있는 주식 또는 무의결권 주식 5%이상의 추가 취득이 필요하다. 왜 제1호를 추가하여 이렇게 복잡하게 규제하는지 이해하기 어렵다. 5% 보고제도는 의결권 있는 주식의 5% 이상을 취득하는 경우, 경영참가 목적이든 단순투자 목적이든 투자자의 투자판단에 중대한 영향을 미칠 수 있는 정보가 될 수 있다고 본다. 따라서 제1호, 즉 시행령 제201조 제4항 제2호는 내부자거래의 효율적 규제를 방해만 할 뿐 의미 없는 조항이라 생각한다.

또한, 제1호의 10% 비율은 내부자거래 규제의 중요 구성요건 중 하나를 구성하는데, 내부자거래가 형사처벌 대상이 되는 중대한 증권범죄인 것을 고려할 때 시행령이 아니라 금융위 규정으로 정하는 것은 죄형법정주의에 반할 위험이 크다고 본다.[2)] 입법론적으로 시행령 제201조 제3항에서 제2호를 삭제하는 것이 바람직하다고 본다.

## 3. 적용 예외

### (1) 단서규정 도입의 배경

공개매수 정보를 이용하여 공개매수예정자가 타깃기업의 주식을 매수하는 경우, 공개매수예정자는 공개매수를 공시하기 전에 미리 타깃기업의 주식을 매입하는

2) 임재연, 359면.

경우가 빈번한데, 이러한 사전 매수행위를 미공개정보 이용행위로 보아 규제대상이 되는가? 즉 공개매수의 경우에는 공개매수를 공시하기 전에 흔히 '발판매수'(toe-hold acquisition)라 하는 장내주식 취득이 이루어지는 경우가 있을 수 있는데, 이러한 행위가 내부자거래에 해당되는지 문제가 된다.

구 증권거래법에서는 이에 대한 명확한 언급이 없었다. 그러나 대법원은 공개매수와 직접 관련된 사건은 아니지만 '직무와 관련하여 얻은 정보'와 '정보생성자'의 지위를 분명하게 구분하면서 정보생성자의 거래행위는 미공개정보이용행위에 해당되지 않는다고 판시하였다. 대법원은 이런 경우 공개매수자의 매수행위는 자신이 정보생성자의 위치에서 거래한 것이지 미공개정보를 이용한 것이 아니라고 다음과 같이 판시하였다:[3)]

> 법 제188조의2 소정의 미공개정보이용행위의 금지대상이 되는 "당해 정보를 받은 자(소위 정보수령자)"란 같은 조 제1항 각 호에 해당하는 자로부터 이들이 직무와 관련하여 알게 된 당해 정보를 전달받은 자를 말한다 할 것인바, 기록에 의하면 피고인 1이 법 제188조의2 제1항 각 호에 해당하는 자로서 화승강업의 주요주주인 화승으로부터 전달받았다는 이 사건 공소사실 기재 당해 정보인 "화승이 위 피고인에게 화승강업 주식 290만 주를 양도하여 화승강업의 경영권을 양도한다"는 정보는 화승이 그 소유의 주식을 위 피고인에게 처분함으로써 스스로 생산한 정보이지 직무와 관련하여 알게 된 정보가 아니고, 위 피고인은 당해 정보를 화승으로부터 전달받은 자가 아니라 화승과 이 사건 주식 양수계약을 체결한 계약 당사자로서 화승과 공동으로 당해 정보를 생산한 자에 해당한다 할 것이므로, 원심이 위 피고인이 법 제188조의2 제1항 제4호의 "당해 법인과 계약을 체결하고 있는 자" 또는 법 제188조의2 제1항 소정의 "당해 정보를 받은 자"에 해당하지 아니한다고 판단한 것은 정당한 것으로 수긍이 가고, 거기에 증권거래법상의 내부자거래에 관한 법리를 오해한 위법이 있다고 할 수 없다.

---

3) 대법원 2003. 11. 14 선고 2003도686 판결.

### (2) 법 제174조 제3항 단서

이러한 논란을 자본시장법은 2013년 개정을 통하여 입법적으로 해결을 하였다. 법 제174조 제3항 단서의 내용은 다음과 같다:

> 다만, 공개매수를 하려는 자(이하 "공개매수예정자")가 공개매수 공고 이후에도 상당한 기간 동안 주식등을 보유하는 등 주식등에 대한 공개매수의 실시 또는 중지에 관한 미공개정보를 그 주식등과 관련된 특정증권등의 매매, 그 밖의 거래에 이용할 의사가 없다고 인정되는 경우에는 그러하지 아니하다.

법은 (i) 공개매수 이후에도 상당한 기간 동안 주식등을 보유하고, (ii) 공개매수의 실시 또는 중지에 관한 미공개정보를 매매, 그 밖의 거래에 이용할 의사가 없는 경우에는, 공개매수예정자의 공개매수 공고 전 사전매집행위를 내부자거래 규제 대상에서 제외한다고 한 것이다.

그러나 이러한 단서는 매우 애매하여 법적 안정성을 심하게 해치고 있다고 본다. 첫째, 법문에서 규정하고 있는 "상당한 기간"이란 어느 정도를 말하는가? 내부자거래라는 형사처벌 조항의 조문으로서는 지나치게 모호하다. 이러한 불확실성은 시장에서의 자유로운 자본거래를 제약하는 결과를 초래할 수 있고, 나아가 자본시장 발전을 저해하는 요소가 될 수 있다. 둘째, 매매, 그 밖의 거래에 이용할 의사가 없다고 인정되는 경우란 어떠한 경우를 말하는가? 이것도 모호하기는 마찬가지이다. 일반적으로 공개매수를 공표하면 주가가 급등하기 때문에 공개매수를 공표하기 전에 약 4.99%를 매수해 놓는 것은 관행이라 할 수 있다. 이에 대해 대법원은 이미 명시적으로 내부자거래에 해당되지 않는다고 판단을 하였다. 그럼에도 불구하고 자본시장법은 마치 공개매수 공표 전 사전매입을 허용하는 것처럼 해 놓고 모호한 내용의 단서를 설치하여 기업지배권시장의 거래를 불안정한 상태로 만들어 버렸다. 주요국의 경우도 이러한 사전매집행위는 내부자거래의 유형으로 보지 않는다. 입법론적으로 공개매수예정자의 공개매수 전 사전매집행위는 내부자거래 규제에서 조건없이 제외하는 것이 바람직하다고 본다. 제4항의 경우도 마찬가지이다.

### (3) 응원매수

공개매수예정자가 위의 단서조항을 충족하는 경우 공개매수의 실시 공표 전에 사전에 매집하는 행위는 허용되지만, 공개매수예정자를 제외한 누구라도 공개매수의 실시 또는 중지에 관한 정보를 지득하고 공표 전에 거래하는 행위는 금지된다. 공개매수의 공표 전에 공개매수예정자에게 다시 매도할 목적으로 우호지분을 미리 취득하는 소위 '응원매수'는 허용되지 않는다.[4] 일본의 경우, 이러한 응원매수를 위한 거래의 경우 내부자거래 규제대상에서 명시적으로 제외하고 있다. 다만 응원매수가 되기 위해서는 일정한 조건을 충족하여야 한다.

## 4. 공개매수정보와 중요성

내부자거래의 규제대상정보가 되기 위해서는 '중요한' 정보이어야 하며, 따라서 문제가 된 정보는 중요성 여부를 판단 받게 된다. 그렇다면 공개매수 정보의 경우는 어떠한가? 공개매수는 그 행위 자체가 주가에 커다란 영향을 미치는 행위이긴 하지만 공개매수의 경우에도 중요성 요건을 갖추어야 한다는 견해가 있다.

그러나 공개매수정보나 대량취득 · 처분정보의 경우는 중요성 요건을 갖출 필요가 없다고 본다.[5] 법은 이들 정보들을 이용한 거래 자체를 내부자거래로 규정하고 있기 때문이다. 법 제174조 제1항은 '상장법인의 업무 등과 관련한 미공개중요정보'의 이용을 금지하고 있고, '미공개중요정보'에 대해서 법문은 구체적으로 "투자자의 투자판단에 중대한 영향을 미칠 수 있는 정보"로 규정하고 있지만, 제2항은 공개매수의 경우에는 '공개매수의 실시 또는 중지에 관한 미공개정보'의 이용을 금지하면서 제1항과 달리 중요성 요건을 규제대상 정보의 조건으로 규정하고 있지 않다. 대량취득 · 처분의 경우도 마찬가지이다. 따라서 공개매수나 대량취득 · 처분에 관한 내부정보는 실제로 투자자의 투자판단에 중대한 영향을 미쳤는지 여부에 관계없

---

4) 김건식 · 정순섭, 420면.
5) 同旨: 증권법학회, 주석서 I, 1055면.

이 동 정보를 이용한 거래는 내부자거래에 해당된다.[6)]

일본 금상법은 내부자거래의 규제대상이 되는 중요정보를 다음의 6개 그룹으로 분류한다. 즉 (i) 결정사실, (ii) 발생사실, (iii) 결산정보, (iv) 바스켓 조항, (v) 자회사에 관한 사실, (vi) 공개매수이다. 따라서 일본의 경우도 공개매수의 경우 동 정보의 중요성 요건을 별도로 요구하지 않다.

## III. 규제대상이 되는 증권

공개매수와 관련한 내부자거래 규제에 있어서 대상증권은 2개로 구분할 수 있다. 먼저, 공개매수의 실시 또는 중지에 관한 미공개정보와 관련한 증권, 즉 "주식등"이 있고, 공개매수와 관련하여 거래가 금지되는 대상인 규제대상증권인 "특정증권등"이 있다. 따라서 실질적으로 내부자가 거래하는 증권은 "특정증권등"이 된다. 이처럼 정보와 관련한 증권인 "주식등"과 거래와 관련한 증권인 "특정증권등"으로 구분한 것은 공개매수와 내부자거래는 그 규제목적이 다르기 때문에 규제목적에 적절하게 필요한 규제대상증권을 규율대상으로 정하였기 때문이다. 대표적으로 내부자거래의 경우는 규제대상증권으로 의결권 있는 주식으로 제한한 필요가 없기 때문이다.

6) 자본시장법에서 법인에게 자기주식의 취득을 허용하면서 중요한 이벤트가 있는 경우에는 자기주식취득 또는 처분을 일정 기간 제한하고 있다. 그 이유는 법인이 내부에서 발생한 중요정보를 이용하여 자기주식의 취득 또는 처분을 통제하기 위한 것이다. 여기서 중요한 이벤트에는 공개매수가 포함되어 있다. 이 경우에도 공개매수의 중요성 여부를 판단하지 않고 모든 공개매수가 이루어지는 경우 해당 규제가 적용된다.

## 1. 공개매수의 대상증권

공개매수의 적용대상이 되는 증권은 법 제133조 제1항에서 "의결권 있는 주식, 그 밖에 대통령령으로 정하는 증권"(이하 "주식등")인 바, 대통령령으로 정하는 증권이란 의결권 있는 주식에 관계되는 다음 각 호의 어느 하나에 해당하는 증권이다(영 139조). 이 "주식등"에 대한 "공개매수의 실시 또는 중지에 관한 미공개정보"가 내부자거래 규제대상이 되는 정보이다.

1. 주권상장법인이 발행한 증권으로서 다음에 해당하는 증권
   가. 주권
   나. 신주인수권이 표시된 것
   다. 전환사채권
   라. 신주인수권부사채권
   마. 가목부터 라목까지의 증권과 교환할 청구할 수 있는 교환사채권
   바. 가목부터 라목까지의 증권을 기초자산으로 하는 파생결합증권(권리의 행사로 그 기초자산을 취득할 수 있는 것만 해당)
2. 제1호에 따른 주권상장법인 이외의 자가 발행한 증권으로서 다음에 해당하는 증권
   가. 제1호에 따른 증권과 관련된 증권예탁증권
   나. 제1호에 따른 증권이나 가목의 증권과 교환을 청구할 수 있는 교환사채권
   다. 제1호에 따른 증권이나 가목 · 나목의 증권을 기초자산으로 하는 파생결합증권(권리의 행사로 그 기초자산을 취득할 수 있는 것만 해당)

무의결권주는 기본적으로 공개매수의 적용대상 증권이 아니나, 정관에 정한 우선적 배당을 하지 않는다는 결의가 있으면 그 총회의 다음 총회부터 그 우선적 배당을 받는다는 결의가 있는 총회의 종료시까지는 의결권이 부활되므로 그 중간기간

동안 공개매수의 대상증권이 될 수 있다(상법 370조 1항 단서).[7]

## 2. 내부자거래 규제 대상증권

공개매수예정자 및 그 관련자들에 대해 공개매수 정보를 이용한 거래가 금지되는 증권인 "특정증권등"은 다음과 같다.

1. 그 법인이 발행한 증권(대통령령으로 정하는 증권을 제외한다)
2. 제1호의 증권과 관련된 증권예탁증권
3. 그 법인 외의 자가 발행한 것으로서 제1호 또는 제2호의 증권과 교환을 청구할 수 있는 교환 사채권
4. 제1호부터 제3호까지의 증권만을 기초자산으로 하는 금융투자상품

내부자거래의 규제대상증권은 공개매수의 대상증권과 차별화하였지만, 실제로 공개매수의 대상증권으로 여러 증권을 열거하고 있지만 주식 이외의 증권이 대상이 된 사례가 없다. 그러나 내부자거래의 경우에는 주식 이외의 증권의 거래를 통해 이익을 취득하는 것은 현실적으로 충분히 가능하다. 실제로 미국의 경우 공개매수정보를 이용하여 타깃기업의 콜옵션(call option)을 거래하는 경우들이 매우 빈번하게 발생한다. 콜옵션은 위 제4호에 해당하는 금융투자상품이다.

## 3. 대량취득 · 처분 규제 대상증권

대량취득 · 처분의 경우도 공개매수의 경우와 같이 대량취득 · 처분의 정보와 관련된 증권의 개념과 실제로 거래가 금지되는 증권의 개념에 차이가 있는데, 공개매수의 경우와 동일하여 설명을 생략한다.

---

7) 임재연, 349면.

# Ⅳ. 공개매수의 규제대상자

법 제174조 제2항의 공개매수와 관련한 미공개정보의 이용이 금지되는 자는 공개매수예정자를 비롯하여 공개매수예정자와 일정한 관계에 있는 자들이다. 이들은 동조 제1항에서 내부자거래 규제대상자에 대응하는 동일한 구조를 가지고 있다. 즉 제174조 제1항의 "법인"을 "공개매수예정자"로 치환하여 대체한 것을 볼 수 있고, 따라서 규제대상자의 범위는 기본적으로 6개의 범주를 동일하게 사용하고 있다.

1. 공개매수예정자(그 계열회사를 포함한다. 이하 이 호 및 제2호에서 같다) 및 공개매수예정자의 임직원 · 대리인으로서 그 직무와 관련하여 공개매수의 실시 또는 중지에 관한 미공개정보를 알게 된 자
2. 공개매수예정자의 주요주주로서 그 권리를 행사하는 과정에서 공개매수의 실시 또는 중지에 관한 미공개정보를 알게 된 자
3. 공개매수예정자에 대하여 법령에 따른 허가 · 인가 · 지도 · 감독, 그 밖의 권한을 가지는 자로서 그 권한을 행사하는 과정에서 공개매수의 실시 또는 중지에 관한 미공개정보를 알게 된 자
4. 공개매수예정자와 계약을 체결하고 있거나 체결을 교섭하고 있는 자로서 그 계약을 체결 · 교섭 또는 이행하는 과정에서 공개매수의 실시 또는 중지에 관한 미공개정보를 알게 된 자
5. 제2호부터 제4호까지의 어느 하나에 해당하는 자의 대리인(이에 해당하는 자가 법인인 경우에는 그 임직원 및 대리인을 포함한다) · 사용인, 그 밖의 종업원(제2호부터 제4호까지의 어느 하나에 해당하는 자가 법인인 경우에는 그 임직원 및 대리인)으로서 그 직무와 관련하여 공개매수의 실시 또는 중지에 관한 미공개정보를 알게 된 자
6. 공개매수예정자 또는 제1호부터 제5호까지의 어느 하나에 해당하는 자(제1호부터 제5호까지의 어느 하나의 자에 해당하지 아니하게 된 날부터 1년이 경과하지 아니한 자를 포함한다)로부터 공개매수의 실시 또는 중지에 관한 미공개정보를 받은 자

## 1. 공개매수예정자등 관계자

### (1) 공개매수예정자

공개매수예정자도 자신의 공개매수 정보를 이용하여 거래하는 것이 원칙적으로 금지된다. 다만, 공개매수예정자가 공개매수 공고 이후에도 상당한 기간 동안 주식등을 보유하는 등 주식등에 대한 공개매수의 실시 또는 중지에 관한 미공개정보를 그 주식등과 관련된 특정증권등의 매매, 그 밖의 거래에 이용할 의사가 없다고 인정되는 경우에는 면책된다(법 174조 2항 본문).

따라서 공개매수예정자는 공개매수 공표 전에 사전매집을 하는 경우 이러한 단서 규정의 요건을 충분히 인식하고 매수를 하여야 한다. 그러나 단서에서 '상당한 기간' 또는 '매매, 그 밖의 거래에 이용할 의사가 없다고 인정되는 경우' 등에 대한 해석이 매우 모호하다는 것은 앞서 설명하였다.

### (2) 공개매수예정자의 임직원 · 대리인

공개매수예정자의 임직원은 공개매수와 관련한 미공개정보를 알 수 있는 위치에 있는 자들로서 내부자거래 규제의 대상이 된다. 회사와의 고용계약의 유무나 그 형식을 묻지 않고, 실제로 회사의 업무를 수행하는 자라면 모두 임직원에 해당된다고 볼 수 있다. 이는 제174조 제1항 제1호의 경우와 동일하다.

공개매수의 경우도 법은 내부자거래의 경우와 마찬가지로 "직무와 관련하여" 해당 정보를 알 것을 요건으로 규정하고 있다. 그러나 "직무와 관련하여"에 대해 법원은 이를 매우 넓게 해석하고 있다. 즉 직접적인 자신의 직무와 관련되어 있을 것만을 요구하지 않고, 간접적으로 관련되어 있는 경우들도 모두 포함된다고 볼 수 있다. 따라서 공개매수예정자의 임직원으로서 해당 공개매수정보를 안 상태에서 거래를 한 경우에는 내부자거래에 해당될 위험이 크다고 보아야 할 것이다.

또한, 공개매수예정자가 법인인 경우에는 그 계열회사를 포함한다. 그리고 그 계열회사의 임직원 및 대리인 역시 내부자거래 규제의 대상이 된다. 계열회사의 개념에 대해서는 앞서 살펴보았다.

#### (3) 공개매수예정자의 주요주주

공개매수예정자의 주요주주 역시 주요주주로서의 권리를 행사하는 과정에서 공개매수의 실시 또는 중지에 관한 미공개정보를 알고, 이를 거래에 이용하거나 타인에게 이용하게 하는 행위는 금지된다. 주요주주를 규제대상으로 한 것은 제1항 내부자거래의 경우와 동일하다고 볼 수 있다.

#### (4) 법령에 따른 권한을 가지는 자

공개매수예정자에 대하여 법령에 따른 허가 · 인가 · 지도 · 감독, 그 밖의 권한을 가지는 자로서 그 권한을 행사하는 과정에서 공개매수의 실시 또는 중지에 관한 미공개정보를 알게 된 자도 내부자거래 규제대상이 된다. 이는 회사관계자에 관한 법 174조 제1항 제3호와 동일한 취지라고 볼 수 있다.

#### (5) 계약을 체결 · 교섭하고 있는 자

공개매수예정자와 계약을 체결하고 있거나 체결을 교섭하고 있는 자로서 그 계약을 체결 · 교섭 또는 이행하는 과정에서 공개매수의 실시 또는 중지에 관한 미공개정보를 알고, 거래에 이용하거나 타인에게 이용하게 하는 행위는 금지된다. 공개매수가 진행될 경우 증권회사, 은행, 회계법인 또는 법무법인 등 다양한 그룹이 계약을 통하여 공개매수 진행에 관여하게 되는데, 이들은 공개매수의 실시 또는 중지에 관한 사실을 자연스럽게 알 수 있는 위치에 있다. 따라서 법 174조 제1항 제4호의 경우와 동일한 취지에서 이들 역시 내부자거래의 규제대상으로 규정하고 있다.

"계약을 체결하고 있거나 체결을 교섭하고 있는 자"의 대리인 · 사용인, 그 밖의 종업원으로서 그 직무와 관련하여 공개매수의 실시 또는 중지에 관한 미공개정보를 알게 된 자 역시 규제대상이 된다. 여기서 대리인이 법인인 경우에는 그 임직원 및 대리인이 포함되고, 종업원이 법인인 경우에도 그 임직원 및 대리인이 포함된다.

### (6) 공개매수 대상기업의 임직원

공개매수의 대상기업의 임직원은 내부자거래의 규제대상이 되는가? 원칙적으로 법에서 내부자의 범위에 포함하고 있지 않으므로, 정보수령자의 경우를 제외하고는 규제대상에서 제외된다.[8] 그러나 공개매수의 대상기업이 상장법인인 경우도 마찬가지인가?

공개매수예정자가 비밀리에 특정 기업을 공개매수의 대상으로 정하고 공개매수를 추진하는 경우에는 대상기업의 임직원이 공개매수의 공고가 있기 전에 공개매수 사실을 인지하기 어려울 것이다. 그러나 적대적 공개매수가 이루어지는 경우에도 적대적 공개매수를 시도하기 전에 "Bear Hug"이라 해서 우호적인 기업매수를 타진하면서 적대적 공개매수 계획을 전달하는 경우가 있다. 이러한 경우 대상기업인 상장법인의 임직원이 자사에 대한 공개매수정보를 인지하고, 자사주식을 매수하는 경우는 해당 정보는 '외부정보'로서 규제대상이 아니다. 그러나 공개매수예정자와의 협상의 수준 등에 따라 외부정보가 내부정보로 전환될 가능성은 열려 있다.

## 2. 이전 공개매수 관계자

법 제174조 제2항 제6호는 제1호부터 제5호에 열거되어 있는 자로서 공개매수의 실시 또는 중지에 관한 미공개정보를 알게 된 자는 그 지위를 떠난 후 1년간은 해당 공개매수 정보가 공표될 때까지 '이전 공개매수 관계자'로서 해당 공개매수 정보를 이용한 거래를 금지하고 있다.

예를 들어, 공개매수에 관한 사실을 전달 받거나 또는 계약체결 · 교섭과 관련하여 알게 된 날로부터 1년이 경과하지 않은 경우에는 비록 계약체결이 해소가 된 경우라 하더라도 해당 정보를 이용한 거래가 금지된다. 그러나 계약관계가 해소된 지 1년이 경과하면 규제의 대상에서 제외되어 자유롭게 거래가 가능하다. 이러한 취

---

8) 임재연, 358면.

지는 공개매수의 실시 결정에서 실제 공표에 이르기까지 일정한 검토의 시간이 필요한데, 공개매수 실시 결정이 있은 때로부터 1년이 경과되어도 해당 결정이 공표가 되지 않았다면, 통상 계약관계를 통해 알게 된 공개매수의 실시에 관한 정보는 투자판단에 중요한 정보로서의 의미를 상실하였다고 보기 때문이다.

이러한 '1년'의 거래제한 제도는 일본의 제도를 모델로 한 것인데, 일본 금융상품거래법은 평성 25년 (2013년) 법개정에 의해 '6개월'로 거래제한 기간을 단축하였다. 일본은 기존의 '1년'의 기간 제한이 지나치게 길다고 판단하여 그 제한기간을 단축한 것이다.

## 3. 정보수령자

정보수령자도 법 제174조 제2항의 규제대상이 된다. 즉 공개매수 관계자 또는 이전 공개매수 관계자로부터 공개매수의 실시 또는 중지에 관한 사실을 전달받은 자는 그 사실이 공표되기 전에 해당 공개매수와 관련된 특정증권등의 매매등을 하는 것이 금지된다. 이러한 제한은 제1차 정보수령자에 대해서만 적용되고 제2차 이후의 정보수령자에 대해서는 적용되지 않는다. 그러나 제2차 이후의 정보수령자의 경우는 법 178조의2에서 규정하는 시장질서 교란행위에 해당된다면 과징금이 부과될 수 있다.

여기서 '이전 회사관계자'로부터의 정보수령도 규제대상으로 규정하고 있는데, '이전 회사관계자'가 그 지위를 떠난 지 1년이 경과되지 아니한 경우로 제한하고 있기 때문에, 1년이 경과된 자로부터 공개매수의 실시 또는 중지에 관한 미공개정보를 전달받은 경우는 규제대상이 되지 않는다.

또한, 직무상 해당 정보를 전달 받은 제1차 정보수령자가 법인에 소속되어 있는 경우 그 법인에 소속된 다른 임직원들도 규제대상이 되는지 문제가 있다. 이는 내부자거래 규제 부분에서 살펴본 법리를 그대로 적용할 수 있다고 본다. 즉 제1차 정보수령자와 같은 업무 라인에 있는 자들은 모두 직무 관련성이 있는 자들로 보아 제1차 정보수령자에 해당된다고 볼 수 있을 것이다.

## V. 대량취득 · 처분의 규제대상자

법 제174조 제3항의 주식등의 대량취득 · 처분정보를 이용한 거래가 금지되는 자는 주식등을 대량취득 · 처분하려는 자를 비롯하여 대량취득 · 처분하려는 자와 일정한 관계에 있는 자들이다. 이들은 동조 제1항 및 제2항의 내부자거래 규제대상자에 대응하는 동일한 구조를 가지고 있다. 즉 제174조 제1항의 "법인"을 "대량취득 · 처분을 하려는 자"로 치환하여 대체한 것으로 볼 수 있고, 따라서 규제대상자의 범위는 기본적으로 6개의 범주를 동일하게 사용하고 있으며, 다음과 같다.

1. 대량취득 · 처분을 하려는 자(그 계열회사를 포함한다. 이하 이 호 및 제2호에서 같다) 및 대량취득 · 처분을 하려는 자의 임직원 · 대리인으로서 그 직무와 관련하여 대량취득 · 처분의 실시 또는 중지에 관한 미공개정보를 알게 된 자
2. 대량취득 · 처분을 하려는 자의 주요주주로서 그 권리를 행사하는 과정에서 대량취득 · 처분의 실시 또는 중지에 관한 미공개정보를 알게 된 자
3. 대량취득 · 처분을 하려는 자에 대하여 법령에 따른 허가 · 인가 · 지도 · 감독, 그 밖의 권한을 가지는 자로서 그 권한을 행사하는 과정에서 대량취득 · 처분의 실시 또는 중지에 관한 미공개정보를 알게 된 자
4. 대량취득 · 처분을 하려는 자와 계약을 체결하고 있거나 체결을 교섭하고 있는 자로서 그 계약을 체결 · 교섭 또는 이행하는 과정에서 대량취득 · 처분의 실시 또는 중지에 관한 미공개정보를 알게 된 자
5. 제2호부터 제4호까지의 어느 하나에 해당하는 자의 대리인(이에 해당하는 자가 법인인 경우에는 그 임직원 및 대리인을 포함한다) · 사용인, 그 밖의 종업원(제2호부터 제4호까지의 어느 하나에 해당하는 자가 법인인 경우에는 그 임직원 및 대리인)으로서 그 직무와 관련하여 대량취득 · 처분의 실시 또는 중지에 관한 미공개정보를 알게 된 자
6. 대량취득 · 처분을 하려는 자 또는 제1호부터 제5호까지의 어느 하나에 해당하는 자(제1호부터 제5호까지의 어느 하나의 자에 해당하지 아니하게 된 날부터 1년이 경과

하지 아니한 자를 포함한다)로부터 대량취득 · 처분의 실시 또는 중지에 관한 미공개정보를 알게 된 자

## VI. 공개매수 등의 사실

### 1. 의 의

법 제174조 제2항에서 "공개매수의 실시 또는 중지"에 관한 미공개정보의 이용을 금지하고 있는데, 공개매수의 실시란 공개매수예정자가 공개매수의 진행을 위한 준비 · 결정을 하는 것을 말하고, 공개매수의 중지란 공표된 공개매수의 진행을 중단하는 것을 결정한 것을 말한다.

먼저, "공개매수의 실시"에 관한 결정이 있어야 한다. 따라서 공개매수에 관한 내부자거래 이슈는 공개매수의 결정이 이루어지고 공개매수의 공표가 있기까지의 사이에 동 정보를 이용한 거래가 문제가 된다. 이처럼 이사회에서 공개매수의 실시 결정이 이루어진 경우 공개매수의 실시라는 정보의 생성시점이 분명하지만, 실제 사건에서는 이사회의 결정이 있기 전인 공개매수 준비단계에서 동 정보를 이용한 거래들이 발생한다. 이 경우 내부자가 거래한 시점에 "공개매수의 실시"라는 정보가 생성된 것으로 볼 수 있는지 여부가 쟁점이 된다.

법 제174조 제2항은 공개매수예정자가 개인인 경우와 법인인 경우 모두를 상정하고 있는데, 특별히 의미를 구분하고 있지 않다. 실제 공개매수 내부자거래 사건에서 문제가 되는 경우는 공개매수예정자가 법인인 경우이다. 공개매수예정자가 법인인 경우에는 공개매수 결정을 위해 여러 단계의 논의가 필요하고, 그 과정에 불가피하게 관여하게 되는 자들에 의해 동 정보를 이용한 내부자거래가 발생하기 때문이다.

주식등의 대량취득 · 처분의 경우도 공개매수의 경우와 동일하다. 주식등의 대

량취득 · 처분의 실시 또는 중지에 관한 미공개정보를 불특정다수인이 알 수 있도록 공개되기 전에 동 정보를 이용하여 거래하는 것은 금지된다. 이 경우 역시 내부자거래 이슈와 관련하여 거래자가 거래한 시점에 주식등의 대량취득 · 처분의 결정이 있었다고 볼 수 있는지 여부가 중심적인 문제가 될 것이다.

## 2. 업무집행결정기관

일본 금상법은 제167조에 있어서 "업무집행을 결정하는 기관"에 의한 결정이 있을 것을 명시적 요구한다. 자본시장법 역시 공개매수예정자가 법인인 경우에는 회사의 업무집행을 결정하는 기관에 의한 공개매수 결정이 있어야 한다. 그런데 앞서 언급한 것처럼 공개매수의 실시라는 결정이 이사회, 즉 업무집행을 결정하는 기관에 의해 이루어진 경우에는 공개매수의 결정이 이루어진 시점이 명확하지만, 이사회에서 공개매수의 결정이 이루어지기 전에 CEO의 공개매수 추진을 위한 준비의 지시, CFO를 통한 공개매수 자금조달을 위한 은행 등의 차입가능성 등이 진행되는 상황이라면 업무집행결정기관에 의한 결정에 준하는 결정이 있었다고 볼 수 있는지가 문제가 된다. 주식등의 대량취득 · 처분의 경우도 동일하다.

일본 법원은 다음의 〈일본직물가공 사건〉과 〈무라카미 펀드 사건〉에서 정식 이사회의 결정이 있지 않았더라도 이에 준하는 사항이라면 업무집행결정기관에 의한 공개매수의 결정이 있다고 판단하였다. 우리 법원의 경우도 마찬가지이다.

### (1) 일본직물가공사건

동해염공(東海染工)과 유니치카는 공동으로 일본직물가공의 발행주식의 과반수를 보유하고 있었는데, 일본직물가공의 경영이 악화되어 동해염공은 1993. 5월경 회사의 합병 및 업무제휴의 알선 등의 업무를 영위하는 (주)레코후에게 일본직물가공의 M&A 중개를 요청하였고, 이에 레코후는 M&A의 상대방으로 (주)유니마트를 소개하였다. 그 결과 M&A 교섭이 시작되어 동월 15.에 유니마트, 동해염공, 일본직물가공 사이에 3년을 유효기간으로 하는 비밀보장계약이 체결되었다. 그런데 이러한 제1차 M&A 교섭은 실패를 하였고, 1994. 2월경 레코후가 다시 중개하여 제2차 M&A 교섭이 진행되었다. 제2차 M&A 교섭은 잘 진행되어 1995. 2. 17. 유니마트, 동해염공, 일본직물가공 사이에 M&A 계약에 대한 확인서에 최종 서명을 하였고, 3. 3. 이들 3사 간에 M&A에 대한 합의서 및 각서가 체결됨과 동시에 일본직물가공의 이사회에서는 제3자배정증자에 대한 승인이 이루어졌고, 이어 기자에게 발표하는 등 제3자배정증자를 포함한 M&A가 공표되었다.

피고인은 동해염공과 유니치카와의 교섭의 일체를 위임받은 유니마트의 감사 겸 대리인이었는데, 피고인은 일본직물가공의 대표이사인 K사장이 제3자배정증자를 결정했다는 중요사실을 알고, 그 정보가 공표되기 전에 일본직물가공의 주식을 매수함으로써 내부자거래 혐의로 기소되었다.

이 사건에서 쟁점이 되는 것은 2가지였다. 첫째, 피고인이 거래할 당시 중요사실인 제3자배정증자의 결정이 있었는지, 그리고 그 결정은 업무집행기관에 의해 이루어졌는지 여부이다. 이 둘 중 어느 하나라도 충족이 되지 않는다면 피고인의 매수행위는 내부자거래에 해당되지 않기 때문이다.

먼저, 항소심은 "결정"이 있었는지 여부에 대한 제1심의 판결을 파기하면서 "결정"이 없었다고 판시하였다. 항소심의 논거는, 일반투자자의 투자판단에 현저하게 영향을 미치는 중요사실에 대한 결정이 있어야 법에서 요구하는 "결정"에 해당된다고 해석되기 때문에, 이를 위해서는 해당 결정에 관계되는 사항이 확실하게 실행될 것이라는 예측이 성립되어야 하는데, 제1심 판결이 주식의 발행을 결정하였다고 인정한 시점에서는 본건 M&A의 성립은 예단을 허용하지 않는 단계에 있었기 때문에 아직 "결정"이 있었다고 할 수 없다는 것이다. 그러나 이에 대해 최고재판소는 증권거래법 제166조 2항 1호의 "결정"에 해당되기 위해서는 해당 "결정"에 관계되는 사항이 확실하게 실행될 것이라는 예측이 성립되어야만 한다는 견해하에 본건의 업무집행을 결정하는 기관의 결단이 곧 "결정"이라고 할 수 없다고 한 원심판결은 동호의 해석적용을 그르친 위법이 있다고 하면서, 본건에서 M&A의 대상 회사의 최고책임자인 K사장은 회사의 방침으로 제3자 배정증자를 한다는 취지의 결정을 하였고, 이를 상무에게 지시하여 회사업무로서의 추진을 명확히 한 것이기 때문에 그 당시 유니치카의 보유주식의 양도방법에 관한 문제가 최종적으로 매듭지어지지 않았다고 하더라도 주식발행에 대한 결정이 있다고 하는 데에 지장이 없어, K사장의 결정은 증권거래법 제166조 2항 1호의 “결정”에 해당한다고 판시하였다.

둘째, 항소심은 증권거래법 제166조 2항 1호의 “업무집행을 결정하는 기관”은 상법의 결정 권한이 있는 기관에 한정되지 않고, 실질적으로 회사의 의사결정과 동일시될 수 있는 의사결정을 할 수 있는 기관이면 족하다고 해석되는바, K사장은 일본직물가공의 대표이사로서 제3자 배정증자를 실시하기 위한 신주발행에 대해 상법상 결정권한이 있는 이사회를 구성하는 각 이사로부터 실질적인 결정권한을 부여받고 있었던 것으로 인정되기 때문에 “업무집행을 결정하는 기관”에 해당된다고 판시하였다. 최고재판소는 항소심의 판결을 인용하여 피고인의 유죄를 인정하였다.[9]

### (2) 무라카미 펀드 사건

〈무라카미 펀드 사건〉은 〈일본직물가공 사건〉에 이어 중요정보의 성립시기에 관해 중요한 해석을 내린 판결로 평가할 수 있다.[10]

무라카미 펀드의 대표인 무라카미는 니폰방송 주식을 상당수 확보한다면 니폰방송과 후지TV의 자본관계를 고려할 때 후지TV에도 간섭적으로 영향을 미칠 수 있다는 점에 착안하고, 무라카미 펀드는 평성 13년 1월부터 순차로 니폰방송 주식을 매입하기 시작하였다. 무라카미 대표는 후지TV가 니폰방송을 완전 자회사로 만들 경우, 펀드가 매입한 니폰방송 주식을 후지TV에 고가로 매도하는 것을 메인 시나리오로 하고, 만약 그것이 실현되지 않는 경우에는 니폰방송 주식의 처분에 대해서도 함께 검토하였다.

평성 16년 9월 15일, 무라카미 대표는 라이브도어의 호리에(堀江) 사장에게

---

9) 일본직물가공 사건에 대한 일본 법원의 판례에 대한 상세는 금융감독원, 증권시장 불공정거래 판례집(2002. 2), 663~702면 참조.

10) 이하 무라카미 사건에 대한 설명은 西村, 97~118면 참조; 무라카미 펀드 사건에 대한 국내 연구 문헌으로는 박임출, “내부자거래 규제에 있어서 중요정보의 실현가능성 – 일본 무라카미 펀드 사건을 중심으로”, 『기업법연구』 제26권 제3호 (통권 50호).

"라이브도어가 니폰방송 주식의 3분의 1을 취득한다면 무라카미 펀드의 보유분과 합쳐 니폰방송의 경영을 취득할 수 있다."라는 취지의 이야기를 하고, 호리에 사장은 이에 강한 관심을 표명하였다. 이 날 회의에서 무라카미 측과 라이브도어 측이 각각 담당자를 정하고, 이후 담당자 간에 협의를 하도록 하였다. 이 회의 직후, 호리에 사장은 라이브도어 재무의 책임자였던 미야우치(宮內) 이사에게 니폰방송 주식의 3분의 1을 매집하는 것을 검토할 것을 지시하였다. 같은 날, 호리에 사장과 미야우치 이사는 라이브도어의 파이낸스 부문 담당자 A에게 지분매집에 필요한 자금 500억 엔을 외국 금융기관인 P사로부터 차입할 것을 지시하고, 미야우치 이사는 라이브도어 측의 본건 담당자 B에게 무라카미 펀드 측 담당자와 연락을 해서 구체적인 방안을 만들 것을 지시하였다.

담당자 B는 자금조달의 가능성을 구체적으로 검토하여 미야우치 이사에게 보고하고, 이와 병행해서 무라카미 펀드 측과 사전 협의를 진행하고, 니폰방송의 주주구성 또는 주식취득의 가능성, 후지TV의 움직임 등을 조사하고, 필요자금을 320억 엔 정도로 산출하였다. 동년 10월 19일 경, B는 A에게 은행차입과 보유자금으로 300억 엔의 조달은 문제가 없다고 하는 말을 듣고, 익일 20일에 무라카미 펀드 측에 "매수자금의 차입이 가능해졌다. 급히 미팅을 하고 싶다."라는 취지의 메일을 발송하였다.

평성 16년 11월 8일, 무라카미 펀드의 무라카미 대표는 라이브도어의 호리에 사장, 미야우치 이사, A 및 B와 회의를 하였다. 이 회의에서 무라카미 대표와 호리에 사장과의 사이에 니폰방송의 경영권을 취득할 때에 그 자회사를 누가 경영할 것인지, 니폰방송의 외국인 주주상황, 공개매수의 가능성 등이 논의되었다. 또한 미야우치 이사는 무라카미 대표에게 "자금의 전망이 세워졌으니, 구체적으로 진행하고 싶다."라는 취지의 발언을 하였다. 이에 무라카미 대표는 미야우치 이사가 자금조달을 위해 구체적으로 움직이고 있다는 것을 충분히 전달 받았다. 또한 회의에서 호리에 사장은 무라카미 대표에게 "잘 부탁합니다."라고 말하였고, 니폰방송 주식의 3분의 1 취득에 대한 결의를 표명하였다. 호리에 사장은 무라카미 대표에게 "무라카미 펀드가 니폰방송 주식의 계속 보유를 약속하는 계약을 체결하고 싶다."는 취지를 말을 하였지만, 무라카미 대표는 이를 거절하였다.

제1심 판결의 인정을 따른다면, 무라카미 대표는 동년 10월 20일 (B가 자금조달의 전망이 섰다는 메일을 발송한 날)부터 무라카미 펀드에 의한 니폰방송 주식의 매수가 급증하였고, 이후 평성 17년 1월 26일까지 니폰방송 주식의 매수를 행하였다.

라이브도어는 P사로부터 차입하는 것이 어려워지자 평성 16년 12월경부터 증권발행을 통한 자금조달을 검토하고, 복수의 증권회사로부터 최대 500억 엔의 전환사채 발행에 의한 자금조달의 제안을 받았다. 무라카미 대표는 평성 17년 1월 6일 무라카미 펀드 · 라이브도어 사이의 회의에서 라이브도어 측의 자금조달 상황 등에 대해 설명을 듣고, 라이브도어에 의한 니폰방송 주식의 취득이 현실화 되고 있다고 인식하였다. 동년 1월 11일, 라이브도어 이사회는 니폰방송 주식을 동년 3월 15일까지는 4.9% 취득하고, 동년 16일 이후에 5% 이상 10%까지 취득하고, 매수가격을 6,990엔 이하로 한다는 취지를 결의하였다. 동년 1월 17일, 후지TV는 니폰방송 주식에 대한 공개매수를 행한다고 발표하였다. 1월 28일, 무라카미 대표는 무라카미 펀드의 컨설팅 업무를 수행하는 회사의 이사회에서 라이브도어의 니폰방송 주식 매집의 활동을 보고하고, 동일 이후 니폰방송 주식매수를 정지하겠다고 하였다. 그 후 라이브도어는 약 800억 엔의 MSCB의 발행을 통해 자금조달을 실현하고, 동년 2월 8일부터 니폰방송 주식의 매집에 착수하고, 동년 3월 25일에 의결권의 과반수를 취득하게 되었다. 무라카미 펀드는 동년 2월 8일 이후, 소유하고 있는 니폰방송 주식의 일부를 라이브도어에게 매각함과 동시에 시장에서 매각하는 등 상당한 이익을 취득하였다.

이상의 사실과 관련하여 무라카미 대표 및 MAC 에셋은 "무라카미 대표는 MAC 에셋의 업무 및 재산에 관해서, 평성 16년 11월 8일경 라이브도어 대표이사인 호리에 사장으로부터 라이브도어의 업무집행을 결정하는 기관이 동증 2부 시장에 상장되어 있는 니폰방송의 총주주의 의결권수의 100분의 5 이상의 주권등을 매입하는 결정, 즉 공개매수에 준하는 행위의 실시에 관한 내용을 전달 받고, 동 사실이 공표되기 전인 동년 11월 9일부터 평성 17년 1월 26일까지 사이에, 니폰방송 주식 합계 193만 3100주를 합계 99억 5216만 엔으로 매수하였다."라는 내용의 공소사실로 기소되었다.

이 사건에서 제1심에서 항소심, 그리고 최고재판소까지 이 사건에서의 중심은, "라이브도어의 업무집행을 결정하는 기관이 니폰방송 주식 5% 이상을 매집하기로 한 결정을 했다."라는 취지의 사실의 유무 및 시기 문제였다. 무라카미 대표 측은 평성 16년 11월 시점에서는 라이브도어가 니폰방송 주식의 3분의 1의 취득에 필요한 자금을 조달할 수 있는지에 대한 전망이 없었기 때문에, 일반 투자자의 투자판단에 영향을 미치는 중요사실이라 할 수 없고, 따라서 본건 매집 등을 행하는 것에 대한 결정이 있었다고 인정하는 것은 부당하다고 주장하였다.

제1심은 법 제167조 2항의 "업무집행을 결정하는 기관"에 대해서, 호리에 사장 또는 미야우치 이사가 실질적인 의사결정기관으로서 "업무집행을 결정하는 기관"에 해당하고, 이어서 "공개매수 등을 행하는 것에 대한 결정"에 대해서는 호리에 사장 또는 미야우치 이사가 "공개매수 등 그 자체 또는 공개매수 등을 위한 작업을 회사의 업무로서 행하는 방침을 결정한 것"을 말한다고 판시하였다. 또한, "'그 실현을 위해 라이브도어의 업무로서 조사, 준비, 교섭 등의 여러 작업을 행하는 취지를 결정하고, 그 실현가능성이 없었다고 말할 수 없다'라고 하는 사실이 인정된다면 충분하다.", "공개매수 등이 확실히 실행된다는 예측이 성립되어야 하는 것은 아니라고 해석하는 것이 타당하다. 즉 실현가능성이 전혀 없는 경우는 제외하지만, 있는 것으로 충분하고, 가능성의 크기는 문제가 되지 않는다."라고 판단하였다.

또한, "호리에 사장 또는 미야우치 이사는 평성 16년 9월 15일, 피고인(무라카미 대표)으로부터 '무라카미 펀드는 의결권의 18%를 이미 취득 · 보유하고 있기 때문에, 라이브도어가 의결권의 3분의 1을 취득할 수 있다면 양자의 의결권을 합치면 과반수를 넘어 니폰방송의 경영권을 취득할 수 있다' 등과 같은 말을 하면서 유인하였고, 5% 이상의 대량매집을 위해 라이브도어의 업무로서 조사, 준비, 교섭 등의 여러 작업의 수행을 결정하였고, 그 실현가능성은 상당히 높았다."라고 진술하여, 무라카미 펀드 · 라이브도어 사이에 니폰방송 주식의 매입에 관해서 최초로 회의가 이루어진 9월 15일을 기점으로, 라이브도어의 매집을 행할 것에 대한 결정이 이루어진 것을 인정하였다.

제1심 판결은 이상의 판단을 전제로서 해서, 무라카미 대표는 평성 16년 11월 8일의 회의에서 호리에 사장으로부터 라이브도어가 본건 매집을 행하는 것에 대한 결정을 하였다는 취지의 사실을 전달 받았다고 판단하였고, 공소사실 기재의 같이 법 167조 3항 · 1항의 정보수령자에 의한 공개매수 등 사실에 관한 내부자거래 규제 위반의 성립을 인정하였다.

항소심은 제1심의 판결에 대해 중요사실의 결정의 시점 등에 다소 이견을 보이기는 하였지만, 전반적으로 제1심의 판결을 인정하여 피고인들의 유죄를 인정하였다. 피고인들은 항소심 판결에 불복하여 상고하였지만, 최고재판소는 원심의 판단을 대부분 인용하면서 상고를 기각하였다.

먼저, 최고재판소는 "공개매수등을 행하는 것에 대한 결정"이 있었는지 여부에 대해, 법에서 요구하는 "결정"은 그 실현을 의도하여 행해지는 것이 요구되지만, 확실하게 실시될 것이라는 예측이 있어야 하는 것을 요구하지 않는다는 취지의 판시를 한 〈일본직물가공 사건〉의 판결을 참조하여, "공개매수 등의 실행을 의도하고, 공개매수 등 또는 그것을 위한 작업 등을 회사의 업무로서 행하는 취지의 결정이 있었다면 충분하고, 공개매수 등의 실현가능성이 있는지 여부가 구체적으로 인정될 것은 요구되지 않는다."라고 판시하였다. 이것은 일반론으로서 "결정"에 해당하기 위해서는 "실현가능성이 전혀 없는 경우는 제외하지만, 있기만 한다면, 그 가능성의 크기는 문제가 되지 않는다."라고 판시한 제1심의 판결에 가까운 입장을 가진 것으로 보인다.

다만, 최고재판소는 "결정"의 시기에 대해서 하급심과는 약간 차이를 보이고 있는데, 평성 16년 11월 8일에 무라카미 대표가 호리에 사장 및 미야우치 이사가 니폰방송 주식의 3분의 1의 취득을 목표로 하는 결의 표명을 들은 것, 또는 같은 날에 라이브도어가 자금준비상황 등을 토대로 '결정'이 있다고 인정하기에 충분하다."라고 판시하여, 결론적으로 9월 15일 시점은 아니지만, 11월 8일 시점에 결정이 있었다고 판단하였다.

## 3. 실시의 결정

공개매수의 실시에 관한 미공개정보란 공개매수를 추진하겠다는 결정을 하는 것을 말하고, 공개매수 · 매집을 "행하는 것에 대한 결정"이란, 그 대상회사가 구체적으로 명확히 되어 있는 것을 필요로 하지만, 그 행위의 조건 · 방법이 구체적으로 결정되어야 하는 것까지는 필요하지 않다고 볼 수 있다.[11] 또한 공개매수등 사실에 해당하기 위해서는 그러한 결정이 존재하는 것으로 충분하고, 현실적으로 공개매수 · 매집이 이루어지는 것은 요건이 아니다.[12]

이와 관련하여 일본의 〈무라카미 펀드 사건〉에서 최고재판소는 "'결정'을 하였다고 말하기 위해서는 업무집행결정기관이 공개매수등의 실현을 의도하고, 공개매수등 또는 그것을 향한 작업 등을 회사의 업무로서 행한다는 취지의 결정이 있으면 충분하고, 공개매수등의 실현가능성이 있는지가 구체적으로 인식되어야 할 필요는 없다."라고 판시하였다.[13] 주식등의 대량취득 · 처분의 경우도 동일하다.

## 4. 중지의 결정

공개매수의 중지에 관한 사실 또는 결정이란 이미 대외적으로 공표된 공개매수를 행하지 않는 것을 결정한 것을 말한다. 법 제174조 제2항에서는 "공개매수의 중지"라는 표현을 사용하고, 공개매수를 직접 규제하는 법 제139조에서는 "공개매수의 철회"라는 표현을 사용하고 있지만 동일한 의미라 할 수 있다.

실시 결정이 공표된 공개매수에 대해서만 그 중지가 규제의 대상이 된다. 즉, 공개매수는 공개매수 공고를 일반에게 열람한 후에는 법정의 사유가 있는 경우를 제외하고는 중지[철회]를 할 수 없기 때문에, 해당 중지가 문제가 되는 경우는 제한

---

11) 西村, 457면.
12) 西村, 457면.
13) 西村, 457~458면.

적이다.

공개매수의 중지 역시 공개매수자가 법인인 경우에는 업무집행결정기관에 의해 이루어져야 한다. 따라서 현실적으로 '업무집행결정기관'에 의해 중지 결정이 이루어졌는지, 그리고 실제로 '중지의 결정'이 있었는지가 법적 문제가 된다. 주식등의 대량취득 · 처분의 중단의 경우도 마찬가지이다.

## 5. 공개매수정보의 공개

공개매수의 "실시 또는 중지"에 관한 정보는 동 정보가 "공개"되기 전까지 이용행위가 금지되는데, 공개매수와 관련한 내부자거래 규제의 요건인 "미공개"는 공개매수 정보가 대통령령으로 정하는 방법에 따라 불특정다수인이 알 수 있도록 공개되기 전의 것을 말하는데, 여기서 "미공개"가 "공개"로 전환되는 요건은 법 제174조 제1항의 내부자거래 경우와 동일하다(영 201조 3항).

서울행정법원은 공개매수와 관련한 미공개정보의 생성 시점과 해당 정보의 이용행위 여부에 대해 공개매수에 관한 의사결정에 있어 중요한 가치를 지닌다고 생각될 정보로 구체화된 단계에서 동 정보를 제3자에게 제공하게 한 행위는 미공개정보를 이용하게 한 행위에 해당한다고 판단하였다:[14]

> 일반적으로 법인 내부에서 생성되는 중요정보란 갑자기 완성되는 것은 아니라 여러 단계를 거치는 과정에서 구체화되는 것으로서, 중요정보의 생성시기는 반드시 그러한 정보가 객관적으로 명확하고 확실하게 완성된 경우를 말하는 것이 아니라, 합리적인 투자자의 입장에서 그 정보의 중대성과 사실이 발생할 개연성을 비교 평가하여 유가증권의 거래에 관한 의사결정에 있어서 중요한 가치를 지닌다고 생각할 정도로 구체화되면 그 정보가 생성되었다고 할 것이다(대법원 2008. 11. 27. 선고 2008도6219 판결 등).

14) 서울행정법원 2013. 12. 26. 선고 2012구합33697 판결.

A와 C간의 주식매매협상 경과를 살펴볼 때 주식매수가격에 합의함으로써 공개매수가 이루어지고 상장폐지 절차가 진행될 개연성이 충분하였던 바, A가 B주식을 공개매수할 것이라는 이 사건 미공개정보는 적어도 A와 C가 이 사건 주식을 매매하기로 구두 합의한 시점에는 합리적인 투자자의 입장에서 이 사건 미공개정보의 중대성과 사실이 발생할 개연성을 비교 평가하여 유가증권의 거래에 관한 의사결정에 있어서 중요한 가치를 지닌다고 생각할 정도로 구체화되었다고 할 수 있으므로 이 사건 미공개정보는 그 무렵 생성되었다고 볼 것이다.

A는 이 사건 주식매매 합의 이전에 여러 차례에 걸쳐 B주식의 공개매수에 관한 내부보고 등을 하였고, 이 사건 자문용역계약의 내용에는 B의 경영체제 조정 및 상장폐지에 관한 전반적인 자문, C 및 기타 주주와의 협상을 포함한 B 주식매입 등에 관한 전반적인 자문이 포함된다. 이와 같은 사정 등을 고려할 때 원고는 이 사전 주식매매 합의 당시 B 주식에 대한 공개매수가 진행될 것이라는 이 사건 미공개정보를 알고 있었던 것으로 판단된다. 또한 오00는 원고가 이 사건 자문용역계약을 체결한 이후 B 주식매수를 시작하여 계속 매수만 하다가, A와 C 사이의 주식매매 가격에 대한 견해 차이로 주식매매에 관한 협상이 진행되지 않던 2010. 5. 27.부터 같은 해 6. 21.까지 B 주식가격이 상승하였음에도 1,610주가량의 순매도를 하는 등 다소 이례적인 매매양상을 보였고, 이 사건 주식매매 합의가 성사된 후 의향서가 작성될 즈음인 2010. 9. 14.부터 다시 B주식을 매수하기 시작하여 이 사건 주식매매와 관련된 협상 경과와 오00의 B 주식매매 사이에 일정한 상관관계가 있는 것으로 보이며, 오00는 이 사건 미공개정보가 생성된 이후인 2010. 9. 16.부터 10. 1.까지 보름가량 사이에 B주식 6,468주를 순매수하였고 그 매수대금은 2억 7,000만 원 가량 되는 등 짧은 기간에 대량매수를 하여 이 사건 미공개정보가 생성되기 전에 비하여 훨씬 공격적인 투자의 모습을 띠는 바, 원고는 이 사건 미공개정보를 취득한 후 오00에게 알려주어 오00로 하여금 2010. 9. 16. 이후부터 B주식을 집중적으로 매수하도록 하는 방법으로 이 사건 미공개정보를 이용하게 한 것으로 판단된다.

# VII. 적용예외

내부자거래를 규제하는 자본시장법 제174조 제1항은 규제의 예외가 되는 경우를 구체적으로 제시하지 않고 있다. 공개매수와 관련한 동조 제2항과 주식등의 대량취득 · 처분과 관련한 동조 제3항 역시 동일하다. 다만, 제2항과 제3항의 경우에는 공개매수예정자와 대량취득 · 처분을 하려고 하는 자에 대해서만 단서 조항을 통해 일정한 경우 규제의 적용배제를 규정하고 있다. 그러나 이러한 단서 규정이 형사처벌 조항인 내부자거래 규제에는 적절하지 않는 모호한 표현을 사용하고 있어 문제가 있음은 앞서 지적하였다.

이에 비해 일본의 경우는 전통적인 내부자거래의 경우와 마찬가지로 공개매수등의 경우에도 명확하게 적용 예외를 규정하고 있다. 이는 자본시장에서 주권등의 거래형태가 매우 복잡한 구조로 발생하고 있고, 공개매수등 사실과 관계없이 행해지는 거래인 것이 외형상 명확한 경우 등 증권시장의 건전성 · 공정성을 해하지 않는 거래에 대해서 내부자거래의 적용 예외 경우를 구체적으로 열거하고 있다.

일본 금상법은 제167조에서 공개매수의 적용예외 거래를 다음과 같이 명시적으로 규정하고 있다. 이는 전통적인 내부자거래의 경우의 적용예외 거래와 거의 유사하지만, 공개매수의 특징을 고려하여 소위 "응원매수", 즉 백기사로서의 매수행위를 적용예외 사유로 추가하고 있다. 즉 공개매수자의 이사회 결정을 통한 요청에 근거하여 공개매수자 이외의 자가 공개매수 대상 주권등을 매수하고 이를 공개매수자에게 다시 매도할 목적으로 이루어지는 거래는 공개매수와 관련한 내부자거래 규제를 적용하지 않는다. 일본 금상법 제167조 제5항에서 규정하는 적용예외 내용은 다음과 같다.

1. 주식의 할당을 받은 권리의 행사에 의한 주권의 취득
2. 신주예약권의 행사에 의한 주권의 취득
3. 옵션의 행사에 의한 주권등에 관련된 매수등 또는 매도등

4. 주식매수청구권의 행사등의 법령상 의무에 기초한 매수등 또는 매도등
5. 응원매수
6. 방어매수
7. 안정조작거래
8. 지인 간에 시장을 통하지 않은 상대거래
9. 공개매수등의 실시에 관한 사실에 대해 정보수령자와 일반투자자와 간의 정보의 비대칭성이 해소되고 있는 경우
10. 공개매수등의 실시에 관한 사실에 대해 정보수령자가 전달을 받은 정보가, 투자판단에 행함에 있어 유용성을 상실하고 있다고 인정되는 경우
11. 합병등에 의해 승계자산으로 점유하는 주권등의 분할이 경미한 경우
12. 합병등의 계약의 내용의 결정에 대한 이사회의 결의가 공개매수등 사실을 알기 전에 이루어지는 경우
13. 신설분할에 의해 신설분할설립회사에 주권등을 승계하는 경우
14. 합병등 또는 주식교환의 대가로서 자기주식을 교부하는 경우
15. 공개매수등 사실을 알기 전에 체결된 계약의 이행 또는 공개매수등 사실을 알기 전에 결정한 계획의 실행으로서 매수등 또는 매도등을 하는 경우 그 외 이에 준하는 특별한 사정에 따라 매수등 또는 매도등이라는 것이 명백한 매수등 또는 매도등을 하는 경우

# 제3편

# 시장질서 교란행위

제8장

# 시장질서 교란행위

# I. 서 론

2014년 12월, 국회는 『시장질서 교란행위의 금지』를 자본시장법에 추가하는 법안을 통과시켰다. 이러한 입법은 자본시장의 불공정거래로 규제하는 기존의 규제체계에 커다란 변화를 가져올 것으로 기대된다.

기존 자본시장법상 불공정거래 규제체계는 『제4편 불공정거래의 규제』에서 (i) 장내파생상품의 시세관련 정보의 이용, (ii) 내부자거래, (iii) 시세조종, 그리고 (iv) 부정거래행위 등 크게 4개의 행위 유형을 금지행위로 규정하고 있었다. 이들 4개의 불공정거래 금지규정은 자본시장에서 투자자를 보호하고 건전한 시장질서를 유지하기 위한 핵심적인 조항들이다.

최근 자본시장은 기술혁신의 영향으로 신종 금융상품들이 대거 등장하였고, 금융 관련 IT 기술의 발달과 함께 자본시장의 건전한 질서를 해치는 새롭고도 다양한 유형의 불공정거래 행위들이 등장하고 있다. 그러나 기존의 규제체계로는 새롭게 등장하는 다양한 불공정거래 행위들을 적절하게 규제하는데 한계가 있어, 새로운 시장환경에 대응할 수 있는 새로운 규제체계의 구축 필요성이 증대되었다.[1)]

이번에 『시장질서 교란행위의 금지』라는 제명으로 자본시장법 제178조의2에 도입된 새로운 규제는 기존의 법령으로 규제할 수 없었던 부분, 즉 기존 법제의 한계를 극복하기 위한 목적을 가지고 도입되었다. 시장질서 교란행위의 금지 규정은 크게 두 부분으로 나눌 수 있다. 첫째는 내부자거래 규제의 한계를 보완하기 위한 제178조의2 제1항, 즉 "정보이용형 교란행위의 금지"이고, 둘째는 시세조종과 부정거래행위 규제의 한계를 보완하기 위한 제178조의2 제2항, 즉 "시세관여형 교란행위의 금지"이다. 시장질서 교란행위에 해당하는 경우에는 과징금을 부과할 수 있도록 하였고, 법 제429조의2에서 과징금 부과를 규정하고 있다. 이외에 시장질서 교란행

---

1) 금융위원회, "시장질서 교란행위 규제를 위한 '자본시장과 금융투자업에 관한 법률' 일부 개정법률안 국무회의 통과" (보도자료, 2014. 12. 23).

위를 기존의 불공정거래 행위와는 차별화하여 시장질서 교란행위가 기존의 불공정거래 행위에 해당하는 경우에는 검찰에 통보하도록 하였다.

이러한 시장질서 교란행위 제도의 도입과 함께 불공정거래 행위로 얻은 부당이득에 대해 충분한 환수를 위해 징역형이 부과되는 경우 반드시 벌금이 병과되도록 하였고, 부당이득에 대해서는 반드시 몰수 또는 추징이 이루어질 수 있도록 한 점도 주목할 부분이다.

# II. 기존 불공정거래 규제의 한계

자본시장법상 불공정거래 규제에 있어서 규제의 한계가 주로 지적되어 오던 부분은 내부자거래 규제 부분이었다. 내부자거래는 글로벌 주요국의 규제수준과 비교할 때 내부자 범위의 제한, 제2차 정보수령자에 대한 처벌의 제약, 규제대상정보의 제약 등 규제의 편차가 커서 개선 필요성이 지속적으로 논의되어 왔었다.[2] 반면, 시세조종 부분은 자본시장법 제정과 함께 제178조 제1항 제1호의 소위 "부정거래행위 규제"가 도입되면서 상당 부분 개선이 되었다고 할 수 있다. 그러나 시세조종 부분도 기존에서 엄격한 형사처벌 규제만 가능했었고, 현실적으로 시장에서 형사처벌의 대상으로 규제하기에는 부적절하지만 시장을 교란하는 다양한 기술적 행위들이 등장하고 있음에도 불구하고 이러한 행위들에 대해서는 적절한 제재수단을 가지고 있지 못하였다. 따라서 시장질서 교란행위 제도의 도입은 기존 법체제의 이러한 한계를 극복할 수 있는 중요한 개혁으로 평가할 수 있다.

---

2) 박임출, 182면.

## 1. 내부자거래 규제의 한계

자본시장법 법 제174조가 규정하는 내부자거래를 주요국의 법제와 비교해 볼 때 다음의 3가지 부분에서 크게 한계가 지적되어 왔고,[3] 실제 발생한 사건에서 처벌이 불가능하여 사회적인 논란이 된 경우들이 있었다. 이번 시장질서 교란행위는 이러한 문제점을 개선하기 위한 목적을 가지고 도입되었고, 그 의도대로 내부자거래 규제의 범위를 대폭적으로 넓힘으로써 내부자거래 규제에 새로운 지평을 열었다고 평가할 수 있다.

첫째, 기존 법 제174조를 통해서는 제2차 정보수령자를 포함하여 그 이후의 정보수령자에 대한 처벌이 불가능하였다. 실제 2002년 〈신동방 사건〉에서 제2차 정보수령자를 처벌하지 못한 경험이 있었고, 이 사건에서 검찰은 정보제공자와 제2차 정보수령자를 공범으로 기소하였지만, 대법원은 정보제공 및 정보수령 관계를 '대향관계'로 보면서 공범의 논리를 배척한 바 있다. 이후 〈CNK 사건〉이 발생하였고, 2014년에 다시 〈CJ E&M 사건〉이 발생하면서 제2차 및 그 이후의 정보수령자에 대한 책임 논쟁이 크게 사회적 이슈로 부각되었다. 특히 〈CJ E&M 사건〉의 경우는 제2차 정보수령자인 자산운용사의 펀드매니저들은 제1차 정보수령자인 애널리스트들로부터 제공받은 미공개중요정보를 이용하여 상당한 규모의 손실을 회피할 수 있었던 것으로 보인다.[4] 이러한 내부자거래 규제 제도의 공백이 언론을 통해 보도되면서 국회와 금융당국은 상당한 부담을 느끼게 되었다. 따라서 〈CJ E&M 사건〉이 시장질서 교란행위 제도가 도입되는 중요한 계기를 제공하였다고 볼 수 있다. 이번에 새로 도입된 제178조의2 제1항은, 비록 과징금 부과를 통해서이긴 하지만 제2차 정보수령자는 물론 그 이후의 정보수령자에 대해서도 책임을 물을 수 있도록 하였다.

---

3) 박임출, "내부자거래 규제법제의 개선방안", 『증권법연구』 제4권 제2호 (2003); 송인방, "내부자거래 규제에 대한 입법론적 과제", 『기업법연구』 제7집 (2001); 하삼주, "내부자거래규제에 관한 비교법적 고찰", 『성균관법학』 제16권 제3호 (2002), 371~372면.

4) 현재 이 사건은 재판이 진행 중이어서 위법행위 여부 등 정확한 내용은 재판의 결과를 기다려야 할 것이다.

따라서 제2차 정보수령자 이후의 거래자들을 처벌하지 못하였던 기존의 한계는 상당 부분 보완되었다고 평가할 수 있다.

둘째, 기존의 내부자거래 규제는 규제대상정보를 상장법인 내부정보에 중심을 두고 있었다. 따라서 상장법인 외부에서 발생하였지만 상장법인의 주가에 상당한 영향을 미칠 수 있는 다양한 유형의 미공개중요정보 이용행위에 대해서는 처벌할 수가 없었다.[5] 이러한 문제점을 보완하기 위하여 제173조의2와 제174조 제2항 및 제3항이 도입되었지만 그 규제영역은 여전히 제한적이었다. 대표적으로 주가에 영향력 있는 미공개의 시장정보 · 정책정보 · 언론정보 등을 이용한 거래에 대해서는 원칙적으로 규제가 불가능하였다. 이번에 도입된 시장질서 교란행위 제도는 상장법인 외부에서 생성되어 상장증권, 장내파생상품, 그리고 이들을 기초자산으로 하는 파생상품의 가격에 영향을 미칠 수 있는 모든 정보를 규제대상으로 포섭하였다.

셋째, 내부자의 범위를 대폭적으로 확대하였다. 기존의 내부자거래 규제 법제는 규제대상정보를 상장법인의 내부정보를 중심으로 하였기 때문에 규제대상자 역시 회사관계자 중심의 규제체계를 가지고 있었고, 이에 더하여 그러한 내부자의 신분을 지나치게 자세하게 규정하여 적용범위가 매우 제한적이었다.[6] 그러나 시장질서 교란행위는 "자신의 직무와 관련하여 정보를 생산하거나 알게 된 자"를 규제대상자로 규정함으로써 기존의 회사관계자 중심 규제체계의 한계를 극복하였다.

넷째, 미공개중요정보를 취득하는 채널 또한 다양화하였다. 예를 들어, 해킹, 절취, 기망, 협박, 그 밖의 부정한 방법으로 정보를 알게 된 자 역시 그러한 방법을 통해 취득한 미공개중요정보를 이용한 거래가 금지된다. 기존의 법제로는 해킹이나 절취와 같은 방법을 통해 입수한 미공개중요정보를 이용하는 행위를 내부자거래로 처벌할 수 없었다. 따라서 내부자 또는 외부자의 신분을 묻지 않고 해킹 등 불법적인

---

5) 자본시장법상 내부자거래 규제에 있어서 규제대상정보에 '외부정보'를 포함하여야 한다는 논리에 대한 연구문헌으로는 조인호, "외부정보를 이용한 내부자거래의 규제에 관한 소고", 『증권법연구』 제6권 제2호 (2005) 참조.

6) 성희활, "2014년 개정 자본시장법상 시장질서교란행위 규제 도입의 함의와 전망", 『증권법연구』 제16권 제1호 (2015), 151면.

방법을 통해 미공개중요정보를 이용한 경우도 시장질서 교란행위에 해당된다. 해킹이나 절취의 경우 형법이나 정보통신망보호법과 같이 다른 법에 의해 처벌이 가능할 수 있지만 시장질서 교란행위로 규율하여 자본시장법 규제체계로 편입하였다.

## 2. 시세조종 규제의 한계

시세조종행위를 금지하는 법 제176조는 형사처벌 조항이므로 구성요건이 매우 엄격하다. 특히 시세조종의 여러 유형마다 구체적인 목적요건을 요구하고 있다. 예를 들어, 통정매매의 경우 "매매가 성황을 이루고 있는 듯이 잘못 알게 하거나 그릇된 판단을 하게 할 목적으로", 현실매매에 의한 시세조종의 경우에는 "매매를 유인할 목적"의 존재를 요구하고 있는데 형사절차에서 이러한 목적성을 증명하는 것은 쉬운 일이 아니다. 그러나 실무에서는 이러한 목적성을 입증하기는 어렵지만, 실제 시장을 교란하고 시세에 부당한 영향을 미치는 행위들이 꾸준히 등장하고 있다.

이처럼 제176조가 가진 목적요건 및 정형화된 시세조종 규제의 한계를 극복하기 위하여 구법 제188조의4 제4항에서 "포괄적 사기행위의 금지" 조항을, 자본시장법에서는 제178조에서 "포괄적 부정거래행위의 금지" 조항을 설치하였다. 이들 조항들의 특징은 제176조의 경우처럼 목적성 요건을 구성요건으로 하지 않고, 또한 증권거래와 관련한 비정형 사기적 행위를 규율할 수 있다는 점이다. 특히 자본시장법 제178조는 제1항 제1호에서 "부정거래행위"를 도입함으로써 구법에 비해 포괄적 조항의 적용범위를 더욱 열어 놓았다.

그럼에도 불구하고 자본시장의 빠른 기술적 변화와 함께 시세를 건드리는 새롭고 다양한 기술적 행태들이 발생하고 있는데, 이들 행위에 대해 형사처벌 조항인 제176조와 제178조를 적용하여 제재를 하기엔 위법행위의 수준이 떨어져 적절하지 못하고, 특히 제176조와 관련해서는 목적성 요건을 충족하지 못하여 유죄를 받아내지 못하는 경우들이 종종 발생하고 있다.

따라서 자본시장의 공정성 · 건전성을 유지하기 위해서는 법 제176조는 물론 제178조를 적용하여 제재하기에는 부적절하지만, 시장의 정상적인 수급을 저해하거나 교란하는 다양한 행위들을 규제할 수단의 도입이 필요했다. 이에 자본시장법은 기존의 시세조종 및 부정거래행위 규제와는 차별화하여 별도의 4가지 유형을 '시세관여형 교란행위'로 규정하였고, 동 유형에 해당하는 경우에는 과징금을 부과할 수 있도록 하였다. 이러한 새로운 규제의 중요한 특징은 기존의 불공정거래와는 달리 '고의'를 요건으로 하지 않는다는 점이다.

# III. 비교법적 고찰

## 1. 의 의

자본시장법령을 위반한 행위에 대한 제재는 보통 다른 법률과 유사하게 형사처벌, 행정제재 그리고 민사책임의 추궁이 있다. 그런데 현대 금융시장에서 금융관련법률을 위반하는 경우 형사처벌보다는 행정제재의 수단인 금전벌(monetary penalties)이 널리 활용되고 있다. 이는 금융범죄는 기본적으로 경제적 이익을 얻기 위한 동기를 가지고 있는 바, 취득한 부당이득을 환수하고 거기에 일정한 금액의 제재금을 부과는 것으로 사법적 정의가 충분히 실현된다고 보기 때문이다. 또한 형사절차를 밟는다면 엄격한 증거요건이 요구되고, 시간 또한 상당히 소요되어 규제비용의 증가를 가져오고, 나아가 승소의 가능성 역시 불확실한 점도 행정제재를 선호하는 이유로 들 수 있다. OECD 주요국 중 거의 대부분 국가들이 자본시장법 위반행위에 대해 행정기관에 의한 금전벌 제도를 도입 · 운영하고 있는 것도 이와 같은 이유에서라고 볼 수 있다.[7)]

이에 비해 우리의 경우 금융위원회는 자본시장법상 불공정거래 행위자에 대

7) 법무법인 율촌 (책임연구자 김정수), 자본시장법상 불공정거래에 대한 과징금 부과방안, 금융위 연구용역보고서 (2010), 116면 이하 참조.

해 제재권한을 거의 가지고 있지 않다. 다만, 위반자가 금융투자업자 또는 그에 속한 자인 경우 일정한 조치를 병과할 수 있는 권한을 가지고 있을 뿐이다. 그러나 이러한 제재 역시 불공정거래 행위의 형사처벌을 위해 검찰에 고발 또는 통보하는 행위와 비교할 때 지극히 부수적인 조치에 불과하다고 볼 수 있다.

일반적으로 불공정거래 행위에 대한 제재가 형사처벌을 중심으로 이루어질 경우 효율적이지 못한 여러 가지 문제가 발생할 수 있다. 이는 영국이 FSMA 2000을 제정하게 된 다음과 같은 입법적 배경과 일치한다. 첫째, 엄격한 입증책임의 부담으로 인해 재판에서 유죄를 받아내는 것이 매우 어렵다. 둘째, 불공정거래 위반 사안이라도 그 수준이 매우 다양한데, 사안의 경중을 가리지 않고 무조건 검찰에 통보하는 것은 매우 불합리할 수 있다. 셋째, 점점 더 복잡해지는 금융상품과 금융시장에 대한 법원의 이해부족으로 금융범죄에 대해 관대한 판결이 자주 등장한다.

이러한 금융범죄에 대한 형사처벌 중심의 규제체계에 한계를 느낀 주요국들은 기존의 형사범죄를 민사범죄로 전환시켜 금융당국을 통하여 금전벌을 부과하는 체제로의 전환을 이루었다. 이를 가장 먼저 시도한 국가가 미국이고, 이어 영국은 Market Abuse 체제를 도입하면서 원조격인 미국보다 더욱 과감하게 발전시켰다. 우리도 자본시장법상 불공정거래 행위에 대한 금전벌 제도의 도입이 오래 전부터 논의되었지만 진전을 보이지 못하다가 2014년 12월 『시장질서 교란행위 제도』의 도입으로 그 단초를 열게 된 것이다.

이하에서 비교법적으로 살펴보겠지만 우리의 시장질서 교란행위 제도는 미국, 영국, 유럽 또는 일본 등과 비교해 볼 때 유례를 찾기 어려운 독특한 체제라 할 수 있다. 자본시장법상 시장질서 교란행위가 영국의 Market Abuse 제도를 모델로 한 것이라는 일부 의견도 있지만, 아래에서 살펴보듯이 영국이나 EU의 Market Abuse 제도와는 커다란 차이가 있다. 시장질서 교란행위 제도는 기존의 법규정으로 처벌하지 못하는 규제의 사각지대를 대부분 커버하면서 시장의 공정성 · 건전성을 강화하였고, 더불어 금융당국에게 과징금 부과 권한을 부여하면서 제재의 탄력성을 도모하였다는 점에 긍정적으로 평가할 수 있는 반면, 기존의 불공정거래와 동질의 범죄인 경우조차 시장질서 교란행위라는 아류적 개념으로 규정함으로써 자본시장법상 불공정거래 행위에 대해 금전벌 제제의 도입을 통한 보다 효율적인 규제시스템의 구축에 실패한 결과라고도 볼 수 있다. 물론 우리의 경우 금융당국이 주요국의 경우와 같이 불공정거래 행위 전반에 걸친 금전벌 제재를 운영할 정도의 체계적인 정비가 아직은 부족하다는 비판이 가능하다.

## 2. 영국/EU의 Market Abuse 규제 체계

### (1) 영국/EU의 Market Abuse 체제의 구축 배경

유럽은 미국에 비해 내부자거래 규제의 출발은 상당히 늦다고 할 수 있다. 그 이유는 미국은 1929년 시장대붕괴 이후 글래스-스티걸법을 통해 투자은행과 상업은행의 영역을 완전히 분리시켰지만, 그러한 경험이 없는 유럽은 최근까지도 투자은행과 상업은행의 구분이 없는 '유니버셜 뱅킹 시스템'(universal banking system)의 영향으로 인해 내부자거래 규제의 필요성을 크게 인식하지 않은 것으로 보인다.

이러한 배경으로 유럽에서는 영국이 최초로 1980년 회사법(Company Act)에서 내부자거래를 형벌로 규정하였고, 이후 1983년에 회사주식법(Company Stock Act)으로 내부자거래 규제조항을 옮겼고, 그리고 1993년에 『Criminal Justice Act』(이하 "CJA")가 제정되면서 다시 CJA로 이동하였다. 반면, EU는 1989년 11월에 내부자거래 규제를 담은 EC 지침을 채택하고 회원국들이 동 지침을 최소기준으로 하여 자국법에 내부자거래 규제를 1992. 6. 1. 이전까지 반영할 것을 요구하였다. 영국이 1993년 CJA를 제정한 것은 EC의 지침을 반영하기 위한 것이다. 영국은 CJA를 제정하면서 기존의 내부자 범위를 확대하고 정보제공행위 및 권유행위까지 규제대상으로 포함하면서 내부자거래 규제를 한층 강화하였다.[8)]

영국은 금융시장의 대대적인 개혁을 통해 글로벌 금융시장의 주도권을 장악하기 위해 1986년에 소위 '빅뱅'(Big Bang)이라 불리우는 대대적인 개혁을 시도하

---

8) Clarke, 34~35; Swan · Virgo, 9~11.

였다. 그리고 이러한 개혁의 결과로 『Financial Service Act 1986』이 태어나게 되었다. 그러나 영국은 약 10여년이 지난 후 빅뱅의 실패를 인정하면서 다시 2000년에 『Financial Services and Market Act』(FSMA)의 제정을 통한 새로운 개혁을 시도하였다.[9] 영국의 2000년 금융개혁은 세계 금융시장의 규제 역사에 새로운 전환점을 마련해 주었다. 이 개혁에서 가장 중요한 포인트 중의 하나가 "Market Abuse Regime(MAR)"의 구축이다. 그리고 이 MAR은 유럽의 국가들은 물론 글로벌 주요국에게 많은 시사점을 제공하였다.

MAR의 핵심 사항 중 하나는 기존에 형법을 통해 규율하던 내부자거래 등 금융시장의 "형사적 범죄"(criminal offenses) 행위를 "민사적 범죄"(civil offences)로 전환시키면서 형사제재가 아닌 행정제재를 통해 규제하도록 한 것이다. 영국이 이처럼 형사범죄를 민사범죄로 전환시키고, 검찰이 아니라 행정기관으로 하여금 법 집행의 주력을 담당하도록 한 것은 앞서 언급한 1986년 빅뱅과 이후 금융범죄에 대한 집행의 실패에 기인한다. 영국은 CJA를 통한 내부자거래에 대한 형사규제 체제는 형사법에서 요구되는 엄격한 증거수준, 거래내용의 복잡성 · 불투명성, 상당한 소송시간의 소요로 인한 규제비용의 증가 등을 야기하면서 당초의 입법의 목적달성에 실패하였다고 평가하였다. 영국 정부는 이러한 상황을 "규제의 갭"(gap of regulation)으로 판단하고, 이 갭을 보완하기 위한 결단이 "Market Abuse Regime"이라는 새로운 접근이었다.[10] MAR의 초점은 단순히 내부자거래만이 아니라 금융시장의 정직성(probity)에 부정적 영향을 미칠 수 있는 모든 행위를 규제대상으로 포함하고 있다. 이와 함께 MAR의 또 다른 핵심 목표는 FSA(지금은 FCA)가 MAR을 집행함에 있어서 최대한의 탄력성을 부여하는 것이었는데, 이는 형사재판에서 요구되는 것보다 낮은 증거수준으로 제재가 가능하도록 하는 것이었다. 그런데 이러한 민사제재의 개념은 영국에서 새로운 것은 아니고, 이미 CJA 제정 당시 뜨겁게 논의되었는데, 당시에는 너무 멀리 나간다는 느낌이 있어서 채택되지 못하였다.

---

9) Bazley, 16~24.
10) Bazley, 25~26.

영국이 2000년에 FSMA를 통해 MAR을 구축하자 EU는 자극을 받아 2003년에 『Market Abuse Directive』(이하 "MAD")를 도입하였다. 그러나 MAD에 의해 도입된 Market Abuse는 영국이 FSMA를 통해 이미 도입하여 작동하고 있는 Market Abuse와 매우 유사하다 할 수 있지만, 규제범위는 FSMA 보다 범위가 좁다. EU는 이전의 MAD보다 강화된 MAD 2를 제정하여 2017년까지 회원국들이 자국법에 반영할 것을 요구하였다.[11)]

### (2) 영국 MAR 체제의 'The Deadly 7 Sins'

영국 FSMA PART III Section 118은 내부자거래와 시세조종이라는 2개의 커다란 주제 밑에 7개의 행위유형을 열거하며 금지하고 있다. 첫째, 'misuse of information' 아래 3개의 행위, 즉 내부자거래를 규제하고 있다. 둘째, 'market manipulation' 아래 4개의 행위, 즉 시세조종을 규제하고 있다. 영국 정부가 Market Abuse 체제를 도입한 배경에는 기본적으로 잘못 행동한 개인을 처벌하기 보다는 영국의 금융시장을 보다 깨끗하고 효율적인 금융시장으로 만들기 위해 경쟁력을 강화하기 위한 것이었다. 이것은 결과적으로 실수나 부주의로 인해 시장남용금지를 범할 수도 있다는 것을 의미한다.[12)] 당초 FSMA를 제정한 위원회는 우연적으로 시장남용행위를 하게 된 개인을 기소하기 위한 목적은 없었다고 하였지만, 이러한 의도성이 없는 행위 역시 MAR의 규제대상이 된다는 점에 대해 항소법원은 판결을 통해 확인해 주었다.[13)]

FSA는 구체적으로 어떠한 시장남용행위가 문제가 되는지에 대한 『Code of Market Conduct』을 발표하였다. FSA의 핸드북 안에 있는 『Code of Market Conduct』이 "Market Abuse Regime"(MAR)을 운영하는 핵심이면서 MAR의 중추라

---

11) 이에 대한 상세는 성희활, 전게논문(각주 5), 146~149면 참조; 이현묵 "Rationales and Requirements of the Legal Framework of Insider Dealing in the European Union (내부자거래에 관한 유럽연합의 법률구성과 그 요건 및 근거에 관한 연구)", 『국제거래법연구』 제17집 제1호 (2008. 7).

12) Bazley, 61.

13) Bazley, 62.

고 할 수 있다. 오리지널 버전은 단지 어떠한 행위가 시장남용에 해당하지 않는다고 규정하였는데, 최근의 버전은 어떠한 행위가 시장남용에 해당하는지에 대해 예시를 포함하고 있고, 따라서 시장참가자들에게 어떠한 유형의 행위를 조심하여야 하는지 분명한 가이드라인을 제시하고 있다. 『Code of Market Conduct』은 2개의 적용 예외로서 자사주취득(share buy-back)과 시장안정조작(stabilization)을 인정하고 있다. 다음은 FSMA의 핵심을 구성하는 7가지 시장남용행위에 대해 PART III Section 118은 다음과 같이 규정하고 있다:

(1) 전통적인 내부자거래를 금지하고 있다. 특이한 것은 "attempts to deal"도 금지하고 있는데, 따라서 미수도 처벌대상이 된다.

(2) 부적절한 공시(improper disclosure)가 금지된다. 즉 고용, 직업 또는 의무의 이행과정에서 이루어지는 정상적인 공시 이외의 경우에서 다른 사람에게 내부정보를 누설 · 제공하는 행위는 금지된다. 이 두 번째 유형은 내부자가 친구나 동료에게 내부정보를 전달하는 것을 차단하기 위해 고안된 것이다. 기업인수와 합병을 둘러싼 시장교란의 잠재성은 오랫동안 보아왔고, 따라서 FSA의 기본적인 관심사항이라 할 수 있다.

(3) 정보의 오용 또는 남용(misuse)이다. 아직 "일반인들이 활용할 수 없는 정보"(relevant information not generally available: RINGA)로서 투자자의 투자판단에 영향을 미칠 수 있는 정보의 오용은 금지된다. FSA는 이러한 행위의 예시로서, 자기 회사에 대한 정부의 항공기 발주가 취소된 경우와 같이 회사가 중요한 계약을 잃게 된다는 정보를 알게 된 직원이 자기 회사의 주식에 상당한 영향을 미칠 수 있는 행동을 하는 것을 들고 있다. 이 세 번째 유형은 EU의 Market Abuse Directive(MAD)에는 없는 내용인데, 이 조항은 앞의 (1)과 (2)를 통해 규율할 수 없는 경우를 위한 백업조항이다.

(4) 네 번째 행위유형은 시세조종행위(manipulating transaction)인데, 이는 거래를 하거나 거래를 하기 위해 주문을 제출할 때 하나 또는 복수의 증권에 대해 공급 또는 수요에 거짓 또는 오해를 유발하는 표시를 함으로써, 결과적으로 증

권의 가격을 인위적으로 또는 비정상적인 수준으로 조종하는 행위를 말한다.

(5) 다섯 번째 유형은 시세조종 수단을 사용하는 행위(manipulating devices)이다. 거래를 하거나 거래를 위해 주문을 제출함에 있어서 허구적 수단(fictitious devices) 또는 다른 형태의 사기(deception)나 책략(contrivance)을 사용하는 것을 말한다.

(6) 여섯 번째 유형은 유포행위(dissemination)와 관련되어 있다. 이는 증권 또는 증권의 발행자에 대한 거짓 또는 오해를 유인 · 표시하는 정보를, 그 정보가 거짓이고 오해를 유인한다는 것을 알면서 유포하는 행위를 말한다.

(7) 일곱 번째 유형은 왜곡(distortion)과 오해를 유인하는 행위인데, 이는 증권의 공급 또는 수요에 대해 거짓이거나 오해를 유인하는 표시를 하는 행위를 말한다. 또는 다른 방법으로 시장을 왜곡시키는 행위를 말한다. 일곱 번째 유형도 앞의 내부자거래 체제의 (3)과 마찬가지로 (4), (5), (6)이 적용되지 않는 경우에 적용할 수 있도록 규정하고 있다.

위 조항 중 (3)과 (7)은 소위 일몰조항(sunset close)이다. 이 조항은 EU의 MAD가 도입되기 이전에 영국의 FSMA에 있었던 조항으로서 EU의 MAD와 조화를 이루기 위하여 일정 시한이 지나면 폐지하도록 하였는데, 그 시한은 (3)의 경우는 2014. 12. 31까지, (7)의 경우는 2015. 7. 1까지이다.

## 3. 미국과 일본의 Market Abuse 규제 체계

### (1) 미국의 민사제재금 제도

미국은 영국/EU와 같이 Market Abuse 라는 법적 · 실무적 개념을 가지고 있지 않으며, 실제 운용되고 있지도 않다. 그러나 미국은 상당 부분 영국/EU와 유사한 제도를 운용하고 있다. 이 점이 영국이 Market Abuse를 도입하면서 미국 SEC의 집행체제를 그 모델로 하였다고 밝히고 있는 부분이다.

영국이 경험한 증권범죄에 대한 형사절차의 어려움은 미국의 경우도 마찬가지이다. 특히 미국은 1980년대 내부자거래가 급증하자 내부자거래 사건의 경우 SEC가 민사제재금을 부과할 수 있는 입법을 하였다. 1984년에 『내부자거래제재법』(Insider Trading Sanction Act of 1984)를 제정하면서 내부자거래 규제를 강화하였고, 이 중 하나로 부당이득 또는 회피손실의 3배까지 민사제재금(civil penalty)을 부과할 수 있는 권한을 SEC에게 부여하였다. 이로써 미국은 증권범죄의 대표적인 유형인 내부자거래에 대해 '민사제재' 수단을 도입한 것이다. 또한 미국은 1990년에 내부자거래 이외의 사건에 대해, 특히 증권 브로커-딜러가 연방법을 위반한 경우에도 SEC가 일정한 금액의 민사제재금을 부과할 수 있도록 하였다. 이어 도드-프랭크법의 제정을 통해 SEC Rule 10b-5를 위반한 경우 SEC가 일반인에 대해서도 직접 민사제재금을 부과할 수 있도록 함으로써 SEC의 민사제재 권한을 더욱 강화되었다.[14) 이처럼 미국은 입법의 구조는 영국/EU와는 다르지만 증권범죄를 실질적으로 행정기관인 SEC가 민사제재금을 부과함으로써 사건을 종결한다는 점에서는 Market Abuse 체제가 지향하는 것과 동일한 시스템을 운용하고 있다.

#### (2) 일본의 과징금 제도

일본의 경우는 앞서 살펴본 영국이나 미국의 체제와 유사한 면이 있지만, 이들과는 또다른 체제를 운용하고 있다고 할 수 있다. 일본은 우리와 같이 공시위반행위에 대해서는 행정기관인 금융청이 금전벌을 부과하는 권한을 가지고 있었지만, 내부자거래나 시세조종과 같은 불공정거래 행위에 대해서는 그러한 권한이 없었다. 따라서 일본의 경우 금융청은 불공정거래의 경우 위반 사안의 경중에 관계없이 검찰에 이첩하는 방법 이외에는 다른 방법을 가지고 있지 않았고, 검찰에서 진행하는 형사제재 절차는 앞서 살펴본 영국이나 미국의 경우와 유사한 문제들이 발생하였다.

---

14) 일반인에 대해서는 SEC가 Cease-and-desist 명령을 발한 경우에만 민사제재금의 부과가 가능하다. 그러나 Cease-and-desist 명령이 SEC가 자체적으로 발할 수 있기 때문에 쉽게 그 명령을 발할 수 있을 것으로 본다.

일본은 이러한 문제점을 개선하기 위해 2004년에 금융상품거래법을 통해 일정한 불공정거래 행위에 대해 금융청이 과징금을 부과하는 제도를 도입하였다. 그리고 이 제도를 도입하면서 2년 정도의 경과과정을 거쳐 동 제도의 효율성을 평가하여 확대 여부를 판단하기로 하였다. 2006년 일본 금융청은 그동안의 불공정거래에 대한 과징금 부과 정책을 운용한 결과를 매우 긍정적으로 평가하였다. 이에 일본의회는 불공정거래에 대한 과징금제도를 대폭 확대하였고, 부과하는 과징금액도 상향 조정하였다.

일본은 영국과 같이 불공정거래 행위를 한 모든 자에 대해 직접 과징금을 부과할 수 있도록 하였다. 다만, 일본은 영국이나 미국과는 달리 불공정거래 행위에 대한 과징금은 부당이득이 일정한 규모 이하의 사안에 대해서만 부과하도록 하고 있다. 그러나 금융청이 과징금을 부과하는 금액 기준이 법에 명시되어 있는 것은 아니며, 그 기준의 운용은 금융청이 재량적으로 운용하고 있다. 또한 일본은 과징금액을 산정함에 있어서 과징금을 산정하는 방법을 법에 명시함으로써 과징금액의 산정을 둘러싼 논쟁이나 불투명성을 완전히 제거하였다.

# Ⅳ. 규제대상상품 (제178조의2제 1항 본문)

## 1. 법령의 규정

제178조의2 제1항 본문은 시장질서질서 교란행위 중 내부자거래에 대한 부분을 규정하고 있는데, 그 규제대상이 되는 증권과 파생상품을 "지정 금융투자상품"이라 명하며 다음과 같이 규정하고 있다:

> 증권시장에 상장된 증권(법 제174조 제1항에 정한 상장예정법인등이 발행한 증권을 포함한다), 장내파생상품 또는 이들을 기초자산으로 하는 파생상품(이를 모두 포괄하는

이 항에서 "지정 금융투자상품"이라 한다)

첫째, 증권시장에 상장된 증권이 규제대상이다. 다만, 내부자거래 규제와 마찬가지로 상장예정법인등이 발행한 증권을 포함한다. 여기서 상장예정법인등이란 "6개월 이내에 상장하는 법인 또는 6개월 이내에 상장법인과의 합병, 주식의 포괄적 교환, 그 밖에 대통령령으로 정하는 기업결합 방법에 따라 상장되는 효과가 있는 비상장법인(이하 "상장예정법인등")"을 말한다.

둘째, 장내파생상품이 규제대상이다. 따라서 개별주식옵션이나 개별주식선물, ELW 그리고 지수를 기초로 하는 지수옵션, 지수선물, 그리고 ETF 등 KRX에서 거래되는 모든 파생상품이 포함된다. KRX에서 상장되어 거래되는 한, 금융상품이 아닌 일반상품을 기초자산으로 하는 상품선물도 규제대상이 된다.

셋째, 위의 증권과 장내파생상품을 기초자산으로 하는 파생상품이 규제대상이다. 여기에는 장내와 장외의 구분이 없으므로 이들을 기초자산으로 하는 장외파생상품도 해당된다.

## 2. 제174조 및 제173조의2와의 비교

기존의 자본시장법은 내부자거래의 규제대상이 되는 금융투자상품의 범위와 관련하여 2개의 조항을 가지고 있는데, 즉 제174조의 내부자거래 규제대상인 금융투자상품과 제173조의2의 장내파생상품의 시세영향정보와 관련한 규제대상인 금융투자상품이다. 먼저, 제174조는 규제대상을 특정증권등으로 규정하고, 다음과 같이 특정증권등에 대해 정의를 내리고 있다:

1. 그 법인이 발행한 증권(대통령령으로 정하는 증권[15])을 제외한다)

---

15) 제196조(단기매매차익 반환면제 증권) 법 제172조 제1항 제1호에서 "대통령령으로 정하는 증권"이란 다음 각 호의 증권을 말한다.
1. 채무증권. 다만, 다음 각 목의 어느 하나에 해당하는 증권은 제외한다.

2. 제1호의 증권과 관련된 증권예탁증권
3. 그 법인 외의 자가 발행한 것으로서 제1호 또는 제2호의 증권과 교환을 청구할 수 있는 교환사채권
4. 제1호부터 제3호까지의 증권만을 기초자산으로 하는 금융투자상품

시장질서 교란행위의 규제대상인 지정 금융투자상품의 범위와 내부자거래의 규제대상인 특정증권등의 개념은 거의 유사하지만 약간의 차이가 있다.

첫째, 제1호의 "그 법인"은 상장법인을 의미하므로 상장법인이 발행한 증권은 대통령령으로 정한 증권만 제외하고 모두 규제대상이 된다. 대통령령으로 정하는 증권 중 주가의 변화에 가치가 변동될 수 있는 채권의 경우는 다시 제외가 되어 규제대상이 되고 있다(결론적으로 일반사채만 규제대상에서 제외). 이들은 증권시장에의 상장 여부를 묻지 않는다. 반면, 시장질서 교란행위의 경우는 "증권시장에 상장된 증권"을 규제대상으로 하고 있다는 점에서 차이가 있다.

둘째, 제2호의 증권예탁증권은 상장 여부를 묻지 않지만, 상장되지 않은 증권예탁증권은 '지정 금융투자상품'에 포함되지 않는다.

셋째, 제3호는 주가 변화로 가치가 영향을 받을 수 있는 증권과 교환을 청구할 수 있는 교환사채권으로서 상장법인 외의 자가 발행한 것을 규제대상으로 하고 있다. 상장법인이 발행한 교환사채권은 제1호에 의해 규제대상이 된다. 제3호가 증권시장에 상장이 된다면 시장질서 교란행위의 규제대상인 '지정 금융투자상품'에 해당되지만, 실제로 그 법인 외의 자가 발행한 교환사채권이 상장되는 경우는 거의 없다. 결론적으로 상장되지 않은 교환사채권을 거래하는 행위는 시장질서 교란행위의

---

가. 전환사채권
나. 신주인수권부사채권
다. 이익참가부사채권
라. 그 법인이 발행한 지분증권(이와 관련된 증권예탁증권을 포함한다) 또는 가목부터 다목까지의 증권(이와 관련된 증권예탁증권을 포함한다)과 교환을 청구할 수 있는 교환사채권

2. 수익증권
3. 파생결합증권(법 제172조 제1항 제4호에 해당하는 파생결합증권은 제외한다)

규제대상에서는 제외된다.

넷째, 제4호는 "제1호부터 제3호까지의 증권만"을 기초자산으로 하는 금융투자상품을 규정하고 있다. 따라서 코스피200지수를 기초자산으로 하는 코스피200주가지수선물이나 코스피200주가지수옵션은 포함되지 않는다. 법 제174조가 지수상품을 내부자거래의 규제대상으로 포함하지 않은 이유는, 내부자거래는 그 특성상 개별 상장법인과 관련한 미공개중요정보를 이용하는 행위를 기본적으로 전제하고 있기 때문에, 시장 전체에 영향을 미칠 수 있는 정보, 즉 지수상품의 가격에 영향을 미칠 수 있는 정보는 내부자거래 규제의 대상으로 포함시킬 필요가 없다고 보았기 때문이다. 그러나 시장질서 교란행위의 경우는 '장내파생상품'을 규제대상으로 하고 있기 때문에 이들 지수상품 역시 규제대상에 포함된다.

다섯째, 제173조의2는 장내파생상품의 시세에 영향을 미칠 수 있는 정보의 누설, 이용 또는 타인에게 이용하게 하는 행위를 금지하고 있는데, 이는 장내파생상품 시장에서도 시세에 영향을 미칠 수 있는 미공개정보를 이용하여 이익을 취득할 개연성 역시 크기 때문이다. 따라서 제173조의2의 규제대상상품은 장내파생상품으로서, 이 조항은 제174조가 커버하지 못하는 파생상품정보를 이용하는 내부자거래를 규제하고 있다. 그러나 이 조항은 장내파생상품으로 규제대상을 제한하고 있는 반면, 시장질서 교란행위는 장외파상생품까지 규제대상으로 하고 있는 점에서 차이가 있다.

결론적으로 시장질서 교란행위의 규제대상상품은 내부자거래의 경우와 유사하면서도 차이가 있음을 살펴보았다. 그런데 왜 그러한 차이가 필요한지에 대해 납득할만한 이유를 찾기 어렵다. 시장의 이용자에게 불필요한 복잡함만을 더해주는 것으로 보인다. 꼭 차이를 두어야 할 이유가 있는 경우를 제외하고는 규제대상상품을 통일시키는 것이 바람직하다고 본다.

# V. 규제대상행위 (제178조의2 제1항 본문)

제178조의2는 제174조의 규제대상에서 벗어난 행위와 영역을 규제의 영역으로 포섭하기 위한 것으로서 그 규제정신은 기본적으로 제174조와 크게 다르지 않다. 따라서 제178조의2 제1항에서 구성요건적 행위로 규정하는 개념들은 특별히 다르게 해석하여야 할 이유가 없는 한, 제174조에서 사용되는 개념들과 동일한 경우 같은 의미로 보아도 무방할 것이다. 다음의 3가지 개념은 제174조와 마찬가지로 시장질서 교란행위에서 규제대상행위의 구성요건 요소가 되는 개념들이다.

## 1. 매매, 그 밖의 거래

시장질서 교란행위 규제에 있어서 규제대상이 되는 거래는 "매매, 그 밖의 거래"(이하 "매매등"이라 한다)이다. 이는 제174조의 경우와 동일하다.

먼저, '매매'란 당사자 일방, 즉 매도인이 일정한 재산권을 상대방인 매수인에게 이전할 것을 약정하고, 상대방은 이에 대하여 대금을 지급할 것으로 약정함으로써 성립하는 낙성(諾成) · 쌍무(雙務) · 불요식(不要式)의 유상계약이다.[16] 시장질서 교란행위 규제는 상장증권과 장내파생상품을 중심으로 하는바, 거래소시장에서 이루어진 모든 형태의 매도/매수는 '매매'에 해당된다. 물론 장외에서 상장증권 및 기초자산을 상장증권 · 장내파생상품으로 하는 장외파생상품을 대상으로 이루어지는 일반적인 형태의 모든 매도/매수 역시 '매매'에 포함된다.

둘째, 법문은 이러한 '매매'에 더하여 '그 밖의 거래'까지 규제대상으로 규정하고 있다. '그 밖의 거래'에는 증권과 현금의 거래뿐만 아니라 주식교환, 합병 또는 분할로 인한 주식의 승계, 옵션의 매수 등 다양한 거래가 포함될 수 있을 것이다. 또한 소유권의 이전 없이 이루어지는 담보설정 등도 포함된다. 이러한 거래는 일반적으

16) 지원림, 민법강의, 홍문사 (2015) 1431면.

로 장외에서 이루어지는데, 당연히 장외에서 미공개중요정보를 이용한 이러한 거래 행위들도 시장질서 교란행위 규제에 해당된다. 즉 '거래'는 '매매'보다 훨씬 넓은 개념으로서 매매의 개념으로 포섭할 수 없는 다양한 유형을 포섭할 수 있다.

셋째, "매매, 그 밖의 거래"가 반드시 자신의 이름으로 이루어질 것을 요구하지 않는다. 타인의 명의로 이루어진 경우도 규제대상이 되며, 타인의 계산으로 이루어진 거래 역시 규제대상이 된다(예를 들어, 자산운용사의 펀드매니저가 미공개중요정보를 이용하여 거래하는 행위 또는 투자자문업자가 미공개중요정보를 이용하여 일임매매를 하는 경우).

넷째, "매매, 그 밖의 거래"에 무상으로 행해지는 증여는 포함되지 않는다. '매매'는 유상계약을 전제로 하지만, '그 밖의 거래'는 반드시 유상계약만을 포함하는 것은 아니기 때문에, 외형상 '그 밖의 거래'에 포함된다고 견해가 있을 수 있지만, 무상으로 행해지는 증여는 '매매, 그 밖의 거래'에 해당되지 않는다.[17] 무상으로 소유권을 이전하는 증여의 경우는 근본적으로 내부자가 미공개중요정보를 이용하여 이익을 얻을 수 있는 구조가 아니며, 또한 일반투자자의 보호에도 아무런 영향을 미치지 않기 때문이다.

이외에 '매매, 그 밖의 거래'와 관련된 이슈들은 내부자거래 부분에서 상세하게 언급하여 여기서는 생략한다.

## 2. 정보의 이용행위

시장질서 교란행위의 경우 내부자거래와 마찬가지로 정보의 생성자 또는 전득자가 미공개중요정보를 직접 이용하여 거래하는 행위를 금지하고 있다. 따라서 이들이 해당 미공개중요정보를 알고는 있었지만, 매매 그 밖의 거래에 해당 정보를 "이용하여"(on the base of) 거래하지 않았다면 시장질서 교란행위에 해당되지 않는다.

17) 임재연, 361면; 증권법학회, 주석서 I, 1048면.

미공개중요정보를 "이용하여"(use) 거래를 하였다는 의미는 미공개중요정보를 지득한 상태에서 증권을 거래하였는데, 그 정보가 증권의 거래 여부, 거래시점, 거래량, 가격 등 거래조건의 결정에 하나의 요인으로 작용하여 만일 그러한 정보를 알지 못했더라면 내렸을 결정과 다른 결정을 내리게 함으로써 영향을 미쳤다는 사실을 의미한다.[18] 이는 내부자거래 규제와 차이가 없다. 이처럼 미공개정보이용행위로 처벌하기 위해서는 단순히 미공개정보를 "소유"(possession)하고 있는 상태에서 증권의 거래를 한 것만으로는 부족하고, 그것을 "이용"(use)하여 증권의 거래를 했어야 한다.

그러나 법원은 내부자거래 사건에서 미공개정보를 인식한 상태에서, 즉 소유한 상태에서 증권의 거래를 했다면 특별한 사정이 없는 한 그것을 이용하여 증권의 거래를 한 것으로 추정한다고 판시하였다.[19] 이는 시장질서 교란행위의 경우도 마찬가지이다. 또한 증권거래를 하게 된 다른 요인이 있더라도 미공개내부정보를 이용한 것이 하나의 요인이 된 경우에도 미공개정보를 이용하여 증권거래를 한 것으로 인정할 수 있다.[20] 따라서 이러한 경우 시장질서 교란행위 위반 혐의자는 미공개중요정보를 이용하여 거래하지 않았다는 입증 책임을 부담하게 된다.

## 3. 타인에게 이용하게 하는 행위

법은 시장질서 교란행위의 규제대상자가 미공개중요정보를 이용하여 지정 금융투자상품의 매매, 그 밖의 거래에 이용하거나 "타인에게 이용하게 하는 행위"를 금지하고 있다. "타인에게 이용하게 하는 행위"의 의미는 내부자거래의 경우와 다를 것은 없다. 따라서 정보제공자가 정보를 제공 · 전달하면서 정보수령자가 그 정보를 이용하여 거래를 할 수 있을 것이라고 생각하면서 그에게 정보를 제공하는 정도면

18) 서울중앙지방법원 2007. 2. 9. 선고 2006고합332 판결.
19) 서울중앙지방법원 2007. 7. 20. 선고 2007고합159 판결.
20) 서울중앙지방법원 2007. 7. 20. 선고 2007고합159 판결.

족하고, 꼭 그 정보를 이용하여 주식거래를 하도록 권유할 필요까지는 없다.[21] 시장질서 교란행위 규제에서 타인에게 정보를 이용하게 하는 행위는 다음 3개의 루트를 통해 발생한다.[22]

(1) 제1호 가목: 제174조에 의한 제1차 정보수령자로부터 정보를 받은 제2차 정보수령자, 그리고 제2차 정보수령자로부터 정보를 받은 제3차 이후의 정보수령자
(2) 제1호 나목: 자신의 직무와 관련하여 미공개중요정보를 생산하거나 알게 된 자로부터 해당 정보를 전달받은 자(제1차 정보수령자), 그리고 제1차 정보수령자로부터 해당 정보를 받은 제2차 이후의 정보수령자
(3) 제1호 다목: 해킹, 절취, 기망, 협박, 그 밖의 부정한 방법으로 정보를 알게 된 자로부터 해당 정보를 전달받은 자(제1차 정보수령자), 그리고 제1차 정보수령자로부터 해당 정보를 전달받은 제2차 이후의 정보수령자

따라서 시장질서 교란행위는 제174조에 의해 규율하지 못한 제2차 정보수령자를 비롯하여 그 이후의 모든 정보수령자를 규제대상으로 포섭하고 있고, 제1호 나목 및 다목에 의해 새롭게 규제대상자로 도입된 자들을 비롯하여 그들로부터 미공개중요정보를 전달받은 제1차 정보수령자 및 그 이후의 모든 정보수령자가 "타인에게 이용하게 하는 행위"의 규제대상자가 된다. 따라서 시장질서 교란행위의 규제의 중심 중 하나가 정보전달을 통한 미공개중요정보의 이용행위의 금지라고 볼 수 있다.

21) 서울고등법원 2005. 6. 4. 선고 2008노145 판결.
22) 제1호 라목에서 나목과 다목의 어느 하나에 해당하는 자로부터 나온 정보인 정을 알면서 이를 받거나 전득한 자는 아래 나목 및 다목에서 커버하기 때문에 별도의 루트로 논하지 않는다.

## 4. 단서 조항

법 제178조의2 제1항 단서는 제1항의 적용예외로서 "투자자보호 및 건전한 시장질서를 해할 우려가 없는 행위로서 대통령령으로 정하는 경우 및 그 행위가 제173조의2 제2항, 제174조, 제178조에 해당하는 경우에는 제외한다."라고 규정한다.

### (1) 적용 예외

먼저, 시행령 제207조의2는 '정보이용형 시장교란행위'의 적용 예외를 다음과 같이 규정하고 있다.

1. 법 제178조의2 제1항 제1호 가목에 해당하는 자가 미공개중요정보 또는 미공개정보(법 제174조 제2항 각 호 외의 부분 본문 또는 같은 조 제3항 각 호 외의 부분 본문에 따른 각 미공개정보를 말한다)를 알게 되기 전에 다음 각 목의 어느 하나에 해당하는 행위를 함으로써 그에 따른 권리를 행사하거나 의무를 이행하기 위하여 지정 금융투자상품(법 제178조의2 제1항 각 호 외의 부분 본문에 따른 지정 금융투자상품을 말한다)의 매매, 그 밖의 거래("매매등"이라 한다)를 하는 경우
   가. 지정 금융투자상품에 관한 계약을 체결하는 행위
   나. 투자매매업자 또는 투자중개업자에게 지정 금융투자상품의 매매등에 관한 청약 또는 주문을 제출하는 행위
   다. 가목 또는 나목에 준하는 행위로서 금융위원회가 정하여 고시하는 행위
2. 법 제178조의2 제1항 제1호 나목부터 라목까지의 규정에 해당하는 자가 법 제178조의2 제1항 제2호에 해당하는 정보를 생산하거나 그러한 정보를 알게 되기 전에 제1호 각 목에 해당하는 행위를 함으로써 그에 따른 권리를 행사하거나 의무를 이행하기 위하여 지정 금융투자상품의 매매등을 하는 경우
3. 법령 또는 정부의 시정명령 · 중지명령 등에 따라 불가피하게 지정 금융투자상품의 매매등을 하는 경우
4. 그 밖에 투자자 보호 및 건전한 거래질서를 저해할 우려가 없는 경우로서 금융

위원회가 정하여 고시하는 경우

첫째, 제1호와 제2호는 미공개중요정보를 알기 전에 이미 체결한 계약 등에 따른 권리의 행사 또는 의무이행을 위하여 매매등이 불가피한 경우를 적용 예외로 규정하고 있다. 이는 계약이 체결된 이후에 미공개중요정보를 알게 되었다 하더라도 해당 계약은 동 정보를 이용하지 않은 거래임이 분명하기 때문이다. 사전매매계약을 주장하기 위해서는 그러한 매매계약의 존재가 문서 등의 형태로 증명되어야 할 것이다. 이러한 사전매매계약의 존재의 주장은 내부자거래의 경우에 있어서도 특정 미공개중요정보를 이용하지 않았음을 항변하는 중요한 근거로 활용되기도 한다.[23]

제1호 다목에서 "금융위원회가 정하여 고시하는 경우"란 『근로복지기본법』 제36조부터 제39조까지 또는 제44조에 따라 우리사주조합원이 우리사주조합을 통하여 회사의 주식을 청약하는 행위(그 취득한 주식을 같은 법 제43조에 따라 수탁기관에 예탁하는 경우만 해당한다)를 말한다.

둘째, 제3호에 따른 매매등의 경우는 거래자의 자발적 의지에 의한 것이 아니라 법령 등 타의에 의해 비자발적으로 거래가 이루어진 경우로서, 이처럼 매매등이 비자발적으로 이루어진 경우에는 비록 해당 거래시점에 미공개중요정보를 보유한 상태라 하더라도 정보이용형 시장교란행위의 적용 예외가 인정된다.

셋째, 투자자보호 및 건전한 시장질서를 해할 우려가 없는 경우로서 금융위가 고시하는 경우도 적용 예외를 인정하고 있는데, 자본시장조사 업무규정 제55조 제2항은 다음의 어느 하나에 해당하는 경우를 적용 예외 사유로 규정하고 있다.

1. 법 제172조 제1항 제2호에 따른 증권예탁증권의 예탁계약 해지에 따라 법 제172조 제1항 제1호에 따른 증권을 취득하는 경우
2. 주식배당 또는 준비금의 자본금 전입에 의해 주식을 취득하는 경우

---

23) 미국에서 마샤 스튜어트 사건에서 피고인인 마샤 스튜어트는 자신의 매도는 미공개중요정보를 이용한 것이 아니라 사전에 해당 주식의 가격이 일정한 가격에 이르면 매도하는 "stop loss"주문으로서 임클론 주식의 가격이 이미 정해 놓은 가격에 도달해서 매도가 이루어진 것이라고 항변하였다.

3. 증권시장과 파생상품시장 간의 가격 차이를 이용한 차익거래, 그 밖에 이에 준하는 거래로서 법 제178조의2 제1항 제2호에 해당하는 정보를 의도적으로 이용하지 아니하였다는 사실이 객관적으로 명백한 경우
4. 그 밖에 투자자보호 및 건전한 시장질서를 해할 우려가 없는 경우로서 증선위가 의결로써 인정하는 경우

### (2) 다른 불공정거래 행위와의 관계

또한 단서조항은 정보이용형 시장교란행위로 볼 수 있는 특정 행위가 만약 제173조의2 제2항, 제174조. 제178조에 해당하는 경우에는 시장질서 교란행위로 처벌할 수 없고 검찰에 통보하도록 규정하고 있다. 이는 형사처벌 대상인 기존의 불공정거래 행위와 과징금 부과대상인 시장질서 교란행위의 관할권을 규정한 것으로 볼 수 있다.

a) 제173조의2와의 관계

제173조의2는 장내파생상품의 시세관련 정보의 누설, 이용 또는 타인에게 이용하게 하는 행위를 금지한다. 정보이용형 시장교란행위와 장내파생상품의 시세관련 정보이용행위를 비교해 보면, (i) 장내파생상품의 시세관련 정보이용의 금지행위는 중요성 요건이 없으며, 미공개성 요건도 없다는 점에서 정보이용형 시장교란행위와 차이가 있다. 미공개성 요구가 명시적으로는 없지만, 만약 해당 정보가 시장에서 보편적으로 알려져 있는 정보라면 처벌대상이 되지 않을 것이다. 만약 해당 정보가 시장에 이미 알려진 정보라면 '누설'이나 '이용' 행위에 대한 규제가 의미 없기 때문이다. (ii) 장내파생상품의 시세관련 정보의 단순한 '누설'도 규제대상이 된다. 이는 정보이용형 교란행위에는 없는 내용이다. 따라서 장내파생상품의 시세관련 정보이용의 금지 규정은 제174조의 내부자거래 규제보다, 그리고 정보이용형 교란행위보다 규제대상행위가 넓다고 할 수 있다. (iii) 규제대상자는 규제상품을 장내파생상품으로 제한하여 보더라도 정보이용형 교란행위의 경우가 더 넓다. 정보이용형 교란행위의 경우 규제대상자의 범위가 제173조의2의 3개 그룹을 크게 넘어서기 때문이다.

b) 제174조와의 관계

제174조의 내부자거래에 해당하는 경우는 제178조의2가 적용되지 않는다. 즉 2개 규정은 적용 범위를 차별화하면서 불법적인 미공개중요정보의 이용행위를 규제하고 있다. 만약, 특정 행위가 2개 조항 모두에 해당되는 경우가 발생하면 우선적으로 제174조가 적용된다. 이러한 경우는 대표적으로 제178조의2 제1항 제1호 가목에서 나타난다. 즉 제1항 제1호 가목의 법문에 따르면 제174조 제1항 제6호의 제1차 정보수령자가 포함되는데, 이러한 경우가 발생하면 제1차 정보수령자는 제174조에 의해 처벌된다.

c) 제178조와의 관계

제178조는 자본시장법 전체에 대한 '포괄적 부정거래행위 금지조항'이라 할 수 있지만, 미공개중요정보 이용행위와 관련하여 제174조로 커버하지 못하는 행위에 대해 제178조를 적용할 수 있는지는 불확실하다. 그러한 측면에서 제178조가 제178조의2 제1항의 백업조항으로서 작동을 기대하는 것은 아직 어렵다고 본다.

### (3) 금융투자업자의 영업행위규칙과의 관계

자본시장법 제4장은 『금융투자업자의 영업행위규칙』에 대해 규정하고 있는데, 특히 제54조의 직무관련 정보의 이용금지, 제71조 제1호의 선행매매, 동조 제2호의 조사분석자료의 공표전 이용행위들은 정보이용형 교란행위에 해당될 가능성이 매우 크다.[24] 이들 3개 조항의 행위유형들은 법 제178조의2의 단서조항을 통해 적용이 배제되고 있지 않기 때문이다.

그런데 제54조, 제71조 제1호, 제71조 제2호를 위반한 경우 형사처벌이 가능한데, 즉 제54조를 위반한 경우에는 3년 이하의 징역 또는 1억 원 이하의 벌금이(법 445조 9호), 제71조 제1호 및 제2호를 위반한 경우에는 5년 이하의 징역 또는 2억 원 이하의 벌금이 부과될 수 있다(법 444조 8호). 그러나 정보이용형 교란행위의 경우에는 과징금의 부과만이 가능하다. 이처럼 처벌수단이 다른 규제조항이 서로 충돌할 때, 즉 하

---

24) 금융위, 46~47면.

나의 행위가 금융투자회사의 영업행위규칙 위반에도 해당되고 정보이용형 교란행위 위반에도 해당될 때 어느 규정이 우선적으로 적용될 지에 대해 법은 언급이 없다.

## VI. 규제대상자의 확대 (제178조의2 제1항 제1호)

제178조의2 제1항은 기존의 제174조를 통해 규제하지 못하였던 내부자거래 행위를 규제하기 위함이 그 목적이라 할 수 있다. 제178조 제1항은 먼저 규제대상자를 대폭 확대하였고, 결과적으로 규제대상정보 역시 같이 확대되었다. 먼저 제178조의2 제1항 제1호는 정보이용형 시장교란행위의 규제대상자를 다음의 4가지 유형으로 신설하였다.

### 1. 제1호 가목: 내부자로부터 정보를 받거나 전득한 자

#### (1) 규제대상자

제1호 가목은 "제174조 각 항 각 호의 어느 하나에 해당하는 자로부터 나온 미공개중요정보 또는 미공개정보인 사정을 알면서 이를 받거나 전득한 자"를 규제대상자로 규정하고 있다.

제1호 가목은 제174조가 제1차 정보수령자까지만 규제대상으로 제한하고 있는바, 그 한계를 극복하기 위한 조항이다. 제174조는 3개 조항으로 구성되어 있고, 각 항은 각각 6개의 내부자그룹을 규정하고 있어서, 즉 18개 그룹의 내부자로부터 미공개중요정보 또는 미공개정보를 알면서 이를 받은 제1차 정보수령자와 그 이후 전득한 모든 정보수령자가 이에 해당한다.

법문이 "제174조 각 항 각 호의 어느 하나에 해당하는 자로부터 나온"으로 되어 있고, 각 항 제6호에 제1차 정보수령자가 있어서, 이를 근거로 제1호 가목의 규제대상자를 제2차 정보수령자까지로 보아야 한다는 견해가 있을 수 있지만, 이는 동의하기 어렵다. 각 항 제1호부터 제5호까지 회사관계자등으로부터 정보를 받은 제1차 수령자와 그들로부터 다시 '전득한' 제2차 이후의 모든 정보수령자가 규제대상이라고 보아야 한다. 금융위는 이 부분에 대해 제2차 이후의 모든 다차 정보수령자가 제1호 가목의 규제대상이라는 점을 명확히 하였다.[25)]

따라서 제1호 가목은 제174조 각 항 6개 그룹의 내부자등으로부터 미공개정보를 받은 제1차 정보수령자는 물론 그 이후 제2차 정보수령자를 포함하여 모든 다차 정보수령자가 규제대상이 된다. 다만, 여기서 제1차 정보수령자는 제174조 각 항 제6호를 통해서도 규율되므로 중첩적으로 규제대상이 된다. 그런데 제178조의2에 해당하는 사안이 제174조에도 해당하는 경우에는 제174조가 우선 적용되므로, 제174조와 제178조의2에 의해 중첩적으로 규제대상이 되는 제1차 정보수령자는 제174조에 의해 규율되고, 제2차 정보수령자 및 그 이후의 정보수령자들이 제1호 가목에 의해, 즉 정보이용형 교란행위의 규제대상이 된다.

### (2) 구성요건

#### a) "사정을 알면서"

정보수령자는 미공개중요정보 또는 미공개정보가 '제174조 각 항 각 호의 어느 하나에 해당하는 자로부터 나온 사정을 알면서' 이를 받거나 전득하였어야 한다. 즉 제174조의 18개 내부자그룹의 어느 하나에 해당하는 자로부터 동 정보가 나왔다는 사실의 '인식'이 요구된다. 그렇다면 제174조의 18개 그룹 중 어떤 그룹에서 나왔다는 사실까지 구체적으로 알 것을 요구하는지, 아니면 제174조의 내부자 그룹으로부터 나왔다는 인식만으로 충분한가? 법문은 정보가 어떤 그룹으로부터 나온 것인지까지를 알아야 하는 것으로 보이지만, 위 18개 그룹 중 어느 하나까지 구체적으로 알아야 할 필요는 없고, 해당 정보가 내부자로부터 나왔다는, 즉 미공개중요정보라는 사실을 "알면서" 이를 받거나 전득한 것이라는 인식이 있으면 충분하다고 본다.

---

25) 금융위, 43면.

그런데 제1호 가목은 앞서 설명한 것처럼, 제174조의 내부자거래 규제 중 제2차 정보수령자 및 그 이후의 다차 정보수령자 또는 '리모트 정보수령자'(remote tippee)를 규제하기 위한 조항이다. 다차 정보수령자의 경우도 "제174조 각 항 각 호의 어느 하나에 해당하는 자로부터 나온 … 정을 알면서"의 요건을 충족하여야 한다. 다차 정보수령자가 제1차 정보수령자와 직접적인 연관성을 가지든 가지지 않는 상관이 없다. 법 제174조 정보수령자 부분은 제1호 가목처럼 인식의 요건을 명시적으로 요구하고 있지 않지만, 제174조에 의한 제1차 정보수령자의 경우도 동일하게 요구된다고 본다.

이처럼 내부자거래 규제에 있어서 정보수령자의 처벌요건으로 '인식'의 문제는 매우 중요한 구성요건 중 하나라 할 수 있다. 미국의 경우 역시 정보수령자를 내부자거래로 처벌하기 위해서는 미공개중요정보가 내부자가 신인의무를 위반하여 정보수령자인 자신에게 전달된 사실을 알았을 것을 요구한다. 미국은 SEC v. Musella 사건에서 제3차 및 제4차 정보수령자의 내부자거래에 대한 인식의 문제는 최초의 정보제공자와의 직접적인 접촉 여부는 중요하지 않으며, 오히려 문제는 정보수령자가 정보전달의 체인선상에 있기만 한다면, 그가 부적절하게 입수한 미공개정보를 이용하여 거래를 하고 있다는 사실을 알았는지 또는 알 수 있었어야 하는지 여부라고 설시하였다.[26]

2015년 10월 15일, 미국 연방대법원은 United States v. Newman 사건에서 정보수령자의 인식요건과 관련하여 정보를 제공하는 내부자가 개인적인 이익을 대가로 비밀정보를 제공하였다는 사실의 인식까지 요구하면서 Newman에 대해 무죄를 선고한 항소심의 판단을 인용하며 법무부의 상고를 기각하였는데,[27] 향후 이 판결로 인해 미국에서 리모트 정보수령자를 규율하는데 있어서 어려움이 야기될 것으로 전망되고 있다.

영국의 경우에는 "사정을 알면서"에 추가하여 "알았을 것으로 합리적으로 기

26) SEC v. Musella, 898 F.2d 138 (2d Cir. 1990).
27) United States v. Newman, 136 S.Ct. 242 (Mem) (2015).

대할 수 있는 경우"(reasonably expect to know)까지 규제대상으로 포섭하고 있다. 미국 역시 Rule 10b-5에 그러한 표현이 없지만 대부분의 법원은 정보수령자가 해당 미공개중요정보의 전달이 부적절하게 이루어진 것이라는 사실을 "알았어야"(should have known) 하는 경우에도 처벌대상으로 하고 있다.[28] 우리는 법문에서 분명히 "알면서"로 표현하고 있기 때문에 '알았어야 하는 경우'까지 포함한다고 보기는 어렵다. 그러나 실무적으로 여러 정황상 정보수령자가 '알았을 것'으로 추정된다면 정보수령자가 그러한 인식이 없었음을 증명해야 할 것이다. 따라서 "알면서"와 "알았어야 하는 경우"의 경계선이 모호한 경우가 있을 수 있다.

제1차 정보수령자의 경우는 내부자가 아니므로 제1차 정보수령자로부터 나온 정보임을 안 경우에는 해당되지 않는다는 견해가 있는데, 법문은 "제174조 각 항 각 호의 어느 하나"로 규정하고 있어 제1차 정보수령자로부터 나온 정보임을 안 경우 역시 포함된다.

> [사례 1] 일반투자자 A가 인터넷 포털 증권정보 게시판에서 특정 종목에 대해 회사 내부정보를 근거로 좋은 전망을 이야기하는 여러 게시물이나 댓글을 보고 괜찮을 것 같아 그 종목 주식을 매수한 경우. 또는 만일 위 종목에 대한 정보를 평소 아는 지인으로부터 문자나 핸드폰 메신저 등 SNS를 통해 개인적으로 전달받은 경우[29]

누구라도 조회할 수 있는 종목게시판을 통해 얻은 정보는 그 정보를 받거나 전득한 행위로 볼 수 없고, 그 정보가 내부자로부터 나온 미공개중요정보라는 사정을 알기도 어려워서 내부자거래 또는 '정보이용형 교란행위'에 해당되지 않는다.[30]

그러나 아는 지인으로부터 문자나 핸드폰 메신저를 통해 특정종목에 대한 정보를 받고 그 종목을 매매한 경우에는 기본적으로 정보를 받거나 전득한 행위에 해

28) SEC v. Maio, 51 F.3d 623 (7th Cir. 1995).
29) 금융위, 130면.
30) 금융위, 130면.

당되므로 구체적 사안에 따라 내부자거래 또는 정보이용형 교란행위에 해당될 수 있다. 예를 들어, 아는 지인이 회사의 내부자이고, 전달받은 정보가 미공개중요정보라면 A는 제1차 정보수령자가 되어 내부자거래에 해당될 것이며, 전달받은 정보가 미공개중요정보이고 아는 지인이 내부자가 아니라면 A는 2차 또는 그 이후의 정보수령자에 해당되고, 그 정보가 내부자 등으로부터 나온 미공개중요정보인 사정을 알고 매매에 이용할 경우 정보이용형 교란행위에 해당될 것이다.[31]

[사례 2] A는 평소 거래를 하던 증권회사 영업직원이 전화를 걸어와서, 상장법인 B에서 신제품을 출시하는데 엄청나게 히트할 것이고, 이에 관해 특허도 출원되었다는 등의 정보를 이야기 해 주었다. 평소 B사의 제품에 대해 신뢰를 하고 있어서 이번에도 좋은 제품이 나오겠구나 하는 생각에 B사 주식을 매수하였다. 그런데 신제품이 출시하자마자 시장의 반응이 너무 좋아 B사의 주가가 2배나 급등하였다. 나중에 알고 보니 정보를 제공한 영업직원은 B사에 다니는 친형으로부터 제품개발에 관한 정보를 들은 것이라 하는데, 회사 내부자로부터 나온 정보라고는 꿈에도 생각하지 못한 경우, A는 시장질서 교란행위에 해당되는가?[32]

해당 정보의 객관적 내용이 미공개중요정보이더라도 투자자 입장에서 해당 정보가 미공개중요정보임을 알면서(즉, 내부자 등으로부터 나온 미공개정보인 점, 정보를 생성한 자로부터 나온 정보인 점, 해킹 등 부정한 방법을 통해 나온 정보인 점 등을 알면서) 매매에 이용한 경우에만 시장질서 교란행위에 해당된다. 따라서 풍문 또는 투자분석결과를 전달하는 것으로 인식하거나, 또는 증권회사 직원이 추천하였기 때문에 막연한 믿음을 가지고 매매한 경우라면 시장질서 교란행위에 해당되지 않는다.[33]

다만, 증권회사 직원이 특정 상장법인 직원과 친분이 있는 것처럼 고객이 잘

31) 금융위, 130면.
32) 금융위, 131면.
33) 금융위, 131면.

알고 있고, 증권회사 직원이 그 상장법인 직원으로부터 전달받았다는 구체적인 사실을 이야기하며 미공개중요정보를 전달한 경우에는 고객이 해당 정보가 미공개중요정보임을 알면서 그 정보를 매매에 이용한 것으로 볼 수 있는 경우는 시장질서 교란행위에 해당될 수 있다.[34)]

b) 정보의 수령 또는 전득

"이를 받거나 전득한 자"에 대해 살펴본다.

먼저, "받거나"는 내부자로부터 미공개정보를 직·간접적으로 제공 또는 전달받는 것을 의미하며 제1차 정보수령자에 대응하는 표현이다. 그러나 전통적인 내부자로부터 정보를 받아 제1차 정보수령자가 된 자에 대해서는 제174조로 규율하므로 제1호 가목에 따른 제1차 정보수령자는 실질적으로 시장질서 교란행위의 규제대상이 되지 않는다.

둘째, "전득한"은 제1차 정보수령자로부터 다시 정보를 전달받은 제2차 정보수령자를 포함하여 그 이후 모든 차수의 정보수령자에 대응하는 표현이다.[35)] 제2차 정보수령자 이후 차수가 멀어질수록 정보제공의 근원지인 내부자와의 관계는 소원해 질 수 있다. 그럼에도 불구하고 전득한 자의 이용행위를 처벌하기 위해서는 전득자가 해당 미공개중요정보가 내부자로부터 나왔다는 정을 알았어야 한다. 그러나 그러한 정을 알은 경우라도 정보제공이라는 과정이 없이 우연히 미공개중요정보를 전득한 경우에는 시장질서 교란행위에 해당되지 않는다. 이렇게 우연히 정보를 알게 된 자가 해당 정보를 다른 사람에게 '고의로' 이용하게 하는 경우 "타인에게 이용하게 하는 행위"에 해당되는지, 그리고 그로부터 정보를 수령하여 거래를 한 자가 '전득자'가 되어 규제대상이 되는지 여부는 분명하지 않다.

미국의 경우 리모트 정보수령자의 경우, 앞선 정보수령자를 처벌할 수 없는 경우에는 그 이후의 모든 정보수령자는 내부자거래의 책임이 동일하게 면제된다. 우리의 경우 법문상 불분명하지만, 미국과 같이 처벌요건으로서의 정보전달 체인

34) 금융위, 131~132면.

35) 금융위, 43면, 48면, 87면, 123면.

(chain)이 끊어진 것으로 보아 처벌할 수 없다고 본다.

### (3) 규제대상정보

제1호 가목은 "미공개중요정보 또는 미공개정보인 사정을 알면서"로 규정하여 규제대상정보로서 미공개중요정보 또는 미공개정보로 구분하고 있다. 그렇다면 중요하지 않은 미공개정보 역시 규제대상정보가 되는가? 이를 설명하기 위해서는 먼저 제174조의 구조를 살펴볼 필요가 있다. 제174조가 규제하는 정보는 크게 두 부분으로 구분해서 볼 수 있는데, 하나는 제1항에서 규제하는 회사 중심의 내부정보이고, 다른 하나는 제2항 및 제3항에서 규제하는 공개매수정보와 주식등의 대량취득 · 처분정보이다. 그런데 회사 중심의 내부정보의 경우는 중요성과 미공개성 모두를 요구하는 반면, 공개매수정보와 주식등의 대량취득 · 처분정보의 경우는 중요성을 요구하는 표현이 없다. 공개매수와 주식등의 대량취득 · 처분의 경우에는 중요성 여부를 묻지 않고 그 자체로 내부자거래의 규제대상이 되기 때문이다.[36] 따라서 제1호 가목에서 "미공개중요정보" 이외에 "미공개정보"를 같이 열거한 것은 제174조의 제2항 및 제3항에 대응하기 위한 표현으로 볼 수 있다. 그러나 제1항 본문은 정보이용형 시장교란행위의 규제대상정보로 "제2호에 해당하는 정보"로 규정하고 있고, 제2호에서는 정보의 중요성과 미공개성 모두를 요구하고 있어, 결과적으로 중요한 정보가 아니면 정보이용형 시장교란행위의 규제대상이 되지 않는다.

따라서 이러한 측면에서 제178조의2 제1항 본문과 제1항 제1호 가목이 법문상으로는 서로 상충되는 모양으로 보일 수 있지만, 실제 운용에 있어서는 제2차 이후의 정보수령자가 공개매수정보와 주식등의 대량취득 · 처분정보를 이용하여 거래한 경우 그들이 이용한 정보는 중요성 요건을 충족한 것으로 보아 운용할 것으로 보여 문제가 없을 것으로 본다.

36) 증권법학회, 주석서 I, 1055면.

## 2. 제1호 나목: 직무와 관련하여 정보를 생산하거나 알게 된 자

제1호 나목은 "자신의 직무와 관련하여 정보(제2호 각 목의 요건을 모두 충족시키는 정보를 말한다)를 생산하거나 알게 된 자"를 규정하고 있다.

### (1) 자신의 직무

제1호 나목은 "자신의 직무"와의 관련성을 요구한다. 그렇다면 "자신의 직무"란 누구의 직무를 말하는가? 제174조의 경우는 규제대상자인 내부자가 특정되어 있고, 그들의 직무 역시 회사 내부에서 특정의 직무를 가지고 있기 때문에 해석의 기준점이 분명한 반면, 제1호 나목은  상대적으로 모호한 부분이 있다. 이러한 '자신의 직무'에 대해 두 가지의 견해가 있을 수 있다. 첫째, "자신"의 범위를 '누구나'(anyone)로 보는 해석이다. 즉 "자신"의 범위에 제한을 두지 않는 해석이다. 둘째, '일반적으로' 자신의 직무 또는 업무와 관련하여 미공개중요정보를 생산하거나 알 수 있는 직무 또는 위치에 있는 자로 제한적으로 해석하는 방법이다. 두 번째 해석방법이 일견 합리적으로 보일 수 있지만, 법문은 두 번째 방법으로 해석할 근거를 전혀 제공하고 있지 않고, 또한 제한을 둔다면 어디까지 제한하여야 할지 다시 모호한 문제가 발생한다. 따라서 제1호 나목의 '자신의 직무'는 '모든 직무' 또는 '누구나의 직무'로 해석하는 것이 타당하다고 본다. 즉 자신의 직무와 관련하여 미공개중요정보를 생산하거나 알게 된 '모든 자'가 규제대상에 해당된다.[37)]

제1호 나목의 "자신의 직무"는 영국 FSMA Section 118B(c)의 "as a result of having access to the information through the exercise of his employment, profession or duties"를 모델로 한 것으로 보인다. 영국의 경우 'his'는 '모든 자'를

---

37) 금융위는 〈안전한 자본시장 이용법〉에서 이에 대해서는 명확하게 밝히고 있지 않지만, '정보의 범위 확대'와 관련하여 "정보의 성격이나 출처를 불문하고, 특정증권 등의 거래에 있어 투자자의 투자판단에 중대한 영향을 미칠 수 있는 모든 미공개중요정보의 이용을 금지"한다고 하였는바, 미공개중요정보의 "성격이나 출처를 불문"한다는 표현은 '자신의 직무'는 '모든 직무'로 해석할 수 있는 간접적 근거가 될 수 있을 것으로 생각한다(86면 참조).

의미한다. 입법자는 제174조의 회사관계자등으로 제한된 내부자의 범위를 제1호 나목을 통해 미공개중요정보를 생산하거나 알게 된 모든 자를 규제대상으로 대폭적으로 확대하였다.

여기서 '정보를 생산한 자'와 '알게 된 자'를 구분할 필요가 있다. 먼저, '정보를 생산한 자'는 직무의 종류나 유형에 관계없이 모두 규제대상에 해당된다. '알게 된 자'는 직접 정보를 생산한 자는 아니지만 직무와 관련하여 간접적으로 알게 된 자를 의미한다. '알게 된 자'의 경우는 '직무관련성' 요건이 '정보를 생산한 자'보다 강하게 요구된다.

여기서 '직무관련성' 요건은 미공개정보의 내용이 자신의 직무와 관련이 있을 것을 요구하는 것이기 때문에, 자신의 직무수행의 내용(본질)과 관계없이 '우연히' 미공개정보를 알게 된 경우는 규제대상에서 제외된다. 대표적으로 금융위는 아래 [사례 10]의 경우와 같이 '우연히' 미공개중요정보를 알게 된 경우는 규제대상에서 제외된다고 밝히고 있다. 이는 식당종업원이 고객으로 서빙하는 것이 자신의 직무수행이지만, 식당종업원의 직무 내용과 그가 우연히 알게 된 정보의 내용은 본질적으로 다르기 때문이다. 또한 [사례 11]과 [사례 12]의 경우처럼 '우연히' 알게 된 경우도 다양하게 발생할 수 있는데, 이러한 경우들 역시 규제대상에서 제외하는 것이 바람직하다고 본다.

그러나 '직무관련성'의 범위와 관련해서 내부자거래 규제에서 '직무관련성' 요건을 폭넓게 보고 있는 점을 감안할 때, 시장질서 교란행위의 경우도 역시 폭넓게 해석될 가능성이 있다. 이하에서 사례들을 통해 '자신의 직무' 해당 여부를 살펴본다.

[사례 3] 대형 기관투자자의 펀드매니저가 운용관련 전략정보를 본인 또는 제3자의 투자목적으로 사용하는 경우

[사례 4] 증권회사 애널리스트 A는 건설업종에서 최고의 권위를 가지고 있으며, 매번 특정 건설회사에 대한 분석보고서를 발표할 때마다 회사의 주가가 바로 반응하는 편이다. 최근 친구의 부탁을 받고 분석보고서 발표 전 분

석 및 의견내용을 친구에게 알려 준 경우[38]

[사례 5] 투자매매 · 중개업자의 고유재산을 운용하는 직원이 상장증권이나 장내 파생상품 운용정보를 본인이 이용하거나 타인에게 전달하는 경우[39]

[사례 6] 증권회사 직원 A는 평소 거래가 많지 않던 상장법인의 주식을 회사의 내부자가 아닌 투자자로부터 대량으로 매매해 달라는 주문을 접수하고 이를 처리하기 전에 친구에게 전화하여 그 상장법인의 주식을 매수하게 한 경우[40]

[사례 7] 상장법인의 공시담당자가 업종별 공시담당자 모임에서 해당 업종담당 애널리스트가 같은 업종에 있는 다른 상장법인의 투자의견을 긍정적으로 기술한 분석보고서를 낼 예정이며, 그 내용이 언론을 통해 보도될 것이라는 내용을 듣고 다른 상장법인의 주식을 매수한 경우[41]

[사례 8] 건설교통부 공무원이 정부에서 부동산경기의 활성화를 위해 대대적인 부양책을 발표한다는 사실을 이용하여 사전에 건설회사의 주식을 매수하거나 타인에게 해당 정보를 제공하는 경우

위의 사례들은 모두 시장질서 교란행위에 해당된다. 위 사례들은 '자신의 직무'와 관련하여 미공개중요정보를 생산하거나 알게 된 전형적인 경우로서 [사례 3]부터 [사례 7]까지는 시장정보를, [사례 8]은 정책정보를 부당하게 이용하거나 이용하게 한 행위에 해당된다. 또한 위 사례에서 정보를 받은 자가 거래를 한 경우 정보수령자 역시 시장질서 교란행위에 해당된다. 이러한 행위들은 기존의 내부자거래 규제로는 규제가 불가능하였던 행위들로써, 즉 회사관계자를 넘어, 그리고 외부에서 생성된 미공개중요정보의 이용을 규제하고자 하는 시장질서 교란행위의 진정한 규제 대상이라 할 수 있다.

38) 금융위, 158면.
39) 금융위, 166면.
40) 금융위, 167면.
41) 금융위, 206면.

[사례 9] 증권회사에 근무하다 보면 다양한 경로로 시황, 업종정보, 특정 종목에 대한 정보 등을 메일, 메신저 등으로 받게 되는데, 이러한 경로를 통해 받은 정보를 이용하는 경우[42]

이러한 경우는 일반적으로 시장질서 교란행위에 해당된다고 볼 수 없다. 다만, 이 경우는 메일이나 메신저를 통해 받는 경우는 전달 대상이 특정된 경우이므로 일단 정보를 받거나 전득한 자에 해당된다. 만약 해당 정보가 미공개중요정보에 해당되고, 정보를 수령한 증권회사 직원이 해당 정보가 신뢰성 있는 정보임을 알면서(즉 내부자 등으로부터 나온 미공개중요정보라는 사정, 정보를 생성한 자로부터 나온 정보라는 사정, 해킹 등 부정한 방법을 통해 나온 정보라는 사정 등을 알면서) 받거나 전득한 것이라면, 그 정보를 이용한 매매는 정보이용형 교란행위에 해당될 수 있다.[43]

그러나 실제 증권회사 직원이 업무를 수행하면서 메일이나 메신저 등으로 받는 정보는 대부분 일상적인 분석내용이나 소위 '찌라시'인 경우가 많아서 이러한 정보가 중요정보가 되거나 실제로 이를 이용하는 경우는 적을 것이다.[44]

[사례 10] 식당의 종업원이 고객을 서빙하는 중에 미공개중요정보를 엿들어서 알게 된 경우

[사례 11] 커피공급업체가 상장법인 내부에 있는 커피자판기에 커피를 공급하기 위해 회사를 방문하여 휴게실에 있는 커피자판기에 커피를 공급하는 과정에서 회사 직원들의 대화를 엿듣고 해당 회사의 미공개중요정보를 알게 된 경우

[사례 12] 애널리스트가 상장법인을 방문하러 갔다가 복도에서 우연히 해당 회사의 미공개중요정보를 알게 된 경우

---

42) 금융위, 159면.
43) 금융위, 159면.
44) 금융위, 159면.

[사례 10]의 경우, 금융위는 음식을 나르는 과정에서 손님들의 대화를 우연히 들은 식당 종업원은 정보를 받은 자(정보수령자)로 볼 수 없다고 밝히고 있다.[45] 그러나 식당의 종업원이 "자신의 직무"인 고객 서빙 중에 해당 정보를 알게 된 경우라는 견해가 있을 수 있는데, 금융위는 이러한 경우가 "자신의 직무"에 해당되지는 여부에 대해서는 언급이 없이 단지 "우연히" 정보를 알게 된 경우이므로 시장질서 교란행위의 규제대상이 아니라고만 밝히고 있다. 영국은 이러한 경우도, 웨이터가 엿듣게 된 해당 정보가 내부자들로부터 나온 미공개중요정보라는 사실을 '인식'한 이상 시장남용에 해당한다고 보고 있다.

[사례 11]은 어떠한가? 제174조에서 규율하는 계약의 이행과정에서 중요정보를 알게 된 것으로 보아 내부자거래에 해당되는가? 아니면 제174조의 내부자거래에는 해당되지 않지만, '자신의 직무'와 관련하여 중요정보를 알게 된 경우로 보아 시장질서 교란행위의 규제대상이 된다고 볼 것인가?

먼저, 제174조의 규제대상에 해당된다고 보지 않는다. "계약을 체결 · 교섭 또는 이행하는 과정"에서의 '계약'은 해당 계약 자체에 관한, 또는 해당 계약으로부터 생성되는 미공개중요정보를 의미하는 것으로 보아야 할 것이고, 계약내용 또는 계약을 이행하는 과정에서 해당 계약내용과는 전혀 질이 다른 정보를 알게 된 경우까지를 포함한다고 볼 수 없다.

그렇다면 시장질서 교란행위에는 해당이 되는가? 역시 해당되지 않는다고 본다. 첫째, 커피를 공급하는 자가 커피공급계약 이행 과정에 엿들어 알게 된 정보는 커피공급계약의 내용과는 전혀 질이 다른 정보이다. 따라서 위에서 설명한 것처럼, 커피를 공급하는 직원의 직무는 '커피의 공급'이지만, 그가 알게 된 정보는 '커피공급계약' 또는 실제 '커피의 공급행위'와는 전혀 관계가 없기 때문에, '자신의 직무와 관련하여 알게 된 정보'라고 볼 수 없다. 물론 법원과 금융위가 이러한 사례가 발생한 경우 어떻게 판단할 것인지는 지켜보아야 할 것이다.

---

45) 금융위, 133면.

[사례 12]의 경우는 어떠한가? 위의 [사례 11]의 경우처럼 애널리스트 역시 '자신의 직무와 관련하여 알게 된' 정보가 아니라 '우연히' 알게 된 정보이므로 내부자거래 및 시장질서 교란행위의 대상이 된다고 볼 수 없다. 그러나 이 경우는 애널리스트라는 특별한 신분 때문에, 해당 정보를 과연 '우연히' 알게 된 것인지, 아니면 '우연'을 핑계로 한 정보의 전달이 있었는지 논쟁이 있을 수 있다.

[사례 13] 애널리스트가 상장법인을 방문하러 갔다가 해당 회사에 화재가 난 상황을 목격하고 해당 회사의 주식을 매도한 경우

이 사례는 영국 MAR Code of Conduct에서 제시하는 사례로서 이러한 경우는 시장남용에 해당되지 않는다고 설명한다. 이 경우 상장법인에게 공시의무가 발생하는지 여부와 관계없이 화재가 발생한 사실은 그 주변에 있는 모든 사람이 알 수 있는 정보이기 때문에 '미공개내부' 정보에 해당된다고 볼 수 없기 때문이다. 즉 '일반인들도 접근할 수 있는 정보'(information available to the public)이기 때문이다. 이 경우 해당 회사의 내부자 신분에 있는 자가 해당 정보를 이용하여 자기회사 주식을 거래한 경우 역시 내부자거래에 해당되지 않는다고 본다.

[사례 14] 정신과의사가 환자와의 상담 중 환자로부터 특정 상장법인에 대한 미공개중요정보를 알게 되었고, 해당 정보를 이용하여 주식거래를 한 경우

이 사례는 미국에서 실제로 발생한 사례이고, 미국 법원은 이러한 경우 내부자거래에 해당한다고 판시하였다.[46] 즉 환자는 의사가 자신과의 모든 대화를 비밀로 해 줄 것이라는 신뢰를 가지고 있기 때문에, 의사와 환자 사이에는 '믿음과 신뢰의 관계'가 존재하며, 의사의 거래행위는 이러한 관계를 깨뜨리는 위법한 행위라는 것이다. [사례 14]의 경우 시장질서 교란행위에 해당될 수 있는가? 의사가 환자와 상

---

46) U.S. v. Willis, 737 F.Supp. 269 (S.D.N.Y. 1990).

담하는 과정에서 미공개중요정보를 알게 된 것은 제1호 나목의 '자신의 직무와 관련하여 알게 된' 경우에 해당된다고 본다. 앞서 설명한 것처럼, '자신의 직무'는 '모든 직무'를 의미하며, 최근 바이오산업이나 헬쓰케어산업에 속하는 상장기업들이 매우 많고 의사들은 여러 채널을 통해 이들 기업과 관련한 미공개중요정보를 생산하거나 알게 될 가능성이 매우 높기 때문에 의사가 환자와의 상담을 통해 미공개중요정보를 알게 된 경우를 배제할 이유가 전혀 없다.

이 사례는 앞서 내부자거래 규제 부분에서 정보제공자의 의도를 다루면서 살펴보았지만, 아직 판례가 정립되지 않아 우리 법상 내부자거래에 해당될 수 있는지 여부는 불확실하다.

### (2) 직무관련성

제1호 나목은 자신의 직무와 "관련하여" 정보를 생산하거나 알게 된 것을 요구한다. 여기서 '직무관련성'은 법 제174조 제1항과 관련하여 어떻게 이해하여야 할 것인가? 제1호 나목에서 규제하고자 하는 '생산하거나 알게 된 정보'는 기본적으로 '외부정보'(outside information)인데, 내부자거래의 경우와 마찬가지로 '직무관련성'을 요구하고 있다.

첫째, 정보를 생산하는 자의 경우는 '직무관련성'이 특별히 의미가 없을 것이다. 왜냐하면 '자신의 직무에서' 또는 '자신의 직무로부터' 정보를 직접 생산한 경우는 직무와의 '관련성'을 별개의 구성요건으로 요구할 필요가 없기 때문이다.

둘째, '정보를 알게 된 자'의 경우는 '직무관련성'이 하나의 구성요건으로서 중요한 의미를 가질 수 있다. 앞의 [사례 3], [사례 4] 및 [사례 5]의 경우처럼 금융투자업자나 연기금 등에서 근무하는 임직원은 자신이 직접 미공개중요정보를 생산한 것이 아닌 경우, 해당 정보를 알게 된 경로가 자신의 직무와 관련성이 없다면 시장질서 교란행위에 해당되지 않을 수 있기 때문이다. 그러나 '알게 된' 경우라도 [사례 14]의 경우처럼 의사가 자신의 직무로부터 직접 미공개정보를 '알게 된' 경우에는 직무관련성 요건이 충족된 것으로 볼 수 있다. 이 경우 의사가 환자로부터 자신의 직무내용과 전혀 관계없는 미공개정보를 '우연히' 알게 되었지만, [사례 10], [사례 11], [사례

12]와 다른 점은 미공개정보의 제공 · 전달과정이 명백하게 존재하며, 정보제공자인 환자는 의사가 해당 정보의 비밀을 유지할 것을 믿고 제공하였다는 점이다.

셋째, 정보생성자와 관련하여 법 제174조 제2항 및 제3항은 일정한 경우 적용 예외를 허용하고 있다. 그러나 시장질서 교란행위는 정보생성자에 대해 예외 규정을 두고 있지 않다.

## 3. 제1호 다목: 해킹, 절취, 기망, 협박 등으로 정보를 알게 된 자

제1호 다목은 해킹, 절취, 기망, 협박, 그 밖의 부정한 방법으로 미공개중요정보를 알게 된 자의 매매등의 행위를 금지하고 있다. 이는 영국 FSMA 제118조B(d)의 "as a result of his criminal activities"를 모델로 한 것이다. 제1호 다목은 '범죄적 행위'(criminal activities)에 해당하는 가능한 유형을 열거하고, 이에 준하는 부정한 방법까지 규정하였다. 이는 정상적인 채널을 통해 정보를 알게 된 경위 이외에 비정상적인 방법, 예를 들어 범죄적 행위를 통해 미공개중요정보를 알게 되는 경우가 있을 수 있으며, 이러한 경우 역시 내부자거래로 처벌할 필요가 있어 정보이용형 시장교란행위의 한 유형으로 규정한 것이다.

첫째, 해킹을 통해 상장법인 등의 서버에 접속하여 미공개정보를 빼내어 이를 매매등에 이용하는 행위는 시장질서 교란행위에 해당된다. 최근 미국에서 해킹을 통해 중요정보가 공시되기 직전에 이를 빼내어 거래에 이용한 사건이 발생하였는데, 이러한 행위는 기존의 제174조를 통해서는 처벌이 어렵기 때문에 시장질서 교란행위의 한 유형으로 규정하였다.

둘째, 정보의 절취는 다양한 방법으로 등장할 수 있는데, 다음의 사례는 정보의 절취로 볼 수 있는 대표적인 사례라 할 수 있다. [사례 16]에서 퇴직한 직원이 퇴직한 지 1년이 경과되지 않았다면 내부자의 신분을 유지하고 있지만, 그는 직무와 관련하여 정보를 알게 되거나 다른 내부자로부터 정보를 전달받은 경우가 아니므로 기존의 제174조에 의해서는 규율되지 않는다.

[사례 15] 회사 내부에서 정기적으로 구두를 수선하는 자가 사무실에 구두를 수거하러 갔다가 미공개중요정보가 담긴 서류를 훔친 경우[47]

[사례 16] 퇴직한 직원이 회사 출입카드를 반납하지 않은 상태에서 사무실에 몰래 들어가 해당 회사가 그동안 개발 중이었던 신약개발이 완료되어 곧 판매가 허가될 것이라는 정보를 취득한 경우[48]

셋째, 회사의 임직원이나 미공개중요정보를 알고 있는 자를 기망하거나 협박하여 취득한 정보도 이를 매매등에 이용할 경우 시장질서 교란행위에 해당된다.

넷째, "그 밖의 부정한 방법"은 어떻게 해석할 것인가? 앞에서 열거한 해킹, 절취, 기망, 협박 등과 불법성에 있어서 그에 준하는 행위들로 제한된다고 볼 수 있지만, 금융위는 해킹 · 절취 · 기망 · 협박은 '부정한 방법'의 한 예시이며, 그 외에도 일반적으로 해당 정보에 접근할 권한이 없는 자가 정상적이지 않은 방법을 사용하여 정보를 취득하는 등 사회통념상 부정한 방법으로 정보를 알게 된 모든 경우를 규제대상으로 포함하고 있다.[49] 예를 들어, 위 [사례 15]에서 구두수선공이 서류를 훔친 경우가 아니라 책상 위에 놓여 있는 서류를 통해 미공개중요정보를 알게 된 경우, 절취에는 해당되지 않지만 "그 밖의 부정한 방법"을 통해 정보이용형 교란행위로 규율할 가능성이 있다고 본다.

[사례 17] 취업 준비 중이던 A는 면접을 보기 위해 서울에 올라왔다가 친구인 B의 집에서 하루를 묵게 되었다. 상장법인에 근무하는 B가 출근한 사이 B의 컴퓨터를 사용하여 이런저런 정보를 검색하던 중 친구 B가 근무하는 회사의 아직 발표되지 않은 신규사업 기획안 파일을 발견하게 되었다. A는 해당 정보가 공시되면 친구 회사의 주가가 폭등할 것을 직감하고, 친구 B의 허락을 받지 않고 그 정보를 다른 친구 C에게 전송하여 주식매

47) 금융위, 125면.
48) 금융위, 203면.
49) 금융위, 47면.

매를 하게 한 경우

위 사례에서 A는 친구 B의 명시적 허락 없이 해당 파일을 외부에 유출하여 타인에게 정보를 이용하게 한 경우인데, 이러한 경우는 제1호 다목에서 규정한 절취에 해당할 수 있으며 만약 절취에 해당하지 않는다면 '기타 부정한 방법'에 해당하는 방법으로 알게 되었기 때문에, 해당 정보를 타인에게 이용하게 하는 행위는 시장질서 교란행위에 해당된다. 다만, C가 처벌되기 위해서는 해당 정보가 A가 남의 컴퓨터에서 임의로 정보를 빼내어 준 것이라는 사정을 알고 매매에 이용하였을 것이 요구된다.[50)]

이 사례에서 친구 B가 A에게 명시적으로 해당 파일을 보도록 허락하였다면 A는 1차 정보수령자가 되고, 이러한 경우라면 A는 시장질서 교란행위가 아니라 제174조 제1항에 근거하여 내부자거래에 해당되어 형사제재를 받을 수 있다.[51)]

[사례 18] 미국 연방제2항소법원이 다루었던 U.S. v. Falcone 사례를 살펴본다. 미국의 Business Week 잡지 안에 "Inside Wall Street"라는 컬럼이 있었다. 이 잡지는 인쇄가 끝나면 전국보급회사로 보내지고, 이는 다시 도매상으로 판매를 위해 보내지는데, 허드슨 뉴스(Hudson News)는 도매상 중 하나였다. 허드슨 뉴스의 직원 A는 자기 밑에 있는 직원 B를 시켜 이 컬럼의 복사본은 화요일 주식시장이 폐장하기 전에, 그리고 그날 저녁 일반인에게 배포되기 전에 증권브로커에서 팩스로 보내도록 지시하였다. 증권브로커는 그 정보를 근거로 해서 거래를 하고, 또한 팔콘(Falcone)에게 정보를 보내주어 팔콘 역시 거래를 하였다. 연방제2항소법원은 팔콘의 내부자거래 혐의에 대해 유죄를 인정하였다.[52)]

[사례 18]에서 팔콘의 행위는 시장질서 교란행위에 해당되는가? 이 사건에

50) 금융위, 126면.
51) 금융위, 126면.
52) U.S. v. Falcone, 257 F.3d 226 (2d Cir. 2001).

서 팔콘은 증권브로커로부터 받은 정보의 소스를 몰랐기 때문에 자신은 무죄라고 항변하였다. 그러나 증권브로커는 팔콘에게 자기가 어떻게 정보를 얻는지에 대해 이야기 하였고, 팔콘으로부터 칼럼 하나당 200달러를 받았다고 증언하였다. 200달러는 잡지의 판매가격보다도 훨씬 큰 금액이었다. 배심(jury)은 팔콘이 훔친 정보를 받고 있다는 사실을 알고 있었다고 인정하였고, 법원은 그의 유죄를 인정하였다.

제1호 라목은 "나목, 다목의 어느 하나에 해당하는 자로부터 나온 정보인 정을 알면서 이를 받거나 전득한 자"로 규정하고 있고, 다음과 같은 이유로 팔콘과 같은 행위는 '나목 또는 다목'에 해당되어 시장질서 교란행위에 해당될 수 있다.

첫째, 증권브로커는 직원 A와 짜고 잡지사의 컬럼이 정상적인 시간에 배포되기 전에 "정보를 훔친 것"(stolen information)으로 볼 수 있다. 즉 증권브로커가 해당 칼럼 정보를 '절취'의 방법으로 취득한 것이고, 팔콘은 미공개중요정보를 절취한 자로부터 해당 정보를 전달받은 자에 해당하므로 제1호 라목에 해당된다고 볼 수 있다.

둘째, 증권브로커의 행위를 절취로 보지 않고 직원 A로부터 정보전달이 이루어진 것으로 본다면, 잡지사는 '자신의 직무'와 관련하여 미공개중요정보를 생산하였고, 해당 정보가 실린 잡지가 판매를 위해 보급되는 중간에 증권브로커에게 전달이 되었고, 증권브로커로부터 다시 팔콘에게 전달이 되었기 때문에, 팔콘은 제1호 라목, 즉 '나목에 해당하는 자로부터 나온 정보인 정을 알면서 이를 전득한 자'에 해당될 수 있다.

SEC v. Oleksandr Dorozhko 판결

코네티컷 주에 있는 IMS Health라는 상장법인은 Thomson Financial이 제공하는 웹사이트를 통하여 회사의 영업실적을 공개하여 왔는데, 2007. 10. 9.에 IMS는 3/4분기 영업실적을 10. 17. 오후 5시경 Thomson 사를 통해 발표하겠다고 공시하였다. 10. 17. 오전부터 수차례 Thomson 사의 전산망에 해커의 침입이 있었고, 오후 2시경 IMS가 이전보다 낮아진 수익을 보고하는 영업실적을 Thomson 사에 보냈고,

4시 30분경 공시되었다. 오후 2시 영업실적이 Thomson 사로 송부된 직후 재차 해커가 침입하여 다운로드 받았다. 한편, 우크라이나 국적의 Oleksandr Dorozhko는 오후 3시가 다 된 시각부터 당시 살 수 있는 모든 풋옵션을 매수하기 시작하였는데, 그 매수량은 이전의 6주 동안 이루어진 거래량의 90%에 달하는 것이었다. 이러한 대규모 풋옵션의 매수는 IMS의 3분기 영업실적 공시 몇 시간 전에 해킹을 통해 영업실적 정보를 입수하였기 때문에 가능한 거래였다.

2007. 10. 18. 장이 마감한 후 IMS Health는 영업실적을 공시하였는데, 3분기 실적이 주당 0.29달러였고, 이는 애널리스트의 기대치보다 15% 하회하는 것이었다. 다음 날 IMS Health의 주가는 최저 21.20달러까지 28%가 하락하였는데, 이 주가는 52주 최저치에 해당하였다. Dorozhko는 개장 후 5분 뒤부터 풋옵션을 매도하기 시작하여 약 28만 6천 달러의 이익을 얻었다. 이를 수상히 여긴 Interactive Broker LLC가 SEC에 보고하였고, SEC는 Dorozhko가 얻은 이익을 가압류하는 일시적 정지명령(TRO)을 청구하여 법원의 승인을 받았다.

제1심에서 뉴욕지방법원은 위 사건이 34년법 제10조(b) 및 Rule 10b-5 위반인지를 판단하기 위하여 ① 해킹이 사기적인 수단(scheme)인지, ② 증권의 매매관련성(in connection with) 요건을 충족하는지, ③ 해킹으로 얻은 정보를 이용한 증권매매가 시세조종적(manipulative)이거나 사기적인(deceptive) 것인지를 판단해야 한다고 하였다.

법원은 ①과 ②에 관하여 Dorozhko의 해킹은 술책, 계략에 해당하고 고의요건도 충족하며, 해킹은 풋옵션의 매수와 관련성이 있다고 하였으나 ③의 요건이 충족되지 않는다고 하였다. 시세조종 여부와 관련하여 Dorozhko는 가장매매, 통정매매, 주가고정 등의 행위를 하지 않았고, 그가 한 행위는 시장행위에 대해 통제나 인위적인 영향을 미치려고 한 것이 아니라 시장행위(market activity) 그 자체라 하였다. 사기적인 행위 여부와 관련하여도 34년법 제10조(b)의 사기적이라는 것은 그것이 중요한 허위의 표시를 하거나 공개의무를 위반하여 중요한 정보를 공개하지 않는 것이라고 하면서, 사기적인 행위가 되기 위해서는 정보공개에 대한 신인의무 내지 신뢰관계가 있어야 하는데, Dorozhko는 회사의 외부자로서 아무런 신인의무를 부

담하지 않으므로 사기적인 행위로 인정할 수 없다고 판단하였다.[53)]

그러나 항소법원은 피고의 문제가 된 행위가 불공시(nondisclosure)의 문제가 아니라 적극적인 부실표시(affirmative misrepresentation)행위라는 SEC의 주장을 받아들이면서, 사기적인 행위가 되기 위해서 신인의무가 요구된다는 연방대법원이나 기존의 선례는 없다고 하면서 원심을 파기하였다. 제1심은 해킹이 사기적인 수단을 이용한 행위에 해당되지만 10b-5 (a) 또는 (c)의 '사기'를 적용할 수 없다고 판단한 반면, 항소법원은 (b)의 '부실표시'(misrepresentation)를 적용하면서 신인의무 요건을 거부한 것이다. 이는 컴퓨터 해킹은 거짓된 신분확인으로 다른 사용자로 가장하는 것이므로 '기망적 부실표시'에 해당된다고 판결한 것이다. 내부정보를 획득하기 위하여 해킹을 하여 정보를 훔쳤다면 일반적인 의미로 그냥 '사기적 행동'(deceptive)에 해당한다는 것이다.[54)] 연방지방법원은 환송심에서 피고의 Rule 10b-5를 인정하고, 부당이득반환 및 민사제재금으로 580,000달러를 선고하였다.

이 판결은 회사 외부자의 정보해킹에 의한 증권매매행위를 Rule 10b-5 위반으로 인정한 판결로서 시사점을 주고 있다. 이 사건에서 피고는 해킹은 Rule 10b-5 하에서 사기적 행위에 해당하지 않으며, 또한 사기적 행위가 되기 위해서는 신인의무가 존재하여야 한다고 주장하였는데, 연방항소법원이 이를 거부하였다는 점에서 의미를 발견할 수 있다.[55)]

향후 유사한 사례가 국내에서 발생할 경우 최근 신설된 자본시장법 제178조의2 제1항 제1호 다목에 "해킹, 절취, 기망, 협박, 그 밖의 부정한 방법으로 정보를 알게 된 자"에 해당될 수 있을 것이다. 또한 사안의 경중에 따라 자본시장법 제178조 제1항 제1호가 적용될 수도 있을 것이다.

---

53) SEC v. Dorozhko, 606 F.Supp. 2d 321, 324 (S.D.N.Y. 2008).

54) 곽수현, "자본시장법상 부정거래금지에 대한 소고", 『경영법률』 제21권 제4호, 464면.

55) 이 판결에 대한 국내 연구문헌으로는 문상일, "해킹정보이용행위와 내부자거래 - 최근 미국의 이론과 판례를 중심으로", 『상사법연구』 제29권 제4호 (2011) 참조; 또한 해킹 등 인터넷의 발달과 관련하여 발생하는 이슈에 대한 연구로는 장근영, "인터넷의 발달과 증권규제-내부자거래를 중심으로", 『비교사법』 제14권 3호(상) (통권 38호) 참조.

## 4. 제1호 라목: 내부자 이외의 자로부터 정보를 받거나 전득한 자

제1호 라목은 "나목, 다목의 어느 하나에 해당하는 자로부터 나온 정보인 정을 알면서 이를 받거나 전득한 자"를 새로운 정보이용형 교란행위의 규제대상자로 규정하고 있다. 제1호 가목이 기존에 내부자인 자들로부터 정보를 수령한 자를 규정하는 반면, 라목은 나목과 다목에서 규정한 자, 즉 새롭게 내부자 그룹으로 창설된 자들로부터 미공개중요정보를 받거나 전득한 자들을 규제하고 있다. 이 경우 역시 제1호 가목과 마찬가지로 나목과 다목에서 규정한 자들로부터 미공개중요정보를 받은 제1차 정보수령자와 그 이후 "전득한" 모든 자를 규제대상으로 포섭하고 있다.

이처럼 제1호 라목이 새로운 내부자로 창설된 자들로부터 정보를 수령한 제1차 정보수령자를 포함하여 이후의 정보수령자들을 규제대상자로 규정하고 있는데, 이 경우 역시 제1항 가목의 경우처럼 동 정보가 정보를 생산하거나 알게 된 자 또는 범죄적 행위의 결과로 정보를 알게 된 자로부터 나왔다는 사실을 "알면서" 받거나 전득할 것을 요건으로 한다.

> [사례 19] A는 오랜만에 대학 동기들과 만난 자리에서 연기금의 기금운용 담당자로 있는 친구 B로부터 대화중에 특정 상장법인이 이번에 신규로 투자대상 종목으로 선정되었다는 이야기를 듣고 다음 날 해당 회사의 주식을 매수한 경우[56)]

A는 직무와 관련하여 미공개중요정보를 생산하거나 알고 있는 친구로부터 해당 정보를 받아 매매에 이용한 것이므로 시장질서 교란행위에 해당될 수 있다. 이 사례에서 연기금 등 기관투자자의 특정 회사에 대한 투자의사결정에 대한 정보는 시장정보로서 기존 제174조에 의해서는 중요정보로 볼 수 없었지만, 시장질서 교란행

---

56) 금융위, 127면.

위의 규제대상정보에는 해당되기 때문이다.[57]

> [사례 20] 상장법인의 임원이 연기금 운용회사에 근무하는 친구로부터 자기회사 주식이 연기금 투자 Pool에 새롭게 편입되었고 대량으로 매수(4%)될 것이라는 이야기를 듣고, 차명계좌를 통해 회사 주식을 추가로 더 매수한 경우[58]

[사례 20]의 경우는 상장법인의 임원이 자기회사에 대한 중요정보를 알게 되었지만, 해당 정보는 회사 내부에서 생성된 내부정보가 아니라 외부정보에 해당되고, 또한 경영권에 영향을 줄 만한 대량취득(제174조 제3항)도 아니어서 기존의 제174조에 의해서는 규율되지 않는다. 그러나 이 경우 '자신의 직무와 관련하여 미공개중요정보를 생산하거나 알게 된 자'에 해당하는 친구로부터 매매등에 중대한 영향을 미칠 수 있는 정보를 전달받은 것에 해당되어 시장질서 교란행위에 해당될 수 있다.

> [사례 21] A는 상장법인 B의 퇴직임원인데, 어느 날 정기적인 퇴직자 모임에서 회사가 올해 회계감사에서 감사의견거절을 받을 것이라는 이야기를 다른 퇴직자로부터 듣고 노후대비용으로 보유하고 있던 상장법인 B의 보유주식을 모두 매도한 경우

A의 매도행위는 시장질서 교란행위에 해당될 수 있다. [사례 21]의 경우 퇴직자 모임의 경우 회사 내부자로부터 정보를 받아 이를 공유하는 경우가 많기 때문에, 이러한 정보를 주식매매에 이용하는 경우 시장질서 교란행위에 해당될 가능성이 존재한다.[59] 그러나 A의 행위를 시장질서 교란행위로 규율하기 위해서는 해당 정보가 내부자로부터 나왔는지에 대한 인식, 해당 정보의 구체적인 소스나 근거, 정보에 대

---

57) 금융위, 127면.
58) 금융위, 207면.
59) 금융위, 202면.

한 신뢰 정도 등이 종합적으로 검토되어야 할 것으로 보인다.

## 5. 금융위 가이드라인

금융위는 시장질서 교란행위 규제 시행 이후 시장참여자의 불안감 해소 및 이해도를 제고하기 위해 2015년 5월에 발표한 〈안전한 자본시장 이용법〉을 발표하였지만, 2016년 3월에 다시 추가적으로 별책부록 형식으로 〈시장질서 교란행위 사례와 예방〉을 금융위 · 금감원 · 거래소 · 금융투자협회 등 공동으로 작성하여 발표하였다. 시장질서 교란행위 규제를 조금 더 쉽게 이해할 수 있도록 사례 형식을 빌려 '가이드라인'을 발표한 것이다.[60)]

〈시장질서 교란행위 사례와 예방〉은 "시장질서 교란행위 일문일답"에서 27개의 사례를 들어 시장질서 교란행위 규제의 이해를 돕고 있는데, 대부분이 '정보이용형 교란행위'에 집중되어 있고, 특히 증권회사의 애널리스트, 자산운용회사의 펀드매니저들의 직무와 관련한 사례들이 12개로서 제일 많은 비중을 차지하고 있다.

### (1) 공개된 여러 정보를 모아 작성한 조사분석자료의 제공

블룸버그 등을 통해 모은 정보, 공시된 정보 등 공개된 자료만을 기초로 전문가적 식견을 더해 특정 종목에 대한 조사분석자료를 작성한 경우, 이 자료를 공표하기 전 관련 절차를 따라 펀드매니저 등 제3자에게 제공하는 행위는 시장질서 교란행위에 해당되는가? 시장질서 교란행위가 성립하기 어렵다.

조사분석자료의 기초가 된 정보들이 모두 불특정다수가 접근할 수 있는 공개된 자료이므로 시장질서 교란행위를 구성하는 '비공개성' 요건에 해당되지 않고, 애널리스트의 전문적 식견에 따른 분석내용은 주관적인 의견으로서 객관적 사실인 정

---

60) 이 가이드라인은 추후 감독정책의 변화 등으로 언제든지 변경될 수 있고, 감독당국의 '비조치의견서'(No-Action Letter)로 사용될 수 없고, 그리고 감독당국이나 사법당국의 판단을 기속할 수 없지만, 제도의 이해에 도움이 될 것으로 기대한다(금융위, 부록).

보라고 보기 어렵기 때문이다. 따라서 공개된 기초 자료들과 애널리스트의 전문적 식견을 토대로 작성한 조사분석자료의 건전한 유통이 시장질서 교란행위가 될 가능성은 현저히 낮을 것이다.[61] 이처럼 공개된 자료들을 기초로 해서 애널리스트의 전문적인 식견을 토대로 투자를 하는 행위를 "모자이크 이론"(Mosaic Theory)이라고 한다. 미국에서 헤지펀드들이 자신의 투자종목 선택이 내부정보에 의한 것이 아니라 모자이크 이론에 의한 것이라는 방어전술은 매우 널리 알려져 있다.

### (2) 합병 후 예상실적에 관한 조사분석자료의 제공

애널리스트가 M&A 추진 중인 상장회사의 합병 후 예상실적에 관한 조사분석자료를 작성하고, 이를 공표하기 이전 펀드매니저에게 사전 제공한 경우 시장질서 교란행위로 제재를 받을 수 있는가? 미공개중요정보 이용행위에 해당할 가능성이 존재한다.

애널리스트가 공개된 자료 등을 바탕으로 전문가적 식견에 의해 '예상실적'에 대한 조사분석자료를 작성하였다면, 이를 공표하기 전 펀드매니저에게 사전 제공하였다고 해서 시장질서 교란행위가 되기는 어려울 것이다. 그러나 애널리스트가 내부자 등으로부터 상장회사 M&A와 관련된 미공개중요정보를 제공받아 조사분석자료를 작성한 것이라면, 이를 펀드매니저에게 사전 제공하여 매매등에 이용하는 경우 애널리스트는 미공개중요정보의 1차 수령자에 해당되어 기존의 내부자거래 규제에 따라 형사처벌 될 수 있다. 이때 사전 제공받은 조사분석자료에 미공개중요정보가 포함되어 있다는 점을 알면서 매매등에 이용한 펀드매니저는 미공개중요정보의 2차 수령자에 해당하게 되어 시장질서 교란행위로 제재를 받게 될 것이다.[62]

### (3) 시장에 영향력 있는 애널리스트의 매도/매수 의견의 공표

애널리스트가 전문가적 식견을 통해 특정 종목에 대한 매도/매수 의견을 공표

---

61) 금융위, 부록, 25면.
62) 금융위, 부록, 26면.

하였는데, 그 애널리스트에 대한 시장의 신뢰 등 영향력으로 인해 주가가 반응하였다. 애널리스트가 공표 전에 관련 절차를 거쳐 펀드매니저에게 자료를 사전 제공한 사실이 있는데, 시장질서 교란행위로 규제될 수 있는가? 시장질서 교란행위가 될 가능성이 높지 않다.

일부 영향력 있는 애널리스트가 조사분석자료를 통해 특정 종목에 대한 매도/매수 의견을 공표하면, 조사분석자료에 미공개중요정보 등 특별한 내용이 포함되어 있지 않더라도 의견 공표 자체로 주가가 반응하는 경우가 있는 것이 사실이다. 하지만 금융투자상품의 가치에 대한 예측을 담은 일상적인 조사분석자료를 관련 절차에 따라 작성 · 유통하는 것은 애널리스트 직군의 정당한 시장 활동으로서, 애널리스트 영향력 여하에 따라 시장질서 교란행위로 달리 규제하기는 어려울 것으로 판단된다.

다만, 애널리스트가 본인의 매도/매수 의견이 공표되었을 때 시장에 미치는 영향력을 매매에 이용할 목적으로 조사분석자료를 작성하고, 공모한 펀드매니저 등에게 사전에 제공하는 등 위법행위의 의도나 계획이 명백한 사안은 자본시장법 제178조에 따른 부정거래행위로 규제될 가능성이 있다.

미국 등 외국의 사례에서도 애널리스트가 본인의 투자의견이 시장에 미치는 영향력을 이용하려는 부당한 의도를 가지고 펀드매니저 등 제3자에게 투자의견을 먼저 제공하여, 펀드매니저 등이 부당이득을 취득한 사안을 우리나라의 부정거래행위 규제와 유사한 방식으로 규율하고 있다.[63] 미국 SEC는 웰스파고증권회사의 애널리스트가 같은 회사 트레이더에게 6종목에 대한 등급 변경(특정 종목에 대한 매도/매수 등급 상 · 하향) 정보를 공표 직전에 지속적으로 제공한 사건에서, 포괄적 사기수단 이용금지 위반을 이유로 민사제재금을 부과하였다. 이 사건에서 문제가 된 애널리스트는 기관투자자 대상 업종 베스트 애널리스트로 선정(2010년)되는 등 영향력 있는 애널리스트로서, 그의 등급변경조정 보고서는 항상 해당 종목의 주가 및 거래량에 의

63) 금융위, 부록, 27면.

미있는 변화를 야기했었다.[64)]

### (4) 고객의 요청에 따른 개별적인 조사분석자료의 제공

고객의 요청에 따라 특정 종목에 대한 조사분석자료를 제공했지만, 개별 요청에 따른 보고서이기 때문에 불특정다수에 공표할 생각이 없었고, 실제 공표한 바가 없는 경우, 시장질서 교란행위에 해당할 만한 소지가 있는가? 시장질서 교란행위가 될 가능성이 높지 않다.

애널리스트가 작성하는 조사분석자료는 반드시 불특정다수에 공표될 필요가 없으며, 특정인에 대한 제공을 목적으로 할 수 있다. 조사분석자료의 내용 중에 미공개(중요)정보가 포함되어 있지 않는 한, 애널리스트가 일상적인 조사분석자료를 특정 고객에게만 제공하는 것은 정당한 시장 활동으로서 시장질서 교란행위에 해당하지 않을 것이다.[65)]

### (5) 기업탐방 정보를 기초로 한 펀드 운용

펀드매니저가 기업탐방을 통해 얻은 정보를 기초로 펀드를 운용하거나 타 운용사에 동 정보를 전달하면 문제가 되는가? 미공개중요정보 이용행위에 해당될 가능성이 있다.

펀드매니저가 기업탐방 과정에서 내부자 등으로부터 미공개중요정보를 제공받아 그 정보를 기초로 펀드를 운용하거나 다른 운용사에 전달하면, 기존의 미공개중요정보 이용으로 형사처벌 받을 수 있다. 이는 시장질서 교란행위 규제 도입 전부터 자본시장법상 이미 규제해온 사항으로 새롭게 달라질 것은 없다.[66)]

64) 금융위, 부록, 28면.
65) 금융위, 부록, 29면.
66) 금융위, 부록, 30면.

### (6) 펀드매니저가 애널리스트로부터 받은 조사분석자료의 이용

펀드매니저가 애널리스트로부터 받은 조사분석자료를 이용하여 펀드를 운용하면 시장질서 교란행위가 되는가? 조사분석자료에 담겨진 정보의 성격에 따라 달라질 수 있다.

펀드매니저가 애널리스트로부터 일상적인 조사분석자료를 제공받아 펀드운용에 이용하는 것은 시장질서 교란행위에 해당하지 않을 것이다. 다만, 애널리스트가 상장법인 내부자 등으로부터 미공개(중요)정보를 제공받아 이를 조사분석자료에 반영하였고, 이를 공표 전에 펀드매니저에게 사전제공 하는 경우가 있을 수 있다. 이때, 펀드매니저가 제공받은 조사분석자료에 미공개(중요)정보가 포함되어 있다는 정을 알면서 펀드 운용에 이용한다면, 제2차 정보수령자로서 시장질서 교란행위로 제재를 받을 것이다.[67]

### (7) 투자일임재산 운용부서 직원의 자기매매

투자일임재산(Wrap) 운용부서 직원의 자기매매 내역이 사후적으로 집합주문 내역과 일치한 경우에도 시장질서 교란행위에 해당할 수 있는가? 시장질서 교란행위로 보기 어렵다.

투자일임재산 운용부서 직원이 운용 관련 집합주문 정보를 전혀 알지 못한 상태에서 한 자기매매가 사후적으로 우연히 집합주문 내역과 일치하였다면, 해당 행위는 시장질서 교란행위에 해당하지 않는다.

### (8) 연기금 직원의 연기금 투자정보를 매매에 이용한 경우

연기금에 재직하고 있으나 기금운용 업무와는 무관한 일을 하고 있는 직원이 특정 종목에 대한 연기금의 투자정보를 알고 매매에 이용한다면 시장질서 교란행위에 해당하는가? 시장질서 교란행위에 해당할 가능성이 매우 높다.

---

67) 금융위, 부록, 31면.

연기금이 특정 종목에 대해 투자한다는 정보는 해당 금융투자상품의 매매등 여부나 조건에 중대한 영향을 미칠 가능성이 높다. 따라서 해당 정보를 '자신의 직무와 관련하여' 생성하거나 알게 된 후 공개되기 전에 매매에 이용하면 시장질서 교란행위에 해당할 개연성이 상당히 높다.

판례는 직무관련성을 폭넓게 인정하는 태도를 취하고 있다. 전자부품연구원 직원이 사내전산망을 통해 연구원의 신기술 개발과 관련된 미공개정보를 지득하여 이용한 사안에서, 해당 직원이 신기술 개발과 무관한 일을 하고 있는 건설추진실 소속이라도 일반인에게 접근이 허용되지 않는 사내전산망을 통하여 정보를 취득하였으므로 전자부품연구원 직원이라는 지위를 이용하여 직무상 알게 된 것이라고 인정하였다(서울중앙지법 2008. 11. 27. 선고 2008고합236 판결). 따라서 연기금 소속 직원이 기금운용 업무를 직접 수행하고 있지 않더라도, 연기금 직원의 지위를 이용하는 등 직무과 관련하여 특정 종목에 대한 연기금의 투자정보를 알고 매매에 이용하였다면 시장질서 교란행위에 해당될 수 있다.[68]

### (9) 모델 포트폴리오 정보 등을 미리 제공하는 경우

모델 포트폴리오 변경정보나 외국인 투자자의 매매동향 등을 기관투자자에게 제공하는 경우 시장질서 교란행위에 해당되는가? 해당될 가능성이 존재한다.

자산운용사의 모델 포트폴리오 변경정보에 특정 종목의 대량 편입정보 등 지정 금융투자상품의 매매등 여부 또는 조건에 중대한 영향을 미칠 수 있는 정보가 포함되어 있는 경우, 그 정보가 불특정 다수인에게 공개되기 전에 기관투자자에게 미리 제공해서 매매등에 이용하게 하는 행위는 시징질서 교란행위가 될 수 있다.

외국인 투자자의 매매동향도 단순한 매매동향을 넘어 외국인 투자자의 특정 종목에 대한 대량주문 정보 등이 포함되어 있는 경우라면, 그 정보가 공개되기 전에 기관투자자에게 사전 제공하여 매매등에 이용하게 하면 시장질서 교란행위에 해당

68) 금융위, 부록, 33면.

할 수 있으므로 조심할 필요가 있다.[69)]

### (10) 시장 루머에 대한 대응

시장에 떠도는 루머를 기관에 배포하거나 빠르게 시장 대응하는 경우에도 시장질서 교란행위로 제재될 수 있는가? 그렇지 않다.

일반적으로 합리적 근거 없이 시장에 떠도는 루머는 지정 금융투자상품의 매매등 여부 또는 조건에 중대한 영향을 미칠 수 있는 정보로 보기 어렵다. 따라서 특별한 사정이 없는 한 루머를 기관에 전달하거나 시장 대응 차원에서 빠르게 매매한다고 해서 시장질서 교란행위 규제의 대상이 되지는 않을 것으로 보인다.

### (11) 애널리스트와 기업탐방 후 스스로의 투자판단에 따라 매매한 경우

애널리스트와 함께 기업탐방을 한 후에 스스로의 투자판단에 따라 해당 종목을 매매하였는데, 다음날 우연히 애널리스트의 조사분석자료가 공표되어 주가가 상승하였다면 문제가 될 수 있는가? 문제가 되지 않는다.

기업탐방 중에 해당 기업 관련 금융투자상품의 가격 등에 중대한 영향을 미칠 만한 정보를 알게 된 사정이 없고, 기업탐방에 동행했던 애널리스트가 다음날 주가를 상승시킬 수 있는 조사분석자료를 공표한다는 사실도 전혀 모르는 상태에서 오로지 스스로의 투자판단에 따라 매매하였다면 시장질서 교란행위가 아니다.

다만, 거래 시점이나 거래 규모, 기업탐방 과정에서 미공개(중요)정보를 들을 만한 구체적 사정이 있었는지 여부 등에 따라 위법행위로 오해받을 수 있기 때문에 주의가 필요할 것이다.[70)]

### (12) 애널리스트가 미공개중요정보를 사내 전산망에 게시하는 경우

금융투자업자 애널리스트가 상장법인 임직원 등 내부자로부터 미공개중요정

---

69) 금융위, 부록, 34면.
70) 금융위, 부록, 36면.

보를 들은 경우, 해당 정보를 사내 전산망에 게시하면 제재 대상이 되는가? 제재 대상이 될 수 있다.

금융투자업자 애널리스트가 상장법인 내부자로부터 제공받은 정보가 미공개중요정보에 해당한다는 사실을 알면서도 정보를 사내 전산망에 게시하였다면, 직접적인 권유행위가 없다고 할지라도 다른 임직원이 그 정보를 거래에 이용하도록 할 의도성이 추단된다. 따라서 실제 다른 임직원이 그 정보를 거래에 이용하였다면, 정보를 사내 전산망에 게재한 애널리스트는 제1차 정보수령자로서 기존의 미공개중요정보 이용행위로 형사처벌 될 수 있다.

한편, 사내 전산망에 게시된 정보가 내부자 등으로부터 나온 미공개중요정보라는 사정을 인식하고 이를 이용하여 거래한 금융투자업자 임직원은 미공개중요정보 이용으로 형사처벌이 되거나, 시장질서 교란행위로 과징금을 부과받을 수 있을 것이다.[71)]

## VII. 규제대상정보의 특징

제178조의2 제1항의 정보이용형 교란행위의 규제대상이 되는 정보는 첫째, 그 정보가 지정 금융투자상품의 매매등 여부 또는 매매등의 조건에 중대한 영향을 줄 가능성이 있을 것, 둘째, 그 정보가 투자자들이 알지 못하는 사실에 관한 정보로서 불특정 다수인이 알 수 있도록 공개되기 전일 것을 요구한다. 즉 정보가 중요하고 미공개일 것을 요건으로 한다.

71) 금융위, 부록, 37면.

## 1. 정보의 중요성

제174조는 내부자거래 규제에 있어서 규제대상인 중요정보의 개념을 "투자자의 투자판단에 중대한 영향을 미칠 수 있는 정보"로 규정하고 있다. 그리고 실제 사안에서 법원은 특정 정보가 투자자의 투자판단에 중대한 영향을 미칠 수 있는 정보인지 여부를 판단하기 위해 '중대성/개연성 기준' 또는 '시세영향기준'을 사용해 왔다. 우리 법원은 위 두 기준 중 '중대성/개연성 기준'을 많이 활용한 반면, 유럽의 경우에는 다소 객관적이라 할 수 있는 '시세영향기준'을 더 선호하는 편이다. '중대성/개연성 기준'에 따르면 특정 정보가 주가에 영향을 미칠 만한 중대성이 있으며, 이와 함께 특정 정보가 실제로 그렇게 확정될 수 있는 개연성이 있다면, 해당 정보를 중요정보로 판단한다.

이에 반해 제178조의2 제1항 제2호는 규제대상정보의 중요성 요건에 대해 "그 정보가 지정 금융투자상품의 매매등 여부 또는 매매등의 조건에 중대한 영향을 줄 가능성이 있을 것"으로 규정하고 있다. 따라서 중요성 개념에 대해 제174조의 "투자자의 투자판단에 중대한 영향을 미칠 수 있는 정보"와는 다른 표현을 사용하고 있다.

첫째, 이렇게 시장질서 교란행위의 중요성 개념을 제174조의 중요성 개념과 차별화한 것은 제174조보다 중요성 요건을 낮추려고 한 것으로 보인다. 즉 제174조의 중요성 요건에는 못 미치는 경우라도 시장질서 교란행위에는 해당될 수 있도록 의도한 것으로 보인다. 물론 "매매등 여부 또는 매매등의 조건에 중대한 영향을 줄 가능성"은 "투자자의 투자판단"에 영향을 미친 결과로 나타나기 때문에 이 둘 사이에 차이가 없다고 볼 여지가 없는 것은 아니다.

둘째, "매매등 여부"와 "매매등의 조건" 사이에 어떠한 차이가 존재하는가? "매매등 여부"는 매도 또는 매수의 의사결정에 직접 영향을 미치는 것을 의미하는 반면, "매매등의 조건"은 매도 또는 매수를 함에 있어서 주문가격 또는 주문수량에 영향을 미치는 것을 볼 수 있다. 그러나 실무적으로 둘 사이의 차이를 발견하기는 쉽지 않다고 본다. 또한 "매매등 여부" 그리고 "매매등의 조건"은 제174조가 규정하는 "투자자의 투자판단"과도 크게 다르지 않다고 볼 수 있는 견해도 가능하다. 결국 투자자의 투자판단이란 매매를 할 것인지 여부, 그리고 매매를 한다면 어느 가격에서 어느 정도의 수량으로 할 것인지의 판단을 의미하는데, 이것이 궁극적으로 투자판단의 내용이 되고 결과가 되기 때문이다.

셋째, 제174조는 "중대한 영향을 미칠 수 있는 정보"라고 한 반면, 시장질서 교란행위의 경우는 "중대한 영향을 줄 가능성"으로 표현하고 있어 실제 중대한 영향을 주지 않은 경우에도 구성요건에 해당할 수 있다. 따라서 제2호 가목은 제174조의 경우보다 규제대상정보의 범위를 크게 가져가고 있다고 볼 수 있다.

결론적으로 시장질서 교란행위 규제는 규제대상정보가 기존의 내부자거래 규제와는 달리 '외부정보'(outside information)를 포함하고 있고, 다양한 외부정보의 중요성 여부를 판단하기 위해 기존과는 다른 표현을 사용한 것으로 보인다. 그리고 이러한 의도는 제174조의 중요성 개념보다는 수위를 낮추어 제174조의 중요성 개념에는 해당하지 않더라도 시장질서 교란행위에는 해당될 수 있도록 하기 위한 것으로 볼 수 있다.

## 2. 미공개정보

시장질서 교란행위의 규제대상정보는 "투자자들이 알지 못하는 사실에 관한 정보로서 불특정다수인이 알 수 있도록 공개되기 전"이어야 한다. 즉 정보의 미공개성을 요구한다. 이 점은 제174조의 내부자거래 규제와 동일하다. 다만, 제174조는 정보의 공시와 관련하여 공시의 권한을 가지는 자가 대통령령으로 정하는 방법에 의해 공시를 하고 일정 기간 또는 시간이 지난 경우에 공시가 이루어진 것으로 인정된다(영 201조 2항). 이를 공시의 '주지기간'이라 한다.

이에 비해 제178조의2는 법령에서 주지기간에 대한 규정이 없다. 따라서 원칙적으로 정보이용형 교란행위의 경우에는 주지기간이 요구되지 않는다. 이처럼 정보이용형 교란행위에서 주지기간을 규정하지 않은 것은 제174조의 경우와는 달리 공시의무를 부담하는 공시주체가 존재하지 않는 경우가 많을 수 있기 때문이다. 예를 들어, 대형 기관투자자의 펀드매니저가 운용관련 전략정보를 본인 또는 제3자의 투자목적으로 사용하는 경우, 대형 기관투자자는 해당 정보를 공시할 의무가 없다. 따라서 공시시점부터 일정 기간 또는 시한을 주지기간, 즉 시장에 충분히 알려질 것으로 기대하는 기간 또는 시한의 기준시점이 존재하지 않는다. 이처럼 공시의무가 부여된 공시의 주체가 없는 경우 주지기간을 부여한다는 것은 비현실적이기 때문이다.

그러나 그렇다고 해서 제178조 제1항의 모든 정보에 대해 주지기간이 적용되지 않는다고 볼 수 없다. 대표적으로 제1호 가목에 의해 규제대상이 되는 정보수령자들은 주지기간이 적용된다. 가목에 의한 규제대상자는 제174조의 내부자로부터 정보를 수령한 제2차 정보수령자 또는 그 이후의 정보수령자들인데, 이 경우는 제174조 규제의 연장선상에 있기 때문에 시행령 제201조 제2항에 따른 주지기간 요건이 그대로 적용된다.

또한 해킹의 경우도 마찬가지이다. 미국에서 해킹을 통해 미공개정보를 절취한 Dorozhko 사건이 국내에서 발생하였다고 가정할 때, 해킹으로 미공개중요정보를 취득한 자는 해당 실적 공시가 이루어지고 시행령에 의한 일정한 기간 또는 시간이 경과되지 않는 한 여전히 미공개정보이기 때문에, 해당 주지기간이 경과하기 전에 거래하면 시장질서 교란행위에 해당된다. 이처럼 정보이용형 교란행위의 경우 획일적으로 주지기간이 요구되지 않는다고 볼 수는 없으며, 규제의 근본이 제174조와 관련되어 있는 경우들이 있기 때문에 정보의 특성에 따라, 또는 사안의 특성에 따라 개별적으로 판단할 필요가 있다.

## 3. 금융위 가이드라인

### (1) SNS를 통한 소문

내부자거래 규제의 경우 규제대상 정보는 SNS를 통해 소문이 돌거나 언론에 추측성 보도가 나오더라도 법적으로는 공개된 것으로 보지 않는데, 시장질서 교란행위 규제의 경우도 동일한가? 일부 다른 점이 있다.

미공개중요정보 이용행위 규제에서는 정보가 법령에 따른 방법에 따라 공개되고 일정한 기간(주지기간)이 경과하지 않으면 법상 공개된 것으로 보지 않는다. 따라서 SNS를 통해 소문이 돌거나 언론에 추측성 보도가 나왔더라도 법령에 따른 공개행위가 없었다면 아직 미공개 상태에 있는 것이다.

반면에, 시장질서 교란행위 규제에서는 관련 법령에서 정보의 공개방법이나 주지기간에 대해 별도로 규정하고 있지 않다. 따라서 주지기간의 경과 필요 없이, 불특정다수인이 알 수 있을 정도로 SNS에 소문이 나는 등 구체적 사정이 있는 경우에는 시장질서 교란행위 규제대상이 되지 않을 것이다.[72)]

### (2) 기존 공시내용과의 구별되는 독자성

상장기업이 이미 영업이익 총액을 공시한 상황에서, IR 담당자 등 내부자로부터 제품별 영업이익 분류와 같은 공시되지 않은 세부자료를 받은 경우, 이러한 세부자료도 미공개중요정보라 할 수 있는가? 미공개중요정보로 보기 어려울 것이다.

이미 기업의 영업이익 총액 등 실적정보가 공시된 상태라면, 제품별 영업이익 분류정보 등 실적을 구성하는 세부자료의 내용은 투자자의 투자판단에 중대한 영향을 미칠 가능성이 낮아 미공개중요정보가 될 가능성은 낮다. 다만, 공시되지 않은 세부자료의 내용이 투자자의 투자판단에 중대한 영향을 미치는 정보로서 "기존에 공시된 내용과 구별되는 독자성"을 지닌다면 미공개중요정보에 해당될 가능성이 있다.[73)]

### (3) 공정공시 대상정보의 이용 가능 시점

금융투자업자의 임직원이 상장법인의 IR 담당자나 실적발표회 등을 통해 상장법인의 향후 실적에 대한 추정치 등 공정공시 대상정보를 알게 된 경우, 이 정보는 언제부터 이용이 가능한가? 이에 대해 금융위 가이드라인은 다음과 같이 답을 주고

---

72) 금융위, 부록, 24면.
73) 금융위, 부록, 46면.

있다.[74]

상장법인이 향후 실적에 대한 추정치 등 공정공시 대상정보를 IR 등을 통해 특정인에게 선별 제공하고자 할 경우에는, 공정공시로 해당 내용을 공시하여야 한다. 공정공시 대상정보로는 주로 사업 및 경영계획, 영업실적 전망과 예측 등에 관한 정보로서, 회사의 손익이나 재무구조 등과 밀접한 관련성을 갖고 투자자의 투자판단에 중대한 영향을 미칠 수 있는 사항이 많을 것이므로, 미공개중요정보와 중첩되는 경우가 많을 수 있다.

따라서 IR 담당자나 실적발표회 등을 통해 알게된 공정공시 대상정보가 투자판단에 중대한 영향을 미칠 수 있는 중요한 정보인 경우 각별한 주의가 필요하다. 그 정보가 공정공시 되었다 하더라도 공시시점으로부터 3시간이 경과하기 전까지는 법상 공개되지 않은 것으로 보아 미공개중요정보가 되기 때문이다. 즉 미공개중요정보인 공정공시 대상정보는 공정공시 시점으로부터 3시간이 경과한 후에야 공개정보로 전환되므로 해당 정보를 조사분석자료 작성 등에 이용하거나 매매거래 등에 활용할 수 있다. 반면, 미공개중요정보에 해당하지 않는 공정공시 대상정보를 제공받은 경우에는 공정공시가 이루어진 시점부터 바로 적법하게 이용할 수 있을 것이다.

그러나 금융위 가이드라인은 모호한 면이 있다.

먼저, "3시간의 제약"에 대해 살펴본다. 이 '3시간 기준'은 내부자거래 규제에 있어서 주지기간 중의 하나이다. 그런데 이 제약에 구속되는 자들은 내부자등으로 한정된다. 오픈된 IR이나 실적발표회에 참석한 금융투자업자의 임직원 또는 일반투자자들은 내부자에 해당되지 않는다. 또한 이들 전체를 1차 정보수령자로 볼 수도 없다(IR의 성격, 규모, 또는 기관투자자 또는 애널리스트들을 제한적으로 대상으로 하는지 등에 따라 달라질 가능성은 존재한다). IR 등에 참석한 사람들이 회사가 발표하는 내용 중 미공개중요정보 여부를 판단하고, 그리고 회사가 언제 공정공시를 했는지를 확인하고 '3시간'이 경과되었는지 여부를 판단할 것을 요구하는 것은 비현실적이라고 본다. 따라

74) 금융위, 부록, 44면.

서 IR 또는 실적발표회에서 공개된 정보를 참가자들이 IR 현장에서 들은 정보를 즉각적으로 매매에 활용하는 것을 문제 삼기 어렵다고 본다.

그러나 IR 담장자로부터 개인적으로 공정공시 대상정보를 받은 경우는 제1차 정보수령자에 해당되어 '3시간 기준'을 준수해야 할 것이다.

### (4) 공정공시 여부의 오인

금융투자업자의 임직원이 IR에 참석하여 공정공시 대상정보를 받았다. IR 전에 해당 정보가 공정공시 되었다고 오인하고 거래에 이용하였는데, 실제로는 상장법인의 과실 등으로 공정공시 되지 않은 상태였다. 이 경우 미공개중요정보 이용행위에 해당되는가?

원칙적으로 내부자거래가 성립하려면 해당정보가 불특정 다수인이 알 수 있도록 공개되지 아니한 정보(미공개정보)라는 점을 인식하고서 이를 이용한 거래를 하여야 한다. 따라서 금융투자업자 임직원이 미공개중요정보에 해당하는 공정공시 대상정보를 받았는데 그 정보가 공시되었다고 오인한 상태에서 거래에 이용한 경우라면, 이러한 인식이 없기 때문에 내부자거래에 해당하지 않을 것이다.

다만, 실제 행위자가 정보가 공정공시를 통해 공개되었다고 오인하였는지 여부는, 내심의 의사에 관한 사항으로서 관련 정황증거 등을 통해 객관적 · 합리적으로 판단할 수밖에 없다. 공정공시 정보는 일반투자자라도 손쉽게 확인할 수 있고, 금융투자업자 임직원의 경우에는 특히 공시 여부를 쉽게 확인할 수 있는 위치에 있다. 따라서 실제로 정보가 공시되었다고 오인하고 거래에 이용한 것인지에 대한 판단이 엄격하게 이루어질 수밖에 없으므로 유의할 필요가 있다.[75]

### (5) 공정공시 대상정보의 1차 정보수령자

금융투자업자의 임직원이 상장법인과 계약관계에 있는 변호사, 공인회계사 등

75) 금융위, 부록, 47면.

으로부터 공정공시 대상정보를 들어 알게 되면 미공개중요정보 1차 수령자에 해당되는가? 1차 수령자에 해당될 가능성이 있다.

상장법인과 체결한 위임계약에 따른 업무를 수행하는 과정에서 해당 법인의 미공개중요정보를 알게 된 변호사, 공인회계사 등은 준내부자에 해당된다. 만약, 공정공시 대상정보가 투자자의 투자판단에 중대한 영향을 미치는 미공개중요정보라면, 준내부자로부터 동 정보를 전달받은 금융투자업자의 임직원은 미공개중요정보의 1차 수령자가 될 수 있다.[76]

# VIII. 규제대상정보의 확대

제178조의2의 시장질서 교란행위는 규제대상정보에 대해 언급이 없다. 제174조의 경우에는 기본적으로 "상장법인의 업무 등과 관련한 미공개중요정보"를 중심으로 내부자거래를 규율하고 있으므로 이러한 정보의 범위를 벗어나는 정보를 이용한 거래에 대해서는 규제가 불가능하였다. 시장질서 교란행위는 기본적으로 제174조의 이러한 한계를 극복하기 위해 도입되었는데, 앞서 규제대상자의 범위를 대폭 확대하면서 결과적으로 규제대상정보에 대한 확대도 함께 이루어졌다. 따라서 시장질서 교란행위의 규제대상이 되는 정보는 상장법인의 내부정보를 포함하여 회사 외부정보라 할지라도 금융투자상품의 매매등에 중대한 영향을 줄 수 있는 정보로서 일반인에게 공개되지 않은 정보라면, 이를 이용하는 행위는 시장질서 교란행위에 해당된다.[77] 즉 정보의 종류, 성격, 출처를 가리지 않고 특정증권등의 거래에 있어 투자자의 투자판단에 중대한 영향을 미칠 수 있는 미공개중요정보는 모두 규제

76) 금융위, 부록, 48면.
77) 금융위, 44면.

대상이 된다.[78)]

새롭게 규제대상에 포함되는 회사 외부정보로는 대표적으로 시장정보(기관투자자의 주문정보 등), 정책정보(금융투자상품의 가격에 영향을 줄 수 있는 금리정책, 부동산정책, 외환정책, 무역수지상황 등 경제정책방향과 관련된 정보 등), 언론정보(특정 증권의 주가에 영향을 미칠 수 있는 기사 및 시장사정에 관한 정보 등), 입법정보, 기타 외부정보(거액 소송정보, 법원의 판결정보 등) 등을 들 수 있다.[79)80)]

## 1. 내부정보

내부정보(inside information), 즉 상장법인의 업무 등과 관련하여 아직 일반에게 공개되지 않은 정보는 제174조를 통해 기존의 내부자거래 규제가 규율하는 중심적인 규제대상정보였다. 그러나 시장질서 교란행위의 도입으로 규제대상자가 확대되었지만, 시장질서 교란행위의 규제 내용 중 기존의 내부자거래 규제의 연장선상에 있는 규제들은 여전히 규제대상정보가 "상장법인의 업무 등과 관련한 미공개중요정보"인 경우들이 많다. 따라서 상장법인의 내부정보는 일정한 범위 내에서 시장질서 교란행위의 규제대상정보와 중첩된다. 즉 시장질서 교란행위 규제 중 제1호 가목은 제174조의 규율체계를 그대로 가져가면서, 동 규제를 통해 포섭하지 못한 제2차 이후의 정보수령자들을 정보이용형 교란행위자라는 개념으로 규제대상에 끌어들인 것이므로, 내부정보는 여전히 정보이용형 교란행위 규제의 경우에도 규제대상정보로서의 의미를 가지고 있다. 또한 제174조 제1항의 내부정보 이외에 제2항의 공개매수정보, 그리고 제3항의 주식등의 대량취득 · 처분정보 역시 정보이용형 교란행위의 경우에도 동일하게 규제대상정보로서의 의미를 가지고 있다.

---

78) 금융위, 86면.

79) 금융위, 45면, 86면.

80) 정보의 이러한 분류가 보편적인 것은 아니고, 정책정보나 언론보도정보를 시장정보에 포함시켜 모두 시장정보로 부르기도 한다. 또한 금리인상과 같은 정보는 시장정보로 분류할 수도 있고, 또는 정책정보로 분류할 수도 있다.

## 2. 시장정보

### (1) 의 의

시장정보(market information)란 주가에 영향을 미칠 수 있는 정보로서 기업의 외부인 증권시장 또는 파생상품시장에서 금융투자상품의 거래와 관련하여 발생한 정보를 말하는데, 주로 기관투자자나 외국인의 대량주문 등 매매정보, 금리의 변동, 특정기업 또는 산업에 대한 정책적 결정 및 언론의 보도 등 다양한 유형의 정보가 포함될 수 있다. 이러한 정보들은 특정주식 또는 특정산업에 속한 주식들의 주가에 중대한 영향을 미칠 가능성이 있다. 이러한 시장정보를 이용하여 내부자 또는 외부자가 자기회사 주식 또는 특정 주식을 거래한 경우 제174조를 통해 규율할 수 없다. 다만, 공개매수 정보와 주식의 대량취득 · 처분에 관한 미공개정보는 시장정보에 해당되지만 별도의 조항을 통해 내부자거래로 규율하고 있으며, 금융투자업자의 임직원에 대해서는 영업행위규칙을 통하여 직무상 알게 된 정보의 이용금지(법 54조), 선행매매의 금지(법 71조 1호) 등을 통해 미공개 시장정보를 이용한 행위에 대해 일정 부분 규제가 되고 있었다. 그러나 이처럼 제한된 시장정보의 규제로는 충분치 않고, 상장법인의 주가에 영향을 미칠 수 있는 기타 시장정보에 대해서도 규율할 필요가 있어 시장질서 교란행위 규제가 도입된 것이다.

비교법적으로 살펴보아도 이미 주요국들은 미공개 시장정보를 이용한 거래를 상장법인의 내부정보를 이용한 내부자거래와 동일한 수준에서 규율하고 있다. EU는 2003년 발표한 『Market Abuse Directive』를 통해서 내부자거래 규제와 관련하여 기업 내부에서 발생한 정보뿐만 아니라 기업의 주가에 중대한 영향을 미치는 모든 정보, 즉 '외부정보'까지 내부자거래의 규제대상으로 규정하였다. 그리고 영국이나 독일은 이러한 입법을 완료하여 현재 시장정보도 내부정보의 범위에 포함되고 있다.

미국의 경우는 어떠한가? 미국은 내부자거래를 규제하는 방식이 제2장에서 살펴본 것처럼 매우 독특하다. 미국은 내부자거래를 규제하는 법적 근거가 34년법 제10조(b) 및 SEC Rule 10b-5인데, 동 조항은 포괄적 사기행위 금지조항으로 법문에 내부자거래 규제와 관련한 표현이 없다. 따라서 미국 법원은 판례를 통해 내부자거래 규제 법리를 발전시켜 왔으며, 실제 미국에서 발전한 내부자거래 규제 법리가 세계에 수출된 형국이라 할 수 있다. 이처럼 포괄적 사기금지 조항을 근거로 내부자거래를 규제해 온 미국은 포괄적 사기금지조항이 가진 규제범위의 광역성과 탄력성을 이용하여 새로운 유형의 증권사기행위를 처벌하는 것이 상대적으로 쉬웠으며, 따라서 내부자거래의 경우 역시 내부정보는 물론이고 필요한 경우 외부정보까지 내부자거래의 규제영역으로 판단하여 왔다.

특히 1997년 연방대법원이 부정유용이론을 인용한 이후 정보의 '내부성' 여부를 가리지 않고 '정보의 소스에 대한 신임의무를 위반하여 증권을 거래할 목적으로 비밀정보(confidential information)를 부정하게 유용하였을 때' 내부자거래로 처벌할 수 있는 확고한 법적 기반을 가지게 되었다.[81] 최근 미국에서 시장정보로 볼 수 있는 30년 만기 재무성증권의 발행중단과 관련한 정보이용행위를 내부자거래로 처벌한 사례가 있다.[82]

**[SEC v. Davis, Youngdahl, Northern[83]]**

Davis 등은 2001. 10. 31, 재무성이 30년 만기 채권을 더 이상 발행하지 않는다는 사실이 공개되기 이전에 동 정보를 이용하여 채권을 거래한 행위가 문제가 되었다. 재무성이 동 사실을 발표하자 30년 만기 채권은 1987년 블랙먼데이 이후 일중 가장 큰 가격변동이 발생하는 등 가격에 커다란 충격을 미쳤다.

Davis는 1994년부터 재무성에서 분기마다 개최되는 refunding press conference에 참석해 왔는데, 그는 지정된 공개시점 이전에는 동 정보를 공개하

81) Thomas Newkirk, Melissa Robertson, Insider Trading-A U.S. Perspective (1998. 9. 19)《http://sec.gov/ news/speech》.

82) 30년 만기 재무성증권을 발행하는 주체는 재무성이며, 동 증권의 발행중단계획은 재무성의 미공개 내부정보이므로 외형상 내부자거래의 기본적인 형식을 갖춘 것으로 보이나, 통상 내부자거래의 규제철학은 기업을 주체로 해서 기업의 내부자가 미공개중요정보를 이용하여 거래하는 것을 금지하는 것이므로, 동 정보는 일반적으로 시장정보로 분류하는 데 무리가 없다.

83) SEC Litigation Release No. 18322 (Sep. 4, 2003).

지 않는다는 명시적 서약을 체결한 상태였다. 2001. 10. 31에 개최된 기자회견에서 재무성 관리는 동 정보는 오전 10시부터 공개가 가능하다고 발표하였고, 기자회견은 9시 25분에 마쳤다. Davis는 10시 이전의 embago에도 불구하고 그의 고객인 Youngdahl과 Nothern에게 핸드폰으로 재무성이 장기채권을 더 이상 발행하지 않는다는 사실을 알려주었다. 이 사건에서 Goldman Sachs, Davis 등 관련자들은 총 1,030만 달러를 지불하고 SEC와 화해로 사건이 종결되었다.

### (2) 시장정보의 유형

제178조의2 제1항에서 '시장정보'를 규제대상정보로 명시적으로 규정하고 있는 것은 아니다. 다만, 미공개중요정보를 이용하는 규제대상자를 대폭 확대하는 조항인 제1항 제1호 나목의 "자신의 직무"와 관련하여, 매매등의 여부 또는 조건에 중대한 영향을 미칠 수 있는 미공개정보의 생성자 또는 알게 된 자를 규제대상으로 하고 있기 때문에, 특히 금융투자회사나 대형 기관투자자 회사에 근무하는 임직원들은 자신의 직무와 관련하여 매매등의 여부 등에 중대한 영향을 미칠 수 있는 주문정보 등 다양한 투자정보를 수시로 접할 수 있어 이러한 시장정보가 정보이용형 교란행위의 대표적인 유형으로 거론되는 것이다. 예를 들면, 대형 기관투자자의 펀드매니저가 운용관련 전략 정보를 본인 또는 제3자의 투자목적으로 사용하는 경우, 연기금의 기금운용 담당자가 투자대상종목으로 선정된 특정 회사의 정보를 친구에게 제공하는 경우 등이 시장정보를 이용한 거래에 해당된다.

시장정보를 이용한 정보이용형 교란행위의 경우 앞서 언급한 금융투자업자의 영업행위규칙 위반과 중복되는 경우가 있을 수 있다. 대표적으로 직무상 알게 된 정보를 이용하는 행위, 선행매매, 조사분석자료의 공표 전 이용행위는 모두 정보이용형 교란행위에 해당될 것이다. 이러한 경우 두 개 조항이 중첩적으로 적용되게 되는데 어느 조항이 우선적으로 적용될 것인지 모호한 면이 있음은 앞서 설명하였다.

### (3) 시장정보와 결합한 내부정보

내부정보는 제174조의 규제대상이고, 시장정보는 제178조의2의 규제대상이 되는데, 내부정보와 시장정보가 결합된 경우에는 어느 조항이 우선적으로 적용되는가? 서울고등법원은 〈한신기계공업 사건〉에서 법원은 적대적 기업인수 정보를 이용한 거래에서 시장정보의 성격이 강하지만, 피고인들이 해당 상장법인과의 자문계약을 체결하고 자문료를 받는 조건으로 적대적 기업매수 의사를 포기한 바, 회사의 내부정보의 이용을 배제할 수 없다고 판단하여 피고인들을 제174조 위반으로 판단하였다. 법원은 이 사건에서 피고인들이 이용한 정보를 "시장정보와 결합한 내부정보"라고 표현하였다.

위 사건은 시장질서 교란행위가 도입되기 이전에 발생한 사건인데, 향후 동일한 구조의 사건이 발생할 경우 어느 조항이 우선적으로 적용되어야 하는가? 기존의 판례와 마찬가지로 제174조가 우선적으로 적용되어야 할 것으로 보인다. 이는 제178조의3에 의거 제174조의 위반혐의가 있다고 인정되는 경우에는 검찰총장에게 통보하도록 하였고, 제178조의2 제1항 단서 규정에서도 제174조에 해당하는 경우에는 제178조의2의 적용을 배제하고 있기 때문이다.

### (4) 금융위 가이드라인

모델 포트폴리오 변경 정보나 외국인 투자자의 매매동향 등을 기관투자자에게 제공하는 경우 시장질서 교란행위에 해당되는가? 앞서 살펴본 것처럼 해당될 가능성이 존재한다.

자산운용사의 모델 포트폴리오 변경 정보에 특정 종목의 대량 편입 정보 등 지정 금융투자상품의 매매등 여부 또는 조건에 중대한 영향을 미칠 수 있는 정보가 포함되어 있는 경우, 그 정보가 불특정 다수인에게 공개되기 전에 기관투자자에게 미리 제공해서 매매등에 이용하게 하는 행위는 시장질서 교란행위가 될 수 있다.

외국인 투자자의 매매동향도 단순한 매매동향을 넘어 외국인 투자자의 특정 종목에 대한 대량주문 정보 등이 포함되어 있는 경우라면, 그 정보가 공개되기 전에 기관투자자에게 사전 제공하여 매매등에 이용하게 하면 시장질서 교란행위에 해당

할 수 있으므로 조심할 필요가 있다.[84)]

## 4. 언론보도정보

### (1) 의 의

신문의 칼럼이나 기업분석정보가 보도되기 전에 주가에 영향을 미칠 수 있는 동 정보를 이용하여 거래하는 행위는 내부자거래에 해당되는가? 원칙적으로 제174조에 의해서는 내부자거래로 처벌하기 어렵다. 제174조는 "상장법인의 업무 등과 관련된" 정보로서 일정한 내부자들이 "직무와 관련하여" 미공개중요정보를 알게 된 경우만을 규율 대상으로 하기 때문이다. 그러나 주요국의 경우에는 이러한 행위도 내부자거래로 처벌되고 있다. 대표적으로 미국의 Carpenter 사건을 들 수 있다.[85)]

이 사건에서 Winans는《월스트리트 저널》의 칼럼리스트로서 특정 기업에 대한 기사를 작성하고, 언론보도 이전에 동 정보를 Carpenter 등에게 제공하여 해당 주식을 거래하도록 하였다. 이를 통해 Carpenter 등은 상당한 이익을 취득하였다. 당시 제2심까지는 Winans의 이러한 행위를 Rule 10b-5를 위반한 내부자거래로 판단하였지만, 연방대법원은 4:4로 갈려 내부자거래로는 판단하지 않았고 연방우편전신법 위반으로 유죄를 선고하였다. 그러나 이후 연방대법원이 수용한 '부정유용이론'의 법리를 적용한다면 Winans의 행위는 내부자거래에 해당된다.

언론보도정보도 여러 유형이 있을 수 있다. Winans 사건처럼 기자가 주가에 영향을 미칠 수 있는 정보를 직접 생산하는 경우가 있을 수 있고, 또는 취재를 통해서 미공개중요정보를 알게 될 수도 있다. 또는 언론사에 제공된 정보를 통해 미공개중요정보를 알게 되는 경우도 있다.

---

84) 금융위, 부록, 34면.

85) U.S. v. Carpenter, 791 F.2d 1024 (2d Cir. 1986).

### (2) 시장질서 교란행위 규제대상정보

언론보도정보 중 지정 금융투자상품의 매매등 여부 또는 매매등의 조건에 중대한 영향을 줄 가능성이 있는 정보는 정보이용형 교란행위의 규제대상이 될 것이다. 그러나 언론보도정보라 하더라도 상장법인의 내부정보와 관련된 경우라면 제174조에 의해 규율될 가능성도 있다.

첫째, 앞서 언급한 Winans 사건처럼 언론사의 기자가 직접 작성한 정보를 언론사의 영향력을 이용하여 거래에 이용하는 경우는 정보이용형 교란행위에 해당된다.

둘째, 기자가 상장법인을 방문하여 취재의 결과로 미공개중요정보를 알게 된 경우 기자는 제1차 정보수령자에 해당된다. 이러한 경우 기자가 취재정보를 보도하기 전에 동 정보를 이용하여 거래한다면 정보이용형 교란행위에 해당될 수 있지만 그 정보가 상장법인의 내부정보에 해당되므로 제174조에 의한 제1차 정보수령자에도 해당된다. 따라서 이 경우라면 제174조가 우선적으로 적용될 것이다. 그러나 취재라 하더라도 결정적인 미공개중요정보를 입수한 것은 아니고, 상장법인으로부터 받은 여러 정보를 종합하여 새로운 기사를 작성하고, 그 기사가 언론에 공표되면 특정 회사의 주가에 영향을 미칠 것을 예상하고 보도 전에 동 주식을 거래한다면 정보이용형 교란행위에 해당될 것이다.

셋째, 〈신동방 사건〉같이 상장법인이 언론사에 홍보 또는 공고 등을 위해 미공개중요정보를 보내온 경우, 동 정보가 공시되기 전에 기자가 동 정보를 이용하여 거래한 경우에는 내부자거래의 제1차 정보수령자가 된다.

이처럼 언론보도정보라고 해서 모두 정보이용형 교란행위의 규제대상이 되는 것은 아니고, 동 정보가 상장법인의 미공개중요정보와 관련이 있는 경우에는 제174조에 의해 규제될 가능성이 더 크다고 볼 수 있다. 다만, 제174조에 의해 규율되는 경우라도 제2차 정보수령자부터는 정보이용형 교란행위의 규제대상이 됨은 물론이다.

다음의 사례 중 〈신동방 사건〉과 〈일본경제신문 사건〉은 해당 언론사에 근무하는 기자가 언론사에 도착한 중요정보를 공시 전에 거래한 사건 유형인 반면, 미국의 〈Carpenter 사건〉은 영향력 있는 칼럼을 쓰고 있는 기자가, 그 칼럼의 영향력을 이용하여 특정 기업의 주가 전망에 대해 보도하기 전에 해당 주식을 사전에 거래한 사례이다.

a) 신동방 사건

중앙일보 기자인 甲은 1998. 8. 17. (주)신동방(이하 '신동방')의 홍보이사로부터 중앙일보사에 취재요청과 함께 모사전송한 보도자료 등을 통하여 상장법인인 신동방에서 다음날 새롭게 개발한 무세제 세탁장치의 시연회를 개최한다는 사실을 알게 되자 그 기사가 보도되기 전 날 22 : 00 경에 동생에게 전화를 걸어 그 사실을 알려주었고, 동생은 그 다음날 신동방 주식 34,280주를 매수하였다가 그 후 무세제 세탁장치 개발 사실이 언론에 보도되어 주가가 급상승한 후인 그 달 20일부터 그 해 9. 8.까지 매수한 주식을 주당 15,450원 내지 21,000원에 매도하여 464,445,950원의 매매차익을 취득하였다. 이 사건에서의 법리적 쟁점은 甲의 동생은 제2차 정보수령자가 되는데, 그를 처벌할 수 있느냐의 여부였다.

이 사건에서 제1심은 정보수령자가 '일정한 사람으로부터 정보를 수령한 자'라는 신분을 구성요건으로 하는 일종의 '진정신분범'이지만, 형법 제33조에 의하여 구법 제188조의2 제1항에서 정한 신분이 없는 자라도 그러한 신분 있는 자의 범행에 관하여 공동가공하여 범죄를 실현하려는 의사의 결합이 이루어지면, 그와 같은 신분관계가 없다 하더라도 법 제188조의2 제1항 위반죄로 처벌할 수 있다고 하여 두 사람을 공범으로 인정하였고, 제2심도 이를 인정하였다. 그러나 대법원은 甲의 동생을 제1차 정보수령자의 공범으로 보는 것은 부적절하다며 원심을 파기하였다.

이제는 제2차 정보수령자에 해당하는 甲의 동생에 대해 정보이용형 시장교란행위를 적용하여 그가 얻은 이익의 1.5배의 범위내에서 과징금을 부과할 수 있을 것이다.

b) U.S. v. Carpenter 사건

미국에서 부정유용이론은 제2항소법원이 다루었던 United States v. Carpenter 사건에서 내부자거래 규제에 있어서 거대한 도약을 이루게 된다. 그러나 이 사건은 연방대법원[86]까지 올라갔으나 연방대법원은 부정유용이론에 대해서는 언급하지 않고 단지 하급법원에서 다루어졌던 사실들을 단순히 재언급하면서 하급심의 결정을 확인해 주는 수준에 머물렀다.[87]

1981년 3월 R. Foster Winans는 『월스트리트 저널』지의 기자였고, 그는 "Heard on the Street"라는 칼럼의 공동담당자였다. 이 칼럼은 특정주식들에 대한 정보를 제공하고 있었는데, 독자가 많고 매우 영향력이 있는 칼럼이었다. Carpenter는 이 저널지의 데스크에서 1981년 12월부터 1983년 5월까지 일하였다. Kidder Peabody 사의 주식 브로커였던 Felis는 Kidder Peabody 사의 또 다른 주식 브로커인 Peter Brant에 의해서 동 회사에서 일하게 되었고, Brant는 Felis의 오랜 친구였다.

1981년 2월 이후 『월스트리트 저널』지의 모회사인 다우 존스사는 모든 새로 입사한 직원들에게 회사의 '이익충돌'에 관한 정책이 설명되어 있는 "The Insider Story"를 배포하는 것이 관행이었다. 이러한 회사의 정책에도 불구하고, Winans는 Brant, 후에는 Felis 그리고 Carpenter와 함께 공모를 하여 Winans는 두 명의 주식 브로커에게 "Heard" 칼럼에 게재될 증권관련정보를 사전에 제공하기로 약속하였다. 이 정보에 기초하여 두 명의 주식브로커들은 관련 주식을 보도 이전에 매도 또는 매입한다는 것이었다. Winans와 사적 · 개인적 · 비업무적으로 개입된 Carpenter는 이들 공모자들 사이에서 주로 메신저의 역할을 담당하였다. 계좌는 Felis, Carpenter, Winans, Brant, David Clark, Western Hemisphere, 그리고 Stephen Spratt의 이름으로 열었다. 1983년과 1984년 초 사이에 피고들은 저널지에 보도가 나가기 전에 약 27번 정도 저널지의 칼럼의 내용을 사전에 입수하고 매매를 하였다. 비록 이들 모든 칼럼들이 Winans에 의해서 쓰여진 것이 아님에도 불구하고, 일반적으로 Winans는 보도가 나가기 하루 전에 기사의 내용을 Brant에게

86) 484 U.S. 19 (1987).
87) 후에 O'Hagan 사건에서 판결문을 작성한 Ginsberg 대법관은 Carpenter 사건에서 연방대법원이 부정유용이론을 부정한 것이 아니고, 정보유용이론이 적용되기에 가장 적합한 사건을 위해 그 논쟁을 유보한 것이라고 밝혔다.

알려준 것으로 보인다. Winans는 보통 그에게 공중전화로 연락하였고, 가끔은 가명을 사용하였다. 이러한 계획을 통해 얻은 순이익금은 약 69만 달러에 이르렀다.

이 사건은 신문기자 · 전 신문사 직원 · 주식브로커들이 공동으로 음모하여 증권시장에 영향력이 있는 《월스트리트 저널》지의 칼럼이 보도되기 이전에 동 칼럼의 정보를 이용하여 증권을 거래함으로써 개인적인 이득을 취한 사건이다. 이 사건은 이전의 Chiarella 사건이나 Dirks 사건과는 구조적으로 매우 다른 특징을 가지고 있다. SEC는 Winans와 Felis에 대해서 제10조(b) 및 SEC Rule 10b-5 위반혐의로, Carpenter에 대해서는 방조 및 교사 혐의로 지방법원에 제소하였다. 지방법원은 Winans, Felis 및 Carpenter에 대해서 연방증권법 · 연방우편 및 전신사기금지법 등의 위반행위를 인정하였고, 제2항소법원도 이를 인정하였다. 그리고 연방대법원은 연방우편 및 전신사기금지법 위반에 대해서는 만장일치로, 증권법위반혐의에 대해서는 4 : 4로 의견이 나뉘어서 '부정유용이론'의 채택 여부 판단이 유보된 채 원심의 판결이 유지되었다.

이 사건의 구조는 앞에서 언급한 내부자거래 사건들과 많은 차이점을 발견할 수 있다.

첫째로 Winans 등이 이용한 정보는 '내부정보'가 아니라는 점이다. 사실 칼럼에 소개된 정보들은 이미 공개된 정보들이었고, 다만 칼럼을 통한 공개시기, 공개사실, 그리고 칼럼이 가지는 영향력 등이 주가에 영향을 미치는 것뿐이었다.

둘째로 칼럼의 내용은 '사기적'(fraudulent)이지 않았다. 제공된 정보는 '정확'하였으며, 더군다나 주가를 조작하려는 의도는 전혀 없었다.

셋째로 Winans 등은 이전의 부정유용이론이 적용되었던 사건에서의 피고들보다도 더욱 기업의 내부로부터 멀리 떨어진 '외부자'(outsider)라는 점이다.

여기서 가장 핵심적인 쟁점은 세 번째 사항이다. 즉 직원들의 내부자거래 책임이 인정되었던 Newman 사건이나 Materia 사건 경우에는 동 사의 사용자가 직원들이 거래한 주식의 기업에 대해 신인관계가 존재하였고, 그러한 신인관계는 사용자의 직원에게까지 연결되어 다시 사용자와 직원들 간의 '믿음과 신뢰관계'를 형성하게 되는데, 직원이 미공개중요정보를 이용한 거래행위는 사용자에 대한 신뢰관계 위반이며 따라서 부정유용이론하에서는 내부자거래의 책임을 인정한 것이다. 그러나 Capenter 사건은 이들 사건과는 커다란 차이가 있는데, 즉 Winans의 사용자인 《월스트리트 저널》 사는 Winans의 기사대상이 된 기업들과 어떠한 신인관계 또는 어떠한 의무도 가지고 있지 않다는 점이다. 따라서 Newman 사건이나 Materia 사건의 법리에 비추어 볼 때, Winans의 내부자거래 책임을 묻기 위한 전제조건인《월스트리트 저널》사의 신인의무가 존재하지 않음에도 불구하고 Winans 등에 대한 내부자거래의 책임을 묻을 수 있는가가 쟁점이 된 것이다.

피고 측은 Newman 사건과 Materia 사건을 원용하면서 부정유용이론이 적용되기 위해서는 사용자가 특정기업 및 주주에 대해 '신인의무'가 존재하여야 하며, 이러한 신인의무의 존재가 피용자의 내부자거래 책임을 묻기 위한 최소한의 고리 또는 조건이 되어야 한다고 주장하면서 내부자거래의 책임을 부인하였다.

그러나 제2항소법원은 이전의 부정유용이론은 그 범위를 너무 좁게 해석한 면이 있으나, "부정유용이론은 증권의 매수 및 매도와 관련하여 내부자 또는 다른 자들이 미공개중요정보를 이용하는 것을 매우 광범위하게 금지하고 있다."[88]라고 언급하면서 그들의 내부자거래 책임을 인정하였다. 즉 Winans 등은 칼럼의 내용 및 타이밍과 관련한 정보를 사전에 유용함으로써 그들의 사용자에 대한 '비밀유지 의무'(duty of confidentiality)를 위반하였다는 것이다.

제2항소법원의 판결에 대해 비판도 있지만, 이 판결은 내부자거래 규제의 범위를 설정함에 있어서 '시장참가자'(market participants)뿐만 아니라 '비시장참가자'(non-market participants)까지 포함하였다는 측면에서 내부자거래 규제에 있어서 거대한 법리적 도약을 이룬 판결로 평가되기도 한다.[89]

---

88) 791 F.2d. 1024, 1029 (2d Cir. 1986).

89) David Brodsky, Daniel Kramer and Schulte Roth & Zabel, *A Critique of the Misappropriation Theory of Insider Trading*, SB 93 ALI-ABA 105, 129 (1997).

c) 일본경제신문사 사건

일본경제신문사의 동경 본사의 광고국에 근무하는 직원인 甲은 서송옥(西松屋) 등 5개사가 주식분할을 결정하였다는 중요사실을 업무를 통하여 알게 되었는데, 이러한 중요사실의 공시 전에 위 5개사 주식을 매수한 후 동 중요사실이 공시된 후에 매도하여 이익을 취득하고자 평성 17년 12월부터 평성 18년 1월까지 사이에, 자기 또는 부인의 명의로 각사의 주식 94,000주를 약 2억 4,000만 엔 정도 매수하였다. 동경지법은 평성 18년 12월 25일, 甲에 대해 징역 2년 6개월(집행유예 4년), 벌금 600만 엔, 과징금 116,743,900만 엔을 부과하였다.

우리의 경우 이러한 행위는 시장질서 교란행위가 아니라 내부자거래의 제1차 정보수령자로 보아 제174조에 의해 처벌할 수 있을 것이다. 위의 〈신동방 사건〉과 구조가 동일하다고 할 수 있다.

## 5. 정책 · 입법정보

### (1) 정책정보

정부의 정책 역시 주가에 중대한 영향을 미칠 수가 있다. 정부정책의 경우는 특정 상장기업에 영향을 미칠 수 있을 뿐만 아니라 특정 산업 또는 증권시장 전체에 영향을 미칠 수 있는 경우도 있다. 따라서 정부정책을 결정하는 공무원들이 정책 입안 · 결정 등의 과정에서 알게 된 정보를 이용하여 특정 정책이 발표되기 직전에 주식을 거래하는 행위는 내부자거래와 마찬가지로 규제될 필요가 있다. 주가에 영향을 미칠 수 있는 "정책정보"(policy information)는 매우 다양할 수 있는데, 예를 들어 벤처기업육성을 위한 세제지원결정 등 특정 산업에 영향을 미칠 수 있는 증권정책 방향과 관련된 정보에서부터 금융구조조정과 관련하여 특정 기업에 대한 공적자금의 투입, 채권단의 은행관리개시결정, 특정은행 간 합병 등이 이에 속할 수 있을 것이다.

구체적 사례로서, 국토교통부에 근무하는 공직자가 정부가 부동산시장을 활성화시키기 위해 여러 정책들을 검토하다가 최종적으로 부동산시장을 부양할 수 있는 중요정책을 채택한 사실을 직무와 관련하여 알게 되었는데, 이 부동산부양정책이 발표되기 전에 건설주식을 대량으로 매수한 경우 정보이용형 교란행위에 해당된다.

그러나 정책정보라고 해서 항상 정보이용형 교란행위에 해당하는 것은 아니고, 사안에 따라 제174조가 적용되는 경우도 가능하다. 예를 들어, 최근 관세청은 서울 시내에 면세점을 허가하겠다는 정책을 발표하였고, 여러 기업들이 허가신청을 하였는데, 허가를 받게 되는 기업들의 주가는 대폭 상승할 것으로 기대할 수 있다. 실제로 H 사의 경우 허가를 받은 기업 중 하나였는데, H 사의 주가는 허가발표가 나기 전에 이미 상한가를 기록하였고, 허가 발표 이후에 약 3일간을 상한가를 기록하여, 공표 전 주가 대비 약 3배의 놀라운 주가상승을 기록하였다. 이 사례에서 관세청이 허가기업을 발표하기 전인 2015. 7. 16. 주가는 상한가를 기록하였고, 거래량은 약 86만주로서, 동 주식의 일평균 거래량이 약 2만주 정도였음으로 고려할 때 H 사가 선정되었다는 정보가 새어나간 것이 아닌지 하는 의혹이 있을 수 있다. 가정에 불과하지만, 만약 관세청 공무원이 이 정보를 이용하여 H 사 또는 면세점 허가를 받게 되는 다른 기업의 주식을 공표 전에 매수하였다면 정책정보를 이용한 행위에 해당하지만, 이 경우는 제174조 제1항 제3호에 의해 처벌될 것이다. 따라서 정책정보라 하여 항상 정보이용형 교란행위의 대상이 되는 것은 아니다.

### (2) 입법정보

일반에게 아직 공개되지 아니한 입법정보를 이용한 거래 역시 정보이용형 교란행위의 규제대상이 된다. 입법부의 국회의원이나 보좌관, 스탭, 기타 직원들은 입법정보를 비롯하여 입법부에 근무하면서 특정 기업 또는 산업에 중대한 영향을 미칠만한 다양한 정보를 접할 가능성이 높다. 이러한 가능성과 실제 모습은 미국이 2012년에 STOCK Act를 제정하면서 보여준 바와 같다.

우리의 경우 제174조를 통해서는 이러한 유형의 미공개정보를 이용하는 행위를 규제하지 못하지만 정보이용형 교란행위 규제의 도입으로 가능해졌다. 즉 "자신의 직무와 관련하여" 국회의원 또는 보좌관 등이 입법 등의 과정에서 알게 된 미공개중요정보를 이용하여 거래하는 행위는 금지된다. 단지 입법정보 뿐만 아니라 입법과 관련된 과정에서 해당 입법과 직접적으로 관련되지 않은 정보라 할지라도 그 정보가 특정 금융투자상품의 매매등의 여부 또는 매매등의 조건에 중대한 영향을 미칠 가능성이 있다면 규제대상정보가 되고, 국회의원 또는 보좌관 등은 규제대상자가 된다.[90]

예를 들어, 최근 어린이집에서 발생한 불상사로 인해 모든 어린이집에 CCTV를 설치하는 법률의 제정이 국회에서 논의가 되었는데, 이러한 법안이 통과된다면 CCTV를 생산하는 회사들에게 매우 중요한 호재가 될 수 있을 것이다. 만약, 국회에 근무하는 자가 해당 법안의 통과 확정이라는 미공개중요정보를 알고, 해당 법안이 통과되기 전에 CCTV 관련 회사의 주식을 매수하는 행위는 정보이용형 교란행위에 해당될 수 있을 것이다.

### (3) 금융위 가이드라인

a) 금융투자업자가 정부의 정책담당자로부터 정책정보를 들은 경우

금융투자업자의 임직원이 정부의 정책 담당자로부터 소관 정책정보를 전해 들었다. 어떤 경우에 시장질서 교란행위가 되는가?

정부의 정책 담당자로부터 전해들은 정책정보가 지정 금융투자상품의 매매등 여부 또는 조건에 중대한 영향을 줄 수 있는 공개되기 전의 정보인 경우, 해당 정책 정보는 시장질서 교란행위 규제대상이 된다. 특정 종목의 가격 등에 영향을 줄 가능성이 높은 구조조정 · 민영화 등 산업합리화 관련 정책, 특정 업권에 대한 보조금 지급정책 등이 대표적이라 할 수 있을 것이다. 금융투자업자 임직원이 이러한 정책정보를 매매등에 직접 이용하거나, 다른 사람에게 이용하게 한 경우 시장질서 교란행위에 해당될 수 있다.[91]

b) 기자로부터 받은 정책정보

아는 기자로부터 아직 발표되기 전의 정책정보를 전달받은 경우, 정보의 내용

---

90) 성희활, 전게논문(각주 6), 154면.
91) 금융위, 부록, 22면.

을 보니 발표되었을 때 주가 등에 영향을 미칠 수도 있을 것 같은데, 이 정보를 거래처에 전달하면 시장질서 교란행위로 제재를 받게 되는가? 제재를 받을 수 있다.

발표되었을 때 지정 금융투자상품의 매매등 여부나 조건에 중대한 영향을 미칠 수 있는 정책정보라면, 본인이 직접 매매하지 않았더라도 해당 정보를 제3자에게 전달하여 매매등에 이용하게 한 행위만으로 시장질서 교란행위에 해당한다. 다만, 거래처에서 정보가 공시되기 전까지 이 정보를 이용한 매매를 하지 않았고, 타인에게 전달하여 매매에 이용하게 하지도 않았다면 정보전달만으로 시장질서 교란행위에 해당하지는 않을 것이다.[92)]

# IX. 시세관여형 교란행위

## 1. 의 의

최근 증권 · 파생상품시장에서 자본시장법상 시세조종이나 부정거래행위의 구성요건에 해당하지 않지만 시장질서를 교란하고 시장의 건전성을 훼손하는 사례들이 지속적으로 발생하고 있다. 대표적으로 목적성은 없지만 시세에 부당한 영향을 주는 행위들이 빈번하게 등장하였지만, 이들은 시세조종의 구성요건인 '목적성'이 입증되지 않아 무죄로 판결되는 사례들이 등장하고 있다.[93)] 따라서 형사처벌 조항으로 엄격한 구성요건을 충족하지는 않지만 시장의 건전한 질서를 훼손하고 정상적인 가격형성을 왜곡시키는 다양한 형태의 행위들을 규제할 수단이 요구된다.[94)] 이에 국회는 2014년 12월 자본시장법을 개정하여 『시장질서 교란행위 제도』를 도

---

92) 금융위, 부록, 23면.

93) 금융위원회, "시장질서 교란행위 규제를 위한 '자본시장과 금융투자업에 관한 법률' 일부 개정법률안 국무회의 통과" (보도자료, 2014. 12. 23).

94) 금융위원회, 49면

입하였는데, 앞서 살펴본 것처럼 기존의 내부자거래 규제를 보완 · 강화하는 정보 이용형 교란행위의 금지 제도와 함께 기존의 시세조종 및 부정거래행위에는 미치지 못하지만 시장의 거래질서를 교란하는 행위를 규제하기 위하여 동 제도를 도입하였다.

제178조의2 제2항은 시세관여형 교란행위에 대해 "누구든지 상장증권 또는 장내파생상품에 관한 매매등과 관련하여 다음 각 호의 어느 하나에 해당하는 행위를 하여서는 아니 된다. 다만, 그 행위가 제176조 또는 제178조에 해당하는 경우는 제외한다."라고 규정하고 있다. 먼저, 시세관여형 교란행위의 유형으로 다음의 4가지를 들고 있다:

1. 거래 성립 가능성이 희박한 호가를 대량으로 제출하거나 호가를 제출한 후 해당 호가를 반복적으로 정정 · 취소하여 시세에 부당한 영향을 주거나 줄 우려가 있는 행위
2. 권리의 이전을 목적으로 하지 아니함에도 불구하고 거짓으로 꾸민 매매를 하여 시세에 부당한 영향을 주거나 줄 우려가 있는 행위
3. 손익이전 또는 조세회피 목적으로 자기가 매매하는 것과 같은 시기에 그와 같은 가격 또는 약정수치로 타인이 그 상장증권 또는 장내파생상품을 매수할 것을 사전에 그 자와 서로 짠 후에 매매를 하여 시세에 부당한 영향을 주거나 영향을 줄 우려가 있는 행위
4. 풍문을 유포하거나 거짓으로 계책을 꾸미는 등으로 상장증권 또는 장내파생상품의 수요 · 공급 상황이나 그 가격에 대하여 타인에게 잘못된 판단이나 오해를 유발하거나 상장증권 또는 장내파생상품의 가격을 왜곡할 우려가 있는 행위

제2항 본문은 단서에서 "그 행위가 제176조 또는 제178조에 해당하는 경우는 제외한다."라고 함으로써 시세관여형 교란행위와 기존의 시세조종 및 부정거래행위 규제 영역의 분리를 명시적으로 표현하고 있다.

## 2. 규제의 특징

### (1) 목적성 요건의 배제

第176조에 의한 시세조종으로 규율하기 위해서는 법에서 금지하는 특정한 행위 즉 객관적 요건의 충족과 함께, '매매를 유인하거나 타인이 거래상황을 오인토록 하는 등의 목적'이라는 주관적 요건이 함께 충족되어야 한다. 그런데 주관적 요건인 '목적성'은 행위자의 내심의 의사이기 때문에 직접적인 증거를 입증하는 것은 불가능하고, 결국 간접적인 정황증거 즉 당사자가 자백하지 않더라도 거래한 상장증권의 성격과 발행된 상장증권 등의 총수, 매매의 동기와 태양(순차적 가격상승주문 또는 가장매매, 시장관여율의 정도, 지속적인 종가관여 등), 그 상장증권 등의 가격 및 거래량의 동향, 전후의 거래상황, 거래의 경제적 합리성 및 공정성 등의 사실을 종합적으로 고려하여 판단하게 된다.[95)]

그러나 이러한 목적성을 입증하는 것은 매우 어려워서 실제 조사 · 수사과정에서 시세조종의 목적성이 충분히 입증되지 못하여 시장질서를 크게 훼손하는 행위임에도 불구하고 이를 제재하지 못하는 일들이 발생하고 있다.[96)] 과거 사례를 보면 소량의 단주거래로 시장가격이 급변한 경우,[97)] 적극적으로 물량 확보를 위하여 직전가 또는 상대호가 대비 다소 고가의 매수주문을 한 경우,[98)] 적대적 M&A를 위하여 시장에서 주식을 매수하는 과정에서 굳이 시세를 올릴 이유나 필요가 없는 상황에서 행위자의 매수로 인한 실제의 주가변동이 미미한 경우[99)] 등의 사안에서는 시세조종의 목적이 없었다고 판단하여 무죄가 선고되었다.[100)]

또한 초단타매매를 실행하여 시세에 중대하게 부당한 영향을 미쳤음에도 매

---

95) 대법원 2009. 4. 9. 선고 2009도675 판결; 대법원 2010. 6. 24. 선고 2007도9051 판결; 대법원 2013. 7. 11. 선고 2011도 15056 판결 등.

96) 금융위, 49면.

97) 수원지방법원 2013. 1. 13. 선고 2012고합699 판결.

98) 서울고등법원 2005. 10. 19. 선고 2005노1123 판결.

99) 서울고등법원 2005. 10. 26. 선고 2005노1530 판결.

100) 금융위, 91~92면.

매유인의 목적이 입증되지 않았다거나, 투자자를 오인케 할 목적은 없었으나 손익 이전 또는 조세회피 등 다른 목적에서 통정 · 가장매매를 하였는데, 이러한 행위들이 시장건전성을 크게 저해하는 경우에도 지금까지는 시세조종 행위로 제재할 수 없었다. 나아가 오늘날 인터넷과 같은 파급력이 있는 매체나 각종 프로그램을 통하여 새로운 주문방법 등 신종 기법과 매체를 통하여 다양한 방법으로 시세를 조종할 수 있는 환경이 도래하면서, 시장의 자유롭고 공정한 질서를 교란하는 행위에 보다 유연하게 대처할 필요성이 커졌다고 할 수 있다.[101]

이러한 새로운 환경을 배경으로 개정법은 목적성 여부에 관계없이, 외형적 · 객관적으로 보아 시장의 건전한 거래질서를 훼손하는 것으로 판단되는 시세조종형 부당행위를 '시세관여형 교란행위'로 보아 과징금을 부과할 수 있도록 하였다.

대표적으로는 제2항 제1호에서 거래성립 가능성이 희박한 호가를 과다하게 제출하거나 이를 반복적으로 정정 · 취소하는 행위(허수성 주문), 제2호에서 권리의 이전을 목적으로 하지 아니하는 거짓으로 꾸민 매매행위(가장성 주문), 제3호에서 손익이전이나 조세회피 목적으로 매매시기, 가격 등을 다른 자와 서로 짜고 하는 거래 행위(통정성 주문), 제4호에서 풍문의 유포 등을 사용하는 행위들의 경우 '목적성'을 요구하지 않는다.[102]

### (2) 고의 요건의 배제

시장질서 교란행위가 고의가 아닌 과실에 의해 발생하였다 하더라도 규제대상이 된다. 시장질서 교란행위 중 '정보이용형 교란행위'의 경우는 '고의 요건'이 특별히 의미가 없는데, 이는 미공개중요정보를 이용하거나 타인에게 이용하게 하는 행위의 기저에는 '고의성'이 이미 내재되어 있기 때문이다. 즉 내부자가 해당 정보가 미공개중요정보임을 모르고 이용하거나 타인에게 제공한 경우, 그리고 정보수령자가 전달받은 정보가 내부자로부터 온 미공개중요정보인 경우인지 모르고 거래에 이

101) 금융위, 49면.
102) 금융위, 92면; 금융위, 부록, 4면.

용한 경우는 처벌대상이 되지 않기 때문이다.

그러나 '시세관여형 교란행위'의 경우에는 '고의 요건'의 배제는 중요한 의미를 가지고 있다. 시세관여형 교란행위의 경우 기존 불공정거래 규제에서 요구하는 고의 또는 목적성 등이 없거나 명백하게 입증되지 않더라도, 그 행위 결과 시세에 부당한 영향을 미치거나 줄 우려가 있다고 인정된다면 시세관여형 교란행위에 해당되어 행정벌인 과징금이 부과될 수 있다.[103]

이는 건전한 질서에 막대한 해를 끼쳤음에도 그 행위가 고의가 명백히 입증되지 않았다거나 과실에서 비롯되었다는 이유로 제재를 하지 않는다면 건전한 거래질서 유지와 투자자 보호를 위한 시장질서 교란행위 규제 제도가 유명무실화될 우려가 있기 때문이다. 따라서 단순 실수에 따른 것이거나 위법성 인식이 낮은 경우 등이라 하더라도 시장질서 교란행위에 해당할 가능성이 존재한다.[104]

영국의 FSMA 역시 고의를 요건으로 하지 않는데, 영국의 항소법원은 FSMA가 고의 요건을 구성요건으로 하지 않는 것은 문제가 있다는 피고측의 주장에 대해, FSMA가 고의를 요건으로 하지 않은 것은 투자자의 과실을 비난하기 위한 것이라기보다 영국 금융시장의 건전성을 강화하기 위한 것으로서 FSMA의 입법은 문제가 없다고 판시한 사례가 있다.[105]

## 3. 제2항 제1호: 허수호가

제1호는 거래 성립 가능성이 희박한 호가를 대량으로 제출하거나, 호가를 제출한 후 해당 호가를 반복적으로 정정 · 취소하여 시세 등에 부당한 영향을 미치거나 미칠 우려가 있는 행위를 금지하고 있다.[106] 즉 제1호는 허수호가를 규제하고 있

103) 금융위, 98면.
104) 금융위, 98면, 161면.
105) Bazley, 62.
106) 한국거래소 시장감시규정 제4조 제1항 제5호는 "거래 성립 가능성이 희박한 호가를 대량으로 제출하거나 직전 가격 또는 최우선 호가의 가격이나 이와 유사한 가격으로 호가를 제출한 후 당해 호가를 반복적으로 정정 · 취소하여 시세 등에 부당한 영향을 미치거나 미칠 우려가 있는 행위"를 불건전매매

다. 법 제176조는 허수호가라는 용어를 명시적으로 사용하고 있지 않지만, 법 제176조 제2항 제1호의 "그 증권 또는 장내파생상품의 매매가 성황을 이루고 있는 듯이 잘못 알게 하[는]" 매매의 위탁행위를 규제기관과 법원은 허수호가로 판단하여 제재를 하여 왔다. 따라서 제1호는 그동안 규제기관과 법원이 허수호가로 판단해 온 행위를 법문에 반영한 것이다.

제1호의 허수호가 규정의 특징 및 법 제176조의 허수호가와의 차이를 살펴보면 다음과 같다.

첫째, 법 제176조 제2항 제1호의 허수호가 규제는 제2항 본문에서 "상장증권 또는 장내파생상품의 매매를 유인할 목적"을 전제조건으로 제시하고 있다. 따라서 법 제176조 제2항 제1호로 처벌하기 위해서는 "매매를 유인할 목적"이라는 주관적 구성요건이 충족되어야 한다. 그러나 제178조의2 제2항 제1호는 이러한 목적요건을 필요로 하지 않기 때문에, 제176조 제2항 제1호의 행위에 해당되지만 주관적 요건을 증명하지 못하는 경우 시장질서 교란행위로 처벌이 가능하다. 즉 허수호가 행위를 형사처벌하기 어려운 경우 시장질서 교란행위로 돌려 처벌이 가능할 것이다.

둘째, 시장질서 교란행위에 의한 규제의 범위가 지나치게 확대되는 것은 바람직하지 않기 때문에 "시세 등에 부당한 영향을 미치거나 미칠 우려가 있는 행위"로 제한을 두고 있다. 시세에 부당한 영향을 미치는지 여부는 거래량, 호가의 빈도 · 규모, 시장상황 및 기타 사정을 종합적으로 고려하여 정상적인 수요 · 공급 원칙에 따른 가격결정을 저해하거나 할 우려가 있는지를 판단한다.[107] 따라서 매매유인의 목적을 불문하고 적정가에 비하여 상당한 괴리를 보이는 호가로서 체결가능성이 희박한 고가 매도호가 및 저가 매수호가를 대량으로 제출하거나 반복적으로 정정 · 취소하는 행위, 데이트레이딩을 이용하여 단기간에 반복적으로 직전가 대비 높은 주문을 낸 뒤 매도 후 주문을 취소하는 행위, 과실로 인한 시스템 에러 발생으로 과다한

---

의 한 유형으로 규정하고 있다. 법 제178조의2 제2항 제1호는 위 규정을 그대로 가져온 것이다.

107) 금융위, 50면; 최동렬, 시세조종 관련 시장질서 교란행위, 법무법인 율촌(유) 자본시장법 세미나 (2015. 5. 29).

허수호가가 이루어진 경우 등도 시세 등에 부당한 영향을 미치거나 미칠 우려가 있는 경우에는 규제대상이 될 수 있다.[108]

셋째, 제1호의 주요 구성요건인 '호가의 대량성', '정정 · 취소의 반복성' 등은 다소 기술적이고 불확정적인 개념이다. 이에 금융위 자본시장조사 업무규정은 이들 개념의 정량화를 위해, (i) 일평균 허수호가의 건수, (ii) 해당 종목 전체주문 대비 호수호가 비중, (iii) 해당 종목 주가변동률 등을 통해 일정한 기준을 제시하고 있다.

넷째, 시장질서 교란행위 위반에 대해서는 법 제429조의2에 따라 과징금을 부과하도록 하고 있고, 제430조는 과징금 부과요건으로 고의 또는 중대한 과실을 요구하지 않고 있다. 따라서 과실에 의한 시세왜곡 행위가 이루어지는 경우, 예를 들어 주문 프로그램의 오류로 다수 종목에 주문이 폭주하여 거래 성립 가능성이 희박한 호가가 대량으로 제출된 경우 시장질서 교란행위에 해당될 수 있다. 그러나 천재지변에 따른 정전 등 원인으로 프로그램 오류가 발생하여 허수주문이 제출된 경우라면 시장질서 교란행위에 해당되지 않는다.[109]

[사례 1] 증권사 트레이더인 A는 일정 조건이 되면 특정 상장법인의 주식을 자동으로 매입하도록 매매 프로그램을 사용하여 주식을 거래하던 중, 순간의 실수로 수치를 잘못 입력하는 바람에 주문이 폭주한 경우[110]

A는 비록 매매거래를 유인할 목적이 없이 실수로 매매주문 입력을 잘못하였으나, 그 결과 허수성 주문 등이 과다 제출되어 시세에 부당한 영향을 미쳤다면 시장질서 교란행위에 해당될 수 있다. [사례 1]의 경우 고의성은 전혀 없다고 볼 수 있지만, 주문입력 실수 결과 주가급변 등의 시장왜곡이 발생하였다면 시장질서 교란행위에 해당될 수 있을 것이다. 다만, 갑자기 번개로 인해 정전이 발생하는 경우 등과 같이

108) 금융위, 50~51면, 93면, 161면.
109) 금융위, 161면.
110) 금융위, 128면.

천재지변이 원인이 되어 주문이 잘못 제출된 경우라면 주문자의 과실이 있다고 보기 어려워 시장질서 교란행위에 해당되지 않는다.[111)]

[사례 2] 유동성이 적은 금융투자상품에 대해 담보권 실행 등으로 반대매매를 하는 과정 또는 프로그램 매매 과정에서 시세급변이 이루어지는 경우[112)]

일반적으로 반대매매 또는 프로그램 매매의 형태는 시장질서 교란행위에 해당되지 않는다. 다만, 반대매매를 원활히 하기 위해 허수성 매매 또는 주문의 반복적 정정 · 취소, 가장매매, 손익이전 및 조세회피 목적의 통정매매를 동원하였고, 그 결과 시세에 부당한 영향을 주는 경우라면 시장질서 교란행위에 해당될 가능성을 배제하기 어려울 것이다.[113)]

## 4. 제2항 제2호: 가장매매

제2호는 "권리의 이전을 목적으로 하지 아니하는 거짓으로 꾸민 매매를 하여 시세에 부당한 영향을 주거나 줄 우려가 있는 행위"를 금지하고 있다. 즉 제2호는 가장매매를 규정하고 있다. 가장매매란 권리의 이전을 목적으로 하지 아니하는 매매거래를 의미하는데, 이러한 가장매매의 정의에 대해서는 제176조 제1항 제3호는 "그 증권 또는 장내파생상품의 매매를 함에 있어서 그 권리의 이전을 목적으로 하지 아니하는 거짓으로 꾸민 매매를 하는 행위"로 정의하고 있다. 한국거래소 시장감시규정 제4조 제1항 제9호는 불건전 거래행위의 유형 중 하나로 가장매매를 규정하면서 "권리의 이전을 목적으로 하지 아니하는 가장된 거래를 하는 행위"로 규정하고 있다.

111) 금융위, 128면.
112) 금융위, 164면.
113) 금융위, 164면.

이러한 가장매매는 불공정한 매매의 대표적인 유형이라 할 수 있다. 왜냐하면 정상적인 매매라면 이러한 매매를 하지 않기 때문이다. 제2호의 가장매매와 제176조 제1항 제3호의 가장매매의 차이를 살펴보면 다음과 같다.

첫째, 제176조의 경우는 "그 매매가 성황을 이루고 있는 듯이 잘못 알게 하거나, 그 밖에 타인에게 그릇된 판단을 하게 할 목적"이라는 목적성을 요구한다. 이에 반해 제2호는 이러한 오인 목적을 요구하지 않는다. 따라서 제2호는 제176조에 비해 규제의 범위가 대폭 확대된다. 그러나 모든 가장매매를 시장질서 교란행위로 보아 규제하는 것은 불합리하기 때문에, 제2호 역시 "시세에 부당한 영향을 주거나 줄 우려가 있는"이라는 조건을 추가하고 있다. 즉 가장매매의 결과가 시세에 부당한 영향을 주거나 줄 우려가 있는 경우에만 처벌하는 것으로 제한한 것이다. 이는 제176조 역시 모든 가장매매를 규율하는 것이 아니라, 매매성황이나 그릇된 판단 유인목적이 있는 경우에만 처벌이 가능한 것으로 제한한 것과 동일한 맥락으로 이해할 수 있다.

그런데 "시세에 부당한 영향을 주거나 줄 우려"가 있는 가장매매가 얼마나 현실적일 수 있는가? 단발적으로 발생하는 가장매매를 제외하면 대부분의 가장매매가 이에 해당할 수 있을 것이다. 현실적으로 오인 목적이 없는, 그리고 시세에 부당한 영향을 주거나 줄 우려가 있는 가장매매가 등장할 개연성이 매우 높다. 예를 들어, 알고리즘 기법을 통한 고빈도매매(컴퓨터 프로그램을 활용하여 실시간으로 데이터를 처리하여 수십 만 건의 거래를 일순간에 처리하는 거래 형태)의 경우 여러 트레이더의 수많은 주문이 정정 · 취소를 반복하는 과정에서 교차 체결되어 가장매매가 발생할 가능성이 높으며, 이러한 행위가 시세에 부당한 영향을 미쳤다면 규제대상이 된다.[114] 실제로 미국에서 이러한 거래에 대해 제재를 한 사례가 있다.[115] 우리의 경우도 자기의 주문이 매도 · 매수를 반복하며 기계적으로 이루어질 때 발생하는 가장매매가 시세에 부당

114) 금융위, 51~52면.

115) 김율, "자본시장의 환경변화와 '가장성 매매' 규제", 『KRX Market』 (한국거래소, 2013. 7) 37~38면 참조.

한 영향을 주거나 줄 우려가 있는 경우에는 제2호의 위반에 해당될 가능성이 크다. 최근 알고리즘 기법을 이용한 선물 · 옵션거래에서 의도하지 않는 가장매매를 피하기 위해 증권회사들은 자기의 주문이 상호 체결되지 않도록 회피하는 기법을 개발하여 사용하고 있다.

둘째, "권리의 이전을 목적으로 하지 않는 거래"와 "거짓으로 꾸민 매매"는 어떠한 관계로 보아야 하는가? 법문상 이들을 2개의 분리된 개념이 아니라 "권리의 이전을 목적으로 하지 않는 거래"가 바로 "거짓으로 꾸민 거래"로 보아야 할 것이다.

## 5. 제2항 제3호: 통정매매

제3호는 "손익이전 또는 조세회피 목적으로 자기가 매매하는 것과 같은 시기에 그와 같은 가격 또는 약정수치로 타인이 그 증권 또는 장내파생상품을 매수할 것을 사전에 그 자와 서로 짠 후 매매하여 시세에 부당한 영향을 주거나 영향을 줄 우려가 있는 행위"를 금지하고 있다. 즉 제3호는 통정매매를 규정하고 있다. 그러나 제3호 역시 제1호 및 제2호와 같이 제176조의 병행규정이라는 성격은 동일하지만, 제1호 및 제2호와는 다르게 그 적용범위를 명시적으로 제한하고 있다.

제3호는 통정매매를 규제하되 손익이전 또는 조세회피 목적인 경우에만 적용되도록 하였다. 일반적으로 손익이전 또는 조세회피목적으로 이루어지는 통정매매는, 예를 들어 선물거래에서 유동성이 거의 없는 원월물 거래를 통해 이루어질 수 있는데, 거래자 중 한 상대방은 손해를 의도적으로 입고 그 이익이 상대편에게 넘어가는 형태로 이루어진다. 이처럼 손익이전, 재산상속, 조세회피 목적으로 이러한 거래가 간혹 등장하는데, 이러한 거래를 제176조 제1항 제1호의 위반으로 처벌하는 것은 매우 어려웠다. 제176조 제1항 제1호 및 제2호를 통해 규율하기 위해서는 제176조 제1항 본문이 규정하는 "그 매매가 성황을 이루고 있는 듯이 잘못 알게 하거나, 그 밖에 타인에게 그릇된 판단을 하게 할 목적"이라는 주관적 요건이 충족되어야 하는데, 손익이전 또는 조세회피 목적으로 이루어지는 통정매매는 단발적인 거래가 대부분이기 때문에 이러한 요건과는 상관이 없이 발생하기 때문이다.

이처럼 제3호를 통해 손익이전이나 조세회피 목적으로 통정매매를 시장질서 교란행위로 규제한 것은, 이러한 행위들은 기존의 제176조 제1항 제1호 및 제2호를 통해 규율하기가 어려웠기 때문이었다. 그런데 제3호 역시 "시세에 부당한 영향을 주거나 줄 우려가 있는 행위"의 요건이 충족되어야 시장질서 교란행위로 처벌된다.

손익이전이나 조세회피를 위한 거래는 여러 유형이 있을 수 있다. 가장 대표적으로 선물의 원월물을 가지고 단회적으로 이루어지는 거래가 있는데, 이러한 경우는 위에서 살펴본 바와 같다.

고객의 계좌를 관리하는 증권회사 직원이 특정 계좌에서 손실이 크게 발생한 경우 그 특정 계좌의 손실을 보전하기 위하여 해당 계좌에서 주식을 시가보다 높은 가격으로 매도 주문을 내고 다른 고객의 계좌에서 이를 매수하는 통정매매를 반복적으로 하여 계좌 간 손익을 이전시켰다면 이는 타인을 오인케 할 목적이 없는 통정매매이지만 시세에 부당한 영향을 줄 우려가 있는 경우 시세관여형 교란행위에 해당된다.[116)]

이러한 통정매매가 반복적으로 이루어졌든, 단회적으로 선물거래를 통해 이루어졌든, 이러한 거래는 정상적인 가격에서의 거래라 할 수 없고, 계좌 간 손익을 이전하는 거래는 "시세에 부당한 영향을 주거나 줄 우려가 있는 행위"에 해당할 개연성이 크다고 본다.

기존에 이러한 손익이전이나 조세회피 목적의 통정매매로 추정되는 경우 구 증권거래법이나 자본시장법을 통한 규제가 어려웠고, 특히 조세회피 목적의 경우는 세무조사를 위한 자료로 국세청에 보내기도 하였지만, 이제는 제178조의2를 통해 이러한 행위들을 시장질서 교란행위로 포섭함으로써 금융위원회에서 과징금으로 제재를 할 수 있게 되었다.

[사례 3] A사의 계열회사인 B사는 자금난에 시달리고 있어, A사는 B사에게 몰래 자금지원의 방법을 찾고 있었는데, A사는 B사와 협의하여 A사의 임

116) 금융위, 53면, 93면, 165면.

직원 계좌를 통해서 B사 가지고 있던 특정 주식을 거래소시장에서 시가보다 훨씬 비싸게 사주기로 하고, B사는 거래가 드문 틈을 타서 시장가보다 훨씬 높은 가격에 매도주문을 내고, A사가 약속대로 이를 모두 매수한 경우[117)]

A사와 B사는 모두 시장질서 교란행위에 해당될 수 있다. 이 사례는 A사가 회사 및 그 임직원 계좌를 활용하여 B사가 보유한 특정 주식을 장중 통정매매의 방법으로 사는 행위를 통해 B사에게 자금을 지원해 준 경우로서, 매매 측면에서는 손익이전 목적의 통정매매를 한 것으로 볼 수 있다. 이 경우 해당 통정매매로 인해 시세에 부당한 영향을 주었거나 줄 우려가 있다면 A사와 B사 모두 시세관여형 교란행위에 해당될 수 있다.[118)]

[사례 4] 상장법인의 주식 4%를 보유한 주주가 자신이 보유하고 있는 회사 주식을 친구에게 이전하면서 양도세 등의 세금을 회피하기 위하여 장내에서 현재가에 비해 턱 없이 낮은 가격으로 통정하여 주식을 이전한 경우[119)]

소액주주의 장내 주식거래에 대해서는 양도소득세가 부과되지 않으나, 2%(또는 4%) 이상 지분을 보유한 대주주의 장내 주식거래에 대하여는 양도소득세가 부과된다. 이러한 양도소득세를 회피 또는 절감하기 위하여 현재가 대비 상당히 낮은 가격으로 서로 짠 후 주문을 내어 통정매매를 한 경우 매매가 활발한 듯 보이게 하거나 타인에게 오해를 유발하려는 목적까지는 인정되기 어려워 시세조종행위나 부정거래행위에는 해당되지 않을 수 있지만, 이러한 조세회피 목적의 통정매매가 시세에 부당한 영향을 주거나 줄 우려가 있는 행위에 해당한다면 시장질서 교란

117) 금융위, 208면.
118) 금융위, 208면.
119) 금융위, 209면.

행위에 해당될 수 있다.[120)]

## 6. 제2항 제4호: 부정거래행위

제4호는 "풍문의 유포, 거짓으로 계책을 꾸미는 등으로 상장증권 또는 장내파생상품의 수요 · 공급 상황이나 그 가격에 대하여 타인에게 잘못된 판단이나 오해를 유발하거나 그 가격을 왜곡할 우려가 있는 행위"를 금지하고 있다.

제4호는 부정거래행위의 금지조항인 제178조 제1항 제2호 및 제2항의 일부분을 혼합한 듯한 모습인데, 앞의 3개 유형과는 달리 법 제178조의 규제내용과 중첩적인 부분들이 있어서 향후 적용에 논란이 있을 것으로 예상된다. 이하에서 제4호와 제178조와의 관계를 살펴본다.

첫째, '풍문의 유포, 거짓으로 계책을 꾸미는 등'은 제178조 제2항에서 사용하고 있는 용어와 완전히 동일하다. 풍문의 유포는 동일한 표현을 사용하고 있고, "거짓으로 계책을 꾸미는 등"은 한자어인 제178조 제2항의 "위계"를 풀어쓴 것에 불과하다.[121)] 대법원은 위계의 개념에 대해 "거래상대방 또는 불특정투자자로 하여금 오인, 착각 또는 부지(不知)에 빠뜨릴 수 있는 모든 수단 · 계획 · 기교" 내지 "거래상대방이나 불특정투자자를 기망하여 일정한 행위를 유인할 목적의 수단 · 계획 · 기교 등"이라고 판시하였는데,[122)] 이러한 위계의 개념은 제4호의 "거짓으로 계책을 꾸미는 등"에 그대로 적용할 수 있을 것이다. 즉 '오인, 착각 또는 부지(不知)에 빠뜨릴 수 있는' 행위란 결국 '거짓으로'에 해당될 수 있으며, '수단 · 계획 · 기교'는 '계책'에 해당될 수 있을 것이다. 따라서 제4호의 "거짓으로 계책을 꾸미는 등"과 제178조 제2항의 "위계"는 동일한 의미로 볼 수 있을 것이다.

다만, 제178조 제2항의 풍문의 유포와 위계는 "금융투자상품의 매매, 그 밖

---

120) 금융위, 209면.

121) 최동렬, 전게자료(주석 107), 32면.

122) 대법원 1992. 6. 9. 선고 91도2221판결, 대법원 2008. 5. 15. 선고 2007도11145판결.

의 거래를 할 목적이나 그 시세의 변동을 도모할 목적"이 요구되는 반면, 제4호는 "타인에게 잘못된 판단이나 오해를 유발하거나 그 가격을 왜곡할 우려가 있는 행위"로 제한하고 있어, 외견상 목적요건의 차이가 있는 것으로 보일 수 있다. 그러나 제178조 제2항은 "매매, 그 밖의 거래를 할 목적"과 "그 시세를 변동을 도모할 목적" 중 어느 하나에만 해당되면 충분하기 때문에, 실제 "매매, 그 밖의 거래를 할 목적"이 없이 부정거래행위가 이루어진 경우는 매우 예외적이며, 따라서 이를 '목적요건'으로 보는 것은 의미가 없다고 본다. 오히려 제4호는 목적 요건은 아니지만 '잘못된 판단이나 오해 유발'은 시장질서 교란행위의 중요한 구성요건이고, 매우 광범위한 개념이지만 '가격왜곡' 역시 조건이 되어 제178조 제2항보다 제4호의 규제범위가 실제 더 좁아질 수 있는 가능성을 배제할 수 없다고 본다.

이와 관련하여 금융위는 "매매유인 등의 목적이 없이 증권 포털게시판이나 인터넷 메신저 등에서 거짓 소문을 퍼뜨린 경우에도, 지금까지는 목적성이 없는 행위이므로 처벌받지 않았지만 앞으로는 그 행위가 투자자를 오인하게 하거나 가격을 왜곡할 우려가 있다면 과징금 부과대상"이라고 밝히고 있지만,[123] 제178조 제2항의 경우 역시 풍문의 유포의 경우 매매유인의 목적을 요구하지 않으며, 위계의 경우도 마찬가지이다. 단지, 매매등을 할 목적이 있으면 충분하다. 따라서 '매매유인 목적'의 유무를 가지고 제4호와 기존의 제178조 제2항의 차이를 구분하는 것은 큰 의미가 없다고 본다.

이렇게 볼 때, 이 둘의 차이점을 어디에 두고 어떻게 차별적으로 적용할지 어려움이 있을 것으로 생각한다. 그러나 금융위는 제4호의 풍문의 유포 등과 관련하여 "매매유인 또는 시세변동과 관련한 특별한 목적이 있었음을 요구하지 않는다는 점에서 기존의 시세조종행위 또는 부정거래행위와 구별된다."라고 밝히고 있다.[124] 설혹 금융위의 의견처럼 제4호와 제178조 제2항을 차별화하여 적용할 수 있다 하더라도 제178조 제1항 제1호는 사회통념상 일체의 부정한 행위를 규제대상으로 하고

---

123) 금융위, 54면 참조.
124) 금융위, 94면.

있어, 제4호에 해당되는 경우는 제178조 제1항 제1호에 중복 해당될 가능성이 매우 높다. 결론적으로 시세관여형 교란행위 중에서 제4호는 제178조와의 경계를 두고 많은 논란이 잠복해 있다고 생각한다.

둘째, 제4호는 규제대상상품을 상장증권 및 장내 · 장외파생상품으로 하고 있지만, 제178조는 비상장증권은 포함하여 모든 금융투자상품을 규제대상으로 하고 있다.

셋째, 제4호는 풍문의 유포 등으로 "타인에게 잘못된 판단이나 오해를 유발"시키는 행위를 금지하고 있다. 이는 제178조 제1항 제2호의 "타인에게 오해를 유발시키지 아니하기 위하여" 중요사실의 허위표시를 금지하는 내용과 비교할 수 있다. 제4호는 적극적으로, 제178조 제1항 제2호는 수동적으로 표현하고 있지만 실질적인 내용에 있어서는 차이가 없다고 본다.

넷째, 제4호는 "그 가격을 왜곡할 우려가 있는 행위"를 금지하고 있다. 이는 제178조 제2항의 "시세의 변동을 도모할 목적"과 비교할 수 있다. 가격의 왜곡(distort of price)은 영국 FSMA PART III 제118조(8)의 시세조종 부분의 마지막 조항을 모델로 한 것으로서, 이 조항은 앞에 열거한 3개의 시세조종행위 규정으로 커버하지 못하는 경우를 대비한 백업조항의 의미를 가지고 있다. 따라서 '가격의 왜곡'의 개념은 '시세조종'의 개념보다는 더 넓은 개념이라 할 수 있다. 제4호가 규정하는 '가격의 왜곡'과 제178조 제2항의 '시세의 변동 도모' 간에 어느 정도의 개념 차이를 둘 것인지 모호한 면이 없는 것은 아니지만, 제4호의 "가격을 왜곡할 우려가 있는 행위"는 제178조보다 규제범위가 더 넓다고 볼 수 있다.

결론적으로 시세관여형 시세조종을 규정하는 제178조의2 제2항에서 제4호는 다른 호와는 달리 기존의 포괄적 부정거래행위 금지규정인 제178조와 경계가 모호한 부분이 많다. 아마 제4호는 입법자가 기존의 불공정거래(부정거래행위 포함)로 규제하기 어려운 사안들을 포섭하기 위한 목적으로 도입한 것인데, 제178조와의 차별성을 시장이 이해하기까지에는 법원과 금융위의 판단을 기다려야 할 것으로 보인다.

[사례 5] 평소 작가 등단을 꿈꾸던 A는 자신의 필력을 과시할 목적으로 주식 사이

트 게시판에 자신이 매수하고 있는 종목에 대하여, 특정 상장법인이 역대 최고의 실적을 올릴 것이라는 내용의 허위 루머를 설득력 있게 게재하였다. 이 풍문이 점점 더 확산이 되어 실제로 해당 기업의 주가는 갑자기 큰 폭으로 상승한 경우[125)]

이 사례에서 A가 매매를 유인할 목적이나, 거래를 할 목적 또는 그 시세를 변동시킬 목적으로 위와 같이 매매와 관련하여 풍문을 유포하여 타인의 오해를 유발하고 시세를 왜곡시킨 행위를 하였다면 이는 시세조종 또는 부정거래행위에 해당할 것이다. 그러나 A는 단순히 자신의 필력을 과시할 목적이었으므로 기존의 불공정거래 행위에는 해당하지 않을 것으로 보인다. 그러나 시장질서 교란행위는 기존 불공정거래 행위로 보기 어려웠던 특별한 목적(자신이 보유한 주식을 고가에 매도하려는 목적 등) 없이 풍문 등을 유포하는 경우 '시세관여형 교란행위'로서 규율할 수 있다. 따라서 주식을 매매하는 과정에서 단순히 재미 또는 호기심에 매매종목에 대한 풍문을 인터넷 게시판에 게시하여 주가가 급변하는 등의 결과가 발생하였다면, 해당 게시자는 시장질서 교란행위에 해당될 수 있을 것이다.[126)]

다만, 이 사례에서 A는 자신이 매수하고 있는 상황이었고, 허위 루머를 통해 주가가 상승하면 이익을 얻을 수 있을 것이라는 생각은 상식적인 생각일 수 있음을 고려할 때, 주가가 오른 뒤에 해당 주식을 매도하였다면(설혹 매도하지 않고 미실현이익을 보유하고 있는 상태로 있다 하더라도), 이 사례의 결론은 달라질 가능성이 존재한다. A는 자신이 보유한 주식을 고가에 매도하려는 목적이 없었다는 사실을 증명하여야 할 것이며, 그것은 쉬운 일이 아닐 수 있다.

[사례 6] A사의 휴대폰사업부 직원 B는 자신이 다니는 회사의 주식을 계속 매수하는 과정에서, 인터넷 포털게시판에 경쟁사인 C사의 신형 휴대폰에 대해

125) 금융위, 129면.
126) 금융위, 129면.

근거 없는 풍문을 애사심에 여러 번 반복해서 게시하였다. 이로 인해 C사의 주가는 하락하고, 반면 A사의 주가는 계속 오른 경우[127]

B의 행위는 시세관여형 교란행위에 해당될 수 있다. 만약, B가 "금융투자상품의 매매 그 밖의 거래를 할 목적이나 그 시세의 변동을 도모할 목적"으로 위와 같은 풍문을 유포했다면 부정거래행위(자본시장법 제178조 제2항)에 해당하여 형사처벌을 받게 될 것이다.[128]

그러나 B가 자신이 산 A사 주식을 비싸게 팔기 위해 풍문을 유포한 것은 아니었지만(또는 그러한 목적이 입증되지 않았지만) 경쟁사에 대한 풍문 유포 결과 A사의 주식이 오르고 B사의 주식이 하락하는 등 A사와 B사의 시세를 왜곡시켰다면 시장질서 교란행위에 해당될 수 있다. 만약, 이러한 풍문 유포가 A사에서 직원을 동원하여 조직적으로 한 경우라면 회사가 과징금을 부과 받게 될 것이다.[129]

## 7. 금융위 가이드라인

앞서 '정보이용형 교란행위' 부분에서 언급한 것처럼, 금융위는 시장질서 교란행위 규제 시행 이후 시장참여자의 불안감 해소 및 이해도를 제고하기 위해 2015년 5월에 발표한 "안전한 자본시장 이용법"을 발표하였고, 2016년 3월에 다시 추가적으로 별책부록 형식으로 〈시장질서 교란행위 사례와 예방〉을 금융위 · 금감원 · 거래소 · 금융투자협회 공동으로 작성하여 발표하였다. 아래에서는 금융위가 추가로 발표한 가이드라인 중 '시세관여형 교란행위' 관련 사례를 그대로 인용한다.

127) 금융위, 210면.
128) 금융위, 210면.
129) 금융위, 210면.

### (1) 주문수탁 관련

시세관여형 시장질서 교란행위가 될 수 있는 주문을 수탁하는 경우에도 시장질서 교란행위에 해당되어 과징금 제재를 받게 되는가? 이러한 행위는 시장질서 교란행위에 해당되지 않는다.

자본시장법은 시세조종 행위와 관련해서는 금융투자업자의 수탁책임 등을 물어 매매의 위탁 · 수탁행위도 금지하고 있으나, 시세관여형 시장질서 교란행위의 경우에는 주문의 수탁행위 금지를 명시적으로 규정하고 있지 않다.

다만, 금융투자업자는 자본시장법상 신의성실의 원칙에 따라 공정하게 금융투자업을 영위하여야 할 의무를 부담하는 만큼(법 37조), 시장질서 교란행위로 의심되는 주문을 수탁하는 경우에는 보다 신중하게 처리하는 것이 바람직 할 것이다.[130)]

### (2) 매매체결이나 호가제출 행위의 수반 여부

시세관여형 시장질서 교란행위가 되려면 반드시 매매체결이나 호가제출 행위가 수반되어야 하는가? 반드시 매매체결이나 호가제출 행위가 수반되어야 하는 것은 아니다.

시세관여형 시장질서 교란행위에는 풍문을 유포하거나 거짓으로 계책을 꾸미는 등으로 상장증권 또는 장내파생상품의 수요 · 공급 상황이나 그 가격에 대하여 타인에게 잘못된 판단이나 오해를 유발하거나 가격을 왜곡할 우려가 있는 행위도 포함된다. 이러한 행위에서는 매매체결이나 호가제출이 반드시 수반될 필요는 없다.[131)]

### (3) 투자일임자산의 운용 관련 분할주문

투자일임자산(Wrap)의 운용 편의를 위해 하한가에 매수 집합주문을 제출한 후, 정정 주문을 통해 분할 체결한 경우, 이러한 경우도 시장질서 교란행위에 해당하는

---

130) 금융위, 부록, 38면.
131) 금융위, 부록, 39면.

가? 통상의 경우라면 시장질서 교란행위에 해당하지 않는다.

자본시장법 시행령 제364조 및 관련 규정에 따라 거래소는 투자자에게 최우선 매수/매도호가를 포함하여 매수/매도 10단계까지의 호가내역과 해당 호가의 총합 수량을 장중 실시간으로 제공하고 있다. Wrap 운용 편의를 위해 하한가에 매수집합 주문을 제출한 통상의 경우라면, 해당 주문내역은 매수/매도 10단계 호가 밖에 위치하여 투자자에게 알려지지 않을 것이므로, 시세에 부당한 영향을 주거나 줄 우려가 있다고 보기 어렵다. 따라서 이 경우에는 시장질서 교란행위가 되지 않을 것이다.

다만, 장중 급등락으로 가격이 급변할 경우에는 체결가능성이 희박한 하한가에 제출한 매수 주문정보도 투자자에게 제공될 가능성이 있다. 이러한 상태에서 해당 주문을 정정 · 취소하는 경우 투자자에게 제공되는 호가내역과 호가수량도 함께 변경될 것이므로, 시세에 부당한 영향을 주거나 줄 우려가 있다. 이런 경우에는 시장질서 교란행위에 해당될 가능성이 있다.[132)]

### (4) 신용만기에 따른 반대매매

투자상담사가 고객 요청에 따라 고객계좌의 신용만기에 따른 반대매매를 피하기 위해 동일 물량을 동일 가격에 매매하면 시장질서 교란행위가 되는가? 이러한 행위는 시장질서 교란행위에 해당되지 않는다.

신용만기에 따른 반대매매를 피하기 위한 의도가 분명하다면 매매 유인 등의 목적이 없으므로 시세조종 행위에 해당하지 않는다. 또한, ① 동일 물량을 동일 가격에 매매하는 과정에서 타인과 서로 짜지 않았다거나 손익이전 · 조세회피의 목적이 없는 경우, ② 투자상담사가 관리하는 동일 계산주체의 계좌 간 매매가 아니라, 시장에서 정상적으로 타인과 실제 매매를 하는 경우 등이라면 시장질서 교란행위에 해당되지 않을 것으로 판단된다.[133)]

---

132) 금융위, 부록, 40면.
133) 금융위, 부록, 41면.

### (5) 유동성공급자의 매매 · 인덱스펀드 · ETF의 추적오차 조정

ETF · ELW · ETN 관련 유동성공급자(LP)의 매매나 인덱스 펀드 · ETF의 추적오차 조정을 위한 매매도 시장질서 교란행위에 해당할 수 있는가? 시장질서 교란행위에 해당할 수 있다.

유동성공급이나 벤치마크 수익률과의 괴리율 조정을 목적으로 한 매매라 할지라도, 허수성 주문을 대량 제출하거나 가장매매를 하는 등 시세에 부당한 영향을 줄 수 있는 경우에는 원칙적으로 시장질서 교란행위에 해당할 수 있다. 그러나 실제 불공정거래 조사과정에서 LP의 유동성공급이나 괴리율 조정을 위한 매매였음이 소명된 경우에는 시장질서 교란행위로 제재를 받은 가능성은 매우 낮을 것으로 판단된다.[134)]

### (6) 채권선물의 허수호가

채권선물에서 장 시작이나 종료시 동시호가에 체결가능성이 희박한 주문을 대량으로 제출하는 행위가 시장질서 교란행위에 해당하는가? 시장질서 교란행위가 될 수 있다.

채권선물은 장내파생상품으로서 시장질서 교란행위의 규제대상에 해당한다. 매매 유인 등의 목적이 없다고 하더라도 채권선물에서 체결가능성이 희박한 주문을 대량으로 제출하였고, 이로 인해 시세에 부당한 영향을 주거나 줄 우려가 있다면 장 시작이나 종료시와 같은 시간대를 불문하고 시장질서 교란행위에 해당할 수 있다.[135)]

134) 금융위, 부록, 42면.
135) 금융위, 부록, 43면.

# X. 불공정거래 행위의 통보

## 1. 제178조의3의 해석

제178조의2의 도입배경은 기존의 불공정거래 규제체제로 규제가 불가능하였던 영역을 규제영역으로 포섭하기 위한 것임을 앞서 설명하였다. 국회는 이러한 시장질서 교란행위 제도를 도입하면서 기존의 불공정거래 규제의 영역과는 차별화하였다. 즉 기존의 불공정거래 규제 영역과 새로 도입된 시장질서 교란행위의 영역이 중복되지 않도록 한 것이다. 이러한 입법의 의도는 제178조의2 제1항 본문의 단서에서 잘 나타나 있고, 또한 제178조의3은 다음과 같이 이를 확인해 주고 있다:

> 증권선물위원회는 제429조 및 제429조의2의 과징금 사건이 제173조의2 제2항, 제174조, 제176조 또는 제178조의 위반 혐의가 있다고 인정하는 경우에는 검찰총장에게 이를 통보하여야 한다.

기존의 불공정거래 규제와 시장질서 교란행위의 규제영역의 분리는 입법의 의도나 법령의 내용을 통해 충분히 이해할 수 있지만, 제178조의3은 해석상 명료하지 않은 부분이 있어 향후 실무적으로 논란이 발생할 가능성이 클 수 있다. 법문은 "제429조 및 제429조의2의 과징금 사건"이라고 표현하고 있는데, 제429조는 공시위반에 대한 과징금 조항이고, 제429조의2는 시장질서 교란행위에 대한 과징금 조항이다.

공시위반의 경우 위법사항인 경우에는 금융위는 해당 사안은 검찰에 고발하는 동시에 과징금 부과가 가능하다. 그러나 시장질서 교란행위의 경우에는 기존의 불공정거래와 차별화하여 공시위반의 경우처럼 2개의 제재가 병립할 수 없다. 그럼에도 불구하고 제178조의3은 "제429조 및 제429조의2의 과징금 사건"으로 표현하여 '제429조의2의 과징금 사건'이 어떤 의미인지 모호한 면이 있다.

법문에서 표현하고 있는 "과징금 사건"이라 함은 시장질서 교란행위에 해당된다고 판단하여 과징금을 부과한 사건으로 이해할 수 있다. 앞서 살펴본 것처럼 시장질서 교란행위는 기존의 불공정거래 행위와 차별화된 구성요건을 가지고 있기 때문에 원칙적으로 기존의 불공정거래 행위에 해당되는 사안에 대해 시장질서 교란행위 조항을 적용할 수 없다. 다만, 시세관여형 교란행위의 경우 '목적성'이란 주관적인 판단을 요하므로 사안에 따라 시세조종 또는 부정거래행위에 해당한다고 볼 것인지, 아니면 시세관여형 교란행위에 해당한다고 볼 것인지 모호한 경우가 있을 수 있다. 그러나 "과징금 사건"이란 정보이용형 교란행위이든, 시세관여형 교란행위이든, 일단 시장질서 교란행위에 해당된다고 판단하여 증선위에서 과징금을 부과한 사건을 의미한다고 볼 수 있다. 그런데 이러한 "과징금 사건"을, 즉 과징금이 부과되어 종결된 사안을 기존의 불공정거래 행위에 해당할 혐의가 있다면 검찰에 통보하라는 것이라면 법령상 규정체계에 맞지 않는 규정으로 보인다. 공시위반의 경우와 규제체계가 완전히 다르기 때문이다.

만약, "과징금 사건"이 과징금이 부과되어 종결된 사안이 아니라 증선위에서 과징금을 부과하기 위해 진행 중인 사안이 진행 결과 기존의 불공정거래 행위에 해당하는 사안으로 밝혀진 경우에는 검찰에 통보해야 한다는 의미라면 별 문제가 없을 것이다. 이는 시장질서 교란행위의 도입 취지와도 맞는 것이기 때문이다. 그렇다면 이처럼 너무나 당연한 내용을 왜 규정한 것인지 의문이 들지만, 후자의 확인 정도라면 별 문제가 없다고 볼 수 있다.

## 2. 실무적 절차

시장질서 교란행위에 대한 조사과정은 기존의 불공정거래 행위와 차이가 없다. 먼저, 일반적으로 한국거래소의 시장감시를 통해 시장질서 교란행위의 단서가 적출될 것이다. 물론 금감원 자체의 소스를 통해 인지할 가능성이 열려있지만, 일반적인 시장감시 교란행위의 적출 및 조사 프로세스를 살펴본다.

한국거래소는 시장감시를 통해 기존의 불공정거래 행위와 마찬가지로 시장감시 교란행위의 대상으로 적출된 사안을 금융위원회로 이첩한다. 한국거래소로부터 시장질서 교란행위의 혐의가 있는 사안을 이첩 받은 「금융위원회 자본시장조사단」(이하 "자조단")은 이 사안을 금감원으로 이첩할 것인지, 아니면 자조단에서 직접 조사를 할 것인지를 결정한다. 이는 기존의 불공정거래 행위와 차이가 없을 것으로 보여진다. 이처럼 어느 쪽이든 시장질서 교란행위에 대해 보다 깊은 조사를 거쳐 시장질서 교란행위의 혐의가 있다고 판단되면 「자본시장조사심의협의회」(이하 "자조심")에 안건을 회부한다. 이 경우 금융위가 안건을 자조심에 회부할 때 과징금 산정기준에 따른 과징금 부과예정액을 산정하여 올릴 것이다. 그리고 과징금 부과대상자는 자조심에 출석하여 자신을 변호할 기회를 갖게 된다. 여기서는 시장질서 교란행위 혐의 자체는 물론 과징금액의 적정성에 대해서 다툴 수 있다. 자조심을 거친 안건은 최종적으로 증선위에 회부되어 증선위의 결정으로 과징금 부과 여부 등이 확정된다. 이러한 절차는 기존의 불공정거래 사안의 프로세스와 차이가 없다. 다만, 시장질서 교란행위의 경우는 증선위의 과징금 부과결정으로 마무리되지만, 기존의 불공정거래 행위들에 대해서는 검찰에 대해 고발 · 통보 여부를 결정할 뿐이다. 즉 증선위가 불공정거래 행위 사안에 대해서는 검찰의 고발 · 통보 여부 이외에는 다른 조치권한이 없다.

처음에 시장질서 교란행위에 해당한다고 판단하여 시장질서 교란행위에 대한 조치를 위한 절차를 진행하는 과정에서 동 사안이 기존의 불공정거래에 해당한다는 사실이 확인되면, 기존의 불공정거래 규제조항을 적용하여 검찰에 고발 · 통보 여부를 결정하고 과징금 부과조치 절차는 중단하여야 할 것이다.

제9장

# 과징금 제도의 이론



## I. 과징금의 의의

### 1. 과징금의 정의와 법적 성질

과징금제도는 1980. 12. 31. 공정거래법에 최초로 도입된 이래, 그 기능에 대한 높은 평가에 힘입어 지속적으로 확대되어 현재 약 120여개의 법률[1]에서 행정의 실효성 확보를 위한 제재의 목적으로 과징금 조항을 두고 있다. 그러나 과징금에 대한 정의를 두고 있는 법률은 찾기가 어렵다. 과징금을 간략히 정의하자면 '행정청이

---

• 제9장은 법무법인 율촌 (책임연구자: 김정수), 자본시장법상 불공정거래에 대한 과징금 도입 방안(금융위원회연구용역보고서)(2010.7)의 「제3장 불공정거래에 대한 과징금제도의 도입필요성」을 금융위원회의 허락을 받아 재인용 한 것이다.

1) 윤석, 공정거래법상 과징금제도, 국회도서관 (2006) (김일중, "과징금제도에 관한 법경제학적 고찰", 한국법경제학회 하계학술대회 발표논문: 헌재판결(2001헌가25)의 '이중처벌'과 '재량권' 논쟁을 중심으로, (2010) 6면에서 재인용).

행정규제의 수단으로서 부과하는 금전적 제재'라고 할 수 있다.[2] 그런데 이 금전적 제재의 기능 내지 법적 성질에 대해서 그동안 학설과 판례상 부당이득환수설, 행정제재설, 겸유설 등으로 이론이 전개되어 왔다. 그리고 이러한 이론적 전개를 바탕으로 과징금의 종류도 부당이득환수 목적의 전통적 과징금, 그리고 제재 목적의 제재적 과징금으로 분류되고 있다.

첫째, 부당이득환수설은 과징금의 본질과 기능을 법위반행위에 의하여 얻은 불법적인 경제적 이익을 박탈하기 위하여 부과되는 것으로 파악한다. 따라서 과징금 부과대상은 법위반으로 인한 부당이득의 발생을 전제로 하고, 과징금의 산정은 이러한 부당이득에 해당하는 금액이므로 반드시 부과 · 징수되어야 하며, 과징금 부과나 금액산정에 있어서 재량이 인정되지 않는다는 입장이다. 부당이득환수설에 충실한 과징금의 종류가 부당이득환수 목적의 전통적 과징금이다.[3]

둘째, 행정제재설에 따르면 과징금은 행정법상 의무위반행위로 인한 경제적 이득의 발생유무와 관계없이 의무위반행위 그 자체에 대한 제재로서의 성격을 가진다. 이러한 제재는 행정적 의무이행 확보수단으로서의 제재와 단순한 징벌로서의 제재가 있을 수 있다. 이에 따라 부당이득의 발생이 전제되지 아니한 행정법상 의무위반행위에 대해서도 과징금을 부과할 수 있고, 나아가 과징금의 산정방법도 부당이득의 규모와 상관없이 행정법 위반에 대한 제재효과를 거둘 수 있으면 충분하다는 입장이다. 이러한 입장에서 시행되고 있는 과징금이 변형적 과징금 내지 제재적 과징금이라 할 수 있다.[4]

---

2) 공정위는 과징금의 목적에 대해 "과징금은 행정법상의 의무위반에 대하여 금전적 제재를 가함으로써, 의무위반으로 취득한 불법적인 이득을 박탈하고, 동 제재를 통해 향후 법 위반행위를 억제기능을 수행하는 의무이행수단이다"라고 밝히고 있다(정책건의 및 질의, 2006, no. 166).

3) 『물가안정에 관한 법률』을 보면 제2조의2에서 "①기획재정부장관은 제2조제1항의 규정에 따라 정부가 지정한 최고가격을 초과하여 거래를 함으로써 부당한 이득을 얻은 자에게는 과징금을 부과한다. ②제1항의 규정에 따른 과징금은 실제로 거래한 가격 · 임대료 또는 요금에서 최고가격을 차감한 금액으로 한다."고 하여 전통적 과징금 방식을 채택하고 있다.

4) 『물류정책기본법』을 보면 제67조에서 "① 국토해양부장관은 제47조제1항에 따라 국제물류주선업자에게 사업의 정지를 명하여야 하는 경우로서 그 사업의 정지가 당해 사업의 이용자 등에게 심한 불편을 주는 경우에는 그 사업정지 처분을 갈음하여 1천만원 이하의 과징금을 부과할 수 있다."고 하여 행정제재로서의 업무정지에 갈음하여 과징금을 부과하는 제재적 과징금의 사례를 보여주고 있다.

셋째, 겸유설은 과징금은 부당이득환수적 성격과 행정제재벌로서의 복합적 성격을 가지고 있다는 입장으로 우리나라에서 통설[5]과 판례[6]의 입장이라고 할 수 있다. 공정거래법의 경우 초기에는 시장지배적 지위 남용행위와 부당한 공동행위에 관한 과징금에 관하여는 법위반으로 인한 경제적 이익의 발생을 전제로 하여 그 부당이익을 환수하는 성격을 강하게 가지고 있었다. 그러나 1996년 개정시 과징금 산정기준도 위반행위로 얻은 이익에서 매출액의 일정비율로 변경하고, 과징금 환급규정을 삭제하는 한편, 과징금 상한을 위반행위의 실행기간을 근거로 산정하지 않고 직전 3개년도 평균매출액을 기준으로 산정하여 제재적 성격을 강화하였다.[7]

법원과 헌법재판소 역시 과징금이 전반적으로 위 두 성격을 다 가지고 있다는 점에 동의한다. 다만 어느 부분이 주된 것이냐에 대해서는 다소 차이를 보이고 있다. 예컨대, 공정거래법상 부당지원행위에 대한 과징금에 대해서는 부당지원행위 억지라는 행정목적을 실현하기 위한 행정상 제재로서의 기본적 성격에 부당이득환수적 요소가 부가되어 있는 것으로 보는 반면,[8] 부당한 공동행위와 관련해서는 원칙적으로 법 위반행위에 의하여 얻은 불법적인 경제적 이익을 박탈하기 위하여 부과되는 것이라는 의견도 있다.[9]

과징금은 부당이득환수적 성질과 제재적 성질을 함께 가지고 있으므로 굳이 부당이득 범위내로 한정될 필요는 없다. 그렇지만 제재적 성질을 너무 강조하여 부당이득보다 과징금이 무한정 커지는 것은 바람직하지 않을 수 있다. 대법원도 군납유류 입찰담합 사건에서 기본과징금 산정과정이 부당이득액과의 균형을 상실할 경우에는 그 액수가 과다하여 비례의 원칙에 위배된다는 입장을 보이고 있음을 유의

---

5) 권오승, 경제법, 법문사 (2005), 462-463면; 홍대식, "공정거래법상 과징금제도" (권오승 편), 공정거래와 법치, 법문사 (2004), 1053면.

6) 헌법재판소 2003. 7. 24 선고 2001헌가25 판결; 대법원 2001. 2. 9 선고 2000두6206 판결.

7) 박해식, "공정거래법상 부당지원행위를 한 자에게 부과하는 과징금의 법적 성격", 『경쟁법연구』 제8권, 한국경쟁법학회 (2002), 248면; 홍대식, "공정거래법상 과징금제도의 현황과 개선방안", 『행정법연구』 제18호, 행정법이론실무학회 (2007), 340면(김일중, 전게논문(각주 1), 23-24면에서 재인용).

8) 대법원 2004. 3. 12 선고 2001두7220 판결; 헌법재판소 2003. 7. 24 선고 2001헌가25 결정.

9) 대법원 2004. 10. 27 선고 2002두6842 판결.

할 필요가 있다.[10)]

이러한 점에서 과징금은 부당이득환수적 기능과 행정제재벌로서 복합적 성격을 가지고 있다고 볼 수 있는데, 어느 부분에 주안점을 둘 것이냐는 과징금의 대상이 되는 위법행위의 성격 등에 따라 달라질 수 있을 것이다. 과징금의 출발이 부당이득환수적 성격에서 비롯하였지만, 점점 행정제재벌로서의 성격이 뚜렷해지는 것은 동일한 불법행위의 억지수단으로 과징금제도가 작동하고자 하는 의도에서 비롯된다. 다만, 이처럼 불법행위의 억지와 시장에 경고 메시지를 보내는 행정제재벌로서의 성격이 강해지더라도 위의 대법원 판시에서 보듯이 '비례의 원칙'에 유의할 필요가 있다고 본다.

## 2. 과징금과 민사제재금의 비교

불공정거래행위에 대한 과징금제도의 도입은 앞서 언급한 것처럼 여러 학자들을 통해 오래 전부터 꾸준히 제기되어 왔고, 이러한 주장을 현실적으로 뒷받침해주는 논거로 미국과 영국의 민사제재금 제도, 그리고 일본의 불공정거래에 대한 과징금 제도를 들 수 있다. 뒤에서 살펴보겠지만 실제로 과징금제도는 행정기관의 독자적인 금전적 제재수단이라는 점에서 미국 · 영국에서 활발하게 이용되고 있는 금전적 제재수단인 민사제재금 제도와 유사하다.

굳이 양자를 구분하자면 모두 금전적 제재수단이라는 점에서 유사하지만, 과징금제도는 전적으로 금융감독당국의 행정적 절차에 의해서만 부과가 이루어지지만, 민사제재금은 금융감독당국이 독자적으로 부과하는 경우와 법원에 신청하여 부과하는 경우로 이원화되어 있다는 점에서 차이가 존재한다.

미국의 민사제재금은 SEC의 결정에 의한 민사제재금과 법원의 결정에 의한 민사제재금이라는 두 가지 유형이 존재한다. 증권업자에 대해서는 SEC가 민사제재

10) 대법원 2004. 10. 27 선고 2002두6842 판결; 대법원 2004. 3. 12 선고 2001두7220 판결.

금을 직접 부과하고, 일반투자자에 대해서는 SEC가 법원에 신청하여 법원의 결정으로 부과한다.

반면, 영국의 경우는 FSA(현재는 FCA)가 증권업자나 일반투자자를 구분하지 않고 직접 민사제재금을 부과할 수 있다는 점에서 미국과 커다란 차이를 보이고 있다. 이러한 영국의 파격적인 제도개혁은 금융시장에서 발생하는 다양한 불공정거래를 적절하고도 신속하게 제재하는 수단의 필요성을 강하게 인식하고, 이에 "시장남용"(Market Abuse)이라는 새로운 개념을 도입하면서 형사벌과 이원화하는 규제체계를 구축하여 형사벌로 처벌이 적절치 않은 금융시장에서의 위반행위에 대해 금융감독기구인 FSA가 행정조치로 일반투자자들에 대해서도 직접 민사제재금을 부과할 수 있도록 한 것이다. 이러한 방식은 불공정거래의 집행체계에 있어서 한 단계 선진화를 이룬 것으로 평가할 수 있을 것이다.

우리나라가 불공정거래에 대한 행정제재로서 과징금제도의 도입 방안을 여러 학자들이 제시한 것은 미국이나 영국의 민사제재금제도 보다는 일본의 과징금제도가 우리의 법제상 상대적으로 무리가 없다고 보기 때문이다. 증권시장에서의 공시위반 행위에 대해 이미 과징금제도가 도입되어 운용되고 있고, 이러한 과징금제도를 불공정거래 부분에 확대 · 도입하는 것이 자연스러운 것으로 보이기 때문이다.

# II. 불공정거래에 대한 과징금 제도의 장점

## 1. 금전적 제재수단으로서 벌금의 한계

### (1) 형사벌로서의 벌금

불공정거래 행위에 대해 벌금을 부과하는 방안은 현재 가장 많이 활용되고 있는 방법이며 위헌성의 시비를 잠재울 수 있는 가장 좋은 방안이기도 하다. 벌금은 형벌에 해당하는 것으로서 사법권에 의하여 결정 · 부과된다는 점에서 행정기관이 부과 · 징수하는 과징금과 구별된다. 일반적으로 금융감독당국이 고발 또는 통보 조치하면 검찰이 기소하고 법원이 심판하여 벌금을 선고하므로 적법 절차의 원리에 가장 부합한다고 볼 수 있다.

### (2) 벌금제재의 한계

벌금은 복잡하고 시간이 많이 소요되는 형사절차에 따라야 하므로 불공정거래 행위에 대한 집행을 위한 사회적 비용도 과다하게 소요되고, 엄격한 증거원칙 등 불공정거래 행위자를 처벌하기가 쉽지 않을 수 있다.[11] 이에 따라 벌금은 증권법규를 명백하게 위반한 자 중에서 죄질이 나쁜 악의의 불공정거래 행위자에 대해서만 그 집행효과를 거둘 수 있고, 거래규모가 적거나 비난 가능성이 상대적으로 낮은 과실 등에 의한 행위자 등에 대한 벌금부과는 필요 이상으로 전과자를 양산할 수 있는 문제가 있다.

그리고 벌금은 사법기관에 의한 형사재판을 통하여 부과되므로 다음과 같이 불법행위로 인한 이익액의 입증, 검찰과 사법부의 비전문성, 다른 경제범죄와의 형평성, 법집행의 지체 등의 문제점이 있으므로 활용에 있어 한계를 가지고 있다고 본다.

#### a) 부당이익(회피손실)액의 입증 곤란

검찰은 불공정거래 행위자가 불법행위로 인해 취득한 이익액을 입증해야 하는데, 증권시장에서 불공정거래 행위로 인해 취득한 이익이나 회피한 손해를 입증하는 것이 기술적으로 쉬운 일이 아니다. 이는 증권시장에서 형성되는 주가는 다양한 요소들에 의하여 영향을 받을 수 있기 때문인데, 그러한 가격변화에 문제가 된 불공정거래 행위가 영향을 미친 부분만을 계산해 낸다는 것은, 즉 그러한 위법행위가 없었더라면 형성되었을 '정상가격'(actual price)을 추출해 낸다는 것은 매우 어려운 일이기 때문이다. 따라서 검찰이 불공정거래 행위로 위반자가 취득한 이익이나 회

11) 조인호, "내부자거래 규제법규의 집행수단에 대한 소고", 『한양법학』 제24권 제1집 (통권 제41집) (2013. 2), 545면.

피한 손실을 충분히 입증하지 못하는 경우 실제 취득한 이익규모 보다 적은 금액만을 벌금으로 부과할 수밖에 없을 것이다. 김영주 의원실의 보도자료[12]에 나타나 있는 것처럼 벌금 부과가 이익액의 절반 수준에 머무르는 현실이 이를 잘 보여주고 있다고 생각된다.

b) 사법당국의 전문성 한계

검찰과 사법부가 증권시장에서 발생하는 불공정거래의 폐해에 대해 충분한 인식을 가지고 있지 않은 경우에는 불공정거래에 대한 효과적인 제제를 기대하기가 어렵다. 복잡하고 다양한 자본시장 및 금융투자업종에 대한 규제를 전문으로 하지 않는 검찰이나 사법부의 입장에서 전통적인 개인적 범죄와 금융범죄를 차별화하여, 증권범죄가 시장질서나 국민경제에 미치는 파괴적 효과를 충분히 반영할 수 있는 벌금액수 결정이 쉬운 것이 아니라고 할 수 있다.

c) 법집행의 지체

벌금은 법원의 판결에 의해 결정되므로 몇 년이라는 긴 시간이 소요될 수 있다. 법원에 의해 벌금형이 확정되어 시장에 결론이 도달할 때는 이미 행위 시점에서 수년이 경과된 후가 되며, 따라서 그러한 불법행위에 대한 억지의 효과나 시장에 대한 경고 효과는 크게 반감될 수밖에 없다. 금융시장의 환경이 급속히 바뀌면서, 이에 새로운 유형의 거래기법들이 등장할 수 있는데, 이러한 행위들이 용납되는 행위인지 아니면 법에서 금지하는 불공정거래 행위인지에 대한 판단도 신속하게 이루어져서 동일한 행위들이 반복해서 등장하지 않도록 시장에 메시지를 보내는 수단으로서는 벌금의 부과는 한계를 가지고 있다.

d) 집행의 실효성 한계

현행 벌금한도는 2천만 원 이하에서 5억 원 이하까지 상향조정되었고 부당이익 또는 회피손실이 5억 원을 초과하는 경우 그 액수의 3배 이내까지 부과할 수 있지만, 실제로 시세조종 등이 성공하지 못해 이익액이 별로 없는 경우에는 실효성이

12) 김영주 의원실 보도자료, "주가조작, 적발되어도 남는 장사?" (2006. 9. 26).

없다는 문제가 있다. 또한, 유사범죄인 사기죄가 여전히 2천만 원 이하인 상황에서 법원이 종전의 양형기준을 조정하여 대폭 상향 부과할 것이라고 쉽사리 예상하기는 어렵다.

더 더욱 앞서 언급한 것처럼 부당이득 또는 회피한 손실의 '3배' 규정은 미국의 민사제재금의 징벌적 규제를 모델로 한 제도인데, 사실상 이 '3배' 규정은 사문화된 규정으로 볼 수 있어, 이 '3배 규정'을 이용한 벌금을 통한 금전적 제재의 효과는 현실적으로 기대하기 어렵다고 본다.

## 2. 금전적 제재수단으로서 과태료의 한계

### (1) 과태료의 유형

과태료는 그 부과절차에 따라 두 가지로 나눌 수 있다. 하나는 처음부터 법원의 결정에 의하여 정하는 유형이고, 다른 하나는 먼저 행정청이 부과처분을 내리고 그에 대해서 당사자가 이의를 제기하는 경우에는 바로 재판절차로 이행하는 유형이다. 전자가 원칙이고 후자는 개별법에서 특별한 근거가 있는 경우에만 인정된다.

### (2) 과태료와 벌금의 차이

형벌과 과태료의 차이에 대해서는 학설의 다툼이 있으나 사회적인 비난가능성이 높은 위반행위에 대한 금전적인 제재가 벌금이고 단순한 행정상의 의무를 위반한 행위에 대한 금전적인 제재가 과태료라고 구분한다면 불공정거래에 대해서는 당연히 벌금을 부과하는 것이 맞을 것이다. 법적으로 양자의 차이는 금액의 다소로 나타나는데 구 증권거래법상 과태료의 상한은 500만 원이고 벌금의 경우 2,000만 원[13)]까지 부과할 수 있었는데 자본시장법이 제정되면서 과태료는 5,000만 원, 벌금은 5억 원으로 상향조정되었다.

---

13) 부당이익의 3배가 2,000만원보다 큰 경우에는 상한선이 올라갈 수 있으나 현실적으로 그러한 사례는 발견하기 어렵다.

### (3) 과태료와 과징금의 차이

제2유형의 과태료는 일응 행정청이 부과한다는 점에서 과징금과 유사하다. 그러나 통상 과징금이 부당이득 환수에 초점을 두고 부과금액도 거액인데 비해, 과태료는 위반자에게 금전적 이득이 전혀 발생하지 않지만 행정질서 유지목적의 징벌적 성격을 가지고 있고, 부과금액이 상대적으로 소액이라는 차이가 있다.

### (4) 과태료의 장점

불공정거래 행위에 대해서 과태료를 부과한다면 적어도 위헌이라는 반론은 제기할 수 없을 것으로 본다. 이의를 제기하는 경우에는 바로 재판절차로 이행되기 때문이다. 그럼에도 불구하고 과태료의 결정은 일단 행정청이 하기 때문에 행정청이 과태료에 관한 기준을 마련하여 그것을 적용할 수 있다는 장점이 있다. 또한 과태료는 행위자에게 경제적인 불이익을 가하는 반면에 형벌과는 달리 전과나 자격정지와 같은 낙인효과가 없기 때문에 부과하는 쪽에서도 부담이 적다고 볼 수 있다.

### (5) 과태료의 문제점

불공정거래 행위에 대해 과태료를 부과하는 것은 다음과 같은 문제점이 지적될 수 있다. 과태료는 이제껏 통상 행정상의 단순한 의무위반에 대한 제재로 운영되어 왔기 때문에 명칭도 그다지 심각하지 않은 제재로 보일 뿐 아니라 실제로도 액수가 너무 낮다고 볼 수 있다. 설령 금액을 상향조정한다고 하더라도 벌금을 초과할 수는 없기 때문에 한계를 가질 수밖에 없다고 본다. 또한 과태료의 명칭을 예컨대 민사제재금이라는 식으로 변경하는 방안도 다른 법령상 용어를 고치지 않는 한 자본시장법에서만 그렇게 부를 수는 없는 문제이고, 동시에 민사제재금이 기존의 과태료, 과징금과의 차별성에 대한 논란도 예상되어 민사제재금이라는 용어의 사용은 적절치 않다고 본다.

## 3. 금전적 제재수단으로서 과징금의 장점

과징금이 불공정거래에 대한 실효성 있는 제재수단으로 중요한 의미를 가지고 있다고 판단되는 점은 다음과 같다.

첫째, 증권규제법의 위반으로 위반자가 얻는 경제적 이익은 통상 막대한 반면, 제재로서 부과되는 형벌이나 과태료는 상대적으로 미미한 경우가 많으므로, 위반행위로 인한 경제적 이익의 규모만큼 또는 그 이상의 경제적 불이익을 가함으로써 실질적인 제재효과를 발휘할 수 있다는 점이다.

둘째, 위법행위를 한 상장법인에 대한 증권발행제한 등의 제재조치는 기업의 자금조달 및 투자자의 거래에 막대한 영향을 미치므로, 이를 과징금으로 대체함으로써 이러한 부정적인 영향은 주지 않으면서 유사한 제재효과를 기대할 수 있다는 점이다.[14] 또한 자본시장의 질서저해행위 중에서 전통적인 제재수단인 형벌이 비효율적이고 부적합한 경우, 과징금 부과로 전환함으로써 전과자 양산의 방지라는 비범죄화의 요청을 충족하면서도 실효성 있는 제재효과를 거둘 수 있다.

셋째, 금전적 제재로서의 과징금 부과는 금융감독당국에 의해 이루어진다는 점에서 또한 장점을 가지고 있다. 먼저 금융감독당국은 규제감독의 전문성을 보유하고 있다는 점이다. 선물 · 옵션 등 파생상품의 확산, 투자은행(IB: Investment Bank)의 발전, 투자기법의 고도화 등 금융투자업의 발달에 따라 시세조종이나 내부자거래 등과 같은 불공정거래행위의 규제감독에는 그 속성상 고도의 전문성이 요구된다. 제재를 부과하기 위해서는 법률판단의 문제에 앞서 사실판단의 문제가 전제되어야 하는데, 금융위원회와 같은 행정기관이 사실문제와 관련하여서는 사법당국인 법원이나 검찰보다 상대적으로 전문성을 보유하고 있다고 볼 수 있다.[15]

넷째, 금융감독기관이 직접 준사법권을 행사함으로써 증권법규집행의 효율성을 제고시킬 수 있다. 벌금 등 형사처벌에 의할 경우에는 금융감독기관이 불법행위

---

14) 안수현, "금융행정 집행수단으로서 과징금제도 검토", BFL 제32호 (2008. 11).
15) 김일중, 전게논문(각주 1), 10면.

나 법규위반행위를 적발하고 이를 다시 검찰에 고발조치 등을 통해 사건을 이첩하고, 검찰이 이첩된 사건에 대해 재수사하여 기소하고 재판에서 불법행위를 입증하여 형사처벌을 부과하는 복잡한 집행절차를 거치게 된다. 그러나 금융감독기관이 위반혐의에 대한 조사를 수행하여 혐의를 확인하고 과징금 부과조치를 직접 시행하면 시간상이나 비용상으로도 훨씬 효과적일 것이다. 물론 이러한 경우에도 중대한 위반사안의 경우에는 형사절차가 우선적으로 적용되는 것이 바람직하기 때문에, 복잡한 제재절차를 거치더라도 검찰에 통보하여야 할 것이다.

이처럼 금전적 제재수단으로서 과징금제도가 갖는 장점들을 통해 보았듯이 현행 과징금제도를 불공정거래 행위에까지 확대 · 도입하는 것이 바람직하다고 본다. 과징금제도는 이미 종전의 증권거래법 체계에 포용된 제도이고, 금액도 비교적 큰 규모로 설정되어 있으며, 공시위반행위에 대하여 상당한 기간 운영하여 왔기 때문에 그 대상행위를 불공정거래 행위로 확대하는 것은 정책적 판단의 문제이지 법리적인 장애가 있는 것은 아니다.

# III. 과징금 관련 법적 쟁점

## 1. 과징금의 위헌성 여부

### (1) 개 요

과징금에 관한 주요 쟁점 중 헌법적 쟁점은 과징금이 제재적 성격도 가지고 있는데, 이에 더하여 시정명령과 같은 다른 행정조치를 취하거나 형벌로서 벌금이 부과되는 경우 헌법이 보장하는 이중처벌금지의 원칙에 위배되는지 여부와, 법위반으로 얻은 이익보다 많은 금액을 과징금으로 부과하는 것이 과잉금지원칙에 위배되는지 여부이다.

이중처벌과 관련하여 과징금제도가 부당이득박탈이라는 성격을 넘어 제재로서의 성격이 분명한 경우에 헌법 제13조의 이중처벌금지조항과 저촉될 수 있다는 일부 의견이 존재한다.[16] 그러나 통설을 포함하여, 헌법재판소 및 대법원은 행정기관이 부과한 과징금은 국가의 형벌권 행사인 처벌과는 다른 목적과 기능을 가지는 측면이 있으므로 문제없다고 판단하였다.

과잉금지의 문제와 관련해서 법원은 일관되게 과징금 부과 행위를 재량행위라고 봄으로써 헌법상의 과잉금지원칙에 위배되지 않는다고 보고 있다. 예를 들어, 불법행위를 통하여 환경을 침해한 자에 대해서는 우선 피해자가 불법행위자를 상대로 손해배상의 청구를 할 수 있는데, 이는 피해자의 민사적인 권리구제수단인 동시에 환경침해라는 사회적으로 유해한 행위에 대하여 넓은 의미의 제재가 이루어지는 것으로 이해할 수 있다.

그러나 그러한 환경침해 행위가 관련법규에서 규정한 환경기준을 위반하여 지속적으로 환경상태를 악화시키는 경우에는 직접적인 피해자의 민사적 청구와는 관계없이 관할 행정청은 법령에 의한 과태료, 배출부과금, 영업의 정지 또는 취소 등의 각종 행정적인 조치를 취하여 환경보호라는 공익을 실현할 수 있다. 동시에 그러한 환경침해 행위가 관련법규에서 정한 벌칙에 해당하는 경우에는 관계인 또는 관할행정청에 의하여 고발이 이루어지고 수사당국의 수사와 법원의 판결에 의하여 벌칙이 부과되어 환경침해에 대한 처벌이 이루어진다.

이와 같이 민사적 제재, 행정적 제재, 형사적 제재는 각기 그 목적과 기능, 효과 등이 상이하기 때문에 동일한 위반행위에 대하여 두 가지 또는 세 가지의 제재가 동시에 이루어 질 수 있다는 것이 대다수 학자들의 견해이며 후술하는 바와 같이 헌법

---

16) 박윤흔, "행정법규위반행위의 탈범죄화", 『경희법학』 (경희대) 제21권 1호 (1986), 128-129면은 "우리의 현행법의 경우 어떤 사업자가 위반행위를 한 경우 동일한 위반행위에 대하여 한편으로는 행정제재(영업취소 · 정지처분)를 다른 한편으로는 형사제재(벌금 등)를 받게 되어 있다. 이 경우 영업정지를 영업정지에 갈음한 수단으로 마련된 과징금제도로 바꾸어 놓는다면 결국 과징금과 벌금이라는 이중의 금전벌을 받게 되는 것이다. (중략) 사업자의 위반행위 중에는 반사회성이 극히 미약하고 오직 사업자에 대한 단속의 면에서 문제가 되는 정도의 것도 많으며, 그러한 위반행위에 대하여는 사업정지 등으로 대처하면 충분하고 형사제재까지를 과하는 것은 국가의 형벌권의 남용이라고 할 것이다. 이러한 위반행위에 대하여는 앞으로 과감하게 법률에 규정된 벌칙규정을 삭제할 것이 요망된다."라고 하고 있다.

재판소와 대법원 등 사법부의 입장이기도 하다. 다만, 제재를 받는 사람의 입장에서 보면 금융감독당국이 행정제재와 형사제재를 병행함으로써 흔히 이중제재 또는 과도한 제재라는 논란이 발생할 소지는 존재한다고 본다.

특히 불공정거래와 관련하여 조사가 행하여지고 그에 따라 증권회사의 임직원에 대한 제재가 이루어지는 경우에 있어 자본시장법은 행정제재와 형사제재를 함께 규정[17]하고 있으므로 이를 동시에 부과할 수 있는가에 대해서 의문이 제기될 수 있다. 특히 법원의 확정판결 이전에는 행정적 제재조치가 내려지는 경우 관계인은 무죄로 추정된다는 무죄추정의 원칙에 반하여 인권침해의 소지 및 적법 절차 원칙에도 어긋난다는 비판도 제기될 수 있다.

### (2) 주요 판례와 시사점

과징금의 이중처벌성 여부에 관한 중요한 판결들이 있는데, 2003년 7월 헌법재판소가 선고한 판결(2001헌가25 판결)[18]을 가장 대표적인 판결로 들 수 있다.

a) 헌법재판소 2001헌가25 판결

이 사건은 국내 한 대규모기업집단에 속한 12개 계열사가 관련된 사건으로서, 법이 금지하는 부당지원행위를 수차례 다양한 형태로 한 지원자들에게 1998년 공정위가 41억원의 과징금을 부과한 사실로부터 시작한다. 그런데 과징금 부과에 대한 피심인들의 불복소송을 담당하던 서울고등법원은 해당 과징금 조항이 위헌의 소지를 갖는다는 판단에서 그 여부를 헌법재판소에 물었다. 이 헌법소원에서 '이중처벌금지원칙'이 가장 큰 쟁점이었으나, 그 외에도 헌법상의 '적법절차원칙' 및 '비례성원칙' 등에 위반되는지 여부도 헌재의 판단대상이었다. 판결에서 헌법재판관들의 견해는 둘로 나뉘어 각 쟁점에 대하여 현저한 입장 차이를 보이면서 5:4로 합헌결정이 내려졌다:[19]

---

17) 자본시장법 제426조 및 동시행령 제376조 등.
18) 헌법재판소 2003. 7. 24. 선고 2001헌가25결정.
19) 김일중, 전게논문(각주 1), 3면.

**[결정요지]**

1. 행정권에는 행정목적 실현을 위하여 행정법규 위반자에 대한 제재의 권한도 포함되어 있으므로, '제재를 통한 억지'는 행정규제의 본원적 기능이라 볼 수 있는 것이고, 따라서 어떤 행정제재의 기능이 오로지 제재(및 이에 결부된 억지)에 있다고 하여 이를 헌법 제13조 제1항에서 말하는 국가형벌권의 행사로서의 '처벌'에 해당한다고 할 수 없는바, 구 독점규제및공정거래에관한법률 제24조의2에 의한 부당내부거래에 대한 과징금은 그 취지와 기능, 부과의 주체와 절차 등을 종합할 때 부당내부거래 억지라는 행정목적을 실현하기 위하여 그 위반행위에 대하여 제재를 가하는 행정상의 제재금으로서의 기본적 성격에 부당이득환수적 요소도 부가되어 있는 것이라 할 것이고, 이를 두고 헌법 제13조 제1항에서 금지하는 국가형벌권 행사로서의 '처벌'에 해당한다고는 할 수 없으므로, 공정거래법에서 형사처벌과 아울러 과징금의 병과를 예정하고 있더라도 이중처벌금지원칙에 위반된다고 볼 수 없으며, 이 과징금 부과처분에 대하여 공정력과 집행력을 인정한다고 하여 이를 확정판결 전의 형벌집행과 같은 것으로 보아 무죄추정의 원칙에 위반된다고도 할 수 없다.
2. 법관에게 과징금에 관한 결정권한을 부여한다든지, 과징금 부과절차에 있어 사법적 요소들을 강화한다든지 하면 법치주의적 자유보장이라는 점에서 장점이 있겠으나, 공정거래법에서 행정기관인 공정거래위원회로 하여금 과징금을 부과하여 제재할 수 있도록 한 것은 부당내부거래를 비롯한 다양한 불공정 경제행위가 시장에 미치는 부정적 효과 등에 관한 사실수집과 평가는 이에 대한 전문적 지식과 경험을 갖춘 기관이 담당하는 것이 보다 바람직하다는 정책적 결단에 입각한 것이라 할 것이고, 과징금의 부과 여부 및 그 액수의 결정권자인 위원회는 합의제 행정기관으로서 그 구성에 있어 일정한 정도의 독립성이 보장되어 있고, 과징금 부과절차에서는 통지, 의견진술의 기회 부여 등을 통하여 당사자의 절차적 참여권을 인정하고 있으며, 행정소송을 통한 사법적 사후심사가 보장되어 있으므로, 이러한 점들을 종합적으로 고려할 때 과징금 부과 절차에 있어 적법절차원칙에 위반되거나 사법권을 법원에 둔 권력분립의 원칙에 위반된다고 볼 수 없다.

헌법재판소는 이 결정에서 과징금의 부과라는 일종의 행정적 제재조치가 헌법 제13조 제1항에 의한 범죄행위에 대한 처벌의 성격을 가지고 있지 않기 때문에, 비록 공정거래법에 동일한 위반행위에 대해서 별도의 처벌규정이 있다고 하더라도 이중처벌에 해당하지 않는다는 견해를 제시함으로써 행정적 제재와 형사적 제재의 취지와 목적이 상이하며 따라서 양자는 병과될 수 있다는 입장을 분명히 하였다. 또한, 과징금의 부과와 같은 일종의 준사법적 행정처분에 대해서는 법원의 관여가 바람직할 수도 있으나 공정거래위원회와 같은 독립적 행정규제위원회는 그 조직과 운영의 독립성이 어느 정도 보장될 수 있기 때문에 헌법상 사법권에 대한 침해나 권력분립원칙에 대한 위반이 없다고 보았다. 따라서 공정거래위원회와 같이 독립규제위원회에 준하는 지위를 가지는 합의제 행정관청으로서 금융위나 증선위에 의한 과징금 부과가 헌법적으로 문제가 없다는 추론에 대해 이의가 있을 수 없다는 점은 명백하다고 본다.

다만, 이 판결에서 김영일 재판관은 반대의견을 제시하면서 "과징금은 부당이득 환수적 요소는 전혀 없이 순수하게 응보와 억지의 목적만을 가지고 있는 실질적 형사제재로서 절차상으로 형사소송절차와 전혀 다른 별도의 과징금 부과절차에 의하여 부과되므로 행정형벌과는 별도로 거듭 처벌된다고 하지 않을 수 없어 이중처벌금지의 원칙에 위반되고, 위반사실에 대한 확정판결이 있기 전에 이미 법 위반사실이 추정되어 집행되고, 집행정지를 신청할 수 있는 당사자의 절차적 권리도 배제되어 있으므로 무죄추정원칙에도 위배된다."라고 지적한 것은 유의할 필요가 있다.

b) 헌법재판소 2007헌바85 판결

최근 헌법재판소는 구 의료법에 의하여 의사면허자격정지처분을 받은 자에게 구 국민건강보험법 제85조 제2항에 의한 과징금을 부과하는 것이 이중처벌금지의 원칙에 위반되는지 등에 관한 헌법소원사건을 다루면서 다시 한 번 과징금부과가 형사처벌과 병과되는 경우에도 이중처벌금지의 원칙에 위반된다고 볼 수 없다는 결

정을 내리면서 이전의 판결을 재확인하였다.[20]

**[결정요지]**

1. 헌법 제13조 제1항이 정한 "이중처벌금지의 원칙"은 동일한 범죄행위에 대하여 국가가 형벌권을 거듭 행사할 수 없도록 함으로써 국민의 기본권 특히 신체의 자유를 보장하기 위한 것이므로, 그 '처벌'은 원칙적으로 범죄에 대한 국가의 형벌권 실행으로서의 과벌을 의미하는 것이고, 국가가 행하는 일체의 제재나 불이익처분을 모두 그에 포함된다고 할 수는 없다. 구 의료법 제53조 제1항 제5호의 의사면허정지제도와 구 국민건강보험법 제85조 제2항의 과징금부과제도는 범죄에 대한 국가의 형벌권 실행으로서의 과벌에 해당한다고 할 수 없고, 구 의료법 제53조 제1항 제5호에 의한 의사면허자격정지처분은 '의료기사가 아닌 자로 하여금 의료기사의 업무를 하게 하거나 의료기사에게 그 업무의 범위를 일탈하게 한 때'를 대상으로 부과하는 것이고, 구 국민건강보험법 제85조 제2항에 의한 과징금처분은 의료법상 정당한 의료행위가 아니어서 요양급여비용을 지급받을 수 없음에도 불구하고 '사위 기타 부당한 방법으로 요양급여비용을 부담하게 한 때'를 대상으로 부과하는 것이어서 양자는 제재대상이 되는 기본적 사실관계, 보호법익, 목적 및 처분대상을 달리하고, 또한 전자에 대한 제재 시에 후자에 대한 위반행위까지 이미 평가되었다고 할 수 없으므로 후자를 전자의 불가벌적 사후행위라고 할 수도 없다. 따라서 구 의료법 제53조 제1항 제5호에 의한 의사면허자격정지처분과 구 국민건강보험법 제85조 제2항에 의한 과징금부과처분이 이중처벌에 해당한다고 할 수는 없다.
2. 구 국민건강보험법 제85조 제2항의 과징금제도는, 사위 기타 부당한 방법으로 요양급여비용을 부담하게 하는 행위에 대하여 제재를 가함으로써 국민이 납부한 보험료로 운영되는 건강보험의 건전한 재정운영을 유지하고자 입법된 것으로서 입법목적의 정당성이 인정되고, 이 제도로 인하여 부당한 보험급여청구에 대한 제재를 통해 국민이 납부한 보험료에 의해 운영되는 건강보험의 건전성을

---

20) 헌법재판소 2008. 7. 31. 선고 2007헌바85 결정.

확보함으로써 국민보건을 향상시키고 사회보장을 증진할 수 있다고 하는 사회적 공익은 매우 크다고 볼 수 있어 공익에 비하여 사익이 과도하게 침해된다고 할 수 없으므로, 청구인의 재산권을 침해하고 있다고 할 수 없다.

3. 구 국민건강보험법 제85조 제2항은 사위 기타 부당한 방법으로 부담하게 한 금액의 5배 이하의 금액을 과징금으로 부과 · 징수할 수 있고, 과징금을 부과하는 위반행위의 종별 · 정도 등에 따른 과징금의 금액 기타 필요한 사항은 대통령령으로 정한다고 규정하여 과징금의 상한기준은 이를 정하고 있으나 구체적인 부과기준은 이를 정하지 않고 대통령령에 위임하고 있으나, 위 조항에 의하더라도 부과할 과징금의 상한기준이 정해져 있고, 이에 따라 필요한 경우 과징금의 액수가 상한기준인 부당한 방법으로 부담하게 한 금액의 5배 이내에서 구체적으로 정해지게 될 것임은 위 조항으로부터 쉽게 예측할 수 있다고 할 수 있다. 또한 국민건강보험법의 입법취지에 비추어 그때그때의 건강보험 재정사정과 위반의 강도, 기간, 회수 등에 따라 과징금의 수액을 적절히 현실화할 필요가 있기 때문에 법률로서 과징금의 구체적인 액수나 과징금 부과의 구체적 기준을 정하는 것보다 대통령령으로 상황에 맞게 유동적으로 위반정도에 따라 과징금의 구체적 기준을 정하는 것이 보다 더 합리적이라고 보이므로 포괄위임입법금지의 원칙에 위반되지 않는다.

이 사건에서 헌법재판소는 무면허 의료기사 사용행위에 대해서 구 의료법에 의한 의사면허정지와 구 국민건강보험법에 의한 과징금부과라는 두 가지 행정적 제재조치를 병과하는 것은 제재대상이 되는 기본적 사실관계, 보호법익, 목적 및 처분대상을 달리하는 것이므로 이중처벌은 아니라는 견해를 제시하고 있다.

이 결정은 형사처벌과 행정제재 간의 문제를 직접적으로 다루고 있지는 않으나 동일한 행위라고 할지라도 보호법익, 목적, 처분대상이 다른 복수의 행정제재의 대상이 될 수 있고 그에 따라 제재를 병과할지라도 이중제재가 아님을 명확히 했다는 점에서 의의가 크다고 본다. 또한 이중처벌금지의 원칙에 대하여는 “행정권에는 행정목적 실현을 위하여 행정법규 위반자에 대한 제재의 권한도 포함되어 있으므로, '제재를 통한 억지'는 행정규제의 본원적 기능이라 볼 수 있는 것이고, 따라서 어떤 행정제재의 기능이 오로지 제재 및 이에 결부된 억지에 있다고 하여 이를 헌법 제13조 제1항에서 말하는 '처벌'에 해당한다고 할 수 없다."라고 하여 위에서 본 공정거래법과 관련한 이전의 결정을 재확인하였다.

아울러 국민건강보험법 제85조 제2항의 업무정지에 갈음하는 과징금부과 제도가 국민의 재산을 감소시키므로 기본권 제한의 입법적 한계를 벗어나고, 위반행위의 종류별, 정도 등에 따른 과징금 금액 기타 필요사항을 대통령령으로 정한 것은 포괄위임 입법금지의 원칙을 벗어나므로 위헌이라는 주장에 대하여는, "과징금제도는, ① 사위 기타 부당한 방법으로 요양급여비용을 부담하게 하는 행위에 대하여 제재를 가함으로써 국민이 납부한 보험료로 운영되는 건강보험의 건전한 재정운영을 유지하고자 입법된 것으로서 이러한 입법목적은 헌법 제37조 제2항의 공공복리를 위하여 필요한 것으로서 그 정당성이 인정되고, ② 사위 기타 부당한 방법으로 요양급여비용을 부담하게 한 요양기관에 대하여 과징금을 부과함으로써 그러한 부당한 행위를 억제하게 하는 효과가 있다고 할 것이므로 수단의 적합성이 인정되며, ③ 의료인이 의료기사가 아닌 자로 하여금 의료기사의 업무를 하게 하거나 의료기사에게 그 업무의 범위를 일탈하게 하여 의료법 제53조에 의한 면허자격정지의 행정처분을 받은 후라고 하더라도 요양기관이 이에 그치지 않고 의료법상 정당한 의료행위가 아니어서 요양급여비용을 지급받을 수 없음에도 불구하고 요양급여비용까지 청구하여 이를 지급받은 경우 그 위법행위의 결과 침해된 법익을 원상회복시킬 필요가 있으므로 이를 위한 행정상 조치로서 요양기관에 대하여 과징금을 부과할 필요성이 인정되고, 과징금제도가 달리 다른 입법수단이 있음에도 불구하고 청구인의 기본권을 더 제한하는 것이라고 단정할 수 없으며, 가능한 여러 가지 수단 가운데 무엇이 보다 덜 침해적이라고 보기 어려운 상황에서 어떠한 수단을 선택할 것인가는 입법자의 형성의 권한 내라 할 것이므로, 과징금제도는 피해의 최소성 원칙에 어긋나지 않고, ④ 과징금제도는 (중략) 과징금부과의 기준으로 업무정지기간이 50일 이하인 경우에는 총 부당금액의 4배, 업무정지기간이 50일을 초과하는 경우에는 총 부당금액의 5배에 각 해당하는 금액을 과징금으로 부과하도록 규정하고 있으며, 위 시행령상의 과징금부과의 기준은 모법인 국민건강보험법의 위임규정의 내용과 취지에 비추어 볼 때 같은 유형의 위반행위라 하더라도 그 규모나 기간 · 사회적 비난 정도 · 위반행위로 인하여 다른 법률에 의하여 처벌받은 다른 사정 · 행위자의 개인적 사정 및 위반행위로 얻은 불법이익의 규모 등 여러 요소를 종합적으로 고려하여 사안에 따라 적정한 업무정지의 기간 및 과징금의 금액을 정하여야 할 것이므로 그 기간 내지 금액은 확정적인 것이 아니라 최고한도라고 할 것인 점 등에 비추어 볼 때, 청구인이 입게 되는 재산상의 불이익은 그다지 크다고 보기 어려우므로 공익에 비하여 사익이 과도하게 침해된다고 하는 법익형량상의 문제도 존재하지 않는다. (중략) 국민건강보험법의 입법취지에 비추어 그때그때의 건강보험 재정사정과 위반의 강도, 기간, 회수 등에 따라 업무정지기간과 과징금의 수액을 적절히 현실화할 필요가 있기 때문에 법률로서 업무정지의 구체적 기간이나 과징금의 구체적인 액수나 과징금 부과의 구체적 기준을 정하는 것보다 대통령령으로 상황에 맞게 유동적으로 위반 정도에 따라 업무정지의 기간과 과징금의 구체적 기준을 정하는 것이 보다 더 합리적"이라고 상세하게 판단하였다.

따라서 행정적 제재와 형사적 제재, 이중적인 행정적 제재 등이 그 취지와 목적을 달리하여 이중처벌이 아니므로 그 병과가 가능하지만 개별적 · 전체적으로 당사자에게 발생하는 제재의 효과가 헌법상 과잉금지의 원칙 등 기본권제한의 입법적 한계 및 포괄위임입법금지의 원칙 등을 벗어나지 않도록 세심하게 설계되어야 한다는 점을 주의할 필요가 있다.

끝으로 대법원의 견해를 보면, 일정한 위반행위에 대하여 형사처벌과 과징금을 병과하는 것이 이중처벌금지원칙, 무죄추정원칙 또는 사법권이나 재판청구권을 침해하는지 여부에 대한 판결에서 "부당지원행위를 한 지원주체에 대한 과징금은 그 취지와 기능, 부과의 주체와 절차 등을 종합할 때 부당지원행위의 억지(抑止)라는 행정목적을 실현하기 위한 입법자의 정책적 판단에 기하여 그 위반행위에 대하여 제재를 가하는 행정상의 제재금으로서의 기본적 성격에 부당이득환수적 요소도 부가되어 있는 것이라고 할 것이어서 그것이 헌법 제13조 제1항에서 금지하는 국가형벌권 행사로서의 처벌에 해당한다고 할 수 없으므로 법에서 형사처벌과 아울러 과징금의 부과처분을 할 수 있도록 규정하고 있다 하더라도 이중처벌금지원칙이나 무죄추정원칙에 위반된다거나 사법권이나 재판청구권을 침해한다고 볼 수 없고, 또한 법 제55조의3 제1항에 정한 각 사유를 참작하여 부당지원행위의 불법의 정도에 비례하여 상당한 금액의 범위 내에서만 과징금을 부과할 수 있도록 하고 있음에 비추어 비례원칙에 반한다고 할 수도 없다."[21]라고 판시함으로써, 위에서 언급한 두 개의 헌법재판소 결정과 같이 대법원도 양자가 병과되는 경우에 원칙적으로 어떠한 헌법적 문제도 없다는 입장이라고 할 수 있다.

### (3) 미국에서의 위헌논쟁

행정기관에 의한 행정제재가 법원에 의한 처벌과 병과되어 이루어질 때, 헌법이 보장하고 있는 이중처벌금지원칙을 위반한 것이냐의 논쟁은 우리나라뿐만 아니라 미국, 프랑스, 유럽연합, 독일 등 주요국에서도 동일하게 다루어졌다. 이들 주요국들도 입법례나 판례가 동일한 사안에 대해 법원의 처벌행위에 대해 행정기관에 의해 행정제재가 이루어졌다 하더라도 이중처벌이 아니라는 입장을 보여주고 있다.[22]

미국에서는 기타 주요국에 비해 행정기관에 의한 민사제재금(civil penalty)이 활발하게 운용되고 있는 바, 일찍부터 이러한 행정기관에 의한 행정조치가 이루어지고 동일한 사안에 대해 사법부에 의한 처벌이 이루어질 때 수정헌법 제5조가 규정하고 있는 이중처벌(double jeopardy) 금지의 원칙을 위반한 것인지 여부에 대한 논쟁이 있어 왔다.[23]

이러한 논쟁에 대해 1989년 5월 15일, 미국 연방대법원은 United States v. Halper 사건에서 만장일치로 민사제재금이 이중처벌금지의 원칙이라는 제5차 미국연방수정헌법의 목적상 처벌로 구성될 수 있다는 판시를 하였다. 이 사건에서 연

21) 대법원 1986. 7. 8. 선고 85누1002 판결.

22) 헌법재판소 2003. 7. 24 선고 2001헌가25 결정.

23) 이에 대한 상세한 설명은 김용재, "미국 금융법상 민사금전벌 제도에 관한 고찰", 「저스티스」 통권 제103호 참조.

방대법원은 "단지 구체적인 목적을 달성하기 위한 것이라 볼 수 없고 오히려 징벌(retribution)이나 억지(deterrence)의 목적을 달성하기 위한 것으로 해석될 수 있는 민사제재는 형사벌칙에 해당된다."라고 판시하였다.[24)]

그러나 1997년 12월 10일 연방대법원은 Hudson v. United States 사건에서 앞의 Halper 판결을 파기하면서 행정기관이 민사제재금을 부과한 후 동일한 사안에 대해 형사소추를 하는 것이 수정헌법 제5조가 보호하는 이중처벌금지원칙에 위반하지 않는다고 판시하였다. 이 사건은 부정대출 등의 위법행위를 이유로 통화감독청이 민사제재금 및 금융업 종사금지 처분을 한 후, 다시 동일한 행위 즉 은행자금의 유용 및 허위기재의 혐의로 기소된 사안인데, 연방대법원은 앞의 Halper 논리에 따르면 억지적 목적이 있다하여 이중처벌금지원칙에서 말하는 형사처벌에 해당한다고 하여서는 은행과 같은 분야에서 효율적으로 규제를 하여야 하는 국가의 능력이 현저히 저하됨을 지적하면서 위 사안은 이중처벌금지원칙에 위반되지 않는다고 판시하였다. 따라서 미국은 Hudson 판결로 민사제재금에 대한 위헌 논란에 종지부를 찍었다고 할 수 있다. 이후 금융감독기구는 위헌성 논란의 우려 없이 민사제재금을 적극적으로 활용할 수 있는 법적 환경을 가지게 되었다.

#### (4) 소 결

앞서 언급한 바와 같이, 자본시장법을 비롯하여 다른 법령에서 동일한 위반행위에 대하여 법규상 행정적 제재와 형사적 제재가 동시에 이루어질 수 있는 규정을 두는 경우가 있다. 물론 이러한 경우 관계인의 권리를 과도하게 제한하고 동일한 위반행위에 대하여 이중적인 처벌이 가해진다는 일부 비판이 있으나, 이미 헌법재판소와 대법원은 이를 합헌으로 보고 특별한 헌법적 문제점을 지적하고 있지 아니한 것은 명백하다고 본다.

사실 이 문제와 관련하여 행정적 제재 이후에 이루어지는 검찰수사에서 무혐

---

24) 김용재. 상게논문, 32면.

의처분이 내려지거나, 법원의 무죄판결이 나오는 경우에는 상호 모순되는 경우 행정적 제재의 타당성이 의문시 될 가능성은 존재한다. 그러나 설혹 이러한 상황이 발생한다고 하더라도 금융위원회가 자본시장법에 따라 내린 행정적 제재조치가 잘못된 것이라고 판단할 수는 없다. 이미 앞서 설명한 것처럼, 그리고 헌법재판소가 결정문에서 명백하게 밝히고 있는 것처럼 행정적 제재와 형사적 제재의 취지와 목적이 상이하기 때문에 동일한 사안에 대해 서로 다른 결정이 내려진다 해도 근본적인 문제가 될 수는 없다고 본다.

검찰의 무혐의 결정이나 법원의 무죄결정에 비추어 보아 행정적 제재에 잘못된 판단이 있는 것으로 의심되는 경우에는 상대방이 제재조치의 무효 또는 취소를 구하는 행정소송을 제기하거나, 금융감독당국의 고의 또는 과실을 문제 삼아 국가를 상대로 한 손해배상청구를 할 수 있는 권리구제의 길도 여전히 열려져 있다. 또한 행정적 제재처분 이후에 수사기관의 무혐의 처분이나 법원의 무죄판결이 내려지는 경우에는 직권재심제도라는 일종의 '권리구제의 최후 안전망'이 존재하고 있기 때문에 양자의 병과로 인한 문제점을 지나치게 확대 해석할 필요는 없다고 본다.

법리가 이와 같음에도 불구하고 과징금과 벌금의 중복부과는 이중처벌 내지 과잉금지원칙 위배 논란에서 완전히 자유롭기는 어려운 측면이 여전히 존재한다. 헌법재판소는 "부동산실명법상의 의무위반에 대하여 처벌을 함과 동시에 과징금 또는 이행강제금을 부과하는 것이 바로 이중처벌에 해당하여 헌법에 위반된다고 보기는 어렵다고 할 것이고, 다만 동일한 행위를 대상으로 형벌을 부과하면서 아울러 과징금이나 이행강제금을 부과하여 대상자에게 거듭 처벌되는 것과 같은 효과를 낳는다면 이중처벌금지의 기본정신에 배치되어 국가입법권의 남용이 문제될 수도 있다 할 것이나, 이는 이중처벌 금지원칙의 문제라기보다는 그러한 중복적 제재가 과잉에 해당하는지 여부의 문제로 다루어져야 할 것"[25]이라고 판시한 바 있다.

이와 관련하여 과거 과징금제도를 도입하려고 했던 의원입법안에 대한 국회

25) 헌법재판소 2002. 5. 31. 선고 99헌가18, 99헌바71 · 111, 2000헌바51 · 64 · 65 · 85, 2001헌바2(병합) 결정.

재정경제위원회 전문위원의 검토보고서에서 "이러한 불공정거래 행위에 대하여는 기타의 의무위반 행위와는 달리 위반행위로 얻은 이익 또는 회피한 손실액(부당이득액)의 3배까지 벌금을 부과할 수 있도록 규정하고 있으므로 과징금 부과로 인한 불법적인 이익의 환수라는 과징금 부과의 취지를 이미 벌금형 규정에서 도모하고 있다고 볼 수 있을 것이다. 또한 벌금과 과징금이 병과되면 부당이득액의 최대 6배까지 부과할 수 있어 과잉환수의 소지가 있다고 할 것임."이라고 지적한 바가 있다.[26]

그러나 이 보고서는 다음과 같은 측면에서 과징금제도의 취지나 도입 필요성에 대해 충분히 이해하지 못하는 점이 있다고 본다. 먼저, 벌금과 과징금은 양 제도의 목적이나 성격이 다르며, 형사벌인 벌금을 부과하기에는 비난가능성 등이 약한 위반행위의 경우에는 형사벌보다는 행정제재인 과징금을 통한 제제가 신속하고 실효성이 있다는 의견에 대해 충분히 인식하지 못한 것으로 보인다. 둘째, 제한손해배상제도가 원칙인 우리나라에서 민사벌보다 더욱 엄격한 기준에 적용되는 형사벌 체제에서 도입된 부당이득 또는 회피손실의 3배까지 벌금을 부과할 수 있도록 한 규정은 구조적으로도 운용에 어려움이 있으며, 현실적으로도 이 조항을 적용한 사례를 발견하기 어려운 점을 고려할 때, 이 규정의 존재를 이유로 금전적 제재가 충분하기 때문에 과징금제도가 도입될 경우 과잉환수를 우려하는 것도 수긍하기 어렵다.

과징금제도가 도입될 경우 일본의 경우처럼 형사벌과의 조정규정을 두어 이중제재의 가능성을 최대한 회피할 여지는 충분히 있으며, 더욱 과징금제도의 도입 필요성은 형사벌로 처벌이 적절하지 않은 사안에 대해 과징금을 통한 제재의 필요성을 주장하는 것이기 때문에 근본적으로 형사벌인 벌금과 과징금은 중복해서 이루어질 가능성이 근본적으로 크지 않기 때문이다. 따라서 이러한 보고서가 제시하는 논거는 불공정거래 행위에 대한 과징금제도의 도입 필요성을 거부하는 논리로서는 설득력이 약하다고 본다.

다만, 불공정거래에 대한 과징금제도를 도입하더라도 이러한 보고서가 제시

---

26) "증권거래법중개정법률안(박영선의원 대표발의) 검토보고", 재정경제위원회 수석전문위원 현성수 (2005. 2), 10면.

하는 불필요성의 근거 중 하나로 과징금 부과나 벌금의 부과는 모두 부당이득에 대한 부당이득의 환수 또는 금전적 제재의 성격을 가지는 것은 분명하기 때문에, 비록 형벌과 과징금의 부과가 헌법이 보장하는 이중처벌금지의 원칙에 위배되는 것은 아닐지라도 가능한 한 위반행위자에게 이중부담이 되지 않도록 형사벌과 과징금 부과 간의 조정규정을 설치하는 것은 필요하다고 본다.[27]

## 2. 개인 과징금 부과의 필요성

과징금은 위법행위 주체가 주로 기업, 사용자, 업자인 경우로 한정하여 해당 법인 등에게 과징금을 부과함으로써 행정제재의 실효성을 확보하도록 운영되고 있는 반면, 개인의 위법행위에 대한 과징금 도입은 우리 행정법 내지 자본시장법 규제체계상 부적합하다는 논란이 있을 수 있다. 실제로 현행 법령상 일반인을 상대로 과징금을 부과하는 사례는 찾아보기 어렵다. 다만, 부동산실명법의 경우 그 명의수탁자의 명의로 부동산을 등기하는 등의 위반행위를 한 자에 대하여 형사제재와 함께 부동산가액에 비례하는 등의 과징금을 행정제재로서 부과할 수 있는 근거를 마련함으로써 일반인이 이 법을 위반하는 경우 과징금을 부과할 수 있도록 하고 있다.[28]

이와 관련하여 대법원은 "부동산실명법이 조세포탈이나 법령위반의 목적 유무를 떠나 모든 명의신탁을 금지하고 그 위반자를 행정적 · 형사적 제재대상으로 삼고 있다 하더라도, 헌법 제119조 제1항의 자본주의적 시장경제질서 및 제10조의 행복추구권에 내재된 사적자치 원칙의 본질에 반하거나 헌법 제23조 제1항의 재산권 보장 원칙의 본질을 침해하는 것이라 할 수 없고, 나아가 부동산에 관한 권리를 실체적 권리관계에 부합하도록 등기하게 함으로써 투기 · 탈세 · 탈법행위 등을 방지하고 부동산 거래의 정상화와 부동산 가격의 안정을 도모하고자 하는 입법목적이 정당하고 그 입법목적을 달성하기 위한 수단도 적절하며, 현재 상태에서는 위 입법목

---

27) 증권법학회, 주석서 II (2009), 917-918면.
28) 부동산 실권리자명의 등기에 관한 법률 제5조.

적을 달성하기 위하여 명의신탁의 효력을 부인하고 행정적 · 형사적 제재를 가하는 방법이 불가피하고, 명의신탁자는 궁극적으로 소유권을 이전받거나 부당이득의 법리에 의하여 금전적인 반환을 받는 구제방법을 가지고 있어 부동산실명법에 의하여 달성되는 공익에 비하여 제한받는 기본권의 정도가 과하다고 볼 수 없으므로, 헌법 제37조 제2항의 과잉금지원칙에 위반된다고 볼 수 없다."[29]라고 판시함으로써 일반인이라도 행정입법의 의무대상자가 된 이상 행정적 제재 및 형사적 제재를 가할 수 있다는 것이 사법부의 입장임을 잘 보여 주고 있다.

이러한 논지를 증권시장의 사안에 비추어 볼 때, 정부기관인 금융감독당국이 국가경제에 속하는 자본시장을 감독하면서 금융거래질서를 교란하는 자본시장 참여자를 행정차원에서 규제할 수 있다는 측면에서 개인의 경우라도 스스로 자본시장 참여자로 들어온 이상 이러한 행정규제의 틀을 벗어날 수 없다고 본다. 다만, 자본시장법이 일반투자자에 대한 보호수준을 격상시켜 금융투자업자에게 투자권유의 적합성 원칙을 부과하는 등 금융소비자 주권을 강화시켰으므로 이와 상치될 수 있다는 주장이 있을 수 있지만, 일반투자자라도 전문투자자로 전환하는 순간 보호막을 적용받지 않도록 하고 있다는 점과 불공정거래에 참여한 일반투자자까지 투자자보호의 대상으로 볼 수는 없다는 점에서 문제가 될 것으로 보지 않는다.

아울러 불공정거래 행위에 대해 형사입증의 곤란, 시장참여자 간 제재의 형평성, 국제적 정합성 등 다음과 같은 점을 고려할 때 과징금제도를 도입할 필요성도 더욱 증대되고 있어 일정 한도 내에서의 엄격한 집행을 전제로 개인의 경우에도 과징금을 형벌의 대체수단으로 활용함이 타당하다고 본다.

첫째, 시세조종 등 자본시장에서의 불공정거래의 특성상 불특정 다수인의 막대한 피해를 통해 몇몇 개인이 이익을 독점할 수 있음에도 형사소송을 통한 엄격한 입증절차에 실패하여 처벌할 수 없는 방치상태가 되는 경우 불공정거래의 유인을 점점 증대시킬 소지가 크므로 과징금을 통해 금전적 제재를 부과할 필요성이 크다

29) 대법원 2007. 7. 12. 선고 2006두4554 판결.

고 본다.[30)]

둘째, 자본시장에서 투자자보호 및 건전한 거래질서를 위해 기업이 공시의무를 위반하거나 금융투자업자가 이해상충 우려가 큰 대주주와의 거래제한 등을 위반하는 경우 과징금을 부과할 수 있는 것과 마찬가지로, 자본시장에서 가장 중대한 위반행위 즉, 불공정거래에 관여한 개인투자자들에게 과징금을 부과하는 것은 자본시장 질서유지를 위한 제재 간 형평성에 부합할 수 있다고 본다.

셋째, 비교법적으로 볼 때도 미국, 영국뿐만 아니라 우리와 유사한 행정법체계를 가진 일본의 경우까지 불공정거래에 대한 개인과징금을 도입한 상황이므로, 이를 법제의 문제로 보기 보다는 금융시장의 건전성 제고라는 시대적 요청에 적극적으로 수용하는 것이 바람직하다고 본다.

---

30) 同旨: 조인호, 전게논문(각주 11), 545면.

제10장

# 과징금의 산정방법



## I. 서 론

자본시장법은 금융투자업자가 대주주와의 거래제한을 위반한 경우와 종합금융투자사업자에 대한 특례 규정을 위반한 경우, 그리고 상장법인 등이 증권신고서 등에 거짓의 기재를 한 경우에 과징금 제도를 운영해 왔다. 이에 더하여 자본시장법상 불공정거래 행위에 대해서도 과징금 부과의 필요성 여부가 오랫동안 논의되어 오다가 2014년 12월 자본시장법을 개정하여 시장질서 교란행위의 금지 제도를 도입하였고, 시장질서 교란행위에 해당하는 경우에는 과징금을 부과하도록 하였다.

앞서 살펴본 것처럼 시장질서 교란행위는 기존의 불공정거래 행위와는 차별화된 새롭게 도입된 규제영역이고, 시장질서 교란행위에 해당되면 기존의 형사처벌 규제가 적용되지 않고 과징금 부과대상이 된다. 그러나 기존의 금융투자업자에 대한 과징금 부과와 공시위반에 대한 과징금 부과는 별도로 형사처벌 조항이 존재하여 과징금이 부과되는 경우라도 형사처벌 조항의 적용이 면제되는 것이 아니다. 반면, 시장질서 교란행위에 대한 과징금 부과는 금융위에 의해 과징금 부과조치로 제재가 종결된다는 점에서 차이가 있다.

자본시장법상 부과되는 과징금액의 산정은 금융위 「자본시장조사 업무규정」(이하 "조사업무규정"이라 한다) [별표 2]의 『과징금 부과기준』에 의해 산정하고 있다. 시장질서 교란행위의 경우 기존의 과징금 부과 프로세스를 그대로 적용하면서 시장질서 교란행위의 특징을 반영할 필요가 있는 부분에 한하여 새로운 기준을 신설하였다.

# II. 시장질서 교란행위 과징금 산정방법

## 1. 법령의 규정

시장질서 교란행위 위반자에 대한 과징금 부과와 관련해서 법 제429조의2는 다음과 같이 규정하고 있다:

> 금융위원회는 제178조의2를 위반한 자에 대하여 5억원 이하의 과징금을 부과할 수 있다. 다만, 그 위반행위와 관련된 거래로 얻은 이익(미실현 이익을 포함한다) 또는 이로 인하여 회피한 손실액에 1.5배에 해당하는 금액이 5억원을 초과하는 경우에는 그 이익 또는 회피한 손실액의 1.5배에 상당하는 금액 이하의 과징금을 부과할 수 있다.

법 제429조의2는 과징금 규모에 관하여 5억 원 이하의 과징금 부과를 원칙으로 하면서, 위반행위와 관련된 거래로 얻은 이익(미실현 이익 포함) 또는 이로 인하여 회피한 손실액(이하 "부당이득")에 1.5배에 해당하는 금액이 5억 원을 초과하는 경우에는 그 이익 또는 회피한 손실액의 1.5배에 상당하는 금액 이하의 과징금을 부과할 수 있도록 하였다. 즉 내부자거래의 벌금 부과의 경우와 같이 과징금 부과도 5억 원을 기준으로 2단계 구조를 가지고 있다.

이어 법 제430조는 과징금 부과시 참작사유를 규정하고 세부적인 사항은 시행령에 위임하고 있다. 시행령은 제379조에서 과징금 부과기준을 정하고 세부적인 사항은 고시에 위임하고 있다.[1] 이러한 기준에 의해 과징금을 부과하더라도 부당이득이 5억 원을 초과하는 경우 과징금의 부과 상한액은 부당이득의 1,5배를 넘지 못한다. 이처럼 부당이득이 5억 원을 초과하는 경우에는 부당이득의 1.5배까지 과징금을 부과하도록 한 것은 부당이득의 환수와 함께 부당행위에 대한 징벌적 성격이 혼합된 것으로 볼 수 있다.[2]

## 2. 과징금 산정 방법

금융위 조사업무규정은 [별표 2]에서 과징금을 산정하는 방법과 절차를 상세하게 규정하고 있다. 먼저, 과징금 부과의 기초가 되는 기준금액을 산출하고, 기준금액에 부과비율을 곱하여 기본과징금을 산정한다. 이렇게 산출된 기본과징금에 감경사유를 반영한다. 과징금을 산정하는 전체 프로세스는 세부적으로 살펴보면 다음과 같은 순서로 진행된다.

(1) 과징금 부과의 기초가 되는 "기준금액"을 정한다. 금융투자업자에 대한 과징금과 공시위반에 대한 과징금 부과의 경우에는 각 경우마다 기준금액을 산정하는 방법이 정의되어 있다. 시장질서 교란행위의 경우 기준금액은 위반자가 "위반행위와 관련된 거래로 얻은 이익(미실현이익 포함) 또는 이로 인하여 회피한 손실액"을 말한다.

---

1) 이에 대한 상세한 내용은 '과징금 부과절차'에서 해설한다.
2) 오성근 · 박임출 · 하영태, vii 면. 미국의 경우는 부당이득의 3배까지 민사제재금의 부과가 가능하다. 이러한 민사제재금을 부당이득에 대한 환수조치인 "disgorgement"와는 별도로 부과된다.

(2) 기본과징금을 산정한다. 기본과징금이란 기준금액에 부과비율을 곱한 금액이다. 해당 사안이 과징금 부과기준에서 규정하는 최저부과액 사유에 해당하는 경우에는 법정최고액의 100분의 50 이상을 기본과징금으로 한다. 부과비율은 위반행위의 중요도에 따라 상 · 중 · 하로 구분하고, 또한 상향 또는 하향조정사유가 있는지 여부를 구분하여 총 9개의 부과비율을 운용하고 있다.

(3) 위반자에게 감경사유가 있는 경우에는 기본과징금에서 감경금액을 차감한 금액을 "부과과징금"으로 하고, 면제사유가 있는 경우에는 과징금 부과를 면제한다.

(4) 이러한 방법으로 산정한 부과과징금이 법정한도를 초과하는 경우에는 법정한도액을 부과한다. 금융투자업자 및 공시위반의 경우는 법정한도액이 20억 원인 반면, 시장질서 교란행위의 경우는 법정한도액이라는 제한이 없다.

(5) 시장질서 교란행위의 경우 위반행위로 얻은 이익(미실현이익 포함) 또는 회피한 손실액이 2천만 원 미만인 경우에는 과징금을 면제할 수 있다. 다만, 그 이익이나 회피한 손실액을 객관적으로 산출하기 곤란하거나 법 제178조의2 제2항 제1호, 제2호, 제4호와 관련하여 얻은 이익이 3천만 원 이하인 경우에는 3천만 원으로 한다.[3)]

(6) 시장질서 교란행위의 경우 법 제178조의2 제1항부터 제2항 각 호까지에 해당하는 위반사항이 2개 이상 발생한 경우에는 각 위반행위에 대하여 과징금을 부과한다. 다만, 제2항 제1호 및 제2호의 위반사항이 모두 발생한 경우는 1개의 위반사항으로 본다.

## 3. 기준금액의 산정

시장질서 교란행위 위반에 대해 과징금을 부과하는 경우 가장 중요한 첫 단계가 '기준금액'을 산정하는 것이다. 법은 기준금액의 개념에 대해 명확히 규정하지 않지만, 제429조의2를 근거해 볼 때 "위반행위와 관련된 거래로 얻은 이익(미실현 이익

3) 단서 규정이 언급하는 제178조의2 제2항은 '시세관여형 교란행위'에 대한 규정이므로 '정보이용형 교란행위'의 경우는 해당되지 않는다.

포함) 또는 이로 인하여 회피한 손실액"을 기준금액으로 볼 수 있을 것이다.[4] 따라서 과징금 산정에 있어서도 내부자거래에 있어서 부당이득을 산정하는 어려운 문제에 다시 부딪히게 된다.

### (1) 위반행위와 관련된 거래

시장질서 교란행위에 있어서 부당이득은 내부자거래의 경우와 약간 법문상 차이가 있는데, 내부자거래의 부당이득을 규정하는 법 제443조 제1항은 "위반행위로 얻은 이익 또는 회피한 손실액"이라고 하는 반면, 과징금을 부과하는 법 제429조의2는 "위반행위와 관련된 거래로 얻은 이익 또는 이로 인하여 회피한 손실액"으로 규정하고 있어 약간의 차이를 보이고 있다.

"위반행위와 관련된 거래로 얻은 이익"은 '거래행위'의 존재를 요구하고 있어서 행위자가 직접 거래를 통해 실현한 이익으로 제한될 수 있는 반면, "위반행위로 얻은 이익"은 행위자의 직접적인 거래를 통한 유형적인 경제적 이익에 한정되지 않고, 기업의 경영권 획득 등 무형적 이익 및 적극적 이익 등을 모두 포함하는 포괄적 개념이라는 점에서 차이가 있다. 그러나 이러한 포괄적 해석은 시세조종이나 부정거래행위의 경우에는 의미를 부여할 수 있지만, 단기적인 이익실현 또는 손실회피만을 목적으로 이루어지는 내부자거래 사건의 경우에는 적용하기 쉽지 않기 때문에 내부자거래의 부당이득 조항과 시장질서 교란행위의 부당이득 조항 간의 실질적 차이는 없을 것으로 보인다.

### (2) 기준금액의 산정방법

정보이용형 교란행위의 경우 기준금액, 즉 부당이득은 어떻게 산정할 것인가? 법령은 이에 대해 언급이 없다. 따라서 내부자거래 사건에서 부당이득을 산정하는 방법을 과징금 부과 사건에 그래도 적용하는 것의 타당성 여부가 제기될 수 있지만,

---

4) 오성근 · 박임출 · 하영태 viii면은 법 제429조의2 본문이 부당이득액을 기준금액으로 우회적으로 제시하고 있다고 한다.

내부자거래 사건에서 적용해 온 금융당국이 사용하는 또는 법원이 사용했던 부당이득 산정방법(미실현이익 포함)이 그대로 사용될 것으로 보인다.[5] 부당이득의 산정방법에 대한 설명은 후술하는 '내부자거래의 형사처벌' 부분에서 자세히 다루기 때문에 여기서는 생략한다.

### (3) 행위자와 이익의 귀속주체가 다른 경우

행위자의 교란행위로 인한 이익이 행위자 이외의 타인의 이익으로 귀속된 경우 해당 이익에 대해 과징금을 부과할 수 있는지가 문제가 된다. 법령은 위에서 살펴본 것처럼 행위자의 "위반행위와 관련된 거래로 얻은 이익"으로 되어 있어서 해석상 논란이 있을 수 있다.

먼저, 행위자의 위반행위와 관련된 거래로 얻은 이익에 타인에게 귀속된 이익이 포함된다는 해석이 가능하다. 법문에서 "관련된 이익"이라고 했지 행위자에게 "귀속된 이익"이라고 규정하고 있지 않기 때문이다. 그러나 내부자거래 사안의 경우 타인에게 귀속된 이익에 대해서는 형사법의 대원칙인 '책임주의 원칙'을 근거로 타인에게 귀속된 이익에 대해서는 벌금이나 몰수가 불가능하다는 것이 판례와 다수설의 입장이다.

법 제443조(벌칙)는 "위반행위로 얻은 이익"으로 되어 있고, 시장질서 교란행위의 경우는 "위반행위와 관련된 거래로 얻은 이익"으로 되어 있는데, 이 둘 사이에 의미나 개념에 차이가 있는가? 시장질서 교란행위의 경우에는 문맥상 '거래의 존재'를 요건으로 하는 반면, 법 제443조(벌칙)의 경우는 직접적인 거래행위 없이도 부당이득을 얻는 행위에 대해 적용이 가능하다. 예를 들어, 풍문의 유포 또는 부실표시 등을 통해 주가를 인위적으로 조작하여 이미 보유하고 있는 주식의 가치상승을 통한 부당이득의 취득이 가능하다.

그러나 내부자거래의 경우와 정보이용형 교란행위의 경우에 국한하여 볼 때,

---

5) 내부자거래 사건의 부당이득 산정방법에 대한 설명과 판례는 제16장 내부자거래 · 시장질서 교란행위의 조사와 제재 중 형사처벌 부분에서 상세하게 설명한다.

정보제공행위를 제외한다면 '거래의 존재' 없이 위반행위가 성립하는 경우는 있을 수 없을 것이다. 따라서 미공개중요정보를 이용하여 거래하는 경우에는 '거래의 존재'가 필연적이기 때문에, 내부자거래의 경우와 시장질서 교란행위의 경우와 사이에 부당이득의 개념에 있어서 실질적으로 차이가 없다. 따라서 시장질서 교란행위의 경우 역시 내부자거래의 경우와 마찬가지로 행위자와 이익의 귀속주체가 다른 경우에는 해당 부당이득에 대해 과징금의 부과가 어렵다고 본다. 금융위 가이드라인은 이 부분을 명확히 하고 있다.

그러나 이러한 해석은 시장질서 교란행위 제도의 취지를 퇴색시킨다고 생각하며, 시장질서 교란행위의 예방과 억제 차원에서 타인에게 귀속된 부당이득에 대해 과징금을 부과할 수 있도록 법령의 개정이 필요하다고 본다.

#### (4) 과징금 산정방법의 특칙

조사업무규정은 과징금 산정의 일반적인 적용절차를 적용하지 않는 경우를 규정하고 있다.

첫째, 미공개중요정보를 이용하게 한 자의 경우, 동 정보를 이용한 자의 부당이득 또는 손실회피금액의 100분의 10에 해당하는 금액과 10억 원 중 적은 금액을 부과과징금으로 한다.

둘째, 시장질서 교란행위의 경우 그 이익이나 손실액을 객관적으로 산출하기 곤란하거나 법 제178조의2 제2항 제1호, 제2호, 제4호와 관련하여 얻은 이익이 3천만 원 이하인 경우에는 3천만 원으로 한다.

### 4. 부과비율과 기본과징금의 산정

#### (1) 부과비율 메트릭스

기본과징금은 기준금액에 부과비율을 곱하여 산정한다. 먼저, 부과비율은 위반행위의 중요도 및 감안사유에 따라 다음과 같이 산정한다.

| 감안사유 | 위반행위의 중요도 | | |
|---|---|---|---|
| | 상 | 중 | 하 |
| 상향조정사유 발생 | 100분의 150 | 100분의 125 | 100분의 100 |
| 해당사항 없음 | 100분의 125 | 100분의 100 | 100분의 75 |
| 하향조정사유 발생 | 100분의 100 | 100분의 75 | 100분의 50 |

### (2) 위반행위의 중요도 판단기준

위반행위의 중요도는 계량적 위반사항(재무제표에 표시되는 수치의 오류와 부정을 말한다)과 비계량적 위반사항으로 구분하여 판단하며, 하나의 공시서류에 계량적 위반사항과 비계량적 위반사항이 동시에 있는 경우에는 각각의 중요도를 판단한 후에 그 중에서 중한 중요도를 적용한다. 시장질서 교란행위의 경우에는 비계량적 위반사항에 관한 부과비율이 적용되며, 일반기준과 파생상품의 경우에 적용되는 파생기준이 있다. 다만, 파생상품에 대해 적용되는 파생기준은 제178조의2 제2항 즉 '시세관여형 교란행위'에만 적용된다.

a) 일반기준

시장질서 교란행위의 경우 위반행위의 중요도를 상 · 중 · 하로 판단함에 있어 다음의 기준을 고려하여 판단한다.

<table>
<tr><th colspan="2" rowspan="2">구 분</th><th colspan="3">중요도</th></tr>
<tr><th>상</th><th>중</th><th>하</th></tr>
<tr><td rowspan="4">법 제178조의2 제1항 제1호</td><td>가 목</td><td>받은 자<br>(2차 수령자)</td><td>전득한 자<br>(3차 이상 수령자)</td><td>-</td></tr>
<tr><td>나 목</td><td>직무와 관련하여 정보를 직접 생산한 자</td><td>직무와 관련하여 정보를 알게 된 자</td><td>-</td></tr>
<tr><td>다 목</td><td>정보를 알기 위해 부정행위를 한 자</td><td>부정행위 과정에서 정보를 알게 된 자</td><td>-</td></tr>
<tr><td>라 목</td><td>-</td><td>받은 자<br>(1차 수령자)</td><td>전득한 자<br>(2차 이상 수령자)</td></tr>
</table>

<table>
<tr><td rowspan="3">법 제178조의2 제2항 제1호[주1)주4)]</td><td>위반기간 해당 종목 일평균[주2)] 100회 이상</td><td>위반기간 해당 종목 일평균 50회 이상 100회 미만</td><td>위반기간 해당 종목 일평균 50회 미만</td></tr>
<tr><td>위반기간 해당 종목 전체주문 대비 허수호가 비중 10% 이상</td><td>위반기간 해당 종목 전체주문 대비 허수호가 비중 5% 이상 10% 미만</td><td>위반기간 해당 종목 전체주문 대비 허수호가 비중 5% 미만</td></tr>
<tr><td>위반기간 해당 종목 주가변동률[주3)] 100% 이상</td><td>위반기간 해당 종목 주가변동률 25% 이상 100% 미만</td><td>위반기간 해당 종목 주가변동률 25% 미만</td></tr>
<tr><td>법 제178조의2 제2항 제2호, 제3호[주1)주4)]</td><td>위반기간 해당 종목 일평균[주2)] 100회 이상</td><td>위반기간 해당 종목 일평균 50회 이상 100회 미만</td><td>위반기간 해당 종목 일평균 50회 미만</td></tr>
</table>

주1) 세 가지 판단항목 중 '상'이 2개 이상인 경우는 '상', '하'가 2개 이상인 경우는 '하', 나머지 경우는 모두 '중'으로 판단(단, 제2항 제1호 및 제2호의 위반사항이 모두 발생한 경우에는 각 위반행위의 중요도를 각각 판단하여 그 중 중한 1개의 등급을 적용)

주2) 일평균 위반횟수 = 전체 위반횟수/실제 위반행위를 한 날의 수

주3) 주가변동률 = 해당 종목의 주가변동폭* – 동일업종의 주가변동폭*

* 주가변동폭은 위반행위로 형성된 주가(종가 기준 위반기간 중의 최고가 또는 최저가)에서 위반기간 초일의 전일종가를 차감한 값의 절대치를 위반기간 초일의 전일종가로 나눈 백분율로 한다.

주4) 주가변동률 산정이 곤란한 ELW, ETN, ETF 등의 경우는 판단기준에서 주가변동률은 제외하고 적용

#### b) 파생기준

아래의 파생기준은 법 제178조의2 제2항 제1호, 제2호 및 제3호 중 파생의 경우에 대해 적용된다.

| 감안사유 | 위반행위의 중요도 | | |
|---|---|---|---|
| | 상 | 중 | 하 |
| 법 제178조의2 제2항 제1호 | 위반기간 해당 종목 일평균 100회 이상 | 위반기간 해당 종목 일평균 50회 이상 100회 미만 | 위반기간 해당 종목 일평균 50회 미만 |
| | 위반기간 해당 종목 전체주문 대비 허수호가 비중 10% 이상 | 위반기간 해당 종목 전체주문 대비 허수호가 비중 5% 이상 10% 미만 | 위반기간 해당 종목 전체주문 대비 허수호가 비중 5% 미만 |
| 법 제178조의2 제2항 제2호, 제3호 | 위반기간 해당 종목 일평균 20회 이상 | 위반기간 해당 종목 일평균 10회 이상 20회 미만 | 위반기간 해당 종목 일평균 10회 미만 |
| | 위반기간 해당종목 전체 체결량 대비 가장통정 매매체결비중 1% 이상 | 위반기간 해당종목 전체 체결량 대비 가장통정 매매체결비중 0.5% 이상 1% 미만 | 위반기간 해당종목 전체 체결량 대비 가장통정 매매체결비중 0.5% 미만 |

주1) 두 가지 판단항목이 '상 · 상' 또는 '상 · 중'인 경우는 '상', '상 · 하' 또는 '중 · 중'인 경우는 '중', '중 · 하' 또는 '하 · 하'인 경우는 '하'(단, 제2항 제1호 및 제2호의 위반사항이 모두 발생한 경우에는 각 위반행위의 중요도를 각각 판단하여 그 중 중한 1개의 등급을 적용)

### (3) 감안사유 판단기준

기본과징금을 산출할 때 상향조정사유 및 하향조정사유를 감안하여야 한다. 이러한 감안사유 여부를 판단하는 기준은 다음과 같다.

| 구 분 | 조 정 기 준 |
|---|---|
| 상향 조정 사유 | • 위반행위를 은폐 또는 축소하기 위하여 허위자료를 제출하거나 자료제출을 거부한 사실이 있는 경우<br>• 공시위반행위로 조치(경고 및 주의 제외)를 받은 이후 1년 이내에 공시위반행위로 과징금을 부과 받게 되는 경우<br>• 시장질서 교란행위 금지 위반으로 과징금을 부과받거나 미공개중요정보 이용행위, 시세조종행위 또는 부정거래행위 금지 위반으로 조치를 받은 이후 1년 이내에 시장질서 교란행위 금지 위반을 한 경우<br>• 3개 이상 종목에 관여하여 시장질서 교란행위를 한 경우 |
| 하향 조정 사유 | • 위반행위에 대한 고의가 없는 경우 또는 위반행위를 감독기관이 인지하기 전에 자진 신고하거나, 조사 과정 등에 적극적으로 협조한 경우<br>• 부도발생, 채무자 회생 및 파산에 관한 법률 에 따른 회생절차를 개시하거나, 채권금융기관 공동관리 등 기업구조조정 절차를 개시한 경우 또는 위반행위시의 최대주주 및 경영진이 실질적으로 교체되어 기업회생과정에 있고 과징금 부과로 인하여 소액주주의 피해가 예상되는 경우<br>• 단순투자목적의 주식취득의 경우(5%보고의무 위반의 경우에 한함) |

주) 상향조정사유 중 밑줄 친 부분만이 시장질서 교란행위가 도입되면서 2015. 7. 14.에 개정된 내용이다. 하향조정사유는 기존과 차이가 없다.

## 5. 과징금의 감면

과징금 감면사유로 과징금 부과기준에서 6가지를 규정하고 있는데, 이 중 시장질서 교란행위와 관련된 부분은 (3)~(6)의 4가지 사항이다. 이 중 (5) 및 (6)은 2015. 7. 14.에 신설된 것이다.

(1) 위반자가 이미 제출하였거나 같은 시기에 제출한 다른 신고서 등에 의하여 투자자가 진실한 내용을 알 수 있는 경우에는 당해 기본과징금의 50/100을 감경한다(다만, 법 제429조 제4항 위반의 경우에는 제외한다.)

(2) 법 제429조 제3항의 위반행위를 다음과 같이 지체 없이 시정한 경우에는 당해 기본과징금에서 다음의 비율을 곱한 금액을 감경한다. (단, 시정일수 산정시 공휴일, 『근로자의 날 제정에 관한 법률』에 따른 근로자의 날, 토요일은 산입하지 아니한다.)

| 시정일수 | 3일 이내 | 4~6 일 | 7~10일 |
|---|---|---|---|
| 감경비율 | 50/100 | 30/100 | 10/100 |

(3) 위반행위로 인한 투자자 피해를 배상한 경우에는 그 배상액 범위내에서 기본과징금을 감경한다. (다만, 법 제429조 제4항 위반의 경우에는 제외한다.)

(4) 동일한 위반행위에 대하여 법원, 검찰 기타 다른 행정기관으로부터 형벌, 과태료, 과징금 등의 형태로 제재조치를 이미 받은 경우에는 제재금액 등을 고려하여 이 기준에 따른 과징금을 감면할 수 있다.

(5) 위반행위의 내용이나 정도에 비추어 과징금이 현저히 과도하다고 판단되는 경우로서 증선위가 인정하는 경우에는 해당 과징금을 감면할 수 있다.

(6) 감면사유가 복수인 경우 감경금액은 다음과 같이 산정한다.

* 감경금액 = [기본과징금 x (1)의 감경비율] + [(기본과징금 x (1-(1)의 감경비율) x (2)의 감경비율) + (3) 또는 (4)의 감경금액

## 6. 최저부과액

위반행위가 다음 각 목에 해당하는 경우에는 법정최고액의 100분의 50 이상을 과징금으로 부과한다. 다만, 법 제429조 제4항 위반의 경우에는 제외한다.

(1) 최종 위반시로부터 2년 이내에 법 제429조 제1항부터 제3항까지에서 규정하거나 법 제429조의2에서 규정하는 동일한 종류의 위반행위가 3회 이상 발생한 경우

(2) 당해 위반행위로 인하여 취득한 부당이득액이 1억 원 이상인 경우. 다만, 법 제429조의2의 경우는 제외한다.

(3) 위반행위가 내부자거래 또는 시세조종 등 불공정거래 행위와 관련이 있는 경우. 다만, 법 제429조의2의 경우는 제외한다.

## 7. 미공개중요정보를 이용하게 한 자에 대한 부과과징금 산정

(1) 미공개중요정보를 이용하게 한 자의 경우, 동 정보를 이용한 자의 부당이득 또는 손실회피금액의 100분의 10에 해당하는 금액과 10억 원 중 적은 금액을 부과과징금으로 한다.

(2) 미공개중요정보를 이용하게 한 자가 동 정보를 직접 이용한 경우 각 행위에 대한 과징금을 각 산정하여 합산한다.

## 8. 과징금 부과방안 관련 기타 이슈

### (1) 부당이득의 1.5배 기준

시장질서 교란행위 위반자에 대한 과징금 부과를 위한 기본규정인 법 제429조의2는 5억 원 이하의 과징금을 부과할 수 있으며, 부당이득 기준으로 일정 기준을 갖춘 경우에는 부당이득의 1.5배까지 부과할 수 있도록 하였다. 부당이득의 1.5배에 해당하는 금액이 5억 원을 초과하는 경우 부당이득의 1.5배를 부과할 수 있도록 한 것은 부당이득의 환수에 더하여 징벌적 제재를 도모한 것이라 할 수 있다. 그런데 실제 과징금의 부과는 앞서 살펴본 것처럼 조사업무규정 [별표 2]에 따라 산정하게 된다. [별표 2]에 의하면 특정한 경우에만 가중요소가 반영되어 1.5배의 효과를 기대할 수 있을 뿐이다. 따라서 법에서 규정한 1.5배를 부과하는 경우가 그리 많지 않을 수 있다.

이러한 조사업무규정 [별표 2]에 따른 과징금 산정방법이 공시위반 등의 경우에는 적절할지 모르지만, 시장질서 교란행위의 경우에도 적절한지는 의문이다. 공시위반의 경우와는 다르게 시장질서 교란행위 위반의 경우에는 부당이득 산정이 상대적으로 직접적이고, 또한 쉽다고 할 수 있다. 미공개중요정보를 이용하여 시장질서를 교란한 자에 대해 위반행위의 중요도를 상 · 중 · 하를 구분하여 과징금 부과에 차별을 두는 것이 적절한지 의문이다. 미공개중요정보의 생성자 또는 정보수령자가 시장질서 교란행위에 해당하는 경우 모두 법에서 금지한 동일한 위반행위에 해당하며, 동일한 과징금이 부과되어야 한다.

법에서 규정한 1.5배라는 승수 자체도 너무 작아 시장질서 교란행위의 억제적 효과가 있을지 의문이 드는데, 이를 하위규정에서 실질적으로 더 낮추는 결과를 초래하는 것은 바람직하지 않다. 시장질서 교란행위 위반에 대한 과징금 부과방법은 기존의 공시위반 등과는 분리하는 것이 바람직하며, 일본의 경우와 같이 금융당국의 주관적 판단을 완전히 배제하고 기계적 · 획일적인 기준으로 개선할 필요가 있다고 본다.[6)]

#### (2) 이익액 등을 산출하기 곤란한 경우

금융위의 조사업무규정은 시장질서 교란행위의 경우 그 이익이나 손실액을 객관적으로 산출하기 곤란하거나 법 제178조의2 제2항 제1호, 제2호, 제4호와 관련하여 얻은 이익이 3천만 원 이하인 경우에는 3천만 원으로 하도록 규정하고 있다.

이익이나 손실을 객관적으로 산출하기 곤란한 경우란 행위자의 교란행위로 인한 부당이득이 존재하지만 부당이득액을 객관적으로 산출하기 어려운 경우를 말한다. 이러한 경우에는 기본형으로 3천만 원을 부과하겠다는 것이다. 그러나 법 제429조의2 본문에 따르면 금융위는 시장질서 교란행위에 대한 과징금은 부당이득과 관계없이 5억 원 이하의 과징금을 부과할 수 있는 재량권이 있음에도 불구하고 하위 규정에서 이처럼 적은 금액으로 제한할 필요가 있는지는 의문이다.[7)] 이러한 규정은 위임입법의 한계를 벗어난 것으로 볼 수 있다. 법의 취지에 맞게 이러한 한계를 삭제하고, 사안에 따라 적절하게 판단하는 것이 바람직하다고 본다.

#### (3) 2천만 원 이하인 경우

금융위의 조사규정은 "법 제429조의2의 경우 위반행위로 얻은 이익(미실현이익

---

6) 同旨: 오성근 · 박임출 · 하영태, 119면.
7) 同旨: 오성근 · 박임출 · 하영태, 121면.

포함) 또는 회피한 손실액이 2천만 원 미만인 경우 과징금을 면제할 수 있다."라고 규정하고 있다. 그러나 금융위는 무슨 근거로 2천만 원 미만인 경우에 과징금을 면제할 수 있다는 것인지 의문이 든다. 과징금 사건이 많아 규제인력의 효율적 운용을 위해 2천만 원 미만의 사건은 중요하지 않으니 처리하지 않겠다는 것인지, 아니면 2천만 원 미만인 경우는 경미해서 처벌하지 않겠다는 것인지 불분명하다.

그러나 어떠한 경우든 특정 사안에서 부과할 수 있는 과징금이 2천만 원 미만인지 여부는 모든 조사가 끝난 상태에서나 알 수 있을 것이며, 이미 조사가 다 끝난 상태에서 2천만 원 미만의 경우에는 과징금을 부과하지 않을 수 있다는 규정은 합리적으로 보이지 않는다. 이 규정 역시 위임입법의 한계를 벗어난 것으로 보인다. 일본의 경우는 비록 과징금이 50만원 수준인 경우조차도 철저하게 환수하고 있는데, 우리와는 대조적인 모습이다.

# III. 일본의 과징금 산정방법[8)]

## 1. 과징금제도 개관

### (1) 개 요

일본의 경우 과징금제도는 평성 16년(2004년)의 증권거래법 개정에 의해 평성 17년 4월 1일부터 도입되었다. 금융상품거래법상 과징금제도는 내부자거래 규제 등의 불공정거래 · 공시의무 위반의 억제를 도모하고, 내부자거래 규제 등의 실효성을 확보한다는 행정목적을 달성하기 위해 위반자에 대해서 금전적 부담을 부과하는 "행정상의 조치"이며, 도의적인 비난을 목적으로 하는 형사처벌과는 구별된다.

8) 이하의 내용은 西村, 590~606면을 번역 · 수정하여 정리한 것이다.

평성 17년 4월 1일에 처음으로 도입된 이후 3년 정도가 지난 후인 평성 20년(2008년)에 증권거래법을 다시 개정하였는데, 이는 불공정거래에 대한 과징금제도를 통해 위반 억제의 실효성을 더욱 강화한다는 관점에서 규제가 더욱 강화 · 확충되었다. 내부자거래에 관련된 부분에 대해서만 본다면, (i) 과징금 대상범위의 확대, (ii) 과징금액 수준의 상향조정, (iii) 자진신고에 따른 과징금 감산제도의 도입, (iv) 재범의 경우 과징금 가산제도의 도입, (v) 제척기간의 연장, (vi) 과징금 절차의 합리화 등의 중요한 개정이 이루어졌다.

중요사실의 공표가 이루어 진 날(금상법 166조 1항 또는 3항) 또는 공개매수 등의 사실의 공표가 이루어진 날(금상법 167조 1항 또는 3항) 이전 6개월 이내에 "자기의 계산"으로 내부자거래를 행한 자가 있을 때는 해당자에 대해 과징금이 부과된다. 또한 상장회사 등의 임원 등이 "자기의 계산"이 아닌 상장회사 등의 계산으로 내부자거래를 한 경우에는 해당 상장회사 등에 대해서 과징금이 부과된다. 임원 등이 "자기의 계산"으로 내부자거래를 한 것이 아닌 이상 해당 임원 등 개인에 대해 과징금이 부과되지는 않는다.

"자기의 계산" 여부에 대한 판단은 실질적으로 판단할 필요가 있고, 타인의 명의를 빌려 거래를 하였지만 타인의 실행행위를 지배하였다면 "자기의 계산"으로 위반행위를 행한 자라고 인정되어 과징금 부과대상이 되는 경우도 있을 수 있다. 한편, 교사 또는 공모만으로 관여하는 경우, 거래행위를 한 자가 "자기의 계산"으로 내부자거래를 행하였다고 인정되는 경우에는 교사 또는 공모자는 과징금 부과대상이 되지 않는다.

이후 평성 20년 개정법 이후 아래와 같이 "자기의 계산"에 의하지 않은 경우의 내부자거래 규제 위반에 관한 과징금 대상범위의 확대가 이루어졌고, 또한 정보전달 · 거래권유에 관한 경우에도 과징금이 부과될 수 있도록 되었다.

### (2) 과징금 제도의 강화

a) 과징금의 대상 범위의 확대

**α) 밀접관계자 · 특수관계자의 계산에 의한 경우**

평성 20년 개정법에서 내부자거래를 "타인의 계산"으로 행한 자가 있는 경우, 내부자거래자가 타인과 경제적으로 동일성이 있다고 인정되는 경우에는 타인의 거래행위를 빌어 자기의 이익을 실현하고 있다고 볼 수 있으므로 내부자가 "자기의 계산"에서 내부자거래를 행한 것이라고 간주되어 과징금을 부과할 수 있도록 되었다(금상법 175조 10항, 11항).

**β) 고객의 계산에 의한 경우**

또한 평성 20년 개정법에서 "자기의 계산"이 아닌 내부자거래 중 금융상품거래업자 등(금융상품거래업자 및 등록금융기관을 말한다)이 고객 등의 계산으로 내부자거래를 행한 경우에는 해당 거래를 통하여 고객 또는 권리자와의 계약에 관한 보수 상당액을 부당하게 수령했다고 볼 수 있기 때문에, 해당 금융상품거래업자 등에 대해서 수수료 · 보수 등에 상당하는 금액의 과징금을 부과할 수 있도록 되었다.

이후 평성 24년의 법개정을 통해 일본의 금융상품거래업의 등록을 하지 않은 외국의 운용업자가 그 운용하는 펀드의 계산에 근거하여 일본의 시장에서 불공정거래를 행한 경우까지 과징금의 부과대상으로 확대하였고, "금융상품거래업자등"인지 아닌지 또는 "고객등의 계산에 의한 경우"인지 아닌지 상관없이 "자기 이외의 자"의 계산으로 내부자거래를 행한 경우에 대해서 전반적으로 과징금의 대상으로 규정하였다(금상법 175조 1항 3호, 2항 3호).

b) 정보전달 · 거래권유 규제 위반에 대한 과징금제도의 도입

평성 25년 개정법에서 미공개정보의 전달 · 거래권유의 금지제도가 도입되었는데, 정보전달 · 거래권유를 받은 자가 정보전달 · 거래권유 금지를 위반하여 미공개의 중요정보 등이 공시되기 전에 해당 중요사실에 관한 회사가 발행하는 유가증권의 매매등을 한 경우 과징금을 부과하도록 하였다(금상법 175조의2). 다만, 일본의 경우는 정보전달 · 거래권유를 받은 자가 실제로 거래를 한 경우에 한하여 처벌된다고 명시하고 있다.

## 2. 과징금의 산정방법

### (1) 내부자거래 규제 위반의 과징금액의 산정방법

과징금액은 위반유형에 따라 일반적 · 추상적으로 상정되는 경제적 이득상당액을 기준으로 법으로 규정된 산식에 따라 산출된다.

평성 20년의 증권거래법 개정 전에는 중요사실의 공표가 이루어진 날 또는 공개매수 등 사실의 공표가 이루어진 날 이전 6개월 이내에 "자기의 계산"으로 내부자거래를 한 자가 있을 때에는, 내부자거래에 의한 매도등(매수등)의 가격과 중요사실 등의 공표일 다음날에 있어 종가와의 차액을 기준으로서 과징금액을 산출하였다. 그러나 중요사실의 공표에 따른 시장가격에의 영향은 반드시 해당 공표일 다음날에 전부 반영되는 것은 아니고, 오히려 과거 사례에 의하면 중요사실 등의 공표 다음날 이후 수일까지 계속되는 경향이 있는 것을 반영하여, 평성 20년 개정법에서는 내부자거래에 의한 매도등(매수등)의 가격과 중요사실 등의 공표 후 2주간의 최저가(또는 최고가)와의 차액을 기준으로서 해서 과징금액을 산출하도록 하였다. 따라서 과거의 내부자거래에 관한 과징금 사안에 관하여 개정 후에 기준을 적용하면 과징금액은 약 2배 정도 증가하는 것이 되어 실질적으로 과징금의 상향조정이 이루어졌다고 평가된다.

평성 20년 개정법에 의해 신규로 과징금 대상이 된 밀접 · 특수관계자의 계산에 의한 경우도 "자기의 계산"으로 간주하여 "자기의 계산"으로 내부자거래가 행해진 경우와 동일한 방법에 의하여 과징금액이 산출되도록 하였다.

또한, 평성 20년 개정법에 의해 신규로 과징금의 대상이 된 고객 또는 권리자의 계산에 의한 경우, 과징금액은 수수료 · 보수 기타의 대가액을 베이스로 투자운용업으로서 내부자거래가 행해진 경우와 그 이외의 경우와 구별하여 정하고, 투자운용업의 경우에는 운용보수액 전체로부터 위반종목에 관한 보수액을 산출하여 과징금액을 계산하도록 하였다. 평성 24년 개정법에서는 과징금의 부과대상이 평성 20년 개정법에서 신규로 과징금의 부과대상이 된 상기의 경우도 포함하여 "자기 이외의 자"의 계산으로 내부자거래를 행한 경우 전반으로 확대되었지만 과징금의 계산방법은 변경되지 않았다. 그 후 평성 25년(2013년) 개정법에 의해 투자운용업의 경우에 대한 계산방법이 개정되었는데, 위반종목에 관한 보수액을 산출하지 않고, "위반행위의 효과가 귀속되는 운용대상 재산의 운용대가의 3개월분"을 과징금액으로 하도록 함으로써 과징금액의 대폭적인 인상이 이루어졌다. 이 평성 25년의 개정법을 토대로 하여 "자기 이외의 자"의 계산으로 내부자거래가 행해진 경우의 과징금액의 현행법에 있어 계산방법을 정리하면 아래와 같다.

**[투자운용업으로서 내부자거래가 행해진 경우]**

- 운용보수(해당 위반행위를 한 월에 있어서 위반행위의 효과가 귀속되는 운용대상 재산의 운용대가에 상응하는 액)의 3개월분

**[투자운용업 이외의 업으로서 내부자거래가 행해진 경우]**

- 고객의 계산에 의한 내부자거래에 관해 수령하는 보수액이 기본
- 다만, 보수액이 거래마다 산출되는 것이 아닌 경우에는 산정의 기초가 되는 기간에 있어 거래액에 대응하여 안분하는 방법, 그 외 거래의 상황에 맞추어 합리적인 방법에 의해 산출

투자운용업으로서 "자기 이외의 자"의 계산으로 내부자거래 규제가 이루어진 경우의 과징금액에 대해서, 평성 25년 개정법에서 인상된 배경 · 경위에는 평성 20년 개정법에서 과징금의 계산방법이 정해진 후, 상장회사의 공모증자에 관한 내부정보가 인수증권회사의 영업담당자로부터 기관투자자에게 누설된 사안들이 문제가 되었고, 평성 24년에 계속 발생한 6건에 대해 과징금이 부과된 적이 있다. 이러한 공모증자 사안에서는 내부정보를 제공받은 기관투자자는 어느 경우나 자기가 운영하는 펀드 등으로 타인의 계산으로 주식등의 매매를 행하고, 투자운용업의 경우에는 운용보수 전체로부터 위반종목에 관한 보수액을 산출하여 과징금액을 계산한다고 하는 평성 20년 개정법의 과징금의 계산방법에 의하면, 과징금의 액수가 기관투

자자의 거래규모에 비해 현저히 적은 금액이고, 타인의 계산에 의한 위반행위에 대한 억지기능이 충분히 작동하지 않는 것이 아닌가 하는 점이 문제가 되었다. 그래서 평성 25년 개정법에 의해 과징금액을 인상하는 개정이 이루어졌다. 구체적으로는 타인의 계산으로 위반행위를 행할 가능성이 있는 자로서는, (i) 투자운용업자(운용위탁계약 등에 근거하여 자산운용업무를 행하는 자)와, (ii) 기타 업자 이외의 자도 포함하여 단발의 거래를 행하는 자로 구분해 볼 수 있다. 먼저, (i)의 투자운용업자에 대해서는 위반행위에 의해 장래에 걸쳐 계속적으로 운용보수를 유지 · 증가되는 것이 가능하고, 그 이득은 위반행위에 관련된 대상종목에 대응하는 부분만은 아니고, 고객으로부터 운용보수 전체에 미치고 있는 것이라고 생각되고, 또는 자산운용의 위탁은 계속적인 계약이고 투자자와 투자운용업자 사이에 운용위탁계약이 체결된다면 상당기간 운용보수를 계속적으로 받는 것이 가능하다는 것을 기초로 해서, 이상과 같이 일정 기간의 운용보수액을 기준으로 계산방법을 정하게 되었다.

### (2) 정보전달 · 거래권유 규제 위반의 과징금액의 산정방법

평성 25년 개정법에 의해 도입된 정보전달 · 거래권유 규제의 위반자에 대해서는 정보전달 · 거래권유를 받은 자가 중요사실의 공표 전에 매매등을 행한 경우(거래요건을 구비한 경우)에 한해, ① 유가증권의 중개관련업무에 관하여 위반행위를 한 경우(②의 유가증권의 모집 등의 매각 업무에 관한 위반행위를 행한 경우는 제외), ② 유가증권의 모집 등의 매각 업무에 관한 위반행위를 한 경우, ③ ①② 이외의 위반행위를 한 경우 등 3개의 위반행위의 양태에 대응하여 과징금을 이하에서와 같이 계산한다.

**[유가증권의 중개관련업무에 관하여 위반행위가 이루어진 경우]**

- 중개수수료(위반행위가 이루어진 달에 있어서 정보전달 · 거래권유를 받은 자로부터의 중개관련업무의 대가에 상당하는 액)의 3개월 분

**[유가증권의 모집등 매각 업무에 관하여 위반행위를 행한 경우]**

- 이하 (1)과 (2)의 합계액

(1) 중개수수료(위반행위가 이루어진 달에 있어서 정보전달 · 거래권유를 받은 자로부터 중개관련업무의 대가에 상당하는 액)의 3개월 분

(2) 인수수수료(모집 등의 매각 업무 또는 해당 업무에 병과해서 이루어지는 인수업무의 대가에 상당하는 액) x 2분의 1

**[상기 이외의 위반행위를 한 경우]**

- 정보전달 · 거래권유를 받은 자가 취득한 이익 상당액 x 2분의 1

  * 이득상당액은 자기의 계산으로 내부자거래를 행한 자의 과징금의 계산방법과 같은 방법으로 계산한다.

② 유가증권의 모집 등 매각 업무에 관한 위반행위를 한 경우에는 유가증권의 발행자로부터 지불받은 인수 수수료의 약 2분의 1이 매각 업무와 관련된 대가인 경우가 많다는 인식에 기초하여, 매각 업무에 관하여 행한 위반행위의 일반적 · 추상적으로 상정한 경제적 이득액은 인수 수수료의 반액으로 하고 있다. 또한 매각 등 관련 업무에 관한 위반행위를 한 경우에는 동시에, ① 유가증권의 중개관련 업무에 관한 위반행위를 한 경우와 동일하게 정보전달 · 거래권유를 받은 자로부터의 브로커 평가가 높고, 이후의 거래주문의 증가와 중개수수료의 확보로 이어진다고 생각되기 때문에 3개월분의 중개 수수료도 합산하도록 하고 있다. 한편, ③의 기타 유형에 있어서는 정보전달 · 거래권유를 받은 자가 거래를 한 경우에도 정보전달 · 거래권유자에게는 직접으로 거래이익이 귀속되지 않기 때문에, 처벌 리스크를 부담하면서 그러한 행위를 하는 경우에는 정보전달 · 거래권유를 받는 자로부터 무언가의 이득을 받고 있다고 하는 것이 합리적으로 추정이 된다. 그래서 이러한 경우에는 공동으로 범죄행위를 행한 자들 중에서 취득한 이익을 반으로 나누는 경우가 많다는 것에 기초하여, 위반행위의 일반적 · 추상적으로 상정한 경제적 이득액을 정보전달 · 거래권유를 받은 자가 매도등에 의해 취득한 이득상당액의 2분의 1로 의제하고 있다.

## 3. 법인에 대한 과징금 부과

내부자거래 규제 또는 정보전달 · 거래권유 규제의 대상이 되는 회사관계자에는 자연인만이 아니라 법인도 포함되기 때문에, 예를 들어 회사관계자에 해당되는 법인의 임원 등이 법인의 업무로서 정보전달 · 거래권유 위반의 행위를 행하고, 그 임원 등의 행위가 해당 법인의 행위로서 인정되는 경우에는 해당 법인 자체가 회사관계자로서 위반행위자가 되고 과징금의 부과대상이 된다.

이처럼 내부자거래 규제의 경우는 이처럼 회사관계자인 상장회사 등의 임원 등이 "상장회사의 계산으로" 내부자거래 규제 위반을 행한 경우에는 상장회사 등이 과징금의 부과대상이 된다. 그러나 공개매수자 등의 내부자거래 규제와의 관계에서는 공개매수자 등을 과징금의 부과대상이 된다는 규정은 없다.

평성 25년 개정법에서는 상장회사 등의 업무로서 상장회사 등의 임원 등이 정보전달 · 거래권유 규제 위반을 행한 경우에는, 해당 상장회사 등을 대상으로 해서 위의 (2)의 ①~③의 과징금을 부과한다고 명시하였다. 이에 더하여, 정보전달 · 거래권유 규제 위반에 대해서는 내부자거래 규제의 경우와는 다르게, 공개매수자등의 임원 등이 공개매수자 등의 업무로서 정보전달 · 거래권유 규제 위반의 행위를 행한 경우에도 공개매수자 등을 대상으로 과징금을 부과할 수 있도록 하였다.

## 4. 과징금의 감산 및 가산제도

내부자거래를 행한 자가 해당 거래를 행한 날로부터 소급하여 5년 이내에 과징금 납부명령을 받은 적이 있는 때에는, 과징금 납부를 명할 때 과징금액을 1.5배로 가중하지 않으면 안 된다(금상법 185조의7 15항). 과거에 과징금 납부명령을 받았음에도 불구하고 다시 위반행위를 한 자에 대해서는 다시 한 번 과징금을 부과하는 것으로는 위반행위의 억제가 충분하지 않기 때문에, 보다 강한 억제가 필요하다고 생각되어 평성 20년 개정에서 2번 위반행위를 한 자에 대해 과징금을 가산하는 제도가 신설되었다. 5년 이내라고 한 것은 금융상품거래업의 등록거부요건에서 과거 위반경력을 고려하는 경우에 소급하는 시기를 반영한 것이다.

가산요건에 해당한다면 반드시 과징금액을 1.5배 가산하지 않으면 안 되며, 행정청의 재량은 허용되지 않는다(필요적 가산). 또한 과거 5년 이내에 받은 과징금 납부명령은 반드시 같은 위반행위여야 할 필요는 없으며, 내부자거래를 행한 회사가 이전에 허위표시의 증권보고서를 제출하여 과징금 납부명령을 받은 경우에도 과징금 가산의 대상이 된다고 해석된다.

또한 평성 25년 개정에 의해 정보전달 · 거래권유 행위를 행한 자가 해당행위를 한 날로부터 소급하여 5년 이내에 과징금 납부명령(이 경우도 반드시 동종의 위반행위여야 할 필요는 없으며, 내부자거래 또는 허위표시의 증권보고서의 제출로 과징금 납부명령을 받은 경우까지 대상이 되는 것으로 해석된다)을 받은 적이 있는 경우 역시 마찬가지로 과징금액을 1.5배 가산하지 않으면 안 된다(금상법 185조의7 15항).

## 5. 제척기간

평성 20년 증권거래법 개정 전에는 내부자거래가 이루어진 날로부터 3년을 경과한 때에는 해당 거래에 관한 사실에 대해서 과징금 부과절차를 시작하는 것이 불가능하였다. 이에 평성 20년 개정법을 통해 내부자거래 억지의 실효성을 보다 한층 확보하기 위해 이러한 제척기간을 3년에서 5년으로 연장하였다.

평성 25년 개정법에 의해 정보전달 · 거래권유행위에 대해서도 제척기간을 5년으로 하였다.

## 6. 몰수 · 추징과의 관계

내부자거래가 발생한 경우 내부자거래를 통해 취득한 재산 등은 원칙으로서 반드시 몰수 · 추징하도록 하고 있다(필요적 몰수 · 추징, 금상법 198조의2). 법은 형사벌과 과징금은 취지 · 목적을 다르게 하는 제도임을 전제로 형사벌과 과징금 쌍방의 요건을 모두 충족한 경우에는, 동일 사건에 대해 과징금을 부과하는 것과 함께 형사벌도 중복해서 묻는 것을 허용하고 있기 때문에 제도상 동일 사건이 과징금의 대상이 되는 동시에 몰수 · 추징의 대상이 되는 것이 가능하다. 이 점에 대해서 과징금 제도는 위반행위의 억지를 목적으로 하는 것이고, 몰수 · 추징이 이루어진 경우에까지 중복해서 과징금을 부과할 필요는 없기 때문에 법은 정책적 관점에서 과징금과 몰수 · 추징과의 조정 규정을 두고 있다. 즉 과징금 납부명령을 발하는 시점에서 이미 그 수령인에 대해 몰수 · 추징의 확정 판결이 이루어진 때에는 해당 몰수 · 추징 상당액을 공제한 금액의 과징금 납부명령을 발하도록 하고 있다. 다른 한편, 과징금 납부명령을 발한 시점에서 동일 사건에 대한 형사재판이 계류 중에 있는 때에는, 사후에 몰수 · 추징의 재판이 확정됨으로써 과징금액의 조정이 필요한 경우가 있기 때문에 확정판결 후 과징금액의 조정 여부를 판단하고, 필요가 있다면 그 조정이 이루어질 때까지는 과징금 납부명령의 효력은 발생하지 않도록 하고 있다. 과징금 납부명령을 발한 시점에서는 공소제기가 이루어지지 않았지만, 그 납부기한 전에 해당 명령의 수령인에 대한 공소제기가 이루어진 때에도, 같은 이유에서 이미 과징금의 전부가 납입된 경우가 아닌 한 재판확정 후 과징금액의 조정 여부를 판단하고, 필요가 있다면 그 조정이 이루어질 때까지는 과징금 납부명령의 효력을 정지하지 않으면 안 되도록 하고 있다.

또한, 정보전달 · 거래권유 행위에 대해서는 필요적 몰수 · 추징을 정한 것은 없기 때문에 이상과 같은 조정규정을 적용하지 않는다.

몰수와 관련하여 해당 재산의 취득상황, 손해배상의 이행상황, 기타 사정에 비추어 그 전부 또는 일부를 몰수하는 것이 적절하지 않은 때에는 몰수가 부과되지 않는 경우가 있을 수 있다. 예를 들어, 신용거래 등에 의해 실제의 자력 이상의 증권의 매매가 이루어진 경우 몰수의 범위가 현저히 확대되기 때문에 그대로 형식적으로 몰수를 부과하는 것은 피고인에게 있어 지나치게 가혹할 수 있어 예외로서 몰수의

전부 또는 일부의 재량적 면제를 가능하다는 의견이 있다.[9]

몰수는 유죄판결에 있어서 징역형 · 벌금형 등의 주형에 부가해서만 부과될 수 있는 부가형이기 때문에 몰수만을 독립적으로 부과하는 것은 가능하지 않다. 추징은 몰수대상의 원물을 범인이 사후 처분하여 몰수할 수 없는 경우에, 그것에 대신해서 일정의 금액을 국고에 납부할 것을 명하는 처분이다. 따라서 몰수 · 추징은 공소제기가 되지 않은 자연인 · 법인에 대해서 행해지지 않는다.[10]

## 7. 심판절차 · 불복신청제도

내각총리대신은 과징금의 대상이 되는 위반사실이 있다고 인정하는 때에는 심판수속 개시결정을 하지 않으면 안 된다. 다만, 실무에서는 증권거래등감시위원회에 의한 과징금 조사가 이루어지고, 그 결과 과징금의 대상이 되는 위반사실이 있다고 인정되는 경우에는 증권거래등감시위원회에 의해 내각총리대신 또는 금융청장관에 대해 과징금 납부명령의 권고가 이루어지고, 이러한 권고를 받은 금융청장관에 의해 권고일과 같은 날에 심판수속 개시결정이 이루어진다. 심판수속 개시결정은 문서(심판개시수속결정서)에 의해 이루어지고, 과징금의 납부를 통보받는 자에게 해당 문건의 등본을 송달함으로써 심판수속이 시작된다.

심판수속은 간단한 사건을 제외하고 3인의 심판관으로 구성되는 합의체에 의해 행해진다. 심판절차는 공익상 필요하다고 인정되는 때를 제외하고는 공개적으로 이루어진다.

심판수속에서 피심인은 심판수속 개시결정서의 등본의 송달을 받은 때에는 지체 없이 이에 대한 답변서를 심판관에게 제출하지 않으면 안 된다. 피심인 또는 그 대리인(변호사, 변호사법 또는 내각총리대신의 승인을 받은 적당한 자)은 심판기일에 출석하여 의견을 진술하고 증거서류 또는 증거물을 제출하고, 각 증거의 취조에 대해 주

9) 西村, 579면.
10) 西村, 579면.

장(참고인에 대한 심문, 피심인에 대한 심문, 학식경험자에 의한 감정, 입회검사)을 하는 것이 가능하다.

피심인이 심판수속 개시결정서에 기재된 심판기일 전에 해당 결정서에 기재된 과징금의 납부대상이 되는 위반사실 또는 납부해야 하는 과징금액에 대해서, 이것을 인정하는 취지의 답변서를 제출한 때에는 심판의 기일을 여는 것은 필요하지 않기 때문에, 이러한 답변서가 제출된 사안에의 경우에는 증권거래등감시위원회가 권고(또는 금융청장관에 의한 심판수속 개시결정)한 날로부터 2~3 주간 정도의 단기간에 해당 권고와 같은 내용의 위반사실에 기초하여 과징금 납부명령이 금융청장관에 의해 발부되는 것이 대부분이다.

심판수속과 관련하여 내각총리대신(금융청장관)은 지정하는 직원(지정 직원)을 심판수속에 참가하도록 하는 것이 가능하고, 심판에의 입회, 증거의 신청 기타 필요한 행위를 하도록 할 수 있다. 실무에 있어서는 증권거래등감시위원회에 의한 과징금에 기초하여 과징금 납부명령의 권고를 경유하여 심판수속 개시결정이 이루어지기까지, 지정 직원은 증권거래등감시위원회의 직원들 중에서 지정되는 것으로 보여진다.

심판관은 심판수속을 거친 후 심판사건에 대해 결정안을 작성하여 내각총리대신(금융청장관)에게 제출하여야 하고, 내각총리대신(금융청장관)은 과징금의 대상이 되는 위반사실이 있다고 인정되는 때에는 이러한 결정안에 기초하여 과징금 납부명령을 발하지 않으면 안 된다.

과징금 납부명령에 대해서는 행정수속법의 규정은 적용되지 않고, 또한 행정불복심사법에 의한 불복신청을 하는 것도 허용되지 않는다. 과징금 납부명령에 불복이 있는 경우 과징금 납부명령의 취소를 구하는 소송을 제기하는 것이 가능하지만, 해당 명령의 효력이 생긴 날로부터 30일 이내(불변기한)에 제기하지 않으면 안 된다. 과징금의 대상이 되는 위반행위의 날로부터 5년을 경과한 때에는 심판수속개시의 결정을 행하는 것이 허용되지 않는다.

평성 20년 증권거래법 개정 전에는 제1회 심판기일 전에 당국이 인정한 사실에 관한 증거를 피심인에게 공개(discovery)하는 것에 대해 명문상의 수속규정이 존재하지 않았다. 그러나 과징금제도의 운용에 신중을 기한다고 하는 심판수속의 취지를 생각한다면 증거를 사전에 공개를 하는 것이 요구되는데, 평성 20년 법개정에 따른 과징금부령의 개정에 의해 제1회 심판기일 전에 있어서 위반사실을 증명하는 자료의 공개를 가능하게 하는 규정이 만들어졌다. 구체적으로 피심인 또는 대리인으로부터 신청이 있는 경우에는, 제3자의 이익을 침해하는 경우가 있는 때 기타 정당한 이유가 있는 때를 제외하고, 심판관은 제1회 심판기일 전에 피심인 등에게 위반사실을 증명하는 자료(납부해야하는 과징금액, 과징금에 관한 법 178조 1항 각호에 게재된 사실, 과징금의 계산의 기초)의 전부 또는 일부의 열람 · 등사하는 것을 지정 직원에게 요구하는 것이 가능하다. 이러한 사전 공개 프로세스는 수속의 중립성 · 공정성을 확보하기 위해 심판관이 주관하는 준비수속의 과정에서 이루어진다.

## 8. 납부 · 징수

과징금의 납부기한은 과징금 납부명령의 등본을 발한 날로부터 2개월을 경과한 날이 된다. 피심인이 이러한 납부기한까지 납부를 행하지 않은 경우에는 내각총리대신(금융청장관)은 독촉장에 의해 기한을 지정하여 그 납부를 독촉하지 않으면 안된다. 내각총리대신(금융청장관)이 이러한 독촉을 행한 때에는 과징금액에 대해 연 14.5 퍼센트의 비율로 납부기한의 익일부터 그 납부일까지의 일수에 의해 계산하여 연체금을 징수할 수 있다. 독촉을 받은 자가 그 지정하는 기한까지 그 납부해야 하는 금액을 납부하지 않는 때에는 내각총리대신(금융청장관)의 명령으로 과징금 납부명령이 집행된다. 해당 명령은 집행력이 있는 채무명의와 동일한 효력을 가지고, 집행은 민사집행법 기타 강제집행의 수단에 관한 법령의 규정에 따라 이루어진다. 또한, 실무상 과징금 납부명령을 받은 자의 자력 등의 사정에 의해 납부기한까지 과징금을 납부하는 것이 매우 곤란한 경우가 있을 수 있는데, 합리적인 이유가 있는 경우에는 예외적으로 과징금의 분할납부가 인정되는 경우도 있다고 한다.

[그림 10-1] 과징금부과 흐름도

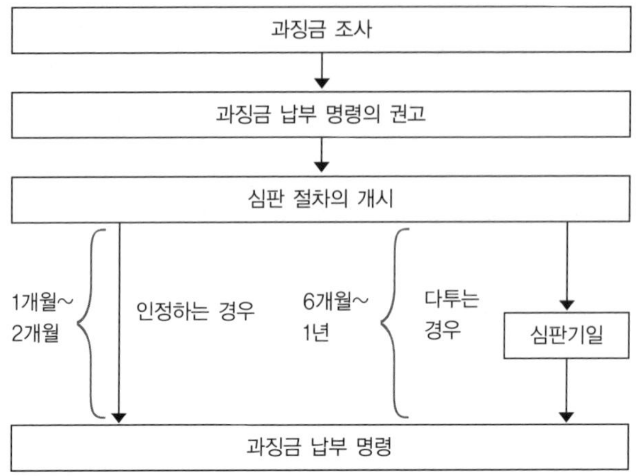

# 제4편

# 위반행위의 조사와 제재

제11장

# 내부자거래등에 대한 조사와 제재



## I. 서 론

### 1. 조사의 개요

공개시장을 통해 이루어지는 수많은 매매거래 중에 내부자거래 또는 시장질서 교란행위(이하 "내부자거래등")의 가능성이 있는 매매거래를 적출하고, 해당 매매에 대한 분석을 통해 내부자거래등 혐의 여부를 조사하는 과정은 매우 중요하다. 또한 이러한 일련의 과정을 통해 내부자거래등으로 확인된 경우 내부자거래 또는 시장질서 교란행위를 행한 자에 대한 책임을 묻는 엄격한 '법집행'(enforcement) 또한 매우 중요하다.

일반적으로 내부자거래 또는 시장질서 교란행위의 혐의가 있는 거래는 기본적으로 거래소의 시장감시(market surveillance)를 통해서 포착이 되고, 내부자거래등의 혐의가 있다고 판단되는 사안은 정밀조사를 위해 금융위원회 · 금융감독원으로 이첩된다. 금융위원회 자본시장조사단(이하 "자조단") 및 금융감독원은 내부자거래 또는 시장질서 교란행위 여부를 판단하기 위하여 추가적인 증거수집 등 심도 깊은 조사를 수행하며, 내부자거래에 대한 증거를 확보하게 되는 경우에는 증권선물위원회를 통해 검찰에 고발 · 통보하며, 검찰은 수사를 거쳐 기소 여부를 판단한 후 기소의 절차를 밟게 된다. 그리고 법원의 판단을 통해 내부자거래 여부가 최종적으로 결정되게 된다. 반면, 시장질서 교란행위에 해당하는 경우에는 검찰로 이첩하지 않고 금융위(정확히는 "증선위")에서 과징금을 부과함으로 종결된다.

하나의 사안에서 내부자거래에 해당하는 자와 시장질서 교란행위에 해당하는 자가 동시에 나오는 경우가 있을 수 있다. 예를 들어, 제174조 위반 사안이지만 제2차 정보수령자의 경우 제1차 정보수령자와 공범으로 처리하는 것이 적절하지 않을 경우에는 시장질서 교란행위로 처벌할 것이다. 이 경우 제174조를 위반한 위반자에 대해서는 검찰고발 · 통보가 이루어질 것이고, 시장질서 교란행위에 해당하는 자는 과징금 부과의 제재가 이루어질 것이다.

증선위 과징금 부과절차가 종료되고 과징금 부과명령이 발해진 경우, 부과대상자가 이에 불복하는 경우에는 증선위 내의 재심절차를 거치거나 아니면 행정심판 · 행정소송을 통해 다툴 수 있다.

[그림 11-1] 시장질서 교란행위 조사절차 프로세스

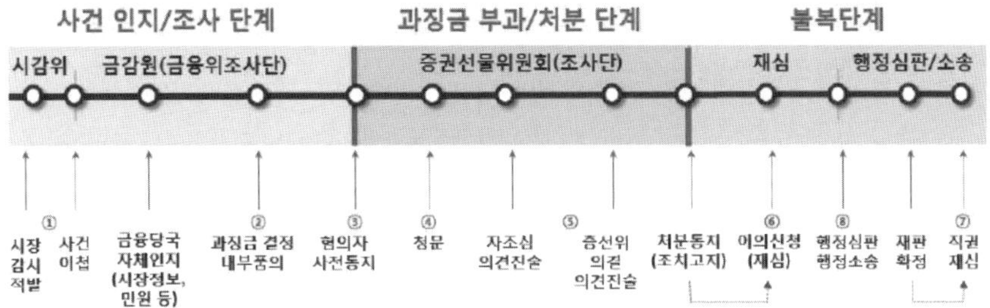


① 시장감시 : 내부자거래 등 불공정거래 행위와 동일하게 시장질서 교란행위 적출을 위한 시장감시 실시

② 과징금 결정 : 위법행위 수는 동종/이종 등 기준. 과징금 부과대상자는 이용한 자와 이용하게 한 자 모두 제재 (다만, 이용자 액수 조정)

③ 혐의자 사전통지 : 혐의자는 조사 사실을 공식 인지

④ 청문 : 형식적인 절차

⑤ 2번의 의견진술 기회가 보장됨 : 자조심/ 증선위 (실질적인 청문 및 의견진술 절차)
  - 다만, 완전한 대심구조라고 보기 어려움

⑥ 이의신청(재심 청구) : 형식적인 절차. 원심과 같은 기관이 다시 조사 및 처분 (금감원 제재심의 경우에도 마찬가지)

⑦ 직권재심 : 과징금처분 후 형사재판 유죄 확정시 과징금처분 직권취소. 검찰고발 사건이 무죄 확정시 종전처분 직권취소 후 과징금처분

⑧ 행정심판/ 행정소송 : 재판 결과가 형사재판이나 민사재판과 상충될 가능성 존재

⑨ 집단소송에 영향 : 교란행위는 집단소송의 대상 위법행위는 아니지만, 행정심판/ 행정소송의 재판 결과가 이용될 가능성 존재

- 출처: 홍명종, 시장질서 교란 행위 규제의 절차적 이슈, 법무법인(유) 율촌 자본시장법 세미나 (2015. 5. 28) 참조

## 2. 형사절차와 과징금 부과절차의 비교

자본시장법상 내부자거래 또는 시장질서 교란행위 여부를 조사함에 있어서 처음부터 특정 행위가 내부자거래에 해당하는지, 아니면 시장질서 교란행위에 해당하는지 구분하는 것은 쉽지 않다. 가장 최초로 내부자거래 혐의 여부를 심리하는 한국거래소의 매매심리 단계에서는 주로 혐의자의 거래패턴을 중심으로 분석을 하게 되는데, 즉 누가 중요정보 공시 전에 거래를 하였는지 여부를 분석하게 된다. 따라서 특정 거래자가 중요정보 공시 전에 대량의 주식을 거래하여 미공개중요정보의 이용 혐의가 포착되는 경우에도, 해당 거래자가 내부자인지 아니면 정보수령자인지, 더더욱 제2차 또는 제3차 정보수령자인지 파악은 매우 어렵다.

미공개중요정보의 이용 혐의가 있는 사안은 금융위로 이첩되는데, 금융위의 경우도 해당 사안을 깊이 있게 조사를 한 후에야 해당 혐의가 내부자거래 위반인지, 아니면 시장질서 교란행위 위반인지를 판단할 수 있을 것이다. 물론 사안에 따라서는 조사 초기의 단계에서 혐의자가 내부자거래 사안인지, 아니면 시장질서 교란행위 사안인지 확인되는 경우가 있을 수 있다. 그러나 대부분의 사안은 어느 정도의 조사가 이루어진 후에야 내부자거래 사안인지, 시장질서 교란행위에 해당되는 사안인지 확인될 것으로 보인다. 내부자거래 사안의 경우에는 강제조사권의 실행이 가능하지만, 시장질서 교란행위 사안의 경우에는 임의조사권만이 가능하다.

그러나 금융위가 자본시장조사심의위원회(이하 "자조심")에 안건을 올리는 단계에서는 내부자거래 사안과 시장질서 교란행위 사안을 구분하여 올릴 것이다. 내부자거래 사안인 경우에는 검찰에 고발 · 통보 여부를 결정하게 되고, 시장질서 교란행위 사안의 경우에는 과징금액을 산정하고 부과대상자의 진술 등을 거쳐 최종 확정하게 될 것이다.

이에 비해 일본의 경우는 범칙사건(형사처벌 대상 사건을 말한다)과 과징금 부과 사건을 처음부터 구분하여 사안을 담당하는 부서도 달리하고, 조사의 방법도 달리하고 있다. 일본의 경우 범칙사건과 과징금 부과 사건을 초기부터 분류하여 진행하는 것이 가능한 것은 우리와 법적 및 실무적 환경이 다르기 때문이다. 먼저, 일본은 우리처럼 내부자거래와 시장질서 교란행위를 법령에 의해 구분하지 않는다. 즉 법령에는 시장질서 교란행위 같은 규제는 존재하지 않으며, 오직 내부자자거래 규제만이 존재한다. 그리고 내부자거래 사안 중 부당이득이 일정 규모 이하인 경우에만 과징금을 부과하고, 일정 금액 이상인 사안은 검찰에 통보한다. 그렇다면, 증권거래등감시위원회가 동경증권거래소로부터 사안을 이첩 받을 당시에 해당 사안에서 부당이득 규모가 이 일정 규모 이상인지 어떻게 파악이 가능한가? 동경증권거래소는 한국거래소의 경우와 같이 거래패턴만을 조사하는 것이 아니라 해당 관련자의 모든 인적 자료 등을 파악하여 내부자인지, 정보수령자인지, 부당이득 규모는 어느 정도인지의 세부적인 조사가 완료되어 증권거래등감시위원회로 이첩이 되기 때문에 위원회는 이첩 받은 사안이 범칙 사안인지, 과징금 부과 사안인지 판단이 가능하기 때문이다.

[표 11-1] 일본의 과징금 절차와 범칙 절차의 비교

| | 과징금 절차 | 범칙 절차 |
|---|---|---|
| 담당부서 | 거래조사과 | 특별조사과 |
| 조사권 | 임의조사만 (다만, 검사 거부 등의 죄가 있음) | 강제조사가 가능 |
| 증명의 정도 | 민사소송에서 요구되는 수준 | 합리적인 의심을 넘어서는 정도의 증명 |
| 법인에 대한 처분 | 가능 | 불가 (다만, 양벌규정은 존재) |

# II. 한국거래소에 의한 매매심리

## 1. 개 요

한국거래소는 거래소시장에서 거래되는 모든 거래상황을 실시간(real time)으로 감시한다. 이는 자본시장법령이나 거래소규정을 위반하는 거래들이 발생하고 있는지를 감시하기 위한 것이다. 이러한 거래소의 시장감시 기능은 거래소 자신이 개설 · 운영하는 시장의 공정성을 담보하여 투자자를 보호하는 동시에 건전한 시장으로 유지하기 위한 불가피한 기능이라 할 수 있다. 또한 이러한 기능은 법이 거래소의 허가조건으로 요구하는 내용 중 하나이기도 하다(법 373조의2 2항 5호).

오늘날 자본시장은 금융자본주의 시대에 있어서 국민경제의 중요한 자산이 되고 있으며, 자본시장의 핵심적 위치에 있는 거래소시장에 있어서 투자자보호와 건전한 거래질서 유지는 자본시장법의 핵심적 과제가 되고 있다. 이를 위해 자본시장법은 거래소시장에서의 공정한 가격 형성과 거래의 안정성 도모, 그리고 투자자 보호를 위한 조직 및 설비의 구축을 거래소의 허가요건으로 규정하고 있는 반면, 실제 시장에서 발생할 수 있는 다양한 불공정거래를 적출하고 감시하기 위해 거래소에 일정한 규제권한을 부여하고 있다. 대표적으로 "이상거래에 대한 심리"와 "회원에 대한 감리" 기능을 부여하고 있다.

"이상거래에 대한 심리"란 증권 · 파생상품시장에서 가격이나 거래량이 비정상적으로 변동하는 거래 등 대통령령이 정하는 이상거래[1]의 거래상황을 분석하고 불공정 여부를 판단하기 위한 일련의 과정을 말한다(법 377조 8호). 이를 위해 거래소

---

1) 이상거래란 증권시장이나 파생상품시장에서 법 제174조(미공개중요정보 이용행위 금지) · 제176조(시세조종행위 등의 금지) · 제178조(부정거래행위 등의 금지) 또는 제180조(공매도의 제한)를 위반할 염려가 있는 거래 또는 행위로서 (1) 증권 또는 장내파생상품 매매품목의 가격이나 거래량에 뚜렷한 변동이 있는 경우, (2) 증권 또는 장내파생상품 매매품목의 가격 등에 영향을 미칠 수 있는 공시 · 풍문 또는 보도 등이 있는 경우, (3) 그 밖에 증권시장 또는 파생상품시장에서의 공정한 거래질서를 해칠 염려가 있는 경우 중 어느 하나에 해당하는 경우를 말한다(영 355조).

는 시장에서 주가 및 거래량 등의 변동상황을 상시적으로 감시하고, 그 결과 이상거래의 혐의가 있다고 인정되는 매매거래를 적출하며, 적출된 매매거래의 이상현상의 원인이나 불공정거래의 유형을 밝혀내기 위하여 관련 매매거래에 대한 심리를 수행한다.[2)]

이에 비해, "회원에 대한 감리"란 거래소가 증권 · 장내파생상품의 거래와 관련하여 회원이 거래소의 업무관련규정의 준수여부를 확인하기 위하여 회원에 대하여 업무 · 재산상황 · 장부 · 서류 그 밖의 물건을 감리하는 기능을 말한다(법 404조 1항). 거래소는 감리를 위하여 필요한 경우에는 회원에 대하여 업무관련규정 위반 혐의와 관련된 보고, 자료의 제출, 관계자의 출석 · 진술을 요청할 수 있다(동조 2항).

따라서 거래소가 수행하는 내부자거래 또는 시장질서 교란행위의 적출 및 심리업무는 "이상거래의 심리"에 속한 업무이며, 이하에서는 이상거래의 심리에 대해 살펴본다.

## 2. 이상거래에 대한 심리

"이상거래에 대한 심리"란 앞서 언급한 것처럼, 증권 · 파생상품시장에서 가격이나 거래량이 비정상적으로 변동하는 거래 등 대통령령이 정하는 이상거래(異狀去來 또는 異常去來, unusual trading)의 거래상황을 분석하고 불공정 여부를 판단하기 위한 일련의 과정을 말한다(법 377조 8호). 이를 위해 거래소는 시장에서 주가 또는 거래량 등의 변동상황을 상시적으로 감시하고, 그 결과 이상거래의 혐의가 있다고 인정되는 매매거래를 적출하며, 적출된 매매거래의 이상 현상의 원인이나 불공정거래의 유형을 밝혀내기 위하여 해당 매매거래에 대한 분석 작업인 소위 '매매심리' 업무를 수행한다.

거래소는 증권시장 또는 파생상품시장에서 이상거래의 혐의가 있다고 인정되

---

2) 심리라는 용어가 독자들에게 다소 생소할 수 있지만, 일반적으로 사용되는 '조사'(investigation)와 동일한 의미이다.

는 해당 증권의 종목 또는 장내파생상품 매매품목의 거래상황을 파악하기 위하여 필요한 경우 금융투자회사에게 그 사유를 밝힌 서면으로 관련 자료의 제출을 요청할 수 있다(법 404조 1항 1호).

거래소는 증권시장 또는 파생상품시장에서 이루어지는 모든 거래를 모니터링하면서 법령이나 거래소규정을 위반하는 불공정거래 행위 등의 발생 여부를 감시하기 위하여 고도의 컴퓨터시스템을 운영하고 있다. 거래소는 거래소시장에서 거래되는 수많은 거래 속에서 정상적인 매매패턴을 벗어나는 일련의 거래패턴을 "이상거래"로 적출한다. 이렇게 적출된 이상거래는 해당 기업과 관련된 공시의 발생, 뉴스, 루머 기타 시장정보 등을 고려하여 매매내용을 분석한다. 이 과정에서 필요한 경우 상장법인과의 접촉을 통해 중요한 정보의 발생여부를 확인하고, 중요한 정보가 발생한 경우 해당 정보가 일반에게 공개되기 전까지 매매거래를 중단하는 조치를 취한다.

이러한 일련의 작업은 수많은 자료와 데이터를 자동으로 처리할 수 있는 고도의 컴퓨터시스템을 필요로 하는데, 주요국의 거래소들은 이러한 컴퓨터시스템을 개발하기 위해서 1990년대 초반부터 많은 노력을 기울였다. 한국거래소는 1994년에 처음으로 불공정거래 조사를 위해서 주가감시시스템과 심리지원시스템으로 구성된 "종합감리시스템"을 개발하였고, 그 후 시장의 변화 및 발전에 대응하기 위하여 수차례 시스템의 성능개선을 추진해 왔고, 오늘날 세계적인 수준의 종합감리시스템을 운영하고 있다.[3)]

매매심리 결과 위탁자의 위법행위나 회원이라 하더라도 그 행위가 중한 경우 금융위에 사안을 통보한다. 금융위는 거래소에서 이첩된 사안에 대해서 추가로 필요한 정보를 입수하여 최종적으로 불공정거래 혐의 여부를 판단하고, 기존의 불공정거래 행위 사안에 해당하는 경우에는 검찰에 고발 · 통보 여부를 결정하고, 시장

3) 종합감리시스템은 당시 NYSE가 개발한 최첨단 시장감시시스템인 ICASS(Integrated Computer Assisted Surveillance System)와 Nasdaq의 시장감시시스템을 모델로 하여 개발된, 최첨단 기술로 시장의 거래상황 및 분석을 지원하는 전산시스템이다.

질서 교란행위에 해당하는 사안에 대해서는 자체적으로 과징금을 부과한다.

## 3. 내부자거래등의 조사

거래소는 내부자거래 또는 시장질서 교란행위의 적출을 위해 이상매매에 대한 심리업무를 수행한다. 내부자거래 또는 시장질서 교란행위란 상장법인의 중요정보가 공개되기 전에 내부자등이 거래를 하거나, 자신의 직무와 관련하여 미공개중요정보를 생상하거나 전득한 자가 해당 정보의 공시 전에 해당 정보를 이용하여 거래하는 행위를 말하기 때문에, 상장법인이 중요정보를 공시한 경우 또는 상장법인과 관계없이 주가에 중대한 영향을 미치는 이벤트가 발생한 경우, 거래소는 상시적으로 해당 정보를 이용한 내부자거래 또는 시장질서 교란행위가 있을 수 있다는 개연성을 가지고 매매심리에 착수한다. 이러한 측면에서 내부자거래에 대한 심리는 시세조종에 대한 심리보다 그 출발은 단순하다. 거래소의 시장감시위원회에서 이루어지는 내부자거래의 심리업무는 일반적으로 다음의 순서로 진행된다.

먼저, 심리대상 종목의 적출이다. 중요한 정보를 공시한 상장법인의 주식 또는 주가에 중대한 영향을 미치는 이벤트가 발생한 주식이 그 대상이 된다. 예를 들어, 어느 상장법인이 합병 등 중요한 정보를 공시한 경우, 공시 전에 해당 중요정보를 이용하여 거래를 한 내부자가 있을 것으로 추정하고 공시 전에 거래를 한 주요 거래자에 대한 분석을 실시한다. 매매패턴상 내부자거래 또는 시장질서 교란행위의 혐의가 있다고 추정되는 계좌에 대해서는 증권회사에 관련 계좌에 대한 정보를 요청한다. 거래소는 위탁자의 거래패턴, 거래 타이밍, 거래경위 등을 종합적으로 검토하여 내부자거래 또는 시장질서 교란행위의 혐의 여부를 최종 판단한다.

거래소는 매매심리 결과 내부자거래 또는 시장질서 교란행위의 혐의가 있다고 판단되는 종목과 위탁자 정보에 대한 보고서를 작성하고, 시장감시위원회의 승인을 받은 후 금융위로 사안을 이첩한다. 이로서 내부자거래 등과 관련한 거래소의 매매심리 기능은 종료된다.

내부자거래는 회사관계자 뿐만 아니라 계약체결자를 비롯하여 정보수령자 등 다양한 외부자까지 중요정보를 이용한 내부자거래가 가능하기 때문에, 해당 중요정보를 다루었던 부서 및 관계자들에 대한 정보가 필요하다. 따라서 내부자거래 조사에 있어서 가장 중요한 작업 중의 하나가 잠재적인 내부자 그룹을 파악하는 일이다.

일본의 경우 상장회사는 중요사실을 공표한 경우 동경증권거래소의 매매심사부에 해당 중요정보가 공표되기까지의 경위에 관한 소위 '경위보고서'를 제출하여야 한다. 이러한 경위보고서는 동경증권거래소가 잠재적인 내부자 그룹을 작성하는데 매우 유용한 자료로 활용된다.

경위보고서에는 회사정보의 발생부터 공표까지에 이르는 경위를 시계열적으로 일람표로 정리하여 기재하여야 하고, 사내 · 외의 검토 · 결정 · 발생, 간부직원등 사내에 있어서의 보고, 대상회사 또는 상대방과의 협의, 공인회계사, 투자자문사, 주간증권사, 명의개서대리인, 거래은행, 고문변호사, 행정관청, 대주주 등 외부에 대한 보고등에 대해 일시, 내용, 장소, 관계자를 가능한 한 구체적으로 기재하는 것이 요구된다. 또한 경위보고서에 기재되는 모든 관계자에 대해서 사내 관계자 또는 사외 관계자 별로 분리하고 관계자 일람을 작성하여야 한다.[4]

경위보고서는 통상 동경증권거래소의 매매심사부로부터 제출을 요청받은 날로부터 2주간 정도 이내에 초안을 제출하는 것이 요청된다. 또한 매매심사부는 경위보고서의 내용에 대해서 확인 · 질문 또는 수정을 의뢰할 수 있다. 경위보고서는 해당 안건에 관해 행한 회의 일시, 장소, 참가자, 개요 등에 대해 기재하는 것이 요구되기 때문에, 상장회사는 중요한 안건을 결의한 때에 경위보고서의 작성이 필요할 가능성이 있다는 것을 상정하여 해당 안건에 관한 기록을 보전할 것이 요구된다.[5]

---

4) 西村, 612면.
5) 西村, 613면.

# III. 금융위원회 · 금융감독원에 의한 조사

## 1. 조사권

### (1) 법적 근거

자본시장법은 금융위에게 자본시장법 또는 동법에 따른 명령이나 처분을 위반한 사항이 있거나 투자자보호 또는 건전한 거래질서를 위하여 필요하다고 인정되는 경우에는 위반행위의 혐의가 있는 자, 그 밖의 관계자에게 참고가 될 보고 또는 자료의 제출을 명하거나 금융감독원장에게 장부 · 서류, 그 밖의 물건을 조사하게 할 수 있는 권한을 부여하고 있다(법 426조 1항).

금융위는 이처럼 자본시장법 전체에 걸쳐 포괄적인 자료의 제출명령권이나 조사권을 보유하고 있지만, "제172조부터 제174조까지 제176조, 제178조, 제178조의2 및 제180조를 위반한 사항"(이하 "불공정거래 행위")에 대해서는 증선위에 권한을 위임하고 있다(법 426조 1항). 실제로 법 제426조에 근거한 조사권의 실질적인 부분은 불공정거래 행위에 대한 직접적인 조사행위와 해당 조사를 위해 필요한 관련 자료의 제출명령이 그 중심을 형성하고 있다.

따라서 제174조를 위반하는 내부자거래 사건은 대표적인 불공정거래 사건으로서 내부자거래 사안에 대한 조사권은 증선위를 통해 이루어지고 있다. 2014년 12월에 도입된 시장질서 교란행위 역시 자본시장법상 불공정거래 행위 유형 중 하나로서 증선위의 조사대상이 됨을 명백히 하고 있다.

### (2) 자료의 제출명령

a) 의 의

금융위는 불공정거래의 조사를 위하여 위반행위의 혐의가 있는 자, 그 밖의 관계자에게 다음의 사항을 요구할 수 있다(법 426조 2항).

1. 조사사항에 관한 사실과 상황에 대한 진술서의 제출
2. 조사사항에 관한 증언을 위한 출석
3. 조사에 필요한 장부 · 서류, 그 밖의 물건의 제출

금융위는 이에 추가하여 (i) 제2항 제1호에 따라 제출된 장부 · 서류, 그 밖의 물건의 영치, (ii) 관계자의 사무소 또는 사업장에 대한 출입을 통한 업무 · 장부 · 서류, 그 밖의 물건의 조사 등을 할 수 있다(동조 3항). 이러한 자료의 제출명령은 시장질서 교란행위 혐의자에 대해서도 동일하다.

b) 금융투자업 등에 대한 자료요구

금융위는 불공정거래 위반 여부의 조사를 위해 필요하다고 인정되는 경우에는 금융투자업자, 금융투자업관계기관 또는 거래소에 자료의 사용목적, 조사대상 금융투자상품의 종류, 종목 · 품목, 거래유형 및 거래기간 등을 기재한 서면을 통해서 필요한 자료의 제출을 요구할 수 있다(동조 4항). 이 경우 금융위는 그 사용목적과 조사대상 금융투자상품의 종류, 종목 · 품목, 거래유형 및 거래기간 등을 기재한 서면으로 하여야 한다(영 375조).

c) 조치명령

금융위는 불공정거래에 대한 조사 결과 [별표 15] 각 호의 어느 하나에 해당하는 경우에는 시정명령, 그 밖에 대통령령으로 정하는 조치[6]를 할 수 있으며, 조사 및 조치를 함에 있어서 필요한 절차 · 조치기준, 그 밖에 필요한 사항을 정하여 고시할 수 있다(법 426조 5항).

d) 거래소의 통보의무

거래소는 이상거래의 심리 및 회원에 대한 감리 결과 자본시장법 또는 동법에 따른 명령이나 처분을 위반한 혐의를 알게 된 경우에는 금융위에 통보하여야 한다(동조 6항).

거래소는 증권시장과 파생상품시장을 개설하고 양 시장에서 이루어지는 모든

6) 시행령 376조는 금융투자업자, 거래소, 협회 등 각 기관들을 구분하여 일정한 조치를 규정하고 있다.

거래를 실시간으로 감시하고, 이러한 감시과정에서 법령 또는 거래소규정 위반 혐의가 있는 거래들에 대해 심리 및 감리업무를 수행하고 있다. 따라서 그 결과 법 또는 동법에 따른 명령이나 처분을 위반한 혐의를 알게 된 경우에는 그 사안을 금융위에 통보하도록 하고 있다. 이렇게 거래소가 금융위에 통보한 사안들은 금융위 · 금감원이 불공정거래를 조사하는데 있어서 중요한 소스가 된다.

e) 불공정거래 조사를 위한 압수 · 수색

증선위는 불공정거래를 조사하기 위하여 필요하다고 인정되는 경우에는 금융위 소속 조사공무원에게 위반행위의 혐의가 있는 자를 심문하거나 물건을 압수 또는 사업장을 수색하게 할 수 있다. 다만, 시장질서 교란행위에 대해서는 허용하고 있지 않다(법 427조 1항).

이 경우 조사공무원이 위반행위를 조사하기 위하여 압수 또는 수색을 하는 경우에는 검사의 청구에 의하여 법관이 발부한 압수 · 수색영장이 있어야 한다. 조사공무원이 심문 · 압수 · 수색을 하는 경우에는 그 권한을 표시하는 증표를 지니고 이를 관계자에게 보여야 한다. 압수 · 수색을 하는 경우에는 형사소송법 중 압수 · 수색과 압수 · 수색영장의 집행 및 압수물 환부 등에 관한 규정을 준용한다(동조 2항, 3항, 4항).

## 2. 조사의 실시

금융위원회 · 금융감독원에 의해 수행되는 불공정거래 조사의 시작은 거래소로부터의 불공정거래 혐의 사안의 이첩, 자체적인 불공정거래 혐의 사안의 인지 또는 민원의 접수 등으로부터 시작된다. 금융위원회는 불공정거래의 조사와 관련하여 다음에 해당하는 경우에는 조사를 실시할 수 있다(조사업무규정 6조).[7)]

- 금융위 및 금감원의 업무와 관련하여 위법행위의 혐의사실을 발견한 경우

---

7) 본 장에서 규정이라 함은『자본시장조사 업무규정』을 말한다.

- 한국거래소로부터 위법행위의 혐의사실을 이첩받은 경우
- 각 급 검찰청의 장으로부터 위법행위에 대한 조사를 요청받거나 그 밖의 행정기관으로부터 위법행위의 혐의사실을 통보받은 경우
- 위법행위에 관한 제보를 받거나 조사를 의뢰하는 민원을 접수한 경우
- 기타 공익 또는 투자자보호를 위하여 조사의 필요성이 있다고 인정하는 경우

그러나 금융위는 조사의 소스에 해당되는 경우라도 (i) 당해 위법행위에 대한 충분한 증거가 확보되어 있고 다른 위법행위의 혐의가 발견되지 않은 경우, (ii) 당해 위법행위와 함께 다른 위법행위의 혐의가 있으나 혐의내용이 경미하여 조사의 실익이 없다고 판단되는 경우, (iii) 공시자료, 언론보도 등에 의하여 널리 알려진 사실이나 풍문만을 근거로 조사를 의뢰하는 경우, (iv) 민원인의 사적인 이해관계에서 당해 민원이 제기된 것으로 판단되는 등 공익 및 투자자 보호와 직접적인 관련성이 적은 경우, (v) 당해 위법행위에 대한 제보가 익명 또는 가공인의 진정 · 탄원 · 투서 등에 의해 이루어지거나 그 내용이 조사단서로서의 가치가 없다고 판단하는 경우, (vi) 해당 위법행위와 동일한 사안에 대하여 검찰이 수사를 개시한 사실이 확인된 경우에는 조사를 실시하지 않을 수 있다(동조 2항). 이러한 경우들은 실질적으로 조사의 실익이 없기 때문이다.

## 3. 조사의 중단

금융위 · 금감원이 법령에 근거하여 불공정거래에 대한 조사를 실시하였지만 해당 위법행위와 동일한 사안에 대하여 다음과 같은 사유가 발생한 경우에는 추가적인 조사를 중단하고 자체적으로 종결처리 할 수 있다(규정 6조 3항).

1. 검찰이 수사를 개시하거나 금융위 또는 감독원장이 검찰에 조사자료를 제공한 경우
2. 검찰이 처분을 한 경우

3. 법원이 형사판결을 선고한 경우
4. 금융위와 금감원이 중복하여 조사에 착수한 경우

검찰이 수사에 착수한 경우에는 금융위의 조사결과 혐의가 있으면 결국 검찰로 이첩하게 되므로 금융위가 동일 사안에 대해 조사할 실익이 없다. 기타 사유도 마찬가지이다. 시장질서 교란행위의 경우는 어떠한가? 검찰이 수사를 개시하였지만 기존의 불공정거래 혐의는 발견하지 못하고 시장질서 교란행위 위반만이 확인된 경우 또는 중첩적인 위반이 확인된 경우에는 시장질서 교란행위 위반에 대한 사안은 금융위로 이첩하는 것이 필요하다.

## 4. 조사의 방법

### (1) 조사원의 지정과 자료요구

자본시장법상 불공정거래의 조사를 시작하기 위해서는 '조사업무를 수행하는 자'(이하 "조사원")는 금융위로부터 조사명령서를 발부 받아 조사를 시작할 수 있다(규정 7조). 금융위는 다음 각 호의 방법에 의하여 조사를 실시할 수 있다. 다만, 감독원은 시행령 제387조 제3항에 따라 위탁받은 수단에 의하여 조사할 수 있다(규정 8조).

1. 법 제426조 제2항의 규정에 따른 출석요구, 진술서 제출요구 및 장부 · 서류 기타 물건의 제출요구
2. 법 제426조 제3항 제1호의 규정에 따른 장부 · 서류 그 밖의 물건의 영치
3. 법 제426조 제3항 제2호의 규정에 따른 관계자의 사무소 또는 사업장에의 출입을 통한 업무 · 장부 · 서류 그 밖의 물건의 조사
4. 법 제426조 제4항에 따른 금융투자업자, 금융투자업관계기관 또는 거래소에 대한 자료제출 요구
5. 법 제131조 제1항 · 제146조 제1항 · 제151조 제1항 · 제158조 제1항 · 제

164조 제1항의 규정에 따른 보고 · 자료제출 요구 또는 조사
6. 「금융실명거래 및 비밀보장에 관한 법률」 제4조 제1항의 규정에 의한 금융거래정보등의 제공요구
7. 기타 당사자에 대한 협조요청

조사원은 금융실명법 규정에 의한 금융거래정보등을 요구하는 경우에는 '금융거래정보제공요구서'에 의하여야 한다. 금융거래정보제공요구서에는 금융거래자의 인적 사항, 사용목적 및 요구하는 거래정보등의 내용 등을 기재하여야 한다(규정 14조).

관계자에 대하여 증언을 위한 출석을 요구할 때에는 금융위가 발부한 출석요구서에 의하여야 하고, 조사원이 현장조사가 필요하여 현장조사를 실시하는 때에는 조사명령서와 증표를 휴대하여야 한다(규정 9조, 13조).

제보인의 제보를 통하여 불공정거래 사안의 조사가 시작된 경우에는 제보인등에 대하여 제보사항 등에 관한 진술을 요청할 수 있으며, 진술을 들은 때에는 문답서 또는 진술서를 작성하여야 한다. 다만, 제보인의 신원보호를 위하여 필요한 경우 인적사항의 기재를 생략할 수 있다(규정 16조).

### (2) 관계자의 출석 · 진술

금융위는 조사를 위하여 필요한 경우 위반행위의 혐의가 있는 자, 그 밖의 관계자(이하 "혐의자등")의 출석을 요구하여 증언을 청취할 수 있다(법 426조 2항 2호). 이 경우 금융위가 발부한 출석요구서에 의하여야 한다. 출석요구서에는 출석요구의 취지를 명백하게 기재하여야 한다. 외국인을 조사할 때에는 국제법과 국제조약에 위배되는 일이 없도록 하여야 한다(규정 9조 3항).

또한 금융위는 혐의자등에 대해 조사사항에 관한 사실과 상황에 대한 진술서의 제출을 요구할 수 있다. 진술서를 요청하는 경우에는 금융위가 '진술서제출요구서'에 의하여야 한다. 다만, 해당 혐의자등이 출석 진술하거나 조사원이 진술을 직접 청취하여 진술서 등 조사서류를 작성하는 경우에는 요구서에 의하지 않아도 된

다(규정 10조).

조사원이 관계자로부터 직접 진술을 청취하여 조사서류를 작성하는 경우에는 문답서에 의하여야 한다. 문답서를 작성하는 경우에는 진술의 임의성이 확보될 수 있도록 진술을 강요하는 일이 있어서는 안 되고, 다만 진술자가 서명 날인을 거부한 때에는 그 사유를 문답서에 기재하여야 한다. 혐의자등에 대한 사실 확인의 내용이 단순하거나 진술인이 서면진술을 원할 때에는 이를 작성하여 제출하여 할 수 있다(규정 17조).

### (3) 진술 또는 진술서의 제출요구

불공정거래의 조사에 있어서 혐의자 또는 관계자의 진술은 매우 중요한 의미를 가지고 있다. 먼저, 조사를 진행하는 금융위 · 금감원 입장에서는 불공정거래 여부를 명확히 밝히기 위해 필요한 장부 · 서류 등의 제출과 함께 혐의자 또는 관계자의 진술은 중요하다고 할 수 있다. 법은 금융위가 혐의자등의 진술 또는 진술서의 제출을 요청하는 경우 이를 거부하는 경우 형사처벌의 대상으로 규정하고 있다.

그러나 혐의자의 입장에서도 조사사항에 관한 진술을 위한 출석 또는 진술서의 제출은 자신을 변호하거나 무혐의를 주장할 수 있는 기회가 될 수 있기 때문에 회피할 이유가 없다고 본다. 즉 금융위의 입장에서는 조사를 위한 불가피한 절차이기도 하지만, 혐의자에게는 자신을 변호할 수 있는 기회가 될 수 있기 때문이다.

이러한 진술서의 요청은 금융위가 요청하는 경우에 이루어지는데, 금융위의 요청이 없는데도 혐의자 본인 또는 관계자가 자발적으로 진술서를 제출하고자 하는 경우 진술서의 제출이 허용되는가? 법이나 규정에 명시적인 언급이 없지만 허용된다고 보아야 할 것이다.[8] 이는 혐의자 또는 관계자에게 소명의 기회를 부여하는 것으로 이해할 수 있다. 그러나 금융위 또는 금감원의 조사진행이 이에 구속되지는 않

---

8) 혐의자의 입장에서는 진술이라는 표현보다는 의견제출이 적절할 것이다. 행정절차법에 따르면 행정기관은 처분적 조치를 내리기 이전에 의견청취절차를 거쳐야 하는데, 행정절차법 제22조가 제시하는 의견청취절차에는 청문, 공청회 그리고 의견제출이 있다.

는다고 할 것이다.

이러한 금융위의 조사사항에 관한 진술을 위한 출석 또는 진술서 제출요구는 조사의 어느 단계에서 가능한가? 구 조사규정에서는 조사의 단계를 예비조사와 본조사로 구분하였고, 따라서 본조사가 시작된 후에야 가능한 것으로 해석할 수 있었다. 현 자본시장조사 업무규정은 조사원이 금융위로부터 '조사명령서'를 발부받은 이후에야 조사의 실시를 허용하고 있기 때문에 조사명령서를 발부받은 이후에야 혐의자 또는 관계자에 대해 진술을 위한 출석 또는 진술서의 제출을 요구할 수 있다고 본다(규정 7조).

### (4) 자료 등의 제출요구

금융위원회는 조사에 필요한 장부 · 서류, 그 밖의 물건의 제출을 관계자에게 요구할 수 있다(법 426조 2항). 금융위는 관계자 이외에도 금융투자업자, 금융투자업관계기관 또는 거래소에 대해서도 조사와 관련하여 필요한 자료를 요청할 수 있는데, 이는 이들 기관들이 공신력 있는 기초적인 자료들을 보유 또는 관리하고 있기 때문이다(동조 4항). 이 경우 사용목적과 조사대상 금융투자상품의 종류, 종목 · 품목, 거래유형 및 거래기간 등을 기재한 서면으로 하여야 한다(영 375조).

### (5) 강제조사권

2002년 12월 구 증권거래법 개정을 통해서 금융위에 불공정거래 조사를 위한 강제조사권이 부여되었고, 이 조사권은 자본시장법에 그대로 계수되었다.

증선위는 위반혐의가 있는 자를 심문하거나 물건을 압수 또는 사업장 등을 수색하게 할 수 있다. 이처럼 조사공무원이 위반행위를 조사하기 위하여 압수 또는 수색을 하는 경우에는 검사의 청구에 의하여 법관이 발부한 압수 · 수색영장이 있어야 한다(법 427조 1항, 2항). 이렇게 금융위의 조사공무원에 의해 이루어지는 압수 및 수색 등은 형사소송법의 압수 · 수색과 압수 · 수색영장의 집행 및 압수물환부에 관한 규정이 준용된다(동조 4항).

조사공무원이 영치 · 심문 · 압수 또는 수색을 하는 경우에는 그 전 과정을 기재하여 입회인 또는 심문을 받은 자에게 확인시킨 후 그와 함께 기명날인 또는 서명하여야 한다. 이 경우 입회인 또는 심문을 받은 자가 기명날인 또는 서명을 하지 아니하거나 할 수 없는 때에는 그 사유를 덧붙여 적어야 한다. 조사공무원이 위반행위의 조사를 완료한 경우에는 그 결과를 증선위에 보고하여야 한다(동조 5항, 6항).

이러한 강제조사권은 조사공무원에 의해서 수행되어야 하며, 그 조사대상도 내부자의 단기매매차익반환, 임원등의 소유주식보고, 내부자거래, 시세조종 및 공매도 위반과 같은 불공정거래 행위에 대해서만 적용된다(동조 1항). 따라서 시장질서 교란행위의 위반에 대해서는 강제조사권이 없다고 보아야 할 것이다. 이는 입법의 불비로 볼 것인지, 아니면 과징금 부과대상이므로 강제조사권의 부여가 필요 없다고 판단한 결과인지는 불확실하다. 공매도의 경우 위반자에 대해서 과태료의 부과만이 가능한데, 과태료보다 금액적으로는 더욱 과중한 시장질서 교란행위 위반에 대해서 강제조사권을 부여하지 않는 것이 적절한지는 의문이다. 그런데 보다 근원적으로 공매도 위반 여부를 확인하기 위하여 강제조사권이 필요한지 의문이 든다. 2013년 개정법 이전에는 공매도 위반에 대해 형사처벌 규정이 있었지만, 이는 지나친 과잉규제라는 비판이 있었고, 2013년 개정법을 통해 위반자에 대해 형사처벌에서 과태료로 전환하였다. 제427조에서 강제조사권의 대상으로 공매도를 그대로 유지하고 있는 것은 2013년 개정에 맞게 제427조에서도 삭제하는 것이 바람직한데, 입법적 착오로 이를 개정하지 못한 것이 아닌가 생각된다.

또한 임원등의 소유주식보고의 경우 그리고 사인 간의 반환청구권에 불과한 내부자의 단기매매차익 반환의 경우에 조차 강제조사권을 부여하는 것이 적절한지 역시 의문이다.

### (6) 조사권한의 남용금지

조사공무원 및 조사업무를 수행하는 금감원 소속 직원(이하 "조사원")은 이 법의 시행을 위하여 필요한 최소한의 범위 안에서 조사를 행하여야 하며, 다른 목적 등을 위하여 조사권을 남용하여서는 아니 된다. 금융위는 조사원의 조사권 남용을 방지하고 조사절차의 적법성을 보장하기 위한 구체적 기준을 정하여 고시할 수 있다(법

427조의2). 이는 2013년 개정법에 의해 새로이 도입된 조항이다.

#### (7) 조사내용의 비공개

금융위에 의하여 진행되는 조사내용은 모두 공개하지 않는 것이 원칙이다. 이는 공정하게 조사를 진행하기 위해서도 필요하고 또한 혐의자의 명예보호 차원에서도 바람직하다 할 수 있다. 그러나 예외적으로 조사결과 불공정거래 혐의가 드러나서 검찰에 고발하는 경우에는 익명으로 그 사실을 공개한다.

### 5. 조사결과의 보고 및 처리

#### (1) 조사보고서의 작성

조사원이 조사를 마치면 조사보고서를 작성하여야 한다. 조사보고서에는 (i) 보고요지, (ii) 조사착수, (iii) 조사의 범위, (iv) 조사의 전말, (v) 위법사실 및 처리의견, (vi) 기타 참고사항의 순서로 작성하여야 한다. (v)의 위법사실은 위법행위자별로 위법행위명(위반법조)과 위법사실을 달리하여 기술하고, 처리의견에는 담당조사책임자 및 조사원이 기명날인하여야 하며, 기타 참고사항에는 조사종목의 회사개황, 주요 공시사항 등을 기재하여야 한다(규정 20조).

#### (2) 자본시장조사심의위원회

a) 구성과 기능

금융위에 대해 조사결과 보고 및 처리안을 심의하기 위한 자문기구로서 「자본시장조사심의위원회」(이하 "자조심")[9]를 증선위에 설치하여 운영하고 있다. 자조심을 설치한 목적은 불공정거래 등 법령위반 여부의 판단, 확인된 위법행위에 대한 적용법규의 적정성 여부, 조치안의 형평성 및 타당성 여부 등을 객관적으로 심사하기 위

---

9) 자본시장조사 업무규정에서는 약어로 "심의회"로 사용하고 있지만, 실무에서는 "자조심"이란 용어를 사용하고 있다.

함이다.

자조심의 심의대상이 되는 사항으로는 (i) 조사규정에 의하여 조사한 결과에 대한 처리사항, (ii) 조사규정에 따라 조치를 받은 당사자들이 이의신청한 사항, (iii) 직권재심사항 등이 있다(규정 21조). 시장질서 교란행위의 혐의가 있는 사안 역시 자조심의 심의대상이다.

자조심은 증선위 상임위원을 포함하여 내부위원 5인과 외부위원 3인을 합하여 8인으로 구성되고, 회의소집 2일 전까지 회의의 일시 · 장소 및 부의사항을 각 위원에게 서면으로 통보하여야 하며, 자조심 회의는 재적위원 3분의 2 이상의 출석으로 성립하고 출석위원 과반수 이상의 찬성으로 의결한다. 가부동수인 경우에는 의장이 이를 결정한다. 금융위 담당책임자 또는 금감원 사건담당부서의 책임자는 자조심에 출석하여 위원의 질문에 답변하며, 자조심이 필요하다고 인정하는 경우에는 조사담당자 기타 참고인을 출석시켜 의견을 진술하게 할 수 있다(규정 22조, 23조).

b) 자조심에서의 혐의자의 변론권

자조심은 증선위의 최종 의사결정 이전의 자문기구이지만, 혐의자에게 있어서 자조심에서의 진술은 매우 중요한 절차라고 할 수 있다. 내부자거래의 경우에는 검찰에의 고발 · 통보 여부가 (실질적으로) 결정되고, 시장질서 교란행위의 경우 역시 과징금 부과 여부 그리고 과징금액이 (실질적으로) 결정된다고 볼 수 있기 때문이다. 따라서 자조심에서 혐의자의 변론권 보장이 매우 중요하다. 특히 자조심에는 독립성을 지닌 외부위원 3명이 금융위 · 금감원의 조사결과에 대해 혐의자의 변론을 듣고 자신들의 의견을 표명하기 때문에, 즉 심판관의 입장에 있는 외부위원들에게 금융위 · 금감원의 혐의 주장에 대한 부당성을 혐의자가 반박할 수 있는 기회라고 볼 수 있기 때문이다. 이러한 측면에서 자조심 단계에서 혐의자를 위해 변호사의 조력을 통한 충분한 변론권의 보장이 필요하다고 본다. 그러나 현재의 상황은 완전한 대심구조라고 할 수 없고 혐의자의 변론권이 충분히 보장된다고 보기 어려운 면이 있다. 내부자거래 사안의 경우도 그렇지만, 특히 시장질서 교란행위의 경우 금융위에서 과징금 부과 여부의 정당성 및 과징금액의 최종 결정이 이루어지기 때문에 보다 완전한 대심구조의 허용이 필요하다고 본다.

일본의 경우 과징금 부과 사안은 금융청 내부에 3인의 심판관으로 구성된 협의체에서 처리되는데, 일본의 경우는 완벽한 대심구조와 함께 영미의 법정에서 활용되는 '정보공개절차' 즉 "디스커버리"(discovery) 제도를 도입하여 운용하고 있다. 협의자는 금융당국이 보유하고 있는 협의자에 대한 조사자료의 제공을 요청할 수 있으며, 금융당국은 동 자료를 제공하여야 한다. 협의자의 불공정거래 행위에 대한 조사자료의 공평한 공유를 기반으로 협의자의 법령 위반 여부를 논하는 일본의 모습은 우리에게 시사하는 바가 크다. 이에 더 나아가 투자자 개인의 인권 등 프라이버시 보호에 문제가 되지 않는다면, 과징금 부과절차는 공개로 진행되어 참관하고자 하는 자에게 개방된다. 자본시장에서 불공정거래 규제의 효율성을 도모하기 위해 금융당국에게 불공정거래 행위에 대한 과징금 부여 권한을 인정하면서 국민과 시장의 신뢰를 받기 위해 적법 절차의 투명성을 최대한 높이는 모습으로 평가할 수 있다. 우리도 역시 시장질서 교란행위 제도의 도입을 통하여 자본시장의 불공정거래 규제를 보다 효율적으로 처리하고자 하는 국회와 국민의 기대에 부응할 수 있도록 시장질서 교란행위와 관련한 과징금 부과절차에 있어서 절차적 공정성과 투명성을 제고하는 노력이 필요하다고 본다.

### (3) 증권선물위원회

금융위원회는 내부 위원회로 증권선물위원회(이하 "증선위")를 설치하였는데, 이는 증권 · 선물시장의 전문성을 감안하여 이들 시장에 대한 감독의 효율성을 제고하기 위한 것이다. 즉 증선위를 금융위원회 내부에 설치하고 증권 · 선물시장 감독과 관련한 부분에 대해서는 별도로 심의 또는 의결할 수 있는 체제를 마련하고 있다.[10] 앞서 살펴보았지만, 금융위는 자본시장법 전체에 걸쳐 포괄적인 자료의 제출명령권이나 조사권을 보유하고 있지만, "제172조부터 제174조까지, 제176조, 제178조, 제178조의2 및 제180조를 위반한 사항"(이하 "불공정거래 행위"라 한다)에 대해서는 증선위

10) 금융감독위원회 · 금융감독원, 『금융감독위원회 · 금융감독원 소개』 (2002. 3), 9면.

에 권한을 위임하고 있다. 따라서 내부자거래와 시장질서 교란행위에 대한 조사권은 증선위가 담당하고 있다. 증선위는 자조심을 통해 자문을 거친 사안에 대해 자조심의 자문을 참조하되, 실질적으로 해당 사안에 대해 최종적인 판단을 내릴 수 있는 의결기구이다.

a) 구 성

증선위는 위원장 1인을 포함한 5인의 위원으로 구성되는데, 위원장을 제외한 위원 중 1인은 상근으로 하고 나머지는 비상근으로 근무한다. 증선위의 위원장은 금융위 부위원장이 겸임하며, 증선위 위원은 다음의 각각에 해당하는 자 중에 금융위원장의 추천을 받아 대통령이 임명한다. 즉 (i) 금융 · 증권 · 파생상품 또는 회계분야에 관한 경험이 있는 2급 이상의 공무원 또는 고위공무원단에 속하는 일반공무원의 직에 있었던 자, (ii) 대학에서 법률학 · 경제학 · 경영학 또는 회계학을 전공한 자로서 대학이나 공인된 연구기관에서 부교수 이상 또는 이에 상당하는 직에 15년 이상 있었던 자, (iii) 기타 금융 · 증권 · 파생상품 또는 회계분야에 관한 학식과 경험이 풍부한 자 등이다(금융위원회의 설치 등에 관한 법률(이하 "금설법") 20조 1항, 2항). 위원장이 아닌 위원의 임기는 3년이며 1차에 한하여 연임할 수 있다(동조 4항).

b) 회 의

증선위의 회의는 2인 이상의 위원의 요구가 있는 때에 위원장이 소집한다. 다만, 위원장은 단독으로 회의를 소집할 수 있다. 회의는 3인 이상의 찬성으로 의결한다. 증선위 위원도 금융위 위원의 경우와 마찬가지로 자신과 직 · 간접으로 이해관계가 있는 사항에 대해서는 심의 및 의결과정에서 제외된다(금설법 21조).

c) 주요 업무

증선위의 주요 업무로는 (i) 자본시장의 불공정거래 조사, (ii) 기업회계의 기준 및 회계감리에 관한 업무, (iii) 금융위 소관사무 중 자본시장의 관리 · 감독 및 감시 등과 관련된 주요 사항에 대한 사전심의, (iv) 자본시장의 관리 · 감독 및 감시 등을 위하여 금융위로부터 위임받은 업무, (v) 기타 다른 법령에서 증선위에 부여된 업무 등이다(금설법 19조).

### (4) 조사결과 조치

금융위(증선위)는 조사결과 발견된 위법행위에 대해 그 행위가 증권 · 파생상품시장에 미친 영향, 증권 · 파생상품시장의 공정거래질서, 사회 · 경제 전반에 미치는 파급효과, 관련법규를 위반한 정도 등을 고려하여 그 경중에 따라 (i) 사회적 물의야기, (ii) 중대, (iii) 경미로 구분하고, 이와 함께 행위자의 고의, 중과실, 과실 여부를 반영하여 적절한 수준의 조치를 결정한다. 증선위가 위법행위에 대해 취할 수 있는 조치로는 (i) 고발, (ii) 수사기관 의뢰, (iii) 과징금, (iv) 경고, (v) 주의 등이 있다. 시세조종행위, 미공개정보 이용행위 및 부정거래행위로 조치를 받은 자가 5년 이내에 동일 또는 유사한 위법행위를 한 경우에는 가중 조치할 수 있으며, 이 경우 시세조종, 미공개정보 이용 및 부정거래행위 간에도 유사한 위법행위로 본다. 또한 조치대상이 되는 서로 다른 위법행위가 둘 이상 경합하는 경우에는 가중조치 할 수 있다(규정 별표 3).

먼저, 위법행위가 제173조의2 또는 제174조에 해당되어 형사벌칙의 대상이 되는 경우에는 관계자를 검찰에 고발 또는 통보하여야 한다. 조사결과 발견된 행위가 제178조의2에 해당되는 경우에는 과징금 부과절차를 진행할 수 있다. 다만, (i) 위법행위의 시정 또는 원상회복 여부, (ii) 유사사건에 대한 조치와의 형평성, (iii) 당해 조치가 향후 증권 · 파생상품시장 참여자에게 미칠 영향 등을 고려하여 정상을 참작할 사유가 있는 경우에는 기준과 달리 조치할 수 있다(규정 24조, 34조).[11]

금융투자업자 등의 임직원이 내부자거래로 인하여 고발 또는 수사기관 통보 조치를 받게 되는 경우 임원에 대해서는 문책경고 이상을, 그리고 직원에 대해서는 감봉요구 이상을 병과조치 할 수 있다. 이와 함께 해당 임직원에 대한 관리 · 감독의 책임이 있는 임직원에 대해서는 별도로 「금융기관 검사 및 제재에 관한 규정」에서 정하는 바에 따라 조치할 수 있으며, 해당 기관에서도 동 규정에서 정하는 바에 따라

---

11) 구 증권거래법에서는 검찰고발, 검찰통보 및 수사의뢰의 기준을 명확히 제시하였다. 즉 조사결과 발견된 위법행로서 형사벌칙의 대상이 되는 행위에 대해서는 검찰고발이 원칙이었고, 다만, 위법행위의 동기 · 원인 · 결과 등에 비추어 정상참작의 사유가 있는 경우에는 검찰통보로 고발에 갈음할 수 있도록 하였다(구영 90조의4, 36조의4 9-10호, 구규정 45조 1항). 현재는 자본시장조사 업무규정은 [별표 3] 증권 · 선물조사결과조치기준에서 검찰고발과 수사기관통보로 이원화하여 운용하고 있다.

조치할 수 있다(규정 별표 3).

둘째, 금융투자업자 등의 임직원이 시장질서 교란행위에 해당되어 과징금이 부과되는 경우, 기관에 대한 행정제재(영업정지 · 기관경고 · 기관주의 등)와 해당 임직원에 대한 행정제재(정직 · 감봉 등)를 병과하지 않는다. 이는 제도의 시행 초기임을 고려한 조치라 할 수 있다. 다만, 이는 제도의 시행 초기임을 고려한 조치라 할 수 있다.[12] 법인의 행위로 평가될 수 있는 경우, 법인의 주의 · 감독의무와 별개로 법인에게 과징금이 부과될 수 있다.[13]

## 6. 조치결과의 공표

### (1) 법적 근거

금융위가 불공정거래 조사결과 검찰에 고발하는 경우와 금융위가 위반자에 대해 직접 제재조치를 취하는 경우, 금융위는 관계자에 대한 조사실적 · 처리결과, 그 밖에 관계자의 위법행위를 예방하는데 필요한 정보 및 자료를 대통령령이 정하는 방법에 따라 공표할 수 있다(법 426조 8항). 구증권법 당시에는 이러한 사실의 공표와 관련하여 피의사실공표죄 및 이중처벌의 논란이 있었는데, 자본시장법을 제정하면서 이러한 공표의 근거를 입법적으로 마련하여 논란이 근거를 제거하였다.

시행령 제377조는 위법행위의 예방을 위해 필요한 다음 각 호의 정보와 자료를 신문 · 방송, 또는 인터넷 홈페이지 등을 이용하여 공표할 수 있도록 규정하고 있다. 다만, 관계자에 대하여 고발 또는 수사기관에 통보가 된 경우 등 금융위가 정하여 고시하는 경우에는 공표하지 아니하거나 일부를 제외하고 공표할 수 있다.

1. 관계자의 소속 및 인적 사항
2. 위법행위의 내용 및 조치사항

---

12) 금융감독원, 시장질서 교란행위 설명회 (2015. 6).
13) 금융감독원, 시장질서 교란행위 설명회 (2015. 6).

3. 그 밖에 관계자의 위법행위를 예방하는 데에 필요하다고 금융위원회가 정하여 고시하는 사항

### (2) 검찰고발내용의 공표

금융위가 불공정거래 행위를 검찰에 고발할 때 고발내용을 공표하는 경우 이러한 공표행위가 "형사피고인은 유죄의 판결이 확정될 때까지는 무죄로 추정된다."라는 헌법 제27조 제4항에 위반되는지 또는 형법상 '피의사실공표죄'(형법 126조)에 해당되는지 여부가 논란이 되었지만, 자본시장법은 조치결과에 대해 공표할 수 있는 근거를 마련하였다. 현재 금융위는 실무상 검찰고발의 경우에는 보도자료의 배포 등을 통해 조치결과를 공표하는 반면, 수사기관 통보의 경우에는 공표하지 않는 것으로 보여진다.[14]

형법상 '피의사실공표죄'의 보호법익은 인권이며, 형사피고인은 법원의 확정판결 이전에는 무죄로 추정된다는 국민의 기본권으로서 존중되어야 하지만, 자본시장에서의 불공정거래를 예방하는 차원에서 일정한 수준에서 금융위의 조사처리 결과를 공표하는 것은 다음과 같은 이유에서 중요한 의미를 갖는다고 본다.

첫째, 증권규제의 최고이념인 투자자보호라는 측면에서 재발방지 등 불공정거래의 사전예방 측면에서 중요한 의미를 가지고 있다. 검찰에 고발된 사안이 기소가 되고 최종 법원의 판결이 나오기까지는 상당한 기간이 소요될 수 있다. 따라서 법원의 판단이 나오기 전이라도 금융당국은 특정 사안에 대해 금융당국의 메시지를 시장에 분명하게 보낼 필요가 있으며, 이는 시장에 대한 교육 및 경고적 효과가 크기 때문이다. 또한 이는 불공정거래에 대한 인식이 부족한 투자자보호를 위해서도 중요한 의미가 있다.

둘째, 국민의 알권리 및 언론의 취재활동의 자유라는 헌법이 보호하고자 하는 다른 측면의 기본권을 충족시킬 수 있다. 현재 자본시장에서 진행되는 중요한 불공

---

14) 자본시장조사 업무규정 제52조 제3항은 검찰고발 및 과징금 부과를 제외한 조치의 경우에는 공표하지 아니할 수 있다고 규정되어 있다.

정거래 사안에 대한 언론의 취재 · 보도, 논평은 자본시장의 발전을 위해 중요한 의미를 부여할 수 있다.

따라서 일반 범죄에 관한 피의사실의 공표와 증권시장에서 수많은 투자자에게 피해를 입히고 시장에 대한 신뢰를 파괴하는 증권범죄의 경우와는 다르게 볼 필요가 있다. 이처럼 헌법이 보호하고자 하는 두 개의 법익의 상대적 중요성을 비교할 때, 그리고 형법이 보호하고자 하는 인권과 오늘날 증권시장의 공정성과 건전성 유지가 갖는 국민경제적 중요성을 비교할 때 불공정거래행위에 대한 조사결과의 공표행위에 대해 긍정적으로 평가할 수 있을 것이다.

#### (3) 금융투자업자 등에 대한 조치내용의 공표

금융위가 금융투자업자 또는 그 임직원 등에 대해 제재조치를 내리는 경우 이를 공표할 수 있다. 금융투자업자 등에 대한 제재조치의 공표 역시 불공정거래의 예방이나 제재의 효과를 강화한다는 측면에서 의미를 부여할 수 있다. 또한 투자자 입장에서는 상습적인 불공정거래자들로부터 자신을 보호한다는 측면에서 중요한 의미를 가지고 있다.

## IV. 형사제재

### 1. 개　요

#### (1) 법령의 규정

자본시장법은 내부자거래, 시세조종 및 부정거래행위 금지 규정을 위반한 자에 대해 10년 이하의 징역 또는 그 위반행위로 얻은 이익 또는 회피한 손실액의 1배 이상 3배 이하에 상당하는 벌금에 처하도록 하고, 그 위반행위로 얻은 이익 또는 회피한 손실액이 없거나 산정하기 곤란한 경우 또는 그 위반행위로 얻은 이익 또는 회피한 손실액의 3배에 해당하는 금액이 5억 원 이하인 경우에는 벌금의 상한액을 5억 원으로 한다고 규정하고 있다(법 443조 1항). 그리고 위반행위로 얻은 이익 또는 회피한 손실액이 5억 원 이상인 경우에는 제1항의 징역을 다음 각 호와 같이 가중한다(동조 2항).

> 1. 이익 또는 회피한 손실액이 50억 원 이상인 경우에는 무기 또는 5년 이상의 징역에 처한다.
> 2. 이익 또는 회피한 손실액이 5억 원 이상 50억 원 이하인 경우에는 3년 이상의 유기징역에 처한다.

따라서 자본시장법은 불공정거래 행위에 대한 형사처벌을 2단계로 구성하고 있다. 즉 부당이득액의 규모가 일정한 수준 이상인 경우에는 가중해서 처벌할 수 있도록 하였다. 징역에 처하는 경우에는 10년 이하의 자격정지를 병과할 수 있다(동조 3항). 또한 징역에 처하는 경우에는 벌금을 병과한다(법 447조 1항). 즉 반드시 벌금을 병과하도록 하였다.

### (2) 최근의 개정

최근 불공정거래 금지를 위반한 자에 대한 형사처벌이 강화되었다. 대표적으로 2013년의 개정과 2014년의 개정을 들 수 있다.

2013년 개정은 벌금의 부과기준을 강화하였다. 첫째, 벌금의 범위에 대해 "위반행위로 얻은 이익 또는 회피한 손실액의 1배 이상 3배 이하"로 개정하여, 구법에는 없었던 벌금액의 하한선을 설정하였다. 이는 벌금의 최저선으로 부당이득액 수준은 부과해야 한다는 의미로 볼 수 있다. 둘째, 구법의 경우는 이익 또는 회피한 손실액의 3배에 해당하는 금액이 5억 원을 초과하는 경우에만 이익 또는 손실액의 3배 이하의 벌금을 부과할 수 있도록 한 반면, 개정법은 금액의 규모에 관계없이 이익 또는 회피한 손실액의 1배 이상 3배 이하의 범위에서 벌금을 부과할 수 있도록 하였다. 다만, 이익 또는 회피한 손실액이 5억 원 이하인 경우에는 벌금의 상한선을

5억 원으로 하였다(법 443조 1항).

2014년 12월, 시장질서 교란행위 제도를 도입하기 위해 자본시장법이 다시 개정되었는데, 이와 함께 벌금에 대한 제재가 강화되었다. 기존의 자본시장법은 자본시장에서의 불공정거래에 대한 징역형 선고시 벌금형의 병과와 몰수 · 추징은 모두 임의적 규정이어서 불공정거래 행위에 대한 징벌 및 부당이득 환수 기능이 미흡하다는 지적이 있었다. 이에 2014년 개정법은 내부자거래를 포함한 불공정거래 행위에 대해 징역형을 처할 경우 벌금을 필요적으로 병과하도록 하고(법 447조 1항), 불공정거래 행위자가 해당 행위를 하여 취득한 재산에 대하여 반드시 몰수하도록 하고, 몰수할 수 없는 경우에는 그 가액을 추징을 하도록 하여 경제적 재제효과를 강화하였다(법 447조의2).

## 2. 부당이득

내부자거래 행위자가 위반행위로 얻은 이익 또는 회피한 손실액(이하 "부당이득"이라 한다)을 산정하는 방법은 매우 중요한 문제이다. 왜냐하면 행위자가 얻은 부당이득의 규모는 벌금의 부과기준이 되고, 또한 가중사유로 인해 범죄의 구성요건을 형성하기 때문이다.

### (1) 부당이득의 개념

#### a) 기본원칙

불공정거래 행위자 또는 내부자거래자가 "위반행위로 얻은 이익 또는 회피한 손실액", 즉 부당이득은 어떻게 산정할 수 있는가? 위에서 살펴본 바와 같이 부당이득의 산정방법이 매우 중요함에도 불구하고 법령은 이에 대해 언급이 없으며 해석에 맡기고 있는 실정이어서 실제 법정에서 많은 논란이 되고 있다.

일반적으로 시세조종 또는 부정거래행위와 내부자거래는 거래의 성질상 차이가 있다. 시세조종이나 부정거래행위 역시 내부자거래와 마찬가지로 시세상승을 통한 차익실현이 목적인 것은 동일하지만, 시세조종이나 부정거래행위는 차익실현 목적 이외에도 유상증자의 성공, M&A 시 유리한 합병가액 실현 등 다양한 목적을 가지고 등장한다. 반면, 내부자거래는 그 거래목적이 단기간의 주가상승 또는 하락을 통한 이익실현 또는 손실회피 이외에는 다른 목적을 가지고 있지 않다.

대법원은 사기적 부정거래 사건에서 부당이득의 범위에 대해 다음과 같이 판시하였다:

> 유가증권의 매매 등 거래와 관련한 행위인지 여부나 허위의 여부 및 부당한 이득 또는 경제적 이익의 취득 도모 여부 등은 그 행위자의 지위, 발행회사의 경영상태와 그 주가의 동향, 그 행위 전후의 제반 사정 등을 종합적으로 고려하여 객관적인 기준에 의하여 판단하여야 하고, 위와 같은 증권거래법의 목적과 그 규정의 입법 취지에 비추어 위 법문 소정의 부당한 이득은 유가증권의 처분으로 인한 행위자의 개인적이고 유형적인 경제적 이익에 한정되지 않고, 기업의 경영권 획득, 지배권 확보, 회사 내에서의 지위상승 등 무형적 이익 및 적극적 이득 뿐 아니라 손실을 회피하는 경우와 같은 소극적 이득, 아직 현실화되지 않은 장래의 이익도 모두 포함하는 포괄적 개념으로 해석하는 것이 상당하다.[15]

그러나 이와는 달리 위반행위와 이득 간의 인과관계 증명을 엄격하게 요구하며 부당이득의 범위를 제한하는 판례도 있다.

> 구 증권거래법 제207조의2와 제214조에서 정한 '위반행위로 얻은 이익'이란 그 위반행위와 관련된 거래로 인한 이익을 말하는 것으로서 위반행위로 인하여 발생한 위험과 인과관계가 인정되는 것을 의미한다. 통상적인 경우에는 위반행위와 관련된 거래로 인한 총수입에서 그 거래를 위한 총비용을 공제한 차액을 산정하는 방법으로 인과관계가 인정되는 이익을 산출할 수 있겠지만, 구체적인 사안에서 위반행위로 얻은 이익의 가액을 위와 같은 방법으로 인정하는 것이 부당하다고 볼 만한

15) 대법원 2002. 7. 22. 선고 2002도1696 판결, 서울고등법원 2011. 6. 9. 선고 2010노3160 판결.

사정이 있는 경우에는 사기적 부정거래를 근절하려는 위 법 제207조의2와 제214조의 입법 취지와 형사법의 대원칙인 책임주의를 염두에 두고 위반행위의 동기, 경위, 태양, 기간, 제3자의 개입 여부, 증권시장 상황 및 그 밖에 주가에 중대한 영향을 미칠 수 있는 제반 요소들을 전체적·종합적으로 고려하여 인과관계가 인정되는 이익을 산정해야 하며, 그에 관한 입증책임은 검사가 부담한다(대법원 2009. 7. 9. 선고 2009도1374 판결 참조).[16]

자본시장법상 불공정거래의 유형에 따라, 그리고 해당 사안의 특수성으로 인해 부당이득의 범위를 설정하는 스펙트럼은 매우 넓을 수 있다. 따라서 형사법의 대원칙인 책임주의 원칙을 기본으로 하되, 개별 사안에서 고려할 수 있는 특별한 요소들을 포함하여 판단하는 것이 바람직하다고 본다.

위에서 언급한 판례는 행위자에 의해 허위표시를 통한 시세조종이 이루어지고, 그 후에 행위자와 전혀 관계가 없이 독립적인 타인에 의한 현실거래에 의한 시세조종이 있었던 사건을 다루었는데, 이 경우 법원은 행위자의 부당이득을 산정함에 있어서 타인의 시세조종으로 인한 주가상승분을 공제하는 것이 적절하다고 판단한 것이다.

그러나 이처럼 예외적인 사례와는 달리 일반적인 불공정거래 사건의 경우 행위자의 불법행위와 이득 간에 엄격한 인과관계의 증명은 공개시장에서 거래되는 주식의 특성상 쉽지 않을 수 있다. 법원의 판시처럼 부당이득의 개념과 범위는 증권시장에서 불법행위를 근절하려는 입법의 취지와 책임주의 원칙을 고려한 균형이 필요하다고 본다. 만약, 다양한 요소가 주가의 형성에 영향을 미치는 공개시장의 특성을 무시하고 특정 정보가 미친 영향력을 정확하게 증명할 것을 요구한다면 증권소송 자체를 불가능하게 만들 위험이 있을 수 있다.

b) 단순차익방법

내부자거래 사건의 경우에는 미공개중요정보를 이용한 주가변동을 통해 단기

16) 대법원 2011. 10. 27. 선고 2011도8109 판결.

적인 시세차익을 노리는 거래가 대부분이기 때문에 시세조종 등의 경우보다는 고려해야 할 요소는 상대적으로 적을 수 있다. 특히 부당이득을 산정함에 있어서 무형의 이익들은 고려할 필요가 없을 것이며, 해당 정보가 주가에 '직접적으로' 미친 영향에 초점을 두면 될 것이다.

내부자거래의 경우 부당이득을 산정하는 기본적인 방법으로 '단순차익방법'이 있는데, 이는 내부자가 미공개중요정보를 이용하여 취득한 이익을 부당이득으로 보는 방법이다. 이에 대해 대법원은 내부자거래 사건에서 위반행위로 얻은 이익에 대해 다음과 같이 판시하였다:

> 구 증권거래법 제207조의2에서 정한 '위반행위로 얻은 이익'이라 함은 거기에 함께 규정되어 있는 '손실액'에 대한 반대 개념으로서 당해 위반행위로 인하여 행위자가 얻은 이득 즉, 그 거래로 인한 총 수입에서 그 거래를 위한 총 비용을 공제한 차액을 말하므로, 미공개정보 이용행위로 얻은 이익은 그와 관련된 유가증권거래의 총 매도금액에서 총 매수금액 및 그 거래비용을 공제한 나머지 순 매매이익을 의미한다.[17]

따라서 실현이익의 산정에 대해서는 기본적으로 '단순차액방법'이 사용되고 있다. 검찰과 금융당국에서 부당이득 산정을 위해 사용하는 방법 역시 '단순차액방법'과 유사한데, 즉 "[(매도단가-매수단가)] x 매매일치수량" 방법을 사용하고 있다. 여기서 매도단가는 호재성 정보의 공개 이후 주가가 상승한 상태에서 행위자가 실제로 매도한 가격을 의미하며, 매수단가는 호재성 정보의 공개 전 실제 매수단가를 의미한다.

c) 책임주의 원칙

자본시장법 제443조 제1항 단서 및 제2항은 '위반행위로 얻은 이익'을 범죄구

---

17) 대법원 2002. 6. 14. 선고 2002도1256 판결, 대법원 2005. 4. 15. 선고 2005도632 판결, 대법원 2006. 5. 12. 선고 2004도491판결.

성요건의 일부로 삼아 그 가액에 따라 그 죄에 대한 형벌을 가중하고 있다. 따라서 이를 적용할 때에는 위반행위로 얻은 이익의 가액을 엄격하고 신중하게 산정함으로써 범죄와 형벌 사이에 적절한 균형이 이루어져야 한다는 죄형균형 원칙이나 형벌은 책임에 기초하고 그 책임에 비례하여야 한다는 책임주의 원칙을 훼손하지 않도록 유의하여야 한다.[18]

'위반행위로 얻은 이익'은 위반행위로 인하여 행위자가 얻은 이익을 말하는데, 주가상승 또는 하락이 행위자가 이용한 내부정보에 기인한 것이 아니라면, 즉 내부정보의 영향력과 주가의 변동 사이에 인과관계가 없고, 주가변동의 일정 부분이 다른 요소에 의한 것이라면 그 부분으로 인한 이익은 '위반행위로 얻은 이익'에서 공제하여야 할 것이다.

이러한 법원의 책임주의 원칙은 시세조종 사건의 경우에도 동일하게 적용되는데, 시세조종 기간 동안 행위자에 주가상승분 이외에 다른 요인에 의한 주가상승분이 포함되어 있다면 그 부분은 공제하여 위반행위로 인한 이익을 산정하도록 판시한 사례들이 다수가 있다.[19]

d) 위반행위와 이익 간의 인과관계

행위자의 '위반행위로 얻은 이익'의 산정과 관련해서 법원은 책임주의 원칙을 제시하였고, 이는 죄형법정주의 원칙에도 부합한다고 할 수 있다. 그렇다면 행위자의 위반행위와 그러한 행위로부터 얻은 이익 사이에 어느 정도의 인과관계가 요구되는가?

대법원 2005도632 판결은 "증권거래법 제207조의2 제1항 단서 및 제2항 소정의 '위반행위로 얻은 이익'이라 함은 그 위반행위와 관련된 거래로 인한 이익을 말하는 것으로서(대법원 2002. 6. 14. 선고 2002도1256 판결 등 참조), 반드시 그 위반행위와 직접적인 인과관계가 있는 것만을 의미하는 것은 아니고, 그 위반행위가 개입된 거래로 인하여 얻은 이익에 해당하는 것이면 이에 해당되는 것이다(대법원 2004. 9. 3. 선고

18) 대법원 2011. 10. 27. 선고 2011도8109 판결.
19) 대법원 2013. 7. 11 선고 2011도 15056 판결.

2004도1628 판결 참조)."라고 설시하였다. 그러나 이러한 의미는 '위반행위로 얻은 이익'이 위반행위와 직접적인 관련이 있는 이익에만 한정되는 것이 아니라는 것일 뿐 위반행위와 이익 사이에 인과관계가 필요하지 않다는 것은 아니다. 그렇다고 해서 직접적인 인과관계에 국한하여야 할 것은 아니고, 형사법에서 일반적으로 요구되는 상당인과관계가 존재한다면 충분하다고 볼 것이다. 이와 관련하여 최근 서울중앙지방법원은 다음과 같이 판시하였다:

> 증권시장의 가격이 매우 다양한 요인에 의해 영향을 받는다는 점에서 다른 요인을 모두 배제한 채 오로지 어느 특정 요인에 의한 주가변동분을 객관적으로 산정하는 것은 기술적으로 곤란하므로 주가에 중대한 영향을 미칠 수 있는 요인이 추가로 발생하였다는 등의 특별한 사정이 없는 한 불공정거래가 개입된 거래로 인하여 얻은 이익 전체를 부당이득으로 볼 수 있다.[20]

내부자거래의 경우 책임주의 원칙이 적용되는 것이 마땅하지만, 미공개중요정보의 공시 후 주가상승이 이루어지는 과정에서 해당 미공개중요정보 이외에 해당 주가상승에 중대한 영향을 미칠만한 정보가 시장이 유입된 경우라면, 해당 정보로 인한 주가상승분을 행위자의 부당이득액에서 공제하여야 할 것이다. 따라서 문제가 된 미공개중요정보 이외에 주가상승에 중대한 영향을 미칠 만한 정보유입의 증명이 없다면 주가상승은 미공개중요정보의 영향으로 인한 주가상승으로 보아 행위자의 부당이득으로 산정할 수 있을 것이다.

여기서 중요한 쟁점이 될 수 있는 경우는, 미공개중요정보의 공시로 주가가 상승하다고 상승을 일시 멈추었거나 또는 약간 하락한 후에(예를 들면, 약 1~3일 정도), 다시 재상승을 한 경우 그 재상승의 원인을 동일하게 미공개중요정보의 영향력으로 보아야 할지, 아니면 미공개중요정보의 영향력은 1차 상승으로 모두 반영된 것으로 보아야 할지의 문제가 있다. 이는 미실현이익은 물론 실현이익을 산정하는 경우에

---

20) 서울중앙지방법원 2011. 4. 7. 선고 2010고합775 판결.

도 동일하게 발생한다.

### (2) 미실현이익

내부자거래자가 미공개중요정보를 이용하여 매수하였지만 공시 후 처분하지 않고 보유 중인 주식의 평가이익을 "미실현이익"이라 하는데, 이 "미실현이익"은 '위반행위로 얻은 이익'에 포함된다. 서울고등법원은 원심을 파기하면서 다음과 같이 판시하였다:[21]

> 호재성 미공개정보 이용행위와 관련하여 위반자가 얻은 이익은, 당해 정보공개로 인한 효과가 주가에 직접 반영되는 기간 중 위반자의 주식처분행위가 있었다면 그 처분행위시를 기준으로, 위 기간 중 위반자의 주식처분행위가 없었다면 그 기간의 종기를 기준으로 하여 그 때까지 미공개정보를 이용한 구체적 거래로 인하여 발생한 이익(실현이익)과 미공개정보를 이용하여 매수하였다가 처분하지 않고 당시 보유 중인 대상 주식의 평가이익(미실현이익)을 포함하여 산정하는 것이 타당하다.
> 비록 피고인이 미공개정보를 이용하여 매수했던 주식의 대부분인 58,314주를 매도하는 과정에서 실제 이익을 얻지 못하였더라도 이는 피고인이 이 사건 정보의 공개로 인하여 주가가 상승하는 적정한 시기에 위와 같이 매수했던 주식을 매도함으로써 이익을 구현할 수 있었음에도 더 많은 차익을 노리다가 결과적으로 손해를 입게 된 것으로 보이고, 이와 같은 후발적인 사정은 이 사건에서 금지되는 미공개정보 이용행위와 아무런 관계가 없는 점 등에 비추어 볼 때, 위 주식 58,314주에 대하여는 앞서 본 법리에 따라 이 사건 정보 공개로 인한 효과가 주가에 직접 반영되는 기간의 종기를 기준으로 한 평가이익을 미실현이익으로 산정하여 구 증권거래법 제217조의 '위반행위로 인한 이익'에 포함시켜야 할 것이다.

'위반행위로 얻은 이익'에 미실현이익을 포함하다는 것은 판례와 다수설의 입

21) 서울고등법원 2014. 7. 24. 선고 2014노1034 판결.

장이다. 그렇다면 미실현이익을 어떻게 산정할 것인가? 즉 어느 가격에, 어느 시기에 매도가 이루어진 것으로 간주할 것인가의 문제가 남아있다. 금융당국은 미실현이익을 산정함에 있어서 미매각 보유분은 모두 최초 형성 최고가를 간주매도가격으로 해서 산정하고 있다. 반면, 법원은 위 사례에서 "정보 공개로 인한 효과가 주가에 직접 반영되는 기간의 종기를 기준"으로 해서 미실현이익을 산정하였다. 이러한 방법은 금융당국이 사용하고 있는 방법과 매우 유사하다. 그러나 법원이 미실현이익을 산정함에 있어서 금융당국이 사용하는 방법을 일관되게 인정하는 것은 아니며, 사안에 따라 다양한 방법들을 채택하고 있다. 다음의 사례들은 호재성 정보의 경우와 악재성 정보의 경우 법원이 미실현이익을 산정한 중요한 판례들을 정리한 것이다.

미실현이익의 산정과 관련하여 실현이익의 경우에는 실제 처분시 소요된 거래비용 등을 공제하야야 하는 것과는 달리, 미실현이익의 경우에는 장래 처분시 예상되는 거래비용 등은 공제하지 않는다는 것이 법원의 입장이다.[22]

### (3) 호재성 정보의 매도의 경우

호재성 정보를 이용하여 내부자거래를 한 경우, 내부자는 중요정보의 공시 이전에 매수를 하였다가 공시 이후 주가가 상승한 어느 시점에서 매도를 할 것이다. 또한 일부는 매도를 하고 일부는 계속 보유하는 경우가 있을 수 있다. 먼저, 보유주식을 모두 매도한 경우에는 매수가격과 매도가격의 차이에 주식 수량을 곱한 금액으로 할 수 있어 부당이득액의 산정이 상대적으로 단순하지만, 주식을 보유하고 있는 경우 미실현이익을 어떻게 산정할 것이냐가 문제가 된다. 이에 대해 법원의 방식은 통일되어 있지 않은데, 대표적으로 아래의 방법들을 제시하고 있다.

#### a) 정보공개 후 최초 형성 최고가

서울중앙지방법원은 중요정보가 공시된 후 최초로 형성된 최고가를 매도가

22) 대법원 2013. 7. 11. 선고 2011도15056 판결 (이 사건은 시세조종을 다룬 사건이나 내부자거래 사건에도 동일하게 적용된다고 볼 수 있다).

로 인정하였다. 이 사건에서 검사는 미공개정보 이용행위로 인한 피고인의 얻은 이익을 "(공시 이후 최초로 형성된 최고가일 종가 – 가중평균 매수단가) x 매수주식수"로 산정하였는데, 법원은 이를 인용하였다. 법원은 검사의 이러한 주장에 대해 다음과 같이 설시하였다:[23)]

> 유가증권의 시장가격은 어느 특정 요인에 의하여 형성되는 것이 아니고 당해 회사의 재정상태나 사업현황, 경제상황의 변화, 풍문 등 매우 다양한 요인의 영향을 받아 형성된다 할 것인데, 검사가 제시한 산정 방식은 중요정보로 인한 영향뿐만 아니라 그 정보를 이용하여 거래를 한 시점과 공시 후 최초 형성된 최고가일 사이에 시장에 유입되는 모든 정보의 영향을 모두 이익액 산정 과정에 포함시킬 수밖에 없다는 점에서 일정한 한계가 있어 보이나, 유가증권의 시장가격이 위와 같이 매우 다양한 요인에 의해 영향을 받는다는 점에서 다른 요인을 모두 배제한 채 오로지 어느 특정 요인에 의한 주가 변동분을 객관적으로 산정하는 것은 기술적으로 곤란한 것으로 보이는 점, '위반행위로 얻은 이익'이란 위반행위와 직접적인 인과관계가 있는 것만을 의미하는 것이 아니라 그 위반행위가 개입된 거래로 인하여 얻은 이익을 의미하는 것인 점, 통상 호재성 정보가 공개되면 그 회사의 주가가 상승하는 것이 일반적이고 그 상승세가 멈추거나 하락세로 돌아서는 시점에 그 호재성 정보가 주가에 충분히 반영되어 더 이상 영향을 미치지 않는 상태가 된 것으로 평가할 수 있다는 점, 사기적 부정거래를 근절하고자 하는 입법취지를 종합하여 보면, 미공개정보를 이용하여 주식거래를 한 시점과 공시 후 최초 형성된 최고가일 사이에 '주가에 중대한 영향을 미칠 수 있는 요인'이 추가로 발생하였다는 등의 특별한 사정이 없는 이상 위 산정 방식에 의한 이익액은 미공개정보 이용행위와 인과관계가 인정되는 이익액으로 봄이 상당하므로, 위 산정 방식은 적정한 것으로 보이고, 책임주의 원칙에 반하는 것으로 볼 수 없다.

23) 서울중앙지방법원 2011. 4. 7. 선고 2010고합775 판결.

법원이 미실현이익을 산정하는 기준으로 삼은 "정보공개 이후 최초로 형성된 최고가" 기준은 내부정보가 주가에 직접적으로 영향을 미친 부분으로 제한하는 것으로 볼 수 있다. 일반적으로 주가의 상승은 직선형으로 상승하지 않는 경우를 고려하여 중요정보의 공개 이후 주가가 상승하는 경우 그 상승이 마감되는 경우에는 해당 정보의 영향이 해소되었다고 볼 수 있기 때문이다. 그러나 이러한 원칙의 적용은 나름 타당성이 있지만, 주가의 상승 또는 하락이 반드시 직선형으로 형성되는 것은 아니기 때문에 개별 사안에 따라 탄력성을 가지고 적용할 필요가 있을 것이다.

일본 금상법은 과징금 부과기준이긴 하지만, 내부자거래 경우 "정보공개 이후 2주간 동안 최고가"를 기준으로 과징금액을 산정한다. 악재의 경우에는 반대로 "정보공개 이후 2주간 동안의 최저가"를 기준으로 한다. 이러한 기준은 정보의 공개 후 주가가 일직선으로 상승 또는 하락하지는 않다는 점을 고려하였고, 행위자가 실제로 매도하기 힘든 그러한 최고점을 미실현이익의 산정기준으로 삼은 것은 징벌적 성격을 강하게 반영한 것으로 볼 수 있다.

b) 최종 처분행위시 주가 기준

내부자가 공시 후에 매도하지 않고 보유하고 있는 주식의 미실현이익을 산정함에 있어서, 최종 처분행위시의 주가를 기준으로 하여 미실현이익을 산정한 사례가 있다:[24]

> 피고인이 2001. 4. 24. 이 사건 미공개정보를 이용하여 X기금으로부터 A사 발행의 전환사채 1구좌를 甲명의로 인수하고 그 인수대금 1,095,779,918원을 지급하고, 피고인은 2001. 6. 중순경 B사의 대주주로서 임원인 乙 등과의 사이에 피고인이 위 전환사채 1구좌를 B사에 양도하는 대신 위 회사의 주식 50만 주를 양수하기로 하는 내용의 계약을 체결하고, 2001. 6. 21. 위 회사의 주식 30만 주는 이전받았으나, 나머지 20만주는 그 약정시기(2002. 5. 30.부터 2002. 6. 30.까지 사이에 피고인이 청구한 날 이후 5일 이내) 이전에 이 사건 미공개정보 이용행위가 적발됨

24) 대법원 2006. 5. 12. 선고 2004도491 판결.

으로써 이전받지 못하였으며, 피고인은 위 30만 주 중 16만 주를 2001. 6. 26.부터 2001. 7. 19.까지 사이에 743,361,720원에 매각하고, 그에 관한 증권거래세 및 수수료로 5,203,515원을 지출하여 그 차액 738,158,205원을 취득하고, 피고인은 나머지 14만 주 외에 2001. 7. 20. 이후 위 회사의 주식 3만 주를 추가로 매수하여 2002. 4. 26.까지 그 중 15만 주를 645,858,320원에 매각하고 그에 관한 증권거래세 및 수수료로 4,521,006원을 지출하여 그 차액 641,337,315를 취득하였다.

이 사건에서 대법원은 피고인이 처분하지 못하고 보유한 주식에 대해서는 이미 처분한 주식의 마지막 매각일인 2002. 4. 26.의 주가를 기준으로 평가한 31,200,000원(2만주 x 1,560원)으로 평가하였고, 피고인이 아직 이전받지 못한 20만 주는 그 약정이행기간 동안의 가장 낮은 주가를 기준으로 평가한 190,000,000원(20만주 x 950원, 피고인은 이 20만 주를 포기한다는 확약서를 제출하였으나, 이는 범죄 종료 후에 받은 이익을 포기한 것에 불과하므로, 이 사건 이익액의 산정에 있어서 고려하여야 할 사정은 아니다)의 합계액으로 판단하였다.

c) 실제 호재의 공시전 주가 기준

A제약 주가는 A제약이 B바이오의 유상증자에 참여한다는 사실이 공시된 2005. 7. 11. 이후 급등하기 시작하여 같은 달 18. 8,200원에 이를 때까지 계속 상승하였다. 그리고 B바이오는 세계 최초로 인간 유전자를 가진 형질전환 복제돼지를 생산하는데 성공하였다는 사실이 7. 13. 이후 언론에 대대적으로 보도되었다.

이 사건에서 법원은 피고인이 처분하지 못한 보유주식의 미실현이익을 산정함에 있어 A제약의 B바이오 유상증자 참여정보와 B바이오의 형질전환 복제돼지의 성공이라는 정보를 분리하여, 피고인이 B바이오가 위 복제돼지를 생산하는데 성공했다는 사실이 언론에 대대적으로 보도된 것에 기인한 것으로 봄이 상당하기 때문에, 피고인이 이러한 사실까지 미리 예측하였다고 볼 수 없기 때문에 A제약 주가상승분 중 7. 13. 이후 부분은 피고인의 이익을 산정함에 있어서 포함해서는 안 된다고 판시하였다. 따라서 피고인의 평균매도단가를 7. 12. 종가인 5,800원을 기준으로 산

정하였다.[25)]

그러나 A제약의 B바이오 유상증자 참여 공시가 7. 11.이고, B바이오의 형질전환 복제돼지의 성공이라는 공시가 불과 이틀 뒤인 7. 13.이라는 시간적인 간극을 볼 때, A제약은 B바이오의 형질전환 돼지복제 정보를 알고 있었을 것으로 추정되고, 설사 피고인이 B바이오의 구체적인 정보까지 몰랐다 하더라도 2개의 정보 사이의 긴밀성을 볼 때 7. 18.까지의 상승분을 평균매도단가로 보는 것이 더 합리적이라고 생각된다.

#### (4) 악재성 정보의 매도의 경우

미공개중요정보가 악재성 정보인 경우에는 내부자 등이 이미 보유 중인 주식을 해당 공시가 이루어지기 전에 매도하는 행위를 통하여 내부자가 손실을 회피하는 방식으로 이루어진다. 이러한 경우 내부자가 회피한 손실을 어떻게 산정할 것인지, 즉 이미 보유주식을 매도해 버린 상태이고, 만약 계속 보유하였더라면 주가가 하락하는 어느 시점을 기준으로 손실회피액을 산정할 것인지가 문제가 된다. 호재성 정보의 경우는 대부분 공시 후 주가가 상승하면 매도가 이루어져 취득한 이익의 산정이 상대적으로 쉽지만, 악재성 정보의 매각의 경우는 그러한 매도가 이루어지지 않았다면 손해를 입었을 규모를 상정해야 하기 때문에 임의적으로 기준을 설정하여 판단할 수밖에 없다.

a) 정보공개 후 최초 형성 최저가

서울중앙지방법원은 '위반행위로 인한 손실회피액'에 대해 "당해 위반행위로 인하여 회피하게 된 손실액을 말하고, 따라서 행위자가 정보공개 이전에 매도한 주식의 총 매도금액에서 거래수수료, 증권거래세 등 그 거래를 위한 총비용을 공제한 나머지 금액과 정보공개 이후 최초로 형성된 최저가에 따라 산정한 주식의 총 매도금액에서 거래수수료, 증권거래세 등 그와 같은 거래를 위하여 행위자가 지출하였

25) 서울중앙지방법원 2007. 7. 20. 선고 2007고합159 판결(금융감독원, 판례분석, 325~326면 참조).

을 것으로 예상되는 총비용을 공제한 나머지 금액의 차액을 의미한다."라고 판시하였다.[26]

법원이 손실회피액의 기준으로 삼은 "정보공개 이후 최초로 형성된 최저가" 개념은 호재성 정보의 경우 미실현이익을 계산함에 있어서 "정보공개 이후 최초로 형성된 최고가" 개념과 대응한다고 볼 수 있다. 앞서 설명한 것처럼 이러한 기준이 나름 합리적인 측면이 있지만, 주가의 상승 또는 하락이 반드시 직선형으로 형성되는 것은 아니기 때문에 개별 사안에 따라 탄력성을 가지고 적용할 필요가 있을 것이다.

이에 비해 일본 금상법은 내부자거래 경우 "정보공개 이후 2주간 동안 최고가"를 기준으로 과징금액을 산정한다. 악재의 경우에는 반대로 "정보공개 이후 2주간 동안의 최저가"를 기준으로 한다.

b) 정보공개 후 주가가 안정화된 시점의 주가

서울고등법원은 〈LG카드 사건〉에서 "어느 정보가 공개되어 그 영향으로 인하여 주가가 상승 또는 하락함으로써 이익을 얻거나 손실을 회피하였는지 여부는 해당 정보가 충분히 시장에 공개된 이후 주가가 안정화된 시점을 기준으로 판단하여야 할 것"이라고 판시하였다.

이 사건에서 유상증자에 관한 내용이 2003. 10. 30. 공시된 이후 LG카드의 주가가 2003. 10. 31.에 12,050원(-2,100원), 2003. 11. 3.에 11,300원(-750원)으로 떨어져 주가가 급격하게 하락하였으나, 위와 같이 하락한 주가가 이후 곧바로 상승하기 시작하여 불과 4일 만에 거의 유상증자에 관한 내용이 공시되기 이전의 수준으로 회복된 다음 약 8일 동안 거의 같은 수준을 유지하였다. 이 사건에서 법원은 LG카드의 실적 악화로 인한 유상증자를 중요정보로 인정하면서도 피고인들의 정보이용 혐의는 부정하여 무죄를 선고하였다.

법원은 "해당 정보가 충분히 시장에 공개된 이후 주가가 안정화된 시점을 기준"을 부당이득의 산정기준으로 제시하였는데, 이러한 논거는 미국에서 1995년에

---

26) 서울중앙지방법원 2007. 5. 30. 선고 2007노346 판결.

제정된 증권민사소송개혁법에 반영된 소위 "크래쉬이론"(crash theory)을 모델로 한 것으로 보인다. 이 이론은 증권손해배상 사건에서 행위자의 손해배상책임을 일정한 수준으로 제한하기 위한 것으로서, 악재가 발생하면 시장은 비이성적으로 반응하여 '크래쉬'가 발생하지만 일정 시간이 지나면 시장은 다시 이성을 되찾아 그 정보의 진정한 가치를 반영한 '안정된 가격'을 찾아간다는 것이다. 미국은 공시 후 주가가 하락한 90일의 종가를 단순평균한 가격을 상한선으로, 즉 간주매도가격으로 해서 손해배상책임의 최대한으로 설정하고 있다.

c) 장기간 매매거래정지 후 새로 형성된 시점의 주가

창원지방법원은 분식회계정보를 이용하여 동 정보가 공시되기 이전에 주식을 매도한 내부자거래 사건에서, 동 회사에 대한 상장폐지결정이 이루어지고 약 10개월의 개선기간이 지난 후 매매거래가 재개된 시점을 주가가 안정된 시점으로 판단한 사례가 있다.[27] 이 판결 역시 위에서 살펴본 "해당 정보가 충분히 시장에 공개된 이후 주가가 안정화된 시점을 기준"으로 판단한 사안이다.

피고인 甲은 A사의 재경팀장으로 A사의 코스닥상장 추진업무를 담당하면서, 2009. 4. 20.경 A사의 대표이사, 경영지원본부장 등의 지시를 받고 매출액을 과다계상하고 손실액을 과소계상 하는 등 허위의 재무제표를 작성하여, 동년 4. 30. 한국거래소에 상장을 신청하여 상장에 성공하였다. 이후 2011. 8. 22.경 甲은 B사와 A사의 매각을 위한 계약을 진행하는 과정에서 B사의 주식양수도계약 담당자로부터 A사에 대한 회계법인 실사 결과 상당한 규모의 회계오류가 발견되었으니 주식양수도계약을 연기하고 추가실사를 진행하자는 말을 듣고, 위와 같은 회계오류가 단순한 계산착오가 아닌 상당한 규모의 분식회계 때문임을 파악하고 있는 상태에서 이와 같은 미공개정보가 그대로 알려질 경우 주가가 대폭 하락할 것으로 예상하여 같은 달 24.경 피고인 및 차명계좌에 보유하고 있던 A사 주식을 매도하여 159,730,564원 상당의 손실을 회피하였다.

---

27) 창원지방법원 2013. 5. 30. 선고 2012고합558, 567, 581, 2013고합35(각 병합) 판결.

이 사건에서 피고인 甲은 회계오류로 인한 영향이 모두 시장에 공개된 현재 A사의 주가는 11,000원 내지 15,000원 사이에서 변동하고 있으므로 손실회피액 산정의 기준시점을 현재로 보면 회피손실액이 공소장 기재보다 훨씬 적은 규모라는 취지로 주장하였는데, 이에 대해 법원은 어느 정보가 공개되어 그 영향으로 인하여 주가가 상승 또는 하락함으로써 이익을 얻거나 손실을 회피하였는지 여부는 해당 정보가 충분히 시장에 공개된 이후 주가가 안정화된 시점을 기준으로 판단하여야 할 것인데, ① 한국거래소는 2011. 9. 6. A사의 분식회계 등을 이유로 주식거래를 정지시켰고, 2011. 9. 7. 분식회계 사실이 공개된 사실, ② 한국거래소는 2011. 12. 7. 분식회계 등을 이유로 A사에 대하여 상장폐지 결정을 한 사실, ③ A사의 주식거래가 2012. 7. 11. 다시 재개되었고 그 후 형성된 일일종가 중 최초로 형성된 최저가는 2012. 7. 18.자로 8,400원인 사실 등이 인정되는 바, 이러한 사실에 의하면 A사의 분식회계 사실이 공개될 무렵 바로 주식거래가 정지되었다가 약 10개월 정도 경과한 다음에 거래가 재개되었으므로 검사가 2012. 7. 18. 기준으로 최초 형성된 최저가인 8,400원을 기준으로 회피손실액을 산정한 것은 위와 같은 분식회계 관련정보가 충분히 시장에 공개된 후 상당한 기간이 지난 시점을 기준으로 한 것이어서 타당하다.[28]

### (5) 공범의 부당이득

내부자거래 행위자가 여러 사람의 계좌를 이용하여 이익을 도모한 경우, 직접 행위를 하지 않은 자들이 얻은 이득이 '위반행위로 얻은 이익'에 해당하는지 여부의 문제가 있다. 서울중앙지방법원은 피고인이 자녀의 명의로 된 계좌를 포함하여 내부자거래를 행한 사건에서, 피고인이 미공개정보를 이용하여 부당하게 취득한 이익에 대해서는 피고인으로부터 추징할 수 있고, 또한 피고인이 공소 외의 자가 증여세 문제를 회피하기 위하여 상대방 자녀들에게 교차대여하는 형식을 취하고 그 자금으로 이 사건 주식을 매수한 점에 비추어 볼 때 그로 인한 실질적인 이익도 피고인에

---

28) 금융감독원, 판례분석, 327~328면 참조.

게 귀속한다고 판단하였다.

그러나 대법원은 '위반행위로 얻은 이익'은 당해 위반행위로 인하여 행위자가 얻은 이익을 의미하고, 여러 사람이 공동으로 미공개정보 이용행위의 금지의 범행을 저지른 경우 그 범행으로 인한 이익은 범행에 가담한 공범 전체가 취득한 이익을 말하는 것일 뿐, 범행에 가담하지 아니한 제3자에게 귀속하는 이익은 포함되지 않는다고 판시하며 원심을 파기하였다.[29]

> 여러 사람이 공동으로 미공개정보 이용행위 금지의 범행을 저지른 경우에는 그 분배받은 이익, 즉 실질적으로 귀속한 이익만을 개별적으로 몰수 · 추징하여야 하고, 그 분배받은 금원을 확정할 수 없을 때에는 이를 평등하게 분할한 금원을 몰수 · 추징하여야 한다(대법원 2007.11.30. 선고 2007도635 판결, 대법원 2010.1.28. 선고 2009도13912 판결 등).
> 따라서 이 사건 자녀들 명의 계좌로 주식을 매수하여 얻은 이익에 관한 증권거래법 위반 공소사실에 대하여도 유죄라고 인정하기 위하여는 피고인과 이 사건 자녀들이 공범 관계에 있으면서 그 계좌들을 통한 주식 매수로 인하여 발생한 이익이 전부 피고인에게 귀속하였거나 이 사건 자녀들이 피고인과 공범 관계에 있다거나 피고인에게 계좌 명의만을 빌려주었다고 보기 어려울 뿐만 아니라, 원심판결 이유에 의하더라도 이 부분 공소 외 2 회사 주식 매수에 사용된 돈은 2008. 9. 2. 피고인과 공소외 3이 서로 상대방 자녀들 명의 계좌에 교차대여 형식으로 입금한 돈이라는 것으로서 대여한 돈이든 증여한 돈이든 그 돈은 이 사건 자녀들의 돈일 가능성이 크므로, 이 사건 자녀들 명의 계좌를 통하여 공소외 2 회사 주식을 매수함으로 인하여 발생한 이익을 피고인이 얻은 이익이라고 단정하기는 어려워 보인다.

대법원의 판결처럼 '위반행위로 얻은 이익'을 당해 위반행위로 인하여 행위자가 얻은 이익으로만 제한하는 것이 적절한지는 의문이다. 특히 이 사안은 부모들이

---

29) 대법원 2014. 5. 29. 선고 2011도11233 판결.

서로 상대 자녀의 이름으로 내부정보를 이용하여 거래한 사안으로서, 행위자들의 이익과 자녀들의 이익은 혈연관계를 통한 동일한 이익주체로 볼 수 있기 때문이다.

### (6) 고객에게 귀속된 이익

증권회사 직원이 미공개중요정보를 이용하여 고객과의 포괄적 일임매매약정을 통한 관리계좌로 이익을 남긴 경우, 그 이익이 "그 위반행위로 얻은 이익 또는 회피한 손실액"에 해당하는가? 법문은 명확하지 않다. 대법원은 시세조종 사건이지만 "'위반행위로 얻은 이익'은 당해 위반행위로 인하여 행위자가 얻은 이익을 의미"한다고 해석하였다.[30] 이러한 해석은 위에서 언급한 사건에서의 대법원 판시와도 동일한 맥락으로 볼 수 있다. 즉 고객의 계좌에 귀속된 이익은 행위자가 '위반행위로 얻은 이익'에 해당되지 않는다는 것이다.

이러한 경우는 여러 사례에서 동일하게 발생할 수 있다. 대표적으로 펀드매니저들이 펀드자산을 통해 미공개중요정보를 이용하여 이익을 얻은 경우 펀드의 이익은 고객에게 귀속되기 때문에 행위자가 '위반행위로 얻은 이익'은 제로(0)가 될 것이다. 이러한 경우 펀드에 귀속된 '위법행위로 얻은 이익'이 수십억 원에 이르더라도 벌금의 부과가 불가능할 것이다.

이에 대해 제3자에게 이익이 발생한 경우를 명시한 특정경제범죄가중처벌 등에 관한 법률의 규정(...제3자로 하여금 취득하게 한...)에 비추어보면 죄형법정주의 원칙상 행위자에게 귀속된 이익만을 특정하여야 할 것이라는 의견이 있다.[31] 그러나 법령상 '위반행위로 얻은 이익'이 반드시 '행위자에게 귀속된 이익'으로 해석되어야 하는 것은 아니라고 본다. 시세조종 사안이기 하지만, 여러 회사의 최대주주로서 실질적으로 회사를 경영했던 회장 개인의 시세조종 행위로 인한 부당이득이 상당 부분 회사에 귀속된 경우라도 그 이익은 회장 개인이 얻은 이익으로 본 판례도 있다.[32]

---

30) 대법원 2011. 7. 14. 선고 2011도3180 판결.
31) 임재연, 608면.
32) 대법원 2013. 7. 11. 선고 2011도15056 판결.

향후 펀드시장의 규모가 계속해서 커지고 있고, 펀드매니저들 간의 수익률 경쟁이 더욱 치열해 질 것을 예상할 때, '위반행위로 얻은 이익'의 범위에 불법행위에 이용되어 이익이 발생한 계좌의 이익을 명시적으로 포함하는 입법적 개선이 필요하다고 본다.[33]

### (7) 법인에게 귀속된 이익

금융투자회사의 임직원이 회사의 계산으로 내부자거래를 한 경우 그 이익은 회사에 귀속된다. 이러한 경우 임직원이 법인의 업무로서 내부자거래를 한 경우이기 때문에, 해당 임직원은 내부자거래 위반에 해당하고, 법인은 양벌규정에 의해 처벌될 것이다. 이 경우 법인에 귀속된 부당이득은 위반자의 행위로 얻은 이익으로 볼 수 있다. 이에 대해서는 제3장 법인의 내부자거래 부분에서 상세히 설명하였기에 여기서는 설명을 생략한다.

### (8) 부당이득 관련 기타 이슈

a) 정보제공자의 부당이득

내부자가 자신은 내부정보를 이용하여 거래하지는 않고 타인에게 정보를 제공하여 타인으로 하여금 거래하여 타인이 이익을 얻는 경우, 내부자는 '위반행위로 얻은 이익'이 있다고 보아야 할 것인가? 서울고등법원 2014노1034판결은 아래의 사안에서 이를 부정하였다.

피고인 甲은 상장법인의 등기이사(내부자)로서 친동생인 피고인 乙(1차 정보수령자)에게 상장법인의 미공개중요정보를 전달하여 을로 하여금 상장법인의 주식을 매수하게 함으로써 정보를 이용하게 하였고, 피고인 乙은 甲으로부터 전달받은 정보를 이용하여 본인이 직접 주식을 매수하여 이익을 취한 이외에 본인의 장인 丙(2차

33) 우리 법원은 시세조종 사건에서도 '위반행위로 얻은 이익'의 범위에 범행에 가담하지 아니한 제3자에게 귀속되는 이익은 포함하지 않는다는 입장을 견지하고 있다(대법원 2011. 7. 14. 선고 2011도3180 판결, 서울고등법원 2011. 6. 9. 선고 2010노3160 판결 참조). 이러한 현행법의 한계는 2014년에 새로 도입된 시장질서 교란행위의 경우도 마찬가지이다.

정보수령자)에게 전달하여 병으로 하여금 주식을 매수하게 하여 정보를 이용하게 하였다.

서울고법은 이 사건에서 피고인 甲과 피고인 乙이 각각 미공개정보를 전달하여 이용하게 한 혐의 자체에 대해서는 유죄를 인정하였지만, 그 정보를 이용한 타인을 정보제공자인 내부자나 제1차 정보수령자의 공범으로 보아 그가 취득한 이익을 내부자나 제1차 정보수령자의 이익으로 간주할 수는 없다고 판시하였다.[34]

b) 공시 전 매도

내부자가 미공개중요정보를 인지하고 이를 이용하여 매수하였다가 주가가 상승하자 공시 전에 매도한 경우 내부자거래의 책임이 발생하는가? 일반적으로 내부자거래를 통한 부당이득의 취득은 미공개중요정보의 공시 전에 주식을 매수하였다가 공시 후 주가가 상승하면 매도하여 차익을 실현하는 것이라 할 수 있다. 그러나 많은 경우 내부정보가 새나가 이미 주가가 상승하는 경우들이 종종 있다. 이러한 경우 매수 후 주가상승이 해당 내부정보의 영향이라면 내부자거래의 책임이 발생한다고 보아야 할 것이다. 왜냐하면 공시 후에 매도하는 것이 내부자거래 구성요건은 아니기 때문이다.

### (9) 소 결

내부자거래 사건에서 부당이득을 정확하게 산정하는 것은 매우 어려운 일이다. 호재성 정보의 경우 내부자가 일단 매도를 하였다면 매도가격을 기준으로 부당이득을 산정하는 것은 합리적이라 할 수 있다. 그러나 미실현이익, 즉 계속 주식을 보유하고 있는 경우에는 여러 가지 방법을 통해 부당이득을 산정할 수 있을 것이다. 악재성 정보의 경우는 호재성 정보의 경우보다 더 어렵다고 볼 수 있다. 악재성 정보의 경우에는 내부자가 보유주식 전량을 매도하였고, 계속 보유하고 있었더라면 그 손실이 어느 정도였을까를 가정해서 산출해야 하기 때문이다.

---

34) 서울고등법원 2014. 7. 24. 선고 2014노1034 판결 (대법원 2015. 2. 12. 선고 2014도10191 판결로 확정) (금융감독원, 판례분석 (2015), 330면 참조).

이처럼 법령에서 내부자거래의 부당이득액 산정방법에 대해 침묵을 지키는 한, 이 문제는 계속해서 논쟁이 될 것으로 보인다. 이는 부당이득액의 규모에 따라 벌금이나 징역형이 가중될 수 있기 때문이며, 그 누구도 어느 하나의 방법이 가장 합리적이라고 주장하는 것은 어렵기 때문이다. 특히 미실현이익의 산정 그리고 악재성 정보의 경우 손실회피액을 얼마로 볼 것이냐의 문제는 '사실의 문제'에서 '법의 문제'로 옮겨지게 되기 때문이다. 따라서 이를 법원 또는 당사자의 해석에 맡기는 것보다는 일본 금상법의 경우처럼 법에서 부당이득액을 산정하는 방법을 정하는 것이 법적 안정성을 도모할 뿐만 아니라 소모적인 분쟁을 제거하는 길이 아닌가 생각한다. 이 부분에 대한 입법적 성찰이 필요하다고 본다.

## 3. 몰수 · 추징

내부자거래에 의해 취득한 재산은 몰수하며, 몰수할 수 없는 경우에는 그 가액을 추징한다(법 447조의2). 앞서 언급한 것처럼 이전의 자본시장법에서는 몰수 · 추징이 임의적 규정이었지만, 2014년 개정법에 의해 법원은 내부자거래가 있는 경우 몰수 · 추징을 원칙으로써 반드시 선고하도록 하였다. 이는 회사관계자에 의한 내부자거래를 포함하여 공개매수예정자 등에 의한 경우도 마찬가지로 해당된다.

몰수의 대상은 "제443조 제1항 각 호의 어느 하나에 해당하는 자가 해당행위를 하여 취득한 재산"이다(법 447조의2). 취득의 주체는 몰수의 취지에서 볼 때 내부자거래의 경우 내부자거래 행위자, 즉 범인이다. 이 범인에는 자연인인 위반행위자 이외에 법인도 포함된다. 그러나 법인에 의한 내부자거래는 법인의 임직원에 의해 이루어지게 되는데, 이 경우 법인의 임직원은 내부자거래 규제 위반으로 기소되고, 해당 법인은 양벌규정에 의해 함께 기소된다. 이 경우 회사의 계산으로 회사가 취득한 재산에 대해서 필요적 몰수 · 추징이 부과된다.

몰수와 관련하여 해당 재산의 취득상황, 손해배상의 이행상황, 기타 사정에 비추어 그 전부 또는 일부를 몰수하는 것이 적절하지 않은 때에는 몰수가 부과되지 않는 경우가 있을 수 있다. 예를 들어, 신용거래 등에 의해 실제의 자력 이상의 증권의 매매가 이루어진 경우, 몰수의 범위가 현저히 확대되기 때문에 그대로 형식적으로 몰수를 부과하는 것은 피고인에게 있어 지나치게 가혹할 수 있어 예외로서 몰수의 전부 또는 일부의 재량적 면제를 가능하다는 의견이 있다.[35)]

몰수는 유죄판결에 있어서 징역형 · 벌금형 등의 주형에 부가해서만 부과될 수 있는 부가형이기 때문에, 몰수만을 독립적으로 부과하는 것은 가능하지 않다. 추징은 몰수대상의 원물을 범인이 사후 처분하여 몰수할 수 없는 경우에, 그것에 대신해서 일정의 금액을 국고에 납부할 것을 명하는 처분이다. 따라서 몰수 · 추징은 공소제기가 되지 않은 자연인 · 법인에 대해서 행해지지 않는다.[36)]

몰수와 관련하여 실무적으로 2가지 이슈가 발생할 수 있다. 첫째, 최근 주식의 경우 불발행의 경우가 많으며, 전자화된 형태로 예탁원에 등록만 되어 있는 경우가 빈번하다. 이러한 경우 무체화된 주식을 어떻게 몰수할 수 있을 것인지 문제가 된다. 둘째, 피고인이 내부자거래에 의해 취득한 주식을 주식교환에 의해 다른 주식과 교환한 경우, 그리고 교환하여 취득한 주식의 가격이 급상승한 경우 교환주식에 대한 몰수가 가능한지, 아니면 교환 당시의 가액을 산정하여 추징하는 것이 적절한지의 문제가 있다.

일본 동경지방법원 평성 25 · 11 · 22는 피고인이 내부자거래에 의해 취득한 주식을 주식교환에 의해 다른 주식과 교환하였고, 피고인은 해당 주식을 그대로 매각 처분하지 않은 사건에서 몰수 · 추징제도와 관련된 입법의 불비를 지적하면서 몰수 불가의 판단을 하였다. 법원은 피고인이 보유하고 있는 해당 주식은, "범죄행위에 의해 취득한 재산"의 "대가로 취득한 재산"으로서 실체법상으로는 몰수의 대상이 될 것 같다고 기술하면서도, 법에는 예탁주식으로서 전자화된 채권인 주식을 몰수한 후, 환가 등의 처분을 하는 수속이 정해져 있지 않기 때문에, 결국 해당 주식을 몰수해도 몰수형의 목적을 달성하는 것이 불가능하기 때문에, 필수적 추징의 대상이 되지 않는다는 취지의 판시를 하였다. 또한 이러한 설시에 이어 피고인이 주식교

35) 西村, 579면.
36) 西村, 579면.

환에 의해 취득한 주식의 주가가 상승하고 있는 상황이어서, 주식교환에 의해 피고인이 해당 주식을 취득하였던 당시의 "가액"을 추징하여도, 즉 피고인이 주식상승으로 인한 상당액을 보유하는 결과가 되어 필요적 몰수를 규정한 취지에 반하는 것이 명확하지만, 몰수할 수 없는 사태에 대해 입법적 불비라고 판단하였다.[37]

일본은 동 판결 이후, 평성 25년(2013년) 5월 23일에 국회에서 성립되고, 동월 30일에 공표된 평성 26년 법률 제44호에 의해 법이 개정되면서 전자화된 주권 기타의 무체재산의 몰수절차를 정비하였다. 구체적으로는 몰수 가능한 재산이 그 이외의 재산으로 혼합된 경우에도 몰수가 가능하도록 하였고, 채권 등의 무체재산이 제3자에게 귀속되는 경우의 몰수 절차 등에 추가해서 몰수된 채권의 처분에 관해서도 법률로 규정하였다.[38]

## 4. 고의범

내부자거래 규제 위반의 경우 과실범을 처벌하는 특별한 규정이 없으므로 고의범만이 규제대상이 된다.[39] 고의란 범죄 구성요건에 해당하는 구체적 사실을 인식·인용하는 것을 말하는데, 미필적 인식만 있어도 충분하다고 본다.[40]

먼저, 법 제174조 제1항에 열거된 회사관계자에 의한 내부자거래 규제 위반행위는, (i) 자신이 법에서 열거된 회사관계자 즉 내부자인 사실을 알고, (ii) 그 직무에 관하여 중요정보를 알고, (iii) 중요정보가 법령에 의한 방법에 의해 아직 일반에게 공표되지 않은 것을 인식하고, (iv) 해당 회사가 발행하는 증권의 매매등을 행하는 것이 요구된다. 이는 제2항 및 제3항의 경우에도 각각에 대응하여 적용된다.

정보수령자에 의한 내부자거래 규제 위반행위는, ① 회사관계자등으로부터 중요정보를 제공·전달받았다는 사실, ② 중요정보가 회사관계자등이 직무 등과 관련

37) 西村, 580면.
38) 西村, 580면.
39) 김건식·정순섭, 417면; 임재연, 374면.
40) 임재연, 374면.

하여 알게 된 것이라는 사실, ③ 해당 중요정보가 법령에서 정하는 방법으로 공표되지 않은 것을 인식하고, ④ 해당 회사가 발행한 증권의 매매등을 행하는 것이 요구된다.

먼저, 위 (i)①과 (ii)②에 대해서는 회사관계자 또는 정보수령자가 중요사실이라고 평가되는 발생한 사실을 구체적으로 인식하는 것으로 충분하다. 여기서 해당 중요정보가 법에서 금지하는 "투자자의 투자판단에 중대한 영향을 미치는 정보"라는 수준까지의 인식은 요구되지 않는다고 본다. 그리고 이러한 인식은 매매등의 행위시점에 존재하면 충분하다. 즉 중요사실을 알고 또는 정보를 수령한 시점에는 위 (i)①부터 (iii)③의 인식이 없었지만, 그 이후에 이러한 사실들을 알게 된 상태에서 매매등을 행하였다면 내부자거래에 해당된다.[41)]

법 제174조를 위반하는 경우에 있어서 인식은 해당 중요정보의 내용의 전부에 대해서 알 필요는 없으며, 투자자의 투자판단에 영향을 미칠 수 있는 중요정보 중 일부만을 아는 것으로 충분하다.

## 5. 미수와 기수

미수란 범죄행위의 실행에 착수하였지만 그것을 완성하지 못한 경우를 말한다. 이것을 완성한 경우에 기수가 된다. 미수가 처벌되는 경우는 명문으로 미수를 처벌한다는 규정이 있는 경우에 한하고 있기 때문에, 내부자거래 규제를 위반한 경우의 벌칙에는 미수를 처벌한다는 규정이 없어 기수에 해당하는 경우에만 처벌대상이 되는 것이 원칙이다.

먼저, 회사관계자가 중요정보를 알고 주식의 매도를 증권회사에 위탁하였고, 증권회사가 해당 주문을 증권거래소에 보냈지만 증권거래소에서 매매가 성립되지 않은 경우가 있을 수 있다. HTS의 경우라면 회사관계자가 HTS를 통해 주문을 제출

---

41) 西村, 581면.

하였지만 매매가 성립되지 않은 경우를 상정할 수 있다. 이러한 경우 회사관계자의 행위는 내부자거래 규제 위반을 해당하는 기수로 볼 것인지, 매매가 성립되지 않았기 때문에 미수로 볼 것인가. 이에 대해 기수로 보는 견해가 있다. 이 견해에 의하면 회사관계자가 미공개중요정보를 인지하고, 이를 이용하여 거래를 할 의사를 가지고 주문을 제출하여 해당 주문이 시장에 호가되었다면 행위의 실행이 완성되었다고 보고 있다. 즉 매매가 성립되어 주식 또는 매매대금을 수령하거나 인도하거나 하는 것까지는 요구하지 않는다고 본다.[42] 그러나 반대견해는 이러한 경우에는 미수라고 볼 수 있고, 제174조는 미수에 대한 처벌규정이 없기 때문에 제174조 위반이 아니라고 본다.[43]

정보제공자의 경우도 견해가 갈린다. 법문에서 "타인에게 이용하게 하는 행위"를 금지하고 있는데, 정보를 제공하였지만 정보수령자가 거래하지 않은 경우 정보제공자의 행위가 제174조 위반에 해당되는지 여부이다. 이에 대해 법 제174조 제1항의 구성요건은 결과발생을 요하지 않고 법에 규정된 행위를 함으로써 충족되는 형식범의 형태이고, 법익침해의 일반적인 위험이 있으면 구성요건이 충족되는 위험범의 형태로 규정되어 있기 때문에, 정보를 제공한 행위로서 이용하게 한 행위가 완성된 것으로 보는 견해[44]가 있는 반면, 정보수령자가 거래를 하지 않은 경우에는 이용하게 한 것이 아니기 때문에 제174조 위반이 아니라고 보는 견해가 있다.[45] 판례는 정보수령자의 정보이용행위가 없으면 처벌대상이 아니라는 입장이다.

일본의 경우 평성 25년에 금상법 개정에 따라 정보전달 · 거래권유 위반의 죄가 새롭게 추가되었는데, 일본의 경우는 중요정보가 전달이 되었다면 기수에 도달하였다고 볼 수 있지만, 거래요건 즉 정보전달 · 거래권유를 받은 자가 해당 중요정보가 공표되기 전에 매매등을 한 경우에만 처벌한다고 명시하고 있다. 즉 정보전

42) 박순철, 176면, 박임출, 148면. 증권법학회, 주석서 I, 1049면.

43) 김건식 · 정순섭, 417면, 노태악, "미공개 중요정보의 중요성 판단과 정보의 이용행위 등에 관하여," 『BFL』 제43호 (2010) 33면; 임재연, 372면.

44) 박순철, 176면; 박임출, 148면; 증권법학회, 주석서 I, 1049면.

45) 임재연, 372면.

달 · 거래권유가 이루어진 것만으로는 처벌하지 않는다. 기수로 볼 수 있지만 처벌은 하지 않는다는 것이다. 영국의 경우는 "attemps to deal"이라는 표현을 통해 미수도 처벌대상으로 규정하고 있다.

이 부분에 대해서는 "제5장 주요 구성요건" 부분에서 상세히 언급하였기 때문에 여기서는 설명을 생략한다.

## 6. 공　범

내부자거래 규제를 위반한 죄는 원칙적으로 법 제174조에서 열거하고 있는 회사관계자등 또는 공개매수예정자등 특정한 신분에 있는 자에 의해 이루어질 것이 요구된다. 즉 내부자거래 규제의 대상자는 구성요건상 행위의 주체가 일정한 신분을 가지고 있는 경우에만 적용되는 "신분범"이다.

따라서 내부자거래 규제의 대상자는 이러한 신분에 있는 자가 아니면 내부자거래 규제의 정범이 될 수 없지만, 형법 제30조는 "2인 이상이 공동하여 죄를 범하는 때에는 각자를 그 죄의 정범으로 처벌한다."라고 규정하고 있어, 신분범이 아닌 자가 신분범에 가담할 경우 신분이 있는 자와 공범으로 처벌된다. 여기서 말하는 "공범"은 공동정범, 교사범 또는 종범을 말한다.[46]

공동정범이란 2인 이상의 자가 공동으로 범죄를 실행한 경우를 말한다. 2인 이상의 자가 일정한 범죄를 범할 것을 공모(공동의사 아래 일체가 되어 상호 그 행위를 이용하고, 각자의 의사를 실행하는 것을 내용으로 하는 모의)한 경우에, 그의 일부의 자가 실행에 나서는 경우, 직접 실행에 나서지 않은 자도 포함하여 공모자 전원에게 공동정범이 성립되는 것을 말한다. 이른바 공모공동정범이다.[47]

내부자거래 사건에서 공동정범을 인정한 대표적 사례는 앞서 설명한 〈파루 사건〉을 들 수 있다. 또한 창원지방법원은 내부자인 피고인 1은 정보를 제공하고, 피고

---

46) 이재상, 형법총론, 박영사 (2011), 454면.
47) 이재상, 상게서, 471면.

인 2는 자금을 조달하여 공동으로 미공개중요정보인 무상증자 정보를 이용하여 상당한 이익을 실현한 사건에서, 이 둘의 공동정범을 인정하였다.[48]

교사범이란 타인으로 하여금 범죄를 결의하게 하여 실행케 한 자를 말한다. 형법 제31조 제1항이 "타인을 교사하여 죄를 범하게 한 자는 죄를 실행한 자와 동일한 형으로 처벌한다."고 규정한 것은 이를 말한다.[49] 교사범이 성립되기 위해서는, (i) 교사범에게 있어서 타인에게 범죄실행의 결의를 생기게 할 의사를 가지고 교사행위를 하고, (ii) 피교사자에게 있어서, 그 결과 범죄실행의 결의가 생기어 해당 범죄를 실행하는 것을 요구한다. 예를 들면, 회사관계자가 그의 친구에 대하여 중요사실을 알려주고 주식매매를 행하도록 권유한 결과, 해당 친구가 매매를 하는 것을 결의하여 실제로 매매를 행한 경우에는 해당 회사관계자는 해당 친구의 내부자거래 범죄의 교사범에 해당된다.[50]

교사범을 교사한 자의 책임에 관하여 형법에 직접적인 규정이 없지만, 형법은 교사범의 요건으로 "타인을 교사하여 죄를 범한 자"라고만 규정하고 있어 그 방법에는 제한이 없으므로, 피교사자가 반드시 정범이어야만 하는 것은 아니기 때문에 간접교사도 교사범과 같이 처벌하여야 할 것이다.[51] 대법원도 교사의 교사를 역시 교사범으로 처벌하고 있다.

종범이란 정범을 방조한 자를 말한다. 종범 또는 방조범이 성립되기 위해서는, (i) 방조자가 타인의 범죄실행을 용이하게 하는 의사를 가지고 방조행위를 행하고, (ii) 정범이 해당 범죄를 실행하는 것을 요구한다. 예를 들면, 타인으로부터 이미 회사의 미공개중요사실을 알고 있는 친구에게 해당 중요사실의 확인을 요구받은 회사관계자가 친구가 법을 위반하여 매매를 하려고 하는 것을 알면서 중요사실을 확인해 준 경우에는, 친구의 범의를 강하게 하거나 또는 그의 범행을 용이하게 해 준 것으로 볼 수 있고, 해당 친구가 실제로 매매를 한 경우에는 회사관계자는 해당 친구의

48) 창원지방법원 2003. 8. 14. 선고 2003고단951 판결.
49) 이재상, 전게서, 481면.
50) 西村, 586면.
51) 이재상, 전게서, 490~491면.

내부자거래 범죄의 방조범으로서 처벌된다.[52)]

또한 증권회사 직원이 고객이 내부자거래에 해당하는 거래를 하려고 하는 것을 알면서 그 주문을 받아 거래소에 제출하여 매매를 성립시킨 경우, 해당 증권회사 직원은 해당 고객의 내부자거래 범죄의 방조범에 해당될 수 있다. 방조범을 교사한 자는 방조범과 동일하게 처벌된다.

우리의 경우 내부자거래 사안에서 공범 논쟁이 중요한 이슈로 다루어졌는데, 이는 법 제174조가 제1차 정보수령자에 대해서만 처벌이 가능했기 때문에 제2차 정보수령자를 공범으로 보아 같이 처벌할 필요가 있었던 사례가 있었기 때문이다. 따라서 우리 법의 경우 내부자거래와 관련한 공범의 법리는 매우 중요한 의미를 가지고 있다. 2014년 12월 개정법에 의해 시장질서 교란행위의 금지가 도입되었고, 제2차 정보수령자를 포함하여 그 이후의 정보수령자에 대해서는 과징금을 부과할 수 있도록 되어, 제2차 정보수령자를 공범으로 포섭하기 어려운 경우에는 과징금을 부과할 수 있게 되었다.

## 7. 양벌규정

법인(단체를 포함한다)의 대표자나 법인 또는 개인의 대리인, 사용인, 그 밖의 종업원(이하 "법인등")이 그 법인 또는 개인의 업무에 관하여 내부자거래를 한 때에는 그 행위자 개인을 벌하는 외에 그 법인 또는 개인에게도 해당 조문의 벌금형을 과하도록 하고 있다(법 448조). 이를 "양벌규정"이라 한다.

법이 양벌규정을 통하여 법인등을 처벌하는 이유는 해당 법인등의 임직원, 대리인, 사용인의 감독, 기타 법률 위반행위를 방지하기 위해 필요한 주의를 다하지 못한 책임을 묻기 위한 것으로 볼 수 있다.[53)] 따라서 제448조 단서는 법인등이 그 위반행위를 방지하기 위하여 해당 업무에 관하여 상당한 주의와 감독을 게을리 하지 아

52) 西村, 587면.
53) 西村, 589면.

니한 경우에는 법인등에 대한 처벌을 면제해 주고 있다.

### (1) 대표자, 대리인, 사용인, 그 밖의 종업원

법인등에 대한 양벌규정이 적용되기 위해서는 위반행위를 행한 자가 해당 법인등의 대리인, 사용인, 그 밖의 종업원이어야 한다. 이들의 관계가 정식 계약에 의할 필요는 없으며 직 · 간접적으로 법인등의 감독권이 미치는 범위 내에서 해당 법인등의 업무와 관련한 일을 하는 자라면 충분하다고 볼 것이다. 법원의 견해도 마찬가지이다:

> 증권거래법 제215조 양벌규정에서 '대표자, 대리인, 사용인 기타 종업원'에 해당하는지 여부는 직책이나 명칭, 위임, 고용계약의 사법적 효력 등 형식적인 기준에 의하여 판단할 것이 아니라 그가 일정한 권한을 가지고 실제로 본인을 위하여 행위를 하였느냐는 실질적인 관점에서 판단하여야 한다.[54]

### (2) 업무관련성

양벌규정은 전형적으로 법인등의 임직원이 법인등의 업무를 법인등의 명의로 행할 때 적용된다. 구 증권거래법 제215조에서 법인을 처벌하기 위한 요건으로 "법인의 업무에 관하여" 행한 것으로 보기 위해서는 "객관적으로 법인의 업무를 위하여 하는 것으로 인정할 수 있는 행위가 있어야 하고, 주관적으로는 대표자가 법인의 업무를 위하여 한다는 인식을 가지고 행위를 한 경우"이어야 한다.[55] 따라서 법인등이 양벌규정의 적용대상이 되는 경우는 임직원 등에 의한 위법행위가 해당 법인등의 업무 또는 재산에 관하여 행해진 경우에 한정된다. 여기서 업무란 주된 업무에 한정되지 않으며 부수적 업무인 경우도 해당된다. 법인의 경우는 정관 등에 정해진

---

54) 서울중앙지방법원 2008. 2. 1. 선고 2007고합71 판결; 대법원 1993. 5. 14. 선고 93도344판결 역시 증권거래법 제215조 제2항의 법인의 종업원에 대해 '법인과 정식의 고용계약이 체결되어 근무하는 자 뿐만 아니라 그 법인의 대리인, 사용인 등이 자기의 보조자로서 사용하고 있으면서 직접 또는 간접으로 법인의 통제 · 감독 하에 있는 자도 포함'한다고 보아 매우 폭넓게 이해하고 있음을 볼 수 잇다.

55) 서울고등법원 2011. 10. 6. 선고 2011노806 판결.

해당 법인의 목적의 범위내의 업무일 필요는 없다.[56]

대법원은 이러한 업무관련성 요건이 충족되었는지 여부를 판단함에 있어서 "법인의 적법한 업무의 범위, 피용자 등의 직책이나 직위, 피용자 등의 범법행위와 법인의 적법한 업무 사이의 관련성, 피용자 등이 행한 범법행위의 동기와 사후처리, 피용자 등의 범법행위에 대한 법인의 인식 여부 또는 관여 정도, 피용자 등이 범법행위에 사용한 자금의 출처와 그로 인한 손익의 귀속 여하 등 여러 사정을 심리하여 결정하여야 한다."라고 판시하였다.[57]

구체적으로 대리인의 이러한 직무관련성과 관련하여 서울중앙지방법원은 대주주 측 이사가 대주주의 이익을 위하여 한 행위에 대해 법인의 업무관련성을 다음과 같이 인정하였다:

> 회사의 대주주 측 이사가 이사로서의 업무를 수행하는 과정에서 법 위반행위를 한 경우 그것이 자신을 이사로 선임해 준 대주주의 이익을 위한 것이라 하더라도 이를 가지고 곧바로 그 대주주의 업무에 관한 것으로 볼 수는 없다고 할 것이나, 그 대주주가 회사에 대한 자신의 영향력을 이용하여 이사에게 업무집행을 지시하는 이른바 업무집행지시자에 해당하고 그 대주주에게 회사의 이익과 구별되는 독자적인 이익이 존재하는 등과 같은 특별한 사정이 있는 경우에는 이를 객관적으로 그 대주주의 업무에 관한 것으로 볼 수 있다.[58]

### (3) 내부자거래 관련 양벌규정 인정 사례

내부자거래와 관련하여 양벌규정이 인정된 사례들은 다음에서 보는 것처럼, (i) 회사의 대표이사, 임직원 또는 기타 종업원이, (ii) 회사에서 발생한 미공개중요정보 또는 전달받은 미공개중요정보를 이용하여, (iii) 법인의 업무, 즉 회사의 자금으로 또는 개인의 경우에는 개인의 자금으로 거래를 한 경우로 요약할 수 있다.

---

56) 西村, 590면.
57) 대법원 1997. 2. 14. 선고 96도2699 판결.
58) 서울중앙지방법원 2008. 2. 1. 선고 2007고합71 판결(금융감독원, 판례분석, 333~334면 참조).

a) 서울고등법원 2008. 6. 24. 선고 2007노653 판결

서울고등법원은 〈LG카드 사건〉에서 L그룹의 주요주주의 대리인으로 일을 한 피고인 甲에 대해, "피고인 甲이 여러 명의 주식을 관리하던 중 주요주주인 乙의 사용인 내지 대리인으로 일하면서 L카드의 중요한 정보를 취득한 다음, 피고인 丙의 대리인으로서 피고인 丙이 보유하고 있는 L카드의 주식을 매도하면서 위 정보를 이용하였다면, 피고인 甲은 증권거래법 제188조의2 제1항 제5호, 제207조 제1항 제호, 제2항의 규정으로, 피고인 丙은 같은 법 제215조의 양벌규정에 의하여 처벌될 수 있다."라고 판시하였다.

이 사건은 법인의 업무와 관련하여 법인의 책임을 물은 경우가 아니라 개인의 사용인 또는 대리인의 행위에 대해 피사용인 내지 피대리인의 책임을 인정한 사례이다. 그러나 이 사건에서 내부자거래 혐의에 대해서는 무죄가 선고되었다.

b) 서울중앙지방법원 2006. 8. 18. 선고 2006노1559 판결

이 사건은 회사의 임직원이 회사의 업무를 수행하는 과정에서 알게 된 미공개 중요정보를 이용하여 회사가 보유한 주식을 매각한 사례로 양벌규정이 인정될 수 있는 전형적인 사례라 할 수 있다:

B은행은 2000년 10월 경 A사에 5억 원을 투자하면서 주식 33,333주를 보유하게 되었는데, 자금난을 겪던 A사가 2001년 9월경 타 회사와의 합병을 결정하자, A사에 투자하고 있던 B은행은 동 합병에 동의하면서, A사의 대표이사 乙과 사이에 위 회사가 합병 후 3개월 이내에 B은행이 정하는 수익률을 유지하지 못할 경우 그 차액을 대주주인 乙이 보상하기로 약정하였고, 2001년 12월경까지 A사의 주가가 거의 오르지 않자 B은행은 乙에게 차액보상을 요구하였으나 乙은 기한 연장을 요청하며 이행하지 않았다.

B은행 丙과장은 2003. 4. 8. 차액보상 문제를 논의하고자 A사의 丁차장에게 전화를 걸었으나, 丁차장은 회사가 중요한 상태에 직면하였으니 자세한 내용은 대표이사와 의논하라는 등 평소와 다른 태도를 보였고, 이를 이상하게 생각한 丙은 이를 B은행 투자금융부 부부장 피고인 甲에게 보고하고 A사에서 기획팀장으로 근무

하다 퇴사한 戊에게 전화를 하여 위 회사의 사정을 알아봐 달라고 부탁을 하였고, 이에 대해 戊는 丙에게 '위 회사가 결제시간이 지나 결제를 하는 등 자금사정이 좋지 않다'는 취지로 답변을 하였고, 이러한 보고를 들은 피고인 甲은 2003. 4. 9. 다시 A사 대표이사 乙에게 전화를 걸어 乙로부터 '자금난을 겪고 있다'는 말을 들었다. 피고인 甲은 위와 같은 정보를 바탕으로 2003. 4. 10. B사 소유 A사의 주식을 모두 매각하였고, 같은 날 乙도 소유 주식 전부를 매각하였으며, A사는 2003. 4. 15. 최종 부도처리가 되었다. 법원은 이 사건에서 B은행에 양벌규정을 적용하였다.[59]

c) 서울고등법원 2008. 11. 13. 선고 2007노1034 판결

서울고등법원은 회사의 대표이사가 계약관련 미공개정보를 이용하여 자신과 회사의 자금을 거래한 사건에서 양벌규정을 적용하였다:

A사 대표이사인 피고인 甲은 2003. 12. 초순경 B연구원에서 '나노광전소자' 기술을 개발한 사실을 알고, 같은 달 15.경 B연구원에 기술이전대가로 50억 원을 제시하여, 같은 달 16.경부터 계약실무협의를 진행하여 계약조건을 협의하고, 같은 달 17.경부터 같은 달 22.까지 계약서 초안 및 수정안을 작성하는 등 B연구원과 사이에 기술이전계약을 체결할 것이 확실시됨에 따라, 일반인에게 공개되지 아니한 중요한 정보인 위 기술이전계약 체결 정보를 이용하여 A사의 주식을 매매하기로 마음먹고, 2003. 12. 22.경 A사 사무실에서 그 무렵 피고인 甲이 개설한 乙 명의의 차명계좌를 이용하여 피고인 甲 및 A사 자금으로 364,000주를 매수하여 위 기술이전계약 체결 사실이 공시된 이후인 2004. 2. 2.경부터 같은 달 23.경까지 위 주식을 집중 매도함으로써 319,461,567원(= 총 매도금액 771,006,015원 - 총 매수대금 444,370,000원 - 수수료 및 거래세 합계 7,174,508원) 상당의 이득을 취하였다.[60]

59) 금융감독원, 판례분석, 336~337면.
60) 금융감독원, 판례분석, 338면.

# V. 과징금의 부과절차

## 1. 과징금 사건에 대한 조사

어떤 사안이 시징질서 교란행위에 해당되어 과징금 부과대상인지, 기존의 불공정거래 행위인지에 대한 판단은 예외적인 경우를 제외하면 불공정거래에 대한 조사의 초기단계에서 판단하기는 어렵다고 할 수 있다.

시장질서 교란행위 제도가 도입되었지만 거래소의 시장감시기능은 크게 달라질 것으로 보이지 않는다. 다만, 법령에 의한 규제대상 영역이 확대되었기 때문에 새로운 규제영역에 대해서도 감시가 확대될 것으로 보이며, 따라서 시장감시의 기법 역시 기존과는 변화가 있을 것으로 예상된다. 시장질서 교란행위를 감시하고 적출하기 위해 새로운 기법들이 도입될 것으로 보이지만, 적출 이후의 분석 프로세스는 기존의 내부자거래 조사절차와 크게 다르지 않은 프로세스를 거쳐 진행될 것으로 보인다.

거래소로부터 금융위에 이첩된 사안은 기존의 불공정거래 사안의 경우와 마찬가지 방법으로 조사가 이루어질 것이고, 조사과정에서 시장질서 교란행위에 해당하는 것으로 판단이 되면 과징금 부과 절차가 진행될 것이다. 금융위가 특정 사안이 시장질서 교란행위에 해당되는 것으로 판단하는 경우라도 기존의 불공정거래 사안의 경우와 같이 모든 심층적인 조사가 이루어 질 것이다. 즉 혐의자에 대한 진술·진술서의 제출 요구, 관계자등에 대한 자료의 제출요구, 금융투자업자로부터의 자료 요구 등을 통해 혐의자의 시장질서 교란행위 여부를 판단한다. 이러한 조사결과 혐의자가 시장질서 교란행위에 해당한다고 판단하는 경우, 과징금 부과기준에 따라 과징금액을 산출하여 자조심의 심의를 거쳐 최종적으로 증선위의 결정으로 과징금 부과를 명하게 된다. 이하에서는 과징금 부과절차를 세부적으로 살펴본다.

## 2. 과징금 부과요건

자본시장법은 2014년 개정법을 통해 불공정거래 행위에 대해서 처음으로 과징금제도를 도입하였지만, 금융투자업자 및 공시위반에 대해서는 이미 오래 전부터 과징금제도를 운영하고 있었다. 그러나 시장질서 교란행위의 과징금 제도와 기존의 과징금제도와는 중요한 차이가 있는데, 금융투자업자 및 공시위반에 대한 과징금 부과의 경우에는 과징금 부과대상자에게 각 규정의 위반행위에 대하여 고의 또는 중대한 과실이 있을 것을 요구한다(법 430조 1항). 이는 단순한 착오 등 경과실에 의한 위반 등의 경우에는 과징금을 부과하지 못한다는 것을 의미한다.

이러한 주관적 요건, 즉 고의 또는 중과실과 관련하여 고의란 '의무위반사실 또는 그 가능성을 인식하고 이를 감수한 경우'를 의미하고, 중과실이란 '의무위반사실을 인식할 수 있었음에도 불구하고 현저한 부주의로 인식하지 못한 경우'를 의미한다고 할 수 있다.[61]

법원은 〈페이지원 사건〉에서 이러한 중과실 여부의 판단과 관련하여 유가증권 모집시 신고서 미제출을 이유로 과징금을 부과 받고 항소심에서 신고서 미제출에 대해서 고의 · 과실이 없다는 주장에 대해 다음과 같이 판시하며 원고의 주장을 받아들이지 않았다:[62]

> 이 사건 모집의 청약자인 의사들이 발행공시규정상 청약권유대상자 산정 시 제외되는 자에 해당하지 아니함이 명백함에도 불구하고, 페이지원이 이 사건 유가증권 발행 당시 유가증권의 신고서를 만연히 제출하지 않은 이상, 페이지원에게 위 위반행위에 대하여 고의 또는 중과실이 있다

그러나 시장질서 교란행위의 경우에는 고의 또는 중대한 과실을 요구하지 않

61) 금융감독원, 「증권거래법상의 과징금제도」(2003. 11), 11~12면.
62) 서울고등법원 2003. 7. 11. 선고 2003누140 판결.

는다(법 430조 1항). 이러한 점에서 시장질서 교란행위의 특징을 발견할 수 있다. 즉 고의가 없더라도 법령에서 규정한 행우에 해당한다면 시장질서 교란행위에 해당하게 된다. 그러나 이 점은 내부자거래 즉 '정보이용형 교란행위'와 관련해서는 특별한 의미는 없다. 내부자거래에서 살펴보았듯이 내부자거래에 준하는 정보이용형 교란행위의 경우는 그 자체 구성요건에 이미 '고의'를 요건으로 하고 있기 때문이다.

## 3. 과징금 부과절차

### (1) 사전통보

금융위는 시장질서 교란행위자에 대해 과징금 부과조치를 하고자 하는 경우 조치예정일 10일전까지 당사자등(조치의 상대가 되는 당사자 또는 그 대리인을 말하며, 금융투자업자 등의 임직원에 대한 조치의 경우에는 그 임직원 또는 그 대리인을 포함한다)에게 다음 각 호의 사항을 통지하여야 한다(규정 36조 1항).

1. 조치의 제목
2. 당사자의 성명 또는 명칭과 주소
3. 조치하고자 하는 원인이 되는 사실과 조치의 내용 및 법적 근거
4. 제3호에 대하여 의견을 제출할 수 있다는 뜻과 의견을 제출하지 아니하는 경우의 처리방법
5. 의견제출기관의 명칭과 주소
6. 의견제출기한
7. 기타 필요한 사항

### (2) 과징금 부과대상자

과징금이 부과되는 대상자는 시장질서 교란행위를 행한 자이다. 따라서 개인인 경우는 그 행위자인 개인이 과징금의 부과대상이 된다. 그렇다면 금융투자업자의 고유재산, 신탁재산, 일임 및 집합투자재산 등 운용과 관련해서 시장질서 교란행

위가 있으면 누구에게 과징금이 부과되는가?

시장질서 교란행위 금지 위반으로 인한 과징금은 행위책임의 원칙에 따라 교란행위를 한 '행위자'에게 부과된다는 것이 금융위의 해석이다. 따라서 행위자와 수익자가 다른 경우 그 위반행위에 관여하지 않은 수익자에게는 과징금이 부과되지 않는다. 따라서 금융투자업자의 고유재산, 신탁재산, 일임 및 집합투자재산 등을 운용할 때, 실제 각 재산을 운용하는 과정에서 시장의 질서를 교란한 임직원은 단지 행정제재만을 받을 가능성이 존재한다. 다만 행정제재만이 가능하다. 금융투자업자의 대표자가 임직원에게 시장질서 교란행위를 하도록 직접 지시한 경우 등과 같이 행위자를 법인으로 볼 수 있는 구체적 사정이 있는 경우에는 법인에게 과징금이 부과될 수 있을 것이다.[63)]

### (3) 의견제출

자본시장법은 금융위에 의해 운영되는 과징금제도를 적법절차 원칙에 부합하도록 하기 위하여 다양한 절차적 규정을 마련하였다. 금융위는 과징금을 부과하기 전에 미리 당사자에게 의견제출 기회를 주어야 하며, 이에 따라 당사자는 금융위 회의에 출석하여 의견을 진술하거나 필요한 자료를 제출할 수 있다(법 431조 1항, 2항). 따라서 이는 당사자의 권리라 할 수 있다. 그러나 앞서 언급한 것처럼 이러한 기회의 부여가 단지 요식적인 절차에 끝나서는 안 되며, 실제 금융위 · 금감원이 제시한 당사자의 위법행위 주장에 대해 당사자가 토론하고 변론할 수 있는 충분한 시간과 기회가 주어져야 할 것이다.

금융위는 과징금 부과조치를 하고자 하는 경우 조치예정일 10일전까지 당사자등에게 조치예정내용과 함께 의견제출의 기회를 통보해야 한다. 시장질서 교란행위 사안의 경우 "조치예정일"이란 언제를 말하는가? 자본시장조사 업무규정 제37조 제1항은 다음과 같이 규정하고 있다:

---

63) 금융위, 부록, 20면.

금융위는 과징금을 부과하기 전에 미리 당사자(부과대상자) 또는 부과대상자가 기업인 경우 그 대표이사, 주주 등 이해관계인 등에게 자본시장조사심의협의회 등 과징금을 심사하는 절차에 참여하여 의견을 제출하거나 서면·구술 또는 정보통신망을 이용하여 의견제출을 할 수 있도록 하여야 한다.

따라서 조치예정일은 자조심 개최일로 보면 될 것이다. 당사자 등이 정당한 이유없이 금융위가 사전에 고지한 의결제출기한 내에 의견제출을 하지 아니한 경우에는 의견이 없는 것으로 본다(동조 2항). 다만, 금융위는 (i) 검찰에 고발 또는 수사기관에 통보하는 경우, (ii) 공공의 안전 또는 복리를 위하여 긴급히 조치할 필요가 있는 경우, (iii) 당해 조치의 성질상 의견청취가 현저히 곤란하거나 명백히 불필요하다고 인정될 만한 상당한 이유가 있는 경우, (iv) 당사자 등이 의견제출의 기회를 포기한다는 뜻을 명백히 표시한 경우에는 의견청취를 아니할 수 있다.

과징금 부과의 당사자 또는 이해관계인 등은 의견 진술 등을 하는 경우 변호인의 도움을 받거나 그를 대리인의 지정할 수 있다(동조 3항). 이 부분은 2013년 개정법에서 새로이 도입된 조항인데, 과징금의 부과한도가 증액되면서 당사자 또는 이해관계인이 청문에서 변호사 등 전문가의 도움을 받을 수 있도록 한 것이다. 기존에도 변호인의 도움이 금지된 것은 아니었지만 변호인의 도움을 명시적으로 당사자의 권리로 부여한 점에서 의의가 있다.

### (4) 부과기준과 고려사항

금융위가 과징금을 부과하는 경우 과징금 부과대상자에게 각 해당 규정의 위반행위에 대한 고의 또는 중대한 과실이 있는 경우로 제한된다. 그러나 5% 보고의무 위반의 경우에는 그러하지 아니한다(법 430조 1항). 이는 5% 위반 자체로 비난 가능성이 존재하기 때문이다. 또한 시장질서 교란행위의 경우도 고의 또는 중대한 과실을 요구하지 않는다.

금융위는 과징금을 부과할 때 대통령령이 정하는 기준에 따라 하되, (i) 위반행위의 내용 및 정도, (ii) 위반행위의 기간 및 회수, (iii) 위반행위로 인하여 취득한 이익의 규모, (iv) 업무정지기간(제428조 제2항에 따라 과징금을 부과하는 경우에만 해당한다) 등을 고려하여야 한다(동조 2항). 대통령령이 정하는 과징금 부과기준은 다음과 같다(영 379조 1항):

1. 거짓의 기재 또는 표시 등 공시에 관련된 사항을 위반한 경우에는 그 위반의 내용을 계량적 위반사항과 비계량적 위반사항으로 구분하며, 그 위반의 정도는 당기순이익 또는 자기자본 등에 미치는 영향과 제2호 각 목의 어느 하나에 해당하는지를 종합적으로 고려할 것

1의2. 시장질서 교란행위의 금지 의무를 위반한 경우에는 그 위반의 내용을 법 제178조의2 제1항의 행위와 같은 조 제2항의 행위로 구분하며, 그 위반의 정도는 다음 각 목의 사항을 종합적으로 고려할 것

가. 위반행위와 관련된 거래로 얻은 이익(미실현 이익을 포함한다) 또는 이로 인하여 회피한 손실액

나. 미공개중요정보, 미공개정보(법 제174조 제2항 각 호 외의 부분 본문 또는 같은 조 제3항 각 호 외의 부분 본문에 따른 미공개정보를 말한다) 또는 법 제178조의2 제1항 제2호에 해당하는 정보를 생산하거나 알게 된 경우(법 제178조의2 제1항의 행위만 해당한다)

다. 위반행위가 시세 또는 가격에 미치는 영향

라. 위반행위가 제2호 가목에 해당하는지 여부

2. 위반행위가 다음 각 목의 어느 하나에 해당하는 경우에는 법정최고액의 100분의 50 이상을 과징금으로 부과할 것. 다만, 제3호 각 목의 어느 하나에 해당하는 경우에는 과징금을 감경할 수 있다.

가. 위반행위가 1년 이상 지속되거나 3회 이상 반복적으로 이루어진 경우

나. 위반행위로 인하여 취득한 이익의 규모가 1억 원 이상인 경우

다. 위반행위가 내부자거래 및 시세조종 등 법 제4편에 따른 불공정거래행위와 관련이 있는 경우

3. 위반행위가 다음 각 목의 어느 하나에 해당하는 경우에는 과징금을 감면할 것

가. 위반행위의 내용이 중요하지 아니하다고 인정되는 경우

나. 위반자가 제출한 다른 공시서류가 있는 경우로서 그 다른 공시서류에 의하여 투자자가 진실한 내용을 알 수 있는 경우

다. 위반행위에 대하여 지체 없이 시정한 경우

라. 위반행위로 인한 투자자의 피해를 배상한 경우

#### (5) 과징금 납부의 통지

금융위는 과징금을 부과하는 경우 세부절차는 금융위의 『금융기관 검사 및 제재에 관한 규정』과 『자본시장조사 업무규정』이 정하는 부과방법 및 절차를 따라야 하고, 위반행위의 종류, 부과금액 등 납부에 필요한 사항을 명시한 서면으로 통지하여야 하고, 부과대상자는 통지받은 날부터 60일 이내에 금융위가 지정한 수납기관에 납부하여야 한다(법 380조). 만약 이러한 납부기한을 위반하는 때에는 체납처분 등의 불이익을 받게 된다.

### 4. 과징금 납부기한 연장 및 분할납부

#### (1) 취 지

과징금 납부기한을 연장하거나 분할납부를 허용할 수 있는데, 이는 납부의무자가 경제적 손실, 자금사정 악화 등 부득이한 사정으로 납부기한 내에 과징금 납부가 어려운 경우에 그 기한을 연장하거나 분할하여 납부할 수 있도록 함으로써 피규제자에게 편익을 제공하고 실효성 있는 징수 수단이 되게 하려는 것이다.

#### (2) 기한연장 및 분할납부의 요건 및 신청

과징금 부과처분을 받은 납부의무자가 다음 각 호의 어느 하나에 해당하는 사유로 과징금의 전액을 일시에 납부하기가 어렵다고 인정되는 경우에는 그 납부기한을 연장하거나 분할납부가 허용된다. 이 경우 필요하다고 인정되는 때에는 담보를 제공하게 할 수 있다(법 433조 1항).

1. 재해 또는 도난 등으로 재산에 현저한 손실을 입은 경우
2. 사업여건의 악화로 사업이 중대한 위기에 처한 경우
3. 과징금의 일시납부에 따라 자금사정에 현저한 어려움이 예상되는 경우
4. 그 밖에 제1호부터 제3호까지의 사유에 준하는 사유가 있는 경우

과징금납부의무자가 과징금 납부 기한의 연장을 받거나 분할납부를 하고자 하는 경우에는 그 납부기한의 10일전까지 금융위원회에 신청하여야 한다(동조 2항).

### (3) 사정변경에 의한 기한연장 및 분할납부의 취소

납부기한이 연장되거나 분할납부가 허용된 납부의무자가 납부불이행 등 사정변경이 발생한 경우 금융위는 그 납부기한의 연장 또는 분할납부결정을 취소하고 과징금을 일시에 징수할 수 있다. 이렇게 취소가 가능한 사정변경으로는 (i) 분할납부 결정된 과징금을 그 납부기한 내에 납부하지 아니한 경우, (ii) 담보의 변경, 그 밖에 담보보전에 필요한 금융위의 명령을 이행하지 아니한 경우, (iii) 강제집행, 경매의 개시, 파산선고, 법인의 해산, 국세 또는 지방세의 체납처분을 받는 등 과징금의 전부 또는 나머지를 징수할 수 없다고 인정되는 경우, (iv) 기타 (i)~(iii)에 준하는 사유가 있는 경우를 명시하고 있다(동조 3항).

### (4) 기타 사항

납부기한의 연장은 그 납부기한의 다음 날부터 1년을 초과할 수 없고, 분할납부를 하게 하는 경우에는 각 분할된 납부기한 간의 간격은 6개월 이내로 하며, 분할횟수는 3회 이내로 제한된다(영 381조).

## 5. 가산금 징수 및 체납처분

금융위로부터 과징금 부과처분을 받은 자가 납부를 불이행하는 경우에 가산금, 국세체납처분 등의 불이익을 가함으로써 이행을 강제할 수 있는 근거를 마련하

고 있다.

### (1) 가산금 징수 및 체납처분 절차

금융위는 과징금 납부의무자가 납부기한 내에 과징금을 납부하지 아니한 경우에는 납부기한의 다음 날부터 납부한 날의 전일까지의 기간에 대하여 체납된 과징금액에 연 100분의 6을 적용하여 계산한 금액을 가산금으로 징수할 수 있다. 이 경우 가산금을 징수하는 기간은 50개월을 초과하지 못하다(법 434조 1항, 영 382조).

또한, 납부기한 내에 과징금을 납부하지 아니한 납부의무자에게 기간을 정하여 독촉을 할 수 있고, 만약에 그 지정한 기간 이내에 과징금과 가산금을 납부하지 아니한 경우에는 국세체납처분의 예에 따라 징수할 수 있다. 이러한 과징금 및 가산금의 징수 또는 체납처분에 관한 업무를 금융위는 국세청장에게 위탁할 수 있다(법 동조 2항, 3항).

금융위가 체납처분에 관한 업무를 국세청장에게 위탁하는 경우에는 금융위의 의결서, 세입징수결의서, 고지서 및 납부독촉장을 첨부한 서면으로 하여야 하고, 체납처분 업무를 위탁받은 국세청장은 체납처분에 관한 업무가 끝난 경우에는 그 업무종료의 일시, 그 밖에 필요한 사항을, 금융위로부터 진행상황에 대한 통보요청이 있는 경우에는 그 진행상황을 각각 30일 이내에 금융위에 서면으로 통보하여야 한다(영 383조).

### (2) 과징금의 과오납부시 환급절차

과징금의 과오납부시 환급절차는 과징금의 과오납부시 환급금 · 환급가산금(환급금에 대한 이자)의 지급, 과징금의 결손처분 등에 대한 근거를 마련함으로써 과징금을 환급받는 자의 편익을 제공[64]하고 과징금 미수납액의 누적에 따른 행정력 낭비를 방지하고자 공정거래법을 참조하여 새롭게 신설한 것이다.

---

64) 구 증권거래법에서는 환급가산금에 대한 지급근거가 없어 환급받을 자는 금융위를 상대로 별도의 부당이득반환 청구의 소를 제기해야 하는 실정이었다.

금융위는 과징금 납부의무자가 이의신청 재결 또는 법원의 판결 등의 사유로 과징금 과오납금의 환급을 청구하는 경우에는 지체 없이 환급하여야 하며, 과징금 납부의무자의 청구가 없어도 금융위원회가 확인한 과오납금은 직권으로 환급하여야 한다. 다만, 과오납금을 환급하는 과정에서 환급받을 자가 금융위에 납부하여야 할 과징금이 있음을 발견한 경우에는 그 환급금을 과징금에 충당할 수 있다(법 434조의2).

한편, 금융위는 과징금을 환급하는 경우에는 과징금을 납부한 날부터 환급한 날까지의 기간에 대하여 금융기관의 정기예금 이자율을 고려하여 금융위가 정하는 이율을 가산금 이율로 적용하여 환급가산금을 환급받을 자에게 지급하여야 한다(법 434조의3).

### (3) 과징금의 결손처분

금융위는 과징금 납부의무자에게 일정한 사유가 있으면 결손처분을 할 수 있는데, 그 사유는 다음과 같다(법 434조의4):

1. 체납처분이 끝나고 체납액에 충당된 배분금액이 체납액에 미치지 못하는 경우
2. 징수금 등의 징수권에 대한 소멸시효가 완성된 경우
3. 체납자의 행방이 분명하지 아니하거나 재산이 없다는 것이 판명된 경우
4. 체납처분의 목적물인 총재산의 추산가액이 체납처분 비용에 충당하면 남을 여지가 없음이 확인된 경우
5. 체납처분의 목적물인 총재산이 징수금 등보다 우선하는 국세, 지방세, 전세권 · 질권 및 저당권으로 담보된 채권 등의 변제에 충당하면 남을 여지가 없음이 확인된 경우
6. 기타 징수할 가망이 없는 경우로서 대통령령으로 정하는 사유에 해당하는 경우[65]

---

65) "대통령령으로 정하는 사유"란, (i) 『채무자 회생 및 파산에 관한 법률』 제251조에 따라 면책되는 경우,

## 6. 이의 신청

행정절차상 행정청의 처분이 위법하거나 부당하다고 인정되는 경우에 부과대상자가 처분을 한 행정청을 상대로 이의신청을 할 수 있도록 하는 불복절차제도가 있다. 이의신청은 임의적인 권리구제 수단이므로 이것을 거칠 것인가에 대하여 선택권을 가지므로 이의신청을 포기하고 보다 강한 불복절차인 행정쟁송을 제기할 수 있다. 이의신청은 이렇게 권리구제 수단인 동시에 처분을 한 행정청이 자신이 내린 제재조치가 적법 · 타당했는지에 대한 자기반성과 통제의 기회를 제공한다[66]는 점에서 행정청의 입장에서도 순기능을 가진 제도라고 할 수 있다.

자본시장법상 금융위에 의한 과징금 부과조치에 대한 이의신청의 구체적인 내용을 살펴보면, 과징금 부과처분에 대하여 불복하는 부과대상자는 그 처분의 고지를 받은 날부터 30일 이내에 위법 · 부당하다고 인정되는 불복사유를 적시하여 이의신청을 할 수 있다. 시장질서 교란행위의 위반으로 과징금 부과조치에 대한 이의신청의 경우도 동일하다(법 432조 1항). 금융위는 이의신청을 받은 경우 60일 이내에 결정을 해야 하되, 부득이한 사정으로 그 기간 이내에 결정을 할 수 없을 경우에는 연장사유, 처리예정기한 등을 문서로 신청자에게 통지함으로써 30일의 범위에서 그 기간을 연장할 수 있다(동조 2항).[67]

한 가지 유의할 점은 공시위반의 경우 이의신청에 대한 결정기간이 구 증권거래법에서는 30일이었지만 형평성 문제와 충분한 숙려기간을 부여하고자 60일로 연장하였다. 그리고 자본시장법상에는 규정이 없지만 이의신청 결정에 대해 불복이 있으면 행정심판의 청구가 가능하고,[68] 일반 행정재판절차에 따라 행정심판에 불복하는 경우에는 다시 행정소송을 제기할 수 있다. 물론 행정심판의 청구는 임의적인

또는 (ii) 금융위원회가 정하는 불가피한 사유로 환수가 불가능하다고 인정되는 경우 중 어느 하나에 해당하는 경우를 말한다(영 383조의3).

66) 임재연 · 김성수 · 류용호 · 정순섭, 「제재절차의 법적 정합성 및 권리구제 개선방안」(증권법학회, 2006. 4), 50-51면.

67) 자본시장법 제432조, 자본시장조사 업무규정 제39조.

68) 행정심판법 제3조.

선택사항이므로 금융위의 과징금 부과처분에 불복하는 경우 행정심판을 거치지 않고 직접 행정소송을 제기할 수 있다.[69]

## 7. 직권재심

금융위는 시장질서 교란행위 위반자에 대해 과징금 부과조치를 내린 이후에 다음 각 호의 어느 하나에 해당하는 경우에는 직권으로 재심하여 조치를 취소하거나 변경할 수 있다(규정 40조):

1. 법원의 확정판결 또는 검찰의 무혐의결정 취지를 감안하여 조치 원인이 된 사실관계와 법률적 판단을 검토할 때 조치가 위법 또는 부당하다고 판단되는 경우
2. 증거서류의 오류 · 누락 또는 조치의 원인이 된 사실관계에 반하는 새로운 증거의 발견 등으로 조치가 위법 또는 부당하다고 판단되는 경우
3. 법원의 무죄 확정판결 또는 검찰의 무혐의결정이 있었으나, 조치 원인이 된 사실관계가 법 제178조의2에 해당하는 것으로 판단되는 경우
4. 법 제429조의2에 따라 과징금을 부과한 후, 같은 사건에 대해 법원의 유죄 확정판결(법 제173조의2 제2항, 제174조, 제176조 또는 제178조 위반에 한한다)이 있는 경우

따라서 금융위가 시장질서 교란행위의 대상으로 보아 과징금을 부과한 사건이 이후 검찰의 기소가 있는 경우 직권으로 과징금 부과를 취소하고, 반대로 검찰의 불기소 또는 법원의 무혐의 판결이 있는 경우에는 직권재심을 통해 과징금 부과 여부를 검토하는 방식으로 규율하게 될 것이다.[70]

---

69) 행정소송법 제18조.
70) 금융감독원, 시장질서 교란행위 FAQ (2015); 박임출, "시장질서 교란행위 규제의 의의와 한계," BFL 제75호 (2016. 1).

제12장

# 내부자거래의 민사책임



## I. 서 론

자본시장법은 제175조 제1항에서 내부자거래 규제를 위반한 자는 "해당 특정증권의 매매, 그 밖의 거래를 한 자가 그 매매, 그 밖의 거래와 관련하여 입은 손해를 배상할 책임을 진다."라고 규정하면서 내부자의 손해배상책임을 명시하고 있다.

이러한 내부자거래 행위자에 대한 민사책임은 일반불법행위로 인한 손해배상청구권의 특칙이라 할 수 있다. 즉 내부자가 미공개중요정보를 이용하여 이익을 얻거나 또는 손실을 회피한 거래를 하였다 하더라도 같은 시기에 동종의 증권을 거래한 불특정다수의 투자자에 대해 민법에 따른 손해배상책임을 진다고 보는 것은 어렵기 때문에, 내부자거래 억제라는 정책적 판단을 기초로 내부자거래 행위자에게 법으로 인정하는 특별한 배상책임을 부여한 것이다.[1] 이처럼 내부자거래 행위자에 대한 민사책임을 법으로 규정하였지만, 내부자거래의 특성상 그 거래구조가 일반적

---

1) 곽민섭, "증권거래법상의 내부자거래에 대한 민사책임", 『증권법연구』 제1권 제1호 (2000), 147면; 이철송, "증권거래관련 손해배상청구제도의 구조", 『인권과 정의』 제277호 (1999. 9), 16면.

인 손해배상책임의 요건을 적용하여 손해배상청구권자를 특정하는 것은 매우 어려운 문제를 야기한다. 또한 투자자들은 자신이 내부자거래 행위자의 거래상대방이 되어 거래를 하였는지 여부를 알 길이 없기 때문에, 현실적으로 내부자거래와 관련한 민사소송이 제기되는 경우는 매우 드물다고 할 수 있다.

미국의 경우는 내부자거래에 대한 민사소송이 판례를 통해 인정되어 오다가 1988년의 『내부자거래 · 증권사기집행법』(Insider Trading and Securities Fraud Enforcement Act of 1988)(ITSFEA)을 통해 명문으로 도입되었다.[2]

이에 비해 일본은 금상법에 내부자거래로 인한 민사책임 규정을 두고 있지 않다. 따라서 일본의 경우 민법에 의해서만 내부자거래로 인한 민사소송이 가능하다. 반면, 일본은 2004년에 불공정거래에 대한 과징금 부과제도를 도입하면서 내부자거래에 대해서도 과징금을 부과할 수 있도록 하여 실질적으로 내부자가 얻은 또는 회피한 부당이득의 약 1배를 과징금으로 부과함으로써 금전벌을 통한 제재를 도입하였고, 2008년 개정을 통해 과징금액을 상향 조정하였다. 다만, 일본의 경우 내부자거래로 인한 부당이득이 일정 규모 이하인 경우에만 과징금을 부과한다.

2014년 12월 자본시장법 개정으로 시장질서 교란행위의 금지 제도가 도입되었지만, 법은 이를 위반한 자에 대한 손해배상책임 조항은 두고 있지 않다.

# II. 손해배상청구권자

## 1. 거래의 성립

내부자거래를 근거로 손해배상을 청구하기 위해서는 매매 또는 그 밖의 거래

---

2) 미국 34년법 제20조A.

가 이루어져야 한다. 1991년 증권거래법이 개정되기 이전에는 매매거래를 위탁한 자도 청구권자에 포함되어 있었으나 위탁만 한 자는 삭제하였다. 여기서 "매매"란 특정증권을 매도 또는 매수하는 것을 말하고, "그 밖의 거래"라 함은 담보거래, 주식교환, 채무변제 등 다양한 형태의 거래가 포함될 수 있을 것이다. 자본시장법은 구 증권거래법을 그대로 계수하였고, 어떠한 형태의 거래이든 실제로 특정증권을 매매 또는 거래한 자만이 청구권자가 될 수 있다.

미국의 경우 Blue Chip Stamps v. Manor Drug Stores 사건[3]에서 실제로 증권을 거래한 자만이 SEC Rule 10b-5의 소송을 제기할 수 있다고 판시하였다. 이 사건에서 원고는 피고가 투자설명서에 미래의 이익에 관하여 중대한 오해를 불러일으켜서 그 주식을 매수하지 않았는데, 결과적으로 그것이 자신에게 손해를 끼쳤다는 주장에 대해서 Rule 10b-5 소송에서 '증권의 매수 또는 매도와 관련하여' 규정은 실제로 증권을 거래한 자로 제한된다고 해석하였다. 법원은 이러한 입장을 개진하는 이유로 실제로 거래를 하지 않는 자들까지 원고의 범위에 포함한다면 남소를 초래할 우려가 있기 때문이라고 밝혔다.[4]

## 2. 청구권자의 범위

손해배상청구권자는 "해당 특정증권의 매매, 그 밖의 거래를 한 자"로서 "그 매매, 그 밖의 거래와 관련하여" 손해를 입은 자이다(법 175조 1항).

일반적으로 내부자거래는 중요정보가 공시되기 이전에 거래가 이루어지며, 또한 이러한 내부자거래는 수많은 거래에 묻혀서 거래가 되기 때문에 내부자거래의 상대거래자는 내부자거래의 존재를 전혀 인식하지 못한 채 거래하게 된다. 더더욱

---

3) 421 U.S. 723 (1975).

4) 이전의 Birnbaum v. Newport Steel Corp. 193 F.2d 461 (2d Cir. 1952) 사건에서도 Rule 10b-5 소송에서 '증권의 매수 또는 매도와 관련하여'를 해석함에 있어 실제로 증권을 거래한 자로 제한된다고 판시하였는데, Blue Chip Stamps 사건에서 이를 다시 한 번 확인해 준 것으로 볼 수 있다. 그래서 이러한 원칙을 'Birnbaum Doctrine' 또는 'Blue Chip Stamps Rule'이라고 한다.

불특정다수인 간의 대량거래가 이루어지는 공개시장에서 누가 자신의 거래상대방이 되는지는 아무런 문제가 되지 않기 때문에, 실제로 거래상대방이 내부자의 거래로 인하여 피해를 입었는지도 애매한 부분이 있다. 다만, 법은 내부자거래에 대한 엄격한 규제를 증권시장의 존립요건으로 보아 형사처벌과 함께 민사책임도 부과한 것인데, 실제로 내부자거래에 대한 손해배상책임과 관련한 여러 가지 사항들이 일반 손해배상 소송과는 커다란 차이가 있어 법리 구성에 어려움이 존재한다.

예를 들어, 2002년 3월 4일 오전 11시에 A사가 신기술개발이라는 중요한 호재를 공시하였고, 동 정보의 공시와 함께 주가가 20% 이상 급등하였다고 가정하자. 그리고 내부자 B가 3월 3일 오후 2시에 20,000주의 주식을 매입하였다고 가정하자. 이 경우 A사가 3월 3일 오후 2시에 동 정보를 공시하였다면 3월 3일 오후 2시부터 다음날인 3월 4일 오전 11시 사이에 매도한 투자자들은 아마 매도를 하지 않았을 것이다.[5] 그런데 내부자 B가 동 정보를 이용하여 공시 전에 매수를 함으로써 미공개정보를 이용한 내부자거래를 한 것이다. 이 경우 내부자거래의 피해자는 (i) 내부자 B의 거래상대자, 즉 20,000주의 매도와 매치(match)되는 매도자에 국한되는지, (ii) 3월 3일 오후 2시경에 매도한 모든 매도자를 포함하는지, (iii) 3월 3일에 매도한 모든 매도자를 포함하는지, (iv) 3월 3일 오후 2시부터 당일 폐장 때까지 거래한 모든 매도자를 포함하는지, (v) 3월 3일 오후 2시 이후부터 3월 4일 오전 11시 이전에 매도한 거래자들까지 포함하는지 논란의 여지가 있을 수 있다.

위에서 5가지 가능성을 예시하였는데, 손해배상청구권자의 범위에 대해서 다음의 3가지 범위의 설정이 가능하다.

첫째, 내부자 B의 20,000주의 상대거래자에 국한된다는 해석이 가능하다. 그러나 이러한 해석은 전산시스템을 통해 수많은 불특정다수자들의 주문이 처리되는 공개시장에서 우연하게 내부자 B의 매수주문과 매치된 거래자에게만 손해배상청구권을 부여하게 되어 적절하지 않은 것으로 보인다.[6]

---

5) 여기서 A사는 공시규제상 적절한 시기에 공시를 하였다고 가정한다.
6) 김건식 · 정순섭, 427면.

둘째, 내부자가 거래한 시점부터 미공개정보가 공시된 시점 사이에 매도한 모든 거래자를 포함시켜야 한다는 해석이다. 이 경우 공시가 이루어지기 전까지 매도한 모든 매도자들에 대해 내부자가 책임을 져야 한다는 것은 논리적으로 취약하며, 또한 이 경우 내부자가 취득한 이득에 비해 과도한 손해배상책임을 부과하는 것이 되어 내부자의 책임이 지나치게 과도할 우려가 있다.[7]

셋째, 내부자가 매도한 3월 3일 2시경, 즉 '동시기'에 매도한 거래자 모두를 포함하는 해석이다. 세 번째 해석이 합리적인 것으로 보이며, 학자들의 견해도 대체로 이에 동의한다.[8] 그러나 '동시기'의 범위를 구체적으로 어떻게 설정하여야 할지의 어려움이 여전히 남는다.[9] 구체적인 사안에서 '동시기'의 설정, 즉 손해배상청구권자의 범위의 설정은 내부자거래가 발생한 정황, 즉 거래시간의 간격, 거래의 규모, 내부자가 취득한 이득 또는 회피한 손실의 규모, 상대거래자의 수 등 다양한 변수 등을 고려하여 사법부가 판단할 수밖에 없을 것으로 보인다.

우리나라에서 하급심 판결이지만 세 번째 해석방식을 취한 판례가 있으며, 동 판례에서 '당해 유가증권의 매매 기타 거래를 한 자란 내부자가 거래한 것과 같은 종목의 유가증권을 동시기에 내부자와 반대방향으로 매매한 자'를 의미한다고 판시하였다:[10]

---

7) 이러한 견해는 내부자의 책임이 지나치게 과도해지면서 상대편 거래자들에게 '우연한 횡재'를 결과적으로 주게 되어 적절치 않다는 것이 미국 제6항소법원의 입장이다. 또한 이러한 견해에 따르면 내부자거래 행위와 손해발생 사이의 인과관계를 인정하기가 어려울 수 있다는 법원의 판시가 있다(서울지방법원 남부지원 1994. 5. 6. 선고 82가합11689 판결).

8) 강대섭, "내부자거래와 배상책임에 관한 판계연구 – 배상청구권자와 인과관계에 관한 미국 · 일본의 판례 1",『경영법률』6집 (1996. 2), 344~346면; 곽민섭, 전게논문(각주 1), 158면; 이상복, 205면.

9) 이 경우도 2시와 '동시기'라 할 때 2시 몇 분 전부터 2시 몇 분 후까지를 말하는지 여전히 불명확하다. 이에 대해 2시부터 장 종료시까지, 즉 내부자거래 발생시점에서 당일 장 종료시까지 범위를 설정하는 것이 바람직하다는 견해가 있지만, 그렇다면 1시 59분에 거래한 사람이 청구권자의 범위에서 제외되는 것을 논리적으로 설명하기가 어렵다. 이 시기에 거래한 매도자 모두가 내부자거래가 이루어졌다는 사실을 모르고 있었으며, 단지 어떤 사람은 1시 59분에, 어떤 사람은 2시, 그리고 2시 이후에 거래하였을 뿐이기 때문이다. 또한 내부자거래가 아침 일찍 이루어졌다면 청구권자의 범위는 지나치게 넓어져 두 번째의 경우와 다르다고 할 수 없다.

10) 서울지방법원 남부지원 1994. 5. 6. 선고 82가합11689 판결.

내부자거래를 한 자가 손해배상책임을 부담하는 상대방인 당해 유가증권의 매매 기타 거래를 한 자를 내부자가 거래한 것과 같은 종목의 유가증권을 거래한 모든 사람으로 해석한다면 내부자가 거래한 수량이 당해 유가증권의 전체 시장규모에 비추어 극히 미미한 경우에까지 당해 유가증권의 거래자 모두에게 배상책임을 부담하는 것으로 되어 내부자거래를 한 자에게 지나치게 가혹할 뿐만 아니라 그러한 경우에는 내부자거래행위와 손해발생 사이에 인과관계를 인정하기도 어려울 것이므로 위 규정의 위와 같은 입법취지에도 맞지 아니하고, 반면에 당해 유가증권의 매매 기타 거래를 한 자를 유가증권의 매매거래에 있어서의 내부자의 직접 거래상대방만으로 한정한다면 위와 같이 거래상대방의 확인이 어려운 경우가 대부분인 증권시장의 특성상 위 규정이 적용될 경우는 거의 없어 그 입법취지가 몰각된다 할 것이다. 그러므로 위 규정의 입법취지에 비추어 볼 때 내부자거래를 한 자가 손해배상책임을 부담하는 상대방인 당해 유가증권의 매매 기타 거래를 한 자라 함은 내부자가 거래를 한 것과 같은 종목의 유가증권을 동시기에 내부자와는 반대방향으로 매매한 자를 의미한다고 해석함이 상당하다 할 것이다.

미국의 법원은 내부자거래의 피해자인 청구권자의 범위를 다루었던 초기에는 내부자의 책임의 범위를 제한하지 않는 경향을 보였는데,[11] 1988년 연방제2항소법원은 Elkind v. Liggett & Myers, Inc. 사건[12]에서 이전의 판례들과는 달리 내부자의 책임의 범위를 상당히 제한하였다.[13]

미국 연방의회는 계속되는 내부자거래를 엄격하게 규제하기 위하여 1984년 ITSA법과 1988년 ITSFE법을 제정하면서 내부자거래에 대한 다양한 제재수단을 도입하였는데, 그 중 민사책임과 관련하여 내부자의 손해배상과 관련한 몇 가지 문제

11) 1974년의 Shapiro v. Merrill Lynch, Pierce, Fenner & Smith, Inc., 495 F.2d 228 (2d Cir. 1974) 사건이나 Fridrich v. Bradford, 542 F.2d 307 (6th Cir. 1976) 사건에서도 청구권자의 범위를 'same period' 또는 'contemporaneously'라는 용어를 사용하였지만 손해배상액의 범위를 논하면서 그 범위를 내부자의 이익 또는 회피한 손실의 범위로 제한하지 않고 그 범위가 상당히 확대될 가능성을 열어 놓았다.

12) 635 F.2d 156 (2d Cir. 1980).

13) Steinberg, Liabilities & Remedies, 3-57~3-61 참조.

를 입법적으로 명백히 하였다.

ITSFE법은 청구권자의 범위와 관련하여 내부자가 미공개정보를 이용하여 거래를 함으로써 34년법과 SEC규칙을 위반한 경우 그 거래와 '동시기'(contemporaneously)에 내부자와 반대방향으로 매도하거나 매수한 거래자로 규정하였다. 앞서 언급한 우리 하급법원의 판결은 이를 모델로 한 것으로 보인다. 미국의 경우도 "contemporaneously"에 대한 정확한 정의를 내리고 있지는 않지만 '내부자거래가 발생한 시점부터 중요한 미공개정보가 공시된 시점'까지의 기간으로 다소 넓게 보고 있다.[14] 다만, 이렇게 볼 때 원고의 범위가 상당히 커질 우려가 있고 손해배상액이 과중할 우려가 있지만, 실질적으로 내부자가 부담하는 책임의 범위는 내부자가 얻은 이득 또는 회피한 손실로 국한되고,[15] 내부자가 34년법 제21조(d) 또는 SEC의 결정에 의해 반환(disgorge)한 금액이 있으면 그 금액을 공제한 금액으로 제한[16]되므로 현실적으로 내부자거래 행위자가 과중한 부담을 질 가능성은 상당 부분 제거되어 있다.

## 3. 손해배상책임자

내부자거래의 손해배상청구의 상대방이 되는 자는 내부자거래를 행한 자이다. 여기에는 자본시장법이 내부자로 규정하고 있는 모든 사람들(법 174조 1호에서 6호에 규정된 자)이 청구의 상대방이 될 수 있음은 명백하다. 다만, 손해배상책임자의 범위와 관련하여 몇 가지 이슈가 있을 수 있다.

첫째, 내부자가 정보수령자에게 정보를 제공하여 이용하게 하였지만 내부자

14) 이와 관련하여 미국의 대부분의 법원들은 '동시기'의 범위를 설정함에 있어서 '내부자가 거래한 주간 동안에'(within a week of the defendant's improper trading) 상대편에서 거래를 하였다면 동시기의 요건을 충족하는 것으로 보고 있다. 따라서 미국의 법원들은 동시기의 범위를 상대적으로 넓게 보고 있는 것으로 보인다. 물론 '동시기'의 범위를 상대적으로 좁게 보는 판결이 없는 것은 아니다(Hazen, 548).

15) 15 U.S.C.A. § 78t-1(b)(1).

16) 15 U.S.C.A. § 78t-1(b)(2).

는 거래를 하지 않은 경우 내부자는 손해배상책임을 지는가? 법에 "제174조를 위반한 자"로 되어 있으므로, 제1차 정보수령자가 거래를 한 경우 정보수령자와 공동으로 책임을 진다고 본다. 시장질서 교란행위에 해당하는 경우에는 미공개중요정보를 이용하게 한 자에 대해서는 동 정보를 이용한 자의 부당이득 또는 손실회피금액의 100분의 10에 해당하는 금액과 10억 원 중 적은 금액을 과징금액으로 부과한다. 그리고 미공개중요정보를 이용하게 한 자가 동 정보를 직접 이용한 경우 각 행위에 대한 과징금을 각 산정하여 합산한다.

둘째, 제1차 정보수령자가 제2차 정보수령자에게 정보를 제공하여 제2차 정보수령자가 해당 정보를 이용하는 거래한 경우 제2차 정보수령자는 제174조 위반에 해당되지 않는다. 그렇다면 손해배상책임은 어떠한가? 제1차 정보수령자가 타인에게 미공개중요정보를 이용하게 한 경우에 해당하므로 제174조를 위반한 자에 해당한다고 보아 제2차 정보수령자의 거래로 인해 발생한 손해에 대해 배상책임을 진다고 본다. 물론 제2차 정보수령자는 손해배상책임을 지지 않는다.

셋째, 내부자거래를 한 자의 감독자 및 관리자는 어떠한가? 자본시장법상 형사처벌의 경우 제448조의 양벌규정에 의해 처벌될 수 있으나 민사책임에 대해서는 명백한 규정이 없으므로 책임을 지지 않는다고 본다.[17] 내부자거래의 방조에 관한 책임 여부가 다투어질 수 있지만 이 또한 자본시장법상의 책임을 묻기는 어렵다고 본다. 미국의 경우 34년법은 명백하게 감독자 및 관리자의 책임을 인정하고 있다. 내부자거래의 효과적 규제를 위하여 검토가 필요한 부분이라고 생각한다.

## 4. 고의 또는 과실

손해배상책임의 요건으로 내부자거래 행위자의 고의 또는 과실이 요구되는가? 법은 "제174조를 위반한 자"로 규정하고 있어 제175조에 의한 민사책임을 묻기

17) 김건식, 증권거래법(2006), 277면; 증권법학회, 주석서 I, 1059면.

위해서는 내부자거래 행위자가 제174조를 위반하였어야 함을 전제로 하고 있다. 그렇다면 제174조 위반 여부를 판단함에 있어 내부자거래 행위자의 고의 또는 과실이 요구되는가? 제174조는 구성요건에서 고의나 과실을 언급하고 있지 않지만, 내부자거래의 본질상 '고의'가 전제가 된다고 본다. 또한 형법이론에 따르면 과실범을 처벌하려면 명문의 규정이 있어야 하는데 제174조와 제443조에는 과실범을 처벌한다는 내용이 없으므로 과실범은 처벌되지 않는다고 본다. 따라서 제175조에 의한 손해배상책임은 고의로 미공개중요정보를 이용한 자로 제한된다고 볼 수 있다.[18] 이에 대해 과실에 의한 내부자거래에 대해 민사책임을 인정할 수 있다는 견해가 있다.[19] 즉 민사책임의 일반론에 따르면 과실인 경우도 책임이 인정되므로 제175조가 '제174조를 위반한 자'에는 과실로 위반한 경우도 포함한다고 해석하는 것이 투자자보호에 충실하다고 보는 견해이다.

미국의 경우는 Rule 10b-5 민사소송에서 '인식'(scienter)이 구성요건의 하나로 분명히 요구되고, 이 '인식'에는 '중과실'이라 할 수 있는 'recklessness'도 포함되는 것으로 보고 있다. 따라서 '인식'의 존재가 증명되지 않으면 손해배상청구를 할 수 없다.

# III. 손해배상의 증명책임

## 1. 거래인과관계

거래인과관계(transaction causation)란 원고가 피고의 부실표시를 신뢰하고 거래하였다는 사실을 말하는데, 즉 피고의 부실표시를 정당한 것으로 믿었기 때문에

18) 同旨: 김건식 · 정순섭, 417면; 임재연, 374면.

19) 박임출, 168~169면; 신영무, "내부자거래와 민사책임,"『상사법연구』 제8집 (1990) 158면.

거래를 하게 되었다는 것을 의미한다. 일반불법행위의 경우 손해배상의 청구를 위해서는 '거래인과관계'의 존재를 필요로 하지만, 공개시장에서 불특정다수인 간에 비대면거래(非對面去來)로 이루어지는 증권거래의 특성상 이러한 신뢰요건을 민사상의 일반거래와 동일하게 요구하는 것은 적절치 않을 수 있다. 특히 내부자거래는 거래의 외형상 상대거래자들이 내부자거래의 발생 여부를 거래 당시에 인지한다는 것은 불가능한 일인데, 만약 미공개중요정보의 발생 사실을 알았다면 거래를 하지 않았을 것이기 때문이다. 따라서 내부자의 중요정보 불공시가 존재하였음을 원고에게 입증하라는 것은 현실적으로 불가능한 것이라고 할 수 있다.

이에 자본시장법은 내부자거래 행위자에 대하여 '해당 특정 증권의 매매, 그 밖의 거래를 한 자가 그 매매, 그 밖의 거래와 관련하여 입은 손해를 배상할 책임을 진다'고 규정하여 원고의 거래인과관계의 입증책임을 제거해 주고 있다.[20] 즉 원고는 내부자거래가 있었던 동시기에 반대방향에서 거래를 하였다는 사실의 증명만으로 충분하며, 따라서 거래인과관계는 요구되지 않는다.[21]

미국의 경우 초기에는 원고에게 내부자거래로 인해 피해를 입었다는 직접적인 관계의 증명을 요구한 판례가 있지만, Shapiro 판결과 Wilson 판결에서 그러한 직접적인 관계의 입증책임의 요구를 거부하였다. 즉 원고는 만약 내부자가 공시하지 않은 중요정보를 알았더라면 그 주식을 매수(매도)하지 않았을 것이라는 주장만으로 거래인과관계가 충족된다고 본 것이다.[22] 미국의회는 이러한 판례의 입장을 견지하여 34년법 제20조A에서 내부자와 동시기에 반대방향에서 거래한 자에게 명시적인 소권을 부여함으로써 거래인과관계의 면제를 인정하였다.

이처럼 미국이나 우리 자본시장법이 내부자거래 민사소송에서 거래인과관계를 면제해 준 것은 공개시장에서 비대면적 · 집단적으로 증권이 거래되는 상황에서 일반 손해배상소송의 '당사자관계'에서 요구되는 입증요건을 그대로 적용하는 것은

20) 서울지방법원 1994. 5. 6. 선고 92가합11689 판결 〈신정제지 사건〉.

21) 법 제125조의 경우에는 거래인과관계의 존재를 추정해 주고 있다고 할 수 있지만, 내부자거래의 경우에는 거래인과관계 자체를 요구하고 있지 않다는 점에서 차이가 있다.

22) Shapiro v. Merrill Lynch, Pierce, Fenner & Smith, Inc., 494 F.2d at 240 (1974).

부적절하며, 나아가 내부자가 중요정보를 공시하지 않고 거래하였다는 사실을 믿고 거래하였다는 것의 입증을 요구한다는 것은 소송을 불가능하게 만들 수 있다는 우려 때문이라 볼 수 있다.[23)]

## 2. 손해인과관계

자본시장법은 “그 매매, 그 밖의 거래와 관련하여” 입은 손해에 대해 배상책임을 진다고 규정하고 있어 내부자거래 행위자의 거래와 상대거래자의 손해 사이에 ‘손해인과관계’(loss causation)의 존재를 요구한다.

일반적으로 손해배상책임에서 손해인과관계의 입증책임은 원고가 부담한다. 내부자거래와 관련한 손해배상책임에 있어서는 법 제126조 제2항에서처럼 손해인과관계 입증책임을 전환하는 규정이 없으므로 일반 손해배상책임 소송과 마찬가지로 원고가 부담한다.

그렇다면 내부자거래의 경우 요구되는 입증책임의 수준은 어떠한가? 법문은 “그 매매, 그 밖의 거래와 관련하여 손해를 입었을 것”을 요구하고 있기 때문에, 첫째로 원고는 내부자거래가 있었던 동시기에 반대방향에서 거래하였다는 사실을 증명하고, 둘째로 그러한 거래로 손해를 입었다는 사실의 증명으로 충분하다. 그런데 첫 번째 요소가 어려운 과제가 될 수 있다. 내부자가 중요정보를 불공시하면서 거래를 하였다는 사실은 일반적으로 규제당국에서 내부자거래 행위를 적발하거나 법원의 판결이 있은 후에야 알 수 있는 일이기 때문이다.

미국의 경우 손해인과관계의 입증책임을 누가 부담하느냐에 관하여 다수의 법원이 원고가 부담한다는 입장이었는데, 1995년 증권민사소송개혁법을 제정하면서 원고가 손해인과관계의 입증책임을 진다는 점을 분명히 하였고, 연방대법원은 2005년 Dura 사건에서 이러한 원칙을 다시 한 번 명확하게 확인하였다.

---

23) 서울지방법원 1994. 5. 6. 선고 92가합11689 판결.

## 3. 손해배상의 범위 및 산정방식

### (1) 의 의

자본시장법은 내부자거래를 한 자에 대해 손해배상책임을 부과하고 있지만 손해배상의 범위나 산정방법에 대해서는 언급이 없다. 현재 자본시장법에서 손해배상 산정방식을 규정하고 있는 것은 증권신고서와 투자설명서의 허위기재 또는 중요한 사실의 기재누락으로 인한 손해배상책임과 관련한 제125조와 금융투자업자가 설명의무를 위반한 경우 부담하는 손해배상책임과 관련한 제48조가 있다.

먼저, 증권신고서 등이 허위기재의 경우에 적용되는 방법은, 예를 들어 호재인 경우 매도인이 매도한 가격과 시가와의 차액이 손해액이 되는데, 시가란 변론종결 당시의 시장가격을 의미한다. 이러한 산정방식을 내부자거래의 손해배상액의 산정방법에 준용한 하급심 판례가 있으나,[24] 증권신고서의 허위기재의 경우 손해배상액 산정방법을 규정하고 있는 구 증권거래법 제15조 제1항 자체가 근본적으로 문제가 있는 조항으로서 준용의 규정도 없는 내부자거래 손해배상액 산정방법에 준용한다는 것은 부적절하다고 본다.[25] 왜냐하면 제15조의 방법을 준용할 경우 변론종결 시점의 시가라는, 즉 정보의 가치가 반영된 실제의 가격이 아니라 재판에 소요되는 많은 시간이 경과한 후의 불확실한 미래의 특정일을 손해배상액 산정의 기준점으로 삼는다는 것은 불합리하기 때문이다.[26] 또한 제48조에 따른 손해배상액 산정방법도 내부자거래의 특성상 준용하는데 무리가 있다고 본다. 설명의무 위반의 경우 투자자의 손해를 산정할 수 있는 기준들이 상대적으로 명확하기 때문이다.

---

24) 서울지방법원 1994. 5. 6. 선고 92가합11689 판결.

25) 구증권법에서 유일하게 손해배상액 산정기준을 규정한 제15조는 자본시장법 제125조로 그대로 계수되었기 때문에, 제15조 준용의 적정성 여부와 관련한 논쟁은 자본시장법상에서도 동일하게 나타날 수 있다.

26) 박임출, 171~172면.

### (2) 미국의 사례

미국의 경우 Rule 10b-5 관련 소송의 경우 "현실지출방식"(out-of-pocket measure)을 기본적으로 채택하고 있다고 볼 수 있는데,[27] 내부자거래의 손해배상을 다루는 사건에서는 법원의 입장이 다르다고 할 수 있다. 대표적으로 1980년 Elkind 사건에서 내부자거래의 손해배상액의 범위와 산정방법을 언급하면서 연방제2항소법원은 내부자거래의 경우 '현실지출방식'은 적절치 않다고 지적하였다.[28] 결국 이 문제는 청구권자의 범위를 어디까지 허용할 것이냐의 문제와 연결되어 있는데, 연방제2항소법원은 내부자가 얻은 이익 또는 회피한 손실의 범위로 제한되는 것이 적절하다고 판시하였다.

여기서 내부자가 얻은 이익 또는 회피한 손실액을 계산하는 방식과 관련하여 1995년 개혁법을 통해서 공시가 이루어진 날로부터 90일간의 평균거래가격을 '실제가격'으로 규정하는 방법이 적용될 수 있을 것이다. 따라서 내부자의 손해배상액의 총액은 이러한 방법을 적용하여 계산한 금액을 상한으로 설정된다고 볼 수 있다.

미국의 경우 형사처벌 이외에 내부자거래 행위자에 대한 제재수단이 다양한데, 첫째로 투자자들에 의해서 제기되는 민사소송, 둘째로 SEC가 부과하는 부당이득반환, 셋째로 SEC가 법원에 제소하여 제재를 가하는 민사제재금의 부과이다. 앞서 내부자의 손해배상액의 총액은 내부자가 얻은 이익 또는 회피한 손실을 상한으로 한다고 하였는데, 나머지 민사적 제재수단과는 어떻게 조화가 되는가?

먼저 SEC가 부당이득반환으로 내부자거래 행위자로부터 일정한 금액을 회수한 경우에는 민사소송의 손해배상총액에서 그 금액을 공제한다. 즉 손해배상총액에서 그 금액만큼 제한 금액이 민사소송에서의 상한액이 되는 것이다.[29]

---

27) 현실적 지출방식 이외에도 여러 가지 손해배상 산정방법이 있지만, 이에 대한 자세한 언급은 시세조종에 대한 손해배상 산정부분에서 자세하게 언급한다.

28) 이러한 견해가 중요한 한 이유는 내부자가 얻은 이익이 동시기에 거래한 상대거래자들의 손해를 회복하기 위한 금액을 훨씬 넘어서는 경우 부당한 이득이 내부자에게 돌아갈 수 있기 때문이다. 이와 비교할 사건으로 연방대법원은 내부자거래 사건인 〈Affiliated Ute Citizens 사건〉에서 내부자가 매도자의 실질적 손해보다 더 많은 이익을 얻은 경우 손해배상액은 내부자가 얻은 이익으로 보아야 한다고 판시하였다(*Id.*, 635 F.2d at 160~170 참조).

29) SEC가 부당이득으로 회수한 금액은 피해를 입은 투자자들의 손해의 최소한 일부라도 보전해 주기 위

다음으로 SEC가 법원의 허락을 받아 부과하는 민사제재금은 내부자가 얻은 이익 또는 회피한 손실의 3배까지 부과가 가능하다. 여기서 SEC가 부과하는 민사제재금은 행정당국이 부과하는 '민사벌'이기 때문에 투자자가 제기하는 민사소송과는 관계가 없다. 따라서 SEC가 부과하는 민사제재금은 내부자가 민사소송에서 인정되는 손해배상액의 상한과 관계가 없다. 이는 내부자거래 규제가 내부자와 동시기에 거래를 하여 피해를 입은 투자자들의 손해보전보다는 내부자가 부당한 이득을 취하는 것을 막기 위함이 근본 목적이기 때문이다.[30]

### (3) 소 결

내부자의 손해배상책임의 범위 또는 한계에 대해서 자본시장법은 언급이 없다. 그러나 원칙적으로 내부자에게 무한정의 손해배상책임을 부과하는 것은 무리가 있으며, 내부자가 얻은 이득 또는 회피한 손실을 한도로 하여 손해배상책임을 물을 수 있다고 보는 것이 합리적이라고 생각한다.

미국의 경우 손해배상액의 범위는 1980년의 Elkind v. Liggett & Myers, Inc. 사건[31]에서 투자자는 자신이 거래한 가격과 정보가 공시된 후 시장에 반영된 가격과의 차액을 손해배상액으로 청구할 수 있되 내부자가 취득한 이익의 범위 이내로 한정하였고, 이러한 내용은 1988년 ITSFE법에 수용되어 34년법 제20조A에서 손해배상액의 총액은 내부자가 취득한 이익 또는 회피한 손실액을 초과할 수 없도록 규정하였다고 앞서 언급하였다.

손해배상총액의 범위와 관련하여 이슈가 될 수 있는 부분은 내부자에 대하여 형사상 벌금이 부과된 경우, 그 벌금액만큼 손해배상액에서 제하여 줄 것인가 여부이다. 일본의 경우 과징금을 부과할 때 형사절차에서 벌금이 부과되는 경우 그 금액만큼 감액하여 조정하는 것은 앞서 살펴보았다. 그러나 민사소송에서의 손해배상책임은 형

---

하여 투자자들에게 제공되기 때문에 이렇게 회수한 금액은 민사소송에서 손해배상총액의 상한선을 산정함에 있어서 공제를 해 주는 것이다(Kirkpatrick, 207~208).

30) Hazen, 539.

31) 635 F.2d 156 (2d Cir. 1980).

사절차상 벌금과는 구별할 필요가 있다고 본다. 법 제443조 제1항은 내부자에게 부과할 수 있는 벌금의 상한을 내부자가 얻은 이익 또는 회피한 손실액의 3배까지 부과할 수 있도록 하였는데, 벌금이 부당이득액의 1배라도 부과된다면 민사소송에서 투자자는 손해배상을 받을 수 없다는 결론에 이르기 때문이다. 물론 민사상 손해배상책임의 범위가 형사상 범죄구성요건인 위반행위로 얻은 이익 또는 회피한 손실액의 범위와 일치되어야 할 필요는 없다.[32] 이는 산정방법이 서로 다르기 때문이다.

## IV. 손해배상청구권의 행사기간

내부자거래로 인한 손해배상청구권은 청구권자가 법 제174조를 위반한 행위가 있었던 사실을 안 날로부터 1년간 또는 그 행위가 있었던 날로부터 3년간 이를 행사하지 아니한 경우에는 시효로 소멸한다(법 175조 2항).

이에 대해 투자자보호 측면에서 동 기간을 제척기간으로 보는 견해가 있다.[33] 자본시장법 제172조 제3항의 단기매매차익반환과 관련한 책임과 제125조의 증권신고서와 투자설명서에 대한 허위기재 책임에 대한 청구권의 소멸에 대해서는 모두 시효라는 말을 사용하고 있지 않기 때문에 제척기간으로 볼 수 있지만, 내부자거래에 대한 손해배상청구권의 경우 시효로 소멸한다는 법규정에 따라 제척기간으로 볼 이유는 없다고 본다.[34]

자본시장법상 제척기간 또는 소멸시효의 기간이 1년 또는 3년으로 되어있는데, 자본시장법상의 위반행위는 금융당국 또는 검찰의 수사발표 등을 통해서야 투자자들이 비로소 인지하게 되는 특성을 고려할 때, 이 기간을 늘릴 필요가 있다.[35]

---

32) 노태악, "증권거래법상 미공개정보에 관하여," 『증권법연구』 제2권 제1호 (2001) 25면.
33) 김용진, 660면.
34) 김건식 · 정순섭, 430면; 증권법학회, 주석서 I, 1070면.
35) 임재연, 524면.

미국의 경우 2002년 사베인스-옥슬리법(이하 "SOX법")을 통해 부실기재를 안 날로부터 2년, 그리고 위반행위가 있었던 날로부터 5년 이내라면 소송을 제기할 수 있도록 소송기간을 확대하였다. 다만, 미국 연방의회가 SOX법을 통해 도입한 2년/5년 제도는 증권법 위반과 관련하여 '사기적 방법', 예를 들어 fraud, deceit, manipulation, contrivance를 포함한 민사소송으로 제한하고 있다.[36]

36) 이에 대한 상세는 김정수, 579면 참조.

# 제13장

# Compliance Program



## I. 서 론

### 1. 내부자거래 예방체제의 구축 필요성

최근 우리 사회에서 사회의 이목을 집중시키는 내부자거래 사건들이 꾸준히 발생하고 있다. 대표적으로 카메룬의 다이아몬드 광산과 관련된 〈CNK 사건〉은 대표이사는 물론 정부의 고위 관료들까지 연루가 된 것으로 보도가 되었고, 최근 기업의 IR팀에서 추정실적을 특정 애널리스트들에게 전달하고, 이들은 다시 펀드매니저들에게 전달한 내부자거래 사건이 발생하였다.[1] 특히 이 사건에서는 펀드매니저들은 제2차 정보수령자에 해당되어 법 제174조에 의한 내부자거래에 해당되지 않자, 자본시장법상 내부자거래 규제에 문제가 있다는 사회적인 비판이 제기되기도 하였다. 이외

1) 이들 사건은 현재 소송이 진행 중이고, 위 내용들은 언론보도에 따른 것이어서 최종적으로 내부자거래 해당 여부는 법원의 판단을 기다려야 할 것이다.

에도 기존의 내부자거래 규제는 회사의 내부정보 중심으로 규제가 이루어져 회사 외부에서 생성되는 미공개중요정보의 이용행위에 대해서는 규제가 불가능하였다.

이에 정부는 내부자거래 규제의 강화를 위해 기존 법 제174조를 통해 규율하지 못하였던 미공개중요정보를 이용하는 다양한 유형의 거래를 규율하기 위하여 『시장질서 교란행위의 금지』 제도를 도입하였고, 이 제도는 2015년 7월 1일부터 시행되었다.

따라서 자본시장법 제178조의2 제1항에서 규정하는 '미공개중요정보를 이용하는 시장질서 교란행위'(이하 "정보이용형 교란행위")는 기존의 법 제174조가 규율하지 못하였던 영역을 규율하기 위해 규제대상주체와 규제대상정보를 대폭 확대하였고, 이러한 행위에 해당하는 자에 대해서는 과징금을 부과할 수 있도록 하였다. 기존에는 내부자거래의 규제대상에서 비껴갔던 자산운용사, 투자자문사, 연기금, 신용평가회사 등 자본시장에서 중요한 역할을 수행하는 회사와 그 임직원들은 "자신의 직무"와 관련하여 미공개중요정보를 생성하거나 알게 된 경우, 동 정보를 이용하는 행위는 정보이용형 교란행위에 해당된다. 따라서 향후 정보이용형 교란행위에 해당되어 과징금이 부과되는 사례들이 등장할 것으로 예상된다. 특히 정보이용형 교란행위는 규제대상자가 대폭 확대되었고, 기존의 과징금 부과 제도와는 달리 과징금 부과액수의 상한 제한이 없어 시장에 미치는 영향이 클 것으로 예상된다.

이러한 규제의 커다란 변화에 대응하여 금융투자회사와 자본시장에서 중요한 기능을 수행하는 회사들은 자사가 생산하는 미공개중요정보의 관리체제를 보다 강화할 필요가 있으며, 또한 임직원들이 내부자거래 또는 정보이용형 교란행위 위반을 범하지 않도록 내부자거래 및 정보이용형 교란행위의 예방을 위한 정책의 마련에 만전을 기할 필요가 있다. 비록 내부자거래 또는 정보이용형 교란행위가 회사의 행위로서 보다는 임직원 개개인의 행위로 나타나지만, 회사의 임직원이 내부자거래 또는 정보이용형 교란행위에 관여하여 언론의 보도가 되는 경우 회사의 명예에 커다란 타격을 입을 수 있으며, 또한 향후에는 그 책임자들까지도 규제의 대상이 될 수 있을 것이다.

더 나아가 회사가 내부자거래 또는 정보이용형 교란행위에 저촉되는 행위를 한 경우에는 벌금형 또는 과징금의 부과되어 회사의 명성에 해를 끼칠 뿐만 아니라 영업상의 손실발생 가능성도 있어, 이러한 경우 회사의 이사 등에 대해 대표소송이 제기될 가능성도 존재한다. 이러한 의미에서 내부자거래 또는 시장질서 교란행위를 예방하기 위한 규정 또는 절차를 마련할 필요는 매우 크다. 결과적으로 내부자거래가 발생한 경우에도 예방체제가 적절하게 운영되고 있는 경우에는 주주대표소송 등에서 이사 등의 선관주의 위반은 없다고 설득력 있게 주장할 수 있으며, 또한 형사처벌 측면에서도 적절한 예방체제의 설치 및 운영을 근거로 양벌규정 단서에 따른 면책을 주장할 수 있을 것이다.

회사 임직원에 의해 내부자거래 또는 정보이용형 교란행위가 발생한 경우, 해당 회사에 대한 컴플라이언스 프로그램의 미작동이나 도덕성에 의문이 제기될 수 있으며, 이로 인해 회사의 평판에 부정적인 데미지가 발생할 수 있다. 또한 임직원에 의한 내부자거래 또는 정보이용형 교란행위 혐의가 발생하는 경우, 상장법인은 조사당국의 조사에 대응해야 하는 커다란 부담이 생기게 된다. 이는 영업에 실질적인 손해를 가져올 수 있다. 따라서 회사로서는 회사 자신이 내부자거래 또는 정보이용형 교란행위에 해당하지 않도록, 또한 회사의 임직원이 내부자거래 또는 정보이용형 교란행위에 해당하지 않도록 내부자거래 예방을 위한 컴플라이언스 프로그램을 충실하게 구축할 필요가 있다.

이하에서는 내부자거래 예방을 위한 체제를 구축함에 있어서 고려해야 할 총론적인 방안과 요소들을 검토해 본 후, 일반 상장법인과 금융투자회사를 구분하여 컴플라이언스 프로그램의 구축방안 및 주요 요소를 살펴본다.

## 2. 컴플라이언스 프로그램의 기본적 요소[2)]

먼저, 회사는 내부자거래 또는 정보이용형 교란행위(이하 "내부자거래 등")의 위험

2) Wang · Steinberg, 825~832면에 크게 의존하였음을 밝힌다.

이나 예방정책의 필요성을 판단하기 위해 자신의 비즈니스의 성격을 평가하여야 한다. 가장 중요한 요소는 직원들이 자신의 업무과정에서 회사의 주식과 관련하여 미공개중요정보를 알게 되는 정도이다. 여기서는 크게 상장법인과 금융투자회사로 구분하여 살펴본다. 특히 금융투자회사는 일반 상장법인에 비해 보다 강화된 예방정책이 필요할 것이다.

금융투자회사, 상장법인 또는 그 외의 회사가 내부자거래 등 예방을 위한 정책과 절차를 채택한다면, 기본적으로 다음 3개의 요소가 중심이 될 것이다. 그리고 이러한 요소들은 회사의 변화된 상황에 비추어 기존의 정책이나 절차가 적절한지, 아니면 변화가 필요한지 정기적으로 재검토해야 한다.

1. 내부자거래의 금지와 위험에 대해 직원들을 교육하는 것
2. 내부자거래 행위를 예방하고 적발하는 절차를 시행하는 것
3. 비밀정보에 대한 접근을 제한하는 메커니즘을 채택하는 것

### (1) 교육정책의 요소

내부자거래 또는 시장질서 교란행위에 대한 예방정책은 어떠한 행위가 내부자거래등에 해당하는지 명확하고(concise), 전문적이지 않은 용어를 사용하여 임직원이 쉽게 이해할 수 있어야 한다. 내부자거래 또는 시장질서 교란행위 규제는 내부자등에 의한 직접적인 거래 및 정보의 제공 · 전달 모두를 금지하며, 이러한 금지는 배우자, 가족의 구성원, 그리고 친구들에게 제공하는 것까지도 포함한다.

이러한 내부자거래의 경우는 자사 증권에 대해서 뿐만 아니라 자사와 계약관계 등을 맺고 있는 타사의 증권도 적용된다는 사실, 그리고 시장질서 교란행위의 경우에는 자사 또는 타사의 구분 없이 "자신의 업무"와 관련하여 생성하거나 알게 된 특정 증권이 모두 해딩된다는 사실을 분명히 해야 한다. 또한 내부자거래 또는 시장질서 교란행위의 중요 구성요건인 "중요한" 및 "미공개"와 같은 중요한 용어의 정의를 제공할 필요가 있다. 특히 중요정보의 경우 어떠한 정보가 중요한 정보로 분류되는지 그 유형을 예시적으로 열거하는 것도 필요하다. 더 나아가 결산실적 정보 같은

경우에는 거래가 허용되는 시기 소위 "Trading Window"와 거래가 금지되는 "Black Out" 시기를 명시하는 것도 매우 유익할 것이다. 미국 기업의 내부자거래 정책의 경우에는 일반적으로 중요정보의 유형을 열거하고 있으며, Trading Window에 대해서 구체적으로 날짜를 지정해 주고 있다.

또한 예방규정은 내부자거래 또는 시장질서 교란행위를 위반할 경우 부딪힐 심각한 결과, 예를 들어 형사소송, 과징금 또는 상당한 민사소송에 직면할 수 있다는 사실을 분명히 보여주어야 한다. 마지막으로 내부자거래등의 정책에 대해 의문이 생겼을 때 누구에게 질의해야 하는지 책임자의 이름을 제공하여야 한다.

### (2) 정책의 실행을 위한 절차의 마련

내부자거래 예방정책을 도입하였다면 그러한 정책이 실제로 작동할 수 있도록 절차를 채택하여야 한다. 예방정책과 실행을 위한 절차는 회사 안에서 내부자거래가 발생할 수 있는 위험의 리스크 수준을 반영할 필요가 있다. 이는 회사에 따라 내부자거래가 발생할 기회가 상대적으로 차이가 있을 수 있기 때문이다. 예를 들어, 리스크가 적은 회사는 기본적인 예방정책의 도입으로 충분하지만, 금융투자회사나 상당한 기금을 운영하는 회사 같이 상대적으로 리스크가 크게 존재하는 회사의 경우에는 보다 강화되고 세부적인 예방정책이 필요하다.

이처럼 예방정책이 마련되면 이를 실행하기 위해 회사는 먼저 모든 직원에게 문서로 된 예방정책을 배포하여야 한다. 그리고 그러한 정책의 내용을 읽었고, 이해하였으며, 준수하겠다는 서명을 받고 회수하여야 한다. 이와 함께 회사는 이러한 예방정책을 설명하기 위해 교육과 훈련과정을 마련하여야 한다.

이후 회사는 예방정책의 실행을 모니터링 할 책임자 또는 위원회를 지명하여야 한다. 이러한 책임자 또는 위원회의 구성원에는 중요한 감독 책임을 질 만한 고위급 간부들이 포함되어야 한다. 책임자로는 준법감시(지원)인 또는 컴플라이언스 책임자가 적임자일 것이다. 이렇게 책임자로 지명된 자 또는 위원회는 회사의 내부자거래등 예방정책의 집행을 위한 주요 권한을 위임받고, 예방정책의 실질적 집행을 위한 필요한 조치를 취하여야 한다. 또한 회사는 누구라도 예방정책에 대해 자유롭게 질의할 수 있도록 해야 하고, 보복의 두려움 없이 익명으로 가능한 위반에 대해 책임자 등에게 보고가 이루어질 수 있는 절차를 마련하여야 한다.

이와 함께 내부자거래 등 예방정책 또는 컴플라이언스 프로그램의 실행과 관련하여 중요한 것은 '문서화 작업'(Documentation)이다. 많은 컴플라이언스 프로그램들이 이 부분에서 매우 취약한 면을 보여준다. 실제로 법원에서 내부자거래 예방정책 또는 컴플라이언스 프로그램이 실제로 적절하게 작동하였는지를 살필 때, 즉 절차의 실행성, 기대할 수 있는 효과성, 실행의 타이밍, 정기적인 업데이트(update) 등을 검토한다. 이러한 과정에서 컴플라이언스 프로그램에 따라 취해진 노력들이 문서화되어 있다면, 이들 프로그램의 효과성을 입증하는 매우 중요한 증거가 될 수 있다. 이러한 문서화 작업의 대표적인 부분이 컴플라이언스 책임자에 의한 모니터링 기록, 이사회 또는 감시위원회에 대한 보고기록, 예방정책 매뉴얼의 정기적인 업데이트, 특히 직원들에 대한 교육기록, 여기에는 교육일자, 강의주제, 참석한 사람의 수, 참가자의 서명 등이 포함될 수 있다. 이러한 문서화 작업은 예방정책 또는 컴플라이언스 프로그램의 실질적 작동과 평가를 위해서도 중요한 의미가 있지만, 특히 법원 등 외부의 관계자들에게 회사가 컴플라이언스 프로그램의 실행을 위해 취한 노력을 입증하는데 있어서 값진 증거가 될 것이다. 결론적으로 말하자면, 예방정책의 모든 내용은 반드시 준수되어야 한다는 것이다.

### (3) Rule 10b5-1(c)의 사전거래계획

미국 SEC는 2000년 8월에 Rule 10b5-1을 채택하였다. Rule 10b-5는 누군가가 미공개중요정보를 알고, 이에 근거해서 거래를 하였을 때 내부자거래 책임이 발생한다고 규정한다. 그러나 이러한 책임으로부터 면제될 수 있는 경우 중 하나가 해당 미공개중요정보를 알기 전에 개인 또는 조직이 해당 증권의 거래를 위해 사전에 문서로 된 계획이 있었다는 사실을 증명하는 것이다. 즉 해당 미공개중요정보로 인해 특정 거래를 한 것이 아니라, 해당 정보를 알기 전에 이미 거래할 계획이 있었는데, 그 계획이 객관적으로 입증될 수 있는 문서로 작성되어 있다면 면책된다는 것이다. 이러한 Rule 10b5-1(c)를 통해 허용되는 사전거래계획은 회사의 경영진들에게 견실하게 회사의 주식을 매수하거나 매도할 수 있는 탁월한 수단을 제공한다.

자본시장법의 경우는 어떠한가? 먼저, 내부자거래의 경우와 관련하여 이러한 면책의 사유는 명문으로 존재하지 않는다. 다만 해석상 법령에서 "이용"할 것을 요구하고 있으므로, 해당 미공개중요정보를 이용하지 않았다면, 즉 해당 미공개중요정보를 알기 전에 특정 거래를 하기로 문서로 계획이 되어 있었다면, 내부자거래의 책임에서 면책된 가능성이 크다고 본다.

그런데 시장질서 교란행위가 도입되면서, 법은 시장질서 교란행위의 적용예외 사유로 몇 가지를 규정하였는데, 그 중 하나가 "계약의 이행을 위하여 불가피한 경우"이다. 즉 미공개중요정보를 알았지만, 그 이전에 이루어진 계약의 이행을 위해 특정 증권을 매수 또는 매도하는 행위는 비록 미공개중요정보를 알고 있는 상태라 하더라도 규제대상에서 제외를 해 준다는 것이다. 이러한 시장질서 교란행위의 적용예외 사유가 앞에서 본 내부자거래의 경우 '사전거래계획'과 유사하게 볼 수 있지만, 시장질서 교란행위의 경우 "계약의 이행을 위하여 불가피한 경우"로 표현하고 있어 '사전거래계획'보다 강한 느낌을 준다.

# II. 내부자거래 예방체계 구축 방안[3)]

## 1. 신고제 · 허가제 · 금지제

회사가 임직원의 내부자거래 등 예방을 위한 정책 중 하나로 증권의 거래에 대해 일정한 통제를 취하는 방법이 있을 수 있는데, 대표적으로 (i) 신고제, (ii) 허가제, (iii) 금지제를 들 수 있다. 이들 방안들은 각각 장단점을 가지고 있기 때문에 회사의

3) 西村, 682~691면에 크게 의존하였음을 밝힌다.

규모나 비즈니스 특성을 기초로 하여 내부자거래등의 위험에 노출될 가능성을 고려해서 어느 방안이 가장 효과적인지 고려할 필요가 있다.

#### (1) 신고제

신고제는 회사가 내부자거래 예방정책에 관한 매뉴얼을 전 임직원에게 배포하고, 내부자거래가 가지는 위험성에 대해 교육이나 훈련을 통해 충분히 숙지시킨 후에는 특정 주식의 매매에 대해서는 임직원의 자유로운 판단에 맡기는 방법이다. 그러나 특정 주식의 거래에 대해 회사에 사전 또는 사후에 신고하도록 하는 방안이다.

#### (2) 허가제

허가제는 회사의 컴플라이언스팀에서 자사 또는 자회사로부터 중요정보에 해당할 수 있는 정보를 관리하는 특정한 지위에 있는 자에 대해 임직원의 주식매매를 사전에 신청하도록 하여 내부자거래 해당성 여부를 확인한 후 특정 거래를 허용하는 방법이다.

#### (3) 금지제

금지제는 가장 엄격한 통제방법으로서 회사나 임직원에 의한 자사 주식 또는 모든 주식의 거래를 원칙적으로 금지하는 방법이다. 그러나 금지제의 경우도 우리사주 등 기존에 보유하고 있는 주식에 대한 매도의 필요성이 있는 경우가 있을 수 있는데, 이러한 경우는 사내 정보관리자 또는 준법감시(지원)인으로부터 특정 주식의 매도 승인을 받아야 한다. 사전에 승인을 받는다는 측면에서는 허가제와 유사하지만, 금지제는 원칙적으로 시장에서 주식 등의 매수는 금지하되, 다만 기존에 보유하고 있는 주식의 매도는 회사의 거래정책에 따라 사전에 허가를 받아 매도하는 방식이다.

### (4) 평 가

신고제와 비교했을 경우 허가제 및 금지제의 장점은 다음과 같다. 먼저, 회사가 자사주를 거래하는 경우 자사주 거래를 행하는 재무부서는 때때로 회사의 자사주 거래 결정 이후에 중요정보가 발생한 사실을 알게 되는 경우가 있을 수 있는데, 이 경우 내부자거래의 위험이 존재하기 때문에 거래를 중단하여야 하지만 재무부서는 자사주 거래를 하고자 하는 경향이 있다. 이 경우 재무부서가 자사주 거래의 집행 시에 정보관리책임자의 사전 허가를 받도록 한다면, 내부자거래 예방정책에 효과적일 수 있다. 또한 다른 회사의 주식을 거래하는 경우, 예를 들어 영업부서가 거래처의 주식을 매수하는 경우에도 정보관리책임자의 사전 허가를 받도록 하는 것이 효과적이다.

또한 임직원의 거래의 경우도 내부자거래등에 관한 규제 법령이 매우 기술적이고 복잡하기 때문에, 선의의 실수가 생기는 것을 예방하기 위해서도 정보관리책임자 또는 컴플라이언스 부서에서 사전에 체크하는 것이 효과적인 내부자거래 예방방법이 될 수 있다. 특히 정보이용형 교란행위는 내부자거래보다 더욱 범위가 넓어 민감한 주식의 경우 허가제의 필요성이 클 수 있다.

한편, 허가제와 금지제의 경우 전문부서인 정보관리책임자의 부담이 무겁다고 할 수 있다. 내부자거래 또는 시장질서 교란행위 규제의 기술성 · 복잡성을 감안하면 정보관리책임자가 판단을 내리기 어려운 경우에는 준법감시(지원)인 또는 변호사와의 협의가 필요할 수 있다.

다음으로 허가제와 금지제의 차이를 살펴본다. 허가제는 회사 내 각 부서가 소관 업무의 수행과정에서 자사의 미공개중요정보가 발생하면 자율적으로 정보관리책임자에게 보고하고, 정보관리책임자는 이러한 미공개중요정보를 알고 있는 상태에서 특정 거래의 요청에 대해 허가 여부를 결정한다. 이에 반해 금지제는 회사 내에서 발생하는 중요정보를 정보관리책임자가 총괄할 필요가 없으며, 회사 또는 임직원이 주식매매를 해야 하는 부득이 한 사정이 생겼을 때 사내 각 부서에 조회하여 자사의 미공개중요정보의 발생사실 여부를 수집하게 된다.

위 3개의 방안의 장단점을 고려하여 회사 또는 회사의 임직원의 내부자거래 또는 시장질서 교란행위의 예방체제를 구축할 필요가 있지만, 임직원의 재산형성의 자유를 지나치게 제약하는 것은 오히려 바람직하지 않다. 따라서 내부자거래등에 해당할 가능성 여부를 사전에 심사한 다음 혐의가 있는 경우에만 거래를 금지하는 허가제가 금지제 보다 합리성이 있다고 할 수 있다. 임직원의 입장에서도 사적인 자사주식 등 매매에 대해 원칙적으로 금지하기보다는 사전신청 및 문제가 있는 경우에만 허용하지 않는 프로세스를 받아들이기 쉬울 것이다.

## 2. 예방규정의 적용범위

내부자거래 예방규정을 마련할 때는 내부자거래 또는 시장질서 교란행위의 방지라는 목적에 비추어 과도하게 임직원의 증권거래의 자유를 제약하는 것은 바람직하지 않다. 따라서 회사의 규모, 비즈니스의 특성, 임직원의 수, 컴플라이언스 팀의 규모 등을 종합적으로 고려하여 내부자거래등 예방규정의 적용범위를 설정할 필요가 있다.

이러한 측면에서 허가제를 중심으로 해서 예방규정을 도입한다면 그 적용 범위를 (i) 내부정보에 접촉할 개연성이 높은 일정 직급 이상의 임직원, (ii) 회사의 중요 프로젝트를 기획 · 입안하는 경영기획부, 회사의 결산정보에 일상적으로 접촉하는 경리부, 신주발행 등 회사의 대규모 자금 조달을 담당하는 재무부서 등에 소속하는 임직원에 한정하고, 나머지 임직원에 대해서는 신고제를 적용하는 것도 생각할 수 있다. 또한 허가제를 적용하되 거래의 시기를 한정하여 허가를 요구하는 방안도 가능하다. 미국의 경우 결산정보가 생성되는 시기를 칼렌다력으로 정해 놓고 그 기간에는 임직원의 자사주 거래를 금지하기도 한다.

먼저, 허가제의 적용 범위를 일정한 직급이나 부서에 한정하고 그 이외의 자에 대해 신고제를 적용하는 경우에는 허가제의 적용대상이 되고 있는 임직원으로부터 미공개중요정보가 누설되지 않도록 엄격한 정보관리규정의 운용이 필요하다. 즉 부서 간에 정보가 교환될 때 해당 정보가 미공개중요정보에 해당될 경우, 정보교환의 내용이나 시기, 비밀유지에 대한 서명을 통해 기록의 유지 등 적절한 정보교환 규칙을 정할 필요가 있다. 만약 그렇지 못한 경우 정보의 전달 · 누설을 통해 내부자거래 등의 예방이라는 당초의 목적을 달성하지 못할 우려가 있다.

이처럼 허가제를 탄력적으로 운용하여 적용대상이 되는 임직원의 범위나 적용시기를 한정하는 방법으로 운영할 수 있지만, 반면 규제의 일관성이 없고 다소 혼란스러울 수 있어 임직원 간의 불평등을 야기할 수 있다는 점도 충분히 고려할 필요가 있을 것이다.

## 3. 규정의 명확성

내부자거래 또는 시장질서 교란행위 예방규정은 회사 · 임직원의 행위규범이기 때문에 그 의미의 전달이 명확해야 한다. 내부자거래 또는 시장질서 교란행위 규제에 있어서 핵심적인 개념에 대해 임직원이 쉽게 이해할 수 있도록 정의를 둘 필요가 있다. 예를 들어, 중요정보의 개념이라든가, 정보공개의 시점, 공개매수의 개념 등을 들 수 있다.

특히 중요정보의 경우에는 정의와 함께 해당 회사에서 중요정보로 볼 수 있는 정보의 유형을 예시적으로 열거하고, 특정 정보의 경우에 대해서는 중요정보의 성립시기까지 규정하는 것도 필요할 수 있다. 예를 들어, 결산정보와 관련하여 어느 시기부터 어느 시기까지는 거래를 금지한다든지, 이사회의 결의가 아직 이루어지지 않았다 하더라도 대표이사나 해당 임원의 특정 업무의 실행을 위한 준비작업에 착수하는 것을 지시한 경우 등은 해당 정보와 관련하여 중요정보로 성립한 것으로 본다는 것이다. 이러한 경우 가능한 보수적으로 개념 또는 기간을 규정하는 것이 바람직하다. 더더욱 시장질서 교란행위의 경우 회사의 비즈니스의 특성을 반영하여 임직원들에게 분명한 가이드라인을 제시할 수 있는 방법으로 열거 또는 예시적 설명이 필요할 수 있다.

또한, 규정 내용의 명확성을 도모한다는 측면에서 과거 문제가 되었던 사례에 비추어 설명하는 것도 바람직하며, 오해의 소지가 많은 점에 대해서는 임직원의 주의를 환기하는 규정을 두는 것도 바람직하다. 예를 들면, (i) 가족 · 지인의 명의로 되어 있지만 자기의 계산으로 매매를 하는 행위, (ii) 남에게 매매의 위탁 · 지시를 하거나 타인을 위해 매매를 행하는 것 등 가능한 위반사례를 열거할 수 있다.

## 4. 금지제의 병용

회사가 허가제를 채용하고 있다고 해도 실질적으로는 허가제를 원칙으로 하면서 일상적으로 자사 · 타사의 미공개중요사실에 접근할 수 있는 특정 부서의 임직원에 한해서는 일정 범위에서 주식매매를 원칙적으로 금지하는 사례도 가능하다. 이것은 부분적이긴 하지만, 원칙적으로 특정 주식의 거래 자체를 금지함으로써 내부자거래등의 리스크 및 정보관리책임자의 판단 코스트를 절감하는 효과가 있기 때문이다. 즉 허가제에 금지제를 병용하는 방안이다.

이러한 부분적인 거래금지의 예로는, (i) 회사 내에서 중요사실을 비롯한 내부정보를 관리하게 되는 정보관리책임자 등에 대해서는 전면적으로 자사주 매매를 금지하거나, (ii) 결산정보를 취급하는 경리부문에 속하는 임직원에 대해서는 일정 범위에서 자사주 매매 등을 전면 금지하거나, (iii) 사내 경영 · 기획부문이나 재무부문 등에서 M&A 등의 검토에 착수한 경우에는 정보관리책임자가 특정 부서의 임직원을 지정하여 이들의 직원의 자사 주식 또는 타깃 주식의 매매를 전면 금지하는 방안이 있을 수 있다.

마찬가지로 회사의 업무상 타사의 내부정보에 접할 기회가 많은 임직원에 대해서는 해당 타사 주식의 매매를 원칙적으로 금지할 수 있다. 이는 자사의 정보관리책임자가 타사의 중요사실 존재 여부 등을 판단해 타사 주식의 매매를 허가하는 것이 현실적으로 쉽지 않기 때문에, 타사 주식에 대해 부분적으로 금지제를 채용하는 것이 합리적인 경우가 있을 수 있다. 예를 들어, (i) 업무과정에서 지속적으로 타사 중요정보에 섭할 개연성이 높은 법인영업 부문 등의 소속 임직원에 대해서 해당 타사의 주식거래를 전면 금지하고, (ii) 타사와의 사이의 M&A 등의 검토에 착수한 경우에는 정보관리책임자 지정에 의해 경영 · 기획부문 또는 재무부문 등의 임직원에 대해 해당 타사의 주식거래를 금지하는 것 등을 생각할 수 있다.

## 5. 모니터링과 위기 대응

내부자거래 또는 시장질서 교란행위 예방규정도 준수되지 않으면 의미가 없다. 그래서 규정 준수상황 여부를 위한 모니터링 실시에 대해 규정 및 내부감사규정 등에 명기하고, 이러한 모니터링을 정기적으로 실시할 필요가 있다. 신고제 또는 허가제를 채용하는 경우에는 매매 후 거래보고서의 제출을 요구할 수 있으며, 또는 정기적으로 실제 주주명부와 매매상황을 확인해 볼 수 있다.

이러한 상시적인 모니터링에 추가하여 내부자거래 또는 시장질서 교란행위가 발생할 우려가 높다고 생각되는 기간 · 대상자에 대해서는 중점적으로 모니터링을 실시할 수도 있다. 예를 들어, 결산실적이 마감되는 시점이라든가, 주요사항보고의 대상이 되는 결정 또는 정보의 생성이 임박한 경우라든가, 이러한 경우에는 상시적인 모니터링과는 차별화된 모니터링 방법이 필요할 수 있다. 이러한 모니터링을 실시함으로써 대상자에게 '누가 지켜보고 있다'는 의식을 갖게 하여 예방규정 준수의 효과를 높일 수 있다.

또한 회사에 의한 자사주 매입이나 임직원에 의한 주식거래가 내부자거래 또는 시장질서 교란행위의 의혹이 생겼을 경우 사내 조사가 필요한 경우도 있을 수 있다. 이 경우 회사의 조사에 대해 임직원이 협력할 의무는 취업규칙에 명시되어 있지 않더라도 합리적인 범위 내에 있다면 인정된다. 그러나 내부자거래등 예방규정과 관련해서는 임직원의 주식거래자료의 제출 등 프라이버시 침해의 문제가 발생할 우려가 있기 때문에, 내부자거래등 예방규정 안에 사내 조사에 관한 임직원의 협력의무 및 주식거래 기록의 제출의무를 명기할 필요가 있다.

# III. 정보관리규정[4)]

회사 내에 존재하는 자사 또는 타사의 미공개중요정보에 누구나가 쉽게 접근할 수 있다면, 이는 준법의식이 결여된 임직원에게 내부자거래 등의 기회를 주는 것이 되고, 심지어 성실한 임직원에 대해서도 내부자거래 등의 유혹을 불필요하게 제공하는 모양이 된다. 따라서 자사 또는 타사의 미공개중요정보를 비롯하여 접근을 제한할 필요가 있는 정보에 대해서는 업무상 접근이 필요한 자로 제한하는 정보관리규정의 정비 · 운용이 필요하다.

또한, 외부인에 의한 내부자거래등을 예방하는 관점에서도 정보관리규정은 중요하다. 이는 정보가 누설되어 외부인들 사이에 부정확한 정보를 바탕으로 자사 주식에 대한 투기적 거래를 방지하는 데에도 도움이 된다.

회사에서 정보관리를 위한 대책은 다양하지만, 일반적으로 회사가 가지고 있는 다양한 정보에 대해서 어떤 관리체제를 구축해야 하는지에 대해서는 해당 회사의 사업내용, 정보의 성질 · 내용 · 비밀성, 업무의 방식, 인적 · 물적 상황 등 제반 사정을 고려하여 합리적으로 판단하면 될 것이다. 최근 영국의 FSA는 주가에 커다란 영향을 미칠 수 있는 미공개정보의 악용을 방지하기 위한 원칙을 명시하고 정보관리방식에 대해서도 언급하고 있는데, 이를 살펴보면 다음과 같다.

우선, 내부자에 의한 정보의 이용 · 관리에 대한 지침을 마련하고 이를 정기적으로 검토하는 것, 내부정보에 접속할 수 있는 자(이하 "내부")를 한정하는 것, 예를 들어 (i) 주가에 영향을 미치는 정보취급에 대해서는 지침을 문서로 마련하고 정기적으로 갱신하는 것, (ii) 내부의 명단을 작성하고 정확성을 담보하기 위해서 정기적으로 갱신하는 것, (iii) 미디어 등의 외부로부터의 문의에 대한 대응방안을 지침으로 정하는 것, (iv) 내부를 필요 최소한으로 한정하고 합리적인 이유가 없는 한 내부를 늘리지 않는 것 등이 권장되고 있다.

---

4) 西村, 694~696면에 크게 의존하였음을 밝힌다.

또한, 주가에 영향을 줄 수 있는 정보의 관리를 엄격하게 행해야 한다고 하면서, 예를 들어, ① 기밀문서 · 전자파일 등의 안전한 폐기를 위한 지침의 작성, ② 책상 위 서류 등의 정리를 철저히 하는 것, ③ 회사 밖에서 업무를 보는 임직원의 행동기준을 정하는 것, ④ 비밀 안건 등에 대한 의논은 회의실에서만 하도록 하는 것, ⑤ 문서에 비밀번호를 매기고, 기밀정보의 메일을 통한 배포를 관리하는 것, ⑥ 기밀정보를 포함한 서류나 파일은 잠금을 걸 수 있는 장소에서 보관하는 것 등이 권장되고 있다. 내부정보를 외부의 제3자에게 전달하는 경우에는 해당 제3자가 정보의 이용 · 관리에 책임을 지는 것을 명확히 인식시켜야 하며, ① 제3자에게 내부정보를 전달하는 경우의 지침을 작성하는 것, ② 해당 제3자가 비밀유지의 중요성을 충분히 이해할 수 있도록 하는 것, ③ 해당 제3자가 내부정보를 전달하는 데 적합한지 신중히 검토하는 것, ④ 내부정보를 전달하는 경우에도 제3자에는 가능한 한 늦게 정보를 전달하는 것 등이 중요한 것으로 평가된다.

그 외 사내 IT 체제의 정비도 필요한데, ① 컴퓨터 보안 관점에서 테스트를 위한 해커를 이용하여 IT 시스템의 견고함을 정기적으로 확인하는 것, ② 전자메일의 표제도 포함해 전자 파일에 대해서는 코드 네임과 패스워드를 사용하는 것, ③ 노트북 등은 단시간에 자동으로 잠기도록 하는 것, ④ 기밀정보를 포함한 파일에 대한 접근 이력을 감시할 수 있는 기술을 도입하는 것, ⑤ 전자메일의 오 · 송신 등에 대한 대응 절차를 정하는 것 등이 권장되고 있다.

이러한 것들은 정보보안의 구축의 일환으로 이미 많은 회사에서 활용을 하고 있는 것 일수 있지만, 내부자거래나 시장질서 교란행위의 예방이라는 관점에서도 그 필요성 및 운용상황을 재검토하는 것은 유익할 것이다.

# Ⅳ. 금융투자업자의 내부자거래등 예방체계

## 1. 의 의

금융투자회사는 어느 회사보다도 효과적인 내부자거래 또는 시장질서 교란행위 예방장치의 구축이 필요한 회사들이라 할 수 있다. 금융투자회사, 즉 증권회사와 자산운용사, 투자자문회사 등은 그 업무들이 상당한 내부자거래 등의 리스크를 내포하고 있기 때문이다.

자본시장법은 6개 유형의 금융투자업 개념을 도입하면서 하나의 회사가 복합적으로 복수의 금융투자업을 영위할 수 있도록 하였다. 이로 인해 금융투자회사 내부에서 부문 간 이해상충의 발생 가능성이 과거보다 매우 높아졌다고 할 수 있다. 이에 법은 이러한 잠재적인 이해상충 관리를 위해 "내부통제시스템"을 구축하고, 또한 "정보교류의 차단장치"를 마련할 것을 요구하였다. 특히 "정보교류의 차단장치"는 내부자거래 또는 시장질서 교란행위의 예방을 위한 성격이 매우 강하다고 할 수 있다.

대형증권회사는 투자은행업무, 브로커리지 업무, 인수업무, 리서치, 투자자문 등을 포함하여 다양한 기능을 수행한다. 증권회사 내부에서 정보의 수집 대상과 투자결정 대상이 동일한 발행인에 대해 이루어질 때 이해상충이 발생할 수 있다. 예를 들어, 투자은행업무 부서는 상장법인에 대한 미공개중요정보를 업무과정에서 입수할 수 있는 반면, 트레이딩 부서는 해당 상장법인의 주식에 대해 자기거래를 하거나 고객에게 거래를 추천할 수 있다.

자산운용사의 경우도 마찬가지이다. 오늘날 대형 자산운용사의 규모는 계속 확장되고 있으며, 그들의 통제 하에 있는 엄청난 자산을 운용하는 과정에서 특정 회사의 내부정보에 접근할 가능성이 매우 높으며, 이는 해당 회사의 주식 또는 관련 주식의 거래로 이어질 가능성 역시 높다. 예를 들어, 자산운용사의 펀드가 파산한 회사의 증권에 투자하고 있을 때, 자산운용사는 해당 증권의 상당량을 보유하고 있는 관계로 파산한 회사의 신용위원회의 위원이 될 수 있으며, 신용위원회의 업무를 통해 펀드매니저는 발행자에 대한 미공개중요정보를 알 수 있게 될 것이다. 앞으로 펀드의 포트폴리오 범위가 더욱 확대되면 될수록 내부자거래 또는 시장질서 교란행위의 우려에 관한 문제는 더욱 증가할 것으로 보인다.[5)]

상업은행이 복합적인 기능을 가질 경우에도 내부자거래와 이해상충 리스크는 동일하게 존재한다. 거대 상업은행은 상장법인의 대출과 관련한 협상과정에서 비밀정보를 입수할 가능성이 높다. 동시에 은행의 신탁부서는 소비자의 계좌로 해당 발행자의 주식의 거래를 추천할 수 있다. 따라서 은행은 대여자로서 입수한 비밀정보가 신탁부서에 투자결정을 담당하는 직원에게 흘러가지 않도록 하는 장치를 구축할 필요가 있다. 이외에도, 상업은행은 다음과 같은 기능을 통해 상장법인과 관련한 비밀정보를 입수할 개연성이 매우 높다. 첫째, 상업은행은 흔히 공개시장에서 거래되는 채권을 인수하는 채권부서를 두고 있고, 둘째, 은행들은 때때로 상장증권의 발행자에 의한 사모발행에 투자자문회사로 관여할 수 있고, 셋째, 은행은 빈번하게 상장법인을 위한 공개매수나 M&A를 위한 자금조달에 있어서 중요한 역할을 수행하기 때문이다.[6)]

## 2. 정보교류의 차단

### (1) 의 의

법 제44조는 금융투자업자가 영위하는 금융투자업 간에 이해상충이 발생할 가능성이 큰 경우를 규정하면서, 정보교류의 적절한 통제를 위하여 "정보교류 차단장치"를 마련할 것을 요구하고 있다. 이는 앞서 설명한 것처럼 주로 금융투자회사 내부에서 입수되거나 생성되는 미공개중요정보가 다른 부서로 부적절하게 전달되어 내부자거래로 발전하는 것을 차단하기 위한 목적을 가지고 있다고 할 수 있다.

---

5) Wang · Steinberg, 843~844.
6) Wang · Steinberg, 844~845.

정보교류 차단장치는 다른 말로 “차이니즈 월”(Chinese Wall)이라 하는데, “차이니즈 월” 구축의 기원은 1968년 미국 SEC가 Merrill Lynch 사에게 회사 내부 부서 간에 내부정보를 건네준 행위에 대한 화해의 조건으로 “차이니즈 월”의 구축을 요구한 사건에서 비롯된다.

> Douglas 항공사가 발행한 채권인수의 주간사를 맡았던 Merrill Lynch 사는 인수업무를 진행하는 과정에서 Douglas 사의 추정결산이 기존에 발표되었던 수치보다 상당히 낮게 수정되어 발표될 것이라는 사실을 인지하였다. Merrill Lynch 사의 인수담당부서는 기관영업부서에게 이러한 악재를 건네주었고, 이 정보는 여러 뮤추얼펀드와 기관투자자들에게 다시 건너가게 되었다. Douglas 사가 이러한 수정된 추정결산을 발표하기 전 3일 동안 Merrill Lynch 사의 기관고객들은 상당한 물량의 Douglas 사 주식들을 시장에서 매도하였다.[7]

이 사건 이후 미국은 대형증권회사들뿐만 아니라 상업은행[8]이나 로펌까지도 자발적으로 내부통제시스템이나 컴플라이언스 매뉴얼에 “차이니즈 월” 절차를 포함시켰다. 1990년대에 나름대로 정착이 된 “차이니즈 월”에 포함되는 전형적인 내용으로는 (i) 임직원들에 대해 미공개중요정보의 부적절한 흐름은 금지된다는 교육, (ii) 임직원들의 매매제한, (iii) 물리적 장벽의 설치, (iv) 투자은행부서와 리서치부터의 정보교류 차단, (v) 투자은행의 리스크 아비트라지를 포함한 자기거래의 금지 등을 들 수 있다.[9]

그러나 “차이니즈 월” 구축을 포함하는 정보통제시스템이 얼마나 잘 효율적으로 작동하는지를 평가하는 것은 어려운 일이다. 이후에도 미국의 경우에는 “차이니즈 월”의 구축에도 불구하고 다수의 내부자거래사건이 증권회사의 내부 부서 간 정

---

7) In re Merrill Lynch, Pierce, Fenner & Smith, Inc. 43 S.E.C. 933 (1968).

8) 상업은행의 경우는 신탁부서로부터 중요정보를 대출부서가 취득할 수 있기 때문에 동일한 문제가 발행한다고 볼 수 있다(Loss · Seligman · Paredes, 1363).

9) Loss · Seligman · Paredes, 1363.

보호름을 통하여 발생하였다.

이처럼 "차이니즈 월"은 기원적으로 보면 내부정보의 유용(流用)을 방지하기 위하여 고안된 것이지 종합금융기관의 이해상충의 문제를 해결하기 위한 것은 아니었다.[10] 그러나 "차이니즈 월" 또는 정보교류의 차단장치는 내부정보의 유용방지와 함께 종합금융회사 내부에서 발생할 수 있는 다양한 이해상충을 방지하기 위한 중요한 수단으로 평가되고 있다. 최근 금융회사의 통합화 현상 또는 거대화 현상이 가속화되고 금융회사 내부에서 이해상충이 발생할 가능성이 증가하고 있어 정보교류의 차단장치는 향후 금융시장 규제에 있어서 더욱 중요한 의미를 가질 것으로 기대된다.[11]

우리 자본시장법도 금융투자회사에게 6개 영업의 유형을 모두 수행할 수 있도록 허용하고 있기 때문에 과거에 종합금융투자사업자의 경우 이해상충의 발생가능성은 더욱 커졌다고 볼 수 있다.[12] 자본시장법은 먼저 금융투자회사의 사내정보교류의 차단에 대해서 규정하고 있고, 이러한 정보교류 차단을 계열사 등 일정한 관계를 가지고 있는 사외기업과의 관계에서도 요구하고 있다.

### (2) 사내정보교류의 차단

#### a) 법 제45조와 정보교류의 차단 대상업무

금융투자업자는 그 영위하는 금융투자업(고유재산 운용업무를 포함한다) 간에 이해상충이 발생할 가능성이 큰 경우로서 대통령령이 정하는 경우에는 다음 각 호의 어느 하나에 해당하는 행위를 하여서는 아니 된다(법 45조 1항).

---

10) Poser, *Conflicts of Interest Within Securities Firms*, 16 Brook. J. Int'l., 111 (1990).

11) 그러나 "차이니즈 월" 장치가 개념상으로는 간단하지만 실제적인 문제로 정보의 유용 혹은 연구개발정보의 이동을 막기 위해 어느 높이까지 또는 어느 정도의 두께로 wall을 쌓아야 이러한 효과가 생기는지, 또한 wall-crossing의 문제, wall 위에 있는 자에 관한 문제 등 매우 불명확한 측면이 있다(이중기, "금융기관의 충실의무와 이익충돌, 그 해소방안", 『증권법연구』 제7권 제2호 (2006), 95면).

12) 김유니스 · 남유선, "내부자거래와 이해상충통제 및 관리수단으로서의 Chinese Wall의 법적 기능에 관한 연구," 『증권법연구』 제10권 제2호 (2009) 165면.

1. 고유재산운용업무(누구의 명의로 하든지 자기의 계산으로 제2항 제1호에 따른 금융투자상품을 매매하거나 소유하는 업무로서 투자매매업이나 제68조 제2항에 따른 기업금융업무가 아닌 업무를 말한다) · 투자매매업 · 투자중개업과 집합투자업(집합투자재산을 금융투자상품에 운용하는 업무만 해당한다) · 신탁업(신탁재산을 금융투자상품에 운용하는 업무 및 집합투자재산 · 신탁재산 중 금융투자상품을 보관 · 관리하는 업무만 해당한다) 간의 경우. 다만, 다음 각 목의 어느 하나에 해당하는 경우에는 법 제45조 제1항 각 호의 어느 하나에 해당하는 행위를 할 수 있다.
   가. 투자매매업 · 투자중개업 중 기업금융업무(법 제71조 제3호에 따른 기업금융업무를 말하며 집합투자증권에 대한 인수업무 또는 모집 · 매출 · 사모의 주선업무는 제외한다. 이하 이 조 및 제51조 제3항에서 같다)와 집합투자업 중 기업금융업무 간의 경우
   나. 고유재산운용업무 · 투자매매업 · 투자중개업 중 전담중개업무와 전문사모집합투자기구등의 투자자재산을 전담중개업무로서 보관 · 관리하는 신탁업 간의 경우
   다. 투자매매업 · 투자중개업 중 집합투자증권의 판매업무, 그 밖에 고객의 재산 관리에 대한 종합적인 용역의 제공을 위하여 필요한 업무로서 금융위원회가 정하여 고시하는 업무(이하 이 목에서 "판매업무등"이라 한다)와 신탁업 간의 경우. 다만, 다음의 경우에는 법 제45조 제1항 각 호의 어느 하나에 해당하는 행위를 할 수 없다.
      1) 판매업무등과 다른 투자매매업 · 투자중개업 및 고유재산운용업무 간의 경우
      2) 투자매매업자나 투자중개업자가 투자자문업 · 투자일임업을 영위하는 경우 투자자문업 · 투자일임업과 판매업무등을 제외한 투자매매업 · 투자중개업 및 고유재산운용업무 간의 경우
      3) 신탁업자가 투자자문업 · 투자일임업 및 집합투자업을 영위하는 경우 투자자문업 · 투자일임업 및 신탁업 중 신탁재산을 운용하는 업무와 집합투자업 및 신탁업으로서 집합투자재산을 보관 · 관리하는 업무 간의 경우

2. 기업금융업무와 고유재산운용업무 · 금융투자업 간의 경우. 다만, 다음 각 목의 경우에는 법 제45조 제1항 각 호의 어느 하나에 해당하는 행위를 할 수 있다.

가. 기업금융업무와 다음 각각의 업무 간의 경우

1) 주권비상장법인(법 제390조에 따른 증권상장규정에 따라 거래소에 주권의 상장 예비심사를 청구하여 거래소로부터 그 주권이 상장기준에 적합하다는 확인을 받은 주권비상장법인은 제외한다)에 출자하거나 금융위원회가 정하여 고시하는 방법에 따라 주권비상장법인에 자금을 지원하는 업무

2) 국채증권, 지방채증권, 제119조 제1항 각 호의 법률에 따라 직접 설립된 법인이 발행한 채권, 같은 조 제2항 각 호의 증권, 제11조 제1항 제1호 가목 및 나목에 따른 전문가 간에만 거래되는 증권으로서 금융위원회가 정하여 고시하는 기준을 충족하는 증권 및 제183조 제1항 각 호에 따른 기준을 충족하는 기업어음증권에 대한 매매를 하거나 그 매매를 중개 · 주선 또는 대리하는 업무

3) 법 제393조에 따른 증권시장업무규정에서 정하는 장중대량매매(場中大量賣買) 또는 시간외대량매매(時間外大量賣買)의 방법, 그 밖에 이에 준하는 방법으로 하는 주식의 매매를 중개 · 주선 또는 대리하는 업무

4) 인수업무 또는 모집 · 사모 · 매출의 주선업무를 수행하는 과정에서 해당 기업이 발행한 신주인수권증서를 매매하거나 이를 중개 · 주선 또는 대리하는 업무

5) 그 밖에 기업금융업무와의 연관성 등을 고려하여 금융위원회가 정하여 고시하는 업무

나. 기업금융업무 중 제68조 제2항 제4호의3 또는 제4호의4에 따른 업무와 고유재산운용업무 간의 경우

3. 전담중개업무와 고유재산운용업무 · 금융투자업(전담중개업무는 제외한다) 간의 경우

4. 기업금융업무와 전담중개업무 간의 경우

자본시장법은 위에서 보는 것처럼 금융투자업자의 업무들 간에 정보교류가 차단되어야 하는 경우에 대해 구체적으로 열거하며 규제하고 있다. 이를 크게 다음과 같이 구분해서 볼 수 있다.

첫째, 고유재산운용업무(금융기관에의 예치 등 금융위가 정하여 고시하는 방법에 따라 운용하는 경우 제외) · 투자매매업 · 투자중개업과 집합투자업 · 신탁업 간에는 정보교류 차단장치를 구축하여야 한다. 법은 2개의 업무그룹으로 나누고 있다. 금융투자상품을 매매하는 업무그룹과 고객의 자산을 수임자의 입장에서 관리 · 운영하는 업무그룹으로 크게 구분하여, 이들 간에 정보교류 차단장치를 설치할 것을 요구하고 있다. 다만 일정한 경우 예외를 인정하고 있다.

둘째, 기업금융업무와 고유재산운용업무 · 금융투자업(기업금융업무는 제외)간의 경우에도 정보교류 차단장치를 구축하여야 한다. 고유재산운용업무와 금융투자업을 동일그룹으로 묶어 이러한 업무와 기업금융업무와의 정보교류를 금지하고 있다. 기업금융업무란 인수업무, 모집 · 사모 · 매출의 주선업무, 기업의 인수 및 합병의 중개 · 주선 또는 대리업무, 기업의 인수 · 합병에 관한 조언업무 및 사모투자전문회사 재산의 운용업무 등을 말하는데(영 68조 2항), 이러한 업무를 수행하면서 특정기업의 미공개중요정보를 인지할 가능성이 크다. 다만 이 경우도 일정한 예외를 인정하고 있다.

이렇게 기업금융업무의 수행과정에서 인지한 미공개중요정보를 고유재산운용이나 기타 금융투자업무에 활용할 수 있도록 제공하는 것은 금지된다. 이를 위반할 경우 내부자거래의 가능성이 크므로 불공정거래의 발생가능성을 사전에 차단하고자 하는 것이 차단벽 설치의 의의라 할 것이다.

b) 정보교류의 차단 대상정보

제1호에서 먼저 금융투자상품의 매매에 관한 정보를 제공하는 행위는 금지된다. 여기서 "매매에 관한 정보"의 의미는 이미 '이루어진' 매매내역에 대한 정보뿐만 아니라 매매에 영향을 '미칠 수 있는' 모든 정보를 의미하는 것으로 보아야 할 것이다. 즉 제공되는 정보가 참고가 되어 매매 여부의 의사결정에 영향을 미칠 수 있는 모든 정보를 의미한다. 그 밖에 대통령령이 정하는 정보란 다음 각 호의 어느 하나에 해당하는 정보로서 불특정다수인이 알 수 있도록 공개되기 전의 것을 말한다(영 50조 2항).

1. 금융투자업자의 금융투자상품(금융위원회가 정하여 고시하는 금융투자상품은 제외한다) 매매 및 소유현황에 관한 정보
2. 투자자의 금융투자상품 매매 및 소유현황에 관한 정보. 다만, 투자자가 예탁한 증권의 총액과 증권의 종류별 총액에 관한 정보, 그 밖에 금융위원회가 정하여 고시하는 정보를 제공하는 경우는 제외한다.
3. 집합투자재산, 투자일임재산 및 신탁재산의 구성내역과 운용에 관한 정보. 다만, 금융위원회가 정하여 고시하는 기준에 따라 집합투자재산, 투자일임재산 및 신탁재산의 구성내역과 운용에 관한 정보 중 2개월이 지난 정보를 제공하는 경우는 제외한다.
4. 기업금융업무를 하면서 알게 된 정보로서 법 제174조 제1항 각 호 외의 부분에 따른 미공개중요정보

다만, 이해상충이 발생할 가능성이 크지 않은 경우로서 금융위원회가 정하여 고시하는 기준에 따라 제공하는 정보는 제외한다(동항 단서).

c) 정보교류차단 대상부서 간 정보차단의 예외

법령에 의해 정보교류 차단장치를 설치해야 하는 부서 간에도 이해상충이 발생할 가능성이 크지 않은 경우에는 예외를 허용하고 있다. 이러한 예외의 경우는 금융투자업 규정에서 규정하고 있는데, 다음과 같이 2개 그룹으로 구분할 수 있다.

첫째, 시행령 제50조 제1항 규정의 예외규정인데, 즉 다음의 경우에는 정보의 교류가 허용된다(금융투자업규정 4-6조 1항).

1. 영 제50조 제1항 제1호를 적용할 때 다음 각 목의 어느 하나에 해당하는 경우
   가. 투자매매업, 투자중개업 또는 집합투자업을 경영하지 아니하는 부동산신탁업자: 신탁업과 고유재산 운용업무 간의 경우

나. 자기가 운용하는 집합투자기구의 집합투자증권에 대한 투자매매업 · 투자중개업 이외의 투자매매업 · 투자중개업 또는 신탁업을 경영하지 아니하는 집합투자업자: 집합투자업과 자기가 운용하는 집합투자기구의 집합투자증권에 대한 투자매매업 · 투자중개업 간의 경우

2. 영 제50조 제1항 제2호를 적용할 때 다음 각 목의 어느 하나에 해당하는 업무의 경우

가. 인수업무과정에서 취득한 증권을 매도하거나, 모집 · 사모 · 매출의 주선과정에서 그 증권을 취득시키는 업무

나. 국채증권, 지방채증권, 「전자단기사채등의 발행 및 유통에 관한 법률」에 따른 전자단기사채등, 영 제119조 제1항 각 호의 법률에 따라 직접 설립된 법인이 발행한 채권 및 같은 조 제2항 각 호의 증권의 인수업무 또는 모집 · 매출 · 사모의 주선업무

3. 영 제50조 제1항 제3호를 적용할 때 전문투자자를 대상으로 하는 다음 각 목의 어느 하나에 해당하는 업무

가. 증권의 대차 또는 그 중개 · 주선이나 대리업무

나. 파생상품의 매매 또는 그 중개 · 주선이나 대리업무

다. 환매조건부매매 또는 그 중개 · 주선이나 대리업무

둘째, 일정한 절차를 거치는 조건으로 예외적으로 정보의 교류를 허용하고 있다. 즉 Wall-Crossing이 허용되는 경우로는 (i) 정보를 제공하는 임직원이 해당 정보를 제공할 상당한 이유가 있을 것, (ii) 제공하는 정보가 업무상 필요한 최소한의 범위로 한정될 것, (iii) 해당 업무를 관장하는 임원 및 준법감시인(준법감시인이 없는 경우에는 감사 등 이에 준하는 자를 말한다)의 승인을 미리 받을 것, (iv) 정보제공과 관련된 기록을 유지 · 관리할 것, (v) 정보를 제공받은 임직원이 해당 정보를 해당 업무 외의 목적으로 이용하지 않을 것 등이 있다(금융투자업규정 4-6조 5항).

이러한 예외규정의 특징은 예외적으로 교류를 허용하는 정보의 범위에 대해 언급하고 있지 않다는 점이다. 이는 이해상충이 발생할 가능성이 크지 않은 정보에

대한 판단문제는 매우 실무적이므로 이를 규정으로 제한하는 것이 적절치 않은 것으로 보이기 때문이다.[13] 궁극적으로 정보가 차단장치가 설치된 부서를 넘어갈 수 있는지, 즉 Wall-Crossing의 문제에 대한 판단은 내부통제시스템과 이를 운영하는 준법감시인의 판단에 상당 부분 맡겨져 있다.

d) 임원 및 직원의 겸직금지와 예외

정보교류 차단장치가 설치되는 양 업무그룹의 임원 및 직원을 동일인이 겸직하는 것은 금지된다. 이는 이해상충을 방지하기 위하여 사무공간이나 전산설비에 대해 물리적으로 차단이 이루어진다 하더라도 동일인이 양 업무그룹에서 특정한 직책을 겸직한다면 이러한 차단이 의미가 없기 때문이다.

그러나 대표이사는 회사의 업무를 총괄하는 지위에 있기 때문에 겸직금지에서 제외된다. 이외에도 감사 및 사외이사가 아닌 감사위원회 위원도 제외된다. 감사 및 사외이사가 아닌 감사위원(사내감사위원 즉 상근감사위원을 의미한다)은 회사의 업무 전반에 걸쳐 감사업무를 수행하여야 하기 때문에 겸직금지의 대상에서 제외된다.

사외이사인 감사위원은 회사의 업무에 상시적으로 관여하는 것이 아니라 회의가 있을 때에만 회사에 나와 특정 사안에 대한 논의 및 의사결정을 하기 때문에 본질적으로 겸직금지의 대상이 되지 않는다.

e) 사무공간 및 전산설비의 공동이용 차단

법은 이해상충의 실질적 방지를 위하여 정보교류가 차단되어야 하는 부서 간에 사무공간이나 전산설비의 공동이용을 금지하고 있다(영 50조 3항). 먼저 사무공간은 벽이나 칸막이 등을 통하여 공간적으로 분리시켜야 하며, 출입문을 공동으로 사용하는 행위도 금지된다. 또한 정보교류의 차단대상으로 분류된 정보들이 전산시스템을 통해서 공유되어서도 안 된다. 즉 이들 정보들이 공유되지 못하도록 저장 · 관리 · 열람이 독립되게 이루어져야 한다. 그러나 이러한 제한이 반드시 하드웨어의 분리를 의미하는 것은 아니며 소프트웨어의 분리로 충분할 것이다.[14] 이해상충을

---

13) 변제호 외 4인, 195면.
14) 변제호 외 4인, 193면,

방지한다는 명분으로 이해상충이 우려되는 부서마다 독립된 하드웨어의 구축을 요구한다는 것은 매우 비효율적이기 때문이다.

f) 부서의 독립 및 회의 · 통신의 통제

정보교류 차단대상이 되는 부서들은 서로 조직적으로나 운영상으로나 구분되어 독립적인 부서로 운영되어야 한다. 다만, 이해상충이 발생할 가능성이 크지 아니한 경우로서 금융위원회가 정하여 고시하는 경우에는 제외한다(영 50조 4항 1호). 이는 정보교류의 차단대상이 되는 부서들이 회사내부의 조직체계상 독립적으로 운영되지 않는다면 앞서 언급한 여러 장치들이 실효성을 거두기가 어렵게 되기 때문이다. 그러나 이러한 규정은 너무나 당연한 내용으로서 법령으로 명시할 필요가 있는지는 의문이다. 정보교류의 차단대상이 되는 부서들이 조직체계상 독립적으로 운영되지 않는다면 앞서 언급한 장치들이 작동한다는 것은 실질적으로 불가능하기 때문이다.

또한 정보교류 차단대상의 업무를 수행하는 임직원 간에 해당 업무에 관한 회의를 하거나 통신을 한 경우에는 그 회의 또는 통신에 관한 기록을 유지하지 아니하거나, 매월 1회 이상 그 사항에 대하여 준법감시인(준법감시인이 없는 경우에는 감사 등 이에 준하는 자를 말한다)의 확인을 받지 아니하는 행위는 금지된다(동조 2호).

### (3) 사외정보교류의 차단 등

금융투자업자는 사내정보교류의 차단 이외에도 금융투자업의 영위와 관련하여 계열회사 등과의 관계에서도 이해상충이 발생할 가능성이 크기 때문에, 자본시장법은 사내정보교류의 차단장치에 준하여 사외정보교류의 차단장치를 설치할 것을 요구하고 있다(법 45조 2항).

또한, 집합투자업을 인가받은 은행이나 보험회사의 경우 역시 투자신탁재산의 운용과 관련하여 이해상충이 발생할 가능성이 있기 때문에 자본시장법은 법 제45조에서 규정한 일반적인 정보교류 차단장치의 설치와는 별도로 특칙을 두고 있다. 이는 은행이나 보험회사의 업무특성상 집합투자업을 겸영하는 경우에 발생할 수 있는 이해상충을 방지하기 위하여 구체적인 내용을 규정한 것으로 볼 수 있다(법 250조, 251조).

제14장

# 단기매매차익 반환의무



## I. 서 론

### 1. 의의와 법적 성격

자본시장법은 제172조 제1항에서 주권상장법인의 임원·직원 또는 주요주주가 그 법인의 주권 등을 매수한 후 6월 이내에 매도하거나 그 법인의 주권 등을 매도한 후 6월 이내에 매수하여 이익을 얻은 경우에는 당해 법인은 그 이익을 그 법인에게 반환할 것을 청구할 수 있는 권리를 부여하고 있다. 이를 일반적으로 "내부자의 단기매매차익반환의무" 또는 "내부자의 단기매매규제"라 한다.

이러한 내부자의 단기매매 규제의 특징은 먼저 미공개중요정보의 이용 여부를 묻지 않는다는 점, 그리고 회사의 내부자가 6개월이라는 특정기간 내에 매도 · 매수 또는 매수 · 매도 등 서로 '매치'(match)되는 거래에 의해 이익이 발생한 경우에는 '획일적으로' 그 이익을 회사에 반환하도록 한다는 점이다. 이러한 단기매매 규제의 취지는 보통 내부자거래는 은밀히 이루어져 그 입증에 어려움이 크기 때문에 내부자가 단기거래를 통하여 이익을 취득한 경우에는 내부정보의 이용 여부와 관계없이 회사에 반환하도록 함으로써 내부자거래에 대한 예방적 · 간접적 규제를 하려는 데 있다.[1]

이처럼 내부자가 '6개월'이라는 단기간의 매매를 통하여 얻은 이익을 무조건 환수한다면, 이러한 내부자의 단기매매차익 반환의무의 법적 성격은 무엇인가? 그리고 회사의 반환청구권의 성격은 어떻게 보아야 하는가?

내부자의 단기매매 규제조항은 자본시장법의 편제상 『제4편 불공정거래의 규제』하에 '제1장 내부자거래 등'에 속해 있어, 법의 편제상으로 보면 내부자거래나 시세조종같이 불공정거래 유형의 하나인 것처럼 보이지만 규제의 본질상 불공정거래라 할 수 없다. 내부자의 단기매매 규제는 내부자거래의 입증책임의 어려움을 입법적으로 해결하기 위한 편의적 제도로서 내부자거래에 대한 예방적 · 간접적 규제이기 때문이다. 또한 내부자의 단기매매에 대한 규제는 6개월 이내에 발생한 모든 거래에 대해서 내부정보의 이용과 같은 불법적 행위를 요건으로 하지 않고 규제의 편의상 기계적으로 적용되기 때문에 이를 위반하였다고 해서 이를 불공정거래 행위로 볼 수 없기 때문이다.

그리고 내부자의 단기매매차익이 발생한 경우 법은 법인과 주주에게 발생한 이익에 대해 반환조치를 요구하는 청구권을 부여하고 있는데, 이는 일반적으로 민

---

1) 헌법재판소 2002. 12. 18. 선고 99헌바105 결정; 대법원 2008. 3. 13. 선고 2006다73218 판결.

법상 불법행위에 기인한 손해배상청구권과는 본질적으로 다르다. 내부자가 단기매매를 통해 이득을 취했다 하더라도 그러한 행위가 법인이나 기타 주주에게 손해를 끼친 것이라고 주장할 수는 없기 때문이다.

이처럼 내부자의 단기매매 규제는 "내부자거래의 어려움을 해결하기 위한 사회적 필요성에 의해 마련된 것"[2]으로 내부자거래의 입증의 어려움을 회피함으로써 내부자거래를 효율적으로 규제하고, 나아가 내부정보이용의 입증 여부와 관계없이 내부자의 단기매매로 인해 발생한 이익을 반환토록 함으로써 내부자거래의 동기 자체를 차단시키고자 하는 정책적 목적을 달성하기 위한 제도이다.[3]

## 2. 단기매매규제의 기원 및 발전

### (1) 기원과 목적

내부자의 단기매매 규제의 목적과 법적 성격에 대해서 우리나라에서 다소간의 혼란이 있는 것으로 보이는데,[4] 이 제도의 목적과 성격을 이해하기 위해서는 동 제도가 처음으로 등장한 미국의 1930년대 초반으로 거슬러 올라갈 필요가 있다.

미국은 1929년 시장대붕괴 이후 대공황으로 증권시장이 어려움을 맞이하게 되었고, 이에 대한 개혁정책의 하나로 연방정부가 증권시장 규제에 직접 나서도록 하는 34년법을 제정하게 되었다. 이 과정에서 1929년 시장대붕괴의 원인 중의 하나로서 기업내부자들에 의한 내부자거래와 단기적인 투기매매가 만연하였다는 사실이 지적되었다. 이에 따라 연방의회는 증권시장에서 투자자의 신뢰를 파괴하는 내부자거래를 근본적으로 금지함과 동시에 34년법 제16조(b)를 제정하여 내부자거래

2) 서울고등법원 2001. 5. 9. 선고 2000나21378 판결 〈주리원 사건〉.
3) 헌법재판소 2002. 12. 18. 선고 99헌바105 결정.
4) 내부자의 단기매매 규제와 관련하여 국내의 일부 논문이나 일부 법원의 판결에서 내부자의 단기매매 규제는 그 내부자가 내부정보를 이용하지 않은 경우에는 적용되지 않는 것으로 오해하고 있는 경우를 더러 발견할 수 있다. 예를 들어 2000. 3. 24 서울지방법원이 판결한 〈주리원 사건〉에서 법원은 피고인 L이 단기매매를 통해서 차익을 취했지만 피고는 미공개내부정보를 이용하지 않았기 때문에 반환의무가 없다고 판시하였다(99가합7825 판결 참조).

의 단초를 제거하려 시도하였다.[5] 즉 제16조(b) 자체가 "기업과 특별한 관계를 가진 자들이 그 지위를 이용하여 얻은 정보를 불공정하게 사용하는 것을 방지하기 위하여"라고 동 조항의 도입취지를 밝히고 있듯이, 내부자에 대한 단기매매 규제는 내부자거래의 단초를 제거하기 위하여 내부자가 6개월 이내의 단기매매를 통해 이익을 얻은 경우 그 이익을 반환청구할 수 있도록 함으로써 내부자의 단기매매의 동기 그 자체를 봉쇄해 버린 것이라 할 수 있다.

34년법 제16조(b)가 가진 포인트는 두 가지이다.

첫째, 규제대상이 제한적이라는 것인데, 즉 이사(directors), 경영진(officers), 그리고 10% 이상을 소유한 주주 등 고위간부에게만 이 규제가 적용된다는 점이다.

둘째, 이들 내부자들이 자기주식을 6개월 안에 매도 · 매수 또는 매수 · 매도하여 이익이 발생한 경우, 내부정보의 이용 여부를 묻지 않고 무조건 차익의 반환을 청구할 수 있다는 '획일적'인 규정이라는 것이다.[6]

이렇게 6개월 이내의 매매거래를 단기매매로 규정하여 엄격하게 내부자의 매매거래를 제한한 것은 단기매매의 유혹과 기업의 중요한 정책을 자신의 거래를 위해 조작하려는 유혹을 근본적으로 제거하고, 나아가 내부자가 기업과 주주들에 대해서 가지는 최소한의 신임의무를 확립하기 위한 것이었다.[7]

### (2) SEC Rule 10b-5와 이중규제 체제의 구축

제16조(b)는 내부자가 6개월 이내의 매매거래로 인하여 이익을 얻은 경우 그 이익을 반환할 것을 요구할 수 있는 규정으로서, 내부자거래의 시도를 가능한 억제

---

5) Peter Romeo, *Insider Reporting and Liability under Section 16 of the Securities Exchange Act of 1934*, C533 ALI-ABA 993, 1064 (1990. 6).

6) 그러나 이러한 이익의 반환원칙은 새로운 것이 아니다. 미국의 오래된 법원칙 중의 하나인 '대리인(agent)이 주인(principal)의 일과 관련된 정보를 이용하여 개인적인 이득을 취득하였다면, 그 이익은 대리인의 것이 아니라 주인의 것'이라는 원칙의 반영으로 볼 수 있다(Marleen O'Connor, *Toward a More Efficient Deterrence of Insider Trading: The Repeal of Section 16(B)*, 58 Fordham L. Rev. 309, 320~322 (1989)).

7) Marleen O'Connor, *id.* at 320.

한다는 취지를 가지고 있지만 궁극적으로 내부자거래를 규제함에 있어서는 별 효과를 가지고 있지 못하였다. 이러한 제16조(b)의 취약점을 보강하고 내부자거래를 보다 강력하게 규제하기 위하여 SEC는 그 유명한 SEC Rule 10b-5를 제정하였다. Rule 10b-5에 의한 규제와 제16조(b)에 의한 규제가 실제로 중복되는 부분이 있지만, 1984년 ITSA의 등장 전까지는 서로 다른 목적을 위해 기능하여 왔다.

제16조(b)는 주로 고전적인 내부자들에게 엄격한 내부자거래 책임을 부과함으로써 내부자들이 미공개중요정보를 이용한 거래를 억제하는 기능을 가지고 있는 반면, Rule 10b-5는 내부자들로 하여금 내부자거래를 통해서 얻은 불법적 이익들을 반환하게 함으로써 내부자거래로 인해 피해를 입은 자들을 보상하기 위한 것이었다.[8] 그러나 1984년 의회가 내부자거래 규제를 강화하기 위하여 ITSA를 제정하였고, 이 법을 통해 내부자가 내부자거래를 통해 얻은 불법적인 이익의 3배까지 민사제재금을 부과할 수 있도록 하면서, Rule 10b-5의 기능은 보상에서 억제로, 그리고 처벌의 근거로 그 자리를 확립하게 되었다. 이후 Rule 10b-5는 제16조(b)보다 내부자거래 규제에 있어서 더욱 강력한 위치를 차지하게 되었고,[9] 제16조(b)는 SEC Rule 10b-5와 함께 내부자거래를 규제하는 '이중체계'(dual system)를 형성하게 되었다.[10]

### (3) 제16조(b)에 대한 비판과 논쟁

미국연방의회가 처음으로 제16조(b)를 제정하였을 당시 학자들이나 기업 측은 상당한 비판을 제기하였고, 1941년에 또 다시 제16조(b)에 대해 증권업계에서 강력하게 비판을 제기하였다. 증권업계는 이 조항이 자신의 지위를 이용한 내부자거래를 금지함에 있어서 비효율적이며 또한 논리적이지도 못하다고 주장하였다.[11] 증권업계는 이 조항은 진정으로 내부정보를 이용한 내부자거래를 규제하지 못하기 때문에 내부자거래 예방에 있어서 비효율적이라는 것이며, 또한 6개월 이내에 발생한

8) *Id.* at 319; Sonderquist, Securities Regulation (4th), 504 (1999).
9) Marleen O'Connor, *id.* at 319~320.
10) *Id.* at 319.
11) *Id.* at 323.

정당한 거래조차 부당하게 책임을 부과하면서도 6개월에서 하루라도 지나기만 하면, 실제로 내부정보를 이용한 거래는 정작 규제하지 못하고 있다는 것이다.[12] 이러한 과도한 규제에 대해 '쥐잡기 위해 헛간을 태우는 격'이거나 '무죄한 자를 죄인으로 만드는 규정'이라고 비난하였다.[13] 그렇다고 증권업계가 대안을 제시한 것은 아니며, 일부 극단적인 견해는 단지 제16조(a)의 내부자의 소유지분 신고의무의 확대와 제16조(c)의 공매도 금지만으로 내부자거래를 억제하는 차원에서는 그 효과가 충분하다고 주장하기도 하였다.[14]

이러한 비판은 1964년 다시 한 번 제기되었다. 당시 34년법의 개정이 논의되고 있는 시점이어서 이참에 증권업계는 34년법을 수정하는 법안의 한 부분으로서 제16조(b)의 개정을 의회에 요구하였다. 그 주장의 근거는 제16조(b)는 지나치게 강압적이며, 따라서 제16조(b)의 제정 이후 개선에 대한 요구가 계속되어 왔다는 것이다.[15]

그러나 연방의회는 1941년의 경우와 마찬가지로 1964년에도 증권업계의 주장을 거부하고 SEC의 입장을 편들었다. 비록 제16조(b)가 내부자거래를 효율적으로 규제하지 못하는 점이 있다 하더라도 기업경영진들에게 최소한의 신인기준을 설정해 주는 의미가 있다는 것이다. 의회는 만연한 기업경영진들의 자기주식에 대한 빈번한 거래는 그 자체로서 해악적인 관행으로 보고 있으며, 대부분의 경영진들이 두 주인, 즉 '기업'과 '자신의 주머니'를 섬기고 있다고 비판하였던 SEC의 주장을 인정한 것이다. 결국 1964년의 34년법 개정에서 제16조(b)의 개정은 이루어지지 않았다.

그럼에도 불구하고 제16조(b)에 대한 비판은 끊이지 않았다. 이러한 비판은 1968년의 Texas Gulf Sulphur 사건의 판결과도 간접적으로 연관되어 있다. 이 판결을 통해서 내부자거래를 규제하기 위하여 SEC가 제정한 Rule 10b-5가 확고한 위치를 인정받게 되었다. 이 사건에서 SEC는 내부정보를 알게 된 모든 내부자는 해

12) *Id.* at 324.
13) *Id.* at 324.
14) *Id.* at 323~324.
15) *Id.* at 327.

당 정보를 공시하든가 아니면 거래를 유보해야 할 의무가 있다는 소위 '정보소유이론'(Knowing Possession Theory)을 주장하였고, 제8항소법원은 이를 인정하였다. 따라서 Rule 10b-5가 미치는 영역은 제16조(b)가 책임을 부과할 수 있는 영역을 포함한다는 사실이 판결로 인정된 것이다. 따라서 내부자거래의 이중체제라 할 수 있는 Rule 10b-5와 제16조(b)의 관계에서 실질적인 의미에서 한 축이 무너지게 되었다는 것이다. 따라서 6개월 이내의 모든 거래에 무차별적으로 적용됨으로써 정당한 거래조차 불법적 거래로 취급할 수 있는 제16조(b)의 존재 가치가 없어졌다는 것이 그 비판의 논리이다.[16]

1973년 미국법률원(American Law Institute, 이하 "ALI")도 제16조(b)에 의한 규제가 필요한지에 대해 의문을 제기하였다. 즉 ALI의 입장도 Rule 10b-5가 내부자거래 규제에 있어서 종합적이고 강력한 수단으로 발전하면서 제16조(b)의 의미가 퇴색하였다는 것이다. 그러나 ALI는 그럼에도 불구하고 제16조(b)는 '상징적 중요성'(symbolic significance)을 가지고 있다고 하였다.[17] 따라서 제16조(b)를 폐기할 필요까지는 없으나 단지 SEC가 제16조(b)의 거칠은 부분, 즉 정보의 부정이용 여부에 관계없이 획일적으로 규제하는 부분을 다소 완화할 수 있도록 규칙을 개정하는 것이 바람직하다고 의견을 개진하였다.[18]

이러한 ALI의 의견에 대해 일부 다른 비판자는 제16조(a)에 의한 신고의무, 제16조(c)에 의한 내부자의 공매도금지, Rule 10b-5의 포괄적 사기금지조항 등에 의한 규제로도 충분한데, 과연 ALI가 주장하는 '상징적 중요성'이 제16조(b)에 의한 규제로 인해 발생하는 규제비용을 상쇄할 가치가 있는지는 의심스럽다고 비판하였다.[19] 또한 Jennings와 Marsh는 제16조(b)의 기능은 전적으로 무고한 사람에게 부

---

16) *Id.* at 327.

17) ALI가 이야기한 제16조(b)가 가진 상징적 중요성은 두 가지 측면에서이다. 하나는 내부자거래 스캔들이 증권시장의 신뢰를 뒤흔들 때 투자자들이 시장의 공정성을 위한 상징으로 제16조(b)를 받아들일 것이며, 다른 하나는 제16조(b)는 내부자거래를 근절하기 위한 연방의회의 노력을 보여주는 정치적 상징을 가지고 있다는 것이다(Marleen O'Connor, *Id.* at 356).

18) *Id.* at 328.

19) *Id.*

당한 책임을 부과하는 것에 불과하다고 주장하였다.[20] 아무튼 미국에서 제16조(b)에 대한 정당성 시비는 계속 이어졌지만, 제16조(b)는 오늘까지 굳건하게 자기 위치를 지키고 있다.

## 3. 우리나라에의 도입과 위헌성 문제

### (1) 도입과 발전

우리나라에 내부자의 단기매매 규제는 증권거래법이 1976년 12월 22일 법률 제2920호로 개정(제7차 개정)되면서 처음으로 도입되었다. 그러나 당시 도입된 단기매매 규제는 제188조 제2항에서 "상장법인의 임원 · 직원 또는 주요주주는 그 직무 또는 직위에 의하여 지득한 비밀을 이용"하였을 것을 조건으로 하였기 때문에 동 제도의 모델이라 할 수 있는 미국의 제도와는 본질적인 차이가 있었다.[21] 이후 거래법이 1991년 12월 31일 법률 제4469호로 개정(제10차 개정)되면서 오늘날의 형태와 같은, 즉 내부정보의 이용 여부와 관계없이 6개월 이내에 반대매매를 통하여 이익이 발생한 경우 무조건 반환의무를 인정하는 체제로 전환하게 되었다. 그리고 1997년 1월 13일 법률 제5254호로 개정(제13차 개정)되면서 증권관리위원회를 대위청구권자로 추가하였다.

최근 우리 시장에서 내부자의 단기매매규제 위반 사안들이 꾸준히 적발되고 있으며, 이 중 상당한 사례가 법정다툼으로 발전되기도 하였다.

### (2) 위헌성 문제

a) 헌법재판소의 견해

1991년에 개정되어 지금까지 유지되고 있는 내부자의 단기매매에 대한 규제

---

20) *Id.*

21) 당시 제188조는 "내부자거래의 제한"이라는 타이틀이 붙어 있었지만, 지금과 같이 '내부자거래의 제한'과 '내부자의 단기매매차익의 반환'이라는 개념의 구분이 명확하게 정립되지 못하였다.

는 본질적으로 미국의 34년법 제16조(b)를 모델로 한 것이고, 또한 당시 일본 증권거래법 제164조 및 제165조를 모델로 한 것이다. 미국에서 동 제도의 위헌 여부가 논쟁이 되었던 내용에 대해서 앞에서 살펴보았는데, 우리나라에서도 동 제도의 위헌 여부를 다투는 헌법소원이 제기되었다. 즉 미공개내부정보를 이용하지 않은 정당한 거래에 대해서 단지 내부자라는 이유로 획일적으로 단기매매로 인한 차익에 대해 반환의무를 규정하는 것은 헌법이 보장하는 재산권의 침해가 아닌가 하는 문제이다.

이에 대해 헌법재판소는 내부자의 단기거래로 인한 차익반환제도가 위헌이 아니라는 결정을 내렸다. 헌법재판소는 동 제도가 과잉금지의 원칙에 반하여 청구인들의 재산권침해 여부를 판단함에 있어 입법목적의 정당성 및 방법의 적정성, 수단의 최소침해성 그리고 법익의 균형성 여부를 다루었는데, 모두 문제가 없다고 결정하였다:

> 이 사건 법률조항의 입법목적은 내부자거래를 규제함으로써 일반투자자들의 이익을 보호함과 동시에 증권시장의 공평성, 공정성을 확보함으로써 일반투자자들의 증권시장에 대한 신뢰를 확보하고 이를 바탕으로 국가경제의 발전에 기여함에 있다고 할 것이므로 그 입법목적이 정당함은 명백하다. 나아가 이러한 목적의 달성을 위하여 내부정보를 이용하였을 개연성이 큰 내부자의 단기주식거래로 인한 이익을 회사로 반환하도록 하여 그러한 거래를 무익하게 하고 있는 바, 이는 내부자거래에 대한 상당한 억지효과를 가질 것이 예상되므로 그 방법도 또한 적정하다고 보인다.[22]

헌법재판소는 위에서 보는 것처럼 단기거래 규제의 입법목적이 정당하며 그 방법 또한 적정하다고 판시하였다. 수단의 최소침해성과 관련해서도 과잉금지의 원칙을 벗어나지 않았다고 판시하였다. 내부자거래의 특성상 내부자의 내부정보 이용

22) 헌법재판소 2002. 12. 28. 선고 99헌바105 결정.

여부를 입증하기가 어렵기 때문에 내부정보를 이용한 경우로 반환의무를 한정한다면 단기매매 차익반환제도를 사실상 무력하게 하여 내부자거래 규제의 목적을 달성하는 것이 어렵기 때문에 내부정보를 이용하였는지를 불문하고 엄격한 반환의무를 내부자에게 부과하는 것은 입법목적상 불가피한 입법적 선택이라고 보았다.

또한 법익의 균형성과 관련하여서는 동 제도를 통하여 확보되는 일반투자자의 증권시장에 대한 신뢰확보라는 공익에 비해, 이로 인하여 제한되는 청구인들과 같은 내부자의 재산권에 대한 제한은 내부자에게 일체의 주식거래를 금지하는 것이 아니라 단지 단기매매에 해당되는 경우 그 이익을 회사로 반환하도록 하는 데 그치기 때문에 그 제한이 결코 크다고 할 수 없다고 보았다.

결론적으로 헌법재판소는 내부자의 단기거래 규제는 내부자거래를 규제함으로써 일반투자자들의 이익을 보호함과 동시에 증권시장의 공평성, 공정성을 확보하려는 입법목적을 달성하기 위하여 불가피한 것이고 공공의 복리를 위하여 헌법상 허용된 필요하고도 합리적인 제한으로 볼 수 있으므로 과잉금지의 원칙에 위반하여 재산권의 본질적 내용을 침해한 것이라고 볼 수 없다고 결정하였다. 국내 학자들의 견해도 대체로 헌법재판소의 결정과 유사하다고 볼 수 있다.

b) 비 판

우리나라 단기매매 규제와 관련한 위헌성 문제에서 헌법재판소가 다루지 않았거나 또는 간과한 부분이 있다. 헌법재판소의 결정처럼 내부자거래의 예방적 차원에서 단기매매의 정당성은 일응 설득력을 가지고 있다. 그러나 규제의 범위와 관련하여 구 증권거래법의 제도는 문제가 있었다. 즉 상장법인의 '모든 직원'이 단기매매 규제의 범위에 포함되었는데, 이는 과잉금지의 원칙에 위배된다고 본다.[23)]

우리나라의 단기거래 규제제도가 미국에서 시작되어 일본을 거쳐 국내에 도

23) 헌법재판소는 이 부분을 직접적으로 다루지 않았다. 헌법재판소가 다루었던 쟁점은 내부자에 대한 단기매매차익반환의무제도 자체의 위헌성 여부였고, 직원이 규제대상으로 적절한지 여부는 쟁점이 아니었다. 2001년 헌법소원이 제기된 사건의 청구인은 당시 약 16억 원에 달했던 단기매매차익금에 대해 상장법인이 반환을 요구했기 때문에 동 제도 자체에 대해 위헌 여부를 다투었다. 청구인의 지위는 주요주주로서 단기매매 규제의 대상에 해당되었다.

입된 제도라는 것은 앞서 설명하였다. 그러나 우리의 제도는 미국이나 일본과 다르다. 즉 미국이나 일본은 우리처럼 모든 직원을 단기거래 규제의 대상에 포함시키고 있지 않다. 동 제도가 내부정보를 이용한 거래가 아님에도 불구하고 획일적으로 단기거래로 인한 차익을 반환하는 위험성을 가지고 있기 때문에, 그 규제범위는 내부정보에 일반적으로 접근할 가능성이 큰 자들로 제한하는 것이 마땅하기 때문이다.[24)]

일반적으로 기업의 내부고급정보에 쉽게 접근할 수 있는 임원이나 주요주주의 경우 내부자거래를 억제하고 또한 입증의 곤란을 피하기 위하여 내부정보의 이용 여부를 묻지 않고 단기매매를 규제하는 것이 공정한 시장질서의 확립이라는 사회 전체의 이익의 비교 우위로 인해 허용될 수 있다고 할 수 있지만, 일반적으로 기업의 고급정보에 접근할 수 없는 직원들까지 '무차별적으로' 그 규제의 대상에 포함시키는 것은 문제가 있으며, 나아가 이 부분은 위헌의 소지가 있다고 생각한다.

미국이나 일본은 임원과 주요주주로만 한정하고 있음에도 불구하고 미국에서는 두 번이나 위헌 논쟁이 있었는데, 우리나라는 모든 직원을 단기거래의 규제범위에 포함시킨 것이다. 실로 지나친 규제라 아니할 수 없다.[25)] 내부자의 단기매매 규제제도의 기본적인 목적이 "기업과 (긴밀한) 관계에 있음을 이유로 획득할 수 있는 내부정보의 불공정한 사용을 막기 위한"[26)] 제도임을 고려할 때, 모든 일반 직원들까지 그 규제의 대상에 포함하는 것은 제도의 본질을 크게 벗어난 것이라 아니할 수 없다.

### (3) 자본시장법상 변화와 위헌성의 해소

앞서 언급한 것처럼 단기매매차익 반환의무제도는 내부자거래 규제의 일환으로 그 정당성을 인정할 수 있지만, 이 제도는 획일적인 제도이므로 헌법이념인 최소한의 규제에 머물러야 한다. 이러한 측면에서 미국이나 일본과는 달리 모든 직원을

---

24) Marleen O'Connor, *id.* at 320.

25) 임재연, 증권거래법(2002), 355면("직원 중에도 직무와 지위에 따라 내부정보와 무관한 자가 있을 수 있는데, 직원을 일률적으로 적용대상으로 하는 것은 타당성 면에서 의문이 있다").

26) 미국 34년법 제16조(b)가 밝히고 있는 동 규제의 목적 : "For the purpose of preventing the unfair use of information which may have been obtained by such beneficial owner, director, or officer by reason of his relationship to the issuer …"

단기매매 규제의 대상에 포함시키고 있는 구 증권거래법은 위헌의 소지가 컸다.[27] 이러한 문제점으로 인해 직원을 단기매매 규제의 범위에서 제외하려는 일련의 노력들이 있었지만, 내부자거래 규제시스템에 흠결이 생긴다는 우려 때문에 개선되지 못하였다.

2001년 12월 거래법 개정시 금융당국은 이러한 위헌성 시비를 줄이기 위해 내부정보에 접근이 가능한 직원으로 규제범위를 제한하는 개정안을 국회에 제출하였다. 그러나 국회에서 동 개정안이 내부자거래의 규제를 완화하는 효과를 가지고 있기 때문에 동 내용의 개정을 거부한 사실이 있다.[28] 실제로 당시 우리나라의 내부자거래 규제 자체는 비교법적으로 매우 엉성하여 대다수의 내부자거래가 규제되고 있지 못한 상황에서 단기매매차익 반환대상자의 범위에서 직원을 제외시키는 것은 내부자거래에 흠결이 발생하기 때문에 허용할 수 없다는 국회의 주장은 납득하기 어렵다.

이러한 문제점을 인식한 자본시장법은 직원을 포함하되, 내부정보에 접근가능성이 상대적으로 높은 직원으로 한정하였다. 즉 자본시장법은 직원 중에서 (i) 그 법인에서 주요사항보고사항에 해당하는 사항의 수립 · 변경 · 추진 · 공시, 그 밖에 이에 관련된 업무에 종사하고 있는 직원, (ii) 그 법인의 재무 · 회계 · 기획 · 연구개발에 관련된 업무에 종사하고 있는 직원으로 제한하였다(영 194조).

그러나 단기매매 규제에서 직원은 모두 제외하는 것이 바람직하다고 본다.[29] 구체적으로 실무에 들어가면 매우 문제가 복잡해지는데, 예를 들어 (i)에서 "이에 관련된 업무에 종사하고 있는 직원"이라는 표현이 있는데, 도대체 이렇게 애매한 법문을 가지고 민사문제에 금융감독당국에서 일일이 특정인의 거래가 이에 해당되는지

---

27) 자본시장법상 위헌의 소지를 줄이려고 규제대상이 되는 직원의 범위를 제한하기 이전인 구증권법 체제하에서도 단기매매 차익반환제도는 위헌성이 없다는 의견이 있다(증권법학회, 주석서 I, 821~822면 참조).

28) 당시 국회 정무위원회 법안심사소위원회는 개정안에 따를 경우 내부자거래규제에 허점을 드러내게 될 것이라 이유를 밝혔는데, 이는 동 제도의 취지, 입법의 역사 그리고 헌법이 보호하는 재산권침해의 경우 최소한의 원칙 등을 충분히 고려하지 못한 결과에서 비롯된 것이라 할 수 있다.

29) 同旨: 노태악, "내부자거래 등 관련 행위의 규제," 『증권거래에 관한 제문제(상)』, 법원도서관 (2001) 465면.

를 조사하고 점검해야 한다는 것은 규제비용 측면에서도 부적절하다고 본다. 이러한 문제를 회피하기 위하여 금융위원회의 대위청구권을 폐지하고 공시제도로 전환하였지만, 실무적인 부분에서는 크게 달라진 것이 없다.

자본시장법이 단기거래 규제의 대상자 중 직원의 범위를 일부의 직원으로 제한한 것은 위헌성 논란의 소지를 줄이려는 노력으로 긍정적으로 평가할 수 있는데, 근본적으로 모든 직원을 단기거래의 규제대상에서 제외하는 것이 입법목적의 정당성과 과잉금지의 원칙과의 균형, 규제인력의 효율적 배분, 민사문제에 금융당국의 배제 등 사법적 시스템 측면에서 볼 때 바람직하다.

궁극적으로 단기매매거래 규제 자체를 폐지하는 것이 바람직하다고 본다. 상장법인의 임원 또는 주요주주라고 해서 미공개중요정보의 이용 여부를 불문하고 6개월 이내의 거래에서 발생한 이익을 환수한다는 것은 비합리적이라고 본다. 미국에서 1934년에, 그러니까 지금부터 약 85년 전에 당시의 상황을 고려하여 도입한 제도를 지금까지 고집한다는 것은 재고의 여지가 있다. 자본시장법상 단기매매차익반환제도를 완전히 폐지하되, 혹시 있을 수 있는 규제의 공백은 내부자거래 규제의 강화로 커버가 충분하다고 본다.[30] 자본시장법은 내부자거래 규제에 있어서 많은 부분을 보완하였고, 특히 최근 시장질서 교란행위 제도의 도입으로 그동안 내부자거래 규제의 공백이 상당 부분 제거되었기 때문에, 이제는 단기매매차익 반환제도를 완전히 폐지하더라도 내부자거래 규제에 문제가 발생할 우려는 없다고 본다.

30) 同旨: 이철송, "유가증권의 단기매매차익반환과 정보이용의 요건성," 『증권법연구』 제5권 제1호 (2004) 191~193면.

# II. 단기매매차익 반환의무 대상자

## 1. 임 원

상장법인의 임원이 제일 먼저 단기차익반환의무 대상자가 된다.[31] 구 증권거래법에서는 임원의 범위를 구체적으로 규정하지 않은 채 시행령 제2조의4 제2호에서 이사, 감사, 기타 사실상 이에 준하는 자로만 규정하여 실무적으로 이사와 감사만이 단기매매의 규제대상자에 해당되었으나, 자본시장법은 임원이란 이사와 감사를 말한다고 정의하고 있고(법 9조 2항), 이들에 더하여 상법 제401조의2 제1항에 의한 업무집행지시자와 집행이사 등을 단기매매차익반환의무자에 포함시켰다. 따라서 구증권법에서 해석의 여지가 있었던 집행간부들이 규제대상자에 명확하게 포함이 되었고, 나아가 실질적으로 회사에 영향력을 행사하는 자들 대부분이 포함되게 되었다.[32]

임원의 범주에 사외이사가 포함되는가? 최근 우리나라는 기업의 지배구조 개선에 많은 노력을 하였고, 그 결과 상장회사의 경우 일정한 수의 사외이사를 의무적으로 두도록 하였다. 따라서 이사회의 구성원은 사내이사와 사외이사로 구분할 수 있는바, 사외이사는 당연히 이사에 포함된다.[33] 일반적으로 사외이사는 비상임이기 때문에 경영을 직접 담당하는 사내이사만큼 회사의 내부정보에 접근할 가능성은 적지만 사외이사도 이사회의 구성원인 만큼 기업의 경영에 관한 중요내부정보에 접근

31) 대표이사는 당연히 단기매매차익 반환의무 대상자가 되는데, 대표이사가 차명으로 거래한 계좌에서 단기차익이 발생하였고, 금융감독원으로부터 반환받으라는 통보를 받고 회사 자금으로 이를 반환한 사례에서 대표이사를 업무상 횡령으로 인정한 사례가 있다(대법원 2004. 1. 7. 선고 2003도5915 판결).

32) 상법 제401조의2 제 1 항에 따라 단기거래규제대상자가 된 자들로는 (i) 회사에 대한 자신의 영향력을 이용하여 이사에게 업무집행을 지시한 자, (ii) 이사의 이름으로 직접 업무를 집행한 자, (iii) 이사가 아니면서 명예회장 · 회장 · 사장 · 부사장 · 전무 · 상무 · 이사 기타 업무를 집행할 권한이 있는 것으로 인정될 만한 명칭을 사용하여 회사의 업무를 집행한 자들이다.

33) 광주지방법원 순천지원 2001. 1. 12. 선고 2001가합1366 판결 참조.

할 가능성은 매우 크다. 미국의 경우 사외이사가 당연히 포함되고 있는데, 제16조(b)가 규정하고 있는 'director'는 기본적으로 사외이사를 포함하기 때문이다.[34] 이외에 회사의 감사도 일반적으로 경영진에 포함되지는 않지만 구법과 마찬가지로 자본시장법은 임원의 정의에 감사를 포함시킴으로써 규제대상자의 범위에 명확히 포함하였다.

임원이 그 직위에 있었던 시기에 매입한 증권을 동 직위를 그만둔 후에 매도한 경우, 또는 그 반대의 경우에도 단기매매의 규제가 적용되는가? 법 제172조 제6항은 주요주주의 경우만 매도 · 매수 양 시점에 그 지위를 보유하는 경우에만 규제의 대상으로 명시하고 있고, 임원의 취임 이전 또는 사임 이후의 거래에 대해서는 언급이 없다. 이러한 이유로 임원의 경우는 주요주주에 관한 제172조 제6항과 같은 규정이 없으므로 매도 · 매수 어느 한 시기에만 동 지위에 있어도 단기매매의 규제대상에 포함된다.[35] 즉 임원을 사임한 이후에도 매입시점으로부터 6개월이 지나지 않아 매도한 경우 단기차익이 발생하였다면 반환의 의무가 있다. 반대로 임원이 되기 전에 증권을 매입한 경우도 마찬가지이다. 판례도 동일한 입장이다.[36]

그러나 임원(직원도 포함)의 경우 임원을 사임한 후의 매도 또는 매수를 제한할 필요는 없다고 본다. 왜냐하면 임원의 지위를 상실하였기 때문에 내부정보에 접근할 기회 자체가 차단된 경우인데, 그러한 상황에서 매도 또는 매수를 하는 행위까지 규제한다는 것은 부적절하다고 본다. 만약 임원이 사임한 이후 회사의 내부직원과의 연결을 통하여 내부정보를 입수하여 거래를 하였다면 그것은 내부자거래로 처벌하는 것이 마땅할 것이다. 내부자의 단기거래 자체는 불공정거래가 아님을 상기할 때, 동 제도를 통한 규제는 가능한 최소한으로 그쳐야 한다고 생각한다.

미국의 경우 34년법 자체에서는 이에 대해 명시적인 규정이 없으므로 판례에

34) 미국의 경우는 우리와는 달리 다양한 직책명을 사용하고 있기 때문에 특정한 타이틀을 가진 자를 'director' 또는 'officer'로 보아야 할지의 문제가 있다. 따라서 SEC Rule 3b-2에서 가능한 타이틀을 구제적으로 열거하고 있다.

35) 고창현, "증권거래법상 단기매매차익반환의무,"『인권과 정의』 제277호 (1999. 9) 62면; 김건식 · 정순섭, 434면.

36) 대법원 2008. 3. 13. 선고 2006다73218 판결.

의존할 수밖에 없었는데, 내부자가 되기 이전에 매입한 주식을 임원이 된 이후에 매도하는 경우 그 기간이 6개월이 경과되지 않는다면 단기매매규제의 적용 대상으로 보았다.[37] 반대로 임원인 시점에서 매입하였지만, 임원의 자리를 사임한 후에 매도한 경우 또한 매도시점이 매수시점으로부터 6개월이 경과되지 않았다면 내부자의 단기매매규제의 적용대상이 된다고 판결하였다.[38]

그러나 이러한 입장이 제16조(b)의 해석과 관련하여 중심적인 입장이었지만 항상 일관된 것은 아니었으며, 따라서 혼란의 여지가 있어 SEC는 1991년 Rule 16a-2(a)를 채택하여 논란의 여지가 있는 부분들을 명료하게 정리하였다. 즉 내부자가 되기 이전에 증권을 매입하였지만, 그가 원해서가 아니라 자신의 기업이 거래소 또는 Nasdaq의 상장기업이 되어 비자발적으로 내부자의 단기매매규제의 대상이 된 경우에는 6개월 이내에 매입한 증권을 매도하더라도 적용을 면제하여 주는 규칙을 도입하였다. 즉 이러한 '비자발적' 거래가 아닌 경우에 차익이 발생하였다면 반환의무를 인정하고 있는 것이다. 그리고 Rule 16a-2(b)에서는 임원을 사임한 경우라도 6개월 이내에 증권을 거래하여 차익이 발생한 경우에는 내부자의 단기매매규제가 적용된다는 사실을 분명히 하였다. 이는 그 이전의 판례의 입장을 분명하게 정리한 것이다.[39] 그러나 앞서 설명한 것처럼 미국의 이러한 규제도 과잉규제라고 본다.

## 2. 주요주주

자본시장법상 주요주주란 누구의 명의로 하든지 자기의 계산으로 의결권 있는 발행주식총수의 100분의 10 이상의 주식(그 주식과 관련된 증권예탁증권 포함)을 실질

---

37) Adler v. Klawans, 267 F.2d 840 (2d Cir. 1959).

38) Feder v. Martin Marietta Corp., 406 F.2d 260 (2d Cir. 1969), cert. denied, 396 U.S. 1036 (1970); Sullair Corp. v. Hoodes, 672 F.Supp. 337 (N.D. Ill. 1987) 사건은 다소 성격상 차이가 있는데, 회사가 내부자를 해임한 시점과 그가 실질적으로 회사를 떠난 시점 사이에서 거래가 발생하였는데, 이 사건에서도 법원은 그가 회사의 내부정보에 접근하지 않았을 수 있음에도 불구하고 단기매매차익 반환의무를 인정하였다.

39) Merritt B. Fox, *Insider Trading Deterrance Versus Managerial Incentives: A Unified Theory of Section 16(B)*, 92 Michigan L. Rev. 2088, 2153 (1994).

적으로 소유한 자 또는 임원의 임면 등의 방법으로 법인의 중요한 경영사항에 대하여 사실상의 영향력을 행사하는 주주(사실상의 지배주주)로서, (i) 단독 또는 다른 주주와의 합의 · 계약 등에 따라 대표이사 또는 이사의 과반수를 선임한 주주, (ii) 경영전략 · 조직변경 등 주요 의사결정이나 업무집행에 지배적인 영향력을 행사한다고 인정되는 자로서 임원이면서 발행주식총수의 100분의 1 이상을 소유한 자를 말한다(법 9조, 영 9조, 금융투자업규정 1-6조).

실질소유란 자기의 명의로 되어 있지 않지만 자기의 계산으로 되어 있는 모든 증권을 포함한다. 여기서 모든 증권의 범위는 기본적으로 법 제172조 제1항에서 규정한 증권 등으로 제한된다.

그렇다면 실질소유의 범위를 어디까지 보아야 하는가? 미국의 경우 일반적으로 경제적 이득을 공동으로 취하거나 타인의 투자결정에 영향을 주거나 지배하는 경우에 주주명부의 명의에 관계없이 '귀속이론'을 적용하여 간접적인 실질소유자의 범위에 속한다고 보아 계산에 포함시키고 있다. 우리 법은 이에 관한 규정은 없지만 미국처럼 부인, 부모 또는 미성년자인 자녀의 명의로 주주명부에 등재되어 있는 경우 경제적 공동체로 보아 이들도 실질소유주식의 계산에 포함시키는 것이 바람직하다고 생각된다. 또한 친척관계가 아니더라도 계약관계에 의하여 증권에 대하여 실질적으로 소유자로서의 이익을 향유하는 경우에는 실질소유자로서 계산에 포함되어야 할 것이다.

주요주주의 경우 매도 · 매수한 시기 중 어느 한 시기에 있어서 주요주주가 아닌 경우에는 단기매매차익반환의무를 적용하지 않는다. 즉 주요주주가 아닌 자가 매수로 인하여 주요주주가 된 경우 그러한 매수는 단기매매차익반환대상에 포함되지 않으며, 주요주주가 된 이후의 6개월 내에 발생한 매수와 매도에 한하여 단기매매차익반환의무가 적용된다. 이와 관련하여 정확한 개념 문제를 비롯하여 여러 가지 기술적인 문제들에 대한 상세는 후술한다.

## 3. 직 원

자본시장법은 직원도 단기매매차익 반환의무 대상자에 포함시키고 있다. 그러나 구법과는 달리 내부정보에 접근할 개연성이 큰 직원들로 제한하고 있는데, 이는 바람직한 개선이라고 볼 수 있다.

법은 직원 중에서 (i) 그 법인에서 주요사항보고사항에 해당하는 사항의 수립 · 변경 · 추진 · 공시, 그 밖에 이에 관련된 업무에 종사하고 있는 직원, (ii) 그 법인의 재무 · 회계 · 기획 · 연구개발에 관련된 업무에 종사하고 있는 직원으로 단기거래규제의 대상을 제한하였다(영 194조).[40]

직원의 경우 퇴직하였더라도 매수일로부터 6개월이 경과되지 않아 매도하여 단기차익이 발생한 경우에도 반환의무가 발생한다. 이는 임원의 경우와 마찬가지이다. 또한 직원이 정직처분을 받아 신분 및 임무수행상의 제한을 받는 상태에서 그 법인의 주식을 거래한 경우, 이러한 상태에서의 거래가 비자발적인 유형의 거래로 볼 수 없고 정직처분의 외형만으로 내부정보에 대한 접근 가능성이 완전히 배제된다고 볼 수 없다고 하여 단기매매차익의 반환책임을 인정한 판례가 있다.[41]

내부자의 단기매매를 규제하는 국가는 전 세계에서 미국, 일본 그리고 한국을 비롯하여 소수의 국가에 불과한데, 그 중에서도 제한적일지라도 직원을 규제대상에 포함시키는 국가는 우리나라가 유일한 것으로 알고 있다. 앞서 언급한 것처럼 내부자의 단기매매를 규제하는 의도는 내부자거래 입증의 어려움을 극복하면서 내부자거래 규제의 효율성을 도모하기 위함인데, 단기매매 규제의 성격상 '획일적'이기 때문에 개인의 재산권침해 소지가 있어 규제를 최소화할 필요가 있다.

2014년 12월 시장질서 교란행위의 도입은 특히 내부자거래 규제 부분에서 커다란 변화를 가져왔다. 이제는 제2차 정보수령자를 포함하여 그 이후의 정보수령자

---

40) 미공개정보이용혐의로 수사기관에 통보 또는 고발되는 직원도 단기매매차익반환의무의 대상이 된다(금융위원회, 『단기매매차익반환 등에 관한 규정』 제2조 제1호).

41) 대법원 2008. 3. 13. 선고 2006다73218 판결.

들도 모두 시장질서 교란행위의 규제대상이 되었다. 따라서 이제는 단기매매 규제에 있어서 일반 직원들은 규제대상에서 제외하는 것이 필요하다고 본다.

## 4. 투자매매업자

내부자의 단기매매차익 반환규정은 투자매매업자가 주권상장법인이 모집·사모·매출하는 특정증권 등을 인수하는 경우, 인수계약을 체결한 날로부터 3개월 이내에 매수 또는 매도하여 그 날로부터 6개월 이내에 매도 또는 매수하는 경우(영 제198조 제4호의 경우는 제외한다)에 준용한다. 다만, 모집·사모·매출하는 특정증권 등의 인수에 따라 취득하거나 인수한 특정증권 등을 처분하는 경우에는 적용하지 않는다(법 172조 7항, 영 199조).

또한 투자매매업자가 안정조작이나 시장조성을 위하여 매매하는 경우에는 해당 안정조작이나 시장조성기간 내에 매수 또는 매도하여 그 날로부터 6개월 이내에 매도 또는 매수하는 경우에도 단기거래규제를 준용한다. 다만, 안정조작이나 시장조성을 위하여 매수·매도 또는 매도·매수하는 경우(영 제198조 제3호의 경우는 제외한다)에는 적용하지 않는다(법 172조 7항, 영 199조).[42]

이는 투자매매업자의 경우에도 내부정보를 이용하여 단기매매에 의한 차익을 취득할 가능성이 높은데, 인수계약에 따라 취득하거나 인수한 경우 또는 안정조작이나 시장조성을 하는 경우에 발생할 수 있는 차익은 불가피한 것으로 예외를 허용하되, 그 이외의 거래를 통한 차익에 대해서는 규제하겠다는 취지이다.

---

42) 준용과 예외 적용의 관계가 법문상 이해하기 혼란스러운 부분이 있는데, 안정조작이나 시장조성 기간 내에 반복된 거래를 통해서 발생한 이익에 대해서는 단기매매차익반환 규정이 적용되지 않지만, 동 기간 내에 매수 또는 매도한 거래가 안정조작이나 시장조성 기간이 끝난 후, 그리고 거래시점부터 6개월 이내에 반대매매가 이루어지는 경우에는 단기매매차익반환규정이 적용된다는 의미이다.

### 5. 정보제공의 경우

법 제172조 제1항에 의한 내부자의 단기매매 규제는 내부자가 '직접' 거래한 경우에 한정하여 반환의무가 존재한다. 따라서 내부자가 정보를 제공하고 그 정보를 제공받은 자가 거래를 하여 6개월 이내 단기매매차익이 발생한 경우에는 반환의무를 적용할 수 없다.[43] 그러나 제공한 정보가 법 제174조에서 금지하는 정보라면 법 제174조의 위반 문제로 다투어지게 될 것이다.

## III. 단기매매차익의 공시와 반환청구권자

### 1. 단기매매차익 발생사실의 공시

증선위는 단기매매차익의 발생사실을 알게 된 경우에는 해당 법인에게 이를 통보하여야 한다. 이 경우 그 법인은 통보받은 내용을 대통령령으로 정하는 방법에 따라 인터넷 홈페이지 등을 이용하여 공시하여야 한다(법 172조 3항).

자본시장법은 증선위로 하여금 단기매매차익의 발생사실을 알게 된 경우에 해당 법인에게 통보하도록 하고 있다. 자본시장법이 구 증권거래법과는 달리 해당 법인으로 하여금 증선위로부터 통보받은 사실의 자세한 내용을 인터넷 홈페이지 등을 통하여 공시하도록 하였다. 이러한 새로운 공시의무 부여는 구 증권거래법상 증선위가 가진 단기매매차익반환과 관련한 대위청구권을 폐지하면서 해당 법인 또는 주주들이 단기매매차익 반환청구의 적극적 주체가 되도록 한 자본시장법의 규제방

43) 미국의 경우 제16조(b)를 처음으로 제정할 때, 내부자에 의한 정보의 제공 또는 정보수령자의 단기매매에 대해서도 동일한 규제를 하려고 초안이 작성되었으나, 실제로 행정의 어려움이 예상되어 이러한 내용은 최종문안에서 삭제되었다(Peter Romeo, *Insider Reporting and Liability under Section 16 of the Securities Exchange Act of 1934*, C333 ALI-ABA 993, 1069 (1990. 6)).

법의 전환을 실질적으로 작동시키기 위한 것이다.

증선위로부터 단기매매차익 발생사실을 통보받은 법인은 (i) 단기매매차익을 반환해야 할 자의 지위[임원(『상법』 제401조의2 제1항 각 호의 자를 포함한다), 직원 또는 주요주주를 말한다], (ii) 단기매매차익 금액, (iii) 증선위로부터 단기매매차익 발생사실을 통보받은 날, (iv) 해당 법인의 단기매매차익 반환청구계획, (v) 해당 법인의 주주(주권 외의 지분증권이나 증권예탁증권을 소유한 자를 포함한다)는 그 법인으로 하여금 단기매매차익을 얻은 자에게 단기매매차익의 반환을 하도록 요구할 수 있으며, 그 법인이 요구를 받은 날부터 2개월 이내에 청구를 하지 아니하는 경우에는 그 주주는 그 법인을 대위하여 청구할 수 있다는 뜻을 지체 없이 공시하여야 한다(영 197조).

## 2. 반환청구권자와 대위청구

단기매매차익에 대한 반환청구권자는 기본적으로 해당 법인이다. 그러나 해당 법인이 그 권한의 행사를 해태하는 경우 주주가 해당 법인을 대위(代位)하여 그 청구를 할 수 있다. 구 증권거래법에서는 증선위에게도 대위청구권을 부여하였으나 자본시장법에서는 증선위의 대위청구권을 폐지하였다.

구법에서 증선위에 반환청구권을 부여한 이유는 해당 법인에게 내부자에 의한 단기매매차익이 발생한 사실을 통보하였으나, 법인이 반환요청을 하지 않고 주주들 또한 대위청구를 하지 않는 경우에 대비하기 위한 것이었다.[44] 즉 일반적으로 임원이나 주요주주는 회사와 친밀한 관계에 있기 때문에 회사가 그러한 사실을 알고도 반환청구권을 행사하지 않을 가능성이 크고, 또한 주주들도 대위청구권이 있으나 주주들은 특정내부자의 단기매매차익 발생사실조차 알지 못하는 경우가 대부분이기 때문에 공익적 차원에서 증선위를 대위청구권자에 포함시킨 것이다. 자본시

---

44) 1991년 12월 31일 제10차 개정을 통해서 증권선물위원회(당시 증권관리위원회)가 당해 법인과 함께 단기매매차익을 그 법인에게 반환을 청구할 수 있는 권한이 처음으로 부여되었고, 1997년 1월 13일 제13차 개정을 통해서는 증선위를 주주와 함께 2차 청구권자로 전환하였다가 자본시장법에서는 증선위의 대위청구권을 폐지하였다.

장법은 이러한 증선위의 대위청구권을 폐지하는 대신 회사로 하여금 증선위로부터 통보받은 사실을 자세히 공시하도록 함으로써 해당 회사의 반환청구를 간접적으로 강요하고 또한 주주들이 단기차익 발생사실을 알 수 있도록 하여 대위청구권이 실질적으로 행사될 수 있도록 규제방법을 전환하였다.

주주는 해당 법인에게 단기매매차익을 얻은 자에게 반환청구를 할 수 있도록 요구할 수 있으며, 해당 법인이 그 요구를 받은 날로부터 2개월 내에 그 청구를 하지 아니하는 경우에는 그 주주는 해당 법인을 대위하여 그 청구를 할 수 있다(법 172조 2항). 이러한 권리는 법인 또는 주주 모두 이익의 취득이 있은 날로부터 2년 이내에 행사하지 아니하면 소멸한다(동조 5항). 소를 제기한 주주가 승소한 때에는 그 주주는 회사에 대하여 소송비용, 그 밖에 소송으로 인한 모든 비용의 지급을 청구할 수 있다(동조 4항).

#### (1) 주주의 자격

법인이 단기매매차익의 반환청구를 하지 않는 경우 주주는 대위청구권을 행사할 수 있는데, 대위청구권을 행사할 수 있는 주주의 자격에 대해서 법은 "해당 법인의 주주(주권 이외의 지분증권 또는 증권예탁증권을 소유한 자 포함)"로만 규정하고 있다. 따라서 1주의 증권을 보유하고 있는 주주라도 그 청구권을 가지고 있다고 해석되며, 또한 보유시점도 소송을 제기하는 시점에 보유하고 있으면 충분하다.[45] 이는 대표소송의 경우 남소를 방지하기 위하여 일정한 보유기간을 요구하는 것과는 차이가 있다. 일단 소송을 제기한 주주는 소송이 끝날 때까지 증권을 보유하고 있어야 하는가? 법은 언급이 없지만 소송이 끝날 때까지 주주의 신분을 유지하여야 한다고 본다.

---

45) 김건식 · 정순섭, 439면; 이철송, 455면; 임재연, 215~216면.

### (2) 이종증권의 경우 주주의 자격

우리 법은 이종증권의 경우에도 일정한 경우에는 단기매매차익의 반환의무를 부여하고 있다. 즉 매수 특정증권 등과 매도 특정증권 등이 종류는 같으나 종목이 다른 경우에도 단기매매차익반환의무를 부여하고 있다(영 195조 2항). 사례로 설명하면, 보통주를 매수하고 우선주를 매도하여 단기매매차익이 발생한 경우에도 그 차익의 반환을 요구하고 있다. 이 경우 주주가 대위청구권을 행사할 경우 보통주 또는 우선주 중 어느 주식을 보유한 주주에게 대위청구권이 허용되는가? 법은 이에 대해 언급이 없지만 보통주나 우선주 어느 하나의 주식을 보유한 주주이면 대위청구권을 행사할 자격이 있다고 본다.

### (3) 소송비용의 범위

주주가 대위소송을 하여 승소한 경우 주주는 회사에 대하여 소송비용, 그 밖에 소송으로 인한 모든 비용의 지급을 청구할 수 있다. 소송비용 중 변호사 비용이 매우 중요한데 변호사 비용까지 회사가 부담하는가? 법은 소송으로 인한 모든 비용의 지급을 청구할 수 있다고 규정하고 있으므로 당연히 변호사 비용을 포함하여 청구할 수 있다고 본다. 피고는 자신이 단기거래로 인해 발생한 이익만 반환하면 되는 것이지 원고가 부담하는 변호사 비용까지 부담해야 하는 것이 법의 취지는 아니기 때문이다.

그렇다면 단 1주를 보유한 주주가 대위청구권을 행사하는 경우에도 회사는 소송비용 일체를 부담하여야 하는가? 우리 법은 주주의 자격을 제한하지 않고 '해당 법인의 주주'에게 소권을 부여하였기 때문에 단 1주를 보유한 주주가 대위청구권을 행사하는 경우에도 회사는 소송비용 일체를 부담하여야 한다고 본다.

미국의 경우는 주주가 대위청구권을 행사하여 승소한 경우 비용 일체를 회사에 청구할 수 있지만, 소송에서 변호사 비용이 차지하는 비중이 매우 높은 바, 변호사 비용을 청구하기 위해서는 주주는 해당 소송과 관련하여 자신에게 금전적 또는 경제적 이득이 존재한다는 사실을 입증하도록 요구한 판례가 있다. 이는 변호사가 소송의 중심이 되어 남소가 되는 것을 예방하기 위한 것으로 볼 수 있다.

## 3. 반환청구권의 소멸

반환청구권은 이익을 취득한 날로부터 2년 이내에 행사하지 아니한 경우에는 소멸한다(법 172조 5항). 이 기간은 시효라는 표현을 사용하고 있지 않은 이상 소멸시효가 아니라 제척기간으로 보아야 한다.[46] 법원의 판례도 마찬가지이다.[47] 따라서 청구권을 행사할 수 있는 날로부터 2년이 경과하면 청구권은 소멸하여 청구권의 행사가 용인되지 아니한다. 이에 법이 반환청구권 행사기간을 2년으로 제한한 것은 지나치게 짧아 청구권자인 회사의 재산권을 침해한 것으로 위헌이라는 소송이 제기되었다. 이에 대해 헌법재판소는 단기매매차익 반환청구권을 행사할 수 있는 기산점이나 그 행사기간을 정하는 것은 입법자의 재량범위 내에 있는 것으로서 이를 위헌이라 볼 수 없다면서 다음과 같이 결정하였다:[48]

> 이 사건 법률조항은 내부자의 법적 불안정성을 신속하게 제거하여 법적 안정성을 도모하면서 내부자와 당해 법인의 이익을 합리적으로 조정하려는 목적으로 단기매매차익 반환청구권을 '이익의 취득이 있는 날'로부터 기산하여 '2년 내'에 행사하도록 하고 있는바, 통상 '이익의 취득이 있는 날'은 결제일이자 임원 및 주요주주의 매매사실 보고 기준일에 해당하고, 특히 매매사실 보고 의무는 공시제도와 연결되어 있어, 공시에 따라 당해 법인이 내부자의 단기매매차익 발생사실을 쉽게 인식하고, 이를 행사할 수 있도록 한다. 뿐만 아니라, 이 사건 법률조항이 단기매매차익 반환청구권의 행사기간으로 규정한 2년은 구 증권거래법 제188조의3 제2항의 미공개정보 이용행위에 따른 손해배상청구권의 소멸시효기간과 비교해 볼 때 지나치게 짧다고 단정하기도 어렵다.

---

46) 이상복, 53면; 임재연, 247면; 증권법학회, 주석서 I, 1015면.

47) 서울중앙지방법원 2009. 9. 11. 선고 2009가합49754, 80144 판결; 서울서부지방법원 2010. 5. 20. 선고 2009가합12429 판결.

48) 헌법재판소 2012. 5. 31. 선고 2011헌바102 결정.

# Ⅳ. 단기매매차익 규제의 구체적 내용

## 1. 규제대상 증권

상장법인의 내부자에 대한 단기매매 규제의 대상이 되는 금융투자상품으로는 (i) 그 법인이 발행한 증권, (ii) 앞의 [i]의 증권과 관련된 증권예탁증권, (iii) 그 법인 이외의 자가 발행한 것으로서 앞의 [i] 또는 [ii]의 증권과 교환할 수 있는 교환사채권, (iv) 앞의 [i]부터 [iii]까지의 증권만을 기초자산으로 하는 금융투자상품 등이 있다.

다만, 이들 중 채무증권, 수익증권, 파생결합증권은 그 대상에서 제외된다. 그러나 채무증권 중에서도 전환사채권, 신주인수권부사채권, 이익참가부사채권, 그 법인이 발행한 지분증권(이와 관련된 예탁증권 포함) 또는 앞에서 열거한 증권 및 이들과 관련된 예탁증권과 교환을 청구할 수 있는 교환사채권은 단기매매 규제의 대상이 된다. 또한 파생결합증권 중에서도 법 제172조 제1항 제4호에 해당하는 파생결합증권, 즉 법 제172조가 규제대상으로 하는 금융투자상품을 기초자산으로 하는 파생결합증권은 예외가 적용되지 않아 단기매매 규제의 대상이 된다. 따라서 법은 금융투자상품 중 기본적으로 가격변동성이 큰 것들을 모두 단기매매 규제의 대상으로 하고 있음을 알 수 있다.

## 2. 매도 및 매수의 개념에 관한 쟁점

단기매매규제에 있어서 증권의 '매도'(sale)와 '매수'(purchase)는 이 규정을 해석함에 있어서 가장 어려운 부분 중의 하나이다. 이는 증권시장에서 매도와 매수는 다양한 형태로 등장할 수가 있기 때문이다. 우리나라의 경우 이 '매도'와 '매수'의 개념의 해석에 관해 직접적으로 다룬 사건은 없었지만 미국의 경우에는 이 부분에 대한 많은 논쟁이 있어 왔다. 미국의 경우 법원이나 SEC는 제16조(b)의 단기매매 규정이 획일적으로 규제하고 있는 점 때문에 특별한 상황하에서 이러한 기계적인 적용에 대한 예외를 인정하여 왔다.

#### (1) 매도 및 매수의 개념

제176조에서 말하는 증권의 '매도' 및 '매수'의 개념에 대해서 자본시장법은 정의를 내리고 있지 않은데, 일반적으로 자본시장법의 다른 부분에서 나오는 '매도' 및 '매수'와 차이가 없다고 볼 수 있다. 따라서 '매도'란 '증권을 처분하기 위하여 파는 것, 또는 팔고자 하는 계약을 체결하는 것'이라고 말할 수 있다. 또한 '매수'란 '증권을 매입하는 것, 또는 매입하기 위한 계약을 체결하는 것'이라고 말할 수 있다. 따라서 이러한 매도 및 매수는 거래소시장에서만 이루어질 것을 요구하지 않으며 장외시장에서 이루어지는 매도 및 매수도 포함된다.[49]

미국의 경우 '매수'(buy, purchase)에 대해서 34년법 제3조(a)(13)은 '사거나(buy), 매입하거나(purchase) 또는 획득하기(otherwise acquire) 위한 계약을 포함한다.'라고 정의를 내리고 있으며, '매도'(sale or sell)에 대해서는 제3조(a)(14)에서 '팔거나(sell) 또는 처분하기(otherwise dispose) 위한 계약을 포함한다.'라고 정의하고 있다.[50] 따라서 이러한 부정확한 개념으로 인해 법원은 사건의 성격에 따라서 특정 '매도' 또는 '매수'행위가 제16조(b)에서 규제하는 '매도' 또는 '매수'인지 여부를 개별적으로 판단하여 왔다.[51]

일반적으로 미국은 '매도'와 '매수'의 개념에 대해 상당히 광범위한 개념으로

---

49) 서울고등법원 2001. 5. 9. 선고 2000나21378 판결; 서울고등법원 2001. 5. 18. 선고 2000나22272 판결 참조.

50) 33년법에서 '매도'(sale)에 대해서는 제2조(3)에서 '증권 또는 증권의 지분을 매각 또는 처분하고자 하는 모든 계약'이라고 정의를 내리고 있는 반면, '매수'(purchase)에 대해서는 정의를 내리고 있지 않다.

51) 이러한 미국의 규정에 대해 우리 법원은 매도 및 매수의 개념을 전통적인 개념으로 제한한다면 내부자의 단기매매규제의 실효성을 크게 해하게 될 것이고, 따라서 이러한 문제점에 대비하기 위하여 미국 34년법 제3조(a)(13)(14)는 매수는 사실상의 '취득'을, 매도는 사실상의 '처분'을 포함하는 규정을 둠으로써 교환이나 대물변제에 의한 취득은 물론, 구체적인 사례에 따라 전환사채 또는 전환우선주의 보통주로의 전환, 합병이나 자본재구성시의 주식의 교환 등도 '매수'에 포함되는 것으로 해석할 수 있는 근거를 마련해 두고 있다고 평하였다(서울고등법원 2001. 5. 18. 선고 2000나22272 판결 참조).

이해하여 왔는데, '매도' 와 '매수'는 전통적인 증권과 현금의 교환거래를 포함하여 워런트 또는 옵션의 인수, 행사 및 전환(conversion), 공개매수나 합병 같은 기업 간의 거래 등을 포함하는 광범위한 개념으로 해석해 왔다.

대법원은 이러한 매도 및 매수가 반드시 거래소시장에서 일어날 것을 요하지 않음은 이론의 여지가 없으며, 또한 장외에서 주권 등의 취득은 민법상의 전형적인 매매 이외에도 상법이나 구증권법이 인정하는 다양한 방식에 의한 유상취득이나 처분행위를 통하여서도 가능할 수 있음은 명백하다 설시하면서, 유상증자시의 신주인수와 같은 비전형적인 거래도 구법 제188조 제2항의 매도 및 매수에 포함된다고 판시하였다.[52] 우리 법원도 미국과 같이 '매도' 또는 '매수'의 개념을 광의의 개념으로 보고 있다.[53]

경기화학공업의 임원들은 화의를 추진하려고 하였으나 이를 위해서는 회사의 부채비율을 낮추어 재무구조를 개선할 필요가 있었다. 그리하여 동 사는 주주총회를 개최하여 정관을 개정함으로서 제3자 배정의 방법에 의한 신주발행의 근거를 마련한 다음 신주를 발행하여 총 1,420,000주를 피고에게 인수하게 되었다. 이후 경기화학공업은 화의를 신청하는 대신 1998. 9. 11. 기업구조개선작업(work-out)의 적용을 신청하였으나, 피고가 출자전환비율에 대한 견해 차이 등을 이유로 채권금융기관들이 제시한 기업개선작업약정안을 거부함에 따라, 위 구조개선작업은 실패로 돌아갔다. 이 과정에서 피고는 자신이 인수한 주식을 모두 매각하였는바, 이러한 거래가 6개월 이내에 이루어진바, 동 거래가 단기매매차익반환의무에 해당되는지 여부가 다투어졌는데, 법원은 법 제188조의2에서 규정하는 '매수'에는 민법상의 전형계약인 매매 외에 신주인수와 같은 '비전형거래'도 포함된다고 판시하였다.

52) 대법원 2003. 7. 25. 선고 2001다42684 판결.

53) 교환이나 대물변제와 같이 종국적인 소유권의 취득이나 처분을 수반하는 유상거래는 제176조가 규정하는 매수 또는 매도에 포함되는 것으로 해석된다(이철송, 전게논문(각주 30) 185면).

### (2) 선물 등 무상증여

선의로 대가 없이 증권을 선물로 제공하거나 무상증여 등을 하는 경우에도 단기매매규제의 대상이 되는 증권의 매도 또는 매수로 볼 수 있는가? 이에 대해 자본시장법은 명시하고 있지 않지만 증권의 매도 및 매수란 증권의 소유권이 이전되고 이에 대해 현금 등 경제적 대가가 지불되는 것을 의미하므로, 선물이나 증여의 경우는 법 제176조가 규정하고 있는 '매도' 또는 '매수'에 해당되지 않는다고 할 것이다.[54]

미국의 경우도 경제적 대가 없이 증권을 선물로 제공하는 경우, 자선용이든 비자선용이든 관계없이 제16조(b)가 규정하는 매도 또는 매수로 보지 않는다.[55] 이는 처음에는 판결로 인정되다가 SEC가 제16조(b)의 예외사항을 규정하는 Rule 16b-5를 제정하면서 명문화되었다. 이 규칙에서 SEC는 유언이나 상속법에 의한 증권의 이전도 제16조(b)의 목적에 해당되지 않는 것으로 규정하였다.

이렇게 선의로 제공되는 선물이나 증여는 어떤 법적인 의무에서 요구되는 것이 아니어야 하며, 어떤 채무나 빚을 갚기 위한 지불이어서도 안 되며, 과거의 서비스나 미래의 지불(consideration)에 대한 보상의 차원에서 이루어져는 안 된다. 이러한 원칙하에서 볼 때, 우리사주조합과 관련하여 지급되는 보상(reward)은 단기매매규제의 예외인 선물이 될 수 없다.

### (3) 변칙거래

미국에서 제16조(b)의 규제와 관련하여 가장 빈번하게 소송이 제기되었던 문제 중의 하나가 합병, 공개매수 기타 전통적인 증권거래의 방식이 아닌 특수한 상황에서 발생하는 증권의 처분 또는 인수행위가 제16조(b)의 규제대상이 되는지 여부였다. 이러한 거래를 '증권과 현금이 상호 교환되는 일반적인 증권의 거래'(orthodox

---

54) 김건식 · 정순섭, 435면; 이상복, 31면; 임재연, 199면; 증권법학회, 주석서 I, 1000~1001면.

55) Trucale v. Blumberg, 80 F.Supp. 387 (S.D.N.Y. 1948); Lewis v. Adler, 331 F.Supp. 1258, 1267 (S.D.N.Y. 1971).

transaction)에 대해 '변칙거래'(unorthodox transaction)라고 부른다.

합병계약에 따라 존속회사의 주식과 교환하기 위하여 주식을 양도하는 행위는 미국 증권법상 '매도'의 개념에 속한다고 볼 수 있다. 따라서 제16조(b)를 엄격히 해석한다면, 과거 6개월 이내에 주식을 매입할 경우 합병계약에 따른 주식의 양도에 매치되는 경우 단기매매규제의 대상이 될 수도 있을 것이다. 그러나 연방대법원은 Kern County Land 사건에서 이러한 거래는 제16조(b)가 의도하였던 내부자의 투기적 단기매매의 규제의 목적과 관계없는 거래라고 동 조항의 적용을 배제하였다.[56)]

연방대법원은 이 사건에서 "주식의 양도가 '매도'를 의미하는지 여부와 관계없이 합병계약에 따른 주식의 교환은 본질적으로 비자발적 거래로서, 특히 내부정보를 이용한 투기적 거래의 가능성이 없는 상태에서 이루어진 거래에 단기매매규제조항을 적용해서는 안 된다."라고 판결하였다.[57)] 연방대법원은 변칙거래의 경우 단기매매금지조항의 적용 여부를 판단함에 있어 '내부정보를 이용한 투기적 단기매매의 가능성'(possibility of abuse)을 중요한 기준으로 삼은 것이다.

그러나 연방대법원이 Kern 판결에서 제시한 '실질적 접근'이 나름 타당성이 있고 보편적으로 인정이 되었지만, 미국의 많은 법원들은 기업매수와 관련하여 다양한 형태로 발생하는 거래들을 '변칙거래'로 인정하지 않으면서 실질적 접근을 거부하였다. 그 근거는 실질적 접근이 제16조(b)를 해석하는데 혼란만 가중시킨다는 것이었다. 미국 법원들이 특정 거래의 '변칙거래' 여부를 판단하는데 사용한 중요한 기준은 거래의 '자발성' 여부이다. 예를 들어 적대적 공개매수가 진행될 때 타깃기업의 내부자도 공개매수에 응할 수가 있는데, 이렇게 공개매수에 대해 자발적으로 '응모'(tendering)하는 것은 변칙거래로서 간주되지 않는다. 따라서 비더(bidder)에 주식을 응모하는 행위는 과거 6개월 이내에 매수행위가 있었다면 서로 매치(match)될 수 있으며, 이 경우 제16조(b)가 요구하는 이익반환의 의무가 발생한다.[58)]

---

56) Kern County Land Co. v. Occidental Petroleum Corp., 411 U.S. 582, 595 (1973).

57) *Id.* at 600.

58) Super Store, Inc. v. Reiner, 737 F.2d 962 (11th Cir. 1984).

적대적 기업매수의 상황에서 타깃기업이 백기사를 찾아 우호적 합병을 하기로 한 경우에 타깃기업과 백기사 간에 합병이 이루어지기 전에 비더가 매입한 주식을 백기사에게 매도하였고, 그것이 6개월 이내에 발생하였다면 단기매매 차익의 반환의무가 발생한다. 이러한 주식-현금거래는 '자발적 거래'(voluntary transaction)였기 때문에 변칙거래로 인정되지 않는다.[59] 공개매수에 실패한 비더가 공개매수의 과정에서 획득한 주식을 발행자에게, 즉 타깃기업에게 현금을 받고 매도하는 거래 역시 변칙거래로 인정되지 않는다.[60]

우리나라도 경영권 양도에 대한 프리미엄이 단기매매차익에 해당되는지 여부가 다투어진 사건이 여럿 있었는데, 우리 법원의 입장은 일관되게 이러한 유형의 거래도 단기매매차익의 반환의무가 있다고 판시하였다.[61]

> 지배주식양도와 함께 경영권이 주식양도인으로부터 주식양수인에게 이전하는 경우 그와 같은 경영권 이전은 지배주식의 양도에 따르는 부수적인 효과에 불과하고, 그 양도대금은 지배주식 전체에 대하여 지급되는 것으로서 주식 그 자체의 대가임이 분명하므로, 법 제188조 제2항에 규정된 법인의 내부자가 주식을 매수한 후 6개월 이내에 그 주식과 함께 경영권을 이전하면서 취득한 경영권 프리미엄 또한 주식의 단기매매로 인하여 얻은 이익에 해당한다고 봄이 상당하다.

이와 유사하게 적대적 기업인수 과정에서 주요주주가 된 자의 매각에 대해서도 대법원은 단기매매차익반환의무의 발생을 인정하였다:[62]

> 내부정보를 부당하게 이용할 가능성이 전혀 없는 유형의 거래에 대해서는 법원이

59) Texas International Airlines v. National Airlines, Inc., 714 F.2d 533 (5th Cir. 1983), *cert. denied*, 465 U.S. 1052 (1984).

60) Lane Bryant, Inc. v. Hatleigh Corp., 517 F.Supp. 1196 (S.D.N.Y. 1981); Tyco Laboratories, Inc. v. Cutler-Hammer, Inc., 490 F.Supp. 1 (S.D.N.Y. 1980).

61) 대법원 2004. 2. 13. 선고 2001다36580 판결.

62) 대법원 2004. 5. 28. 선고 2003다60396 판결.

같은 법 제188조 제2항의 매수 또는 매도에 해당하지 아니하는 것으로 보아 그 적용을 배제할 수 있으나, 적대적 기업인수를 시도하던 자가 주요주주가 된 후에 대상회사 경영진의 저항에 부딪혀 인수를 단념하고 대량으로 취득한 주식을 공개시장에서 처분한 경우, 피고가 대량취득 하였던 주식을 매도한 것은 비록 계속 보유할 경우의 경제적 손실을 회피하기 위한 동기에서 비롯된 것이었다 할지라도 피고 스스로 경제적 이해득실을 따져본 후 임의로 결정한 다음 공개시장을 통하여 매도한 것으로 보여질 뿐 비자발적인 유형의 거래로 볼 수 없을 뿐만 아니라, 적대적 주식대량매수자와 회사 경영자가 서로 어느 정도 적대적인지는 개별 사안에 따라 다를 수 있고 또한 같은 사안에 있어서도 시기별로 차이가 있을 수 있으므로 그 적대적 관계성은 결국 개별 사안에서 각 시기별로 구체적 사정을 살펴본 후 이후에야 판단할 수 있는 사항이어서 피고가 적대적 주식대량매수자의 지위에서 주식을 거래하였다는 그 외형 자체만으로부터 내부정보에의 접근 가능성이 완전히 배제된다고 볼 수는 없는 점을 고려하면 결국 '내부정보에 대한 부당한 이용의 가능성이 전혀 없는 유형의 거래'에 해당하지 않는다고 보아야 할 것이므로, 증권거래법 제188조 제2항의 적용대상인 매도에 해당하여 단기매매차익의 반환책임을 지게 된다.

이러한 경영권 프리미엄의 이전과 관련한 사안 이외에도 제3자의 신주인수를 통한 주식취득이 단기매매차익반환의 예외사유에 해당되는지 여부가 다루어진 사건이 있었다. 이러한 거래의 유형도 '변칙거래'의 하나로 들 수 있는데, 우리 법원은 이러한 유형도 구증권법 제188조 제2항의 '매수'에 해당되어 단기매매규제의 대상이 된다고 판시하였다.[63]

### (4) 강요된 거래

미국의 경우도 34년법에서 제16조(b)의 적용 예외가 인정되는 다양한 경우를

63) 서울고등법원 2001. 5. 18. 선고 2000나22272 판결.

규정하고 있다. 대표적으로 사전에 계약된 주식의 인수(처분은 인정되지 않음), 마켓메이커로서 활동하는 거래, 차익거래와 관련하여 10% 주주가 되는 경우, 집합투자업자의 매매, 공공유틸리티지주회사법에 의한 회사의 매매, 발행자와의 일정한 거래 등이 있다. M&A의 경우도 일정한 경우 적용 예외가 인정되는 경우가 있다.

그러나 후술하는 것처럼 미국에서는 '실용적 접근'이 존재하기 때문에 이처럼 법령에 규정되어 있지 않은 경우에도 제16조(b)의 적용이 배제가 될 가능성은 존재한다. 여기서 제16조(b)의 적용배제를 주장할 수 있는 가장 중요한 논리는 거래의 '강제성' 또는 '비자발성'이다. 그러나 모든 강요된 거래 등이 예외로 인정되는 것은 아니며, 예외의 인정 여부는 구체적인 상황하에서 판단할 수밖에 없다.

미국에서 소위 강요된 거래 또는 비자발적 거래로서는 (i) 상당한 세금을 회피하기 위한 매매, (ii) 계약의 의무를 충족시키기 위한 거래, (iii) 발행자의 운영자금을 조달하기 위한 거래, (iv) 반독점 소송을 피하기 위한 거래, (v) 기업매수에 대한 위험에 의해 촉발된 거래 등이 주장되는데, 그러나 법원은 이러한 주장들에 대해서 부정적인 입장을 취하였다.[64)]

우리 자본시장법은 법에 의해 강요되거나 또는 비자발적 거래로서 단기매매규제의 예외로서 12가지 사항을 열거하고 있고, 이들 예외에 해당되는 경우 단기매매규제가 적용되지 않는다.[65)]

### (5) 이종 금융투자상품의 매도 및 매수

a) 의　의

우리나라는 자본시장법을 제정하면서 이종증권 간에 이루어진 단기매매에서 차익이 발생한 경우에도 반환의무를 규정하였다(영 195조 2항). 이는 단기매매차익이 서로 다른 금융투자상품의 매도 및 매수를 통해서도 발생할 수 있기 때문이다.

첫째, 매수 특정증권 등과 매도 특정증권 등이 '종류'는 같으나 '종목'이 다른

---

64) Peter J. Romeo, *id.* at 1082.

65) 영 제83조의6 제1호에서 제4호. 그러나 제3호에 의한 거래는 반드시 비자발적 거래라고 할 수는 없다.

경우가 있다. 예를 들어 선물 · 옵션거래의 경우 결제월간 스프레드 거래를 통해 단기매매가 이루어질 수 있다. 즉 선물이나 옵션의 경우 '6월물'을 매수하고 '9월물'을 매도하는 경우이다. 이러한 경우 종류는 같으나 종목이 다른 경우로 볼 수 있다.[66]

둘째, 매수 특정증권 등과 매도 특정증권 등이 '종류'가 다른 경우가 있다. 여기에는 여러 가지 조합이 가능하다. 먼저 증권의 경우에는 (i) 주식 + 주식선물, (ii) 주식 + 주식옵션, (iii) 주식 + 주식워런트증권(ELW), (iv) 주식워런트증권 + 주식워런트증권, (v) 주식 + 주식연계채권(BW, CW, PB, EB) 등이 가능하다. 파생상품의 경우에는 주식선물과 주식옵션의 교차거래가 가능하고, 또한 주식옵션 간의 거래이지만 행사가격이 서로 다른 옵션 간 매매도 종류가 다른 매매에 해당된다.

이처럼 자본시장법은 '종류'와 '종목'의 개념으로 이종 금융투자상품 간에 이루어진 단기매매를 포괄적으로 규제하고 있다. 이들 이종 금융투자상품 간의 단기매매를 통해 내부자가 이익을 실현하는 것이 가능하지만, 이처럼 포괄적으로 규제하는 것은 지나친 면이 있다고 본다. 예를 들어 선물이나 옵션의 경우 '6월물'을 매수하고 '9월물'을 매도한다고 가정하자. '6월물'과 '9월물'의 가격 차이를 통해 이익이 실현되지만 거래자는 앞서 매수한 '6월물' 포지션은 그대로 보유하고 있는 상태이기 때문에 '9월물'의 매도를 통해 실현한 이익은 '확정된 이익'이 아니다. 따라서 6개월 안에 매수한 '6월물'을 매도하여 이익이 실현된 경우 단기매매차익을 반환토록 하면 충분하지 '9월물'의 매도를 통해 이익이 실현되었다고 보는 것은 단기매매규제의 취지상 과도한 면이 있다고 본다.

증권과 파생상품 간의 교차거래도 마찬가지이다. 특정증권을 10,000원에 매수한 상태에서 주가가 상승하여 20,000원이 되었는데, 이때 동 특정주식을 기초자산으로 하는 선물을 매도한 경우, 선물매도가격을 주식가격으로 환산하여 단기매매차익이 발생하였다고 간주하지만, 특정증권의 매수포지션과 선물의 매도포지션이 그대로 유지되고 있어 거래위험에 여전히 노출된 상태이므로 이를 확정된 이익으로

66) 따라서 단기매매차익반환과 관련한 시행령 제195조 제2항에서 논하는 '종류'의 개념은 증권의 발행에서 '50인의 산정기준'에서 논하는 같은 '증권'과는 개념이 다르다.

보기 어렵다.

따라서 자본시장법상 이종 금융투자상품 간의 단기매매에 대한 포괄적 규제는 제도의 취지를 벗어난 규제라 볼 수 있으며, 만약 이종 금융투자상품 간의 단기매매차익발생 우려가 존재한다면 단기매매규제의 핵심요소인 '일치'(match)와 '확정된 이익' 개념을 중심으로 정밀하게 규제될 필요가 있다.

b) 전환사채의 전환

전환사채를 매도하고 주식을 매수하는 경우 단기매매 규제의 대상이 되는가? 구 증권거래법상으로는 규제대상이 되지 않았다. 이는 기본적으로 단기매매 규제의 대상이 되기 위해서는 6개월 이내의 '매도(매수)'와 '매수(매도)'가 서로 일치되어야 하는데, 전환사채의 매도(매수)와 보통주의 매수(매도)를 서로 일치하는 거래로 볼 수 없기 때문이다.

미국의 경우 Gund v. First Florida Banks 사건[67]에서 법원은 제16조(b)가 규정하고 있는 것처럼 매도와 매수는 문자 그대로 '일치'할 것으로 요구하고 있기 때문에 전환사채의 매도(매수)와 보통주의 매수(매도)는 일치하는 거래가 아니라고 판결하였다. 이와 관련하여 전환사채를 주식으로 전환하는 것 자체는 전환사채의 매도 또는 보통주의 매수가 되는 것은 아니라고 해석된다.[68]

그러나 앞서 언급한 것처럼 자본시장법은 이종 금융투자상품 간의 단기매매로 규제대상으로 함으로써, 주식을 매수하고 전환사채를 매도하는 거래도 단기매매 규제의 대상이 된다. 이러한 규제는 단기매매규제의 취지를 벗어난 과도한 규제라고 본다.

## 3. '6월 이내'에 대한 해석

법 제172조 제1항은 "6개월 이내에" 매도(매수) 및 매수(매도)가 있을 것을 요건

67) 726 F.2d 682 (11th Cir. 1984).
68) Donald Langevoort, Insider Trading Regulation, 351 (1991 ed.).

으로 하고 있다. 즉 '6개월'에서 하루라도 경과하여 매도(매수) 및 매수(매도)가 발생하였다면 내부자의 단기매매규제가 적용되지 아니한다. 이러한 내용을 내부자가 알고 의도적으로 거래하였다 하더라도 단기매매차익반환의 의무를 부과할 수 없다.

### (1) 단차 기산점

6개월의 기간을 산정함에 있어서 초일을 산입한다.[69] 이와 관련하여 단차의 기산일 즉 매수일 또는 매도일을 거래일(매매체결일)로 보아야 할지 아니면 결제일로 보아야 할 지 모호하다. 증권시장에서 이루어지는 거래는 거래소를 통한 다자간 청산과정을 거친 후 예탁결제원을 통해 대금의 지급과 실물의 인도가 완료되어야 실질적 소유권이 이전된다고 볼 수 있다.[70]

이에 대해 법원은 일관되게 거래일, 즉 매매체결일을 기준으로 보고 있다. 먼저 2001년 서울고등법원 판결[71]은 '매매계약체결'을 기준일로 보아야 한다고 판시하였고, 이어 서울지방법원 역시 "여기서의 매도 또는 매수한 날짜라 함은 ① 법률행위로서의 매매계약의 성립시기에 관한 일반적인 해석 및 ② 당사자가 의도적으로 이행일을 6개월 이후로 함으로써 단기매매차익반환의무를 회피할 수 있는 소지를 없애야 할 필요 등을 고려할 때 계약이행일이 아닌 '계약체결일'을 말하는 것으로 봄이 상당하다."라고 판시하였다.[72]

---

69) 민법 제155조에 따르면 기간의 계산에 있어서 법령, 재판상의 처분 또는 법률행위에 다른 정한 바가 없으면, 기간을 일, 주, 월 또는 연으로 정한 때에는 기간의 초일을 산입하지 않는다. 그러나 자본시장법 시행령 제195조 제1항은 초일의 산입을 명시적으로 규정하고 있다.

70) 공개시장에서 이루어진 거래의 경우 매매체결이 완료되면 소유권이 이전된 것인지 아니면 결제가 완료된 시점에서 소유권이 이전된 것인지는 논란이 있을 수 있다.

71) 서울고등법원 2001. 5. 9. 선고 2000나21378 판결.

72) 서울중앙지방법원 2007. 6. 1. 선고 2006가합92511 판결. 그러나 법원은 계약체결일로 보는 이유를 첫째로 법률행위로서의 매매계약의 성립시기에 관한 일반적인 해석을 들고 있는데, 이는 증권거래의 경우 결제일이라고 하는 특수한 문제에 대해서는 설명하고 있지 않으며, 둘째로 든 이유는 단기매매규제의 취지와는 관계가 없는 근거라 할 수 있다.

### (2) 매매계약체결의 의미

대법원 2011. 3. 10 선고 2010다84420 판결 역시 "내부정보를 이용할 가능성이 높은 단기매매를 6월이라는 기간 요건 하에 간접적으로 규제하고자 하는 단기매매차익 반환제도의 취지와 더불어 민법상 매매는 당사자 일방이 재산권을 상대방에게 이전할 것을 약정하고 상대방이 그 대금을 지급할 것을 약정함으로써 그 효력이 생긴다(민법 제563조)는 점을 고려하면, 6월 이내의 단기매매인지 여부는 계약체결일을 기준으로 판단하여야 한다."라고 판시하였다.

이 사건에서 피고가 제3자로부터 매수한 주식을 양도하기로 하는 내용의 합의각서를 체결하고 약 6개월의 기간이 경과한 후 주식매매계약서를 작성하였는데, 합의각서체결일을 계약체결일로 볼 수 있는지, 아니면 정식 주식매매계약서 작성일을 체결일로 보아야 하는지가 쟁점이었다. 대법원은 "6월 이내의 단기매매인지 여부는 계약체결일을 기준으로 판단하여야 한다. 그리고 어느 시점에 계약체결이 있었는지는 법률행위 해석의 문제로서 당사자가 표시한 문언에 의하여 객관적인 의미가 명확하게 드러나지 않는 경우에는 그 문언의 내용과 법률행위가 이루어지게 된 동기 및 경위, 당사자가 법률행위에 의하여 달성하려고 하는 목적과 진정한 의사, 거래의 관행 등을 종합적으로 고찰하여 논리와 경험의 법칙 그리고 사회일반의 상식과 거래의 통념에 따라 합리적으로 해석하여야 한다."라고 전제하면서, 제반 사정상 합의각서는 추후 별도의 확정적인 매매계약 성립을 전제로 한 예비적인 사항들을 합의하기 위해 작성한 것이고, 매매계약 체결 여부 등은 제반 진행상황을 보아가면서 추후 결정하기로 합의한 것으로 보아야 하므로 주식의 매도는 주식매매계약서를 작성한 날에 이루어졌다고 판시하였다.

### (3) 6개월 기간의 산정

이처럼 거래일을 기산점으로 본다면 6월 1일에 증권시장에서 매수한 경우, 매매체결일이 6월 1일이므로 결제일인 6월 3일이 아니라 6월 1일부터 6개월의 기간이 시작된다.

미국의 경우 제16조(b)에서 "less than 6 months"로 규정되어 있기 때문에, 이 표현은 정확히 '6개월'이 아니라 '6개월에서 1일을 뺀 날'이 되어야 한다.[73] 이를 구체적으로 설명한다면 초일을 산입한 상태에서 달력 월로서 6개월을 계산하고, 그 날에서 1일을 감해야 할 것이다. 예를 들어 1월 1일에 매수를 하였다면 'less than 6 months'의 마지막 날은 6월 30일이 아니라 6월 29일이 될 것이다. 2월의 경우 29일인 경우라도 이를 한 달로 계산한다. 만약 4월 8일에 매수를 하였다면 제16조(b)의 적용을 받기 위해서는 10월 6일까지 매도가 이루어졌어야 한다. 만약 10월 7일에 매도가 이루어졌다면 'less than 6 months' 요건에 해당되지 않아 단기매매규제에서 벗어난다.[74]

우리 자본시장법도 미국의 예를 따라 '6개월 이내'로 규정하고 있다. 그러나 우리말의 '이내'는 영어의 'less than'과는 의미가 차이가 있어 '6개월 이내'라는 말은 정확히 '6개월까지'를 의미한다. 위에서 든 예를 들어 설명한다면, 1월 1일에 거래가 이루어진 경우는 6월 30일이 단기매매규제가 적용되는 마지막 날이 된다.[75]

## 4. 매도 · 매수 어느 한 시기에 주요주주인 경우

주요주주의 경우 매도 · 매수 어느 한 시기에 주요주주가 아닌 경우에는 단기매매이익 반환의무에서 제외된다. 즉 매도 · 매수 양 시기에 모두 주요주주인 경우에만 단기매매차익 반환의무가 발생한다. 이 문제는 기술적으로 매우 복잡한 문제를 야기한다. 최초매매와 동시에 10% 이상 되거나 특정거래 후 미달하게 된 경우가 문제가 되는데, 이 경우는 양 시기에 10% 이상 주요주주였다고 보기가 어렵다. 만약 이러한 경우에도 양 시기에 주요주주로 간주한다면 '매도 · 매수 어느 한 시기에 있어서 주요주주가 아닌 경우에는 이를 적용하지 아니한다.'라는 규정의 취지가 퇴색될 것이다.

---

73) Stella v. Graham-Paige Motors Corporation, 132 F.Supp. 100 (1952).

74) 미국의 많은 증권법 교과서나 논문에서는 'less than 6 months'라는 제16조(b)상의 정확한 표현보다는 'within 6 months'라는 표현을 대부분 사용하고 있다. 그러나 'less than 6 months' 와 'within 6 months'와는 Stella 사건에서 피고가 주장했던 것처럼 1일의 차이가 있다. 따라서 미국 증권법 교과서에서 사용되는 'within 6 months'라는 표현은 편의상 그렇게 사용하는 것으로 보인다.

75) 거래일을 기준으로 6개월 기간계산을 한다고 가정할 경우이다.

미국의 경우 처음에는 매매와 동시에 10% 이상 초과하거나 미달하는 경우에도 이에 해당된다고 판시하였으나, 연방대법원은 Foremost-McKesson Inc. v. Provident Securities Co. 사건에서 증권을 매수하여 비로소 10% 이상의 증권을 소유하게 된 경우에는 매수시점에서는 10% 주요주주가 아니라고 판결하였다.[76] 이는 주요주주를 단기매매 규제대상자에 포함시킨 것은 주요주주의 신분을 통해서 회사의 내부정보에 접근할 수 있는 가능성을 인정한 것이기 때문에 매매로 인해 비로소 10% 이상 취득하게 된 경우, 그러한 매매는 내부정보에 기인한 매매로 볼 수 없다는 이유에서이다. 우리의 경우도 미국처럼 매매로 인하여 비로소 10% 이상 취득하게 된 경우에는 단기매매차익 반환의무에서 제외된다고 보아야 할 것이다. 이 부분에 있어서는 우리와 미국의 규정내용이 동일하므로 미국에서 판례의 발전을 살펴보는 것은 우리 제도의 이해를 돕는데 도움이 될 것이다.

### (1) Stella 사건[77]

Graham은 자신의 자동차 관련 자산을 Kaiser-Frazer 사에게 양도하고 동 사 주식 750,000주를 받았고, 얼마 후 Graham은 이 주식 중 155,000주를 매각하였다. 원고는 Graham이 750,000주를 양도받음으로 해서 10% 주주가 되었고, 155,000주 매각은 제16조(b)의 적용을 받아야 하며, 따라서 매각으로 인해 발생한 차익 434,787달러의 반환을 요구하였다.

그러나 Graham은 Kaiser-Frazer 사 주식의 매입은 제16조(b)이 말하는 '매수'가 아니라고 주장하였다. 그리고 또한 자신은 동 주식을 매입하기 이전에는 10% 주주가 아니었다고 주장하였고, 제16조(b)는 합헌적인 조항이지만 이 사건에 적용하는 것은 잘못된 것이라고 주장하였다. 그리고 제16조(b)에 표현되어 있는 "less than 6 months" 표현은 6개월에서 1일을 빼야 한다고 주장하였다. 즉 '6개월 이하'가 아니라 '6개월 미만'의 의미라는 것이다.

---

76) 423 U.S. 232 (1975).

77) Stella v. Graham-Paige Motors Corporation, 132 F.Supp. 100 (1952).

이 사건에서 제2항소법원은 Graham의 매입은 제16조(b)의 적용을 받는 매입이라고 판시하였다. 소위 '객관적 접근' 방법이 적용된 것이다. 그러나 이 사건의 핵심은 Graham이 10% 이상 주주로서 제16조(b)의 적용을 받느냐 여부였다. 법은 매도 및 매수 어느 한 시기에 10% 이상 주주가 아닌 경우에는 동 규정을 적용하지 않는다고 규정하고 있기 때문이다. 즉 주식을 양도받아 10% 이상 주주가 되었는데, 이 시점을 10% 이상 주주로 볼 것인지 여부이다. 즉 양수와 '동시에'(simultaneously with) 주요주주가 된 것으로 충분한지(이하 '동시설'), 아니면 양수 '이전에'(prior to) 주요주주였던 것을 요구하는지(이하'선재설'(先在說)) 문제이다. 이 사건에서 법원은 Graham을 10% 주주로 판결하였지만, Graham이 그러한 매도로 인해 이익을 실현하지 못하였다는 이유로 Graham이 승소하였다.

이 판결은 어느 시점에 10% 이상 주요주주가 되느냐에 관한 최초의 판결로 기록되어 있는데, 법원은 이 판결에서 '동시설'을 인정하였다. 그러나 이러한 견해는 제16조(b)가 언급하고 있는 "매도 · 매수 양 시점에서" 주요주주였을 것을 요구하는 규정의 취지를 충분히 이해하지 못한 것으로 생각한다.

### (2) Reliance 사건

Emerson Electric(이하 "Emerson") 사는 Reliance Electric(이하 "Reliance") 사를 매수하려다가 실패하고, 그 과정에서 Reliance사의 주식 13.2%를 소유하게 되었다. Emerson 사는 13.2% 중 3.24%를 매각하여 9.96%를 보유하게 되었고, 다시 며칠 후 전량을 매각하였다. 이 사건에서 Emerson 사는 자신의 거래는 제16조(b)의 단기매매차익 반환의무가 없다고 주장하였다. Emerson 사의 주장의 근거는 자신은 매입 당시 10% 주주가 아니었다는 것이다. 즉 3.24%를 매각한 시점에서는 주요주주였지만, 13.2%를 매입하는 시점에는 주요주주가 아니었기 때문에 매도 및 매수 양 시기에 주요주주일 것을 요구하는 제16조(b)에 해당되지 않는다는 것이다.

제1심은 Emerson 사의 주식거래는 제16조(b)의 적용대상이라고 판결하였다. 법원은 Emerson 사의 분할매각은 제16조(b)의 책임을 피하기 위해 의도적으로 계획된 것이고, 법이 말하는 '매도의 시기'는 일련의 계속된 매도 모두를 포함한다고 판결하였다. 항소법원도 제1심의 판결을 인정하였다.

그러나 연방대법원의 입장은 달랐다. 제16조(b)는 분명히 매도 및 매수 양 시기에 주요주주일 것을 명백하게 요구하고 있는바, Emerson 사의 어떠한 거래도 매도 및 매수 양 시기에 주요주주였던 경우가 없었다고 하였다. 즉 매입으로 인해 13.2%가 된 거래의 경우도, 거래의 결과로서 그가 주요주주가 된 것이지, 거래 시점에 이미 주요주주였던 것은 아니라는 것이다. 즉 Stella 사건에서 등장하였던 '동시설'을 부정한 것이다.[78] 또한 하급심에서 Emerson 사가 제16조(b)의 책임을 면하기 위하여 의도적으로 분할매도를 하였다는 부분에 대해서도 이는 상관할 문제가 아니라고 하였다. 대법원은 분할매도에 대해서, 특히 2차의 전량 매도에 대해서 Emerson 사는 반환의무가 없다고 판결하였다. 단 1차 매각분에 대해서는 피고가 대법원에 상고하지 않았기 때문에 항소법원의 판결이 그대로 확정되었다.[79]

### (3) Formost-McKesson 사건[80]

청산을 고려중인 Provident Securities(이하 "Provident") 사는 Formost-McKes-son(이하 "Formost") 사에게 자산을 매각하였고, Provident 사는 그 대가로 Formost 사의 보통주로 전환할 수 있는 전환사채를 받았는데, 그 규모는 보통주로 전환할 경우 10% 이상에 해당할 규모였다. 얼마 후 당사자간의 협약에 따라 Provident 사는 채권의 일부를 액면가 이상으로 매도하였고, 나머지 채권과 매도하여 받은 현금을 주주들에게 분배하고 청산을 완료하였다. 이에 대해 Formost 사는 이러한 거래가 제16조(b)의 적용대상이며 차액을 반환할 것을 요구하였다.

이 사안도 앞서 언급하였던 Stella 사건이나 Reliance 사건과 쟁점은 동일하다. 즉 증권을 매입하면서 처음 10% 이상 주주가 된 경우, 법이 말하고 있는 '매입시점에서'(at the time of purchase) 10% 이상 주주라고 볼 수 있는지 여부가 문제가 된다.

---

78) Reliance Electric Co. v. Emerson Electric Co., 404 U.S. 418 (1972).

79) 만약 Emerson 사가 이 부분에 대해 상고하였다면, 대법원은 하급심의 판결을 부정하였을 것이다. 이 사건에서 대법원은 동시설을 부정하는 입장을 보였기 때문이다.

80) Formost-McKesson v. Provident Securities Co., 423 U.S. 232 (1975).

만약 그렇다면 그가 6개월 이내에 매도하여 차익을 실현하였을 경우, 그는 그 이익을 반환하여야 할 상황에 처하게 될 것이다. 이 사건에서 대법원은 이전의 Reliance 사건에서와 동일하게 '매입 이전에'(before the purchase) 10% 주주였던 경우에만 제16조(b)가 적용이 된다고 판결하였다. 따라서 Provident 사의 경우는 매입 이전에는 10% 주주가 아니었기 때문에 제16조(b)이 적용되지 아니한다고 판결하였다.

### (4) 소 결

두 개의 연방대법원 판례에서 보는 바와 같이 증권의 매입으로 인해 처음으로 10% 이상 주주가 된 경우, 매입시점에 10% 이상 주주로 보지 않는다는 것이 연방대법원의 입장이다. 이는 규정의 해석이나 입법의 취지로 볼 때 자연스러운 결론으로 보인다. 만약 처음으로 10% 이상 주주가 되는 매입의 결과로 10% 이상 되었다고 해서 이를 주요주주로 본다면, 매도 및 매수 양 시기에 주요주주일 것을 요구하는 표현은 의미가 없을 것이다.

또한 보다 실제적인 문제로서 주식을 매수 또는 매도하는 경우 단 한 번의 거래를 통해서 원하는 물량이 획득되는 것은 아니다. 예를 들어 특정인이 주식을 매수하여 10% 이상의 주요주주가 되었다고 가정할 때, 이러한 경우 일반적으로 거래량어 많기 때문에 단 한 번의 거래로 10% 이상을 취득하는 것이 아니라 하루 동안에도 여러 번의 거래를 통해서 이루어진다. 즉 하루에 14번의 거래를 통해서 13%를 취득하였고, 10번째 거래까지 9.8%에 이르렀고, 11번째 이후의 거래부터 10% 지분을 넘어섰다고 가정할 때, 단기매매차익 반환규정이 어느 거래부터 적용되느냐의 문제가 있다. 이러한 경우 보통 하루에 몇 번의 거래가 발생하였던 간에 하루 단위로 매수 또는 매도량을 합산하여 일별로 계산함이 타당할 것이다.

## 5. 객관적 접근과 실용적 접근

### (1) 객관적 접근

미국은 1941년의 Smolowe v. Delendo Corp. 사건[81]에서 제2항소법원은 의회의 입법의도나 제16조(b)의 표현 그 자체로 볼 때 단기매매차익이라는 객관적인 사실만 입증되면 반환의무를 인정할 수 있음이 명백하다고 판결하였다. 당시 법원들은 제16조(b)를 엄격하게 해석하여 적용하였는데, 후에 이러한 방법을 '객관적 접근'(objective approach)이라고 불렀다. 객관적 접근이란 매도와 매수의 형태를 갖춘 모든 증권거래에 대해 제16조(b)를 기계적으로 적용하여 단기매매차익 반환을 인정하는 것이다. 따라서 이러한 접근방법하에서는 그러한 책임의 부과가 제16조(b)의 입법취지에 맞는 것인지는 전혀 고려되지 않았다.

앞서 언급한 1972년의 Reliance 사건[82]에서 연방대법원은 처음으로 객관적 접근방법을 이용하였고, 이 사건에서 10% 이상 소유주주는 주식의 매도를 2단계로 분할함으로써 제16조(b)의 책임을 감소시킬 수 있다고 판결하였다. 1단계에서 주요주주는 10% 상태 이하로 떨어질 수 있는 물량을 매도하여 10% 이하의 소유주주 상태로 만들 필요가 있다. 제16조(b)는 이 거래에만 적용되어 이익이 발생한 경우 반환의무가 발생한다. 1단계 매도로 인해 10% 이하의 소유상태가 된 이후에는 더 이상 제16조(b)의 적용의 대상이 아니므로, 2단계로 나머지 물량에 대해서는 자유롭게 매도할 수 있으며, 이 매도로 인해 발생하는 이익은 반환의 의무가 없는 것이다.

### (2) 실용적 접근

제16조(b)의 입법 당시부터 그 이후 계속해서 동 조항의 정당성 문제가 시비되었는데, 법원의 입장은 당초에는 제16조(b)의 해석에 있어서 문자적인 해석의 입장을 취하였다. 소위 앞에서 언급한 '객관적 접근' 방법이었다. 그러나 1950년대에 의

---

81) 136 F.2d 231, 235 (2d Cir.), cert. denied, 320 U.S. 761 (1943).
82) 404 U.S. 418 (1972).

회가 예상하지 않았던 변칙거래가 제16조(b)의 범위 안에 들어오면서 법원들은 제16조(b)의 무차별적 적용인 "맹목적인 엄벌"(purposeless harshness)에 대해 의문을 표명하기 시작하였다. 이에 대한 반응으로 제16조(b)에 대한 지나치게 엄격한 적용을 피하기 위해 해당 거래가 당초 의회가 막고자 하였던 부정을 위한 수단으로 이루어졌는지 여부를 묻는 '실용적 접근'(pragmatic approach) 방식이 개발되었다. 이 방식을 통해서 법원은 내부정보의 부정한 사용이 있었는지 여부를 물음으로써 변칙거래를 포함한 일부 사건에서 제16조(b)의 적용을 제한하였다.

물론 이러한 실용적 접근방법의 사용은 과거 객관적 접근보다 상당한 불확실성을 초래하게 되었고, 제16조(b)의 적용에 있어서 일관되지 못한 점도 등장하게 되었다. 그 결과로 제16조(b)의 근본적인 개념인 '매수'와 '매도'와 같은 용어에 대한 정의에 있어서 상당한 혼란이 있게 되었다.[83]

Reliance 사건이 있은 지 1년 후인 1973년, 연방대법원은 Kern County Land Co. v. Occidental Petroleum Corp. 사건[84]에서 제16조(b)의 적용을 좁게 제한하면서 실용적 접근방법으로 전향하였다. 대법원은 "기업내부자에 의해서 이루어 질 수 있는 투기적 단기매매를 방지하기 위한 의회의 목적을 살리기 위해 제16조(b)를 탄력적으로 해석하는 것은 가능하다"고 하면서 제16조(b)를 문자적으로 해석하는 객관적 접근방법을 거부하였다.

이 사건에서 Occidental 사는 Kern County Land(이하 "Kern") 사의 지배권을 장악하기 위하여 적대적 기업매수 방법을 통해서 Kern사 주식의 10% 이상을 매입하였다. Kern 사는 Occidental 사에 의한 기업매수를 저지하기 위하여 Tenneco 사와 우호적인 합병계약을 체결하였다. Occidental 사는 보유하고 있는 Kern 사 주식을 Tenneco 사 주식으로 교환하여 받았는데, 이러한 거래는 Occidental 사가 주식을 매입한 지 6개월 이내에 발생한 것이었다. 따라서 이러한 거래가 제16조(b)의 규제대상이 되는지 여부와 또한 이익이 발생하였을 경우 단기매매차익으로 반환되어야 할 것

83) *Id.* at 323~325.
84) 411 U.S. 582 (1973).

인지의 문제가 제기되었다. 실용적 접근 방식을 채택한 대법원은 이 거래는 제16조(b)가 말하는 거래가 아니라고 판결하였다. 즉 Occidental 사의 거래는 본질상 비자발적인 거래였으며, 또한 내부정보를 이용한 투기적 성격도 존재하지 않았으므로 제16조(b)는 그러한 거래에는 적용되어서는 안 된다고 연방대법원은 판결하였다.

연방대법원은 1976년 Foremost-McKesson 사건[85]에서도 제16조(b)의 적용을 엄격하게 제한하였다. 이 사건에서 Provident 사는 Foremost 사에게 자산을 매각하면서 그 대가로 Foremost 사의 10%가 넘는 주식을 받았다. Provident 사는 이 주식을 받자마자 당사자 간의 합의에 따라며 동 주식을 매각하였다. 법원은 Provident 사가 Foremost 사의 10% 이상 소유주주가 된 거래가 제16조(b)에 해당되는지 여부를 검토하였다. 대법원은 이러한 거래는 제16조(b)가 금지하려는 거래가 아니라고 판시하였다. 대법원은 제16조(b)의 적용을 제한하면서 진정한 내부자거래의 경우 다른 규제수단, 즉 SEC Rule 10b-5를 통해서 규제가 가능할 것이라고 언급하였다.

### (3) 소 결

자본시장법은 단기매매규제의 예외를 명시적으로 열거하고 있다. 따라서 이에 해당되는 경우는 명시적으로 단기매매규제에서 면제가 된다. 그렇다면 예외사유로 명시되지 않은 경우는 모두 예외 없이 단기매매규제의 대상이 되는가? 즉 단기매매규제의 예외사유를 명시한 시행령 제198조를 열거적 한정주의로 보아야 하는지 아니면 예시적 규정으로 볼 수 있는지의 문제이다.

이에 대해 법원은 시행령 제189조를 엄격하게 해석하고 있다. 즉 이에 해당되지 않는 경우는 기본적으로 단기매매규제의 대상이 된다는 것이다. 다만, 이에 해당되지 않는 경우에도 내부정보의 이용가능성이 전혀 없는 경우에는 단기매매규제의 예외로 인정할 수 있다는 입장이다. 따라서 우리 법원은 미국에서 논의된 객관적 접근방법을 기본으로 하되 실용적 접근, 즉 내부정보의 이용가능성이 전혀 없는 경우

---

85) 423 U.S. 232 (1976).

에는 추가적으로 예외를 인정하는 입장이라 할 수 있다.

# V. 실현된 이익과 이익의 계산

## 1. 실현된 이익

자본시장법 제172조 제1항이나 미국 34년법 제16조(b)에 의한 단기매매차익 반환의무가 발생하기 위해서는 이익이 발생하여야 한다. 따라서 이익이 현실적으로 발생하지 않았다면 반환의무는 당연히 발생하지 않는다. 그러나 이익의 유형은 직접적 및 간접적 이익, 그리고 금전적 및 비금전적 이익 등 여러 가지 형태가 있을 수 있는데, 내부자의 단기매매 규제의 대상이 되는 이익의 범위는 어디까지 제한되어야 할 것인가가 문제될 수 있다.

### (1) 직접적 · 금전적 이익

내부자에 의해서 실현된 이익이 내부자에게 '직접적'인 '금전적 이익'에만 제한되는가 여부이다. 이에 대해 법은 명시적인 언급을 하고 있지 않지만 '직접적'이고도 '금전적'인 이익으로 제한하여야 할 것이다. 이는 내부자의 단기매매규제가 내부자거래를 억제하고자 하는 예방적 차원의 제도인바, 이익의 범위를 지나치게 확대할 필요는 없기 때문이다. 우리나라의 경우 시행령 제83조의5의 규정이 도입되기 이전 상황에서 증권관리위원회의 관련규정의 효력을 부인하고 조리상 합리적인 방법으로 이익에서 손실을 공제한 순이익을 반환하라고 판시한 하급심의 판례가 있었다.[86] 미국의 경우 '실현된 이익'(profit realized)의 범위는 내부자에게 '직접적이고 금

86) 창원지원 2001. 1. 9. 선고 99나12561 판결(채동헌, "증권거래법상 단기매매차익반환," 『상장』(2001년 5월) 104면에서 재인용).

전적인 이익'(direct and pecuniary benefit)인 경우에만 제한된다는 입장이다.[87]

### (2) 손실의 회피

손실의 회피도 이익의 실현으로 볼 수 있는가? 예를 들어 주가가 하락한 경우 법적으로 타당한 이유를 들어 해당 주식의 매입을 취소하는 행위 등을 가정할 수 있을 것이다. 이러한 손실의 회피도 단기매매규제의 대상에서 제외된다고 보는 것이 타당할 것이다. 미국의 판례도 손실의 회피행위는 제16조(b)가 규정하는 이익의 실현으로 볼 수 없다는 입장이다.[88]

### (3) 이중책임의 문제

내부자가 단기매매규제에 해당되어 단기매매차익을 반환하게 될 경우, 그러한 거래가 내부자거래에도 해당되어 형사적으로 벌금이 부과되거나 민사적으로 손해배상책임이 인정될 경우 단기매매차익반환금액을 공제하여야 하는가?

먼저 내부자거래에 대한 형사책임과 단기매매금지규정을 위반해서 발생하는 단기차익반환은 상호 독립적인 사안이며, 따라서 이들 책임은 명백히 구분되므로 공제할 필요가 없다고 본다.

또한 민사적 손해배상문제도 별개의 문제로 보아야 할 것이다. 단기매매차익반환문제는 해당 법인이 단기매매차익이 발생한 자에 대하여 반환을 청구하고, 반환받은 금액은 회사의 재산이 된다. 그러나 내부자거래와 관련한 민사소송에서 원고는 거래상대방들이며, 소송에서 이긴 경우 반환받은 금액은 원고들 간에 적절하게 배분될 것이다. 따라서 이들 각각 법의 목적들이 다르기 때문에 단기매매차익반

---

87) 기업의 내부자가 자신의 두 아들을 위한 신탁계좌를 이용하여 단기매매를 한 CBI Industries, Inc. v. Horton 사건에서, 제 1 심은 단기매매차익의 반환의무를 인정하였지만, 제 7 항소법원은 신탁계좌의 명목상의 수혜자와 내부자간의 가족관계가 수혜자의 신탁계좌의 부의 증가를 통해 내부자가 간접적으로 이익을 누릴 수는 있지만, 제16조(b)를 적용하기에는 충분치 않다고 판결하였다(682 F.2d 643, 646 (7th Cir. 1982)). 이러한 기준을 'direct pecuniary test'라고 부르기도 한다.

88) S&S Realty Corp. v. Kleer-Vu Industries, Inc., 575 F.2d 1040 (2d Cir. 1978); Posner v. Hand, Civ. Act. No. 86C 967 (N.D.Ill. 1986).

환이 형사적 벌금 또는 민사상 손해배상총액에 영향을 미치지 못한다고 보아야 할 것이다.[89)]

미국의 경우는 34년법 제10조(b)와 SEC Rule 10b-5를 위반하여 이들 조항에 의거한 조치에 의해 민사제재금을 납부한 경우에는 제16조(b)하에서의 반환의무총액에서 동 금액을 공제하도록 하고 있는데, 이는 민사제재금으로 회수한 자금이 피해를 입은 투자자들에게 재분배되기 때문이다.[90)] 미국의 경우 단기매매차익반환과 관련해서는 SEC나 NYSE 등 자율규제기구는 전혀 개입하지 않는다.

## 2. 이익의 계산

### (1) 의 의

내부자의 단기매매로 인한 이익이 발생한 경우 그 이익의 규모를 계산하는 방법에는 몇 가지가 존재한다. 구증권법은 1997년에 처음으로 단기매매차익 산정기준을 마련하였는데, 기본적으로 매수단가(2회 이상 매수한 경우에는 매수수량으로 가중평균한 매수단가)와 매도단가(2회 이상 매도한 경우에는 매도수량으로 가중평균한 매도단가)의 차액의 절대치에 매수수량과 매도수량 중 일치하는 수량을 곱한 금액으로 하였다. 그리고 이 금액에서 매매일치수량 부분에 관한 매매거래수수료와 증권거래세액을 공제한 금액을 이익으로 계산하였다. 이후 시행령 개정(2000. 9. 8)을 통해 2회 이상 매수 또는 매도한 경우 시가가 빠른 매수 또는 매도부터 차액을 산정하는 '선입선출법(先入先出法)' 방식으로 변경하였다(구영 83조의5).

자본시장법은 동일한 종류의 증권의 경우에는 구증권법의 방법과 동일하게 규정하였고, 이종 금융투자상품간에 이루어진 단기매매에 대해서도 새롭게 규정하면서 그 차익의 반환을 위한 계산방식도 규정하고 있다.

---

89) 우리나라의 경우 내부자거래 사건에서 피고들에게 내부자거래를 통해서 취득한 이익보다 벌금으로 부과되는 금액은 상당히 적은 것으로 보인다. 따라서 부당이득의 반환이라고 하는 측면에서 내부자가 단기매매를 통해 취득한 이익의 반환제도는 새로운 의미를 가지고 있다고 평가할 수 있다.

90) National Westminster Bancorp NJ v. Leone, 702 F.Supp. 1132 (D. N.J. 1988).

### (2) 매도와 매수의 일치

a) 의 의

단기매매로 인한 차익의 반환을 요구하기 위해서는 기본적으로 6개월 이내에 매수 및 매도 또는 매도 및 매수가 발생하여 서로 '일치'(matching)하는 거래가 있어야 한다. 즉 매도수량과 매수수량이 '일치'하는 수량에 대해서만 단기매매차익 반환의무를 부과하고 있다(영 195조).

b) 배우자의 거래

내부자인 남편의 매수와 부인의 매도를 '일치'하는 매수 및 매도로 볼 수 있는가? 미국의 경우 내부자인 남편이 스톡옵션을 실행하여 주식을 매수하였고 부인은 매도하였는데, 이러한 남편의 매수와 부인의 매도행위를 '일치된'(matched) 거래로 보아 단기매매차익 반환의무를 인정한 판결이 있다.[91] 이 사건에서 남편이 부인의 투자에 영향력을 미치지 않았고, 부인이 남편과 별도의 증권계좌를 가지고 있었지만 제2항소법원은 두 사람이 부부관계라는 것과 투자에 대한 남편과의 대화 가능성 등을 고려할 때 내부정보의 이용가능성을 배제할 수 없다고 보았다.

우리나라의 경우 내부자의 처가 언니 명의의 차명으로 거래한 경우, 내부자가 그러한 주식거래의 직접적인 주체가 아니더라도 그 주체의 행위 즉 처의 행위를 내부자와 동일시할 수 있는 경우에는 내부자의 거래로 볼 수 있다 하여 단기매매차익 반환의무를 인정한 판례가 있다.[92]

c) 가장매매

동일인이 차명계좌를 통해 보유하고 있던 주식을 공개시장에서의 매매를 통해 본인의 실명계좌로 매수주문을 제출하여 받아간 경우 단기매매 규제의 대상인지 여부가 다투어졌다. 이 사건에서 제1심은 증권시장에서 유통되는 증권은 증권예탁원에 혼장임치되어 있으므로 이 사건 주식은 비록 피고의 차명계좌에서 매도가격, 일시 및 수량과 실명계좌에서의 매수가격, 일시 및 수량이 일치하는 경우라도 피고

---

91) Whiting v. Dow Chemical Co., 523 F.2d 680 (2d Cir. 1975)(Hazen, 593에서 재인용).

92) 대법원 2007. 11. 30. 선고 2007다24459 판결.

가 실명계좌로 매수한 주식이 차명계좌로 매도한 주식과 동일한 주식이라 할 수 없기 때문에, 이는 가장매매가 아니라 증권거래소 시장을 통한 위탁매매로서 유효하게 성립하여 그 매매의 효력이 발생하였기 때문에 해당 거래가 법률상 진정한 매매가 아니라거나 가장매매이기 때문에 단기매매차익반환규정이 배제되어야 한다는 피고의 주장을 받아들이지 않았다.[93]

그러나 상고심인 대법원은 비록 공개시장에서의 증권예탁에 혼장임치의 성격이 있어 매도 및 매수되는 주식을 특정할 수 없다 할지라도 실질적으로 동일한 시점에 차명계좌로부터 매도주문과 실명계좌로부터의 매수주문이 존재하였다면 차명계좌에서의 매도가격과 실명계좌에서의 매수가격이 정확히 일치하는 수량에 관한한 증권거래법 제188조 제2항의 적용대상인 매매에 해당하지 아니한다고 판시하였다.[94]

d) 단일거래에 의한 차익발생 가능성

법 제172조에 의한 단기매매차익반환의무는 기본적으로 6개월 이내에 서로 매치(match)되는 두 개의 독립된 거래, 즉 매도 · 매수 또는 매수 · 매도 행위가 존재할 것을 요건으로 한다. 그렇다면 '하나의 거래'(single transaction)로 인해 차익이 발생한 경우, 이 경우도 단기매매에 의한 차익반환의무가 존재하는가? 먼저 단일거래에 의한 차익발생은 파생상품거래에서 예상할 수 있는데, 만기 청산으로 인한 결제가 매도 또는 매수로 볼 수 있는가의 문제이다. 우리나라도 개별주식선물이나 옵션이 거래되고 있다. 따라서 개별주식선물 또는 옵션을 내부정보를 이용하여 매도 또는 매수해 놓고 만기일에 강제 청산을 통해 이익을 실현할 수 있기 때문이다. 이러한 경우 강제청산이라 하더라도 매도 또는 매수로 볼 수 있다고 본다.

미국의 경우 일부 법원들은 옵션, 워런트 등을 포함한 파생상품거래의 경우 단일거래로 인해 이익이 발생한 거래가 발생했을 때, 단기매매의 책임이 부과될 수 있는지 여부를 검토하였다. 이들 법원들이 검토한 이론적 배경에는 옵션이나 워런트

93) 서울지방법원 2003. 7. 24. 선고 2002가합52478 판결.
94) 대법원 2005. 3. 25. 선고 2004다30040 판결.

의 매수 또는 매도가 청산될 때 기초주식을 매수 및 매도하는 효과를 가졌기 때문에, 6개월 이내에 독립된 매입과 독립된 매도에 의한 행위와 동일한 효과를 가질 수 있기 때문이라는 것이다. Martas 법정은 실제로 파생상품의 단일거래가 기초증권(underlying securities)을 동시에 사고파는 행위와 동일하다고 판결하였다.[95] Martas 판결 이후 여러 법원들이 이 Martas 판결에 대해서 우호적으로 접근하고 있어, Martas 법정이 접근한 단일거래에 의한 차익가능이론이 무시될 수 없는 상황이다.

#### (3) 이익의 계산방법

자본시장법은 시행령 제195조에서 단기매매차익의 산정방법 및 반환절차에 대해서 구체적으로 규정하고 있다.

a) 동일 증권의 계산방법

첫째, 매수 또는 매도 후 6개월 이내에 매도 또는 매수한 경우에는 매도단가에서 매수단가를 뺀 금액에 매수수량과 매도수량 중 적은 수량(이하 '매매일치수량')을 곱하여 계산한 금액에서 해당 매매일치수량에 관한 거래수수료와 증권거래세액 및 농어촌특별세액을 공제한 금액을 이익으로 계산한다(동조 1항 1호). 이 경우는 6개월 이내에 단 한 번의 반대매매가 있는 경우이다.

둘째, 매도 또는 매수 후 6개월 이내에 2회 이상 매도 또는 매수한 경우에는 가장 시기가 빠른 매수분과 가장 시기가 빠른 매도분을 대응하여 앞의 방법으로 계산한 금액을 이익으로 본다. 그리고 그 다음의 매수분과 매도분에 대하여는 대응할 매도분이나 매수분이 없어질 때까지 같은 방법으로 대응하여 앞의 방법으로 계산한 금액을 이익으로 산정한다. 이 경우 대응된 매수분이나 매도분 중 매매일치수량을 초과하는 수량은 해당 매수 또는 매도와 별개의 매수 또는 매도로 보아 대응의 대상으로 한다(동조 1항 2호).

셋째, 같은 날에 2회 이상의 매수 또는 2회 이상의 매도가 행하여진 경우에는

95) Martas v. Seiss, 467 F.Supp. 217, 224 (S.D.N.Y. 1979).

매수에 관하여는 단가가 가장 낮은 순서대로 매수한 것으로 보고, 매도한 것에 대해서는 단가가 가장 높은 순서대로 매도한 것으로 보아 6개월 이내에 2회 이상 거래가 이루어진 경우의 방법으로 이익을 계산한다.

《단기매매차익계산의 사례》

| 일 자 | 매 수 | 매 도 |
|---|---|---|
| 2. 1 | 10,000주(5,000원) | |
| 2. 5 | | 5,000주(5,200원) |
| 3. 4 | 4,000주(5,400원) | |
| 4. 3 | | 5,000주(5,600원) |
| 6. 7 | 7,000주(5,500원) | |
| 7. 10 | | 8,000주(5,700원) |

(1) 2월 1일의 10,000주 매수 중 5,000주가 2월 5일의 5,000주 매도와 일치한다. 따라서 5,000주 곱하기 200원(5,200원-5,000원) 하여 1,000,000원이 1차적으로 이익금이 된다.

(2) 2월 1일의 매수 중 나머지 5,000주는 4월 3일의 매도분 5,000주와 대응한다. 따라서 5,000주 곱하기 600원 하여 3,000,000원이 2차적으로 이익금이 된다.

(3) 3월 4일의 매수분 4,000주는 7월 10일의 매도분 8,000주 중 4,000주와 대응하며, 따라서 이익금은 4,000주 곱하기 300원 하여 1,200,000원이 이익금이 된다.

(4) 6월 7일의 매수분 7,000주 중 4,000주가 7월 10일의 매도분 중 잔량인 4,000주와 대응하며, 따라서 이익금은 4,000주 곱하기 200원 하여 800,000원이 이익금이 된다.

(5) 따라서 위의 거래들이 모두 6개월 이내에 이루어졌으므로 단기매매로 인한 총 이익금은 모두 6,000,000원이 된다.

(6) 마지막으로 순수한 단기매매차익을 산정하기 위해서는 총 이익금 6,000,000원에서 거래수수료와 거래세를 공제하여야 한다. 먼저 거래수수료는 사이버

거래의 경우 거래대금의 약 0.15%, 그리고 일반 거래의 경우 약 0.45%가 적용된다. 일반거래로 가정할 경우 총 거래대금 209,700,000원에 대해 0.45%는 943,650원이 되고, 거래세는 매도대금인 99,600,000원에 대한 0.3%이므로 298,000원이 된다. 따라서 총 거래비용은 1,242,450원으로서 총 이익금에서 이 비용을 공제하면 순수한 단기매매차익금은 4,757,550원이 된다.

b) 이종 금융투자상품의 일치기준과 계산방법

이종 금융투자상품의 경우 단기매매차익을 계산하는 방법에 있어서 매수가격 및 매도가격은 특정증권등의 종류 및 종목에 따라 다음에서 정하는 가격으로 한다.

첫째, 매수 특정증권등과 매도 특정증권등이 종류는 같으나 종목이 다른 경우에는 매수 후 매도하여 이익을 얻은 경우에는 매도한 날의 매수 특정증권등의 최종가격을 매도 특정가격등의 매도가격으로 하고, 매도 후 매수하여 이익을 얻은 경우에는 매수한 날의 매도 특정증권등의 최종가격을 매수 특정증권등의 매수가격으로 한다(영 195조 2항 1호).

둘째, 매수 특정증권등과 매도 특정증권등이 종류가 다른 경우에는 지분증권 외의 특정증권 등의 가격은 증선위가 정하여 고시하는 방법에 따라 지분증권으로 환산하여 계산한 가격으로 한다(동항 2호). 이 경우 수량의 계산은 증선위가 정하는 방법에 따라 계산한 수량으로 한다(동조 3항).[96]

96) 파생상품이나 파생결합증권의 경우 지분증권의 가격이나 수량으로 환산하여야 하는데, 다양한 금융투자상품마다 그 산정방법이 다르다. 이에 대해 실무자를 위한 상세는 한국거래소, 금융투자상품의 단기매매차익반환제도 실무 : 파생상품 및 파생결합증권을 중심으로 (2009. 8) 참조.

# VI. 단기매매 규제의 예외

## 1. 의 의

자본시장법은 시행령에서 단기매매 규제의 예외사유로 11가지를 열거하고 기타 증권선물위원회가 인정하는 경우에는 단기매매차익 반환의무를 면제한다고 규정하고 있다(영 198조). 현재 증선위가 인정하는 사유는 없으며, 시행령에서 정하고 있는 예외사유들은 아래와 같다:

1. 법령에 따라 불가피하게 매수하거나 매도하는 경우
2. 정부의 허가 · 인가 · 승인 등이나 문서에 의한 지도 · 권고에 따라 매수하거나 매도하는 경우
3. 안정조작 또는 시장조성을 위하여 매수 · 매도 또는 매도 · 매수하는 경우
4. 모집 · 사모 · 매출하는 특정증권 등의 인수에 따라 취득하거나 인수한 특정증권 등을 처분하는 경우
5. 주식매수선택권의 행사에 따라 주식을 취득하는 경우
6. 이미 소유하고 있는 지분증권, 신주인수권이 표시된 것, 전환사채권 또는 신주인수권부사채권의 권리행사에 따라 주식을 취득하는 경우
7. 법 제172조 제1항 제2호에 따른 증권예탁증권의 예탁계약 해지에 따라 법 제172조 제1항 제1호에 따른 증권을 취득하는 경우
8. 모집 · 매출하는 특정증권 등의 청약에 따라 취득하는 경우
9. 『근로자복지기본법』 제32조에 따라 우리사주조합원에게 우선 배정된 주식의 청약에 따라 취득하는 경우
10. 주식매수청구권의 행사에 따라 주식을 처분하는 경우
11. 공개매수에 응모함에 따라 주식 등을 처분하는 경우
12. 그 밖에 미공개중요정보를 이용할 염려가 없는 경우로서 증권선물위원회가 인정하는 경우

시행령에서 열거하는 사유의 공통적 특성은 "비자발적 거래"라는 점이다. 즉 내부자가 '비자발적으로' 불가피하게 6개월 이내에 거래하는 경우에는 차익이 발생하더라도 단기매매 규제에서 제외하여 주는 것이다. 이는 단기매매 규제의 취지상 내부정보의 이용가능성이 완전히 차단된 상태에서 이루어지는 거래까지 차익반환을 요구하는 것은 부적절하기 때문이다. 미국의 경우는 우리처럼 법에서 예외사유를 규정하지 않고 구체적 사안에 따라 적용 여부를 판단하는데, 기본적인 개념은 해당 거래가 '자발적 거래'인지 여부와 '내부정보의 이용가능성' 여부이다. 이 점에서는 우리와 큰 차이는 없다.

## 2. 열거적 예외사유에 대한 해석

시행령 제198조는 단기매매차익반환의 예외로서 12가지 사유를 열거하고 있는데, 이러한 열거를 "한정적 열거주의"로 볼 것인가의 문제가 있다.

이에 대해 헌법재판소는 내부자의 단기매매 규제가 내부자거래의 예방적 차원에서 도입된 제도이므로 단기매매 규제의 취지와 헌법의 재산권 보장의 취지를 고려할 때, 내부정보의 이용가능성이 전혀 없는 거래에 대해서는 시행령 제198조에서 열거되지 않은 경우에도 단기매매차익반환의 예외가 될 수 있다고 다음과 같이 판시하였다:

> 내부자의 단기주식거래는 미공개내부정보를 이용하였을 개연성이 크다고 할 것이어서 실제로 내부자가 내부정보를 이용하였는지를 묻지 않고 엄격한 반환책임을 내부자에게 부과하고 … 따라서 이 사건 법률조항을 해석 · 적용함에 있어서는 내부자거래규제라는 입법목적을 반드시 고려하여야 할 것이고, 나아가 단기매매차익반환의 예외를 정한 법 제188조 제 8 항과 그에 근거한 법 시행령 제86조의6이 정하는 예외사유에서 명시적으로 따로 정한 바 없다고 하더라도 내부자거래에 의한 주식거래가 아님이 명백한 경우, 즉 거래의 유형상 애당초 내부정보의 이용가능성이 객관적으로 없는 경우에는 이미 이 사건 법률조항 자체가 적용되지 않는다

고 보아야 할 것이다.[97]

이러한 헌법재판소의 결정은 이후 대법원 판결에서도 동일하게 나타나고 있다. 대법원은 "거래의 유형상 애당초 내부정보의 이용가능성이 객관적으로 없는 경우"에 관해 매우 엄격한 입장을 견지하고 있는데, 내부정보에 대한 부당한 이용의 가능성을 판단함에 있어서는 객관적으로 볼 때 피고가 임의로 거래하였는지 여부 및 그가 내부정보에 접근할 수 있는 가능성이 있었는지 여부를 고려하여야 하고, 만약 비자발적인 유형의 거래가 아니거나 내부정보에의 접근 가능성을 완전히 배제할 수 없는 유형의 거래인 경우에는 내부정보에 대한 부당한 이용의 가능성이 있다고 판시하였다.[98]

구체적으로 대법원은 경영권양도에 관한 협상진행 중 해당 기업의 인수가 불가능하다고 판단되어 인수자가 매집한 지분을 모두 공개시장에서 매도하여 차익이 발생한 사건에서 "피고가 적대적 주식 대량매수자의 지위에서 주식을 거래하였다는 그 외형 자체 만으로부터 내부정보에의 접근 가능성이 완전히 배제된다고 볼 수 없는 점을 고려하면 결국 '내부정보에 대한 부당한 이용의 가능성이 전혀 없는 유형의 거래'에 해당하지 않는다고 보아야 할 것"[99]이라고 판시하면서 단기매매차익반환책임을 인정하였다.

또한 대법원은 다른 사건에서 "주식의 양도와 함께 경영권의 양도가 이루어지는 경우에 경영권의 양도는 주식의 양도에 따르는 부수적인 효과에 불과하고 그 양도대금은 경영권을 행사할 수 있는 정도의 수에 이르는 주식 자체에 대한 대가이므로, 내부자가 그 회사의 주식의 양도와 함께 경영권을 양도하면서 이른바 경영권 프리미엄을 취득한 후 6월 이내에 주식을 매수하여 이익을 얻은 경우에 그 단기매매차익을 산정함에 있어 경영권 프리미엄을 제외하여야 한다고 볼 수 없다."라고 판시

---

97) 헌법재판소 2002. 12. 18. 선고 99헌바105, 2001헌바48(병합) 결정.
98) 대법원 2004. 5. 28. 선고 2003다60396 판결.
99) 대법원 2004. 5. 28. 선고 2003다60396 판결.

하였다.[100)]

이러한 판결에서 볼 수 있는 것처럼 우리 법원은 시행령 제198조의 예외사유를 열거적 한정주의로 보지는 않지만 그 예외를 매우 엄격하게 보고 있음을 알 수 있으며, 대표적으로 경영권 다툼이나 양도의 과정에서 취득한 지분의 매각으로 차익이 발생하는 경우 단기매매규제의 대상이 됨을 분명히 하고 있다.

## 3. 구 증권거래법 제188조 제8항의 위헌 여부

구 증권거래법 제188조 제8항 및 자본시장법 제172조 제6항은 단기매매 규제의 예외사유를 시행령에서 정하도록 하였다. 이러한 위임이 헌법의 '최소침해의 원칙' 및 '포괄위임의 금지원칙'을 위반하였는지 여부가 헌법재판소에서 다루어졌다.

먼저, 구 증권거래법 제188조 제8항이 정하는 예외사유에 해당하지 않는다고 하여 일률적으로 반환책임을 부담케 하는 것이 최소침해의 원칙을 위반하다는 주장에 대해 헌법재판소는 다음과 같이 결정하였다:[101)]

> 이 사건 법률조항이 반환책임의 요건을 객관화하여 엄격한 반환책임을 내부자에게 부과하고, 법 제188조 제8항 및 이에 근거한 법 시행령 제86조의6 등에서 반환책임의 예외를 인정하지 않는다고 하더라도, 이 사건 법률조항의 입법목적과 단기매매차익반환의 예외를 정한 시행령 제86조의6의 성격 및 헌법 제23조가 정하는 재산권 보장의 취지를 고려하면 내부정보를 이용할 가능성조차 없는 주식거래의 유형에 대하여는 이 사건 법률조항이 애당초 적용되지 않는다고 해석하여야 할 것이므로 내부자의 단기매매에 대하여 법과 법시행령이 정하는 예외사유에 해당하지 않는 한 엄격한 반환책임을 부과하였다고 하여 이를 최소침해의 원칙에 위배된다고 할 수 없다.

100) 대법원 2004. 2. 12. 선고 2002다69327 판결.
101) 헌법재판소 2002. 12. 18. 선고 99헌바105, 2001헌바48(병합) 결정.

또한 구 증권거래법 제188조 제8항이 포괄위임 금지원칙을 위반한 것이라는 주장에 대해서 다음과 같이 판시하였다.

첫째, 증권시장의 경우 다양한 거래의 형태가 있고 금융의 제도나 환경이 빠르게 변화하기 때문에 시장에 근접해 있는 증선위가 다양한 사례를 반영하여 단기매매차익 반환책임의 적용제외 대상을 시의적절하게 반영할 필요가 있다.

둘째, 단기매매 규제의 예외와 관련한 위임체제는 국민의 기본권을 제한하는 것이 아니고 예외를 인정하여 그 제한을 해제하는 것으로서 이 사건 법률조항에서 미리 규제의 대상과 요건에 관한 것이 명시되어 있으므로 그 예외의 내용과 범위를 예측할 수 있다.

셋째, 이 사건 법률조항의 입법목적, 이 사건 법률조항이 미공개내부정보의 이용금지에 관한 규정 및 시세조종 등 불공정거래행위 금지규정과 같은 절에 규정되어 있는 점, 구법 제188조 제8항의 "성격 등을 감안하여"라는 문언 취지 등을 종합적으로 고려하면, 법 제188조 제8항이 위임한 대통령령에 의하여 규정될 내용은 '불공정하다고 볼 수 없거나 미공개정보를 이용하지 않은 매매인 경우'인 것으로 그 내용의 대강을 미리 예측할 수 있다는 점에서 포괄위임의 금지원칙에 반하지 않는다고 판시하였다.[102)]

## 4. 단기매매차익 산정규정의 위헌 여부

구증권법 제188조 제2항은 단기매매차익의 산정기준을 대통령령으로 정하도록 위임하였다. 이러한 위임의 내용이 기본권 제한에 관한 최소침해의 원칙 또는 과잉금지의 원칙 등에 반한다는 주장에 대해 대법원은 다음과 같이 배척하였다.[103)]

먼저, 단기매매차익의 산정기준에는 가중평균법, 선입선출법, 매수최저가 - 매도최고가 대비방식 등이 있을 수 있고, 당시 시행령이 채용한 방식은 선입선출법을

102) 헌법재판소 2002. 12. 18. 선고 99헌바105, 2001헌바48(병합) 결정.
103) 대법원 2005. 3. 25. 선고 2004다30040 판결.

기본으로 한 것으로서 종전의 가중평균법과 비교하여 볼 때 이익과 손실 사이의 상쇄(offsets)를 허용하지 않는다는 측면에서 단기매매차익 반환제도의 입법목적에 보다 충실한 것으로 보이며, 또한 전체적으로 볼 때 합리적인 방식의 하나라고 볼 수 있다. 따라서 이러한 법규의 내용이 기본권의 제한에 관한 최소침해의 원칙 또는 과잉금지의 원칙 등에 반하여 헌법 제23조가 보장하는 재산권을 침해하는 것이라고 할 수 없다.

또한 증권거래의 형태 및 성질이 복잡하고 다양하여 그 이익의 산정문제 역시 고도의 전문적 · 기술적 능력이 요구되어 행정입법의 필요성이 그만큼 크다는 점, 그리고 증권거래법 제188조 제2항의 입법 목적, 규정형식 등에 비추어 볼 때 대통령령에서 정하여질 반환할 이익의 범위에 대하여 대강의 예측이 가능하다는 점에 비추어 볼 때, 증권거래법 제188조 제2항 후문이 포괄위임입법금지의 원칙에 반하는 위헌규정이라고 할 수는 없고, 또한 증권거래법 제188조 제2항 후문에서 '이익의 산정기준'이라는 구체적인 사항을 특정하여 위임하고 있고 대통령령인 같은 법 시행령 제83조의5 는 이러한 위임에 근거하여 이익의 산정방법을 정하고 있으므로, 이를 가리켜 위임의 근거가 되는 법률이 없는 위임명령이라거나 그 위임의 범위를 넘어선 것이라고 할 수는 없다.

따라서 같은 법시행령 제83조의5 제2항 제1호 중 "이 경우 그 금액이 0원 이하인 경우에는 이익이 없는 것으로 본다."는 부분이 헌법 제23조, 제75조에 위반되는 무효의 규정이라고 할 수 없다.

# 판례 색인

[헌법재판소]



[대법원]

### [고등법원]



### [지방법원]

### [외국판례]

# 국문 색인

# 영문 색인

[U]



[V]



[W]

**김 정 수**

연세대학교 법대 졸업
연세대학교 대학원 졸업 (법학석사)
독일 빌레펠트대학에서 연구
미국 펜실베니아대학 로스쿨 졸업 (LL.M.)
한국거래소 근무 (1983~2010)
한국거래소 본부장보 역임 (2008. 4~2010. 1)
한국거래소 유가증권시장 상장공시위원회 위원 (2010~2014)
금융투자협회 자율규제자문위원회 위원 (2012~2015)
현 법무법인(유) 율촌 고문
한국증권법학회 부회장
금융위원회 법령해석심의위원회 위원
금융법전략연구소 대표
금융독서포럼 대표

**저 서**
현대증권법원론
자본시장법원론
자본시장법상 부정거래행위 (공저)
월스트리트와 내부자거래 전쟁 (근간)

## 내부자거래와 시장질서 교란행위

**초판 발행** | 2016년 5월 16일
**지 은 이** | 김정수
**발 행 인** | 김정수
**발 행 처** | 서울파이낸스앤로그룹
**주　　소** | 서울특별시 마포구 대흥동 태영A 111-1301
**전　　화** | (070) 7535-9441　**E-mail** | sfliadm@naver.com
**출판신고번호** | 310-2011-1

ISBN 978-89-966420-3-9

책값은 뒤표지에 있습니다
잘못 만들어진 책은 구입하신 서점에서 교환해 드립니다.